日本文化史ハンドブック

阿部　猛
西垣晴次［編］

東京堂出版

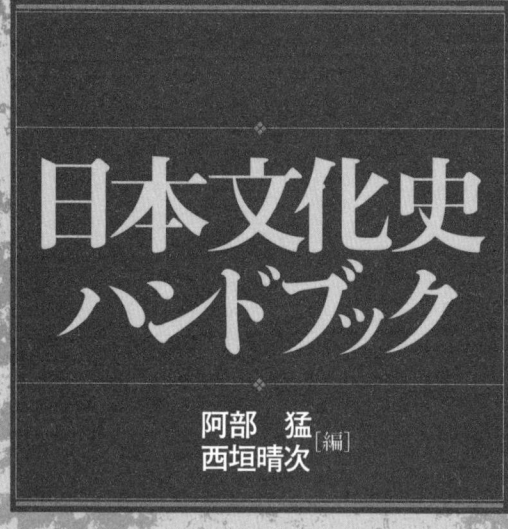

はじめに

「文化」という語は多様に用いられる。広義には、人間の営みそのものが「文化」であるから、「歴史＝文化史」ということになる。しかし、通常は、政治史・経済史・文化史という区分がなされ、この場合、文化史の領域は、学問や芸術、宗教、道徳や社会生活上の慣習・規範などに限定される。一般には、この狭い意味で用いられることが多い。

明治初期、西欧文明の受容に急であったわが国では、一九世紀ヨーロッパでの歴史叙述の主流であった「文明史」の影響を受けて、歴史といえば文明史という時期があった。しかし、帝国大学文科大学の国史学科における研究・教育は、帝国大学の使命からしても、政治史・法制史の研究を中心とするようになった。その後、社会経済史、さらに唯物史観の浸透に対峙するかたちで、観念的な『文化史』が台頭してくる。一九三二年に出版された西田直二郎の『日本文化史序説』はそのひとつの頂点を示し、第二次大戦期には国家主義的、愛国主義的傾向がさらに強まった。

第二次大戦後は、マルクス主義史観が主流を占め、文化史への関心は低調であった。これには、文化的事象については実証的手続きに困難が伴うということ、戦前・戦中の観念的な日本文化論横行への反省という意味も含まれていた。ところが、一九七〇年代から八〇年代にかけて、社会史の研究が盛んになり、人びとの関心が日常的な生活文化に集まるようになると、様相は変わってきた。日本文化再考、見直しの機運が生まれ、日本文化史の再構成が課題となり、歴史教育の中でも、文化史の扱いを大切にすべきだとの主張は強まってきた。

文化は個人や集団が創り出し、また享受するものである。創り手と、文化財と、それを享受するものの三者の相互関係に配慮しつつ文化の発展を追跡するのであるが、それが生み出された社会のありかたと切り離して論ずるわけにはいかない。しかしまた、文化には時代を超えて継受され発展させられていく側面がある。こうした文化の特質を、実証的な手続きをとって説明することは可能なのか、議論は十分に煮詰まったものとはいえない。そうした弱さを含みながら、むしろ、だからこそ新しい文化史の分野に踏み込んでいくためには、問題をどのように考えていけばよいのか、本書は、その手がかりを求める人びとのために役立つことを願ってつくられた。

本書は、日本史研究に従事する研究者、歴史教育に携わる人びと、学生諸君、そして歴史を愛する多くの方がたが、これまでの研究の到達点や問題点を簡便に理解・把握し、今後の勉学・研究の資となしうるよう念願して編まれた。そのため本書は、単なる歴史用語解説の辞典ではなく、ここから史的展望を拓くことのできるものとなり得るように配慮しながら叙述された。多くの方がたのご活用を期待するものである。

本書の編集・執筆には、学界の第一線で活躍しておられる方がたからのご協力を仰いだ。末尾ながら、厚くお礼を申し述べたい。また、刊行に当たり、万端お世話をいただいた、東京堂出版編集部の松林孝至氏に感謝の意を表する。

二〇〇二年三月

編集委員
阿部　猛
西垣晴次
南　啓治
樋口州男

凡　例

一　本書は、第一部・概観、第二部・研究の現状と課題、第三部・論文レポートの書き方と、付録および項目索引より成る。

一　第一部では、日本文化史の時代区分にしたがい、各時代の概観を行った。第一部を通覧することにより、日本文化発展の大要が把握できるよう配慮した。

一　第二部では、日本文化史上の主要な用語について解説した。各項目の定義的説明、研究史のあらましと問題点、さらには今後の課題について簡潔に述べ、参考文献を掲げた。概ね時代ごとに配列したが、通時代的な項目は後半に並べた。

一　第三部では、主として学生諸君のために、日本文化史について論文・レポートを書く際の、テーマの発見、調べ方、まとめ方などについて、具体例をあげて解説した。

一　付録資料として「遣隋使一覧」「遣唐使一覧」「国分寺・国分尼寺一覧」「活字で読める主要古記録」「活字で読める江戸時代の主要地誌」「江戸時代の主要農書」を付した。

一　巻末に、五十音順の項目索引をつけた。

目次

文化史概観

旧石器文化

【研究の歩み】

一八三六年にC・J・トムセンによって先史時代が石器時代・青銅器時代・鉄器時代に分けられ、一八六五年に石器時代がJ・ラボックによって旧石器時代と新石器時代に細分された。そして旧石器時代の研究はヨーロッパを中心に進んだ。ヨーロッパの研究成果は日本では明治時代から知られていたが、日本の旧石器時代の確認は相沢忠洋が一九四九年に発見した群馬県岩宿遺跡の調査を待たなければならなかった。これを契機として、現在では四、〇〇〇か所以上の遺跡が確認されている。また、一九六四年の大分県早水台遺跡の調査結果をもとに前期旧石器文化の提唱が芹沢長介によってなされ、古い時期から人類が日本に住み始めていたことがわかりつつある。日本の旧石器時代は約三万年前以前の前・中期、約三～一万年前の後期に分けられ、大半は新人が残した後期の遺跡である。

【自然環境と人類】

旧石器時代は地質学では更新世にあたり、氷期と間氷期が交互に繰り返されていた。最終氷期の極寒期には平均気温が現在よりも八度前後も下がり、海面も一〇〇メートルほど低下した。この時期には大陸とつながったり離れたりし、大陸の動物が日本に移動してきた。大陸では更新世の各時代に特徴的な動物群が見られ、それぞれの動物群の一部が日本で化石として発見されている。動物と同様に、人類あるいは文化が日本に流入したと考えられる。植物相も変化し、最終氷期の東日本ではグイマツなどの亜寒帯性針葉樹林が分布し、西日本ではブナなどの冷温帯性広葉樹林が優勢であった。人類はこの厳しい自然環境に適応しながら生きのびてきた。

人類の進化には大きく二つの仮説がある。アフリカを出た原人が各地で進化するという多地域進化説と、アフリカで生まれた新人が拡散して各地の旧人と入れ替わるという置換説である。日本でもこれらの仮説を検討できるようになった。しかし日本は酸性土壌のため、人骨は残りにくい。現在、発見されている確実な資料は新人化石である。最も保存状態のよい人骨は沖縄県港川人で、その形質は同時代の中国南部の柳江人など南方の新人に似ており、また縄文人へとつながる。今後、石灰岩地帯の調査による資料の蓄積が必要である。

【生　活】

河川流域や台地の縁辺を遊動しながら、資源を調達していたとみられる。遊動の範囲は明確ではないが、後期では原産地が一〇〇キロメートル以上も離れた石材を利用する場合があるので、広大な地域に関する知識は持っていた。季節に従ってしかも移動する地点を予測しながら計画的に行動していたであろう。居を定めると簡単な小屋を作り、道具の補修や調理などが行なわれ、そこを中心として食料など資源の探索にでかけていた。時にはいくつかの集団が一か所に集まり、情報や人・物の交換を行ない、共同で作業することもあったであろう。

食料は動物や植物である。長野県野尻湖や岩手県花泉ではオオツノジカ・ナウマンゾウ・ウシなどの化石が発見されているので、少なくともそれらは食料の対象となっていた。また骨角は加工されて道具に使われ、牙や皮なども利用されていたであろう。植物としては種実も利用されていた可能性がある。後期には、こうした食料は焼いた石で調理されることもあった。精神生活については不分明であるが、後期では、人が死んだら墓穴を掘り、丁重に埋葬していた。また、装身具や石偶も作っており、食料獲得にのみおわれた生活ではなかった。

【道　具】

日本で発見される旧石器時代人の道具の主体は石器で、ほかに骨角器・木器がわずかに出土している。前期の石器は不詳であるが、中期では両面加工の大型石器と剝片素材の小型石器が見られる。幅広の剝片を用いてスクレイパーや尖頭器が作られる。このような石器は大陸でも見られ、日本は孤立した存在ではなかったと考えられる。なお、二〇〇〇年末に遺跡捏造事件がおこり、前・中期の見直しが迫られている。

後期になっても両面加工の石器がわずかに作られる。これは石斧と呼ばれ、中には砥石で刃部が研磨されたものがある。後期で特筆すべきは、薄くて細長い石刃が作られたことである。一つの石核から連続的に石刃を剝離する石刃技法の出現である。この技法には規格的な形・大きさの剝片を大量に生産し、石核を無駄なく消費できるという利点がある。また、軽量化できるので運搬が楽である。石刃からナイフ形石器・彫刻刀形石器・スクレイパーなどが作られる。後期の終末では石刃技法の極致である細石刃技法が現れる。細石刃は小型の石刃で、角や骨の槍先の縁辺に埋め込まれて使われた。骨や角の槍は石槍とは違って折れにくいが、殺傷力が弱いため、それを細石刃で補ったのであろう。また、細石刃は替刃のように取り替え可能である。

中期から後期への移行について、連続する文化要素があるので自律発展という見方がある。しかし、四～三万年前の資料が欠落していることなどから、さらに検討が必要である。後期では大陸との関連を示す資料がある。九州の剝片尖頭器や東日本の細石刃石器群は大陸でも見られ、日本と大陸とで文化や人の交流があった。

【地 方 色】

東日本で石刃技法が盛行する頃の西日本では、横長の剝片を連続的に剝離する瀬戸内技法が発達する。この剝片からもナイフ形石器が作られる。この技法は大陸では全く見られない特殊なものである。同様な地域色は細石刃技法にも見られる。東日本では楔形の石核が主体であるが、西日本では円錐・角柱の形をした石核が主体である。これらの大きな地域色とともに、形態や技術の特徴が異なる小地域が存在する。これらの地域色は、集団の持つ技術伝統、石器材料の種類と入手の難易度、動植物の種類・分布密度、地形、それらに規定された活動などの違いを反映している。そして縄文時代の地域色へとつながる。

【参考文献】
芹沢長介『日本旧石器時代』（岩波書店、八二年）、小林国夫・阪口豊『氷河時代』（岩波書店、八二年）、日本第四紀学会編『日本第四紀地図』（東京大学出版会、八七年）、加藤晋平『日本人はどこからきたか』（岩波書店、八八年）、稲田孝司編『旧石器人の生活と集団』（講談社、八八年）、岡村道雄『日本旧石器時代史』（雄山閣、九〇年）、加藤稔『東北日本の旧石器文化』（雄山閣、九二年）、佐藤宏之『日本旧石器文化の構造と進化』（柏書房、九二年）、安斎正人『理論考古学』（柏書房、九四年）、安斎正人『現代考古学』（同成社、九六年）、埴原和郎『日本人の骨とルーツ』（角川書店、九七年）、木村英明『シベリアの旧石器文化』（北海道大学図書刊行会、九七年）、岡村道雄・松藤和人他『旧石器時代の考古学』（学生社、九八年）、松藤和人『西日本後期旧石器文化の研究』（学生社、九八年）、安田喜憲・三好教夫編『図説日本列島植生史』（朝倉書店、九八年）、稲田孝司『遊動する旧石器人』（岩波書店、二〇〇一年）。

（阿部朝衛）

縄文文化

【縄文時代とは】
アメリカから来日したE・S・モースによる一八七七年の東京都大森貝塚の発掘調査が近代科学としての日本考古学の幕開けであり、縄文時代研究の開始でもあった。モースは土器の文様を記述する際にcord markという語を使い、それが縄文と訳され、縄文土器という言葉が生まれた。しかし縄文は、古墳時代まで用いられた地域があり、地域・時代によって用いられない場合があるので、縄文のついた土器をもって縄文時代とすることはできない。ただし、それらは系統がつながる土器群と見られている。ここでは日本列島に約一二、〇〇〇年前に土器が出現し、水稲農耕が約二、五〇〇年前に成立するまでを縄文時代とする。ただし、土器出現期を縄文時代から外す考えもある。大森貝塚の調査以降、土器の研究が進み、世界に類を見ない詳細な土器型式編年網が確立し、草創期、早期、前期、中期、後期、晩期に大別された。

【自然環境】
約一五、〇〇〇年前から急激に温度が上昇し、それが約六、〇〇〇年前にピークに達する。その後、若干寒冷化し再び上昇して現在に至る。これと連動して海進が進み、かつて陸地であった間宮・宗谷海峡が開き、津軽・朝鮮海峡が広がり始めた。そして暖流が日本海に流れて雪や雨が多く降り始め、温暖で湿潤な気候となる。植物相も南のほうから広葉樹林が広がり、針葉樹林と置きかわってくる。しかし、日本は南北に長いので、西日本ではシイ・カシなどの常緑広葉樹、東日本はブナ・コナラなどの落葉広葉樹が主体となった。ゾウやオオツノジカなどの大型獣は絶滅し、イノシシやシカなどの中型獣が増加した。現在に近い多様な自然環境が形成され、縄文文化も地域的・時代的にさまざまな展開を示した。

【縄文人と人口】

縄文人は日本の旧石器人の系統をひくものである。しかし、早・前期は華奢で、中期にはがっしりとした体形となり、そして東アジアの中で個性的な形質を獲得した。現代人より彫りの深い顔立ちで、頑丈な体であった。人口は、草創期からしだいに増加し、中期になってピークに達する。しかし、後期以降減少する。地域的には、西日本では人口ははるかに少なく、ピークも後期にある。形質や人口の変化は、動植物資源の変化と分布の違いなどと関連している。この縄文人の人口密度は現在の狩猟・採集民と比べてもきわめて高く、ここにも縄文文化の特殊性がある。

【生　活】

草創期にはある程度の遊動はあったが、海岸部や河川流域を中心として少しずつ定住化が進み、早期では大型集落が見られるようになる。前期になると一〇メートルを超える大型住居を含む大規模集落が出現し、食料を備蓄する貯蔵穴も一般的に付設され、中期では一〇〇棟以上の住居で構成される環状・馬蹄形の集落がよく見られるようになる。しかし同時期に営まれた住居は発見数に比べてはるかに少ない。後期になると、集落数・規模が小さくなる。住居として竪穴住居のほかに掘立柱建物が建てられていた。集落の内側には墓域が設けられ、周辺には貯蔵穴などが作られた。また、墓域は集落外に設けられ、東北・北海道では環状列石や周堤墓が作られる。氏族のような社会組織が生まれた。しかし、このような特徴は主に東日本に見られるもので、西日本の集落構成は貧弱であった。

狩猟・採集・漁労によって食料を獲得していた。狩猟では、弓矢・槍などのほかに落し穴などの罠も使われ、漁労でも銛・釣針などのほかに網が用いられた。クリやアク抜きを必要とするトチ・ドングリ類などの植物もかなり利用されていた。現代人が食する動植物のほぼすべてが利用されていたことがわかる。ところが、地域や時代によって自然環境が異なるので、それぞれの総量と割合には違いがあった。総体として東日本は食料資源に恵まれていた。これらに加えて、シソ・エゴマ・ヒョウタンなどの栽培植物が発見されているが、主要な食料とはならなかった。こうしたさまざまな生業活動は、四季のある日本では年間スケジュールに従って行なわれていたであろう。

【道具と交換】

縄文人の道具は、土器、石器、骨角器、木器などで、これらは時代とともに機能分化し、より適切な機能が付与された。とくに後期での変化が著しい。そして、それぞれの地域で環境に応じて組み合わされて用いられていた。道具は集落周辺の材料から作られていたが、一部は交換によって入手された。道具と同様に呪術具と見られる土偶・土面・石棒や、装身具である耳飾り・腕輪などが発達した。呪術具は祭りに使用され、集団の緊張緩和や社会的統合が図られた。装身具は威信材としての性格も持っていたであろう。この交換や祭りなどを主導する特定の人物がいた可能性がある。

縄文時代は交換網を発達させた時期でもあった。明瞭な土器型式圏を持ち、その中で人・物・情報の互酬的な交換が行なわれ、またその分布圏を越えて黒曜石や硬玉などの交換も行なわれていた。この交換は後期に盛んとなった。これとともに、ある遺跡で特定の製品を作るようになる。中期からは硬玉製品や磨製石斧などを専業的に製作する遺跡が出現し、後期になるとさらに発達する。土器型式圏の拡大、新たな墓制の出現などと連動して、新しい経済・社会組織が後期に作られた。

【大陸との関係】

日本列島には最初から東西という大きな地域色があり、それが時代によって複雑になったり単純になったりした。しかしこうした地域圏は相互に関係を持っていた。大陸ともこのような関係を持っている。とくに、北海道と九州では大陸との関連が強い。また、約五、五〇〇年前の中国江南の玦などと同様の装身具が前期の本州にも見られ、中国の文化が流入していた可能性がある。縄文文化の特殊性や多様性を知るうえでも、大陸の文化との比較が必要である。

【参考文献】

加藤晋平・小林達雄・藤本強編『縄文文化の研究』一～一〇（雄山閣、八一～八四年）、小山修三『縄文時代』（中央公論社、八四年）、鈴木公雄編『縄文人の生活と文化』（講談社、八八年）、小林達雄編『縄文人の道具』（講談社、八八年）、西田正規『縄文の生態史観』（東京大学出版会、八九年）、戸沢充則『縄文時代史研究序説』（名著出版、九〇年）、渡辺仁『縄文式階層化社会』（六興出版、九〇年）、戸沢充則編『縄文人の時代』（新泉社、九五年）、小林達雄『縄文人の世界』（朝日新聞社、九六年）、埴原和郎『日本人の骨とルーツ』（角川書店、九七年）、池田次郎『日本人のきた道』（朝日新聞社、九八年）、安斎正人編『縄文式生活構造』（同成社、九八年）、安田喜憲・三好教夫編『図説日本列島植生史』（朝倉書店、九八年）、小林達雄・藤田富士夫他『縄文時代の考古学』（学生社、九八年）、今村啓爾『縄文の実像を求めて』（吉川弘文館、九九年）。

（阿部朝衛）

弥生文化

【弥生文化の概観】

弥生文化は、一八八四年（明治一七）の東京都文京区本郷弥生町の壺形土器の発見を契機にして命名された。その後、西日本を中心としてこの文化の様相が明らかとされ、水稲農耕の開始、青銅器・鉄器の使用、大陸系磨製石器の使用、機織技術の採用などに特色をもつ文化であることが知られ、それ以前の縄文文化とは顕著に差異ある内容をもつことが指摘されている。その起源は、水田遺構の存在を指標として考えれば従来の縄文晩期中程までさかのぼり、紀元前四世紀までたどれそうである。その文化の終末は三世紀中葉頃と見られる。

水田遺構の最古の例は、佐賀県唐津市菜畑の例があげられ、自然流水を利用した小区画水田が基本であった。既にこの段階では大陸系の磨製石斧や石庖丁の存在が見られ、これらを工具として木製農耕具を製作し、稲穂の収穫も行うという低湿地型の稲作農業を行っていたことが指摘できる。これに後続する水田跡例は北部九州から瀬戸内にかけて幾つか知られており、生産形態における水稲農耕が初期より整ったものとなっていたことが認められ、恐らく朝鮮半島から習熟された水稲農耕として伝来したものと考えられている。この農耕の荷担者は、技術的にも渡来系の人々であり、集団性をもって日本に渡ってきたものであろうと推測され、近年の人類学的研究からもそのような評価が高められてきている。その後弥生時代の前・中期の段階には広く水田跡が知られており、現在では青森県弘前市砂沢の例まで北上している。相伴う土器の特色もまた所謂「遠賀川式系」とされる前期的な土器が青森地方まで及んでおり、予想外に早く弥生文化が日本列島に拡がっていったことが推測できる。土器様相の点では、近年沖縄方面でも弥生土器の発見例がふえており、また朝鮮半島でも類似例が知られていて、注目されている。水田遺構と共に、弥生時代にはムギ・アワなどの雑穀類の種子の発見もあり、畑作物もかなり栽培されていたとみられている。又、従来疑問視されていた家畜の飼育についても、大陸のブタと形質が類似する遺存体が西日本で知られるようになっている。生活内容の点では確かに稲作農耕が基本とみることができるが、勿論狩猟や漁労や採集も行われており、弓矢の存在や沿岸部における貝塚などにその証跡がたどれる。稲作の伝来は、確かに食料の生産という画期的な変革をもたらすものであったが、それのみで生活がなりたつものではなく各種の資源が利用されていたことは当然推測できる。

弥生文化を構成する遺物には、新しい大陸系の性格がうかがえる。その一典型は金属器である。その中青銅器としては鏡・銅剣・銅戈・銅矛などがあげられる。弥生前期には朝鮮半島からもたらされた細線鋸歯文鏡や実用的な銅製武器がみられるが、中・後期の北部九州の甕棺副葬品には中国からの漢鏡などが注目され、他の伴出品と共に外交的賜与品と推測される例がある。倭国からの貢献使節の派遣と関連する政治的性格の認められる遺物例を考えることができ、「漢委奴国王」金印などとともに理解できるものである。同様の性格をもつものとみられるものには「貨泉」やガラス璧、鉄刀などもあり、特に後漢代での中国との交流は注目される。一方、中・後期の国内での青銅器生産は銅鐸などにみられるように祭器性が推測され、武器類も非実用的な大形のものに変化している。青銅器のほかに、鉄器も早い段階から伝来しており、木工具などの斧・鉇が知られている。後期には多くの利器が鉄器となっていると思われる。それに対して、弥生時代の初めには大陸系の蛤刃磨製石斧・扁平片刃石斧・抉入石斧などの石器が木工具として採用され、農耕具である鍬・鋤などの製作に活用されており、低地性木製農耕具の供給に主役を担っていたと見られている。その石器も日本列島に広く認められており、専業的な生産地とみられるものも指摘されていて、特色ある石器製品の分布が交易圏などを想定させている。この頃の遺物の広がりは、土器においても認められるが、玉類などにおいては南海産貝製装身具が北海道有珠モシリまで及んでいる事が判明していて、物資によってはかなり遠隔地にまで運ばれていることを示唆している。

弥生時代の集落は、屢々環濠をめぐらすものが知られるようになった。その中には多く竪穴住居跡が存在し、時に貯蔵穴や望楼様の大形掘立柱の遺構なども含まれており、佐賀県吉野ケ里遺跡のような大規模な例が知られている。中には大阪府の池上遺跡例の巨大な掘立柱建物跡が見られる例もあって、竪穴住居主体に考えてきたかつての集落像とはかなり異ったものが推測される。環濠の性格をとってみても土塁・壕・柵・逆茂木などが指摘されるようになってきており、防禦施設として明確な性格があり、環濠自体のみでも前期から存在していることを考えれば、弥生時代の社会が極めて社会的緊張を伴うものであったことが推測できる。西日本中心にかつて指摘されてきた高地性集落もまたその一端を示すものであろう。このような弥生社会の墳墓は、早期からの支石墓が朝鮮半島系のものとして北西部九州に出現していたが、その後、中期を中心とする時期に甕棺が盛行する。甕棺墓もまた極めて限定的に西北九州地域にみられ、朝鮮半島とも関連する。その埋葬法には大形周溝墓に埋葬されている吉野ケ里などの例もあり、その副葬品にも銅剣などを顕著にもつものなどがあって、階層的な社会構成を具体的に示すと思われる。近畿においても大阪府加美遺跡のような類例があるし、大形環濠集落として奈良県唐古鍵遺跡例なども関連して考えると、極めて政治性を帯びた社会が推測される。集団祭祀もその中で理解されるものであろうし、青銅製の銅鐸・武器形祭器、さらに灼骨などもそれらの中で考えられるものであり、それが後の古墳時代への前提となるものであろう。

【動向と課題】

近年の調査の大規模化の成果は、遺跡の構成をかなり明らかとしてきており、環濠集落の様相がよく知られるようになった。そして、周辺の中・小規模遺跡との関連も考慮されるようになった。しかし、それらの関連が明確になるには遺跡出土の土器などの遺物の詳細な分析が必要であろう。又島根県の荒神谷などの青銅器の大量出土や九州における鋳型などの発見は、従来の青銅器観の不十分さを示している。鋳造も含めて弥生時代の全体像を見直す必要があり、墳墓の点でも古墳へのつながりを単純な展開ではなく検討すべきものがあろう。

【参考文献】

金関恕・佐原真編『弥生文化の研究』1～10（雄山閣、八五～八八年）。

（伊藤玄三）

古墳文化

【古墳文化の概観】

古墳文化は、三世紀中葉から六世紀頃までの前方後円墳に典型的な高塚墳墓が営造された時代の文化を指す。ただ、七世紀にかけて大形方墳なども含めて広くその時代を考える見解もあり、墳墓形式としても横穴墓のようなものや地下式横穴墓などの地域的な特色の例もあり、必らずしも高塚のみではない内容を含んでいる。高塚としては、前方後円墳・前方後方墳・円墳・方墳が基本的な墳形であり、五世紀頃を中心に帆立貝式古墳のようなものもみられる。他に特殊な墳形としては双方中円墳なども認められる。これらの古墳は、前後の時代の墳墓に比して際立った墳丘をもつ点が著しい特徴であり、古墳造営に象徴的意味を有する時代相を示している。即ち、古墳の造られた時代は大和王権を中心とした古代統一国家形成期に当り、その国家構造の反映を示すものと推測される。

古墳の出現については議論があるが、弥生時代終末期の墳丘墓からの発展とする見方と、大陸からの影響もあって契機が与えられて出現したとする見方がある。いずれにしても弥生時代墳墓に比し飛躍的に大規模な墳丘をもつことになった大形前方後円墳の造営は画期的であり、その典型は奈良県箸墓古墳にみることができる。それを統一国家の具現とみれば、ほぼこの頃から古墳文化の出発を考えることが可能であろう。古墳時代の年代観については、実年代に測して四半世紀単位に区切る検討もなされている。ここでは大略前・中・後の三期の区分で考えておくが、前期の初頭に大形前方後円墳が造られたのは大和盆地東南部の大和古墳群であり、全長二〇〇メートルを越える箸墓など四基を含む前方後円墳などがあり、一九九七年の黒塚古墳の調査では三三面の三角縁神獣鏡の出土で注目された。概して前期古墳においては、多数の鏡を副葬する例があり、しかも同型鏡が多く含まれている場合においてはその分布の拡がりから大和王権の勢力伸張が類推されてきた。但し、それらの三角縁神獣鏡の多くが舶載鏡か否かは今なお議論がある。鏡以外にも大形の古墳では甲冑・鉄製武器や鉄製農工具・玉類などの副葬品が多くみられ、王権につらなる有力層の富と権威が如実に示されている。このような墳形・規模と副葬品のあり方は、古墳営造とそれに伴う思想と儀礼の著しい段階で葬送儀礼の定式化が見られ、古の発展があったことを示している。唯このような副葬品の多量化の現象は前代の弥生時代北九州の甕棺墓中にも例があったし、舶載の鏡や剣・玉などの遺物の伝統は古墳副葬品中にも継承されているとみることができる。その点では弥生時代以来の祭祀性も色濃く伝えているといえるが、既に墳丘規模や竪穴式石室・割竹形木棺などの内部構造にも大きな転換を示している事は特徴的である。但し、前期も後半ともなると内部構造においても粘土槨・礫槨・木炭槨・木棺直葬など多種のものがあり、棺にあっても舟形石棺・割竹形石棺・箱式石棺などがあって、多様な様相をうかがうことが可能である。

恐らく複合的な社会様相を示しているものと推測できよう。

中期、即ち五世紀頃の古墳では、大阪府大山陵（伝仁徳陵）に示されるような最大級の規模の墳丘が築かれ、棺において も長持形石棺の如き特有のものが用いられており、金銅製品も見られるようになる。倭五王の時期とも符合するこの時代の王権の様相は、中国王朝との交流の成果も具体的に古墳の内容に示しているものと見てよいであろう。鉄製の甲冑、武器などを多量に副葬する例もあり、又朝鮮半島からもたらされたとみられる鉄鋌のような鉄素材も散見され、鉄器加工・生産も盛んとなっていると推測できる。多量の鉄器生産とも関連して河内を中心とする近畿における王権による土地開発も顕著であり、そこに動員された渡来系技術や労働力も史料に看取できるところである。渡来人の受容は、この頃から多くなる大陸系文化の伝来ともなって、横穴式石室の採用が始まり、馬具や須恵器の製作、使用などの技術的展開をみる。この段階では、古墳営造の風は東北南半から九州南端にまで及んでいるが、九州南部には地下室横穴墓のように地域的特色をもつものも存在している。

後期になると、最も特徴的な事象は横穴式石室の普及ともいわれる。確かに多葬を可能にする横穴式石室の使用は、葬送観念においても以前の段階とは差異を示してきており、副葬品や供献具などに変化が示されている。横穴式石室の壁面や石障には五世紀後半から装飾文様が施されるものが北部九州を中心に出現し、彼岸世界にも現世の象徴的文様から具象的情景も加味された壁画が描出されている。このような装飾は後期を中心とする横穴墓の壁面にもみられ、簡素な円文・点文などは東北地方にも及んでいる。靫・盾・刀などの武器・武具の表現から人物・動物などの表現が屢々朱彩で描かれているほか、横穴墓では線刻で同様のものが描かれている例がある。この装飾文様とも関連するように、古墳外表に樹立された埴輪も前時期に主として用いられた円筒・朝顔・家・器財に加えて、後期には人物・動物などが著しい。特に人物・動物などの埴輪は従来東日本において顕著であったが、近年は西日本にも類例がふえ、窯跡も発見されて生産の様相も知られるようになってきた。横穴式石室内の副葬品には大陸からの影響や技術の導入によって刀装具や馬具には金銅製品も多くなり、金・銀製の装身具なども目立ってくる。中には帯金具や装身具の中には大陸製のものと目されるものもあるが、多くは国産のものであろう。冠帽・銙帯金具・履などには、朝鮮半島の王陵出土のものと類似のものがあって、各地域の有力被葬者の位置を暗示するものがある。七世紀にいたると墳墓の規模も縮小され、王陵推定のものでも方墳や八角墳などとなり、内部構造も巨大な自然石や切石積の石室となり、墳丘規模に顕示される古墳文化の時代は終焉を迎える。しかし、後期の小規模墳からなる群集墳などは地域によって継承されているものがあり、地域差も考慮する必要がありそうである。

【動向と課題】

古墳文化については近年かなりの資料の蓄積があるが、三角縁神獣鏡のような多量副葬品の課題や近畿における当時の土器構成などに当時の社会の複雑な交流の様相が問題となる。国家形成期の統一方向と内面的多様性などの解明の為の作業が要請されよう。

【参考文献】
小野山節編『古墳と国家の成立』（古代史発掘6講談社、七五年）、白石太一郎編『古代を考える—古墳—』（吉川弘文館、八九年）。

（伊藤玄三）

飛鳥文化

【文化の基調】
六世紀後半から七世紀半ばにかけて大和・河内・山城（代）に展開した文化。学問・技術・仏教など、大陸から摂取された文化が集大成され、当時の支配層主導のもとに創り出された文化で、その中心であった飛鳥の地名をとって飛鳥文化と呼ばれる。この文化の中心は儒教と仏教である。

国家の体制を整備する過程で儒教的政治思想が導入され、徳治主義的な理念は、例えば『冠位十二階』の徳・仁・礼・信・義・智の徳目にも現れ、『天皇記』、『国記』の編纂事業にも示されている。飛鳥文化のいま一つの柱は仏教文化である。大和・河内には朝鮮三国（高句麗・百済・新羅）からの渡来人が多数住みついた。彼らは仏教信仰と文筆・手工業技術を持ち、信仰の広がりとともに造寺・造仏に携わった。

【寺院の建立】
推古大王（天皇）は仏教興隆の詔を発し、聖徳太子も十七条憲法で仏教興隆の姿勢を示し、自らも恵慈《えじ》から仏教を学び、三経《さんぎょう》の注釈を行なった。大王家や諸豪族は競って氏寺を建立し、四九カ寺が存在していたことが確認され、僧八一六人、尼五六九人の存在が記録されている。このうち飛鳥寺（＝法興寺、五八八年着工）、四天王寺（五九三年建立）、法隆寺（＝斑鳩《いかるが》寺、六〇七年建立）、広隆寺（六〇三年建立）などが名高い。中門・塔・金堂・講堂を配置し、廻廊をめぐらし、丹塗《にぬ》りの巨大な柱や瓦葺きの屋根など、それまでの列島の建築物には見られない壮大華麗な寺院建築は人びとの心を惹きつけた。

【彫刻と絵画】
寺院の建立に伴って、仏像彫刻も盛んに行なわれた。鞍作止利《くらつくりのとり》作という飛鳥寺の本尊丈六像（飛鳥大仏）や法隆寺金堂の釈迦三尊像などは北魏様式の代表的作品であり、法隆寺夢殿の救世観音像、中宮寺や広隆寺の半跏《はんか》思惟《しゆい》像も名高い。伎《ぎ》楽面《がくめん》も遠くギリシア・インド・西域・中国などに連なるもので、東西文化の交流が見られる。

絵画では、高句麗僧曇徴《どんちょう》が紙・墨・絵具などを伝えたといわれる。遺品は少なく、法隆寺の玉虫厨子の台座と扉に描かれた密陀絵《みつだえ》(一説には漆絵《うるしえ》という)、中宮寺に残る天寿国繡帳《てんじゅこくしゅうちょう》がある。織物にはペルシア風の図柄の獅子狩文錦《ししかりもんにしき》があり、水瓶には中央アジア形式のもので、翼を持って天空をかけるギリシア風のペガサス(天馬)が象嵌《ぞうがん》されており、ここにも当代文化の世界的性格が示されている。また、観勒《かんろく》(六〇二年来日)が暦法や天文・地理の書を伝え、その智識は朝廷記録の歴史的記述を可能にした。

【参考文献】

家永三郎「飛鳥文化」(『図説日本文化史大系・二』小学館、五七年)、熊谷公男「大王から天皇へ」(『日本の歴史・三』講談社、二〇〇一年)。

(阿部　猛)

白鳳文化

【文化の基調】

大化改新(六四六年)以後、平城遷都(七一〇年)までの時期の文化を白鳳文化と呼んでいる。「白鳳」は『扶桑略記』、『藤原家伝』などに見える年号であるが、公式年号ではない。この時期は天武・持統・文武朝の律令国家の成立期にあたる。飛鳥文化が北魏・六朝の影響を受けたのに対して、白鳳文化は唐の文化を基調にしている。遣隋使・遣唐使や、随行した留学生・留学僧らが唐文化をもたらしたのである。

この時期には、わが国固有の神祇に対する祭祀が律令の中で制度化された。伊勢神宮を中心とする神社が整備され、大《だい》嘗会《じょうえ》・祈念祭《きねんさい》などが宮廷の重要な祭祀として定着したが、一方、仏教の興隆策と統制策がとられ、封戸《ふこ》の施入などによる経済的な支援と官大寺制が定められた。地方豪族による氏寺造立は盛んで、六九二年の調査では五四五カ寺に及んだという。

【美　術】

白鳳期の唯一の建築遺構とされるのは奈良薬師寺の東塔であるが、法隆寺に見られた雲形の肘木《ひじき》などの組物はなく、柱のエンタシスもおだやかになっているが、三重塔の各層には裳階《もこし》がついていて六層のように見える。屋根の上には相輪《そうりん》が高くそびえ、その上に水煙《すいえん》のすかし彫りが四枚ついている。法隆寺の金堂・五重塔は再建されたものであるが、当代の様式を伝えており、また発掘された山田寺の回廊はわが国最古の建築遺構とされる。

彫刻では、金属、木彫のほか、乾漆《かんしつ》・塑《そ》造《ぞう》の技法を用いている。六六六年の大阪の野中寺《やちゅうじ》の弥勒像や薬師寺の聖観音《しょうかんのん》、同薬師寺三尊像、京都蟹満寺《かにまんじ》の釈迦像、奈良当麻寺の弥勒像、興福寺仏頭などが知られる。小型の金銅仏や押出仏が多数作られたことは、仏教の広がりを示すものである。

絵画には、法隆寺金堂壁画や同寺の橘

夫人厨子台座絵、勧修寺繡帳がある。とくに法隆寺金堂壁画は当代の代表的作品で、その画法はインドのグプタ朝のアジアンタの壁画に源流を持つ国際的性格を有する。また、高松塚古墳壁画は石室の天井に星宿《せいしゅく》、壁画に四神《しじん》や人物を極彩色で描いたものであるが、高句麗の古墳壁画の影響を受けている。

【文　芸】

文芸では、和歌の発達が著しい。和歌はもと集団で唱和した歌謡に始まり、それらは『古事記』、『日本書紀』に収められているが(記紀歌謡)、漢詩の影響を受けて発達し、長歌・短歌の句法も定まり、長歌には反歌が伴う。文学史上では初期万葉の時代といわれ、柿本人麻呂や額田王ら多くの歌人が出現した。漢文学も積極的に取り入れられ、大友皇子や大津皇子の優れた漢詩はのちの『懐風藻』に収録されている。

国家体制の整備に伴って歴史の編纂も意図され、帝紀(大王・天皇の系譜を中心にした記録)や旧辞(君臣功業の記録)の整理が行なわれ、これはのちの『古事記』、『日本書記』編纂の際の史料とされた。

【参考文献】

家永三郎「飛鳥・白鳳文化」(岩波講座『日本歴史・二』岩波書店、六二年)、徳光久也『白鳳文学論』(法政大学出版局、五九年)。

(阿部　猛)

天平文化

【仏教文化】

「天平」(七二九―四九年)は、奈良時代を代表する聖武天皇のときの年号である。天平文化は平城遷都(七一〇年)から平安遷都(七九四年)までの時期の文化の総称である。白鳳期に続いて、唐文化をいっそう積極的に摂取することによって発展を見た文化であり、貴族的・仏教的な特色を持つ。

仏教は国家権力と深い関わりを持って、その庇護のもとに発展した。個人の救済よりも鎮護国家の役割りをになうところに当代仏教の特色があった。国分寺・国分尼寺の建立や東大寺大仏の造立はその表れであり、寺院は国家によって維持され、経典の読誦・書写は国家の安泰や穀物の豊かな実り、天候の正順を祈るものであった。南都六宗は宗派・教団ではなく学派というべきものであったが、寺院・僧尼を統轄する僧綱《そうごう》、各寺院の統制機関としての三綱《さんごう》の制が整えられ、国家仏教としての性格を明確にした。多くの壮大な寺院が建立されたが、唐招提寺金堂・講堂、東大寺法華堂（三月堂）・転害《てがい》門《もん》、法隆寺夢殿・伝法堂、当麻寺三重塔などが残っている。

【美　術】

仏像は唐の様式を受けて、豊麗な肉体を持つ人間の理想像として造られた。規模も大きくなり、とくに東大寺大仏のような巨大な仏像の造立に見るように技術的な進歩は著しかった。造寺司のもとに造仏所が置かれ、仏師・仏工の集団がそれに附属した。東大寺法華堂の不空羂索《ふくうけんさく》観音《かんのん》像・四天王像は三メートルを超える脱乾漆造で、日光菩薩・月光菩薩・執金剛神像など等身大の塑像《そぞう》である。初期の作である興福寺十大弟子・八部衆の像は写実的な手法で優れている。東大寺戒壇院四天王像、聖林寺（大和国）十一面観音像なども優れた作品である。

絵画では、薬師寺の吉祥天女像や東大寺正倉院の樹下美人像などは唐の絵画の影響を強く受けている。正倉院に収蔵されている数千点に及ぶ工芸品は、貴族の日常生活用品を網羅しているが、国産品も大陸様式の影響を受け、高度な技術を駆使して作られたものである。唐を通じて受け入れた文化の広がりは遠くインド・イラン・東南アジアに及ぶ。

【文　学】

白鳳期に用意された国史の編纂は『古事記』、『日本書紀』として結実したが、地誌の編纂も行なわれ、『風土記』（古風土記）が作られた。諸国風土記の提出はその国家意識の表れであることはもちろんであるが、官人たちが漢字・漢文を自由に駆使することができるようになった状況をも示している。

都の大学、地方の国学では、官人養成のために各種の教科が教授されたが、その学習のためには漢文学を習得する必要があった。漢文学は貴族の必須の教養であった。優れた漢詩を集めた『懐風藻』が編纂される一方、和歌を集大成した『萬葉集』が成立した。約四、五〇〇首に及ぶ和歌は、天皇・皇族・貴族・僧侶・庶民に及ぶ広範な人びとの作品を収め、地域的にも全面に及ぶ。

【法　律】

天智天皇のときの近江令、天武天皇のときの浄御原律令について、七〇一年に大宝律令が制定された（律六巻、令一一巻）。さらに七一八年にこれを修正した養老律令が成立した（律一〇巻、令一〇巻）。これら律令は中国の律令に範をとり成立したが、わが国の慣習法も取り入れた点もある。しかし直訳的な条文もあって、わが国の実情にあわず、実際に行なわれたか否か疑わしい法文も存在する。

【生　活】

法隆寺東院伝法堂は橘夫人宅の一部を移築改造したものといい、当時の住宅の面影を伝えている。一方、庶民の住宅は粗末で、いぜんとして竪穴住居が多く、支配者層の住居との格差は大きかった。具体的な史料は乏しいが、中世の生活から推測すれば、生活水準の低さはいうまでもない。一九八六―八九年の旧平城京の長屋王邸の発掘調査によって、奈良時代貴族の生活状況がかなり解明された。大量に出土した木簡は具体的な生活文化の姿を浮かびあがらせた。

【参考文献】
吉田孝「古代国家の歩み」(『大系日本の歴史・三』小学館、八八年)、渡辺晃宏「平城京と木簡の世紀」(『日本の歴史・四』講談社、二〇〇一年)。

(阿部　猛)

弘仁・貞観文化

【文化の基調】
弘仁(八一〇―二三)は嵯峨天皇のときの年号、貞観(八五九―七六)は清和天皇のときの年号である。この時期は美術史の上で弘仁・貞観時代と呼ばれ、これが広く文化史上の時代呼称として用いられるようになった。

平安初期は、奈良時代に続いて唐風文化が積極的に輸入された時期であった。貴族たちの中国文物・制度を摂取しようとする意欲は盛んで、その機運は朝廷の儀式にも現れ、唐風に整備された。『内裏儀式』、『弘仁儀式』、『貞観儀式』、『延喜儀式』なども編纂され、朝廷の恒例・臨時の儀式が秩序づけられた。宮城一二門の称号が朱雀門(旧大伴門)・待賢門(旧建部門)・達智門(旧丹治比門)という中国風の名称や文字を用いるようになったのもその表れであった。

【学問と文学】
大学における教科の中心も紀伝道(史学科)・文章道(文学科)に移り、代表的文化は漢文学であり、国を治めるためには文章が大切であるとし、官人・貴族の必須の教養とされた。立身出世のためにも学問は必要であると考えられ、貴族たちは作詩・作文に熱中した。多くの詩人や文人が輩出し、勅撰詩文集が相ついで編纂され、私家集も編《あ》まれた。

詩文の尊重、学問重視の結果、貴族の間に大学別曹を作ることがあり、これは一族の子弟のための寄宿学校の役割をになった。漢文学隆盛の一方で、仮名文学が新しい展開を示し、のちにその作品が『古今和歌集』に収められる歌人たちが輩出し、物語の祖とされる『竹取物語』も現れた。

【史書・法典】
史書では、『日本書紀』についで五種の史書が作られて六国史が完成したが、『日本三代実録』を最後としてその後官撰の史書は編纂されなかった。律令については官撰の『令義解』が諸家の法解釈の統一を試み、また惟宗直本は二〇余種の注釈書を集めて『令集解』を編《あ》んだ。律令を補足・修正した「格」と、施行細則である「式」を分類・編集した『弘仁格式』、『貞観格式』、『延喜格式』の三代の格式のうち、格を分類した『類聚三代格』と式のうち『延喜式』が現存している。

【山林仏教】

平安遷都の理由の一端は、世俗化した仏教を排し政治と仏教を切り離すところにあった。この政治の動向に対応して、新たに皇室・貴族に結びついた仏教が興こった。最澄と空海は、ともに入唐して中国仏教を学んだが、学派的仏教とは異なる信仰的宗派仏教を樹立した。最澄の天台宗、空海の真言宗は、ともに山林仏教の行き方をとり、天台宗では最澄の没後、円仁・円珍が入唐して密教を取り入れて密教化し、真言宗の東密に対して台密といわれた。両者とも国家・貴族との結びつきが深く、国家鎮護や個人の延命息災、銷災致福《しょうさいちふく》の祈願を行なった。

この時期には宮中の儀式・年中行事が定着し、多くの仏教的行事が年中行事のサイクルの中に組み込まれるようになり、各寺院でも年間の法会・行事の固定化が行なわれてきた。

【美　術】

美術の面でも、当時の仏教のあり方を反映して独特のものが発達した。寺院は山間に建てられたから、堂塔は地形に応じて配置され、本堂も内陣・外陣の区別が厳重になり、神秘的な雰囲気をかもし出している。寺院は山間に分散し、諸堂も地形に応じて分散したから、仏像の需要も多くなり仏像彫刻が盛んに行なわれた。

この時期からそれまでの金銅・乾漆・塑造などに代わって木彫が主流となり、一木から仏像の全体を彫り出す一木造《いちぼくづくり》の手法がとられ、仏像の量感は豊かに表現されるようになった。大和元興寺の薬師如来像、河内観心寺の如意輪観音像、京都東寺の五大明王像を始め、大和室生寺の諸像も著名である。

地方でも特色ある仏像彫刻が作られた。勝常寺（福島県）の薬師三尊像・四天王像、黒石寺（岩手県）の薬師如来像、仏谷寺（島根県）の薬師如来像・聖観音像、余慶寺（岡山県）の薬師如来像、正長寺（香川県）の聖観音像などがあり、仏教美術の地方普及の様相が見てとれる。

密教は事相を重視したから図像を尊び、諸尊の絵画を創作した。大和西大寺の十二天像、近江園城寺《おんじょうじ》の黄不動明王像など、激しい気魄と量感をもって迫るものがある。また曼荼羅《まんだら》が多く作られ、山城神護寺、大和子嶋寺の両界曼荼羅は名高い。肖像画としては、京都東寺の龍猛・龍智像がある。

【参考文献】

『図説日本文化の歴史・四』（小学館、七九年）、笹山晴生「唐風文化と国風文化」（岩波講座『日本通史・五』岩波書店、九五年）。

（阿部　猛）

国風文化

【国風文化とは】

国風とは、もとは都の洗練された文化に対して、地方の素朴な土俗的文化を意味する。主として国文学の分野で用いられた用語であるが、一九三〇年代から摂関期を中心とする日本的な貴族文化を指して用いられるようになった。とくに国粋主義的な思想が強くなると、日本文化の独自性を強調する意味合いを含めて用いられた。

漢文学を中心とした唐風文化全盛期を経て一〇世紀に入ると、文化のあらゆる面で融合が図られ、また日本的な文化の創造的活動が顕著になった。かつて文化の日本化の主要な契機を遣唐使の停廃に置く見方があったが、このような考え方は現在では否定されている。唐風の文物はその後もむしろ盛んに輸入され、唐文化に対するあこがれは衰えることなく、唐物《からもの》趣味は高揚しこそすれ衰退することはなかった。平安中期の国風文化は政権を掌握した藤原氏を中心とする貴族社会の文化であり、藤原文化とも呼ばれる。

【貴族の生活】

平安宮は、大極殿《だいごくでん》以下朝堂院《ちょうどういん》の殿舎は瓦葺・石畳の唐風であったが、居住区の内裏《だいり》は桧皮葺《ひはだぶき》・床《ゆか》板張の和風建築であった。貴族たちは優美な寝殿造の住宅に住み、その中には日本の風景・風俗を描いた大和絵の屏風《びょうぶ》や几帳《きちょう》を置き、美しい蒔絵《まきえ》の調度品が生活に彩《いろどり》をそえた。邸内には前栽《せんざい》や築山《つきやま》あるいは池を配した。

男性の衣服は、ふだんは直衣《のうし》・狩衣《かりぎぬ》、礼服には衣冠《いかん》・束帯《そくたい》を用いた。女性は、ふだんは小袿《こうちぎ》、正式には裳《も》唐衣《からぎぬ》、いわゆる十二単《ひとえ》という独特な衣服をまとった。

彼らはことあるごとに詩歌管絃にうち興じ、宴会や物見遊山を行なった。芸術としてよりも社会的教養として詩歌・音楽が重んじられ、蹴鞠《けまり》・碁《ご》・双六《すごろく》・香合《こうあわせ》・絵合《えあわせ》・小鳥合《ことりあわせ》など、さざまなな遊戯も発達した。

朝廷・貴族社会の年中行事も、唐風の色彩の濃い令制の節日《せちび》行事が仏教行事と結びつき、また日本の季節や風土の影響を受けて姿を変え、さらには民間の習俗なども取り入れられて形を整えた。反面、宮中の追儺《ついな》が民間の鬼やらいになったように、貴族社会あるいは都市の行事が地方へ流布していった。朝廷の政務の儀式化が進み、先例・故実《こじつ》は貴族の必須の教養となり、さまざまな儀式書が作られた。

【文　学】

九世紀における二種類の表音文字、片仮名・平仮名の発生は、感情や心理の微妙な表現を可能とし、和歌や散文の世界に活気をもたらした。一〇世紀に入ると、最初の勅撰集『古今和歌集』が作られ、その後『八代集』、『二十一代集』へと続いた。また九世紀末から一〇世紀初頭にかけて、和歌の世界では歌合《うたあわせ》が生まれた。題に応じて作った和歌を二首ずつ組み合わせ、左右に分け優劣を競う遊戯であるが、判者による判詞の付加は歌の批評を盛んにし、歌論・歌学を勃興させた。

仮名を用いた散文の物語も生まれた。和歌と結びついた『伊勢物語』、『大和物語』、民間説話を取り入れた『宇津保物語』、『落窪物語』などが作られ、また最初の仮名日記『土佐日記』も書かれた。中宮彰子の女房であった紫式部は『源氏物語』を書き、貴族の生活や愛欲・心理を克明に描写するとともに、彼らの理想を描いたが、それは仏教思想に裏打ちされたものであった。『源氏物語』以後にも『狭衣物語』、『浜松中納言物語』などが作られた。

『蜻蛉《かげろう》日記』、『紫式部日記』、『和泉式部日記』、『更級日記』などの日記文学も、主として中流貴族出身の女性たちの手になるものであった。随筆には、清少納言の才気あふれた『枕草子』がある。文化の国風化とは、実にこの女流文学において最も見事に花開いたのであり、それが当代文化の特質でもあった。

国文学の隆盛に伴い言語・文字の研究が進み、辞（字）書の編纂が行なわれた。僧昌住撰『新撰字鏡』、源順撰『倭名類《わみょうるい》聚抄《じゅうしょう》』、橘忠兼撰『伊呂波字類抄』などがそれである。

【信　仰】

貴族たちは陰陽《おんみょう》思想に支配されて深く迷信を信じ、また天台や真言の僧を招いて密教の祈禱《きとう》をさせた。しかし中期になると浄土思想が広まり、『往生要集』を著して浄土信仰を説いた源信《げんしん》や、市中に阿弥陀仏の功徳《くどく》を唱えた市聖《いちのひじり》空也《こうや》らの活動は、貴族社会のみならず、庶民の間にも大きな反響を呼び起こした。この傾向を推し進めたのが末法思想の普及であった。わが国では、一〇五二年（永承七）末法第一年に入ると信じられ、社会的混乱の続く中で人びとは現実への悲観・絶望と浄土へのあこがれを強めた。

政治や社会の不安に伴い、御霊《ごりょう》信仰が広まった。政争で失脚した貴族の霊魂のたたりで疫病や異変が起こると信じられ、祇園・北野・今宮などの社《やしろ》が祀られ、信仰はしだいに地方に流布していった。

仏教は、はじめ神祇信仰と衝突したが、しだいにこれを包摂して神仏習合の風潮を作った。神宮寺の建立、寺院の鎮守勧請、神に菩薩号をつけ、権現号《ごんげんごう》をもって呼ぶことも行なわれ、やがて本地垂迹《ほんちすいじゃく》説も形成された。前代以来の山岳信仰はいよいよ盛んで、吉野・大峯・熊野などには山林修行者が回峯し、貴族の参詣も多かった。

神社の祭礼や寺院の法会も華麗なものとなり、そこへ出向く貴族たちの行列も華美を競うようになった。伊勢斎王や賀茂斎宮の行列も都の人びとの見物の対象となった。

【美　術】

貴族たちは、極楽浄土をこの世に具象化しようと阿弥陀堂を造った。藤原道長が造営した京都の法成寺《ほうじょうじ》の美しさは浄土そのものと称された。子の頼通も宇治に平等院を造り、その鳳凰堂は現存している。阿弥陀堂には阿弥陀来迎図を掛け、阿弥陀仏を安置した。仏教彫刻にも変化が現れ、初期の神秘的な表情とは違った円満豊麗な顔を持つ仏像が作られた。手法もそれまでの一木造《いちぼくづくり》に代わり寄木造《よせぎづくり》を用い、量産が可能になった。この手法は定朝《じょうちょう》によって完成されたという。この頃から作品に作者の名前が記されるようになり、仏師の社会的地位も向上し、高い僧位が与えられるようになった。

絵画では、唐絵《からえ》に対して大和絵《やまとえ》と呼ば

れる画風が発達した。画師の地位も向上し、画業も世襲化し、巨勢金岡《こせのかなおか》に始まる巨勢派は有名である。書にも日本化の傾向が表れた。前代の六朝・唐風の三筆に代わり、三蹟と称された小野道風・藤原佐理《すけまさ》・藤原行成《ゆきなり》は和様の書を確立した。また草仮名の書風も和歌の盛行につれて発達し、連綿体と称する洗練された美を作りだした。

【参考文献】

村井康彦「王朝貴族」（『日本の歴史・八』小学館、七四年）、『図説日本文化の歴史・四』（小学館、七九年）、朧谷寿「王朝と貴族」（『日本の歴史・六』集英社、九一年）、大津透「道長と宮廷社会」（『日本の歴史・六』講談社、二〇〇一年）。（阿部　猛）

平安末期の文化

【文化の普及】

受領《ずりょう》層や武士が政治の舞台に登場するようになると、地方の空気が都に流れ込み、中央の文化も地方に伝えられて、文化にも新しい機運が起こった。

今様や田楽そのほか庶民芸能が盛んになり、それが貴族の生活の中に取り入れられていったことは注目すべきことであった。農村の田植のときに行なう田楽が平安京内で流行し、上皇・貴族の間にまで広がったのはその一例である。流行歌謡の今様には神事や仏教系統の歌謡もあるが、民間の今様は庶民の歓楽哀愁をにじませ、職業的なうたい手である遊女・白拍子《しらびょうし》らによって洗練され、貴族の間でもてはやされた。後白河法皇は今様を愛好し、自ら修得したのみならず、歌詞を集めて『梁塵秘抄《りょうじんひしょう》』を撰述した。

地方に足場を築いた受領層や武士団は、都の文化を地方へ伝えた。一方、地方でも高度な文化を受容しようとする機運が起こり、しだいに文化が各地に伝播した。奥州藤原氏の根拠地平泉《ひらいずみ》の中尊寺《ちゅうそんじ》は、この傾向を示す代表的なものである。東北の中尊寺に対して九州の豊後国には富貴寺《ふきじ》があり、安芸国の厳島《いつくしま》神社には平清盛が納めた平家納経があって、当代の芸術の粋を集めたものとして高く評価されている。このほか、伯耆国の三仏寺の投入堂、磐城国白水《しらみず》の阿弥陀堂などがある。

仏教信仰の広がりは著しく、僧侶が地方に下って布教に努め、有力寺院への寄進を人びとに勧め、その宗教生活を指導した。

【往生伝】

末法思想は急速に広まり、浄土への往生を願う気持が強くなり、多くの往生伝が編纂され、貴族だけでなく武士や庶民の往生譚《おうじょうたん》が語られるようになった。一〇世紀の慶滋保胤《よししげのやすたね》の『日本往生極楽記』のあとを受けて、一一世紀には鎮源の『大日本国法華経験記』が書かれ、一二世紀に入ると大江匡房『続本朝往生伝』、三善為康『拾遺往生伝』、『後拾遺往生伝』、蓮禅『三外往生伝』、藤原宗友『本朝新修往生伝』などが書かれた。

【歴 史 書】

古代国家の動揺・解体は、貴族たちに回顧と反省の機会を与えた。『栄華物語』は宇多天皇から堀河天皇までの約二〇〇年の歴史、とくに藤原道長を中心にして摂関家の栄華とその由来を描いた。それまでの史書が漢文の編年体であったのに対して、仮名書きの物語風の歴史書であった。この頃、官撰の史書は作られなかったから、六国史のあとを受け、史料としても貴重である。また『大鏡』は文徳天皇から一条天皇までの藤原氏全盛時代の歴史を描いたが、紀伝体の仮名書きの史書である。『栄華物語』よりもいっそう観察眼は鋭く、政争の裏面の実態を叙述し、それへの批判をも展開していて、歴史文学の傑作と称される。

【説 話】

この時期に優れた説話文学の生まれたことも特筆すべきことであった。『今昔物語集』はインド・中国・日本の仏教説話や世俗説話を収め、とくに世俗説話には貴族・武士・庶民の生活と心情をいきいきと描写したものが多い。

武士の活躍は説話集の合戦・武勇譚《たん》に見られるが、平将門の乱を描いた『将門記』や前九年の役における戦闘や武士の行動を描いた『陸奥話記』がある。これらはのちの軍記物の先駆をなすものであった。

【和 歌】

一〇世紀の『古今和歌集』、『後撰和歌集』、一一世紀の『拾遺和歌集』、『後拾遺和歌集』のあとを受けて、平安末期には『金葉和歌集』、『詞花和歌集』、『千載和歌集』が編まれたが、当代の優れた和歌は、一三世紀初頭の『新古今和歌集』に集められた。その歌風は、情趣や技巧に優れ、新古今調といわれ、藤原定家・西行・源実朝らの秀歌が収められている。一二世紀の歌壇では歌合《うたあわせ》の流行によって新旧両派が対立し、歌論書が多く生まれた。

【絵 巻 物】

絵画では、絵巻物の発達が見られた。大和絵の手法によるものであり、高さ約三〇センチメートルほどの紙に絵画と詞《ことば》書《がき》を交互につなげたもので、物語や説話の展開を流動的に描いた。一二世紀には『源氏物語絵巻』、『信貴山縁起絵巻』、『伴大納言絵巻』、『鳥獣戯画巻』、『餓飢草紙』、『病草紙』の傑作が生まれた。なお絵画には、『平家納経』のほか大阪四天王寺の『扇面古写経』がある。

【参考文献】

『図説日本文化の歴史・四』(小学館、七九年)、武者小路穣編『日本生活文化史・三』(河出書房新社、八〇年)、林屋辰三郎『中世文化の基調』(東京大学出版会、五三年)、同『古典文化の創造』(東京大学出版会、六四年)。

(阿部 猛)

鎌倉文化

【鎌倉文化】

鎌倉幕府の成立、すなわち治承・寿永の内乱を通じて武士による政権が樹立されたことは、文化の面にも大きな影響を及ぼした。とくに伝統的な貴族文化は強い衝撃を受け、その動揺と緊張の中で、貴族社会から武士社会への推移を道理によって説く『愚管抄《ぐかんしょう》』のような歴史書も現れた。また法然らによって開かれた新しい仏教や、武士の活躍を描いた軍記物の傑作『平家物語』など、武士や民衆に受容された新しい文化も形成された。さらに京都の貴族文化に対し、武士政権の所在地鎌倉を中心に、武士独自の文化が成長していったことも見逃すことはできない。武士社会の慣例と頼朝以来の先例を成文化した『御成敗式目』は、それを代表するものであり、そのほか北条実時が和漢の書物を集めて金沢文庫を創設したことなどは、鎌倉武士の学問への高い関心をよく示すものであろう。なお、鎌倉には禅宗系統を中心に多くの寺院が建てられたが、その禅宗寺院を窓口としてもたらされた宋文化の影響も大きいものがあった。

【鎌倉仏教】

治承・寿永の内乱を目の当たりにした法然は、ひたすら念仏を唱えることによってのみ極楽往生できると説き、その教えは弟子の親鸞によってさらに深められた。また道元は禅のみの立場を追求し、日蓮は法華経こそが真の仏法であるとして他宗を激しく排撃した。このように、鎌倉時代には、念仏・禅・題目といった違いはあるが、それぞれみずからの教えを絶対化してほかの信仰・行を否定するという点で共通し、それによって広く武士や民衆に受け入れられていった新しい仏教が生まれた。一般に、これを鎌倉新仏教と総称しているが、近年、この概念は近世の宗派秩序を規準とした近世史中心の概念であるとの批判もなされている。

一方、新仏教に対して天台・真言宗などの旧仏教（顕密《けんみつ》仏教）の側でも改革の動きが起こった。高弁や貞慶は戒律を重んじ、それぞれ華厳宗・法相宗を再興し、奈良西大寺を中心とする律宗の叡尊・忍性は戒律の普及や社会事業に力を尽した。こうした旧仏教側による戒律尊重に関連して注目されるのは、院政期から盛んに説かれるようになった、人はそのまま成仏している、言い換えれば、人は最初から仏なのだとする天台本覚《ほんがく》思想であろう。すなわち戒律復興は、本覚思想の盛行のもとで高まっていった、修行や戒律が軽視され、僧侶の武力行動まで肯定されるという風潮に対する反省の現れとみなされるからである。もっとも、こうした本覚思想の否定による鎌倉仏教の成立という考えに対し、本覚思想の発展したものとしての鎌倉仏教という見方も主張されている。

なお、一九七〇年代以降における鎌倉仏教研究の動向の一端をあげれば、新仏教と旧仏教との対立点を強調し、新仏教の民衆性を評価するといった、かつての研究のあり方に対する疑問から、「鎌倉仏教」としての総体的把握が、積極的に追求されるようになったことが注目されよう。

【文　学】

政治的には武家政権に圧倒されながらも、文化の面では、なお優勢を保っていた貴族社会では、和歌がますます盛んになった。中でも後鳥羽上皇の命を受けて撰進された『新古今和歌集』は、和歌の伝統に学びながらも、観念的な美の創造という新しい境地を開いた。また撰者の一人藤原定家の父は、『千載和歌集』を撰進したことで知られる俊成であり、このように代々、文化・芸術の一つを専門的な家業とする家が現れたのも、この時期の特色である。一方、『新古今和歌集』には、北面の武士出身の西行の歌が最も多く選ばれているが、万葉調の秀歌をよんだ三代将軍源実朝を始め、鎌倉の武士の中にも和歌をたしなむものが現れた。

和歌以外では、貴族文化のさまざまな知識が盛り込まれた最後の貴族的説話集『古今著聞集』や、地方的庶民的な説話を多く収めた仏教説話集『沙石集』などの説話文学、鎌倉初期の鴨長明『方丈記』や末期の吉田兼好『徒然草』といった無常を論じた随筆、京都と武士の都鎌倉の往来が盛んになったことから現れた阿仏尼『十六夜日記』などの紀行文が注目される。

しかし、この時期を最もよく代表する文学といえば、新興の武士の活躍ぶりを描いた軍記物であろう。とくに平氏の栄華と没落を主題とする『平家物語』は、すでに平安中期から存在が確認されている琵琶法師によって、平曲として語られ、文字を読めない人びとの間にも広まった。

なお西行・鴨長明・吉田兼好らは、いずれも世を逃れ世を捨てた、いわゆる遁《とん》世《せい》者と呼ばれる人びとで、鎌倉期、彼らが文化面で果たした役割は大きいものがあった。

【学問・思想・信仰】

武士政権の成立によって衝撃を受けた貴族文化の側では、先に触れた『愚管抄』のような作品が生みだされるとともに、往時の栄華をなつかしみつつ、その復興を願う心情から、朝廷の儀式・先例を研究する有職故実の学問が重視されるようになった。また古典に対する関心も深まり、僧仙覚『万葉集註釈』・卜部《うらべ》兼方《かねかた》『釈日本紀』といった古典の注釈書が現れたが、近年、この注釈という営み、すなわち中世における古典の読み方を通して中世の本質を探ろうとする研究が注目を浴びている。一方、学問への関心が強くなっていった武家社会では、鎌倉幕府の関係者によって、一一八〇年（治承四）から一二六六年（文永三）に至る幕府の歴史を日記体で記した『吾妻鏡』も編纂された。なお同書からは、武家社会の年中行事のあり方もうかがえて興味深い。

鎌倉期には禅の文化が宋から輸入され、とくに武家文化の形成に貢献したが、儒学の一派である宋学（朱子学）も入宋僧らによって伝えられ、鎌倉末期、その大義名分論は後醍醐天皇と近臣たちの倒幕運動に影響を与えた。なお信仰関係では、仏教に対抗して、神を主とし仏を従とする伊勢神道が大成されたこと、平安中期以来の山伏の活動が盛んになり、山岳信仰と仏教・道教などが結びついた修験道《しゅげんどう》も広まったことなどが注目されよう。

【美　術】

治承・寿永の内乱は鎌倉期の美術界にも大きな影響を与えた。平氏によって焼き討ちされた南都の寺々の再建事業を通じて、建築・彫刻に新しい傾向が生まれてきたのである。まず建築では、東大寺再建の勧進上人として活躍した重源が入宋の経験をいかし、大仏様（天竺様）といわれる様式を取り入れた。東大寺南大門が、その代表的な遺構である。なお宋からは、やがて禅宗様（唐様）も伝えられ、禅宗寺院の建築様式として広く普及していった。彫刻を代表するのは、運慶ら、慶派と呼ばれる奈良仏師たちが制作した東大寺南大門仁王像であろう。そこには力強さと写実性という新しい時代の精神がよくいかされているからである。近年、この仁王像の大規模な解体修理が行なわれたが、その際に発見された銘文・納入品は、像高八メートル余という巨像制作の過程などを解明する上で貴重な資料である。また今日、静岡県・神奈川県など関東地方の寺院にも運慶作の仏像が伝えられており、運慶と鎌倉武士との深い関係を示唆するものとして注目されている。

絵画の分野では、寺社の縁起・高僧の伝記・合戦などを主題とする絵巻物が盛んに作られた。近年、これら絵巻物を始めとする絵画を歴史史料として利用しようとする研究が活発になっており、中でも時宗の開祖一遍の生涯を描き、鎌倉期の社会・風俗などがよくうかがえる『一遍聖絵』には強い関心が寄せられている。また鎌倉美術の特色である写実性を示すものとして、似絵と呼ばれる肖像画も注目されるが、従来、その代表的作品として紹介されてきた伝藤原隆信作『源頼朝像』については、像主に南北朝期の武将をあてる有力な新説が提唱されている。

一九七六年、韓国新安沖の海底で、鎌倉末期、中国の港から日本に向かう途中に沈没したと見られる貿易船が発見されて話題を呼んだ。この船の積荷のうち、銅銭についで多かったのは中国産の陶磁器であったというが、鎌倉期には、瀬戸焼のように宋や元の影響の強い陶器が日本でも生産されるようになった。

【参考文献】

大隅和雄『中世思想史への構想』（名著刊行会、八四年）、同『中世・歴史と文学のあいだ』（吉川弘文館、九三年）、同『日本文化をよみなおす』（吉川弘文館、九八年）、黒田日出男『姿としぐさの中世史』（平凡社、八六年）、平雅行『日本中世の社会と仏教』（塙書房、九二年）、桜井好朗『祭儀と注釈』（吉川弘文館、九三年）、藤原良章・五味文彦『絵巻に中世を読む』（吉川弘文館、九五年）、米倉迪夫『絵は語る四・源頼朝像—沈黙の肖像画』（平凡社、九五年）、副島弘通『運慶—その人と芸術』（吉川弘文館、二〇〇〇年）。

（樋口州男）

南北朝文化

【南北朝文化】

一三〇〇年代、半世紀以上にもわたった全国的内乱を背景とする南北朝文化は、武家勢力が公家勢力を圧倒し、また民衆勢力も台頭してくるという政治的・社会的な動きを反映した過渡期の文化といえよう。もっとも室町時代の文化として、三代将軍足利義満の時代の北山文化と、八代将軍足利義政の時代の東山文化という二つの頂点を中心に論じ、それに先立つ南北朝文化を独立させる必要を認めない立場もある。しかし、ここでは建武政権期も含めて、南北朝期の文化を一つのまとまりある文化としてとらえたい。

【軍記物・歴史書】

内乱の中から生みだされてきたものとして、後醍醐天皇の即位に始まり足利義満の登場に至るという、まさに内乱期の社会を生き生きと描いた『太平記』、その『太平記』前半部にあたる時期を武家の立場から詳述した『梅松論』、さらに南朝の中心人物北畠親房が皇位継承の正しいあり方を説いた『神皇正統記』といった軍記物・歴史書が注目される。このうち『太平記』は物語僧、のち太平記読みと呼ばれる講釈師によって広められていったが、同書と琵琶法師によって人びとに親しまれていった『平家物語』との性格の相違、また『神皇正統記』の執筆動機などをめぐっては、意見が分かれるところである。なお軍記物・歴史書ではないが、播磨国の地誌『峰相記《みねあいき》』（ぶしょうき）には、内乱期に活躍した悪党についての記述が見え、関心が寄せられている。

【連歌・ばさら】

建武政権や当時の風俗を痛烈に批判・風刺していることで有名な「二条河原の落書《らくしょ》」や、室町幕府の基本方針を示した建武式目によると、内乱期には、和歌に代わって連歌、茶を飲みその種類をあてる闘茶を楽しむ茶寄合《よりあい》、平安期以来の田楽などが流行し、また「ばさら（婆佐羅）」と呼ばれる風潮が顕著になったと見えている。中でも数人が和歌の上句と下句を交互に詠みながら続けるという平安貴族の遊戯に発する連歌の発達はめざましく、始めは座興にすぎず、その方式も京・鎌倉など各地でまちまちであったが、二条良基らによって決まりも統一され、和歌と対等に扱かわれるようになっていった。こうした連歌会や茶寄合など、人びとが一堂に会する寄合の文化が普及したところに、この時期の文化の特色を見ることができよう。なお建武式目で贅沢《ぜいたく》・華美な風俗として禁止されている「ばさら」については、既成の秩序・権威を否定した「ばさら」大名たちの登場などとあわせて、とくに転換期における意識の問題として重視されている。

【禅の日本化】

鎌倉時代、臨済宗は北条氏と深く結びつくことによって発展したが、室町幕府からも厚い保護を受け、室町時代における文化活動に大きな役割を果たした。足利尊氏・直義兄弟に勧めて、南北朝の内乱で没した敵味方いっさいの霊魂をとむらうため、国ごとに安国寺と利生塔《りしょうとう》を建立させ、後醍醐天皇の霊を慰めるために天龍寺を創建させたのも臨済僧夢窓疎石であった。また夢窓は、思想史上、禅の日本化を進めたことでも知られている。すなわち、始め天台・真言両宗を学んだのち禅宗に入ったという経歴が示すように、夢窓は思想的には禅密兼修であり、このため中国の純粋禅とは異なるものとして批判を受けてもいるのである。しかし、そうした宗風が、かえって多くの門下生を集めることになり、夢窓の法系を室町五山の主流におしあげさせるに至ったのである。

【参考文献】

玉村竹二『夢窓国師』(平楽寺書店、五八年)、大隅和雄『中世思想史への構想』(名著刊行会、八四年)、同『中世・歴史と文学のあいだ』(吉川弘文館、九三年)、佐藤和彦『中世社会思想史の試み―地下の思想と営為―』(校倉書房、二〇〇〇年)。

(樋口州男)

北山文化

【北山文化】

室町幕府三代将軍足利義満の時代になると、南北朝の内乱を通じて、政治的・経済的に公家を圧倒した武家が、伝統的な公家文化と禅僧らによってもたらされた中国文化を取り入れながら、新しい文化を生み出した。これを北山文化という。その呼称は、義満が京都の北山に営んだ豪華な山荘が、政治および文化の中心としての役割を果たしたことによるが、中でもそこに築かれた舎利殿(金閣)は、公家の寝殿造と禅宗寺院の建築様式を統合したもので、北山文化の特徴をよく示した遺構とされる。また、この時期、義満が観阿弥・世阿弥父子を庇護し、猿楽能を発展させたことに見られるように、都市や農村にめばえた民衆文化が、武士・公家の間に吸収されていったことも見逃すことはできない。なお早くから評価されていた、次期の東山文化の場合と異なり、義満の時代の文化を北山文化という、一つの文化的画期と見なすようになったのは第二次世界大戦以後のことで、それほど古くはなく、こうした時期区分にしても、例えば義満以後の義持・義教時代をどのように位置づけるかといった問題点なども含め、今後とも検討が必要であろう。

【禅宗文化】

禅宗のうち、とくに臨済宗は夢窓疎石以来、室町幕府との結びつきが強く、足利義満も南宋の官寺制度を取り入れ、寺格を表す五山・十刹《じっさつ》の制を整えるなど、これを統制下におくとともに厚く保護したため大いに栄えた。この五山の禅僧たちの間では、宗教的な意義はもとより、日中間の交流のもとでの言語習得の必要性という面もあって、漢詩文の創作が盛んに行なわれた。これを五山文学というが、五山僧らは、五山版といわれる宋・元の禅籍・漢詩文集を主とする出版活動も行ない、以後におけるわが国の出版文化の発展に貢献している。また禅宗寺院では宋学（朱子学）の研究も行なわれており、近世における儒学思想の隆盛の前提として注目される。さらに中国から来日・帰国した禅僧たちによってもたらされた水墨画に対する関心が高まったのもこの時期で、将軍足利義持の頃には、彼の支持を受けたと伝えられる相国寺《しょうこくじ》の如拙《じょせつ》らが活躍している。まさに禅宗寺院は中国文化輸入の拠点として、当時の学芸の中心的な場としての役割を果たしていたのである。

【能と狂言】

南北朝末期～室町期には、歌舞劇である「能」と、能の幕間に演じられる対話劇の「狂言」が登場し、北山文化を代表する芸能となった。その源流と見なされているのが、早く平安後期には行なわれていた滑稽な物まねを主とする猿楽、および豊作を祈る農耕行事から生まれた田楽といった民間芸能である。すなわち一般的には、これら猿楽や田楽は、鎌倉末期頃になると、おのおの猿楽能・田楽能として能を演じ始め、互いに影響し合っていたが、しだいに猿楽能が主流となり、とくに足利義満の多大な保護を受けた、大和猿楽の結崎座（観世座）の観阿弥・世阿弥父子によって大成されたと説明されているのである。しかし能・狂言の形成過程や、この時期における成立の意味をめぐっては、いまだ解明されなければならない課題が山積しているといえよう。なお観阿弥が取り入れ、能の大成に大きな影響を与えたことで知られる、扇を持ち、鼓の伴奏で舞う曲舞《くせまい》は、のち幸若舞へと引き継がれ、戦国武将らに愛好された。

【参考文献】

玉村竹二『五山文学』（至文堂、五五年）、林屋辰三郎『中世芸能史の研究』（岩波書店、六〇年）、『週刊朝日百科・日本の歴史一六・金閣と銀閣』、『同一七・能と狂言』（朝日新聞社、八六年）、松岡心平『能』（角川書店、九八年）。

（樋口州男）

東山文化

【東山文化】

一五世紀後半、室町幕府八代将軍足利義政の時代には、三代将軍義満の時代の北山文化に代わって、より洗練された簡素で趣きのある文化が生まれた。義政が京都の東山に築いた山荘（東山殿）を中心に展開された、この文化を東山文化という。すでに子義尚に将軍職を譲っていた義政が山荘の造営に着手したのは、応仁の乱後のことで、義政の日常生活の場である常御所《つねのごしょ》を始め、持仏堂の東求堂《とうぐどう》、来客を接待したり、茶の湯・和歌・連歌といった会が催された会所《かいしょ》などが相ついで営まれ、義政の死の前年には銀閣の名で有名な観音殿が上棟されている。このうち東求堂にある四畳半の小室同仁斎《どうじんさい》や銀閣の一層は、書院造という新しく成立した住宅様式として知られるが、銀閣については、ほかからの移築説もある。この東山山荘では、僧体で阿弥号を有し、「同朋衆《どうぼうしゅう》」と呼ばれる人びとが義政の身辺につかえていた。彼ら同朋衆は、歴代将軍の側近として雑事を勤めたほか、日明貿易でもたらされた美術工芸品の鑑定や管理、会所の座敷飾りにあたるなど、その室町期の文化面で果たした役割は大きいものがある。なお義政の東山山荘での生活は、常御所に移った一四八三年（文明一五）から、死去の年である一四九〇年（延徳二）までの七年間にすぎないが、東山文化の年代については、その始期を一四四三年（嘉吉三）の将軍家家督継承までさかのぼらせる説など、諸説が提唱されており、近年では、ここでも北山文化の場合と同じく、義政の父義教時代の位置づけが課題となっている。

【生活文化の形成】

書院造が近代の和風住宅の源流となっていることに象徴されるように、この時代には、今日に至るまで日本人の生活と深く結びついていくことになる文化が生まれた。義政らが求めた美的で芸術的な「書院の茶」が、やがて村田珠光らによって「草庵の茶」、すなわち「侘《わ》び茶」として発展させられるとともに、書院の座敷飾りとして生け花や絵画が盛んになったのである。このうち絵画では、北山文化の頃に基礎が築かれた水墨画に雪舟がでて、これを大成した。また狩野正信・元信父子は水墨画に大和絵の手法を取り入れて狩野派を興したが、東山山荘の襖《ふすま》には数多くの正信の絵が描かれていたと伝えられている。これら茶の湯・立花・水墨画といった屋内芸術ばかりでなく、作庭も盛んとなり、善阿弥ら「山水河原者《せんずいかわらもの》」と呼ばれる造園技術者が活躍し、枯山水《かれさんすい》の様式で知られる大徳寺大仙院の名園などが作られたのも、この時代のことである。

【宗教界の動向】

幕府の保護を受けて栄えた臨済宗のほか、地方の武士や民衆に布教した同じ禅宗の曹洞宗、応仁の乱の頃に本願寺派に蓮如が出た浄土真宗、京都で商工業者の町衆の間に広まった日蓮宗など、鎌倉時代に生まれた諸宗も、この時期、活発な活動を見せた。なお臨済宗でも、応仁の乱後に一休宗純によって再興された大徳寺などは、曹洞系と同じく、官寺の五山派に対する私寺、すなわち林下《りんか》の中心的寺院として知られている。いずれにしても各宗の教団勢力拡大に際しての、布教と組織の方法、支持者の地域・階層など、解明すべき課題は多い。仏教以外の信仰面では、吉田兼倶が神祇思想に仏教・儒教を取り入れて唯一神道を説いたこと、室町末期になると、伊勢参宮を始め、遠隔地の社寺への参詣が民衆の間でも盛んになったことなどが注目されよう。

【文化の地方普及と民衆化】

応仁の乱後、各地の戦国大名に迎えられて、公家や僧侶らの文化人が荒廃した京都から地方へと移住したことなどにより、文化の地方普及が進んだ。大内氏の城下町山口が小京都と呼ばれたのは有名である。また宗祇ら連歌師が諸国を遍歴して各地で連歌の寄合を開くなど、その普及に努めた意義も大きい。一方、民衆による文化創造の面では、応仁の乱で中断していた祇園祭を復活し、風流《ふりゅう》踊りに趣向をこらすなど、京都の町衆の活躍ぶりが目立ち、彼らの間では絵入りの短編物語の御伽草子《おとぎぞうし》が読まれ、『閑吟集』に収められているような小歌も流行した。なお公家の間では伝統的な文化遺産の継承に力が注がれ、この時期を代表する文化人の一条兼良には、優れた有職故実の研究や古典の注釈研究がある。

【参考文献】

森末義彰『東山時代とその文化』(秋津書房、四二年)、芳賀幸四郎『東山文化の研究』(河出書房、四五年)、同『東山文化』(塙書房、六二年)、林屋辰三郎「東山文化」(岩波講座『日本歴史・中世三』六三年)、横井清『東山文化』(教育社、七五年、のち平凡社ライブラリー所収、九四年)。

(樋口州男)

桃山文化

【桃山文化】

一六世紀後半、いわゆる織豊政権期を中心とする文化を桃山文化という。桃山は、豊臣秀吉が晩年に居城とした伏見城の跡地の名で、伏見城が廃城になったのち、桃が植えられたことから、その名がある。権力と富を誇る新興大名や都市の豪商の意識を反映した、この文化の特色としては、まず前代と比べて仏教的色彩がうすれ、現世肯定の世俗的性格が濃厚となり、雄大豪華な文化が生みだされたことがあげられよう。また各地の都市を拠点とする文化の地域的広がり、および文化の民衆化が、前代からいっそう進んだことも特色の一つで、とくにかぶき踊りや隆達節《りゅうたつぶし》といった民衆芸能の流行は注目される。さらに第三の特色として、国際的交流が活発に展開される中で、ヨーロッパや東アジアからさまざまな文化がもたらされ、この時期の文化を多彩なものにしたこともあげられる。いずれにしても、中世文化の継承、近世文化に向けての新しい文化の創造という二つの側面からの検討が必要である。

【城郭と障壁画】

桃山文化を代表するのが、安土城・大坂城・伏見城といった城郭建築である。一六世紀後半、山岳の地形を利用した従来の山城に代わって、平地に築かれる城郭がふえ、さらにこの平城《ひらじろ》を中心に城下町も形成され、大名らによる領国支配の拠点が建設されていったが、巨大な城郭建築は、政治的な面ばかりでなく文化面でも象徴的な役割を果たしていたのである。中でも本格的な出現は信長の安土城からといわれる天守閣——天守は天主・殿主などとも書き、その意味についても諸説がある——は、戦闘での指令塔から大名の権勢を誇示するものとなった。また本来は軍事的な防禦施設であった城郭の内部には書院造による大名らの居館が設けられ、その壁や襖などには金地の上に青・緑といった濃い色彩をほどこした濃絵《だみえ》の障壁画が飾られた。この障壁画の作者として活躍したのが、狩野永徳・山楽の師弟らである。

【茶の湯と芸能】

一五八七年（天正一五）、秀吉が京都北野天満宮で催した大茶会には、上は公卿・大名から下は町人・百姓まで身分の別なく、「茶湯執心の者」一千余人が参加したという。いわゆる「北野大茶湯《きたのおおちゃのゆ》」で、茶の湯が広く民衆の間でも愛好されていたことをよく示している。しかし一方、壮大な企画といい、拝殿に組みたてられた黄金の茶室や秀吉所持の名物茶道具の展観といい、権力の誇示も強烈で、こうした二つの側面を合わせ持つ北野大茶湯は、まさに桃山文化の性格を象徴する催しであったといえよう。この大茶会の茶頭を勤めたのが堺の町衆千利休である。彼は簡素・閑寂の精神を重視する侘《わ》び茶の大成者として知られるが、のち秀吉と対立して自刃しており、そこから茶の湯のあり方をめぐる当時の矛盾・対立が推定される。なお茶の湯の流行は、全国各地における国産陶磁器の発達をもたらす役割も果たしている。

秀吉の七回忌にあたる一六〇四年（慶長九）、彼を祀った京都豊国神社では臨時の祭礼が盛大に行なわれた。その二年後に同社に奉納された『豊国祭礼図屏風《ほうこくさいれいずびょうぶ》』は、すでに焼失していたはずの方広寺大仏殿を描くなどの虚構もほどこされているが、当時の様子をうかがうことのできる貴重な絵画史料である。中でも注目されるのは、左隻に描かれている、そろいの衣装を整えたり、南蛮人などに扮したりした五〇〇人もの町衆による風流踊りの場面である。こうした都市民のエネルギーを背景におくとき、出雲阿国によって始められた奇抜な身なりでのかぶき踊りなど、この時期における民衆芸能の発達が理解できよう。なお絵画史料として、室町後期から江戸前期にかけて作成された各種の洛中洛外図に関する研究が、近年とくに盛行していることも指摘しておきたい。またかぶき踊りに関連して、南北朝期の「ばさら（婆佐羅）」から「かぶき（傾《かぶ》く）」への流れをたどることも興味深いテーマである。

【南蛮文化】

大航海時代におけるポルトガル・イスパニアの海外進出は、日本にもキリスト教や鉄砲を始めとする、さまざまなヨーロッパ文化をもたらした。とくにキリスト教の宣教師たちが果たした役割は大きく、天文学・地理学・医学・航海術・活字印刷術などの学問・技術から衣服・食物といった生活文化に至るまで、実に幅広い文化が彼らによって伝えられたのである。

彼らポルトガル・イスパニア人を南蛮人、その文化を南蛮文化と呼ぶが、南蛮人・南蛮文化との接触は、それまで唐・天竺・日本という三国世界観にとどまっていた日本人の視野を確実に拡大させたという点で、大きな意義を持つものといえよう。なお南蛮船や南蛮船が碇泊する港町が描かれた南蛮屏風からは、南蛮貿易の様子や南蛮人の風俗を知ることができる。

【参考文献】

芳賀幸四郎『近世文化の形成と伝統』（河出書房、四八年）、同『安土桃山時代の文化』（至文堂、六二年）、林屋辰三郎『中世文化の基調』（東京大学出版会、五三年）、同『古典文化の創造』（東京大学出版会、六四年）、同『近世伝統文化論』（創元社、七四年）、海老沢有道『南蛮文化』（至文堂、五八年）、蓮見重康「桃山文化」（旧岩波講座『日本歴史・近世一』六三年）、今泉淑夫『安土桃山文化』（教育社歴史新書、七九年）、横田冬彦「城郭と権威」（岩波講座『日本通史・近世一』九三年）、黒田日出男「戦国期の民衆文化」（岩波講座『日本通史・中世四』九四年）。

（樋口州男）

寛永文化

【寛永文化】

従来の時代区分は安土桃山文化の次は元禄文化であったが、林屋辰三郎は安土桃山文化と元禄文化の間に、前者と一括して考えるにも後者に包含するにも不自然な、豊かさと独自性を持つ寛永文化を入れ、時代区分の細分化を計るとともに文化史学に鮮烈な業績を残した。以下、基本的性格、主な担い手、時期区分、内容について見ていく。

【基本的性格と主な担い手】

基本的性格に総合性と啓蒙性がある。総合性とは、和学の伝統・美意識、武家文化の伝統、中国文化、南蛮文化などの系譜を異にする文化が、互いに重なり合って一個の文化として具現化したことを指している。

そこで安土桃山文化と寛永文化の差から、なぜ総合的に変化していったのかを見ておく。前者の美意識はわび・さびといった簡素さと、黄金などの対局に位置するものが存在するとともに、荒々しさも包含していたが、後者ではそれらが奇《き》麗《れ》数寄《すき》と呼ばれるように洗練されていった。文化基盤にも差が見られ、前者では権力者（織田信長や豊臣秀吉）の文化として比較的狭い範囲での発現であったのが、後者では天皇から都市民まで包み込む形で広がりを見せた。

こうした文化の展開は拡大を促す条件や拡大が総合化を深める結果となる条件があったと考えられる。その条件とは江戸幕府の成立である。江戸幕府の権力構造には知識人の組織化も含まれていた。つまり、幕府による文化の保護が行なわれたのである。すなわち、寛永文化は幕府権力に従属し、権力を粉飾し、封建支配の一端を担う御用文化としての側面を合わせ持つのである。

次に啓蒙性について見てみる。寛永文化の諸相は総合的な文化内容である。よって、全体的であり、総合的であるがゆえに安土桃山文化や元禄文化のように個々の輝きには鈍いものがある。しかし、そこには多方面にわたる啓蒙活動が背景として存在する。

なぜ、知識人が啓蒙活動をする必要があったのか。理由の一つとして、封建思想教化者としての実践的役割を担っていたことがあげられる。林羅山を代表として儒学者の多くが一方で儒官としての役割を果たしつつ、教育・出版活動に活躍していたのである。

また、従来はなはだ非公開的であった公家社会や寺社の中にまで文化を公開する動きが生まれた。後陽成天皇の慶長勅版、寺院の開板事業、修学院離宮の参観許可などがその代表的な例であろう。

二つには、知識人の結合が狭い文化社会に限定されていたことがあげられる。この時代は、いまだ京都が真に文化の創造性を豊かに持つ、ほとんど唯一の都市であったのであるが、京都ですら、文化サロンという語がふさわしい程度のごく狭隘なサロンの集合でしかなかったといえる。

こうした文化サロンにおいては互いに全人格的な交流が強く求められ、新しいタイプの知識人が要請され、サロンから生まれる文化活動はむしろその場限りの芸術に近く、会に参加する知識人は、専門家でなくても幅広い教養と総合的な知識が要求され、同時に教養を与える活動、啓蒙者であることが要求されたのである。

【時期区分】

成立は、広義には一六〇〇年（慶長五年）の関ヶ原の戦いを画期とする。徳川氏の覇権が確立し江戸幕府が成立すると新しい文化政策が登場するため一つの画期としたい。狭義では、それら文化政策の総決算が大坂の陣によってなされるので、一六一五年（元和元）とする。

終期は広義にとらえると延宝期となろう。一六八〇年（延宝八）の後水尾院の死は寛永文化の終焉の象徴としてとらえられよう。またこの頃には江戸や大坂といった都市の成長も見られる。狭義には、明暦・万治の時期があげられる。この時代にほぼ寛永期に活躍した知識人が没し、新しい文化の動向が見られる。名所記などの出版、若衆歌舞伎から野郎歌舞伎への変質、芸能の大成へ向かっての伝書類の成立などがそれである。しかし、明暦・寛文期は、まだ寛永期の余韻を強く残す時代であった。

【内　容】

学問では、君臣・父子の別をわきまえ、上下の秩序を重んじる学問であった朱子学を中心に儒学が盛んになった。京都相国寺の禅僧であった藤原惺窩は朱子学を修め、還俗して朱子学を中心とする儒学の啓蒙に努めた。その門人の林羅山は家康に用いられ、その子孫は代々儒者として幕府に仕えて教学を担った。

建築では、徳川家康を祀る日光の東照宮が霊廟建築・権現造の代表的遺構として有名である。また、長崎の崇福寺や宇治の万福寺など、黄檗宗の禅寺には中国様式が伝えられた。これらの建築には桃山文化の影響を受けた豪華な装飾彫刻がふんだんに取り入れられた。また書院造に草庵風の茶室を取り入れた数寄屋造も建造された。京都の桂離宮の書院はその代表である。そのほかでは修学院離宮・清水寺本堂などがある。

絵画では、狩野派から狩野探幽が出て、

一六歳で幕府の御用絵師となった。探幽は漢画の手法を取り入れ『大徳寺方丈襖絵』などの作品を残した。京都では俵屋宗達が現れ、土佐派の画法をもとに、大胆な構図と洒脱で濃艶な装飾性を持つ絵画に新様式を生みだし、琳派の先駆となった。作品では『風神雷神図屏風』がよく知られている。また京都の上層町衆であった本阿弥光悦は多彩な文化人として知られ、家康から洛北鷹ヶ峰の地を与えられて移り住み、さまざまな芸術作品を生みだし、陶芸でも楽焼の茶碗に秀作を残した。

朝鮮侵略の際、諸大名が連れ帰った朝鮮人陶工の手で九州・中国地方の各地で朝鮮系の製陶（お国焼）が興された。鍋島氏の有田焼、島津氏の薩摩焼、毛利氏の萩焼、松浦氏の平戸焼、黒田氏の高取焼などが有名である。とくに有田では磁器の生産が始まり、酒井田柿右衛門が上薬の上に模様をつける上絵付の方法を研究し、赤絵の技法を完成させた。

文芸面では、御伽草子のあとを受けた仮名草子が教訓・道徳を主とした通俗的作品を生みだし、また連歌から出た俳諧では、京都の松永貞徳の貞門俳諧が流行するなど、新たな民衆文化の基盤を作った。

【参考文献】

林屋辰三郎「寛永文化論」（『中世文化の基調』東京大学出版会、五五年）、熊倉功夫『寛永文化の研究』（吉川弘文館、八八年）、山本博文『寛永時代』（吉川弘文館、八九年）、岩波講座『日本文学史四七』「変革期の文学II」（岩波書店、九六年）、西山松之助編『江戸町人の研究』（全五巻、吉川弘文館、七二〜七八年）、西山松之助『西山松之助著作集』（全八巻、吉川弘文館、八二〜八五年）、『日本の近世』（全一八巻、中央公論社、九一〜九四年）。

（南　啓治）

元禄文化

【元禄文化】

一七世紀後半から一八世紀初めの元禄時代には、幕政の安定と経済の発展のもとで社会が成熟し、武士から民衆に至るまで多彩な文化が芽生えた。この時期の文化を元禄文化と呼ぶ。特色は、人間と社会を中心にすえた現実主義と実証主義の傾向が強いことである。町人社会の中から人間性を追求し、現実そのものを描こうとする文学が生まれたり、儒学が政治と結びつき奨励され、実証を重んずる古典研究や自然科学の学問が発展したのはその傾向の現れである。美術では、桃山文化やその影響の濃い寛永文化の伝統を受け継ぎ、いっそう洗練されたものとなっていった。

【儒学の発達】

幕藩体制の安定とともに社会における

人びとの役割を説く儒学は大いに盛んとなった。中でも朱子学は、封建社会を維持するための教学として幕府や藩に歓迎された。朱子学は諸藩でも採用され、多くの学者を出した。木下順庵は加賀前田綱紀に仕え、のち綱吉の侍講となった。その門人の新井白石は家宣・家継に、室鳩巣は吉宗にそれぞれ仕え、その侍講として幕政にも関与した。

南学（海南学派）も朱子学の一派で、その系統からは山崎闇斎・野中兼山らが出た。とくに闇斎は神道を儒教流に解釈して垂加神道を説いた。

朱子学に対し中江藤樹や門人の熊沢蕃山らは明の王陽明が始めた陽明学を学んだ。幕府からは、現実を批判して知行合一の立場でその矛盾を改めようとする革新性をもっていたため、警戒された。藤樹書院を開いた中江藤樹は日本陽明学の祖と呼ばれ、『翁問答』が主著としてあげられる。熊沢蕃山は主著『大学或問』で政治批判をし、幕府により下総古河に幽閉され、そこで病死した。

一方、宋や明で行なわれた外来の儒学に飽きたらず、孔子・孟子の古典に立ち帰ろうとする古学派が、山鹿素行や伊藤仁斎らによって始められた。山鹿素行は朱子学を攻撃する『聖教要録』を刊行したため、幕府によって播州赤穂に流された。伊藤仁斎は息子東涯とともに京都の堀川に私塾古義堂を開き、『論語古義』などを著した。仁斎らの古学を受け継いだ荻生徂徠は政治・経済にも関心を示し、幕藩体制を守るためには都市の膨張を押さえ、武士の土着が必要であると説き、経世論の道を開いた。徂徠は江戸に蘐園塾を開き自説を講義した。その主な著作としては将軍吉宗の諮問に答えた『政談』などが有名である。

徂徠の弟子の太宰春台は、徂徠の経世論を発展させ、武士が商業活動を行ない専売制度によって利益を上げるべきであると主張した。また、徂徠の文学面は弟子の服部南郭に継承された。

【諸学問の発達】

儒学の発達は、合理的で現実的な思考を発達させ、ほかの学問にも大きな影響を与えた。歴史学では古文書に基づく実証的な研究が行なわれ、林羅山・鵞峯父子は『本朝通鑑』を著し、新井白石は『読史余論』を執筆した。水戸藩では徳川光圀が『大日本史』の編纂を始めた。

自然科学では、本草学（博物学）や農学・医学など実用的な学問が発達した。本草学では『大和本草』を著した貝原益軒、『庶物類纂』を著した稲生若水などが名高い。

また測量や商品の売買などの必要性から和算（日本数学）が発達し、関孝和は『発微算法』を著した。天文・暦学でも渋川春海（安井算哲）は日本独自の貞享暦を作り、天文方に任ぜられた。農学では当時の農業経験を集大成した農書が作られ、宮崎安貞の『農業全書』はその代表的な著作である。

国文学の研究もこの時代から顕著になった。まず、戸田茂睡は古今伝授などの秘事口伝に反対し、和歌に使えない言葉（制の詞）が中世以来定められていることの無意味さと、俗語を用いることの正当さを説いた。『万葉集』を研究した契沖は、文献を重んじた方法により、『万葉代匠記』を著して、和歌を道徳的に解釈しようとする従来の説を排した。これらの古典研究は古代精神の探求に進み、のちの国学として成長することになる。

【文　学】

小説では浮世草子に井原西鶴が出た。西鶴は現実の世相や風俗を背景に、人びとが愛欲や金銭に執着しながら自らの才覚で生き抜く姿を描き、新しい文学の世界を開いた。作品には『好色一代男』などの好色物や、武家物、町人物がある。

俳諧は大坂に西山宗因が出て、談林派を創始し、伝統にとらわれず口語を用いて滑稽さをねらう俳風を流行させた。談林俳諧から出た松尾芭蕉は、さび・しおり・かるみで示される幽玄閑寂の蕉風(正風)俳諧を確立し、自然と人間を鋭く見つめ、連歌の第一句(発句)を独立した文学作品として鑑賞にたえうるものに高めた。芭蕉は各地を旅して『奥の細道』などの優れた紀行文を著した。

演劇では、前代に引き続いて浄瑠璃や歌舞伎が盛んとなった。歌舞伎は成年男子による演劇として、内容がようやく整ってきた。江戸では荒事の初代市川団十郎、上方では和事の坂田藤十郎、女形の芳沢あやめらの名優が出た。また近松門左衛門が出て、浄瑠璃・歌舞伎に優れた脚本を著した。近松は現実の社会や歴史に題材を求め、義理と人情との板挟みに悩む人びとの姿を表現した。近松の作品は、人形遣いの辰松八郎兵衛らが演じ、竹本義太夫の義太夫節によって語られて民衆の共感を呼んだ。

【美術・工芸】

絵画では、狩野派のほかに、大和絵系統の土佐派から出た土佐光起が朝廷の絵師となり、また土佐派から分かれた住吉如慶・具慶父子は、幕府の御用絵師となって活躍した(住吉派)。京都では、呉服屋の出身である尾形光琳が、大和絵の俵屋宗達の装飾的な画法を取り入れて琳派を興した。また菱川師宣が美人・役者・相撲などに画題を求めた浮世絵の版画を始めた。これは、町人社会に親しみのある題材を描いたもので、とくに木版画により大量安価に製作されて流行した。

工芸の分野にも優れた作品が多く見られた。陶器では京都の野々村仁清が上絵付法をもとに色絵を完成して京焼の祖となり、尾形乾山(光琳の弟)はこの流れをくんで装飾的で高雅な陶器を残した。光琳もまた優れた意匠の蒔絵を残している。染物では、宮崎友禅が友禅染を始め、町人の間で流行した。

【参考文献】

石田一良『町人文化』(至文堂、六六年)、高尾一彦『近世の庶民文化』(岩波書店、七〇年)、大石慎三郎『元禄時代』(岩波書店、七〇年)、広末保『元禄文学研究』(増補版、東京大学出版会、七九年)、守屋毅『元禄文化—遊芸・悪所・芝居』(弘文堂、七八年)、岩波講座『日本通史・一二・一三』(岩波書店、九四年)、岩波講座『日本文学史八』「一七・一八世紀の文学」(岩波書店、九七年)、西山松之助編『江戸町人の研究』(全五巻、吉川弘文館、七二〜七八年)、西山松之助『西山松之助著作集』(全八巻、吉川弘文館、八二〜八五年)、『日本の近世』(全一八巻、中央公論社、九一〜九四年)。

(南　啓治)

宝暦・天明文化

【宝暦・天明文化】

一八世紀後半を中心とする宝暦・天明文化は、大都市江戸の文化社会が広範な分野に開け、幕臣・藩士・浪人・町人らが、活発な文化創造を展開し、めざましい発達を見せ、最も江戸文化らしい文化の花を開かせた。

とくに経済や文化に著しい実力を持つに至った町人たちは、諸芸能の世界で免許を得て芸名を名乗り、高度な修練をもって武士たちをしのぐ文化活動を展開、俗世の封建身分を消滅させるか、時には逆転させることによって、自己解放を遂げる新鮮な文化社会を創出した。これが家元制度であるが、その家元の多くは古来より京都に住んでいる名家であり、この意味で京都はいまだ文化の中心地の一つでもあったが、文化の中心はほとんど江戸に移った。一七世紀以来発達を見せた儒学は、その合理主義により古義学・古文辞学の新分野を開いたばかりでなく、史学や国学の研究法に大きな影響を与え、その成果もこの時代には現れてきた。

【国　学】

元禄時代に始まった古典の研究は、一八世紀前半になると『古事記』や『日本書紀』などの歴史書の研究へと進んでいき、日本古来の道を説く国学に発達した。

前代の契沖に続いて荷田春満が現れ『万葉集』など古典の研究を行なった。その門人の賀茂真淵は日本古代の思想を追求し、洋学はもとより儒教・仏教の外来思想を批判する、『国意考』などを著した。ついで本居宣長が現れ国学は大成された。宣長は、人間本来の「真心」による生活が古道にかなうもので、『源氏物語』などの文学の本質は「もののあはれ」を知ることにあるとして、儒教などによる狭い道徳的評価を退けた。宣長の著作としては『古事記』の注釈を厳密に行なった『古事記伝』や、藩主徳川治貞に献上した『秘本玉くしげ』がよく知られている。儒学が古くからの教理を抜け出ることができなかったのに対して、国学は新しい学問であるだけに、自由な研究も行なわれ、批判精神も強かった。

また、塙保己一は幕府の保護を受け和学講談所を設け古典を集めた『群書類従』などの編纂を行ない、史学・国文学研究に大きく貢献した。

【洋　学】

鎖国下にあることから西洋の学術・知識の吸収や研究は困難を極めたが、西川如見や新井白石が世界の地理・物産・民俗などを説いてその先駆けとなった。白石の著作としては、屋久島に潜入して捕らえられたイタリア人宣教師シドッチを尋問して著した『西洋紀聞』や『采覧異言』がよく知られている。ついで将軍吉宗は、漢訳洋書の輸入制限を緩めるとともに、青木昆陽・野呂元丈らにオランダ語を学ばせたので、洋学は蘭学として発達した。

その後、前野良沢や杉田玄白らがオランダ語訳のドイツ解剖書『ターヘル=アナトミア』を訳述した『解体新書』を刊行して西洋医学の優秀さを明らかにした。

また、古医方の山脇東洋も日本最初の解剖図録『蔵志』を著した。科学では平賀源内がエレキテルや寒暖計を製作した。

【儒学・教育】

幕府は儒学による武士の教育を奨励したが、一八世紀初めには京都の石田梅岩が心学を興し、儒教道徳に仏教や神道の教えを加味した生活倫理をやさしく説き『都鄙問答』を著し、全国へ広まった。また、一八世紀後半には古学派や井上金峨・片山兼山らが提唱者とする折衷学派が盛んになった。この情勢の中で、幕府は現実を肯定する朱子学を重んじ、寛政の改革では朱子学を正学とし、さらに官立の昌平坂学問所を設け、柴野栗山・尾藤二洲・岡田寒泉（のち古賀精里）の寛政の三博士を教官とした。

【社会批判】

幕藩体制の動揺と社会の変化は、思想面にも新たな展開をもたらした。すでに一七世紀後半から一八世紀初めにかけて熊沢蕃山・荻生徂徠・太宰春台らの儒学者らによって封建制を維持するための方策が説かれていたが、一八世紀半ばからはむしろ封建制を批判し、それを改めようとする意見が現れてきた。とくに、安藤昌益は『自然真営道』を著して、万人が自ら耕作して生活する自然の世を理想とし、武士が農民から収奪する社会や身分社会を否定し、封建制を批判した。

また、工藤平助は海外事情に通じ海防を訴え、開港を論じ『赤蝦夷風説考』を著した。林子平は『海国兵談』で海防論を展開し、軍備・戦術を図解説明したことで版木を没収され、禁固となった。

儒学の中にある尊王思想は、天皇を王者として尊ぶという思想で、水戸学などで主張されたが、これはあくまで観念的なものにとどまっていた。一八世紀半ばに竹内式部は京都で公家たちに尊王論を説いて追放刑となり（宝暦事件）、さらに山県大弐は江戸で尊王論を説き、幕政の腐敗を攻撃したので死刑に処せられた（明和事件）。しかし、一般に尊王論は幕府を否定するものではなく、朝廷を尊ぶことによって幕府の権威を守ろうとするものが多かった。

【文学・芸能】

一八世紀後半に、俳諧で京都に与謝蕪村が現れ、洗練された感覚による写生的な句や幻想的な句で『蕪村七部集』を著す一方、漢詩にならって和文で作った和詩（俳体詩）で『春風馬堤曲』を著した。川柳では柄井川柳らを選者として『俳風柳多留（俳風柳樽）』が出版された。また、この時代は洒落本・黄表紙が大流行をみせ、狂歌も全盛時代を現出した。

演劇では、浄瑠璃で、近松のあと上方で竹田出雲が『仮名手本忠臣蔵』など優れた浄瑠璃作品を残した。竹田出雲門下の近松半二も『本朝廿四孝』などで知られる。

【美術・工芸】

絵画は、庶民に広く親しまれた浮世絵が中心で、一八世紀半ばに出た鈴木春信は錦絵と呼ばれる多色刷の浮世絵版画を創作し、浮世絵の黄金時代の幕を開いた。春信は清楚な美人画に傑作を残し、『弾琴美人』、『ささやき』などを描いた。寛政頃には、喜多川歌麿が『ポッピンを吹く女』で有名な『婦女人相十品』など多くの美人画を描き、また一七九四～九五年（寛政六～七）のわずか一年たらずの間に約一四〇点の個性豊かな役者絵・相撲絵を描いた東洲斎写楽らが、大首絵の手法を駆使して次つぎに優れた作品を生み、民衆に喜ばれた。

従来からの絵画では円山応挙に始まる円山派が写生を重んじ、遠近法を取り入れた立体感ある作品『雪松図屏風』などを描いた。また、明や清の影響を受けた画風もおこり、文人画とも呼ばれて知識階級に好まれた。与謝蕪村との合作で『十便十宜図』を描いた池大雅や『夜色楼台図』を描いた与謝蕪村がこの画風を大成した。西洋画では平賀源内がとくに知られている。

【参考文献】

辻善之助『田沼時代』（文庫版、岩波書店、八〇年）、山田忠雄・松本四郎編『宝暦・天明期の政治と社会』（有斐閣、八一年）、大石慎三郎『田沼意次の時代』（岩波書店、九一年）、中野三敏『江戸文化評判記』（中央公論社、九二年）、岩波講座『日本通史・一四』（岩波書店、九五年）、芳賀登『江戸情報文化史研究』（皓星社、九六年）、岩波講座『日本文学史・九』「一八世紀の文学」（岩波書店、九七年）、西山松之助編『江戸町人の研究』（全五巻、吉川弘文館、七二～七八年）、西山松之助『西山松之助著作集』（全八巻、吉川弘文館、八二～八五年）、『日本の近世』（全一八巻、中央公論社、九一～九四年）。

（南　啓治）

化政文化

【化政文化】

文化・文政時代（一九世紀初め）もその文化の中心は前代に引き続き江戸であった。江戸は上方と並ぶ全国経済の中心地に発展し、都市に生活する庶民階層にも支えられて拡大し、多数の都市民を対象とする町人文化が量的にも最盛期を迎えた。各都市の繁栄や商人・文人の全国的交流、出版・教育の普及、寺社参詣の流行により、中央の文化が各地へ拡大し、都市生活の多様化に伴い文化の内容も多種多様になっていった。また幕藩体制の矛盾から批判や新しい方向を模索する学問・思想が生まれてきた。

【文学・芸能】

主として政治・社会の出来事が題材として取り上げられ、洒落本・黄表紙が流行したが、寛政の改革で代表的作家の山東京伝が処罰されるとしだいに衰えを見せた。それに代わって庶民生活の中の笑いを題材とし挿絵中心の滑稽本が登場した。十返舎一九が『東海道中膝栗毛』を、式亭三馬が『浮世風呂』を著したことはよく知られていよう。また、歴史や伝記に題材を求めた文章主体の読本では、曲亭馬琴が勧善懲悪・因果応報の思想を盛り込んだ『南総里見八犬伝』を著した。

俳諧では信濃に小林一茶が現れた。一茶の句は主観的・現実主義的なものが多く、農村の情景を農民的感覚でとらえた点で俳諧史上独自な位置を占めるものとなった。和歌では香川景樹が古今調の平明な歌風で桂園派を形成し、良寛は童心あふれる歌を詠んだ。なお、この頃民俗に強い関心を持つ識者も現れ、菅江真澄は『菅江真澄遊覧記』を著し、越後の鈴木牧之《ぼくし》は『北越雪譜《ほくえつせっぷ》』を著した。

歌舞伎では、四世鶴屋南北が現れ、『東海道四谷怪談』に代表される傑作を多く生みだした。この時代になると歌舞伎も爛熟時代を迎え、「ぬれ場」や「殺し場」のような刺激性の強いものが目立った。

【国学の発達】

前代において本居宣長が国学を大成し、『古事記』を始め多くの古典研究に地道な成果を上げたが、この時代にはその門人たちによって、さらに研究の進展が計られた。中でも宣長没後の門人平田篤胤はその手法とともに思想・宗教面で独自な国学を打ち立て復古神道を大成した。また同門の若狭小浜藩士伴信友や町人出身の狩谷棭斎などは考証学者として活躍した。江戸では賀茂真淵の門人村田春海の流れをくむ江戸派の国学者たちも活躍した。

【洋学の発達】

洋学も前代に引き続き新たな展開を示した。前野良沢・杉田玄白の門人大槻玄沢は蘭学の入門書『蘭学階梯』を著した。宇田川榕庵は『植学啓原』で西洋植物学を紹介し、英人の化学書を『舎密開宗』として訳述するなど西洋自然科学の紹介に努力した。また、一八二三年(文政六)にはオランダ商館付医員としてドイツ人シーボルトが来日し、翌年には長崎郊外に診療所を開き、住民の治療と西洋医学の実践教育に活躍するとともに多くの動植物や生活用具を収集した。しかし、彼は一八二八年(文政一一)にシーボルト事件を起こして日本から退去させられた。

天文・地理学では、一八世紀末に幕府が天文方高橋至時に寛政暦を作成させた。また至時の門人伊能忠敬は一八〇一年(享和元)から一七年かけて全国の沿岸を測量し、その死から三年後の一八二一年(文政四)に『大日本沿海輿地全図』が門人たちの手によって完成した。

【儒学・教育】

この時代も儒学を中心に展開された。この頃には朱子学のほかにも古学派・折衷学派・考証学派が形成されたが、各藩の教育は寛政異学の禁以後も朱子学だけでなく各学派により展開された。

またこの時期には多くの藩で藩校が設立されるようになった。有名な藩校としては米沢・上杉治憲設立の興譲館、会津・松平容頌設立の日新館、水戸・徳川斉昭設立の弘道館、岡山・池田光政設立の花畠教場、萩・毛利吉元設立の明倫館、熊本・細川重賢設立の時習館、鹿児島・島津重豪《しげひで》設立の造士館などがあげられる。そして城下町を離れた土地にも、藩の援助を受けて藩士や民衆の教育を目指す郷学（郷校）が作られた。

民間でも学者によって私塾が開かれ、儒学や国学・洋学などが講義された。この頃開かれた著名な私塾としては、大槻玄沢の芝蘭堂、広瀬淡窓の咸宜園、大塩平八郎の洗心洞、緒方洪庵の適塾、シーボルトの鳴滝塾などがあげられる。庶民の教育機関である寺子屋も一八世紀以降その数を増加させた。

【政治・社会思想】

一九世紀に入ると、封建制を批判するだけでなく、その維持または改良を説く現実的な経世思想が活発化してきた。海保青陵は藩財政の再建は商工業によるものとする重商主義を説き『稽古談』を著し、本多利明は西洋諸国との交易による富国策を説き『経世秘策』などを著した。また、佐藤信淵は産業の国営化と貿易の振興を主張した。儒学の立場からは、懐徳堂に学び、『夢の代』を著した山片蟠桃らが出た。

【美術・工芸】

広く庶民に親しまれた浮世絵が最盛期を迎えた。錦絵の風景画が流行し、葛飾北斎が『富岳三十六景』を、歌川（安藤）広重が『東海道五十三次』を描き、民衆の旅への関心が結びつき歓迎された。従来からの絵画では、円山派から分かれた呉春（松村月渓）が四条派を開き、日本画壇の有力な流れを作った。文人画は田能村竹田、谷文晁、渡辺崋山らの出現によって全盛期を迎えた。西洋画では銅版画を創始した司馬江漢、亜欧堂田善らが活躍した。

【生活・信仰】

演劇や娯楽では、江戸三座を中心とした芝居小屋や見世物小屋などで、連日華やかな興行が打たれた。講談・落語・曲芸などを演じる寄席も開かれ、庶民の娯楽はつきるところを知らないほどであった。寺社の門前には縁日が立ち、著名な寺の秘仏を公開する開帳や富くじも催された。寺社参詣の旅も盛んで、伊勢神宮や善光寺・金比羅宮を目指して旅をし、その記録として多くの道中記などが残された。とくに伊勢神宮では、爆発的なお陰参りも起こり、江戸の中にある名所・旧跡へも人びとは足を運んだ。農村でも五節句や彼岸会・盂蘭盆などの行事や、神に酒肴を供えて一晩こもり、翌朝の日の出を待つ日待や月待・庚申講などが行なわれた。

【参考文献】

林屋辰三郎編『化政文化の研究』（岩波書店、七六年）、青木美智夫・山田忠雄編『天保期の政治と社会』（有斐閣、八一年）、岩波講座『日本通史・一五』（岩波書店、九五年）、岩波講座『日本文学史・一〇』「一八世紀の文学」（岩波書店、九六年）、西山松三郎編『江戸町人の研究』（全五巻、吉川弘文館、七一〜七八年）、西山松之助『西山松之助著作集』（全八巻、吉川弘文館、八二〜八五年）、『日本の近世』（全一八巻、中央公論社、九一〜九四年）。

（南　啓治）

幕末文化

【幕末文化】

天保の改革を不成功に終わらせ、町人の力の威力を見せた一九世紀中期の弘化・嘉永から、海外貿易が開始される安政末までの十数年間は、化政文化がさらに発展を見せ、手作り文化の最盛期を現出し、世界の文化史上でも特筆すべき多種多様な名品を創出した。大衆芸能も極度の発達をとげ、体制批判の落首や瓦版・浮世絵諷刺画なども驚くべき量産を示した。

また、開国期における政局や世相の混乱の中にあって、幕府は欧米諸国と交流を深め、その文化・学術を受け入れ、伝統的な社会に富国強兵のための近代的な技術や自然科学を移植するという姿勢を示したからこの時期の文化は他とは異なった様相ともなった。

【民衆文芸】

幕府の天保の改革における強烈な風俗取り締まりは、民衆文化全般に大きな打撃を与えた。庶民の文芸は作者が風俗取り締まりを意識して自制的になり、個性ある作品は生まれなかった。その中で、仮名垣魯文が、滑稽本の分野で器用な才能を発揮して人気を得た。

歌舞伎もまた、三代目瀬川如皐と河竹黙阿弥が出て気世話物を再生した。とくに黙阿弥は盗賊など小悪党の世界を、洗練されたせりふで描き白浪物と呼ばれた。白浪とは泥棒のことで、黙阿弥が書いた『鼠小紋東君新形』(鼠小僧)や『三人吉三廓初買』などが有名で黙阿弥は白浪作者といわれた。また、四代目市川小団次が小意気に演じて一時人気を博したが、以後低迷した。

浮世絵でも、政治の動きを伝える時局絵が盛んになったが、芸術性豊かな作品は生まれなかった。時局絵は、幕末の政争や事変を主題にするが、正確な報道は禁じられていたので、古い有名な事件に模して描かれることが多かった。その中で土佐の絵師弘瀬金蔵(絵金)は、奔放な筆致と鮮烈な彩色で激情的な歌舞伎絵を描いて地方の祭りを彩った。弘瀬は、江戸で狩野派に学び、土佐藩の御用絵師として林洞意を名乗っていたが、偽作事件で町絵師となり、土佐中部の村々で独特の絵馬や芝居絵を描いて回った。また、寺門静軒は『江戸繁盛記』を著し、都市江戸を批評した。

【宗教・政治思想】

政治の動揺は、新たな神々や国家を危惧する政治思想を生みだした。

黒住宗忠・中山みき・川手文治郎は自ら大病や貧困など不幸との戦いを通して真意を伝える「生き神」となり、貧しい人びとの救済を説いて、それぞれ黒住教・天理教・金光教という新しい宗教を興した。彼らの教えは、民衆の生活に適した現世的な教えだったので、厳しい宗教統制にも関わらず多くの人びとの心をとらえた。

一方、危機感を強めた幕府や藩の中に、それを打開するための政治思想が台頭した。とくに『大日本史』編纂の間に育成された水戸学の立場から、会沢安(正志斎）や藤田東湖が唱えた尊王論と外国を排斥する攘夷論は、武士たちに受け入れられた。この尊王論は、幕府の存在を否定するものではなかったが、政治の危機が本格化すると国学の尊王論とともに幕府批判のよりどころとなった。国学では、平田篤胤・村田春門に学んだ大国隆正が出て、尊王思想を鼓吹した。

また吉田松陰は、一八五四年（安政元）ペリー来航の際、下田で海外渡航に失敗し、長州萩郊外に幽閉され、私塾松下村塾で久坂玄瑞や高杉晋作ら尊攘討幕派の人材を育てた。

【西洋文明の摂取】

アヘン戦争以後、幕府や藩は列強の先進技術を移植し、軍備を充実しなければならないことを痛感させられた。

そこで一八五〇年（嘉永三）、佐賀藩が日本最初の溶解炉の反射炉による大砲鋳造に成功すると、薩摩藩や幕府代官江川英竜も相ついで反射炉を築いて大砲の鋳造を開始し、この動きは水戸藩・盛岡藩にも及んだ。

しかし、自力開発では限界があったので、幕府は洋式海軍要請のために開設した長崎海軍伝習所の付置施設として、一八六〇年（万延元）近代工場の機能を持つ長崎製鉄所を建設し、ついでフランスの援助で横須賀製鉄所の建設に着手するなど、近代技術を直接導入するようになった。

また、軍事に必要な近代科学を組織的に学習するため、幕府は一八五七年（安政四）、開国後まもなく蕃書調所を設けて、洋学の教授と外交文書の翻訳などにあたらせた。のちに洋書調所、ついで開成所に発展して、それまで医学などの自然科学にかたよっていた洋学が、哲学・政治・経済の方面にまで広がった。開成所は明治政府のもとで開成学校となり、さらに東京大学となった。また医学では、種痘所（のちの医学所）が設けられた。

一八五四年（安政元）、幕府は講武所を江戸築地に正式に発足させ、国防教化のため、直参とその師弟に剣槍のほか、砲術・洋式調練などを行なった。

この頃また、幕府の海外留学生たちは欧米諸国の政治・法律・経済を学び取り、薩摩・長州などの諸藩も開明政策に転ずるに従って、留学生を外国へと派遣した。洋書調所の教官西周・津田真道はオランダに留学し、また福沢諭吉は幕府の使節に従ってアメリカ・ヨーロッパに赴き、伊藤博文・井上馨らは長州藩から、森有礼らは薩摩藩からイギリスに留学した。

【日本文化の西洋への影響】

日本に関する情報は、シーボルトなどの研究を通して欧米に伝えられていたが、日本文化が欧米に直接紹介されるのは、開国以後である。とくに一八六二年（文久二）ロンドンと、一八六七年（慶応三）パリで開催された万国博覧会に日本が出展してから本格的になった。ロンドンの世界産業博覧会では、イギリス公使オールコックが収集した日本の工芸美術品が出品されている。フランスでのパリ万国博覧会は日本の万国博覧会への初参加であるが、葛飾北斎の浮世絵などを出品して、日本文化を世界に紹介した。

中でもフランスの美術家に注目されていた浮世絵は、パリの万国博覧会を契機に愛好者を増やし、日本熱（ジャポニズム）を生みだした。そして、浮世絵の明快な色面調和の効果などが、マネ・モネなどの印象派や、ゴッホ・ロートレックなどの後期印象派にも大きな影響を与えた。
　この間、ヨーロッパの美術家などの求めに応じて多量の浮世絵を始めとする美術品が海外に流出した。

【参考文献】

前田愛『幕末・維新期の文学』（法政大学出版局、七七年）、林屋辰三郎編『幕末文化の研究』（岩波書店、七八年）、宮地正人『幕末維新期の文化と情報』（名著刊行会、九四年）、岩波講座『日本通史・一六』（岩波書店、九四年）、岩波講座『日本文学史・一一』「変革期の文学Ⅲ」（岩波書店、九七年）、西山松之助編『江戸町人の研究』（全五巻、吉川弘文館、七二～七八年）、西山松之助『西山松之助著作集』（全八巻、吉川弘文館、八二～八五年）、『日本の近世』（全一八巻、中央公論社、九一～九四年）。

（南　啓治）

文明開化

【じゃんぎり頭】

一八七一年（明治四）の「新聞雑誌」（二号）に「半髪頭をたたいてみれば因循姑息《いんじゅんこそく》の音がする、惣髪頭をたたいてみれば王政復古の音がする、じゃんぎり頭をたたいてみれば文明開化の音がする」という記述がみられる。文明開化はこの扱いにみられるように風俗、文化を中心とする時代の雰囲気を語るものとして理解されることが多い。じゃんぎり頭と呼ばれる髪形の背後にはそれなりの事情がある。欧米諸国との間に平等な条約を結ぶためには、髪形は勿論、服装をはじめ西欧の人びとと変ることのない生活慣習が求められると政府の一部の人間は考えた。江戸時代に人々を制約していた士農工商の枠が否定され四民平等などが実現したのもそのためであった。

【明六社】

西欧化の背後には明六社《めいろくしゃ》の同人たちの啓蒙思想による言論活動があった。明六社には森有礼《もりありのり》、福沢諭吉、西村茂樹《しげき》、加藤弘之《ひろゆき》、西周《あまね》、津田眞道、中村正直《まさなお》等で三〇人を数えた。なかでも文明と開花を結びつけ、文明開化という熟語をつくり著書の『西洋事情』に用いたのは福沢諭吉であった。明六社は一八七三年（明治六）に結成されたので、明六社と呼ばれた。明六社は機関誌として「明六雑誌」を刊行した。明六社の人びとは啓蒙《けいもう》思想のもとに天賦《てんぷ》人権論や自然科学の重視などを説いた。明六社の人びとは福沢を除いては政府に関係していたから、明六社の言論は政府のそれでもあった。
　一八八三年（明治一六）、東京日比谷《ひびや》にレンガ造の二階建の建物が完成した。鹿鳴館《ろくめいかん》である。外務卿井上馨《かおる》が条約改正にあたり西欧の国々と同様な社交場をつくり、条約改正を有利にしようという意図《いと》で、ここで舞踏会、園遊会を開いた。しかし一八八七年（明治二〇）、井上の失脚により鹿鳴館時代も終りを告げた。

【参考文献】

『明治文化全集』の「文明開化篇」「風俗篇」の二冊に当時刊行された小冊子の多くが収められている。前坊洋『明治西洋料理起源』（岩波書店、二〇〇〇年）は料理の視点から文明開化の時代を分析したものである。（西垣晴次）

明治文化

【明治天皇】

父孝明天皇の急死により、第二皇子の睦仁は一八六七年（慶応三）一月九日、一六歳で践祚した。一九一二年（明治四五）七月二九日、明治天皇は死去した。六一歳であった。夏目漱石は小説「こころ」の主人公に「夏の暑い盛りに明治天皇が崩御になりました。その時私は明治の精神が天皇に始まって天皇に終ったような気がしました。」と云わせている。このように歴代の天皇のうちでも明治天皇はカリスマ的な存在であり、封建的な国家体制から近代的な立憲君主国へと転化することに成功した君主として強く国民に認識された。一九六六年（昭和四一）、政府（佐藤内閣）は明治百年記念行事を国家的行事として実施した。これにより明治百年をめぐり関係の史料が公開あるいは刊行された。なかでも『明治天皇紀』（全一三巻）が刊行されたことの意義は大きい。ドナルト・キーンも『明治天皇』上・下（新潮社、二〇〇二年）を刊行した。また明治時代の基本的な文献を収めた『明治文化全集』が『憲政篇』『自由民権篇』『政治篇』『新聞篇』『雑誌篇』『社会篇』『外国文化篇』『風俗篇』『正史篇上下』『外交篇』『経済篇』『法律篇』『自由民権篇』（続）『社会篇』（続）、『婦人問題篇』『皇室篇』『教育篇』『宗教篇』『文学芸術篇』『時事小説篇』『翻訳文芸篇』『思想篇』『文明開化篇』『雑史篇』『軍事篇』『科学篇』『憲政篇』（続）、別巻『明治事物起源』を入れて二十九巻、紹介された資料は四五〇点に達した。明治時代の研究に欠くことの出来ぬものである。『明治文化資料叢書』（十三冊）も同様な役割をもつ。戦後の出版では開国百年を記念して『明治文化史』と『日米文化交渉史』がある。「明治文化史」は概説、法制、教育・道徳、思想・言論、学術自然科学、学術人文科学、宗教、文芸、美術、音楽・演芸、趣味・娯楽、社会、生活、風俗、索引の十四冊。『日本文化交渉史』は総説・外交、通商産業、宗教・教育、学芸・風俗、移住、索引の六冊。

【外交官の目と耳】

鎖国から開国への途にはさまざまな障害が存在した。そうした障害を排除するために各国の外交官が来日した。彼等はメモワールを書いた。ペルリ、ハリス、オールコック、ヒュースケン、アーネスト・サトウなどである。サトウの『一外交官の見た明治維新』などには外国の外交官の前にはじめて緊張した姿をみせた十代の明治天皇は外交官の記録にとどめられた。外交官でなく医師として渡来したベルツは政府の要人を患者として治療にあたりながら政治の流れに注目している。こうした外交官の考察は明治の社会、政治を理解するのに役にたつであろう。

【御傭外人】

明治国家は西欧の近代国家をモデルとしたから、さまざまな面での指導を必要としたから専門家を招聘した。大森貝塚を発掘したモースは東京大学で生物学を教授するのが職務であった。また彼は日本各地を旅行し、その記録を『日本その日その日』として公表した。女性として日本の各地を旅したイサベラ・バードはその記録を『日本奥地紀行』として残している。御傭外人の目と耳により記録のうちにみられる日常生活のありようを知ることが出来る。

【海外での日本人】

近代国家の実体を見聞しかつ不平等条約の改訂の手がかりをえたいとの目的で岩倉、大久保、伊藤など政府の要人が参加し、西欧の十二か国を一年一〇月かけて回覧した『米欧回覧実記』（岩波文庫）がある。

【福沢諭吉】

明治時代の言論人として大きな影響を人々にあたえたのは、福沢諭吉であり、彼は啓蒙思想家として「学問のすゝめ」を明治五年に刊行した。また『文明論之概略』は出色のものであった。彼の説く「脱亜論」はさまざまな意見をうみ、今日も決着はついていない。『日本開化小史』は田口卯吉の著作である。福沢の『文明論之概略』と共に岩波文庫に収められている。

【明治の日本】

明治の日本は西欧の近代国家をモデルに国家体制を形成しようとした。「大日本帝国憲法」を一八八九年（明治二二）に公布し、立憲君主制をとった。この体制に反対する人々もうまれた。中江兆民の門弟である幸徳秋水は「平民新聞」を発行し、明治国家の体制を批判したが、大逆事件にまきこまれ、死刑になった。この事件は明治の知識人に大きな影響を与えた。永井荷風、石川啄木らもそうした人々のうちの一人であった。

【宗教界の動向】

江戸時代には神仏習合説により神社は寺院の支配下にあった。一八六八年三月に出された神仏判然令をはじめとするこれまでの神仏関係を否定する政策がとられた。これらの政策は神道国教化策が背後にあった。一八七一年には世襲化されていた神官の制度が否定された。明治の末年には神社合祀の波が全国に及んだ。幕末からの社会変動のなか民衆の苦悩をうけ、天理教、黒住教、金光教、大本教、立正佼成会、創価学会など新宗教が誕生、展開した。こうした点は『神仏分離史料』五冊、『社寺取調類纂』（国学院大学日本文化研究所、九〇年）、『神社制度調査会議事録』三冊（神社本庁、九八年）などがあり、全国的レベルでその内容を知ることができ、さらに地域の史料から地域独自の展開を究めることも可能である。

地域の史料、現在各地の県史、市町村史が刊行されている。これらには史料編もありそこから学界未知の史料が発見されることも多い。中央から地方をみるのではなく、地方から日本全体の歴史の流れをみるという姿勢をとることも出来る。

【参考文献】

文中にあげたものは除くことにする。
神仏分離関係では辻善之助『明治仏教史の問題』（立文書院、四九年）、国家神道では阪本是丸『国家神道形成過程の研究』（岩波書店、九四年）。宗教史関係では一九七一年から九七年までは『日本宗教史研究文献目録　I・II』（岩田書院、九五、二〇〇〇年）。便利なものだが、自治体史にみえる宗教関係まで及んでいないことに注意したい。ことに自治体史には様々な立場の人の日記が活字化されていることも多い。日本近代思想大系五の『宗教と国家』（宮地正人他編、八八年）には関係資料の他「宗教関係法令一覧」が含まれている。同大系は『開国』以下、二十三巻の明治初年を中心としたものである。文学については、筑摩書房から『明治文学全集』（全一〇〇巻）がある。

（西垣晴次）

大正文化

【明治と昭和のはざまで】

一九一二（明治四五）年七月、カリスマとしての性格をもった明治天皇が六一歳で他界された。明治天皇の第三皇子の嘉《よし》仁《ひと》が践祚した。大正天皇である。年号は大正とされる。大正天皇は一九二六（大正一五）年の一二月二五日に病没された（原武史『大正天皇』朝日新聞社、二〇〇一年）。四八歳であった。皇位は昭和天皇が嗣いだ。明治という年号は四五年間、昭和の年号は六三年間。明治、昭和にたいし、大正はわずか一五年間であった。この一五年という期間をどのように評価するか議論のあるところである。明治昭和の両時代と大正時代と大きく異なるのは戦争である。明治は日清、日露の両戦役、昭和は満州事変、支那事変、大東亜戦争と戦争を体験している。大正は第一次大戦に自から参加し、ドイツ領の青島《ちんたお》や南洋群島それにシベリヤに出兵しただけである。戦争のために西欧の業者が船などの注文を受けることが出来ないため、それに代って日本が注文を受けにわかに予想以上の収入をあげた成金《なりきん》と呼ばれる人々が出現し、その行動が注目されたが、大戦後の不況の波にのまれていった。

【教育の普及】

大正の文化は西欧的な近代を目標とした明治国家の努力の一つの成果であった。官僚や知識人をうんだ母胎は大学であった。大正五年には、官立の帝国大学は東北、東京、京都、九州の四大学があった。大正九年に私立大学の設立が法的に認められ、それをうけ、大正一五年には三七大学が設立されていた。卒業生は官界、実業界の担い手となった。なかには職につくことなく資産により生活を支える人々もみられるようになり、夏目漱石はそうした人物を主人公にする作品を発表している。文芸関係の雑誌も『新思潮』をはじめ鈴木三重吉の児童雑誌『赤い鳥』にいたるまで多くの雑誌が世に出され、雑誌に作品を発表する作家も少なかった。なかでも大衆文学の作家である大仏次郎、吉川英治、中里介山、白井喬二、直木三十五、長谷川伸、探偵小説の江戸川乱歩などの活躍がめだち、『キング』『日の出』などの雑誌が舞台を提供し、菊池寛も自ら雑誌『文芸春秋』を刊行した。雑誌も子供を対象とする『少年倶楽部』『少女倶楽部』『幼年倶楽部』『コドモノクニ』、また女性の『婦人倶楽部』も刊行された。

【新しい学問】

知識人が大学で養成され、新しい分野への関心がもたれるようになった。柳田国男は大正二年に雑誌『郷土研究』を刊行し、「巫女考」「毛坊主考」など民俗宗教の基底をさぐる研究を発表した。この雑誌は各地の読者から報告を求め、折口信夫などもその出発点はこの雑誌であった。また和歌山県に住む南方熊楠もしばしば投稿している。この『郷土研究』は四巻四号で終刊となる。その後、柳田は民俗学と民族学との提携のために雑誌『民族』を刊行した。考古学も大正一一年には浜田耕作が『通論考古学』を、原田淑人が朝鮮半島の楽浪の発掘報告書である『楽浪』を、東京帝国大学人類学教室は千葉県市川市の姥山貝塚の調査を実施した。地理学も大正一四年に日本地理学会を発足させた。

【国史学の展開】

古代の六国史の最後の『日本三代実録』のあとに続くことを目的として史料の採集調査、研究がなされたのが明治三四年に刊行が開始された『大日本史料』である。六国史のあとをうけ、仁和三年六月から明治維新までの事件、人物などを年月日の順に、その要綱を示し関係史料を収めるのが『大日本史料』であり、『大日本史料』の網文のみを示したのが『史料綜覧』である。これらは日本史研究の基礎である。仏教の研究に欠くことのできない経典を集成した『大正新修大蔵経』も大正一三年から刊行が開始された。研究者としては黒板勝美、内田銀蔵、田中義成、辻善之助、三浦周行等が基本的な日本史の研究書を世に出した。東洋史では内藤湖南、白鳥庫吉等の研究がめざましいものがあった。白鳥の弟子の津田左右吉は大正二年に『神代史の新しい研究』、大正八年に『古事記・日本書紀の新研究』を公刊し、日本古代史研究の基礎を築いた。その研究は『津田左右吉全集』三三冊にまとめられた。法制史では中田薫『法制史論集』、滝川政次郎『法制史上から観《み》たる日本農民の生活』がある。大正最後の年に出た平泉澄の『中世に於ける社寺と社会の関係』は、社会史への方向を示すものであった。

【民間学】

大正時代に活躍した学者には、大学に席をおくものの他に民間にあった者も少くない。柳田国男も大正八年に四五歳で貴族院書記官長を最後に官を去り、民間に軸足をおく。津田左右吉もアカデミズにかかわったのは晩年の僅な期間であった。高群逸枝、喜田貞吉、南方熊楠《くまくす》、徳富蘇峰、竹越与三郎なども民間にあって、明治から大正にかけてその研究を世に示した。

【哲学と社会科学】

一九一五年、岩波書店から「哲学叢書」一二冊が刊行された。執筆には東京、京都の帝国大学の関係者があたった。これにより哲学ブームがまきおこった。一九一一年に世に出た西田幾太郎の『善の研究』は大正・昭和を通じて学生の必読書として多くの学生が手にした。和辻哲郎《てつお》の『風土』『古寺巡礼』も同様であった。

一方、大正という時代は、軍部と議会の対立による憲政擁護運動にはじまり、理論的には吉野作造の「憲政の本義を説いて其有終の美を済すの途を論ず」(『中央公論』一九一六年一月号)により民本主義が唱えられて終った。ストライキが各地でおこり、労働組合も結成された。ロシア革命も社会主義者には大きな影響をあたえたし、シベリヤ出兵による米価の高騰をもたらし一九一八年八月に富山県で漁村の主婦が米を求めて米商人をおそった。米騒動である。米騒動は各地に及び参加者は七〇万人に及んだ。一九二三年九月の関東大震災は人的・物的な被害だけでなく、甘粕事件、亀戸事件などをひきおこし、社会主義運動に衝撃をあたえた。

社会科学では河上肇の「貧乏物語」が一九一六年に新聞に連載され、高島素之はマルクスの『資本論』を訳した。歴史学界でも『歴史学研究』(三三年)、『社会経済史学』(三一年)などが活動を開始した。

【参考文献】

時代全体にかかわるものに信夫清三郎『大正政治史』全四巻(河出書房、五一~五二年)と同氏『大正デモクラシー史』(日本評論社、五四年)、生方敏郎『明治大正見聞史』(中公文庫、七八年)、丸山眞男・加藤周一『翻訳と日本の近代』(岩波新書、九八年)、南博『大正の文化』(勁草書房、六五年)。

(西垣晴次)

昭和文化（戦前）

【昭和天皇の即位】

一九二六年（大正一五）一二月二五日、大正天皇が亡くなり、一九二一年（大正一〇）から摂政であった皇太子裕仁《ひろひと》親王が践祚した。年号は昭和と改められた。昭和という年号は日本で最も長い六四年間続いた。昭和の六四年間のうち一九四五年（昭和二〇）八月の敗戦までは戦争の時代であったともいえよう。昭和という時代をどう理解するか問題は少くない。遠《とお》山茂樹《やましげき》・今井清一、藤原彰の三人による『昭和史』（新版、岩波新書、五九年）は、長く複雑な昭和の歴史を一つの流れのうちにまとめたもので、多くの人びとの関心をひき、著者の立場に反対、賛成の人びとが、著者をまじえての「昭和史論争」が展開し、歴史とはなにかを考える契機となった。

【昭和の子ども】

昭和一桁の世代は、学校で「昭和　昭和、昭和の子どもよ、ぼくたちは姿もきりり、心もきりり、山、山、山なら富士の山」（久保田宵二作詞）

という歌を声高に唱った記憶があるにちがいない。海外での軍事行動について何も知らせられていないとはいえ、昭和の将来、自分たち子供たちの将来が明るい希望にみちたものと感じていた。一方、大人の世界では西条八十と中山晋平の二人による「東京行進曲」が流行した。一九三三年（昭和八）には「夜明けだ、夜明けに　鳴った　鳴った　サイレン　皇太子さま　お産れになった」といった歌がうたわれた。皇太子（現天皇）の誕生を祝ってのものである。一九二五年（大正一四）にラジオ放送が開始され、一九五一年（昭和二六）には民間放送も開始されるまではNHKだけの放送であった。放送は大衆にさまざまな影響を与えた。映画、出版なども戦争が近くなると、内務省や軍部による検閲の力が強くなり、それを無視することはできなくなった。これらにみられるように、戦争が始まるまで日本の内外がどのような状況であったのか情報は制限され人々は知らされていなかった。積極的に知ることは、特別な人に限られたものであった。

【戦争への途】

一九二九年（昭和四）一〇月、アメリカのウォール街にはじまる世界大恐慌の波が日本をのみこんだ。戦争への途は満州（中国東北）に拠点をおいた関東軍が中心であり、関東軍の行動をおさえることができなかった内閣の責任は大きい。一九二七年五月に第一次山東出兵、翌年四月に第二次山東出兵、六月には張作霖《ちょうさくりん》の乗った列車を爆破した。陸軍将校たちの一部は櫻会を結成し、彼等を中心に、三月事件、十月事件などのクーデターを計画した。これとはべつに血盟団も一人一殺として井上前蔵相、三井財閥の団琢磨を殺した。五月一五日には海軍の将校が犬養首相を射殺した。五・一五事件である。この間に中国の東北地区に関東軍によって一九三二年に満州国が成立し、皇帝として最後の清王溥儀《ふぎ》をすえた。国内では一九三六年（昭和一一）二月二六日、将校二二名が一四〇〇人の下士官兵をひきい反乱をおこした。蔵相、内大臣、軍の教育総監を殺した。天皇が鎮圧を命じたことで終りを告げた。二・二六事件である。

二・二六事件の翌年の七夕の日に北京の西、芦溝橋《ろこうきょう》で日本軍と中国軍の間で衝突が発生した。この事件をきっかけに戦闘は中国全土に拡大し、日中戦争（日本側では支那事変と呼んだ）、さらには太平洋戦争（大東亜戦争）へと拡大していった。満州国の成立をめぐり日本は国際連盟を脱退した。一九四一年（昭和一六）一二月八日には米英等の国々に宣戦を布告した。

戦時体制は国内でも強化され、政党は解散させられ大政翼賛会が成立した。政府に反対する思想をもつとされた大学教授や思想家は治安維持法などさまざまな理由で、職場を追われたり著作の刊行を止められた。一般には隣近所毎に隣組が設けられ、政府の意向が伝達された。米は配給となり、衣服の購入には衣料切符が必要とされるようになった。こうしたなか一九四〇年（昭和一五）一一月には紀元二六〇〇年の祝賀式典が東京で盛大にひらかれた。その二年後には米軍機（B25）による東京への空襲があった。一九四五年三月一〇日の東京大空襲により死者八万三〇〇〇余、一〇〇万人の人が家を失った。八月には広島と長崎に原爆が投下され、広島は二四万人以上、長崎は一二万の人々が亡くなった。

【参考文献】

西田直二郎『日本文化史序説』（改造社、三二年）、藤田省三『転向の思想史的研究』（岩波書店、七五年）、柳田國男『日本人』（毎日新聞社、七六年）、鶴見俊輔『戦時期日本の精神史』（岩波書店、八二年）、和辻哲郎『和辻哲郎全集』全二七巻（岩波書店、八九年）。

（西垣晴次）

昭和文化（戦後）

【敗戦と占領】

一九四五年八月一五日の正午、天皇はラジオの放送でポツダム宣言を受諾したことを国民に告げた。一九三一年の満州事変から日中戦争、太平洋戦争にいたる十五年戦争は終った。九月二日、降伏文書に調印した。アメリカ軍を中心とする連合軍四〇数万人が進駐し、日本占領にあたった。日本の民主化と非軍事化がその目的であった。これらの政策は占領軍直接ではなく、日本政府をあいだにおいた間接支配であった。連合国は日本の民主化のために㈠天皇の神格の否定、㈡思想警察の廃止、㈢戦争犯罪人の処罰と軍国主義者の追放、㈣財閥解体、㈤労働組合の育成、㈥農地解放と自作農の創設、㈦教育の民主化の七項についてその実施を求めた。

一九四七年五月三日から施行された「日本国憲法」は平和、民主、人権の三原則によるものであり、戦後の日本の基礎となった。一九五一年九月、四九か国との間に「対日講和条約」が調印され、翌五二年四月二八日に発効した。

【教育の刷新】

連合軍の民主化の要求のうちに、「教育の民主化」があった。文部省は八月一五日に「国体護持」を前提とする訓令を発しているように連合国側の意図を正しく理解していなかった。翌年、米国教育使節団が来日し、そこでの論議をもとに「教育基本法」「学校教育法」を公布した。それにより学制の六・三・三・四制を制定した。小学校六年、中学校三年、高等学校三年、大学四年、このうち小学校・中学校の九年を義務教育とした。大学は私立は一九四八年から、国立は四九年から新制大学を発足させた。しかし、従来の大学がまだ活動していたから「新制」という二字を冠して区別した。この学制では小、中の学校の男女共学を前提とした。一二月三一日付で修身、日本歴史、地理の学校での授業の停止が命令された。

【研究の復活】

戦争中は政府の見解に反する人物は治安維持法により検挙され、その人数は七万五千人に及んだ。敗戦後も政府はこの法を廃止しなかった。九月二六日、哲学者の三木清が獄死した。占領軍は一〇月四日に治安維持法の廃止を指令した。投獄されはしなかったが、戦争中には意見や研究を公表することをはばかり、また研究のための会合も中止してきた。敗戦によりそうした弾圧がなくなったから、戦争中に進めていた研究が公刊された。日本史関係では石母田正『中世的世界の形成』(伊藤書店、四六年)、藤間生大『日本庄園史』(近藤書店、四七年)などが挙げられる。石母田の著作は一九八五年に岩波文庫に収められた。平和な時代に入り、考古学の発掘も盛んになり新しい発見があった。静岡の登呂遺跡は弥生時代後期のもので水田址を中心に多くの知見をもたらした。またこの発掘には東京を中心とする研究者や学生の協力によったという点でも注目されるものであった。考古学で注目される発見は、群馬県の桐生に近い岩宿で関東ローム層の切り通しから旧石器時代の石器が民間の相沢忠洋《ただひろ》により発見された。一九四九年に専門家により確認され、日本にも旧石器時代が存在したことが証明された。その後各地から旧石器の遺物が発見されるようになった。考古学では佐賀県の吉野ケ里遺跡、青森県の三内丸山遺跡などの遺跡が発見され、考古学と歴史学の双方から研究が進められ、新しい歴史が示されることが期待される。

【敗戦と文学者】

戦争中のさまざまな制限や弾圧のために文学者の行動はおさえられていたが、敗戦により戦争中に廃刊された雑誌が復刊あるいは創刊された。『中央公論』『改造』が復刊、『世界』『展望』『人間』『新日本文学』『近代文学』が創刊された。またカストリ雑誌と一括して呼ばれるエロや性を売りものとする雑誌が氾濫したが一九五〇年、五一年を峠に次第に姿を消していった。

敗戦により自由に作品を発表できるようになったから永井荷風、志賀直哉、谷崎潤一郎などの老大家、宮本百合子、野上弥生子、佐多稲子、林芙美子などの女流作家、野間宏、中野重治、武田泰淳、大岡昇平、堀田善衛、中村眞一郎それに第三の新人と呼ばれる庄野潤三、安岡章太郎、吉行淳之介、小島信夫、曽野綾子、遠藤周作などが活躍した。一方太宰治、三島由紀夫、ノーベル賞をえた川端康成も自ら命をたった。老大家とされる広津和郎は一九四九年八月におこった松川事件の被告は無罪だとして十年にわたって献身的な活動があり、証拠のメモが出現し全員の無罪が告げられた。文学者の社会的な活動の一つである。ロレンスの「チャタレイ夫人の恋人」の訳本が猥褻《わいせつ》であるとされたことにたいし、訳者の伊藤整も出版者と共に罰金をかせられた。この裁判は多くの作家が訳者側を支援した。

【大衆文化】

一九五三年にテレビの本放送が開始された。皇太子の成婚、東京オリンピック、万博と大きなイベントによりテレビは家庭に普及した。大衆をひきつけ、現在も衰えをみせないものにパチンコがある。戦後、コリントゲームを改良した現在のパチンコが名古屋を中心に製造され、全国に普及した。パチンコは自ら参加するが、テレビ、ラジオは野球、サッカーなどを放送することで間接的に大衆を動員した。戦前にはなかった現象として新聞社系の週刊誌の他に出版社系の週刊誌が刊行されたことがあげられる。また漫画が普及し、漫画の週刊誌が刊行された。

【生活の変化】

敗戦から一〇年、昭和三〇年以降、人々の生活は大きく変った。一九五五年に日本住宅公団が設立され公団住宅の建設が進められ、昭和の終りまでに一二六万戸が建設された。広さは二DK、核家族が住んだ。家庭電器の三種の神器(洗濯機・白黒テレビ・冷蔵庫)もまずこの団地にうけいれられた。戦後の生活を支えた闇市もこの頃には消えていった。一方では公害の問題が表面化してきたのもこの時期であった。

【参考文献】

佐々木毅他編『戦後史大事典』(三省堂、九五年)、八木昇『大衆文芸図誌』(新人物往来社、七七年)、鹿野政直『近代日本の民間学』(岩波新書、八三年)、アンドル・ゴードン編『歴史としての戦後日本』上・下(みすず書房、二〇〇一年)、鶴見俊輔『戦時期日本の精神史』(岩波書店、八二年)、目黒区美術館他『戦後文化の軌跡 一九四五—一九九五』(目黒区美術館他、九五年)、大濱徹也『日本人と戦争』(刀水書房、二〇〇二年)、猪野健治編『東京闇市興亡史』(草風社、七八年)。同時代に生きた文学者の作品も無視できない。安田武『昭和東京私史』(中公文庫、八七年)、安岡章太郎『僕の昭和史一—三』(講談社、八八年)はその一部である。

(西垣晴次)

研究の現状と課題

農耕起源論

【縄文農耕論】

本格的な水田農耕は弥生時代からであるが、それ以前にも農耕が行なわれていた可能性が指摘されてきた。それが縄文農耕論である。縄文時代中期に大量に出土する打製石斧を農耕具と位置づけることから始まる。その後、藤森栄一が打製石斧や土偶などの増加、狩猟具の減少などをもとに中部高地における根菜・雑穀類の栽培を推定し、その論考は『縄文農耕』(学生社、七〇年)にまとめられた。西日本でも、九州北部における後晩期の丘陵地遺跡を調査した賀川光夫によって、石器や遺跡立地の特徴、大陸との関係などから雑穀類の栽培が推定された(「縄文時代の農耕」『考古学ジャーナル』二、六六年)。さらに坂詰仲男によってクリなどの管理栽培の可能性が指摘された(「日本原始農業試論」『考古学雑誌』四二―二、五七年)。

【照葉樹林文化】

中尾佐助によって民族誌をもとに提唱されたもので、西日本を含む東アジアの照葉樹林帯(常緑広葉樹林)に共通する文化として根菜・雑穀類の焼畑農耕の存在が注目され(『栽培植物と農耕の起源』岩波書店、六六年)、この農耕が稲作以前から日本にもあったと推定された。佐々木高明は、照葉樹林文化に東日本のナラ林文化を加えて、両文化の特質や大陸との関連を総合的に検討した(『日本史誕生』集英社、九一年)。

【栽培植物】

縄文農耕の可能性が指摘されてから調査方法が改良され、種子・プラントオパールや花粉などの検出が行なわれるようになった。その結果、各地からエゴマ・ヒョウタンの仲間・リョクトウ・アズキ・ソバ・オオムギ・イネなどが確認され、多くは前期以降に所属する。イネは岡山県を中心として発見され、焼畑農耕の可能性も指摘された。また、北海道の前期の遺跡では畑のような遺構が発見された。これらの植物が栽培されていた可能性はあろう。しかし、雑穀類は栽培されていたとしても主食料ではなかったという見解が一般的である。このほかに、クリのDNAの分析により、大型のクリが選択されて集落の周辺に植えられていた可能性が指摘された。最近の研究成果からは、クリ・トチ・ドングリなどの堅果類がかなり利用されていたことがわかっている。

栽培・農耕の定義上の問題はあるが、縄文人が積極的に植物に働きかけ利用していたことは間違いない。今後は目的的な調査を行ない、その形態と地域的・時代的変化を追究し、同時に、経済・社会システムの中に位置づけていく必要があろう。

【参考文献】

農耕の起源は、石田英一郎・泉靖一編『シンポジウム日本農耕文化の起源』(角川書店、六八年)、江坂輝彌編『シンポジウム縄文時代の考古学』(学生社、七二年)、で討議され、八一年にはシンポジウム「縄文農耕の実証性」が開かれた。その後の動向は戸沢充則（「縄文農耕論の段階と意義」『論争と考古学』名著出版、九四年）や山田康弘「縄文から弥生へ」（『現代の考古学三』朝倉書店、九九年）らによってまとめられている。堅果類の重要性は渡辺誠（『縄文時代の植物食』雄山閣出版、七五年）によっても早くから指摘されている。照葉樹林文化論は、上山春平編『照葉樹林文化』（中央公論社、六九年）、佐々木高明『稲作以前』（日本放送出版協会、七一年）などによって発展した。（阿部朝衛）

邪馬台国

【邪馬台国論】

邪馬台国は『魏志倭人伝』（正確には『三国志』「魏書」東夷伝倭人の項）に見える記述を孤証とする、三世紀代の日本列島で二九国をつかねていた盟主国である。中国魏と外交交渉を有し、その冊封体制下で政治的統合を行ない、女王卑弥呼は親魏倭王の称号を与えられていた。『魏志倭人伝』の記述は詳細にわたる一方で理解に苦しむ個所が少なくなく、江戸時代以降その所在地に関し九州、畿内両説が説かれ、激しい論争をまき起こしてきたが、現段階においては三世紀代の考古遺跡の調査結果や『魏志倭人伝』の読み直しにより奈良盆地の東南隅、桜井市纒向《まきむく》のあたりに比定することで収束してきているといってよいであろう。

『魏志倭人伝』の記載より、人びとの風俗として文身があり、潜水漁法や養蚕が行なわれていたことが知られ、多分に南方系の文化圏に属していたと推測されており、日本がヒマラヤ南麓・雲南方面から東方に延びる照葉樹林文化圏の東北端に位置するとする学説に照応している。女王卑弥呼にはシャーマン的要素があるとされるが、シャーマンには北方系と南方系とがあり、卑弥呼は後者と見なされる。弥生時代になると政治的支配体制が形成され、三世紀代になると邪馬台国の出現に至ったと解されているが、小国家形成の契機として岡田英弘は華僑と称し得る中国人の移住を考えている（『倭国』中央公論社、七七年）。この所説は日本史研究者から見ると少なからず唐突の感がするが、東アジア世界における政治組織の形成という観点をふまえると、考慮に値する学説である。

【最近の動向と課題】

邪馬台国を文化史的観点から見た場合、照葉樹林、南方系文化を基層にしつつ中国的、北方系文化を混在させていると解されるが、近年注目されているものに卑弥呼が事とした鬼道がある。『三国志』の著者陳寿が五斗米道を鬼道と称していることから、卑弥呼の鬼道も五斗米道ないし類似のものとされることがある。しかし『魏志東夷伝』に見える中国東北、朝鮮諸国の信仰のあり方（祭天、祭鬼神）と関連づけて考察すると、五斗米道と結びつけるのは頗る困難であり、南方系の習俗に関わると見得るようである。

邪馬台国の時代は弥生時代の末期にあたる。高塚古墳の築造が開始される時期であり、一案として魏と交渉を持った邪馬台国女王の死を契機に造られるようになったと考えることができるが、なお要追究課題である。この時代は隆盛を誇った青銅製武器形や銅鐸が終息し、地下に埋棄される時期でもあり、文化の大転換期であった。青銅製武器形や銅鐸は水稲耕作に関わる祭具であると解されることが多いが、縄文時代以来の採集経済活動に密接した呪具と見得る余地もある。邪馬台国ないしその継承国と大和朝廷との間に文化的継続があったか断絶していたかは、今後十分に吟味されてしかるべき課題である。

　なお、近年考古学研究者の間で邪馬台国と敵対した狗奴国を東海地方に措定する説が有力となっている。十分な論証を経ているとはいい難いが、邪馬台国との関連で東海地方の三世紀代の文化状況を追究することが課題となっている。

【参考文献】

石原道博編訳新訂『魏志倭人伝他』（岩波書店、八五年）、三木太郎編『邪馬台国研究事典』（新人物往来社、八九年）、森田悌『邪馬台国とヤマト政権』（東京堂出版、九八年）。

（森田　悌）

青銅器

【青銅器は】一般的には銅と錫又は亜鉛の合金であり、時代上では石器時代に継いで盛んに利器や容器に用いられたが、次の鉄器時代には鉄にかわっていった。しかし、一部の器具にはその特性をいかして使用されていった。

　日本では、特に弥生時代の青銅器が顕著であり、早い段階には朝鮮半島からの伝来品であったが、間もなく国内でも冶金技術を得て鋳造をはじめている。弥生前期から中期にかけての伝来品の主流は細形の剣・矛などであり、実用的で頑丈なタイプの武器類である。加えて、銅鏃や銅ノミなども含まれている。また、多鈕細文鏡の如く朝鮮半島から大陸にかけての地域に主たる分布をもち、鋳造も知られるものも伴出し、概して朝鮮半島の延長上で北部九州に弥生文化がもたらされた事実をうかがわせるものとなっている。これらの青銅器は、素材の入手や製作技術の特徴からしても貴重視されるものであり、実用性と共に首長層の権威の象徴を示すものであったと考えられ、甕棺副葬品などでも限られている。弥生中期頃には、あらたに青銅器の中に漢鏡のような中国鏡が見られるようになり、さらに金銅製棺金具なども伴って、中国王朝との交流の中で伝来したものが出現する。中には一鋳式の有柄銅剣の如く朝鮮半島鋳造の遺物もあり、吉野ヶ里遺跡の例などで知られる。しかし、中期の段階では鉄製品の伝来も多くなり、青銅製品は次第に祭祀的性格を帯びた中細形や広形の武器形式に変化していき、これらは国内で鋳造されていく。国産青銅器の代表例である銅鐸は、前期末頃から朝鮮半島の鐸を基にして鋳造をはじめ、次第に大形の独特の銅鐸となっていった。実用的な、音を聞く器物から、後には見るものとして象徴性をもつ祭器となったものとみられている。これらの国産青銅器は従来一、二点から数点程度の出土例が一般的であったが、近年島根県荒神谷例の如く大量埋納の遺跡も知られるようになり、同笵の製品も分布が広いものがある。また、九州方面にも銅鐸例や鋳型の発見が伝えられるようになり、広域的な分布の中で考えるべきものがある。それと共に、国産青銅器の素材の課題があるが、分析の結果では中国製品と共通するといわれ、伝来品を鋳潰して国産したらしい。渡来品が僅少とみられてきた貨泉・五銖銭などや銅鍑の例などもそれとの関連も含めて把える必要があるかも知れない。弥生後期には後漢鏡などを除いて鉄製品が主力となり、青銅利器は衰微していった。

【動向と課題】

青銅器研究で近年最も衝撃的であったのは島根県荒神谷と加茂岩倉の出土例であり、銅剣や銅鐸の多量出土であった。そして、同笵品の広がりであった。そのことは、佐賀県安永田での鋳型の発見と共に広域的理解を考えさせるものがあり、それは又銅鐸形土製品なども絡めて、弥生時代の様相を再検討させるようになってきている。

【参考文献】

樋口隆康「大陸文化と青銅器」(『古代史発掘5』講談社、七四年)、三本文雄『日本出土青銅器の研究』(第一書房、九五年)。

(伊藤玄三)

装飾古墳

【概　観】

装飾古墳は、一般的にはほぼ六世紀頃を中心として九州地方横穴式石室を対象として装飾文様をもつものを呼称している。但し、広い意味で文様を有するものは四世紀代の竪穴式石室壁面に朱点を配するものなどや、石棺側面などに直弧文を配するものがあって、文様施文の風はさかのぼって考えることができよう。勿論、典型的に石室壁面などに施文される例は横穴式石室採用後とみることができ、いわば定式化した施文を表現していくのは五世紀の後半とすることができる。装飾文様の特徴では、初期には多く直弧文が用いられており、屢々壁面装飾というよりは石室下部をめぐる石障に描かれている。恐らく、壁面装飾の一部と見なしてよいものであろうが、それが壁面全体に及ばぬ現実的な死者空間のあり方を象徴させているのであろう。この段階での直弧文の使用は必らずしも統一的全体の直弧文世界を表現するものではなく、時にはその部分的表現に止まるものもあるのは、恐らくモデルとされた施文対象からの転写かと推測され、そのモデルとなっているものも多様な直弧文施文を行っていたのではなかったかと考えられる。

ここでは、大陸・朝鮮半島での石室壁面装飾の風習を横穴式石室の採用と共に受容した時に、そこに描写されるべき文様としては日本国内で象徴性をもって用いられていた直弧文が採用された姿を想定できる。因みに、直弧文の表現は線刻・半浮彫で刻まれており、単なる塗彩表現ではない。明確に他器物でも看取できる彫刻的表現を継承している。この直弧文装飾は、石障以外にも石棺内外にも施文されるようになるが、六世紀の文様の要素の用い方には部分的なものもあり、羅列的とも見なされる場合がある。その後六世紀中頃以降になると文様に具象性があらわれ、人物や動物、器物（靭・盾・舟など）が出現する。それと共に円文や三角文なども多用される。その点では、初期の直弧文は器物に施文されていた文様が重視されて転写されているのに対して、後にはその転写対象の器物などに移行し、更に具象的な人物・動物が加わったものと推測できる。その描写には福岡県竹原古墳奥壁の彩画の如く人物・馬・天馬・舟・サシバ・波頭の表現がみられる例もあり、意味するところが幅広いものがある。唯、概して断片的表現であり、大陸の装飾壁画のように読みとれるものが明確ではない。例としては、生前の描写とかあの世への過程などの推測がある。文様の描かれた墳墓には、他に横穴墓がある。横穴墓の文様は更に多様であり、中には線刻の人物・動物などをみることもできる。表現方法にも一層の多彩性を示すものとなっている。なお、高松塚古墳などの壁画との間には時期的にもなお隔たりがあり、直結はしていない。

【動向と課題】

近年の調査では、古墳時代装飾に関わる際立った例が見られないが、資料の集成・分析の必要は感ぜられる。同時に大陸・半島との関連もなお検討すべきものがあろう。

【参考文献】

小林行雄『装飾古墳』（平凡社、六四年）、乙益重隆編「装飾古墳と文様」（『古代史発掘8』講談社、七四年）。

（伊藤玄三）

聖徳太子

【虚像と実像】

聖徳太子は、飛鳥時代推古朝の政治に主導的に参画し、冠位十二階や十七条憲法制定などの国政改革、遣隋使派遣など積極的な東アジア外交の推進、四天王寺・法隆寺などの建立、三経義疏《さんきょうぎしょ》の作成、天皇記・国記の編纂など、政治的・文化的に大きな役割を果たした人物として広く知られている。没直後から超人的な人物として神格化・伝説化が始まり、各時代・各層による太子信仰が盛んになった。早くから信仰のベールに包まれてきたため、最初に掲げた業績も含め実像はきわめて見えづらい。歴史的な研究のためには、何よりも実像とのちの信仰の所産とを峻別する作業が必要となる。

【推古朝の政治】

『日本書紀』の編纂材料にすでに先行する太子伝が用いられていたと見えて、太子関係の記事の信頼性は低い。『上宮聖徳法王帝説』など異系統の太子伝、法隆寺釈迦三尊像光背銘などの金石文、『隋書』などの中国史料、古代国家成立過程の諸段階と比較しての総合的検討などが要求される。現在のところ、推古朝の摂政・皇太子の地位については否定的で、父母双方から蘇我氏の血を引いた太子が大臣蘇我馬子と共同執政をとったらしいこと、太子が実際に国政に関与するのは、同じく皇位継承有資格者の押坂彦人大兄皇子や竹田皇子が没し、斑鳩宮造営が始まった六〇二年（推古天皇一〇）頃であること、などが穏当なところとして考えられよう。

【太子伝と太子信仰】

聖徳太子の伝記は、没後間もない頃から相ついで作成され、一〇世紀頃成立の『聖徳太子伝暦《でんりゃく》』で一応の集大成を見る。以後、多くは『伝暦』の注釈書の体裁を取りながらもなお奇怪な話は増幅される。一方、仏教の民衆化に対応しつつ、太子伝承を取り込みながら寺院縁起が作られる例も多く、結果、太子建立寺院は増える傾向にあった。太子伝や太子信仰の担い手の中心は四天王寺や法隆寺であったが、顕密・浄土系の各宗派は競うように太子への敬慕を示しつつ、自己の宗教活動に活用していった。民間レベルでの波及も著しい。こうした間に遺された膨大な史料は、もはや古代史の中の太子を解明する材料にはならないが、各時代の宗教史・思想史・文化史を語る重要な要素になっている。

【研究文献】

伝記では、田村円澄『聖徳太子』（中公新書、六四年）、『坂本太郎著作集九・聖徳太子と菅原道真』（吉川弘文館、八九年）、遠山美都男『聖徳太子・未完の大王』（NHKライブラリー、九七年）、吉村武彦『聖徳太子』（岩波新書、二〇〇二年）など。太子伝・太子信仰については、小倉豊文『増訂聖徳太子と聖徳太子信仰』（綜芸舎、七二年）、林幹弥『太子信仰』（評論社、八一年）、田中嗣人『聖徳太子信仰の成立』（吉川弘文館、八三年）、武田佐知子『信仰の王権 聖徳太子』（中公新書、九三年）、大山誠一『〈聖徳太子〉の誕生』（吉川弘文館、九九年）、藤井由紀子『聖徳太子の伝承』（吉川弘文館、九九年）、蒲池勢至編『太子信仰』（雄山閣、九九年）、『飯田瑞穂著作集一・聖徳太子伝の研究』（吉川弘文館、二〇〇〇年）など。最近の雑誌特集号や事典では、『国文学 解釈と鑑賞七〇一・聖徳太子伝の変奏』（至文堂、八九年）、『歴史読本四一―一〇 聖徳太子争点を解く二一の結論』（新人物往来社、九六年）、石田尚豊編『聖徳太子事典』（柏書房、九七年）など。

（小野一之）

法隆寺

【再建・非再建論争】

飛鳥時代に聖徳太子が大和斑鳩の地に建立したとされる法隆寺は、後世に続く太子信仰の拠点として、また数多くの貴重な文化財を伝えていることでよく知られている。法隆寺に関する文化史・美術史・建築史にわたる研究蓄積は膨大な量に及ぶが、著名なものに再建・非再建論争がある。『日本書紀』に法隆寺創建のことは見えないが、六七〇年（天智天皇九）の焼亡記事がある。ところが、在銘の釈迦三尊像・薬師像の彫刻や金堂・五重塔などの建築様式からすれば、飛鳥時代にさかのぼらざるを得ない。現法隆寺（西院伽藍）は、飛鳥時代に創建されたものか、焼失後再建されたものか、明治中頃から大正にかけて激しい論争が繰り広げられた。ところが、一九三九年の西院伽藍南東方向の発掘調査で、四天王寺式の伽藍（若草伽藍）が新たに見つかり、飛鳥期の瓦や焼土も確認された。これが創建の法隆寺とされ、以後、再建説は通説化した。

【創建と再建の年代】

近年の成果では、まず創建期の瓦の研究がある。飛鳥寺・豊浦寺・四天王寺出土の軒丸瓦の同笵関係が明らかになり、若草伽藍金堂の造営は六一〇年頃とされた（『法隆寺昭和資財帳一五　法隆寺の至宝　瓦』小学館、九二年、花谷浩「斑鳩寺の創建瓦」『古代瓦研究Ⅰ』奈良国立文化財研究所、二〇〇〇年）。創建年として薬師像光背銘の丁卯年（六〇七年＝推古天皇一五）が再び注目されている。再建年代については、近年の発掘成果（『法隆寺防災施設工事発掘調査報告書』法隆寺、八五年）が、西院伽藍のための大規模な造成工事の存在を明らかにして、再建論争中の折衷案として生まれた二寺並存説を否定した。再建は確実だが、その年代・経過・主体などは依然不明というしかない。明らかに六七〇年以前の遺宝が寺には多く伝来するし、焼亡年代をこれよりさかのぼらせる見方はなおも可能であろう。こうした点をふまえた新しい研究に、岡本東三「法隆寺天智九年焼亡をめぐって」（『文化財論叢』同朋舎、八三年）、山本忠尚「若草伽藍非焼失論」（『論苑考古学』天山舎、九三年）、鈴木嘉吉「法隆寺新再建論」（『文化財論叢Ⅱ』同朋舎、九五年）、大橋一章「再建法隆寺と釈迦三尊像」（『仏教芸術』二二四、九六年）などがある。

【中世の法隆寺】

これ以降の法隆寺では、七三九年（天平一一）の夢殿（東院伽藍）創建、一一二一年（保安二）の聖霊院建立など重要な画期があり、中世の建築や彫刻にも見るべきものが多い。ここでは、近年の成果が著しい中世における歴史的なテーマとして、太子伝・太子信仰の担い手としての法隆寺（武田佐知子『信仰の王権　聖徳太子』中公新書、九三年など）、地域支配の領主としての側面（細川涼一「中世の法隆寺と寺辺民衆」『中世の身分制と非人』日本エディタースクール出版部、九四年）、荘園経営の具体相（水藤真『片隅の中世　播磨国鵤荘の日々』吉川弘文館、二〇〇〇年）などをあげる。

【参考文献】

総括的な基本文献としては、『日本の古寺美術一～三・法隆寺Ⅰ～Ⅲ』（保育社、八七年）、『法隆寺昭和資財帳調査完成記念　国宝法隆寺展』（NHK、九四年）、大橋一章編著『法隆寺美術　論争の視点』（グラフ社、九八年）、『奈良六大寺大観一～五・法隆寺一～五』（岩波書店、補訂版九九年～刊行中）など。

（小野一之）

行　基

【経歴と課題】

行基（六六八～七四九年）は奈良仏教を

代表する僧侶として、多くの研究者の関心を集めている僧侶である。行基の両親とも中国系渡来人の系譜を引き、六八二年（天智七）薬師寺で出家する。七〇四年（慶雲元）に生家を寺とする（家《え（いえ）》原《ばら》寺《でら》）。行基は出家以後民間布教・土木事業を活発に行ない、数千人に及ぶとされる信徒からなる行基集団を形成するが、七一七年（養老元）に弾圧される。しかし、七三一年（天平三）には行基への政策が転換し、弟子の一部の出家が許可される。七四三年（天平一五）には東大寺大仏造営の勧進に起用され、七四五年（天平一七）には大僧正に任ぜられ、七四九年（天平勝宝元）に八二歳で入滅する。行基の生涯を振り返ると、弾圧から公認という政策転換の意味、宗教活動を支える教義・思想基盤、行基集団の特質、社会事業の意義、などの点が解明すべき課題として浮かび上がり、国家仏教と民間仏教との関係を考えるうえでも格好の素材とされ、これまでさまざまなアプローチがなされてきた。

【宗教活動の特質】

行基が当初弾圧されたのは、仏教の教えや法律（僧尼令）の点からも違反とされたためであるが、のちに公認されたのは行基が率いる集団の中で、とくに豪族の土地開発力が期待されたためともされる。行基集団の構成については近年解明が進められている。中でも尼・在俗女性信者が少なからずいたことは、当時の女性と仏教の関係を考えるうえで重要であるし、下級の官人との結びつきがあったことはのちの公認への伏線とも考えられ興味深い。行基の思想基盤の基本は法相宗（唯識学・瑜伽《ゆが》論）であるが、活発な民間布教や社会事業は集落における活動を推奨する三階《さんがい》経《きょう》や福田思想に基づくものとされる。また、行基が民衆に説いていた「罪福」は因果応報の理であるとされ、当時民間に受容された仏教信仰の一端が知られる。土木事業を中心とした社会事業を推進するには、一定の技術者集団の組織化が必要である。その集団としては匠《しょう》丁《てい》、須恵器工人集団、土師《はじ》氏、猪名部《いなべ》木工集団、秦《はた》氏との関係などが指摘されている。

行基は行基菩薩と称せられ、かつ文殊の化身として崇められ、死後崇拝の対象となっていく。行基の多彩な活動のうちとくに民間布教や社会事業の側面が注目され、平安期以降活動が顕著になる勧進聖・遊行《ゆぎょう》僧・三昧聖《さんまいひじり》などの聖集団の祖として、また中世には重源《ちょうげん》・叡尊《えいそん》・忍性《にんしょう》らによる社会事業推進の際の先達として仰がれ、広く信仰を集めていく。

奈良時代において菩薩と仰がれ、民間布教に努めた僧侶は行基だけにとどまらない。行基はそうした僧侶たちのシンボル的存在ではあるが、民間仏教を語る際にすべて行基で代表させたり、過大評価をしすぎると奈良仏教の実態を見誤る恐れがあるので注意が必要である。

【参考文献】

行基に関する研究はすこぶる多く、論点は多岐にわたっている。その点で行基に関する諸問題を網羅的にまとめた井上薫編『行基事典』（国書刊行会、九七年）は現在のところ最も便利な手引きで参考文献も充実している。なお、一九七〇年代初頭までの重要論文は平岡定海・中井真孝編『行基 鑑真〈日本名僧論集第一巻〉』

（吉川弘文館、八三年）に収録されている。

（追塩千尋）

国分寺

【創建と造営】

国分寺は七四一年（天平一三）に聖武天皇の勅により、諸国に僧寺（金光明四天王護国之寺）・尼寺（法華滅罪之寺）の二寺の建立が命ぜられたのに始まる。国分二寺の役割は、護国経典に基づく五穀豊饒・国土安穏といった鎮護国家の祈禱であった。二寺のうち尼寺の実態は文献史料が少ないこともあり不明で、発掘調査の推進も含めて今後の課題である。

国分寺の淵源については、六八五年（天武天皇一四）に国庁に仏舎を作ることを命じた詔の解釈をめぐって古くから議論があるが、七三〇年代に内外の政情不安が高揚する中で、隋唐の大雲寺制などが参考とされ創建に至ったと考えられている。

造営は国司の監督のもとでの農民の雑《ぞう》徭《よう》などにより推進されるが、郡司らの財物寄進などに期待する向きも大きかった。ただ、建築は必ずしも順調ではなく、一部は九世紀にずれ込み既存寺院を転用する場合もあった。二寺は国衙に比較的近い交通の要地に所在し、二寺間も鐘の聞こえる範囲などとされているが、伽藍規模なども含め多様である。

定員・施入田地は僧寺は二〇人・一〇町、尼寺は一〇人・一〇町であり、寺の経済の基本は正税であった。釈迦像（平安期には多くは薬師像）を本尊とし、僧尼等は国師（のちに講師）の監督のもとで最勝王経・法華経の転読、吉祥天《きちじょうてん》悔《け》過《か》、仁王会などの法会を行なっていた。

【平安期以降の沿革】

国分寺は平安期以降衰退したとされているが、必ずしもその使命を終えたわけではない。趨勢として、平安末くらいまでは全国国分寺の半分弱が創建当初の伽藍をある程度継承し、さらにその半数の寺院は中世にもその状態を継続させる。残りの国分寺も再建・移転等を繰り返しながら一六世紀まで生き残る。戦国期に多くは廃絶・焼失するが、一六世紀後半から一七世紀にかけて全国の三分の二ほどが再興されるに至る。寺の経済基盤は国衙領が原則で、荘園などによる寺領の拡大は顕著ではない。管理者は原則国司ではあるが、中世には地頭の進出を受けたり、守護・戦国大名の保護と統制がなされた国分寺も多い。

創建以来の護国法会などは継続され、元寇・南北朝・戦国期などの内乱期にはその鎮護国家の機能が改めて期待された。

国分寺は病者などの収容・医療、軍の陣所、宿泊所、流罪となった天皇の御所など、さまざまな公共的施設の役割も果たしていた。

一〇世紀半ばからは、生き残りのために中央・地方の有力官寺の末寺化が始まる。一四世紀には西国を中心とした全国三分の一ほどの国分寺が西大寺により掌握されていたのは注目される。

【研究上の課題と参考文献】

国分寺の研究は考古学・文献史学いずれも創建時に集中している。前者の戦前の成果は角田文衞編『国分寺の研究』上・下（考古学研究会、三八年）、戦後は同編『新修国分寺の研究』（全七巻、吉川弘文館、八六〜九七年）が網羅的である。関東古瓦研究会編『聖武天皇と国分寺』（雄山閣、九八年）は発掘調査上の課題を示してくれる。文献史学からの成果は井上薫『奈良朝仏教史の研究』（吉川弘文館、六六年）が代表であり、沿革史は追塩千尋『国分寺の中世的展開』（吉川弘文館、九六年）を参照されたい。

（追塩千尋）

古事記

【成立と特色】

『古事記』はその序文によると、天武天皇の発意で撰録が始まり、稗田阿礼による帝紀旧辞の誦習が行なわれ、七一一年（和銅四）に元明による撰録の詔が太安万侶に下され、翌年正月二八日に太安万侶による撰上が行なわれている。上・中・下の三巻。上巻は天地初発から始まる神々の世界を描き、中巻は神武から応神に至る一五代の天皇、下巻は第一六代仁徳から第三三代推古に至る記事が記されている。

『古事記』編纂の目的は「諸家のもたる帝紀と本辞と既に正実に違ひ、多く虚偽を加ふ」ために「帝紀を撰録し旧辞を討覈して偽を削り実を定め」て後世に伝えるためであるが、この帝紀とは天皇の名、宮処、皇后、皇子皇女、崩御、御陵等の天皇家の歴史であり、旧辞とは神話・伝説・昔話の類である。古事記は帝紀的部分と旧辞的部分から構成されている。全体的に書紀に比べて統一された文学的文章で綴られ、神話・伝承・歌謡がみごとに昇華されている。

【内容と問題点】

『日本書紀』が六国史の一つとして位置づけられるのに対して、『古事記』は神話・伝説的要素が多く、単純には史書とは断定しがたい側面がある。『古事記』は三巻構成だが、実質的な歴史時代を描いているのは下巻のみで、その下巻も各天皇段の記事は簡潔で『古事記』の主眼が上・中巻にあることが察せられる。つまり編集の主目的が、建国の由来と天皇家の国土統一の正当性の主張にある。『古事記』は系譜を重視しているが、それも天皇家の万世一系論を支持する態度から発している。また出雲神話などの採択は、神話においても高天原系神話への神統譜の統合を意図していたと考えられる。一番の問題は、『古事記』が七一二年（和銅五）に完成しているのに、なぜ新たに『日本書紀』の編纂が七一四年（和銅七）に開始されたのかということである。本居宣長の説は、最初に『古事記』を編纂したが、形式上も内容的にも不完全であったので、新たに『日本書紀』を編纂したという考えで、長く定説とされたが、梅沢伊勢三は、撰上の時期は『記紀』の順であるが、編纂開始は『紀記』の順であり、『日本書紀』は『古事記』を無視しているが、『古事記』は『日本書紀』を参考にした箇所があるとする。だが先後問題は諸説あり、いまだ定説を見ない状況にある。両書編纂の理由についても定説はないが、『六国史』が正史としての立場で叙述されているのと比べると、『古事記』は一般向けで、官人たちに教養書として与えるために編纂された可能性も考えられる。

【研究史】

『古事記』の研究は近世以降で、それ以前は、鎌倉時代に卜部兼文の『古事記裏書』がある程度である。本格的研究は本居宣長の『古事記伝』を嚆矢とする。『古事記伝』四四巻が出なければ『古事記』は今ほど注目されなかったともいえる。近代には津田左右吉の『日本古典の研究』(岩波書店、一九四八～九年)や次田潤の研究が見られ、文学方面からの研究が進んだ。昭和期は倉野憲司『古事記の新研究』(至文堂、二七年)、山田孝雄『古事記序文講義』(国幣中社志波彦神社・塩竈神社、三五年)、武田祐吉『古事記研究帝紀攷』(青磁社、四四年)、西郷信綱『古事記研究』(未来社、七三年)などがあり、松村武雄などの神話研究もある。また古事記学会による『古事記大成』全八巻と『諸本集成古事記』(古事記学会、五八年)が公刊され、『古事記年報』が刊行されている。刊本としては『岩波思想大系』などがあり、写本としては名古屋の『真福寺本』が最古である。

【参考文献】

『日本思想大系一・古事記』(岩波書店、八二年)、倉野憲司校注『古事記』(岩波文庫、六三年)、倉野憲司『古事記全註釈』(三省堂、七三年～)、次田真幸『古事記』上・中・下(講談社学術文庫、七七～八四年)『古事記研究文献目録　雑誌論文篇』(国書刊行会、八六年)、『本居宣長全集』(九～一二巻、筑摩書房、六八～七四年)、『津田左右吉全集』(一～三、別巻一、岩波書店、六三年)、『武田祐吉著作集』(二・三巻、角川書店、七三年)、倉野憲司『古事記の新研究』(至文堂、二七年)、神田秀夫『古事記の構造』(明治書院、五九年)、梅沢伊勢三『記紀批判』(創文堂、六二年)、神野志隆光『古事記の達成』(東京大学出版会、八三年)、水林彪『記紀神話と王権の祭り』(岩波書店、九一年)。

(中村修也)

正倉院

【正倉院正倉の特色と構造】

正倉院は、奈良・東大寺の北西三〇〇ートルに所在し、かつて東大寺の倉庫＝正倉のあったところ。現在、その正倉は宮内庁の管轄するところであるが、そこには奈良時代の日本のみならず中国、韓国・朝鮮、さらにシルクロードを経て伝えられた世界的な宝物をほぼ九、〇〇〇件納めている。しかし細かく見ると、文書は一万通を超え、染織品は断片を数えると数万点とも数十万点ともいわれている。そもそも正倉とは、奈良時代から平安時代の官衙・寺院などで主要な品物を納める倉を指し、正倉の立ち並ぶ一画を正倉院といった。しかし正倉・正倉院はしだいに歴史上から姿を消し、鎌倉時代以降東大寺に残存するだけとなり、正倉・正倉院は普通名詞から固有名詞に変化した。正倉は寄棟造の一棟三室からなり、北から北倉・中倉・南倉といい、各室は独立している。北倉と南倉は校木を組み合わせた校倉造、中倉は東西両面が板で囲われた羽目板囲である。もともとこの倉は双倉といって南北の二倉からなり、その中央部は空洞になっていたが、双倉の成立した五、六年後に二倉の中の間を仕切って倉の機能を持たせ三倉になった。正倉は南北に三三メートル、東西九・四メートル、高さ一四メートル、床下二・七メートル、建物を支える束柱は四〇本、いずれも礎石の上に建てられている。建物の出入り口は東面のみである。

【宝物の献上と目録】

東大寺の正倉・正倉院の成立時期は明確でないが、七五二年（天平勝宝四）四月九日の大仏開眼会以降、数年の間に成立している。同八歳五月二日に聖武天皇が崩御し、その七七忌にあたる六月二一日に、光明皇后は天皇の冥福を祈って天皇遺愛の品六百数十点を東大寺に献納された。そのとき献納の趣旨と献納品名を書き上げた文書を『東大寺献物帳』と呼ぶが、その文書の冒頭に「太上天皇の奉為に国家の珍宝を捨して東大寺に入るる願文」とあることから、この献物帳を『国家珍宝帳』ともいう。同日、皇后は六〇種の薬物を東大寺に献納、その献上の趣旨と献納品の目録を書き上げたものを『種々薬帳』と呼ぶ。この後も皇后は天皇または皇后に縁の宝物を三度東大寺に献納、あわせて五度も皇室から東大寺に宝物の献上が行なわれた。これらの献納宝物は正倉院正倉の北倉に納め、爾来、北倉の開扉は天皇の勅許を必要とした。一方、南倉には、東大寺大仏開眼会を始め東大寺において開催の法要関係品を納めており、これらは東大寺の管轄下に置かれ、南倉の開閉は僧綱の許可によって行われている。『種々薬帳』によると、北倉に収納の宝物、とくに薬物については東大寺に献納後も出蔵、利用が認められており、実際に北倉から出蔵され、頻繁に宝庫の開扉が行なわれたことから、七六一年（天平宝字五）出蔵頻度の多い薬物を選んで南北両倉の中の間に移納し、これより以降、中の間に移納の薬物は僧綱の許可によって出蔵、その中の間を仕切って中倉とした。中倉には東大寺での儀式関係品や東大寺の造営に関わる官司、造東大寺司関係の品物なども納めている。

【宝物の特色】

宝庫に収納の宝物は、「鳥毛立女屏風」、「臈纈屏風」、「赤漆文欟木厨子」、「金銀平文琴」、「金銀鈿荘唐大刀」、「平螺鈿背円鏡」、「螺鈿紫檀五絃琵琶」や「螺鈿紫檀阮咸」、「漆胡瓶」、「白瑠璃碗」、「大唐花文錦」など、いずれも奈良時代を代表する宝物である。その特色を整理すると、①花氈・色氈などの敷物、屛風や厨子、鏡などの調度具、琵琶や阮咸、和琴や新羅琴、その他、笙や竽、笛、尺八などの楽器、双六、囲碁などの遊戯具、大刀、弓矢、馬具などの武具、筆、紙、墨、硯などの文房具、金属や磁器の飲食器、袈裟、数珠、如意、幡、香具などの仏具のように種類が多い、②金、銀、銅、鉄などの金属質のもの、瑪瑙、翡翠、水晶、琥珀などの鉱物質のもの、馬、牛、鹿、鯨の皮革などと材質も多い、③金工、木工、竹工、革工、漆工、染織などさまざまな技法が見られる、④また献物帳に記載の宝物や宝物自体に大仏開眼会などの年月日を記した宝物が伝わっているなど、由緒がわかる、⑤さらに宝庫に伝来したため、地上での伝世品であること、⑥中国・朝鮮半島、さらにシルクロードを経て伝わっているものなど国際性に富んでいる。中には、宝物そのものだけではなく、材質などにも東南アジア、インド産のものが見られるが、デザインなどにも中国・朝鮮はもとより、遠くイラン・イラクなどのものもある。中でも宝物の故国ではすでに残存しないものが正倉院に伝わっているなど、世界的に貴重な宝物が多い。

【宝物の保存】

奈良時代末から平安時代初めに、宝物の現在量の確認と曝涼、つまり虫干しと風通しを行なった文書が四通伝わっているが、平安時代末から江戸時代にかけても、宝庫の修理や太上天皇を始め貴族・武士らの宝物拝見のときなどを通じて宝物の点検と曝涼が行なわれ、宝物の点検記録が十通ばかり伝わっている。中でも織田信長が蘭奢待を截断したときの宝庫の開扉や、徳川家康の命によって行なわれた宝庫の修理などの記録は詳しく、その後も江戸時代には宝物の学術調査や修理も行なわれ、保存対策を講じており、明治時代以降今に至る宝物の整理と展示、修理や復元などの事業に引き継がれている。

宝物の保存でもう一つ、宝庫が勅封の形式を取られてきたことである。奈良時代以来鎌倉時代までの北倉は、天皇の命を受けた官人の封を施していたが、やがて天皇自らの封を施すことで、天皇の許可なくしては貴族や武士といえども自由に開扉することはできなかった。中倉は、当初僧綱の許可だけで開扉できるとしていたが、平安時代末に北倉と同様に扱われ、南倉のみが明治初年まで僧綱の封によって開閉されていた。一八七五年（明治八）、宝庫の管理は寺院を離れて政府の所管となると、宝庫の開扉はすべて勅封となり今日に及んでいるが、一九六三年（昭和三八）に校倉の宝庫＝正倉に納められていた宝物は空調の効いた鉄骨鉄筋コンクリート造りの西宝庫に移納され、勅封は西宝庫内の各室に施されることになった。

【参考文献】

正倉院事務所編『正倉院宝物』（全一〇冊、毎日新聞社、九五～九七年）、和田軍一『正倉院案内』（吉川弘文館、九六年）、米田雄介『正倉院宝物の歴史を保存』、同『正倉院と日本文化』（以上、吉川弘文館、九八）、同『正倉院と平安時代』（淡交社、二〇〇〇年）。

（米田雄介）

東大寺

【創建とその後の展開】

東大寺は創建以来国家的保護を受けてきたこともあり、興福寺と並んで南都七大寺中常に一位の位置を占め続けてきた寺院である。創建は七四三年（天平一五）の聖武天皇による大仏建立の詔に始まるといえる。しかし、その前身とされる金《こん》鐘《しゅ》寺《じ》（金光明寺と改称）が単純に東大寺につながるのかどうか、その寺院の性格・沿革も含めて議論がある。ただ、当初紫《し》香楽《がらき》で着手された大仏造営が金鐘寺の寺地で継続されたことが東大寺造営につながっていくことは確かであろう。東大寺造営事業は七五二年（天平勝宝四）の大仏開眼供養がピークといえるが、七八九年（延暦八）の造東大寺司廃止が完成の一つのめどとなろう。

東大寺は鎮護国家寺院のシンボル的存在で、全国国分寺を統括する総国分寺とも称される。しかし、東大寺は国分寺とは創立理念を異にするので、単純に鎮護国家寺院とはいえない、という見解も出されており、各国分寺との実質的関係も見い出しがたいこともあわせてその性格づけにはまだ検討の余地がある。また、大仏建立の際に多くの知識（民間の仏教信者）の協力を得ている点で、官大寺ではあるが知識寺的性格を有していることも見逃せない。一一八〇年（治承四）と一五六七年（永禄一〇）に焼失した際、再興にはそれぞれ重源《ちょうげん》、公慶《こうけい》といった勧進上人の活動と多くの人びととの協力が大きかったことがそのことをよく物語る。

東大寺には当初四、〇〇〇町の寺領が与えられ、以後も開墾などにより寺領を増加させていく。しかし、一〇世紀半ばには実質経営は所有寺領の一〇分の一にも満たず、封戸も平安末には実質廃絶する。そうした中で、寺家政所が組織的に強化され、寺領再興の努力がある程度功を奏し、中世寺院への転化が成し遂げられる。東大寺の寺院組織は平安期以降は他寺院同様、別当・三綱《さんごう》・学侶・堂衆が基本であった。別当・三綱（政所系列と呼ばれる）は寺内の寺官編成と荘園経営にあたっていた。しかし、鎌倉期に入り学侶・堂衆（惣寺系列と呼ばれる）が台頭し政所系列と対立し、彼らは学問・修行ばかりではなく寺領経営にも参加し始める。この惣寺の寺務機関として年預所が生まれ、そこに荘務権が集中されていく。こうした政所・惣寺系列などの二元性が中世寺社構造の特質である。

【研究動向と参考文献】

東大寺は奈良仏教を代表する寺院であるだけに、その関心および研究は創建期に集中している。東大寺全般に関しては平岡定海『東大寺辞典』（東京堂出版、八〇年）が便利である。奈良期に関しては、井上薫『奈良朝仏教史の研究』（吉川弘文館、六六年）、奈良六大寺大観刊行会編『東大寺』（全三巻、岩波書店、六八年、補訂版は二〇〇〇年より刊行）をあげるにとどめる。奈良期以降については寺院組織を中心に解明が進められ、平岡定海『東大寺の歴史』（至文堂、六一年）は先駆的なものであり、永村眞『中世東大寺の組織と経営』（塙書房、八九年）、稲葉伸道『中世寺院の権力構造』（岩波書店、九七年）が詳細である。一九七二〜八〇年の大仏殿修理、一九八八〜九三年の南大門仁王像の修理に伴う新出資料が雑誌『南都仏教』に前者は四三・四四号（八〇年）、後者は六四・六七・六八号（九〇・九二・九三年）に紹介され、新たな課題が提起されている。

（追塩　千尋）

大学と国学

【研究史】

大学、国学は律令時代の学制であり、具体的には律令官人の養成機関である。大学は大学寮として式部省管下に置かれ、国学は諸国の国衙付属機関として設置された。会規によれば、大学生には五位以上の子孫、東西史部の子および情願者をとり、国学生には郡司子弟を採用した。大学、国学における教授の仕方や教科書などに関しては学令に詳細である。かかる大学、国学に関する研究となると桃裕之の『上代学制の研究』が傑出しており、大学の創置から平安期における衰微に至るまでの、ほぼ全貌の解明が果たされている。

桃によれば、日本の学制も中国のありにならい儒教主義の下で広く官人を登用する手段として構想されたが、平安時代になると菅原氏を主とする貴族政治が拾頭し、大学寮の衰頽と家学の勃興に至ったという。桃の研究はまことに周到であり、著書刊行後五〇年余を経過しているものの、なお基準となっている。その後久木幸男が『大学寮と古代儒教』を上梓し、それを改補して『日本古代学校の研究』を刊行している。久木は教育史専攻であるだけに制度史的枠にとらわれることなく、当時の政治状況などとの関連に、より踏みこんで分析しようと試みている。さらに最近では古藤真平が意欲的な研究を進め、「文章科と紀伝道」(『古代学研究所紀要』三、九三年)を発表し、野田有紀子「学令に見える大学の一側面」(『延喜式研究』一六、九九年)が日唐の学令を比較検討し、日本の大学には中国の国子監に色濃く認められる礼秩序の維持という機能が稀薄であるとの結論を導いている。

【今後の課題】

先に桃の研究が今なお学制研究の基準となっていることを指摘したが、制度史的研究に偏っていることを久木が指摘しており、今後の課題としては教授内容の分析が求められている。日中の間で儒教主義に基づきともに同一のテキストを用いているにしても、実質としては大きく相異していることが予想される。大学出身の官人の教養のあり方を含め、中国と対比した教学内容の特性が追究されてしかるべきである。日本人が受容した儒教が中国のそれと異質であることはさまざまな観点から議論されているが、古代の学校においても制度的には類似しつつ、思想史的に見た教授内容は到底同一であったとは考えにくく、解明の切口をどこに求めるかを含め、今後検討がなされなければならない。

従前の文献史料からする限り国学関係は限られており、その解明は進んでいなかったが、近年木簡や漆紙《うるしがみ》文書、墨書土器等の新出土資料により地方における教学のあり方を検討できるようになった。今後出土資料の増えることが予想され、それにより地方における教学体制解明の深化が期待される。

【参考文献】

桃裕之『上代学制の研究』(目黒書店、

四七年)、久木幸男『大学寮と古代儒教』(サイマル出版、六八年)、同『日本古代学校の研究』(玉川大学出版部、九〇年)、平川南『漆紙文書の研究』(吉川弘文館、八九年)。

(森田 悌)

日本書紀

【成立と構成】『日本書紀』は舎人親王たちを撰者として、七二〇年(養老四)に完成した六国史の一番目の史書である。三〇巻と系図一巻(現存せず)からなる。本書以前に、六二〇年(推古二八)に聖徳太子たちが録した「天皇記」、「国記」、六八一年(天武一〇)の「帝記及上古諸事」、六九一年(持統五)の諸氏の「墓記」などが編纂されており、書紀編纂の材料となったと考えられる。また参考史料としては、「百済記」、「百済新撰」、「魏志」、「晋起居注」、「譜第」、「日本旧記」、「伊吉博徳書」、「難波男人書」、「高麗沙門道顕日本世記」、「(鎌足)碑」があげられる。そのほかにも多くの氏族固有の伝承や寺社縁起などが利用されたことが勘案される。神代巻には「一書」、「一云」という別伝が多く引かれているが、これは一つの事象に対して編纂者が結論を下すのではなく、公平な立場で編纂が行なわれたことを示している。だがこの姿勢は歴史時代には姿を消している。各巻執筆は複数の人物によってなされており、必ずしも統一したスタイルをとっていない。

【内容と問題点】『日本書紀』は神代巻から持統朝までの内容を記している。神代巻には国の成立から万物の創世が語られており、史書というよりは事物起源書的役割を果たしている。神々の擬人化は大和朝廷の国家支配原理を自然に理解させるための思想書的役割でもある。神武天皇以後の年代も、辛酉説に基いて設定されたものである。『日本書紀』の問題点の一つは中国史書との不整合である。例えば、神功皇后は明らかに卑弥呼に擬しているにもかかわらず、魏書を引用せず、邪馬台国についても言及しない。また天皇家については一系主義を貫こうとし、武烈死後の記事に混乱が見える。そのため継体欽明朝の内乱説が林屋辰三郎に提唱されたり、水野祐の三王朝交代説が提唱されている。壬申紀についても膨大な量が割かれながら、大友皇子の最後の扱いについては、近江朝廷の主役なのに、追討されるべき存在として描かれるなど、恣意的な歴史観がうかがえる。書名についても解決されていない。『日本書紀』と『日本紀』の二つが平安期から使用されていたため、どちらが正式かは決め手がない。だが他の五国史の書名を見ると、『日本紀』とするのが妥当かもしれない。

【研 究 史】『日本書紀』の研究は、早く平安時代の『日本紀私記』、鎌倉時代の卜部兼方『釈日本紀』があげられるが、本格化は江戸期に入ってからの谷川士清『日本書紀通證』と河村秀根『書紀集解』であろう。この二書によって全文注釈が初めてなされた。また伴信友『比古婆衣』、明治期の飯田武郷『日本書紀通釈』や那珂通世の『紀年論』も忘れることはできない。だが特筆すべきは、津田左右吉『古事記及日本書紀の新研究』であろう。津田は『日本書紀』が天皇家の日本統治を正当化するために編纂されたものであることや、漢籍仏典による潤色、皇統譜の作為性を鋭く指摘し、記紀研究の出発点となった。小島憲之も『上代日本文学と中国文学（上）』（塙書房、六二年）において、『日本書紀』の出典研究に金字塔をうち立てた。その後、数々の個別研究が出されているが、日本古典文学大系『日本書紀（上・下）』（岩波書店、六七年）は一つの到達点である。また日本書紀研究会によって『日本書紀研究』が継続して刊行されている。

【参考文献】

『津田左右吉全集』（一～三、別巻一岩波書店、六三年）、丸山二郎『日本書記の研究』（吉川弘文館、五五年）、井上光貞『日本の歴史・一』（中央公論社、六五年）、上田正昭『日本神話』（岩波新書、七〇年）、山田英雄『日本書紀』（教育社歴史新書、七九年）、横田健一『日本書紀成立論序説』（塙書房、八四年）、梅沢伊勢三『古事記と日本書紀の成立』（吉川弘文館、八八年）、『坂本太郎著作集』（第二巻、吉川弘文館、八八年）、中村修也編『日本書紀の世界』（思文閣出版、九六年）。

（中村修也）

風土記

【成立と体裁】

七一三年（和銅六）五月に、地域の特産、土地が肥沃であるかどうか、山川原野の名称の由来、古老の伝承などを記録して提出せよとの命が出され、これに応じて諸国が上申した文書（解文）を『風土記』という。現存するのは出雲・常陸・播磨・豊後・肥前の五カ国にすぎず、それも完本と見なされるのは出雲のみである。それぞれの『風土記』が実際にいつ成立したかについてはさまざまな経緯が考えられており、必ずしも定説が示されているわけではない。『出雲国風土記』には七三三年（天平五）の年紀が記されており、撰上が命じられたときとの隔たりが問題とされている。常陸・播磨については出雲ほど遅れることなく、和銅六年の命を受けて数年のうちに提出されたようであり、豊後・肥前は出雲と同様にかなり遅れて成立したと見なされている。『風土記』は、本来すべての国々が撰上したはずであり、実際、今日に残されている諸国風土記の逸文からすれば、かなりの国々の『風土記』が作成されていたと推定されるが、国によってその取り組みはさまざまであって、遅れて提出された場合、あるいはいったん成立したのち改めて筆削が加えられたもの、さらにはついに提出されなかった場合など、いろいろなケースが考えられる。この点は、体裁についても同様で、地名起源に重点を置くもの、現実の地誌の記載を重視するものなど、国によって微妙に編述の姿勢が異なっている。『風土記』の文章が漢文体であることはもちろんであるが、中国の古典に由来する美辞麗句を散りばめ、工夫を凝らす場合もあれば、簡潔な表現にとどまる場合もあり、この点でも編纂者の志向が表れている。

【内　容】

『風土記』は基本的には地誌であって、郡・郷（あるいは里）別にその所在や自然地形、あるいは地名の由来、特産、神社などを書き記す。古代の主要文献は、中央において成立したものが多く、『古事記』・『日本書紀』がそうであるように、地方に関する記述は豊富でない。その点で、『風土記』には政府の指示に基づくとはいえ、地方の伝承が多く盛り込まれており、豊かな古代史像の構築に欠かすことのできない史料といえよう。また、地名由来譚の中には、出雲国（意宇郡）のいわゆる国引きの一節のように、壮大な構想がうかがえるものがあり、常陸国（行方郡）の、椎井池にまつわる神と人の対決の話なども耕地開墾に関わる伝承として興味深い。このように、『風土記』にはその地の神々や氏族の姿、地理的関心が具体的に示されており、文化史研究にも大きく貢献すると思われる。

【参考文献】

『日本古典文学大系・風土記』（岩波書店）、『新編日本古典文学全集・風土記』（小学館）、荊木美行「古風土記逸文集成」『皇學館大学紀要』三五（九六年）、秋本吉郎『風土記の研究』（ミネルヴァ書房復刊、九八年）、植垣節也『風土記の研究並びに漢字索引』（風間書房、七二年）、坂本太郎『風土記と万葉集』（坂本太郎著作集四、吉川弘文館、八八年）、田中卓『出雲国風土記の研究』（田中卓著作集八、国書刊行会、八八年）、橋本雅之『古風土記並びに風土記逸文語句索引』（和泉書院、九九年）、植垣節也・橋本雅之編『風土記を学ぶ人のために』（世界思想社、〇一年）。なお、風土記研究会による『風土記研究』が継続刊行中。

（早川万年）

万葉集

【誕　生】

『古今集』、『新撰万葉集』などの平安朝文献から帰納すると、『万葉集』は平安朝においても改編や歌の増減が続き、完成という意味での成立年代は不明である。巻一の標目に「御宇」を含む部分が『万葉集』として、八世紀初頭律令国家成立と時を同じくして生まれたと考えられる。その部分は天皇賛歌集であり、各朝区分に使われている「御宇」は、『大宝律令』公式令詔書式によれば外交詔書にのみ用いられる語句である。対外意識のもとに王家の歌集として誕生したのである。冒頭歌人の雄略《ゆうりゃく》は倭王武で、中国側に最も熟知された交流推進派。二首目の舒明《じょめい》は遣唐使派遣を開始した天皇。『万葉集』は八世紀の東アジア国際状況を反映して誕生したのである。

【国際文化】

国際化は他国文化の吸収と自国文化の意識が表裏をなす。『万葉集』も大和言葉による和歌という固有の文化形式を主張しながらも、中国詩の語句・表現・思想を積極的に吸収する。万葉歌に中国最古の詩集『詩経』、六朝の閨怨《けいえん》詩集『玉台新詠』、詩文集『文選』、詩論『詩品』、『文心雕龍《ちょうりょう》』、中国では佚書の唐伝奇小説『遊仙窟』、類書の『芸文類聚《げいもんるいじゅう》』、『初学記』の影響が指摘されている。とくに類書の指摘は、比較文学に新たな研究方向を示した。海彼の文学・思想の影響を受けた代表が遣唐使として長安に滞在した山上憶良、憶良の友人大伴旅人、憶良を師とした大伴家持である。憶良の代表作「貧窮問答歌」は敦煌出土の唐詩人王梵志《おうぼんし》の「貧窮田舎漢」に発想を得ており、憶良の歌の思想全体に王梵志の思想が影響している。家持の「春苑《はるのその》紅《くれなゐ》尓《に》保《ほ》布《ふ》桃花《もものはな》下照《したでる》道《みち》尓《に》出立《いでたつ》𡢳嬬《をとめ》」（巻一九）の「春苑」、「桃花」は漢語、「𡢳嬬」は和風漢語であり、桃花の下に立つ𡢳嬬は、シルクロードに広く分布する樹下美人の図柄である。

【研究動向】

年間三〇〇点近くの研究書・論文が公にされ、収集に努める高岡市万葉歴史館の蔵する研究書は一万冊、論文は三万五〇〇〇点に及ぶ。したがって、研究動向は一口では述べられないが、瑣末的な論や徒に奇をてらう論の増加していることは否定できない。歴史学・考古学・民俗学・民族学・文化人類学など、類縁関係にある研究の著しい展開も生かされているとはいえない。類縁関係の学問の未開拓であった江戸の万葉学を依然と引きずっているのが現状である。これからの万葉学は、類縁関係の学問の吸収による再構築に迫られているのである。

【参考文献】

リストは『高岡市万葉歴史館蔵文献目録（四一〜九三年）』（九四年・以後毎年追補発行）に譲る。「研究動向」に沿った著書をあげる。語句・表現からの比較研究の小島憲之『上代日本文学と中国文学』中（塙書房、六四年）、比較文学・文化の中西進『万葉集の比較文学的研究』（桜楓社、六八年）と『万葉史の研究』（桜楓社、六八年）、歴史と比較文化の山口博『王朝歌壇の研究　文武聖武光仁朝篇』（桜楓社、九三年）と東北アジアの思想伝播を縄文時代から探っている山口博『万葉歌の北の思想』（私家版、〇一年）、中国文学に力点を置いた辰巳正明『万葉集と中国文学』（笠間書院、八七年）、民俗学からは桜井満『万葉集の民俗学的研究』上・下（おうふう、九九年）などがある。

（山口　博）

漢詩文（奈良から平安へ）

【漢籍の伝来】

九世紀中頃の平仮名誕生以前、漢字・漢文が唯一の表現手段であり、手本および習熟は漢籍に頼っていた。奈良時代の古写本、正倉院文書、『古事記』、『日本書紀』、『万葉集』などの出典漢籍を列挙すると、唐の長安に存在した漢籍のほとんどが伝来したといわれている。正倉院に

『王勃《おうぼつ》集』序があるが、これなどは唐土で公になって間もなく将来された可能性がある。『遊仙窟』のように、中国に伝わらず日本に孤本として残った書籍もある。平安初頭の入唐僧による「将来目録」も参考になる。これらの膨大な伝来漢籍は宮廷に保存されていたであろうが、平安初期の漢文学興隆のプロモーターであった嵯峨天皇の退位後の居所であった冷泉院が、八七五年（貞観一七）に火災に遭うことによりかなり焼失したと思われる。その頃の存在漢籍リストが『日本国見在《げんざい》書目録』（『続群書類従』巻八八四）である。

【漢詩文の思想】

壬申の乱（六七二年）以後の漢詩を集めて初の漢詩集『懐風藻』はできた。乱で倒れた大友皇子、詩賦《しふ》の興りといわれている大津皇子、佐保邸の主人公で文壇の中心となった長屋王、武智麻呂・宇合《うまかい》・麻呂等藤原上層貴族詩人等々の作品が階層順に配列されている。中国六朝詩の模倣期で、帝徳賛美の侍宴応詔詩や詠物詩が多い。平安初期の嵯峨・淳和天皇時代の三勅撰漢詩集は、魏文帝『典論』の「論文」中の「文章は経国の大業、不朽の盛事なり。年寿は時有りて尽き、栄楽は其の身に止まる。二つの者は必ず至る常期あり。未だ文章の窮まりなきにしかず」の精神に基づいて編纂される。文章制作が経国の大業すなわち国家経営に役立つという精神、文章不窮すなわち人生は短く人生は長しという精神である。嵯峨朝の『凌雲集《りょううんしゅう》』一巻（八一四年〈弘仁五〉）は、序に文帝の「論文」を引用してその態度を明らかにする。淳和朝の『経国集』二〇巻（八二七年〈天長四〉）は、集名にその精神を標榜する。文章不窮は嵯峨朝の『文華秀麗集』三巻（八一八年〈弘仁九〉）の名に表れている。『凌雲集』は階層順に詩人を配列するが、他二集は部類別配列になり、「経国」よりも「不窮」に傾斜する。『文華秀麗集』の「春閨怨」など艶麗の度を著しくする作品も収載されるようになる。

【研究文献】

漢籍の伝来については、内藤湖南「唐代の文化と天平文化」（『内藤湖南全集九』筑摩書房、七二年）、神田喜一郎「奈良時代に伝来した漢籍に就いて」（『神田喜一郎全集八』同朋者出版、八七年）がある。比較文学的視点からの訓詁注釈の小島憲之『懐風藻』、『文華秀麗集』の注釈（『日本古典文学大系・六九』岩波書店、六四年）、『上代日本文学と中国文学』（三冊、塙書房、六二～六五年）、『国風暗黒時代の文学』（四冊、同、六八～八五年）。文化交流を重視して文学の流れを大観する川口久雄『平安朝日本漢文学史の研究』（三冊、明治書院、五九・六一年）、『敦煌よりの風』（六冊、同、九九～〇一年）。作品論・詩人論・文体論等々、多角的に論じた大曽根章介『日本漢文学論集』（三冊、汲古書院、九八～九九年）。歌壇および社会との関係から山口博『王朝歌壇の研究　桓武仁明光孝朝篇』（桜楓社、八二年）がある。

（山口　博）

最澄と空海

【最澄の生涯と思想】

日本天台宗の祖である最澄（伝教大師、七六七～八二二年）は近江国に生まれ、比叡山に籠山後、還学生として入唐、天台宗のほか密教・禅宗・菩薩戒を相承し（四種相承）、帰国後、年分度者二名を賜って、天台宗の公認を得た。空海が帰朝すると、最澄は親交を結び密教の摂取に努めたが、密教観の違いや弟子の去就をめぐってついには断交に至った。八一七年（弘仁八）の関東行化を機に、会津にいた法相宗の徳一と激しい論争を開始。論点は多岐にわたるが、法相宗の三乗思想と、天台宗の一乗思想との優劣が中心的な問題となっている（三一権実《ごんじつ》論争）。八一八年（弘仁九）以後、最澄は従来の小乗律を否定し、『梵網経《ぼんもうきょう》』の大乗戒によって菩薩僧を養成することを主張した。これは、最澄死後、比叡山の大乗戒壇が勅許されるというかたちで実現した。

【空海の生涯と思想】

真言宗の祖である空海（弘法大師、七七四～八三五年）は讃岐国に生まれ、当初、大学で中国の学問を学んだが、『三教指帰』を著し仏教に転じた。八〇四年（延暦二三）入唐し、恵果に師事、両部（金剛界・胎蔵界）の大法を授けられた。八〇六年（大同一）帰国して、多くの経論・曼荼羅《まんだら》などをもたらし、従来知られていなかった体系的な密教を日本に伝えた。その後、さまざまな修法を行なうとともに、高野山（金剛峯寺《こんごうぶじ》）・東寺（教王護国寺）を開創し、多くの弟子を育て真言宗を確立した。真言宗の立場を明らかにした『十住心論』、『弁顕密二教論』などのほか、詩論書『文鏡秘府論』や字書『篆隷万象名義《てんれいばんしょうみょうぎ》』もある。名筆・名文家として生前より名声があり、一般庶民のための学校「綜《しゅ》藝種智院《げいしゅちいん》」を開くなど、平安初期を代表する文化人であった。

【参考文献】

最澄の伝記については佐伯有清『伝教大師伝の研究』（吉川弘文館、九二年）が基礎史料の研究として重要である。最澄の教学については、戦前は塩入亮忠、戦後は田村晃祐が代表的研究者であり、田村『最澄教学の研究』（春秋社、九二年）はその到達点である。三一権実論争については、常盤大定『仏性の研究』（国書刊行会、初版三〇年）が基本的研究であり、大乗戒については、石田瑞麿『日本仏教における戒律の研究』（法藏館、初版六三年）が重要である。最澄以後の初期天台宗の思想的展開を見るには、浅井円道『上古日本天台本門思想史』（平楽寺書店、七三年）がある。

空海に関する著作はきわめて多いが、伝記としては宮坂宥勝・渡辺照宏『沙門空海』（筑摩書房、六七年）、思想研究としては勝又俊教『密教の日本的展開』（春秋社、七〇年）などが基本的なものである。Ryūichi Abe, *The Weaving of Mantra*, Colombia University Press, 1999は従来の密教学の枠組みを超える研究として注目される。著作については、厳密な校訂による弘法大師著作研究会編『定本弘法大師全集』（密教文化研究所、九一～九七年）

があるが、読解のうえでは詳細な訳注が付された弘法大師空海全集編纂委員会編『弘法大師空海全集』（筑摩書房、八三～八六年）が参考になる。なお、後世盛んになる大師信仰については、日野西真定編『弘法大師信仰』（雄山閣、八八年）参照。

（前川健一）

神仏習合

【神仏習合と本地垂迹】

外来の宗教である仏教が日本に入ってくると、在来の神祇との関係が問題となり、さまざまな葛藤を経て、仏教と神祇とは融合していくようになる。これを総称して「神仏習合」と呼ぶ。神仏習合において大きな位置を占めるのが本地垂《ほんぢすい》迹《じゃく》説である。本・迹《しゃく》は六朝期の中国思想に由来する対概念で、「本」は本体、「迹」は「本」から発した跡・影を意味する。

この本・迹の論理を日本の神仏関係に応用したものが本地垂迹説である。これと密接に関連するのが権現《ごんげん》・権化神《ごんけしん》の概念である。権現は「権《かり》に現れる」の意で、仏・菩薩の垂迹としてとらえられた神を指す。これに対して、垂迹ではない死霊や自然神を実類神と呼ぶ。

【本地垂迹説の展開】

奈良時代の仏教優勢の状況下、日本の神は輪廻の苦しみを受ける衆生ととらえられ、成仏のため神前読経がなされたり、神宮寺が建立されるようになった。さらに、八幡《はちまん》神に菩薩号が与えられたり、仏教の山岳修行と関連して山の神々が護法神として位置づけられるといった過程を経て、平安時代中期に本地垂迹説が確立する。多くの神社で、本地となる仏・菩薩を定め、それを祀る本地堂が建てられた。

院政期以後になると、仏教によって神祇を解釈する神道説が形成されてくる。伊勢神宮では真言密教に基づく両部神道が成立し、それを受けて外宮《げくう》の度会《わたらい》氏によって伊勢神道が展開される。両部神道の影響のもと、三輪流神道・御流《ごりゅう》神道なども形成された。一方、比叡山では守護神である日吉山王《ひえさんのう》をめぐって、天台教学に基づく山王神道が成立した。さらに、元寇以後、神国意識の高揚に伴い、神を本地、仏を垂迹とする神本仏迹的主張が現れることになった。

本地垂迹説のもと、神と仏との関係を視覚的に表現する御正体《みしょうたい》（鏡像・懸仏）が盛んに作られ、社域を密教の曼荼羅に見立てた宮曼荼羅《みやまんだら》が描かれた。また文芸の面では、さまざまの垂迹縁起をおさめる『神道集』を先駆として、お伽草子・説教浄瑠璃などで本地物《ほんじもの》作品が生まれた。

江戸時代になると、本地垂迹説は復古神道などから付会的性格を攻撃され、明治の神仏分離政策によって公的に否定された。

【参考文献】

神仏習合についての近代的研究は辻善之助「本地垂迹説の起源について」（『日本仏教史研究』巻一、岩波書店、初出〇七年）に始まり、その影響はきわめて大きい。その後の議論の推移について、古代に関しては曽根正人編『神々と奈良仏教（論集奈良仏教四）』（雄山閣、九五年）が代表的論文を収録している。村山修一『本地垂迹』（吉川弘文館、七四年）は、文学や美術にまでわたる本地垂迹思潮全般についての概説である。中世については、久保田収『中世神道の研究』（中世史学会、五九年）が基本的研究であり、仏教側からは大山公淳『神仏交渉史』（『大山公淳著作集六』ピタカ、初版四四年）がある。中世の神仏関係については近年新しい視点からの研究がめざましいが、山本ひろ子『変成譜』（春秋社、九三年）などが代表的業績である。こうした動向をふまえた概説としては、伊藤聡「中世　習合する神々」（井上順孝編『神道』新曜社、九八年）がある。

（前川健一）

密教文化

【密教と美術】

密教は後期大乗仏教がインド土着の呪法や儀礼を取り入れることで成立し、象徴主義的な儀礼によって成仏や現世利益を目指すものである。日本には空海によって本格的に移入されたが、密教の修法には曼荼羅《まんだら》やさまざまな法具を使用するため、造型美術と深い関連を有している。

曼荼羅は、仏の悟りを図像によって表現したもので、インドでは実際に壇を築き諸尊（仏・菩薩・神々など）を配置したが、中国・日本では絵に描き掛幅とする。真言宗で根本とするのは、『大日経』に基づく胎蔵曼荼羅と、『金剛頂経』に基づく金剛界曼荼羅であり、この二つをセットにして両界曼荼羅という（最古のものとして空海が描かせた高雄《たかお》曼荼羅がある）。空海が請来したものを現図《げんず》曼荼羅といい、最も正統なものとされる。

両界曼荼羅は大日如来を中心として諸尊を配した総合的な曼荼羅であるが、これに対して目的に応じて特定の諸尊を本尊としたものを別尊曼荼羅という。また、絵に描くのではなく、彫像で構成したものを羯磨《かつま》曼荼羅という。密教の諸尊にはインドの神々から取り入れたものも多く、造形的に特色を持つが、日本で最も広く信仰されたのは不動明王である。とくに園城寺《おんじょうじ》の黄不動、青蓮院《しょうれんいん》の青不動、明王院の赤不動は三不動と称され、名高い。

密教の修法にあたっては、金剛杵《しょ》を始めとしてさまざまな法具が必要とされる。こうした法具の遺品は、それぞれの時代の金属工芸の特色を反映するものとなっている。また、修法の効果を高めるため、密教の仏堂では独特の空間構成がなされている。

【悉曇学】

密教では陀羅尼《だらに》（呪文）や種子《しゅうじ》（諸尊を象徴する文字）に梵字（インドの文字）を使用するため、梵語（サンスクリット）の書記法や文法を修学することが必須とされた。これを悉曇《しったん》学という。悉曇学は空海によって本格的に導入され、密教僧を中心に研究が続けられたが、江戸時代の慈雲（一七一八〜一八〇四年）は関連資料を集大成して『梵学津梁《ぼんがくしんりょう》』千巻を編集した。これは梵語の体系的研究として西洋に先駆けるものである。悉曇学は国語の音韻研究にも大きな影響を及ぼしている。

【参考文献】

密教美術についての概説としては、立川武蔵・頼富本宏編『日本密教（シリーズ密教四）』（春秋社、二〇〇〇年）の「美術篇」（有賀祥隆他執筆）が最新のものである。文献案内としては、松長有慶編『密教を知るためのブックガイド』（法藏館、九五年）の「密教美術」（井ノ上徹執筆）の項が参考になる。曼荼羅についてはさまざまな書物があるが、チベット・インドのマンダラをもふまえたものとして田中公明『曼荼羅イコノロジー』（平河出版社、八七年）が定評がある。石田尚豊『曼荼羅の研究』（東京美術、七五年）は、両界曼荼羅についての専門的研究である。仏像彫刻については、久野健『平安初期彫刻史の研究』（吉川弘文館、七四年）が多くの作例を紹介している。密教法具については阪田宗彦『密教法具（日本の美術二八二）』（至文堂、八九年）参照。建築については藤井恵介『密教建築空間論』（中央公論美術出版、九八年）がある。悉曇学については種智院大学密教学会編『梵字大鑑』（名著普及会、八四年）参照。

（前川健一）

六国史

【成立と体裁】

『六国史』とは、奈良時代から平安時代中期にかけて、順次編纂された漢文による六つの歴史書のことで、文化史はもちろん古代史研究全般にわたる基本文献である。第一番目は『日本書紀』であり、七二〇年（養老四）五月に舎人親王によって撰上された。神代から持統天皇までを記述する。次に『続日本紀』は、複雑な編集過程があったようだが、菅野真道・秋篠安人らによって七九七年（延暦一六）に撰上された。文武天皇から桓武天皇の延暦一〇年までを記述。次に『日本後紀』は、八四〇年（承和七）に藤原冬嗣・藤原緒嗣らによって全四〇巻として撰上されたが、現存するのはそのうちの一〇巻である。桓武天皇の延暦一一年から淳和天皇までを記述。次に『続日本後紀』は、藤原良房・春澄善縄らによって八六九年（貞観一一）に撰上された仁明天皇の一代記である。次に『日本文徳天皇実録』は、藤原基経・菅原是善らによって八七九年（元慶三）に撰上された。その書名のとおり文徳天皇の一代記。次に『日本三代実録』は、藤原時平・大蔵善行によって九〇一年（延喜元）に撰上された。清和・陽成・光孝三代の天皇の時代を記述する。このように、国初から平安時代の始めまでを記述の対象としており、『日本書紀』冒頭の神代を除き、神武天皇以降は、基本的には編年体の体裁をとっている。モデルとされた中国の正史は、本紀のほかに列伝・表・志があるが、『六国史』には列伝に該当する人物伝が薨卒伝として見られるものの、それも部分的であって、記載も乏しく、表・志もない。

【内　容】

『日本書紀』には神話・伝承が多く取り込まれているなど、文化史研究の視点からも興味深い内容を含む。そのため、国文学を始め神話学・民俗学などからのアプローチもしばしばなされている。これに対して、『続日本紀』以降は、叙位・任官の記事など、政務に関する記述がかなりの部分を占め、一見、文化史からの関心からは離れるように感じられるが、神祇祭祀や寺院・僧尼のことを始め、簡略ながら庶民生活に関わる記事なども見られ、広い視野から文化・社会の実情を考えるうえに重要である。ただし、年中行事に関する記事の扱いに見られるように、実際には行なわれていても記載されていない場合もあり、『続日本紀』以降の五国史においては、記載事項の粗密に注意する必要がある。また、並行する『日本紀略』・『類聚国史』などが参照されなくてはならない。

【参考文献】

『新訂増補国史大系・日本書紀・続日本紀・日本後紀・続日本後紀・日本文徳天皇実録・日本三代実録』（吉川弘文館）、『日本古典文学大系・日本書紀』（岩波書店）、『新日本古典文学大系・続日本紀』（岩波書店）、『新編日本古典文学全集・日本書紀』（小学館）、『増補標注六国史』（朝日新聞社、日本後紀については逸文を含む）、坂本太郎『六国史』（坂本太郎著作集三、吉川弘文館、八九年）、吉岡真之『古代文献の基礎的研究』（吉川弘文館、九四年）。

（早川万年）

室生寺

【歴　史】

奈良県宇陀郡室生村室生に伽藍を構える古刹である。真言宗室生寺派総本山で、山号は宀一山《べんいちさん》である。俗称女人高野。寺伝によると、六八〇年（天武九）、天武天皇の発願により役小角が創建、弘法大師空海により再興したとされる。一方、『宀一山年分度者奏状』によると、創建は宝亀年間（七七〇～八一）頃である。のちの桓武天皇である山部親王の病気平癒の修法を、興福寺僧が修したところ平癒したため、その縁をもって室生寺が創建されたとされる。創建事業は、堅璟、そして修円によって進められた。室生寺は、草創期から近世に至るまで興福寺末として支配を受けていた。だが、興福寺からの法相宗だけでなく、真言宗、天台宗の影響も受け、多彩な信仰が展開した。一方で、室生の自然環境により、早くから水神信仰が起こっており、後龍穴信仰も盛んであった。元来室生寺は、室生龍穴神の神宮寺として建立されたものである。近世に入り、一六九八年（元禄一一）、徳川綱吉の母桂昌院の命によって興福寺から分離、真言宗豊山派に属す。一九六四年（昭和三九年）、真言宗室生寺派を立て総本山となる。「女人高野」の別名のとおり、高野山が女人禁制であるのに対し、室生寺は古来より女人に開放されていた。

現在も女性の参詣者が多い。

【美　術】

室生寺には、平安時代初期に制作された仏教彫刻を始め、数多くの寺宝が所蔵されている。公開されているものも多い。

五重塔　国宝。現存する古建築の五重塔の中では最も小さく、総高は一六・一メートルである。奈良時代末期から平安時代初期に建立された。屋根は檜皮葺で、組物は三手先斗栱《みてさきときょう》で、各重とも同じ大きさに造られている。小塔ながらもその強度を持つような構造がなされている。一九九八年（平成一〇）、台風により大きな被害を受けるが、二〇〇〇年（平成一二）に修理が終了し、公開されている。

伝釈迦如来立像　国宝。金堂五仏の中尊である。像高二三四・八センチメートル、カヤ材の一木造。現在の金堂はもと薬師堂であり、本像は記録にある薬壺《やっこ》を持たない薬師如来像と考えられている。本像は、平安時代初期彫刻に特有の量感のある肉体表現がなされるが、衣文は漣《れん》波《ぱ》式と呼ばれる独特の彫法がとられる。また、光背は、七仏薬師や唐草文様などが描かれた板光背で、蓮華や台座も制作当初のものとして貴重である。

伝帝釈天曼荼羅　国宝。金堂中尊薬師如来坐像の背後の壁面に描かれている。平安時代初期の制作と考えられる。数少ない建築内壁画の初期作例として貴重である。白土下地の上に、豁達な線で約一〇〇〇体の尊像が描かれる。古来より独鈷杵をとる中尊が帝釈天とされてきたが、儀軌のうえからも確証はない。構図のうえでは奈良時代の千体仏の形式を継承する。当初から金堂に存在したかも確証がなく、不明な点が多い作例である。

【参考文献】

『大和古寺大観・六』（岩波書店、七八年）。水野敬三郎・辻本米三郎『室生寺　大和の古寺・六』（岩波書店、八一年）、「神護寺と室生寺」『新編名宝日本の美術』（第八巻小学館、九二年）。

（花村統由）

平等院

【歴　史】

京都府宇治市宇治蓮華に伽藍を構える古刹である。鳳凰堂とも呼ばれる。山号は朝日山、現在は単立の寺院である。宇治の地は古来より交通の要衝で、兵火に遇うことも多かった。平安時代には景勝地として貴族の別業地となった。平等院はもと源融《とおる》の別業地である。のち、藤原道長（九六六〜一〇二七年）が買い取り、その子頼通（九九二〜一〇七四年）が譲り受け、一〇五二年（永承七）寺院となした。翌年阿弥陀堂が建立され、盛大な落慶供養が行なわれた。この堂は、前庭などとあわせ極楽浄土をこの世に現出しようとした建物であった。その後、法華堂、多宝塔、五大堂、鐘楼、不動堂、愛染堂などの建立が相つぐ。しかし、中世に入ると、治承・寿永の乱や楠正成による兵火などにより、寺勢は衰えた。戦国期の一六世紀後半にも兵火に遇い、阿弥陀堂、鐘楼、観音堂などを残すのみとなった。近世に入り、一六九八年（元禄一一）の大火でも大きな被害を受ける。近世初頭には真言宗となるが、のち、天台、浄土宗に所属する。現在は天台宗単立最勝院、浄土宗浄土院に管理される。創建当初の阿弥陀堂は、近世、近代に大修理が行なわれ、現在も往時の姿をしのぶことができる。境内は国の史跡・名勝が多く、貴重な美術作品も数多く所蔵されている。中でも、阿弥陀堂と同本尊阿弥陀如来坐像、同雲中供養菩薩像、同九本来迎図、同銅造棟飾、梵鐘などが有名である。一九九四年（平成六）、ユネスコの世界遺産に登録された。

【美　術】

平等院には、創建当初の姿を伝える鳳凰堂や、本尊阿弥陀如来坐像など、数多くの美術が残されている。

鳳凰堂　国宝。一〇五三年（天喜一）創建の阿弥陀堂である。中堂の左右に翼廊、後に尾廊をつける。堂全体の形が翼を広げた鳳凰に見えることや、中堂大棟上に銅造鳳凰一対を配することからこの名で呼ばれる。中堂は、入母屋《いりもや》造の本瓦葺《ほんかわらぶき》。本尊は定朝作・阿弥陀如来坐像で、内部は雲中供養菩薩や極彩色により、華麗な空間に作られる。

阿弥陀如来坐像　国宝。阿弥陀堂の本尊である。一〇五三年（天喜一）、定朝により制作された丈六の坐像である。像高二七八・八センチメートル。檜材の寄木《よせぎ》造《づくり》。腹前で定印を結び、結跏趺坐《けっかふざ》する。穏やかな表情、流麗な衣文や自然な肉体表現、調和の取れた像容より、定朝晩年の様式を示し、かつ、彫刻の和様化の完成点に位置する。この作風は定朝様と呼ばれ、平安時代後期の仏像の規範となった。また、技法のうえでは完成した寄木造の初例である。堂内壁面には定朝工房による雲中供養菩薩がかけられる。

阿弥陀堂壁扉画　国宝。創建時より、阿弥陀堂内部は華麗に荘厳されていた。堂内の扉や壁には、『観無量寿経《かんむりょうじゅきょう》』に説かれる九品来迎図と日想観図が描かれている。来迎図には、穏やかな姿の阿弥陀聖衆が現存最古のやまと絵風景の中に配される。彩色の剥落や褪色が著しいが、平安時代後期の貴重なやまと絵の遺品であり、阿弥陀堂の荘厳を知るうえでも重要な作例である。

【参考文献】

中野玄三編『藤原彫刻』（至文堂、七〇年）、水野敬三郎編『大仏師定朝』（至文堂、八〇年）、西川新次編『平等院大観』（第二巻、岩波書店、八七年）、太田博太郎・福山敏男・鈴木嘉吉編『平等院大観』（第一巻、岩波書店、八八年）。

（花村統由）

延喜式

【延喜式とは】

律令格の施行細則を官司毎に集大成した法典で、三代格式のひとつ。九〇五年（延喜五）八月藤原時平らが編纂に着手し、九二七年（延長五）十二月藤原忠平らが奏進するが、撰式所《せんしきしょ》における修訂作業は断続的に行われ、九六七年（康保四）十月施行される。全五十巻で、ほぼ完全な形で伝わる。延喜式の編纂の意図は、弘仁式・貞観式併用の不便さを解消し、貞観式以降の追加規定も加えることにあったが、総じて記念碑的な文化事業の性格が濃い。式文は原則的に「凡《およそ》」で始まる体裁をとり、官司の日常政務・儀式次第、発給文書の書式、物品の数量および一覧表など、内容は多岐に亙る。編纂時の現行法の他に、既に実効性を失った規定も含んでおり、全てを当時の実情に即したものと理解することはできない。

【研究動向】

江戸時代以来、官社を列挙した神名《じんみょう》帳《ちょう》を初めとする神祇官式に関する考証研究が膨大に積み上げられ、また釋奠《せきてん》・国忌《こき》などのように大学寮式・諸陵寮式を用いた研究も枚挙に遑ないが、延喜式それ自体を扱う本格的な研究は宮城栄昌に始まる。式文毎に関連史料を網羅した『延喜式の研究』史料篇は貴重な成果であり、個々の式文の成立時期を考究する際の出発点と言える。

宮城の研究を基礎として更に深めたのは、神道大系本の校訂を担当した虎尾俊哉である。貞観式について論じた「貞観式の体裁―附『式逸々』」（『史学雑誌』60―12、五一年）に始まる一連の論考は、式研究の基本文献と言える。これまでも部分的な注解は存在したが、虎尾は初めて全編に亙る註釈を企図し、多くの研究者の協力を得て刊行中（『延喜式』上、集英社、〇〇年）である。

なお、延喜式の編纂過程の具体的な様相を示す東山御文庫の「延喜式覆奏短尺《ふくそうたんざく》草」の史料性について、虎尾・今江廣道・吉岡眞之が論じている。近年の研究動向としては、版本《はんぽん》や九条本・土御門本・壬生《みぶ》本など個別の写本に関する論考が相次いで発表されており、書誌学的研究に関心が寄せられている。

【テキストと研究文献】

新訂増補国史大系『延喜式』（吉川弘文館、三七年）、神道大系『延喜式』（神道大系編纂会、九一・九三年）、宮城栄昌『延喜式の研究』史料篇・論述篇（大修館書店、五五・五七年）、虎尾俊哉『延喜式』（吉川弘文館、六四年）、同「延喜式の施行について」（『古代典籍文書論考』吉川弘文館、八二年）、同「『延喜式覆奏短尺草』について」（『国立歴史民俗博物館研究報告』6、八五年）、同「延喜式の史料性」（『古代東北と律令法』吉川弘文館、九五年）、今江廣道「（史料紹介）延喜式覆奏短尺草写」（『書陵部紀要』24、七二年）、吉岡眞之「『延喜式覆奏短尺草写』の一問題」（『古代文献の基礎的研究』吉川弘文館、九四年）、早川万年「延喜式の版本について」（『延喜式研究』1、八八年）、田島公「土御門本『延喜式』覚書」（『日本古代国家の展開』下、思文閣出版、九五年）、相曽貴志「壬生本延喜式について」（『延喜式研究』10、九五年）、鹿内浩胤「九条家本『延喜式』覚書」（『書陵部紀要』52、二〇〇一年）。

（齋藤　融）

往生伝

極楽浄土に往生したいと願って没後に往生人であると確認された人びとの略伝と、仏道修行、平常の仏事と臨終時の状況、臨終時および没後の奇瑞を簡略に記した伝記集で、平安時代に編纂された。源信に深く共感した慶滋保胤《よししげのやすたね》が寛和年間（九八五～八七）に『日本往生極楽記』を編纂し、院政期に大江匡房《まさふさ》『続本朝往生伝』、三善為康『拾遺往生伝』・『後拾遺往生伝』、蓮禅『三外往生記』、藤原宗友『本朝新修往生』」が編纂されている。構成は僧尼、俗人男女の順に記される。『日本往生極楽記』序に、異相往生者を集めてその行業を記したとあり、紫雲、異香、夢告などの奇瑞があれば異相往生と考えられていたから、日頃仏道修行にはげんでいなかった人も、往生奇瑞があれば往生人であると認識され収録されている。往生伝編纂当時は、浄土願生者たちの浄土行のテキストとして受容されたが、『今昔物語集』などの説話集にも採録され、広く知られていた。

【研究史と研究動向】

日本浄土教史研究の素材としてで、浄土願生者の行業の例として用いられることが多く、厖大な量の研究がある。戦前の研究では、橋川正「平安時代における法華信仰と弥陀信仰」（『日本仏教文化史の研究』中外出版、二四年）があるが、本格的な研究は、聖・沙弥の問題を往生伝類を中心として分析した井上光貞『日本浄土教成立史の研究』（山川出版社、五六年）に始まり、往生伝の往生者を網羅的に分類整理した重松明久「往生伝の研究―平安時代の七往生伝について―」（『日本浄土教成立課程の研究―親鸞の思想とその源流―』平楽寺書店、六四年）、伊藤真徹『日本浄土教信仰史の研究』（平楽寺書店、七四年）、平林盛得『聖と説話の史的研究』（吉川弘文館、八一年）などがある。また、説話文学としての往生伝研究もさかんに行なわれ、古典遺産の会編『往生伝の研究』（新読書社、六八年）や志村有弘『往生伝研究序説―説話文学の一側面』（桜楓社、七六年）などが刊行されている。

【編者の伝記と思想】

慶滋保胤については源信や二十五三昧会との関わりで、井上光貞（前掲書）、薗田香融「慶滋保胤とその周辺」（『顕真学苑論集』四八、のち『日本名僧論集　源信』に収録、吉川弘文館、五六年）始め数多い。院政期往生伝編者については平泉澄「厭世詩人蓮禅―三外往生記と本朝無題詩―」（『我が歴史観』至文堂、二六年）以後六〇年代まで言及されてこなかったが、西口順子「往生伝の成立―三善為康の往生伝を中心に―」（『史窓』一七・一八号、六〇年）、速水侑「院政期浄土信仰の一側面―三善為康の世界」（『浄土信仰論』（雄山閣、七八年）があり、小原仁『文人貴族の系譜』（吉川弘文館、八五年）によって研究は大きく前進した。

【参考文献】

刊本に『群書類従』、『大日本仏教全書』、『続浄土宗全書』があるが、井上光貞・大曽根章介校注「往生伝・法華験記」

（『日本思想大系』岩波書店、七八年）が刊行され、巻末に文献解題、諸本解題、参考文献があって利用しやすくなった。解題は『群書解題』、井上光貞（前掲書注）、吉原浩人「日本往生極楽記と院政期往生伝」（『説話の講座四』勉誠社、九二年）は研究史と歴史学・国文学の研究成果を紹介して有益である。（西口順子）

陰陽道

【陰陽道とは】

本来的には中務省被官の陰陽寮に所属する陰陽博士を教官とする学科呼称であったが、後に呪術的宗教家の性格を強めた陰陽師集団、もしくはその職務を指すようになり、暦道・天文道をも包摂する観念も生じた。平安時代以降、陰陽寮官人は攘災招福《じょうさいしょうふく》を目的とする七瀬祓・河《か》臨祓《りんのはらえ》や、泰山府君祭《たいざんふくんさい》・四角四境祭などの祭祀、臨時の行事や造作・出行に際して日時の勘申、怪異や病気の占いなど公私を問わず幅広い活動を展開するようになり、神祇・仏教に並ぶ宗教的形態を整えるが、それは中国より伝来した陰陽説・五行説や讖緯《しんい》説などを基礎に、道教・密教系の禁忌や呪術作法の影響を受けたことによる。摂関期に安倍清明・賀茂光栄ら著名な陰陽師を輩出した安倍・賀茂両氏は、院政期以降に陰陽寮の主要官職を世襲独占して家業化した。

【研究史】

オカルト的な関心であるにせよ、世間では近年陰陽師が脚光を浴びている印象を受けるが、陰陽道の本格的な研究の開始は戦後になってからで、戦前には包括的に論じた斎藤励『王朝時代の陰陽道』が先駆的業績として挙げられる程度である。通時代的に叙述した村山修一『日本陰陽道史総説』、陰陽師の依拠した典籍を考察した中村璋八『日本陰陽道書の研究』の刊行を契機に、宗教学・国文学など様々な立場から論じられるようになった。

斎藤は、陰陽道は中国より伝来した五行説を中核とする思想と述べ、基本的にその見解を継承した村山説が通説的な位置を占めている。斎藤説を批判的に継承した野田幸三郎は、唐制の太史局《たいしきょく》・太卜《たいぼく》署《しょ》をモデルとする令制陰陽寮は占術を中心とし、呪術儀礼などを直接的に行っておらず、呪術宗教的性格を濃厚に有する平安時代の陰陽道とは異なると指摘し、呪術宗教的性格の獲得を指標に陰陽道の成立を論じた。

八〇年前後から研究はより精緻さを増すようになり、小坂眞二は、陰陽道の「道」は学問的分科、分科出身者の職掌内容を意味し、陰陽博士・陰陽生で構成される学問的職能集団の有する専門性が明確に認識されるに至って、陰陽道は初めて呼称されたと述べ、陰陽道は占法・勘申《かんじん》・祭祀部門で構成され、祭祀部門の整備拡充の過程で宗教性を帯びたとし、陰陽道成立に宗教性の獲得自体は重視しない。また、陰陽寮官人・陰陽師が職務上依拠した典籍などを論じた山下克明も、陰陽道の概念の再検討を行っている。

【史料と主要文献】

『古事類苑』方技部（吉川弘文館、〇九年）、詫間直樹・高田義人編『陰陽道関係史料』（汲古書院、〇一年）、斎藤励『王朝時代の陰陽道』（甲寅叢書、一五年）、野田幸三郎「陰陽道の成立」（『宗教研究』一三六、五三年）、村山修一『日本陰陽道史総説』（塙書房、八一年）、中村璋八『日本陰陽道書の研究』（汲古書院、八五年）、小坂眞二「陰陽道の成立と展開」（『古代史研究の最前線』四、雄山閣出版、八七年）、村山修一ら編『陰陽道叢書』一～四（名書出版、九一～九三年）、山下克明『平安時代の宗教文化と陰陽道』（岩田書院、九六年）。

（齋藤　融）

儀式書

【儀式書とは】

宮廷において執行される祭祀・法会・政務儀礼など年中行事の儀式次第を定めた書。律令と礼は不可分の関係にあるが、八世紀段階では儀礼書の編纂には至らず、九世紀に『内裏儀式』『内裏式』『貞観儀式』など官撰の儀式書が相次いで編纂される。十世紀後半以降になると、先例の重視などにより故実が形成され、儀式を統轄する責任者である上卿《しょうけい》を中心に記述する私撰の儀式書が著されるようになる。藤原師輔『九条年中行事』が早い例に当たり、特に源高明『西宮記』、藤原公任『北山抄』、大江匡房『江家次第』が公卿の依拠すべき儀式書として尊重された。

なお、『北山抄』巻十は吏途指南とも称されるが、『朝野群載』国務条々事と並んで王朝国家期の地方支配の様相を窺わせる史料として貴重である。

【研究動向】

公家学としての有職《ゆうそく》故実《こじつ》の系譜を引きつつ、実証的な儀式書研究を行った先駆者は、『建武年中行事註解』などの著作で知られる和田英松である。和田は増訂故実叢書の監修者でもあり、その業績は多大である。

和田の研究を基礎にして、より深めたのが所功である。主要な儀式書および儀式文の成立を論じた『平安朝儀式書成立史の研究』の上梓は、儀式研究に活況をもたらした。また、所は神道大系本『西宮記』『北山抄』『江家次第』の校訂も担当した。

なお、かつて研究者の関心を集めた問題として、『内裏儀式』と『内裏式』の先後関係、弘仁・貞観・延喜のいわゆる三代儀式の存否などがある。前者については『内裏儀式』先行説が通説化し、後者については『弘仁儀式』の存在は否定され、『延喜儀式』は疑問視されている。

書誌的研究には、壬生本『西宮記』を中心に論じた早川庄八・北啓太の論考などがあり、桃裕行は『北山抄』の素材として『清慎公記』の使用を推測する。橋本義彦による尊経閣善本影印集成の解題も簡潔ながら貴重な成果である。また、阿部猛は大学院の演習の成果を基にして、吏途指南の注解を試みている。

【テキストと研究文献】

『西宮記』『北山抄』『江家次第』の刊本には新訂増補故実叢書本（明治書院）、神

道大系本など、また影印本には尊経閣善本影印集成（八木書店）がある。和田英松『本朝書籍目録考証』（明治書院、三六年）、桃裕行「『北山抄』と『清慎公記』」（『古記録の研究』上、思文閣出版、八八年）、所功『平安朝儀式書成立史の研究』（国書刊行会、八五年）、森田悌「儀式書の編纂」「『儀式』と『新儀式』」（『日本古代律令法史の研究』文献出版、八六年）、早川庄八「壬生本『西宮記』について」（『日本古代の文書と典籍』吉川弘文館、九七年）、西宮記研究会編『西宮記研究』Ⅰ、（九一年）、北啓太「壬生本『西宮記』旧内容の検討」（『史学雑誌』一〇一―11、九二年）、阿部猛『北山抄注解　巻十吏途指南』（東京堂出版、九六年）、西本昌弘『日本古代儀礼成立史の研究』（塙書房、九七年）、橋本義彦『日本古代の儀礼と典籍』（青史出版、九九年）、所功『宮廷儀式書成立史の再検討』（国書刊行会、二〇〇一年）。（齋藤　融）

源氏物語

一一世紀初頭に、紫式部によって書かれた。主人公光源氏の一生とその子薫の半生を中心に、四代の帝、七四年という長大な構想のもとに、全五四帖にわたって書かれた長編物語である。

【構　成】

「桐壺」から「藤裏葉」までの三三帖を第一部、「若菜上」から「幻」までの八帖を第二部、「匂宮」から「夢浮橋」までの一三帖を第三部とする読みが一般的である。第三部のうち、のちの一〇帖を舞台が宇治であることから、特に「宇治十帖」と呼ぶ。なお、「若菜」は「上」と「下」がある。また、第二部の終わりに、本文がなく巻名のみ伝わる「雲隠」という巻があるが、これは数えない。

【内　容】

第一部は、光源氏の誕生以前のことである母親桐壺の更衣の境遇から、ほかの物語にはない入念さで書き始められ、光源氏の誕生から青年期にかけての物語である。皇子から源姓の臣下に降りて、光源氏と呼ばれた。光源氏は左大臣家の葵の上と結婚するが、死別した母に似通った藤壺（父桐壺帝の妃）を愛し、秘密の子（冷泉帝）が生まれる。また、藤壺の生き写しのような可憐な少女紫の上との関係を軸としながら、六条の御息所、明石の君、朧月夜の君、花散里、朝顔斎院、秋好中宮、玉鬘、空蝉、夕顔、末摘花など多くの女性たちとの関わりを経て、女性たちとの情愛による苦悩や悲哀を持ちながらも、光源氏は准太上天皇（本来ならばあり得ない地位）という地位と、天皇さえも持てない権勢を得るまで、栄華の道を歩んでいく。

第二部は、光源氏の壮年期から晩年にかけての物語である。栄華を極めた光源氏ではあったが、しだいに絶望的な苦悩へと導かれる晩年を迎える。光源氏は女三の宮を妻として迎えるが、紫の上は動揺し、二人の間には修復しがたい溝が生まれる。紫の上は病床に伏し死去する。光源氏は、茫然として追憶の日々を送る。また、女三の宮と密通した柏木は、若くして命を失う。さらに死去した柏木の未亡人落葉宮と夕霧の恋など、事件の主役はしだいに光源氏の次の世代に移る。

第三部は、光源氏死語の物語であり、柏木と女三の宮の不義の子である薫を主人公として、明石の中宮腹の皇子である匂宮、宇治の八の宮の姫君たちである大君・中君、さらに大君の面影をたたえる浮舟とが複雑に関わりあう。薫は、出生の秘密を自覚して信仰心深く誠実であるが、恋愛に関しては異常なまでに慎重であるのに対し、匂宮は多情多感で行動的であり、対照的である。大君は、薫の求婚を拒否し、自ら招くかのように病死する。中君は薫との結婚を願った姉大君の期待に反して匂宮と結ばれ、彼の多情に苦悩する。そして、浮舟はなき大君の面影をたたえる女性で、薫と匂宮の愛の板挟みにあい宇治川に投身しようとする。

【研究文献】

テキストは、阿部秋生他校注『新編日本古典文学全集』「源氏物語」（小学館、九四〜九八年）、柳井滋他校注『新日本古典文学大系』「源氏物語」（岩波書店、九三〜九七年）、石田穣二・清水好子校注『新潮古典文学集成』「源氏物語」（新潮社、七六〜八六）などがある。便概・入門書は、鈴木日出男編『源氏物語ハンドブック』（三省堂、九八年）、秋山虔編『別冊国文学源氏物語必携』（學燈社、七八年）、秋山虔編『別冊国文学源氏物語必携II』（學燈社、八二年）、鈴木一雄監修『国文学解釈と鑑賞』別冊「源氏物語の鑑賞と基礎知識」（至文堂、九八年〜）の各巻などがある。

（菅原　秀）

古今集

【成　立】

初の「荘園整理令」、『延喜格』成立、「延喜通宝」新鋳等々の律令制強化政策の中に、九〇五年（延喜五）に成立する。撰者紀友則は左大臣藤原時平との親昵の間にあるが、両者のラインで初の勅撰集編集はなされたと考えられる。

【歌集の性格】

政策の一環として作られたからには単なる風流韻事では終わらない。国家政策のための文学を標榜する。序文には、古の天子は才ある士を選ぶために侍臣に和歌を作らせ奉らせたという和歌史観、魏文帝『典論』の「論文」の「文章は経国の大業、不朽の盛事」に基づく富貴よりも和歌をという主張が見られる。平安初期の漢詩文隆盛の中に、公から影をひそめた和歌を、律令体制の中核にすえようという思想なのである。

【虚構の胚胎】

律令文学に恋歌はふさわしくない。序文で和歌が恋の手段になり下がっていることを概嘆する。だが、『古今集』全二〇巻のうち五巻は恋部が占める。和歌の発生その機能から見て恋歌を排除することはできない。経世の学をバックボーンとして成り立っている漢詩文とは根本的に異なる。そこで中国六朝の『玉台新詠』の情詩に類する虚構の恋歌が生まれる。また、貴族生活の室内化は、叙景歌も大和絵屏風に描かれた風景を見ての歌となる。屏風歌や歌合の歌など、叙景歌も叙情歌も虚構的になり、物語の世界に近づく。

【和歌と物語】

『古今集』に至り、虚構の歌が生まれた。和歌は本質的に「私」という自己表白の文学である。虚構と自己表白と、この結びつきが恋歌を中心にすえた『蜻蛉日記』以下の女流日記文学や『伊勢物語』、『大和物語』などの歌物語を生む。『源氏物語』もこのような性格の『古今集』なくしては誕生しなかったのである。

【古今以後】

藤原氏は文学と縁遠い政治的人間の集団であり、『万葉集』にも『古今集』にも藤原氏の影は薄い。その中核をなした歌人は他氏の中・下流貴族歌人である。だが、時平—友則ラインでの勅撰集成立は、藤原上層貴族の歌に対する関心を高めたと思われる。さらに女性の世界に深く関わる摂関政治下においては、和歌に対して無縁ではいられなくなる。藤原氏は政治の世界だけではなく、雅の世界にも君臨することを考える。蔵人《くろうど》少将藤原伊尹《これまさ》を撰歌所別当として九五一年（天暦五）に成立した『後撰集』は、歌人としての技量よりも政治的権力のある者の歌を優先する。左大臣藤原実頼・右大臣藤原師輔《もろすけ》の歌などである。九六〇年（天徳四）村上天皇主催の「天徳内裏歌合《うたあわせ》」は藤原氏上層貴族の独擅場であった。

【研究文献】

『古今集』に関する研究書は汗牛充棟。その中から文化史的・歴史的見地からのものをあげる。総合的視点からの小沢正夫『古今集の世界』（塙書房、六一年）、歴史的文化史的考察に藤岡忠美『平安和歌史論』（桜楓社、六六年）、目崎徳衛『平安文化史論』（桜楓社、六八年）、村瀬敏夫『古今集の基盤と周辺』（桜楓社、七一年）、山口博『王朝歌壇の研究　宇多醍醐朱雀朝篇』（桜楓社、七三年）、比較文化・文学では和漢比較文学会編一三氏執筆の和漢比較文学叢書一一『古今集と漢文学』（汲古書院、九二年）がある。

（山口　博）

御霊信仰

【御霊信仰とは】

非業の死を遂げたり、政治的に失脚して憤死した人の霊魂は、この世に疫病や災害をもたらすとする怨霊思想により、そうした災禍を避けるために、彼らを御霊として祀って祟りを鎮めようとした信仰である。

死者の霊は原始社会においても畏怖されたと考えられているが、盛んになるのは奈良末・平安初期からで、その背景には特定の人を神に祀る宗教観の発生や、平安都市社会の発展によってもたらされた飢饉の頻発などがあったことが指摘されている。

御霊とされた代表的な例は早良親王（崇道天皇）から菅原道真（火雷神・天神）までの、いわゆる八所御霊だが、それらを一括して慰撫する御霊会が京都の神泉苑やいくつかの神社で行なわれるようになると、その信仰形態はしだいに形式化して、年中行事や祭礼として定着したり、あるいは祇園社の牛頭天王《ごずてんのう》のような外来神が御霊信仰化するなどの変化も生じていった。しかし、中世には鎌倉権五郎景政、近世にも下総佐倉の木内惣五郎や伊予宇和島の山家《やんべ》清兵衛《せいべえ》（和霊様）などの新たな御霊が発現しているから、わが国では各時代を通じて持続した信仰であったといえよう。

【研究史と課題】

御霊信仰および御霊会についての研究には膨大なものがあるが、歴史学的研究の先鞭をなした肥後和男「平安時代における怨霊の思想」（『史林』二四ノ一、三九年）、平安京の都市生活の中で新たに成立したことを論じた柴田実「祇園御霊会―その成立と意義―」（『京都大学読史会五十年記念国史論集』所収、五九年）、信仰の背景に富豪層の存在を想定した高取正男「御霊会の成立と初期平安京の住民」（同）、また、御霊会が地方から持ち込まれたことを指摘した菊池京子「御霊会の成立と展開―信仰支持者の階層を中心に―」（『史窓』一七・一八合併号、六〇年）、さらに以上の諸研究を発展させて、都市神としての性格を明確にした井上満郎「御霊信仰の成立と展開―平安京都市神への視角―」（『奈良大学紀要』五、七六年）などは必読の論文であろう。以上の研究が時代的に平安初期に偏しており、しかも都市問題と結びつけて論じていたのに対して、河音能平「王土思想と神仏習合」（岩波講座『日本歴史・古代四』七六年）は、御霊神を中世村落における新たな神として位置づけている点で示唆に富むものであった。最近の成果には、崇道天皇の御霊の変質過程をたどった牛山佳幸「早良親王御霊その後―崇道天皇社からソウドウ社へ―」（『小さき社の列島史』平凡社、二〇〇〇年）や、崇徳院の怨霊が院政期国家を揺るがす存在であったことを論証した山田雄司『崇徳院怨霊の研究』（思文閣出版、二〇〇一年）などがあるが、こうした御霊信仰の中世・近世における展開過程の検討や中世以降に新たに出現した御霊の事例発掘などが今後とも課題となるだろう。

【参考文献】

柴田実編『御霊信仰』（雄山閣出版、八四年）は先にあげた代表的な論考を解説を付して収録している。ほかにこれまで触れなかったものとして、池田弥三郎『日本の幽霊』（中央公論社、五九年）、村山修一編『天神信仰』（雄山閣出版、八三年）、大森恵子『念仏芸能と御霊信仰』（名著出版、九二年）などをあげておく。

（牛山佳幸）

浄土教

阿弥陀仏の極楽浄土のほか、弥勒菩薩の兜率天、観音菩薩の補陀落浄土などの往生を願って仏菩薩に祈り、念仏・修行する教えを指す。日本で定着するのは平安初期に円仁が唐の五台山から移した比叡山不断念仏に始まり、その後良源、『往生要集』を撰した源信によって教義的に大成した。浄土教は、貴族社会に広まり、しだいに民間に受容されていった。民間で活動した空也や、口称念仏を勧めた禅林寺の永観《ようかん》、真言念仏を説いた高野山覚《かく》鑁《ばん》などの動向も注目される。鎌倉時代になると法然、親鸞、一遍など浄土教系の諸教団の宗祖とされる人びとが現れ、活動は多様化する。

【研究史】

天台宗史の一環としての天台浄土教研究、および浄土教系諸教団が教学の立場から宗祖の思想の源流をたどるのを目的とした研究は数多い。歴史学の立場としては、浄土教を否定的精神の中核とした家永三郎『日本思想史における否定の論理の発達』(弘文堂、四〇年)、同『中世仏教思想史研究』(法蔵館、四七年)、さらに古代的秩序崩壊の中から中世的思惟としての浄土教成立過程を考えた石母田正『中世的世界の形成』(伊藤書店、四六年)などがあげられる。中でも一九五六年に刊行された井上光貞『日本浄土教成立史の研究』(山川出版社、五六年)は、以後の浄土教研究に多大の影響を与え、井上『日本古代国家と仏教』(岩波書店、七一年)とともに現在に至るまで定説としての地位を保っている。井上の研究については、家永が「はじめて日本仏教史を科学にまで高めた」(書評、『史学雑誌』六五―一二、五六年)と絶賛する一方で、井上の方法を客観主義として、適切な方法か否かに疑問を投げかけている。以後、多くの研究者によって井上説を補訂・継承し、あるいは批判的研究が続出した。

【論点】

家永の井上書評以来議論が集中したのは、井上が貴族社会(美的・観想的)と空也に代表される民間(呪術的・狂躁的)を別の存在と見、貴族社会においては中・下級貴族が担い手であったと考えたこと、法然・親鸞らの鎌倉時代浄土教が平安時代の民間浄土教の発展形態とする問題があげられる。速水侑はむしろ空也の活動に貴族社会浄土教の実態を見ており(『平安貴族社会と仏教』吉川弘文館、七五年)、平林盛得も貴族社会との密接な関係を説いている(『聖と説話の史的研究』吉川弘文館、八一年)。近年に至って浄土教研究は新しい展開を見せ始めた。平雅行は井上の研究を浄土教中心史観として、上記および法然の思想の理解、末法思想のとらえ方などの点に問題があるとした(『日本中世社会と仏教』塙書房、九二年)。平は黒田俊雄の提唱した顕密体制論を継承・発展させて、浄土教を顕密仏教・寺院史研究の中に位置づける必要性を説き、同時代に登場した禁忌、密教修法、呪術といった問題や、平安京の都市的矛盾などの社会的要因との関わりでとらえる必要性を指摘する。しかし平の提起した問題はその後あまり進展を見ず、また浄土教研究自体、論文は多いにもかかわらず新しい展開はないといってよい。

【参考文献】

速水侑『浄土信仰論』(雄山閣、七八年)に、戦前からの研究史および参考文献一覧があり参照されたい。

(西口順子)

年中行事

年中行事とは、一年のサイクルのうち、あるとき行なわれた行事が毎年繰り返し行なわれて定着し、年間行事として成立したものである。農耕社会である日本は、稲作儀礼として豊作の予祝《よしゅく》・報謝を行なった。そのほか季節に応じ正月や春秋の祭り・宴が行なわれたり、半年ごとの区切りも大切にされた。また前・近代は月の満ち欠けの周期を構成要素とする太陰暦を生活の基準にしていたから、朔日と一五日を祝う習慣もあった。

【年中行事の成立】

中国の影響を受けた古代日本では、暦の導入とともに節日《せつじつ》を設定した。それは正月元日、七日、一六日、三月三日、五月五日、七月七日、一一月大嘗日であり、天皇が臣下に宴会を賜るという国家行事であった。それ以外にも正月一五日の御《みか》薪《まぎ》、一七日の射礼《じゃらい》、二月・八月の釈奠《せきてん》、六月・一二月の大祓《おおはらえ》などが行なわれていた。時代が下るにつれ、節日や特定の行事は仏教、儒教、陰陽道などの要素を取り入れ複雑化した。九世紀半ば、嵯峨天《さがてん》皇《のう》は『弘仁式《こうにんしき》』・『内裏式《だいりしき》』などの編纂を進め、これらに基づいて儀式を行なうことで複雑化した儀式の整備を行なった。九世紀末、藤原基経《ふじわらのもとつね》が献上した『年中《ねんちゅう》行事御障子文《ぎょうじみそうじふみ》』は、内裏清涼殿《せいりょうでん》に置かれ、一年の恒例行事を告知する役割を果たした。儀式は一〇世紀初めに成熟期を迎えた貴族社会の中で、政治的な威儀を持つ国家行事に変化した。また華やかな要素を持つ行事として、平安文学にも登場するようになった。

【政務と儀式】

貴族社会で行なわれた政務と儀式は年中行事と不可分の関係にあり、これを無難にこなすことを平安貴族は重要視した。そこで『年中行事御障子文』にはない臨時行事を含めた儀式書が個人によって作られるようになった。源高明《みなもとのたかあきら》の『西宮《さいきゅう》記《き》』は正月以下一二月までの月ごとの儀式と次第、および臨時の儀式を記す。また藤原公任《ふじわらのきんとう》の『北山抄《ほくざんしょう》』は恒例・臨時の行事を、各巻ごとに書き分けるという特色をみせる。一一世紀に成立した大江匡《おおえのまさ》房《ふさ》の『江家次第《ごうけしだい》』は、『西宮記』・『北山抄』にはない新たな儀式や臣下の行事を記す特色を持つ。儀式と儀式次第を記した儀式書が充実する一方で、政務と儀式を遂行する上での作法が故実として定着しつつあった。藤原基経の子時平《ときひら》と忠平《ただひら》は父基経の作法を手本とし、忠平はそれを口《く》伝《でん》と教命《きょうめい》の形で子の師輔《もろすけ》と実頼《さねより》に伝えた。師輔は『九条年中行事』、実頼の子実《さね》資《すけ》（実は孫）は『小野宮年中行事』を著し、九条流と小野宮流《おののみやりゅう》という故実の派を形成するに至った。そのほか臨時行事も網羅した藤原行成の『新撰年中行事』がある。これらの年中行事は恒例行事を記すだけでなく、九条流・小野宮流それぞれの故実を記したものであった。いずれも基経の『年中行事御障子文』に則したもので、そのほかにもいくつかの「年中行事」が存在する。

【参考文献】

山中裕『平安朝の年中行事』（塙書房、七二年）、橋本義彦「平安朝三代儀式書考」（『日本古代の儀礼と典籍』青史出版、九九年）、西本昌弘「東山御文庫所蔵の二冊本『年中行事』について─伝存していた藤原行成の『新撰年中行事』」（『史学雑誌』一〇七─一二、九八年）。

（古谷紋子）

枕草子

清少納言によって書かれ、長保・長徳年間に成立したと見られる。一般に随筆とされる。書名はさまざまあるが、『清少納言枕草子』、『枕草子』が正当である。「草子」は「草紙」、「双紙」とも表記される。また、現在は「まくらのそうし」と呼ぶが、古くは「まくらさうし」、「まくらざうし」と呼ばれた。

【内容・構成】

形式・内容・長短さまざまの、全体で三〇〇余りの章段からなり、「春は曙」に始まり、最後を跋文で締めくくっている。書かれたテーマは各方面にわたり多種多様であるが、作者の宮仕えのおりの経験を中心に、自然、事物、情意、人生などについて鋭い視点で見つめたものに対しての折に触れての独特な感想が、自由な形式できびきびとした独特の表現力で書き綴られている。

各章段は、厳密には難しいものの、おおまかにその特徴から三種に分類できる。まず、全章段の半数以上を占める「類聚的章段（ものづくし）」がある。これは、文章形式としても特異であり、作品としての類例もないもので、「〜は」の形をとり、和歌の題となるような自然を題材としたものや、「〜なるもの」の形をとり、「うれしきもの」、「にくきもの」といった人事に関わるものがある。この作品の個性がよく出ている章段群といえる。

また、作者の経験や見聞が記された「日記・回想的章段」がある。これは、定子とその一族に関わることが賛美しながら書かれ、さらに自分が定子のお褒めにあずかった自讃も含まれる。この種の章段は、この作品の一つの性格たり得る後宮の記録としての性格を示す。

そして、先の二つ以外のものを「随想的章段」と呼ぶ。これは、自然や人事に関する抽象的な感想が自由な形式で書かれている。

今日では、一般に随筆文学でその先駆となった作品と見られており、後世の随筆に与えた影響は無視できないものの、この当時、随筆という形態が確立されていたわけではない。「ただ心ひとつにおのづから思ふことを、戯れにかきつけたれば」と跋文にあるように、その時々の感想を、それまでに類例のない自由な形で書きとめた作品である。何といっても、鋭い観察眼によって自然や人事の美をとらえようとしている点にこの作品の特色がある。対象を個別に、断片的に把握しようとしながら、非常に感覚的な印象を書き記しているが、その根底には宮廷のすばらしさを絶対的に賛美する精神がある。

【研究文献】

テキストは、石田穣二訳注『角川日本古典文庫』「新版枕草子」（上下巻、角川書店、七九年）、萩谷朴校注『新潮古典文学集成』「枕草子」（上下巻、新潮社、七七年）、渡辺実校注『新日本古典文学大系』「枕草子」（岩波書店、九一年）、松尾聰・永井和子校注訳『新編日本古典文学全集』「枕草子」（小学館、九七年）などがある。

入門書は、稲賀敬二他『枕草子入門』（有斐閣新書、八〇年）、石田穣二『鑑賞日本古典文学』「枕草子」（角川書店、七五年）などがある。

（菅原　秀）

物語文学

【物語文学の範囲・種類】

「物語文学」とは、平安時代から鎌倉時代にかけて、仮名散文によって書かれた虚構の文学形態であり、主に貴族の間で享受された。

文学史的に「物語」の範囲は、とくに中世において、平安時代の模倣の擬古物語の扱い、またその形をとどめず、貴族文学の枠を越え、御伽草子の世界へ変化していくこともあり、定めるのは難しい。

一口に「物語」といっても、まず平安時代における『竹取物語』に始まる「つくり物語」、『伊勢物語』に代表される「歌物語」をいう場合がある。また平安時代の「つくり物語」の系列の鎌倉時代の「擬古物語」、室町時代の物語である中世小説までを含む場合もある。普通は近世の小説は除外するが、「仮名草子」の中には室町時代の物語との違いが明確にならないものもあり、区別が難しい。さらに広く『栄華物語』に代表される「歴史物語」、『今昔物語集』といった「説話文学」、そして「軍記物語」といったものまで含むとする場合もある。

【物語の起源と発展】

古代は氏族それぞれの祭りがあり、それに伴う神聖な伝承（かたりごと）があった。これらは現実的でないものであっても、氏族の共同意識を保つ意味でも重要で、氏族内の人びとにとっては真実であった。このような氏族伝承は、朝廷の中央集権化が進むに従って朝廷の伝承として吸収されていき、氏族と朝廷との関わりを示す儀礼的なものとなる。氏族における神の「かたり」が信仰基盤を離れ、祭祀する以外の「もの」の「かたり」となる。この間、神聖さは失い怪異な話となってはいくものの、民間でも広く語られるようになった。こうした口承のかたりごとと漢文による先行作品の数々を背景として生まれたのが平安時代の「物語」である。

「物語」の発展にはかなの発達が影響している点もきわめて重要であり、公的な漢文に対し、私的で自由な表現を可能にした。例えば、『源氏物語』の中に「物語のいできはじめの祖なる竹取の翁」とある『竹取物語』も、中国の民話をもとにした伝奇的物語であり、難題譚、羽衣説話といった枠組みも見られるが、それにとどまらず、世の中への風刺や人間像などを展開している。先行の口承、漢文作品を模倣するだけではなく、それを利用しつつも新たな世界を生みだしている。

『竹取物語』に始まる「物語」の系譜も『源氏物語』という長編の傑作の出現により平安時代に頂点を極める。『源氏物語』の出現は明らかにのちの物語、ほかの文学にまで大きく影響を与えることになる。

【研究文献】

どのような作品があるかについては、藤井貞和編『物語文学必携』（學燈社、八七年）や「文学史」の本を参照していただきたい。テキストは、『新編日本古典文学全集』（小学館）、『新日本古典文学大系』（岩波書店）、『新潮古典文学集成』（新潮社）などのそれぞれの作品を参照いただきたい。物語の発生についてなどの総合的な研究書は、三谷栄一『物語文学史論』（有精堂、五四年）、『物語史の研究』（六七年）、藤井貞和『物語文学成立史論』（東京大学出版会、八七年）などがある。

（菅原　秀）

大和絵

外国から新しい絵画が流入するたびに、その対立概念として国内の絵画を呼ぶ相対的な名称である。したがって、時代によって「倭絵」「大和絵」「和画」などと表記が変わり、そして指し示す対称の範囲も変わるため、近年は、時代性を排除し普遍的な意味で呼ぶ場合、「やまと絵」の表記を用いる。

【大和絵の意義の変遷】

遣唐使を廃止し国風化へ向かう九世紀後半に、異国の絵画を模倣した「唐絵《からえ》」に対し、日本の風物や事物を題材とした絵「倭絵《やまとえ》」が誕生した。文献上の初出は、藤原行成の『権記《ごんき》』九九九年（長保元）一〇月三〇日の条で、藤原道長が娘彰子入内の際に「倭絵四尺屏風色帋形」を用意したとある。秋山光和により、平安当時は倭絵といえばこうした障屏画を示したことが明らかにされた。なお色帋（紙）形とは、屏風に描かれた事物を題材に詠んだ和歌（屏風歌）を色紙に認めて貼りつけたもので、当時、障子歌とともに流行した。この頃の現存作例はないが、屏風歌から、一扇ごとに四季や一年の景物、名所を描いた四季絵・月次《つきなみ》絵・名所絵であったことが、家永三郎によって解明された。これら「景物画」の系譜は武田恒夫の研究に詳しい。また制作年代は下るが、平安期の倭絵障屏画の特徴を継承している神護寺の「山水《せんずい》屏風」（一三世紀）によって、対象の大きさを等しく描き点在させる表現や、一扇ごとに縁で括る表装方法など、当時の形式を知ることができる。

鎌倉時代後半から宋元画、ことに水墨画が流入し始め、これら舶載画に国内で模倣されたものも含めて「唐絵」、のちに「漢画《かんが》」と呼ぶようになった。そして以前から国内で継承されてきた形式の絵画を「倭絵」、「和画」と呼ぶようになる。従来、水墨画の流入以後、とくに室町時代などは禅宗と水墨画一色で美術史が語られてきたが、第二次大戦後から室町時代のやまと絵屏風が相ついで発見され、一九八九年には東京国立博物館で「室町時代の屏風絵展」も開催された。その結果、水墨画流入後の時代も多彩な色彩をおび、単なる桃山時代の準備期間というよりも、創造的という言葉に値するやまと絵の生まれた時代であったことが判明した。当時の作例としては、室町時代に宮廷の絵《え》所《どころ》として活躍した土佐派による「浜松図」（東京国立博物館）や「日月山水図《じつげつさんすい》」（金剛寺）など六曲一括の大画面に金銀の鮮やかな色彩で描かれた屏風がある。

【和　漢　論】

狩野山雪《かのうさんせつ》・永納《えいのう》著『本朝画史《ほんちょうがし》』（一六七八年）は、狩野元信《かのうもとのぶ》を「漢而兼倭《かんにしてわをかねる》」、つまり和漢の融合を行なったと評している。また、中林竹洞《なかばやしちくとう》の「古今画人品評《ここんがじんひんぴょう》」（『画《が》道金剛杵《どうこんごうしょ》』一八〇一年）では、池大雅《いけのたいが》ら文人画を唐画、土佐光起《とさみつおき》や狩野探幽《かのうたんゆう》を和画としている。このように江戸時代には、やまと絵が流派に還元されるように変化していった。近年、このような和漢論の枠組を見直し、漢に対する対立概念として、一部の和に限定して論じてきたことを顧み、より広い対象において和をとらえ直す試みがなされている。また山根有三が、室町時代の座敷飾りにおいて和漢が配合されていたことを明らかにしたのを発端に、近年和漢論の二項対立的概念自体の見直しが進んでいる。

【参考文献】

秋山光和『平安時代世俗画の研究』（吉川弘文館、六四年）、家永三郎『上代倭絵全史』（墨水書房、六六年）、武田恒夫『日本絵画と歳時　景物画史論』（ぺりかん社、九〇年）、『日本美術全集一三・南北朝・室町の絵画II　雪舟とやまと絵屏風』（講談社、九三年）。

（奥田敦子）

今　様

【概　説】

平安中期から鎌倉初期にかけて流行した歌謡、今様は今様歌で、古様の催馬楽《さいばら》・風俗歌などに対して今めかしい、または現代風の歌の略称。今様歌の語は『紫式部日記』、今様の語は『枕草子』に見えるものが初見。全盛期は院政期で、その院主後白河院の自撰した『梁塵秘抄《りょうじんひしょう》』は、二〇巻、前半の一〇巻は歌詞集、後半の一〇巻（口伝集）は今様の唱詠、伝承などの口伝を記したものと思われるが、その多くを失い、前半部は巻一断簡、および巻二（全）、後半部も巻一断簡、および巻一〇（全）がわずかに残るのみ。しかし、「口伝集《くでんしゅう》」巻一〇は今様と深く関わった院の自伝であり、そこには今様の広・狭義の種類から名称、院自身の修練、側近たちの芸風、社寺参詣の際奉納した今様の霊験譚などが記されており、今様の必見資料となっている。

【歌詞の所在と曲譜】

『梁塵秘抄』巻一は目次に三〇九首とするが実数は二一首、巻二は目次に五〇八首、実数は五四五首（うち巻一と四首重複歌があるので実数は五四一首）、「口伝集」巻一〇から三首、実数総計五六五首となっている。「今様歌抄」（顕真筆『古今目録抄』の紙背に今様が書きとめられている）に約六六首（うち五首下部欠などあり）があり、このうち法文歌《ほうもんか》の一三首は『梁塵秘抄』と重複する。寂然《じゃくぜん》作『唯心房集』（宮内庁書陵部本・桂宮本叢書私家集五、五五年）に「今様」五〇首（うち一首は『梁塵秘抄』と重複）、大報恩寺仏（重文阿難陀像《あなんだぞう》）体内所現「今様」一九首、『宝篋印陀羅尼経《ほうきょういんだらにきょう》』（河内金剛寺本）料紙今様一三首、『方丈記』（尊経閣文庫本）巻末「今様」七首、『今様』（東北大学本）四首などが知られる。ほかに『十訓抄《じっきんしょう》』、『平家物語』、『拾玉集』、『体源抄』など、中古中世の説話集、軍記、音楽書などの文献の中に散在する。また、今様は歌詞を詠唱するもので、その曲調を知ることが必須であるが、中世末に廃絶し、わずかに綾小路有俊《あやのこうじありとし》奥書『朗詠九十首抄』巻末付載に「今様」五首（蓬莱山・霊山御山《りょうせんみやま》・長生殿《ちょうせいでん》・鶴群居《つるむれい》・春始《はるのはじめ》）の墨譜があるほか、芝祐泰所蔵の綾小路家本『今様五首』も同種の墨譜で、芝祐泰編『五線譜による雅楽歌曲集』（国立音楽大学出版部、六四年）に五線譜に写されていて貴重である。天理図書館善本叢書『古楽書遺珠』（七四年）に『梁塵秘抄』巻一、二が、「口伝集巻一〇」は宮内庁書陵部（八七年）に、「今様歌抄」は鵤叢刊（三四年）に、『宝篋印陀羅尼経』は貴重図書影本刊行会叢書（三二年）に、『方丈記』は尊経閣叢刊（三八年）におのおの複製されている。翻刻は高野辰之『日本歌謡集成』二、五、『続日本歌謡集成』一（東京堂出版、六〇～六一年）など。

【研究動向】

前述のように今様資料は、ほとんどが欠落と混在などで、新資料の発見が望まれるがはかばかしい進展はない。ところが近時、福島和夫・古谷稔ら研究グループは古筆の新資料として上野学園大学日本音楽資料室所有の伝久我通光《こがみちみつ》筆切を紹介し、『梁塵秘抄』口伝集の断簡で筆者は後白河法皇とした。この研究に刺激され伝久我通光筆口伝集の断簡のツレ（同種）が三井文庫所蔵手鑑『高桒帖《たかまつじょう》』に所収されていること、伝寂蓮筆本願寺所蔵『手鑑鳥跡鑑』所収の断簡、同筆穂久迩文庫《ほくにぶんこ》所蔵断簡もツレであることが明らかとなった。後白河法皇真筆説は小松茂美の反論、古谷稔の再論があり決着していないが、これらの断簡が『梁塵秘抄』の原本に一番近い資料の位置にあることはいえよう。したがって、既存の手鑑類中の説話類の再検討が望まれるところである。なお、両論争を通じて筆跡の同定の難しさが改めて浮き彫りになった。

【参考文献】

古谷稔「伝久我通光筆『梁塵秘抄断簡』と後白河法皇の書」（『上野学園日本音楽資料室所報』二号』九九年）。小松茂美『「梁塵秘抄」断簡・筆者のナゾ』（読売新聞夕刊、九九年六月二、三日）。古谷稔『後白河法皇の仮名書法と「梁塵秘抄断簡」―書の「ゆらぎ」と筆跡考証の視点』（『ミユウジアム』五六三号、九九年）。

（平林盛得）

今昔物語集

【概　説】

説話集。撰者未詳。三一巻。平安後期

成立。構成は天竺（インド）・震旦（中国）・本朝（日本）の三部立で、収載説話の実数はいちおう一、〇五九話、未完成作品とされる。天竺部は巻一から巻五の五巻、震《しん》旦《たん》部は巻六から巻一〇の五巻、本朝部は巻一一から巻三一の二一巻、ただし、巻八・一八・二一の三巻を欠く。さらに巻七・二三にも欠落部があり、ほかに題目しかないもの、首・末を欠くのもある。国別・テーマ別に各巻を類聚し、仏法話から世俗話へと配列され、二話一類を基本単位として連鎖状となっている。また、伝本に特徴がある。旧所蔵者名で鈴鹿本《すずかぼん》と呼ばれる現存七冊の写本は鎌倉中期と推定されているが、数種の断簡を除いてすべての写本の祖本であることである。

【研究現況】

近世以来　源　隆国《みなもとのたかくに》（一〇〇四―七七）撰とされていたが、隆国没後のことを扱った説話や隆国なら犯さないであろう内容の矛盾などから、現在では非隆国撰者説が有力。ただ、ほかの撰者が多くあげられながら決定論がなく、隆国原撰、後人増補説もある。最近、現存最古の写本が東大寺に存在したことから、東大寺を中心に南都寺院周辺に撰者や撰所を求めようとする動きがある。成立年次についても、序・跋を持たないので、内部徴証の検討がなされ、登場人物や事件の下限が一一〇〇年代とされ、依拠の出典調査から、その成立が一一一〇年代と見られる『俊頼髄脳《としよりずいのう》』が最下限のものの一つとされ、また、外来出典のうち『弘賛法華《ぐさんほっけ》伝《でん》』が一一二〇年（保安元）に伝来していることから、成立の上限をここに求める傾向であるが、『弘賛法華伝』が初伝来でない点の指摘があり、上限は確定ではなく、下限についても有力な説はない。最善本の鈴鹿本が国宝に指定されたのを機に、鮮明な影印本が公刊され容易に研究に使用可能となった。本文中に見られる余白のありよう、話順番号の空白、重複話の存在、紙背の一見奥書の状態など、整理された校訂本からは知ることができない情報の数々が呈示されている。ただ、解説中に示されている本書に使用された紙縒りの科学的測定の調査結果は、画期的ではあるが安易に利用すべきではないと考える。

【参考文献】

長野嘗一『今昔物語評論―驚き文学』（至文堂、五四年）、国東文麿『今昔物語集成立考』（早稲田大学出版、七四年増補）、『今昔物語集』（日本文学研究資料叢書、有精堂、七〇年）、片寄正義『今昔物語集の研究』上・下（藝林舎、七四年復刊）、酒井憲二「伴信友の鈴鹿本今昔物語集研究に導かれて」（『国語国文』四四―一〇、七五年）、田口和夫「今昔物語集〝鈴鹿本〟興福寺内書写のこと」（『説話』六、七八年）、平林盛得「今昔物語集の東大寺存在説について」（『聖と説話の史的研究』吉川弘文館、九六年二版）、馬淵和夫『今昔物語集文節索引』（二八冊、笠間書院、七六～八一年）、池上洵一『今昔物語集の世界』（筑摩書房、八三年）、森正人『今昔物語集の生成』（和泉書院、八六年）、松尾拾『今昔物語集読解』（六冊、笠間書院、九〇～九九年）、小峯和明『今昔物語集の形成と構造』（笠間書院、九三年増補）、安田章『鈴鹿本今昔物語集―影印と考証』（二冊、京都大学学術出版会、九七年）、平林盛得「鈴鹿本今昔物語集の紙捻りの実年代について」

（『汲古』三三、九八年）境田四郎・和田克司『増補改訂日本説話文学索引』（清文堂、七四年）、（翻刻）『日本古典文学大系』（全五冊、岩波書店、五九～六二年）、『新日本古典文学大系』（全五冊、岩波書店、九二～九九年）、『東洋文庫』（全十冊、平凡社、七九～八一年）、『日本古典全集』（本朝四冊、小学館、七一～七六年）。

（平林盛得）

聖

【語義からの変質】

語源は「日知り」で、太陽の光が世界の隅々まで照らすように、この世のことをすべて知る意。聖帝・聖人など徳行に優れ知識に通じた人に対する尊称から、僧侶にも用いられるようになり、高徳の僧・修行を積んだ徳の高い聖人を指す。本来は大寺院などの高官位の優れた僧の敬称であったが、平安中期頃からしだいに寺院に入らず、私的に難行苦行の修行をして特殊の霊力を身につけて人びとの尊敬を集めだした僧たちのことをいうようになった。聖・仙・聖人・上人、ほかに沙弥も同義に用いられる場合がある。聖と上人を区別する考え方もある。聖が注目されるゆえんは鎌倉新仏教の起源をここに求める点である。また、体制外の宗教者として見ると、仏教以前にも特殊霊能者の存在はあり、これが仏教の発展に伴って民間信仰の中に混入したため聖は複雑多様である。

【行業・住所】

寺院の庇護や規律を離れ隠遁修行する僧、諸国を遊行し山林に入って苦修練行する修行者たちの存在が注目されるようになった。彼らは荒行・長日持経・秘法による治病・除災・鎮魂などに霊験を示し、泉の掘削・架橋・悪路の開拓・拾骨などの行為が人びとの尊敬を受け、従来の高徳の僧の尊称の中身を変えることとなったのであろう。市中に入って直接活動したので市の聖、教理を説かずただ念仏を唱えることを教えたので阿弥陀聖、寒暑を問わず革製の衣を常に着用したので皮聖などといわれた。行法は多様で法華経・念仏・密教呪法など、修行地や住所として、大峯《おおみね》・葛城《かつらぎ》・石槌《いしづち》・箕面《みのお》・勝《かつ》尾《お》・書写《しょしゃ》・那智・新宮《しんぐう》などがある。また、本寺から離れた場所に集団で隠遁修行した地を別所といい、比叡山には西塔の北谷の黒谷《くろだい》別所以下七別所が知られ、東大寺の南山城の光明山別所、高野山の蓮華谷別所などがある。本寺の束縛を離れて修行した僧たちに対して本寺を助ける下級僧たちも現れた。大火後高野山の復興のために寺の因縁譚や大師信仰などを広めながら資財の寄進を求めて諸国を巡り歩き勧進聖《かんじんひじり》ともいわれた高野聖《こうやひじり》があり、萱堂聖《かやどうのひじり》、千手院谷聖《せんじゅいんだにのひじり》もその流れである。

【基本史料・参考文献】

慶滋保胤《よししげのやすたね》の『日本往生極楽記』を嚆矢として『高野山往生伝』に至る七往生伝や『大日本国法華経験記』、『本朝神仙伝』、および『梁塵秘抄』以下の「今様」の歌詞に見いだされる聖たちの検討が研究の出発点となる。ただ、聖の摘出羅列だけではその多様性に対応できない点に留意すべきである。井上光貞・大曽根章介『往生伝　法華験記』（『日本思想大系』七四年）、井上薫「ひじり考―平安時代浄土教の発展」（『ヒストリア』一、五一年）、重松明久『日本浄土教成立過程の研究』（平楽寺書店、六二年）、大隅和雄「聖の宗教活動」『日本宗教史研究』一（法蔵館、六七年）、堀一郎『我が国民間信仰史の研究』上・下（創元社、五五・五三年）。高木豊『平安時代法華仏教史研究』（平楽寺書店、七三年）、井上光貞『日本浄土教成立史の研究』（七八年新版）、五来重『増補高野聖』（角川選書、八一年）、平林盛得『聖と説話の史的研究』（吉川弘文館、九六年二版）。

（平林盛得）

平泉文化

【時代と内容】

一二世紀初～末期、奥州藤原氏四代の本拠地陸奥《むつ》国平泉を中心に栄えた文化。後三年合戦後、初代清衡《きよひら》の平泉進出と中《ちゅう》尊寺《そんじ》建立・都市平泉建設によって始まり、一一八九年（文治五）の奥州藤原氏滅亡により幕を閉じた。中尊寺・毛越寺《もうつうじ》の仏教美術・文化と、柳之御所《やなぎのごしょ》遺跡の出土遺物に代表される都市生活文化を中心とし、さらに、①海陸の交通を通じた中央・海外とのネットワーク、②宇治平等院を模した無量光院《むりょうこういん》の建立など京都文化の徹底した導入、③「手づくねかわらけ」に象徴される京都風都市生活の模倣、④中国・京都の先進文化・技術の積極的な採用、によって特色づけられる。また二代基衡《もとひら》以後、奥州藤原氏の勢力伸張に伴い、石巻水沼《みずぬま》窯の開窯など中央の高度な技術を導入した手工業生産が開始される一方、福島県いわき市の白水《しらみず》阿弥陀堂から、青森県の中崎館《なかざきたて》遺跡（奥州藤原氏の地方政庁跡）まで、その影響は奥羽の全域に拡大し、奥羽社会の変貌をもたらした。しかし奥州藤原氏滅亡後、在地勢力によって継承されることなく、平泉も中尊寺金色堂や毛越寺庭園などを残して農村と化したため、伝承・文学の世界で肥大化して伝説的に語られることになった。

【研究史と論点】

平泉文化についての研究は、一七世紀前半、仙台藩の相原友直《あいはらともなお》による『平泉実記』、『平泉旧蹟志』、『平泉雑記』に始まり、戦前の辻善之助らの『奥羽沿革史論』を経て、一九五〇年に行なわれた中尊寺金色堂《こんじきどう》の総合的学術調査に至る。この調査を契機に盛んになった平泉研究は、平泉文化を古代東北史の発展・継承ととらえ、その独自性を高く評価する高橋富雄や、中尊寺・毛越寺の発掘調査と伽藍・建築の復元を行なった藤島亥治郎《がいじろう》などに代表され、その後の平泉研究の基礎を作った。

一九七〇年代後半以降、大石直正・遠藤巌《いわお》・須藤弘敏らによる新たな観点に立った研究が登場する。この中で平泉の奥州藤原氏の権力は、基本的に「院政期国家の北方支配のための機関」と位置づけられ、美術工芸についても、京都文化の模倣にとどまらぬ、当時最新の技法の積極的な導入が注目されるようになった。

一九八八年から始まった柳之御所遺跡の発掘調査は、そのめざましい成果とあいまって平泉文化研究を一新させた。文献・考古学の双方から「都市平泉」復元が試みられ、さまざまな論議が戦わせられているほか、出土陶磁器の分析による交易・流通史研究や、「かわらけ」製作技法の分析による生活文化研究、出土文字資料の解読に基づく奥州藤原氏の権力分析など、研究対象が多方面に拡大したことが大きな特色といえる。ただ現在の平泉文化研究は、膨大な考古資料の氾濫の前に、一種の「百家斉放・百家争鳴」状況になっており、今後の研究の発展のためには、これまでの研究史をふりかえった課題の整理と、新たなレベルでの観点の設定が求められていよう。

【参考文献】

高橋富雄『奥州藤原氏四代』（吉川弘文館、五八年）、藤島亥治郎『平泉建築文化研究』（吉川弘文館、九五年）、須藤弘敏・岩佐光晴『中尊寺と毛越寺』（保育社、八九年）、平泉文化研究会編『奥州藤原氏と柳之御所跡』、『日本史の中の柳之御所跡』（吉川弘文館、九二・九三年）。

（斉藤利男）

六勝寺

【六勝寺とは】

一一世紀末から一二世紀中葉にかけて京都白河に建立された六つの御願寺のことである。そのいずれもが寺号に「勝」の字を用いたため総称して六勝寺といった。白河天皇御願の法勝寺《ほっしょうじ》、堀河天皇御願の尊勝寺、鳥羽天皇御願の最勝寺、鳥羽天皇中宮で、崇徳天皇国母の待賢門院璋子御願の円勝寺、崇徳天皇御願の成《じょう》勝寺《しょうじ》、近衛天皇御願の延勝寺の六寺からなり、院政のシンボルとも評される。

【研究の流れ】

六勝寺の寺域や伽藍については西田直二郎、福山敏男、林屋辰三郎らの先駆的研究があるが（その研究史については後掲清水、上村両論文を参照されたい）、近年の清水擴「六勝寺伽藍の構成と性格」（『平安時代仏教建築史の研究』中央公論美術出版、九二年）はより精緻な伽藍構成の復元を行ない、発掘調査については上村和直「院政と白河」（角田文衛総監修『平安京提要』角川書店、九四年）が手際よく成果をまとめている。

六勝寺の性格については早く竹内理三「六勝寺建立の意義」（『竹内理三著作集六』角川書店、九九年）が院願寺と位置づけているが、平岡定海「六勝寺の成立について」（『日本寺院史の研究』吉川弘文館、八一年）は六勝寺が天皇在位時に建立されていることから院願寺とすることに疑問を呈している。平岡の疑問は当然のことだが、六勝寺と白河上皇、鳥羽上皇に密接な関係があることも間違いなく、六勝寺は東山、東海道と京都の接点である白河の地において院政権力を誇示する寺院であったといえよう。寺院組織については平岡前掲論文が、六勝寺検校は仁和寺に住する法親王《ほっしんのう》（出家した皇子に親王号を与えたもの）に限定されていたことを明らかにしている。六勝寺領荘園については奥野高広「六勝寺領について」（『國學院雑誌』五七―七、五六年）、阿部猛「六勝寺領―補遺―」（『日本歴史』二五五、六九年）、阿部猛「六勝寺領考」（『帝京史学』二、八六年）があり、仏事費用については井原今朝男「公家領の収取と領主経済」（『日本中世の国政と家政』校倉書房、九五年）が、院領荘園所課と国家的給付である諸国所課の双方によって調達されていたことを指摘している。

【今後の課題】

平岡の研究以降、西口順子「白河御願寺小論」（平岡定海編『論集日本仏教史三・平安時代』雄山閣出版、八六年）、海老名尚「中世前期における国家的仏事の一考察」（『寺院史研究』三、九三年）などにより、六勝寺は上皇が法親王や法令などを通して僧侶や寺院勢力を統制・統合するためのものと考えられるようになった。一方、山岸常人「法勝寺の評価をめぐって」（『日本史研究』四二六、九八年）は、法勝寺には常住の僧侶がほとんどいないことなどから六勝寺に前述のような統合機能は見いだせず、王権は六勝寺と仁和寺や四箇大寺などとの複合によって寺院勢力の安定的な結合を保持しようとした、としている。今後はこれらの研究をふまえたうえでさらに具体的に院権力と六勝寺の関与のあり方や国制史上における六勝寺の位置づけを明らかにしていく必要があろう。

（戸川　点）

歴史物語

【歴史物語とは】

歴史に素材を求め、物語の形式で仮名文字で書くことを歴史物語といい、一一世紀前半の赤染衛門が書いたとされる『栄花物語』を嚆矢とし、院政期頃紀伝体で書かれた『大鏡』が生まれ、『水鏡』、『今鏡』、『増鏡』などの作品が続いた。

【歴史物語の研究史】

歴史物語は、「群書一覧」（享和二年）などでは雑史類に分類されており、『国文学全史　平安朝篇』（明治三八年）では、仮名の歴史物語を国史としており、大正期に国文学史の中に位置づけられるようになった。以後、歴史を素材に書かれた仮名文学である歴史物語は史書的要素も持ち、歴史学と国文学両方から検討されてきた。最初に登場する『栄花物語』は、道長の栄華と藤原北家一族の消長を仮名文による史書として書かれたことは衆目の一致するところである。では、なぜ赤染衛門は史書を編纂したのか。六国史後『新国史』が未完に終わったのち、赤染衛門が、夫大江匡衡の正史編集の意思をつぎ六国史継承を意図したものであるとする説が坂本太郎（『日本の修史と史学』至文堂）以来受け継がれている。一方、宇多からの三代は系譜のみで、村上は紀伝体、冷泉以降編年体になっており、「つくり物語」の発展的一形態としての独自説を認める説や、漢文史書への批判とする説なども対立的に出されている。また、『源氏物語』蛍巻の「日本紀などはただかたそばぞかし」の物語論を発展させたとする説も首肯されている。

翁が自分の見聞きした歴史を語るという形式の『大鏡』は、『栄花物語』にはない権力の移行や由来など変革の動的要因をさぐる歴史観が明確だとされる。歴史は鏡であり過去を映して今を考える歴史観である。老女が語る形式の『今鏡』に引き継がれていく。

【女性が誕生させた歴史物語】

赤染衛門が、栄華を誇る貴族宮廷社会の詳細や由来を叙述する基盤には、感性的な物語や実用的な女流日記があったことはすでに指摘されている。事実のみを編年的に羅列する六国史的史書は、歴史的出来事の原因をさぐり、意味を考える思想的営みは希薄で、唐の滅亡により貴族官人たちは国史編纂の意欲をなくし、詳細な儀式を主眼とした日記へとシフトを変えていく。私的領域とされた貴族社会の歴史は、日常的なものを対象とした仮名文字によって物語形式で著されるのに適しており、歴史を書くという明確な意識をもって描かれたとされる。では、なぜ女性が鋭い洞察力で歴史を見すえる歴史物語という新しいジャンルを創作し得たのか。本当に夫の大江匡衡の指示がなければ歴史物語を創作し得なかったのか。政治権力構造から疎外されつつ、雅な宮廷社会を目の当たりに見た作者の歴史観はたしかに道長の栄華を叙述したが、『大鏡』に引き継がれたことも間違いない。女性が新しいジャンルを創設したことの意味を、日本文化論として考察することも今後の課題であろう。

【参考文献】

山中裕『歴史物語成立序説』（東京大学出版会、六二年）、松村博司『歴史物語』（塙書房、七四年）、海野泰男「歴史物語の論理」秋山虔編『王朝文学史』（東京大学出版会、八四年）、大隅和雄「歴史物語と平安文化」『歴史物語講座七・歴史と文化』（風間書房、九八年）。

（服藤早苗）

遣隋使・遣唐使

【遣隋使・遣唐使の文化活動】

遣隋使・遣唐使とは、中国の隋・唐に対して、周辺の諸国が派遣した使節の総称である。日本から派遣された遣隋使・遣唐使は、隋・唐との外交交渉とともに多数の留学生・留学僧を随伴して、中国文化を摂取する役割も担っていた。

遣唐使の文化輸入については、留学生・留学僧のケースとあわせて森克己『遣唐使』（至文堂、六六年）が包括的に論じている。遣唐使は、学者ないしは学問的素養のある人が選ばれる傾向が強かった。彼らは唐の学術・制度や技術・芸能（琴・琵琶など）を学んでいる。

【文物の招来】

遣隋使・遣唐使は、多彩な文物を日本に招来している。正倉院に残されている絵画・工芸品や、膨大な経典・漢籍などであり、美術史・仏教史・漢文学などの分野から研究が進められている。『アジア遊学』四、特集「日本の遣唐使」（勉誠出版、九九年）は、経典の往還や漢詩・儒学などに関する研究を集約している。

古代史研究の分野では、東野治之「遣唐使の文化的役割」（『遣唐使と正倉院』岩波書店、九二年）が、七一七年（養老元）度の遣唐使に注目し、吉備真備が招来した漢籍・物品や、朝貢品・輸入品について、『冊封元亀《さくほうげんき》』を手がかりに分析し、遣唐使による唐文化受容の特色を考察している。このほか、新羅から招来された文物があることも忘れてはならない（李成市『東アジアの王権と交易』青木書店、九七年）。

【巡　礼】

遣隋使・遣唐使に随行した留学僧は、師を求めて法を学び、日本に伝えた。それによって中国僧との交流も生まれた。鑑真の来日はその一例である。

留学僧の中には天台山・五台山のような霊山への巡礼を行なった者も多かった。五台山を巡礼した円仁は、『入唐《にっとう》求法巡《ぐほうじゅん》礼行記《れいこうき》』を著している。宋代になると、奝然《ちょうねん》や成尋《じょうじん》のように、霊山の巡拝のみを目的にする僧侶が現れた。巡礼に関しては、エドウィン・O・ライシャワー『円仁　唐代中国への旅』（田村完誓訳、講談社、九九年）、佐伯有清「唐と日本の仏教交流」（池田温編『唐と日本』吉川弘文館、九二年）、石井正敏「入宋巡礼僧」（荒野泰典他編『アジアのなかの日本史Ⅴ』東京大学出版会、九三年）がある。

【航海安全の祈り】

遣唐使の派遣に際して、朝廷は神社に奉幣して海上の平安を祈った。時には大般若経の転読が行なわれた。また航海中の船員たちは航海の守護神を信仰した。山内晋次「航海守護神としての観音信仰」（大阪大学文学部日本史研究室編『古代中世の社会と国家』清文堂、九八年）は、前近代の日本・朝鮮・中国・東南アジアにまたがる海域世界を対象に広い視野から考察している。

【海外情報】

中国を始めとする東アジアに関する海外情報は、主に遣隋使・遣唐使によってもたらされた。この点に関しては、山内晋次「延暦の遣唐使がもたらした唐・吐蕃情報」（『史学雑誌』一〇三―九、九四年）、河内春人「東アジアにおける安史の乱の影響と新羅征討計画」（『日本歴史』五六一、九五年）がある。

（関　周一）

斎　宮

【斎宮概説】

斎宮とは伊勢神宮に仕えた未婚の皇女、斎王の宮殿のことであり、転じて斎王その人を指すこともある。斎王を補佐する官司に斎宮寮があり、『延喜式』の「斎宮式」では斎宮は斎宮寮をも包摂した概念となっている。斎王は天皇の即位直後に選ばれ、平安時代には宮中の初斎院《しょさいいん》・京の西郊の野宮《ののみや》などで足掛け三年の間世俗を離れ、近江を経由して伊勢に向かった。

伊勢では、神宮には六・一二月の月次祭《つきなみさい》、九月の神嘗祭《かんなめさい》に赴くのみで、その生活のほとんどは斎宮で費やされ、京に准じた暮らしを送っていたものと考えられる。斎王は天皇の譲位《じょうい》や崩御《ほうぎょ》、近親の不幸により帰京したが、平安時代には吉事（天皇譲位と推定される）には近江路を、凶事には伊賀・大和・山城・摂津を経由して戻ることが定められており、どちらの場合も、いったん難波津《なにわづ》に出て禊を行うこととされていた。また、九世紀になると、京の郊外で、平安京の守護社である賀茂神社にも斎王が置かれ（斎院《さいいん》と通称される）、複数の斎王が並立するようになる。斎王は天皇の娘の内親王であることが第一義とされたが、九世紀後半、幼帝の出現以降天皇との血縁はしだいに疎遠となり、異母姉妹が最も多くを占め、制度自体もしだいに形骸化が進む。斎院は内親王が選ばれた割合では斎宮をしのいでいたが、承久の乱の京方の敗北により一足早く廃絶し、斎宮も鎌倉中期には選ばれるのみで伊勢に赴かなくなり、南北朝初期の一三三五年（建武二）年の記録を最後に姿を消す。おそらく建武新政の挫折とともに廃絶したものと考えられている。

【斎宮跡の発掘調査】

斎宮の伝承地は伊勢市と松阪市の中間にある多気《たき》郡明和《めいわ》町にあった。伊勢神宮の神郡である多気郡の西端、つまり奈良時代の伊勢神宮領の西端にあたる。一九七〇年（昭和四五）より三重県教育委員会により発掘調査が開始され、東西二キロ、南北七〇〇メートルにおよぶ約一三七ヘクタールが国指定史跡となり、一九八九年（平成元）には県立の斎宮歴史博物館が開館した。最古期の遺構は七世紀後半の塀の痕跡で、天武天皇の娘、大来《おおく》皇女の頃のものと見られる。史跡西方で確認され、周辺では八世紀前半の遺構や遺物も多い。また史跡東方では八世紀後半に造営された方格地割が確認されている。この地割は各一二〇メートル四方の区画を東西七列、南北四列に配したもので、幅員一二メートルの道路によって区画されており、斎王の住居の内院と、斎宮寮の官衙域だったと考えられている。

【斎宮の研究課題】

冒頭の斎宮・斎王の制度的定義は「斎宮式」の諸条項によって論じたものであるが、例えば「斎王」という称号自体奈良時代には確立していたわけではないことや、また斎宮寮の機構が八世紀前半に段階的に整備されていたことなどが明らかになり、さらに発掘調査の成果から、文献研究では斎宮の画期とはほとんど考えられていなかった八世紀の後半～九世紀の前半が斎宮の最盛期と判明しつつある。このように斎宮の制度的確立過程についてはなお慎重な検討を要する。また、斎院の成立による性格変化なども視野に入れておかなければならない。そしてほとんど明らかではない推古《すいこ》天皇以前の『日本書紀』に見られる「伊勢神宮に侍した皇女たち」の実態（そのおおもとには伊勢神宮成立伝承がある）や、発掘調査ではまだほとんど明らかではない平安中期以降の斎宮の諸問題をも含め、残された課題は少なくない。

【研究文献】

斎宮歴史博物館編の巡回展図録『幻の宮　伊勢斎宮』が一九九九年までの斎宮

関係論文を集成している。また、同館ホームページでも公開中なので参照されたい。

（榎村寛之）

シャーマニズム

　トランス（trance）のような変性意識状態において、神霊、精霊、死霊などの霊的諸存在と直接接触・交流し、その間に予言、治病や祭祀などを行なう宗教者をシャーマン（Shaman）と呼び、この宗教者を中心とする神霊・精霊観、世界観、儀礼、信者・依頼者集団などの総体をシャーマニズムという。したがって、シャーマニズムはアニミズム（Animism＝霊的諸存在への信仰）やアニマティズム（Animatism＝呪力への信仰）の具象化あるいは社会化であるとされる。

「シャーマン」の語はツングース（エヴェンキ）語やゴルド語、マンシュー語で当地の宗教者を指す「サマン」（Saman）に由来するが、今日では世界各地の類似職能者を意味する語として用いられる。

　シャーマンには男女あり、男性が多い地域、女性が多い地域があるが、その理由・原因は明らかでない。

　トランスには強弱さまざまあることが知られている。㈠神霊・精霊がシャーマンに憑入《ひょうにゅう》し、彼（彼女）が神霊・精霊自身として言動するものを憑入型または霊媒型という。強いトランスを伴うことが多い。㈡神霊・精霊の姿を目にし、声を聴くなど、彼（彼女）が神霊・精霊の憑感《ひょうかん》を体して役割を果たすものを憑感型または見者型と呼ぶ。㈠と㈡を合わせて憑依（霊）型（Possession Type）という。

　これに対してシャーマン自身またはその霊魂が神霊・精霊界に飛んでいき神霊・精霊と直接交流するものがあり、脱魂（飛翔）型（Ecstasy Type）と呼ばれる。二つの型は複合化していることも少なくない。

　シャーマンになるには基本的に二通りの方途がある。㈠個人が神霊・精霊に選ばれ、試練を課され、なかば強制的にシャーマンになる例で召命型（Divine Calling Type）と呼ばれる。㈡個人がいろいろな理由でシャーマンになることを志し、先輩シャーマンに弟子入りし、修行してシャーマン化するもので修行型（Training Type）と称する。

　シャーマンの儀礼には当該地域の霊魂・精霊観、他界観、災厄観、疾病観などが反映している。病気や災厄の原因が霊魂の喪失にあり、身体を脱した霊魂が他界に迷いこんだことにあるとされる地域では、シャーマンは儀礼においてみずから他界に飛翔し、霊魂を取り戻すことが役割となる（脱魂・飛翔型）。病気・不幸の原因が霊的存在の憑依や障り、祟りにあるとされる社会では、シャーマンはみずからに守護神霊を憑依させ、神霊自身として、または神霊の指示によって、病者や不幸な人に憑依もしくは障っている霊体を祓除する（憑依・降霊型）。

　わが国では古代の卑弥呼（女巫）から歴史を通じてさまざまなシャーマンの活躍が知られているが、現代にもイタコ、ゴミソ、オカミサマ、ワカ（東北地方）、ユタ、カンカカリヤー、ムヌスー（南西諸島）、卜者、行者、祈禱師、生き神（仏

（本土）など種々のシャーマンの活動が見られ、新宗教や新新宗教の教祖や教師にはシャーマン的性格を持った者が少なくない。また神道や仏教においても基層部にはシャーマニズムが濃厚に存在すると見られている。

【参考文献】

M・ルイス著・平沼孝之訳『エクスタシーの人類学―憑依とシャーマニズム―』（法政大学出版局、八五年）、佐々木宏幹『シャーマニズムの人類学』（弘文堂、八四年）、同『シャーマニズムの世界』（講談社、九二年）。

（佐々木宏幹）

渡来人

【帰化人か渡来人か】

渡来人とは、九世紀頃までに朝鮮半島や中国大陸などから日本列島に渡来して、定住した人びととその子孫を指す。かつては帰化人という語が一般的であったが、帰化は中国の中華思想に基づく語であり、王化を慕って渡来したものとする観念から生じたものである。したがって、この語を無批判に使用することは、『日本書紀』などの編者の思考そのものを現代の歴史研究者が受容していることになる。そのため、最近では渡来人の語を使用するのが一般的である。

朝鮮半島・中国大陸からの渡来の波について、上田正昭は、㈠紀元前三〇〇年頃以降（弥生時代）、㈡五世紀前後、㈢五世紀後半～六世紀初め、㈣七世紀後半（とくに天智朝前後）という四つの時期をあげている。

【日本文化の形成と渡来人】

関晃が強調しているように、渡来人が「中国や朝鮮から持ち込んだ種々の技術や知識や文物が、当時の日本の社会の進展と文化の発達に、決定的な役割を果たした」ことに、まず留意する必要がある。古代の日本は、倭人《わじん》のほか、漢人《かんじん》・高句《こうく》麗人《りじん》・百済人《くだらじん》・新羅人《しらぎじん》などさまざまな民族が混在し、その中で日本文化が形成されていった。渡来人の伝えた文化を明らかにすることは日本文化全体に関わる重要な課題である。

渡来人が伝えた文化は多方面にわたる。百済や加羅などの言葉が日常的に話され、それらの言葉を包含しながら日本語が形成されていく。土器・鉄器を作る技術や養蚕などの生産技術や、池作りなどの開発技術は渡来人によってもたらされた。さらに日本人の思想や信仰に深く根づいている漢字や儒教・仏教・道教なども渡来人を通じてもたらされた。

これらの解明には、『古事記』、『日本書紀』などの文献史料が基本になるが、近年は遺跡や出土遺物から渡来人の技術に迫ろうとする試みが増えている。鍛冶工房のような生産遺跡の発掘や、朝鮮系土器・釵子《さいし》（かんざし）・小型炊飯具などの渡来系遺物が分析されている。

【参考文献】

基本文献としては、上田正昭『帰化人』（中央公論社、六五年。本文では、「渡来人」を使用）、関晃『帰化人』（至文堂、六六年)、井上満郎『渡来人』(リブロポート、八七年)、田中史生『日本古代国家の民族支配と渡来人』(校倉書房、九七年)などがある。考古学では、関川尚功「古墳時代の渡来人―大和・河内地域を中心として―」(橿原考古学研究所編『橿原考古学研究所論集九』吉川弘文館、八八年)、堀田啓一「渡来人―大和国を中心に―」(石野博信他編『古墳時代の研究一三』雄山閣、九三年)などが重要な成果である。文献史料・考古資料双方に基づいて、幅広く渡来人の文化を論じたものに和田萃「渡来人と日本文化」(岩波講座『日本通史・三』岩波書店、九四年)がある。

(関　周一)

日本神話

【従来の神話観】

天地開闢に始まる日本神話はわが国の成り立ちを神話的に説明したものであり、貴重な文化遺産ということがいえる。しかし、現在、日本神話に対する日本人の知識や理解は必ずしも豊富とはいえない。もちろん、それにはそれなりの理由が存在する。その理由の大きなものとしては、第二次世界大戦に敗れるまでの軍国主義下における神話と政治的イデオロギーの結合があげられる。すなわち、天照大神を中心とする高天原に地上の大国主神が屈するという国譲り神話などに端的にうかがえるように、天照大神の子孫である天皇家が日本を支配することは正統であるということの根拠に神話が利用されたのである。

その反動で、戦後の民主主義のもとでは神話は軍国主義・皇国史観と同一のものとして完全に排除されることになった。学校教育からも神話は姿を消したため、私たち日本人の神話に対する認識はきわめて低下してしまったのである。こうした歴史的背景から、現在でも神話を危険視する見方が存在するが、いうまでもなく神話は本質的には軍国主義や皇国史観と直結するものではない。神話をあくまで神話の世界としてとらえ、そこから先人の思想なり風俗・習慣なりを考えることは、むしろ重要なことといえよう。

【二つの神話】

さて、日本神話の内容についてであるが、実は大きな問題が残されている。それは、今までの日本神話は広く日本の神話を指すのではなく、ともすると『古事記』や『日本書紀』の神話、つまり「記紀」神話のことを指す場合が圧倒的であった、ということである。たしかに、「記紀」神話は質や量の面でも、また体系的であるという面においてもきわだっている。しかし、「記紀」神話だけが日本の神話のすべてではないことも事実である。

例えば、一例として『風土記』の神話を取り上げてみると、そこには一つひとつの神話は断片的であるが、実に豊富な神話群を見いだすことが可能である。『風土記』は奈良時代に国ごとに編纂を命じられたものであり、中央政府によってまとめられた『古事記』や『日本書紀』とは異なる成立基盤を持っている。そのことは、神話にも反映されているように考えられる。その好例として国譲りに際しての大国主神の対応を、「記紀」と『出雲国風土記』とを比較して見てみよう。「記紀」では、大国主神はまったくといってよいほど主体的ではなく、国譲りの是非を御子神にまかせっきりである。しかし『出雲国風土記』においては、うってかわって積極的であり、自ら国譲りを宣言し、ただ、出雲だけは譲らないとも自己主張している。このように完全にイメージが異なるのである。そして、これら二つとも、まぎれもなく日本の神話なのである。したがって、今後は「記紀」のみにとらわれることなくトータルに神話を見る目が必要であろう。

【参考文献】

水野祐『日本神話を見直す』（学生社、九六年）は、神話研究の動向を述べるとともに神話の問題点を解説している。上田正昭『日本の神話を考える』（小学館、九一年）は、渡来神を重視している。

（瀧音能之）

法思想（古代）

【古代法の系譜】

原始社会における法の成立、すなわち原始法の存在については議論があるが、ある種の社会規範は存在していたと考えられている。文字による法の存在は、『三国志』魏書東夷伝倭人条（「魏志倭人伝」）に族長法の存在を知る一文があり、五世紀の『後漢書東夷伝』には刑罰に関する記述が見られる。そして、大和王権段階では、王法・国造法などが成文法制定以前に固有法として存在していた。古代における成文法の始まりは「十七条憲法」とされている。ただし、「十七条憲法」は偽作説が有力視されている。大化改新以後、本格的に中国の律令を導入するようになり、「近江令」、「飛鳥浄御原令」などが制定された。しかし「近江令」の存在は未確定であり、この段階での律の成立は確認されていない。日本における律令の併立は、「大宝律令」の制定・施行によって完成した。また、「養老律令」は「大宝律令」の内容を改修したものであるが、以後の基本法となるものであった。なお、「養老律令」発布以後、これに追加や施行細則を制定する必要から「格式」が発布された。また、律令法の変質によって、公家法・国衙法・本所法（荘園法）などの慣習法が発生するが、これらは律令法に基づくものであるが、中世法の前提をなすものでもある。

【法と思想】

原始法や族長法などの固有法については史料的制約があり、詳細は不明であるが、天津罪《あまつつみ》・国津罪《くにつつみ》・盟神探湯《くがたち》などの神判制度に基づく原始刑法が主要な部分を占めていた。そして、これらの原形が国造・地方豪族層の祭祀儀礼にあり、固有法が祭祀と一体化していたことなどから、固有法の背景には神意思想が存在していたことが指摘されている。大和王権の段階では、中国の法思想を継受している形跡も指摘されている。「十七条憲法」は、近代法の法概念とは根本的に異なり、仏教思想を取り入れ、儒教と法家思想を柱としている。しかし、すでに律令法の大前提となる公地公民の思想を打ち出し、公私の別を強調している。これは法家思想の影響によるものである。「近江令」や「飛鳥浄御原令」では、個別の条文が中国法を受けており、この段階までは中国の律令の個別継受の段階といえる。その後の「大宝律令」や「養老律令」の段階に至り、体系的中国律令継受の段階となった。律令の基本思想は、儒教の徳治主義を国郡内部の秩序として適用しているように、儒家と法家思想であった。

【研究文献】

法思想のうち神判法について、古くは中田薫（「古法と触穢」『法制史論集』三巻、岩波書店、四三年）や滝川政次郎（「日本法律生活の特質」『日本法制史研究』有斐閣、四一年）らの研究があるが、石尾芳久（「天津罪国津罪論考」『日本古代法の研究』法律文化社、五九年）は、通説に対して批判を加え、石母田正は、古代法について固有法をクニと族長を母体とする族長法と、大和王権の基盤として形成される王法の二類型に分類され、固有法・律令法成立の前提が両者の相互関係の発展の中で理解し、また族長法の中に人民法または共同体の法が吸収されているところに日本固有法の特色があるとの指摘をした（岩波講座『日本歴史・四』「古代法」岩波書店、六二年）。また律令の継受については、林紀昭「日本律令の成立とその特質」、伊藤清司「古代の慣習法」（『日本の古代・七』「まつりごとの展開」中央公論社、八六年）が詳しい。

（鈴木敏弘）

公家法

【公家法の対象】

公家とは、元来天皇もしくは朝廷を指す言葉であった。平安後期以降には、一般には朝廷の官人、いわゆる貴族層を指す意味として用いられている。そして、武士が武家と呼ばれるようになるのに対し、朝廷の廷臣を指す意味を持つようになった。狭義では、公卿と同議である。公家の意味する範囲は、まず天皇・朝廷、そして朝廷の官人を含めた意味として用いられている。したがって、公家法の対象となる公家に含まれる範囲は、単に朝廷、もしくは公卿を対象とするのであるが、これ以外にも、朝廷の運営や公卿個々の規制、または朝廷や個々の公卿の影響下にあるものも対象に含まれる場合がある。

【律令の変質】

大化改新以後、中国の律令を導入するようになり、「近江令」、「飛鳥浄御原令」などが制定された。ただし、この段階での律の存在は確認されておらず、日本における律令の完成は「大宝律令」の制定・施行の段階であった。また、「養老律令」は「大宝律令」の内容を改修したものであり以後基本法として存続する。平安時代以前にあっては律令が国家の基本法として存在し、機能していたが、律令体制の衰退・変質によって律令の追加・細則の制定が行なわれるようになった。これが「三代格式」である。平安時代以降の法運用は、基本的には律令を遵守していたが、「格式」や「令集解」、「令義解」といった律令の注釈書に基づいて運用されていた。しかし、これのみでは対応不可能な状況となったため公家法が出現した。

【公 家 法】

公家法の元来の意味は、武家法・本所法と対置する意味で使用される。そして、平安時代より江戸時代までの間公家（朝廷）の基本法として存続していた。平安時代以前の段階では、基本法である律令や格式の運用によって対応していたが、最後の式である『延喜式』にしても実態に対応しない条文が存在していた。そこで、天皇の勅旨に起源を発し、新たに禁止すべき事柄を数か条から数十か条を箇条書きにした法令である「新制」を発布することによってこれを補った。新制の内容は、下級官吏・僧侶の服飾に関する規定、地方政治の刷新、人身売買の禁止などである。このような新制のほかに官符・宣旨・院宣などの形態をとって発布されたものもある。公家法は、このように新制として成文法の形態をとっているものであるが、これら以外にも各官庁などにおいて執務上の先例・先期から発生した慣習法や朝廷政治の年中行事化とともに有職故実が尊重され、これ自体も慣習法化するような形態のものも存在した。

【研究文献】

公家法研究の多くは新制の研究である。新制に関する先駆的研究は、三浦周行「新制の研究」（『日本史の研究』新輯一、岩波書店、八二年）である。三浦は、新制とは旧符・先符の対象となる意味であって、天皇の勅旨によって発令された法令で、古文書としては宣旨に分類されるという指摘をした。その後の新制研究の基礎的文献であり、かつその価値は失われていない。三浦以後の本格的研究は、水戸部正男（『公家新制の研究』創文社、六一年）であり、三浦の規定を受け継いだものであり、新制研究の基本文献である。また、石母田正（「古代法と中世法」『法学志林』四七―一、四九年）、島田次郎（「九―一三世紀における私領の形成と鎌倉幕府法」『史学雑誌』六七―一〇、五八年）、阿部猛（「日本中世法成立の前提―平安時代の相続法および惣領制―」『日本史研究』四五、五九年）によって、律令法と武家法との間をうめる研究がなされた。佐々木文昭（「平安中・後期新制小考」『日本古代の社会と政治』吉川弘文館、九五年）は近年の成果である。

（鈴木敏弘）

熊野信仰

【聖地熊野】

紀州（和歌山県）にある本宮（熊野坐神社）、新宮（熊野速玉神社）、那智（熊野夫須美神社）の熊野三山への信仰。紀伊半島の先端に位置した熊野の地は『日本書紀』の一書にイザナミノミコトを熊野の有馬の邑《むら》に葬ったとあるように、死者と縁の深い地として知られ、現在も死者が集まるという「亡者の熊野参り」の伝承が見られる。また、この地に上陸したカンヤマトイワレヒコ（神武天皇）が天上からのフツノミタマにより復活・再生したとされており、これからも聖地とされていたことがうかがえる。さらに、観音の浄土である補陀洛《ふだらく》浄土が熊野灘の彼方にあるとも信じられていた。こうした聖地としての意識については丸山静『熊野考』、五来重『熊野詣』などがそれぞれの立場からその性格にふれている。熊野の歴史については、宮地直一『熊野三山の史的研究』（国民信仰研究所、五四年）が最も信頼できる基本的な文献である。研究の現状については、宮家準「熊野信仰の研究成果と課題」（『熊野信仰』民衆宗教史叢書二一、雄山閣、九〇年）に詳しい。

【熊野修験】

仏教の普及により山深い熊野の地で修行する僧侶も現れ、さらに山岳宗教の霊場となり、熊野修験（山伏）が誕生した。これらの山伏はのち本山派のうちにとりこまれる。山伏の活動については宮家準『熊野修験』（吉川弘文館、九二年）がある。熊野は伊勢神宮などとは違い穢れや女性、仏教を忌むことがなかったから、上は上皇から地方民衆に至る広い範囲から信仰を集め、「人まねの熊野詣」（玉葉）、「蟻の熊野参り」（日葡辞書）ともいわれる流行現象でもあった。これらの人びとが何を求めたのか、まだ問題は残されている。平安末期、白河、後白河、後鳥羽上皇の参詣は一〇〇年間に九七回におよんだ。これに伴う沿道の負担や信仰については、戸田芳美『中世の神仏と古道』（吉川弘文館、九五年）、小山靖憲『熊野古道』（岩波新書、二〇〇〇年）がある。

【熊野比丘尼】

民衆に熊野詣への関心を高めるために、「那智参詣曼陀羅」や「観心十界図」（『社寺参詣曼陀羅』平凡社、八七年）を絵解きし、また、勧進を求めたのが、熊野比丘尼であった。彼女たちについては、萩原龍夫『巫女と佛教史』（吉川弘文館、八三年）がその具体像を示している。遠隔地からの熊野への参詣者（熊野道者）を導いたのが熊野先達であり、三山側で道者を受け入れたのが御師であった。先達は連れてきた道者の名簿を御師にだし、そこに師檀関係が成立する。これらについての基本的な史料は新城常三『新稿社寺参詣の社会経済史的研究』（塙書房、八二年）、『神道大系・四三・熊野三山』（神道大系編纂会、八九年）に見られる。

熊野への道は紀路と伊勢路の二つがあった。東国からの道者は伊勢路をとり、熊野に向かった。室町時代以後、険しい山路を嫌った道者がやはり聖地とされていた伊勢神宮へと目的地を変える傾向が見られ、神宮の周辺に熊野比丘尼や先達が見られるようにもなった。

【熊野縁起】

熊野の由緒については、平安時代末の「長寛勘文」（群書類従雑）に見える「熊野権現御垂迹縁起」が最古のものである。そこでは熊野三所権現は唐の天台山から鎮西の彦山に飛来し、各地をえて紀伊切目山、神倉峰から、大湯原の一位の木にとどまったのを、猟師の熊野部千与定が発見したと伝えられている。室町時代には中天竺の摩訶陀国の王、女王、王子などが熊野の本地であるとする「熊野の本地」（五衰殿物語）が広く民衆に受け入れられた。しかし、熊野詣の人数は江戸時代中期になると年間一万五、〇〇〇人程度になってしまった。

【参考文献】　五来重編『吉野・熊野信仰の研究』（名著出版、七五年）、宮家準編『熊野信仰』（雄山閣、九〇年）、山本ひろ子「中世熊野詣の宗教世界」（『変成譜』春秋社、九三年所収）。

（西垣晴次）

辞　書

辞（字）書とは、語または漢字をある一定の形式に類聚・排列し、おのおのの標出語（字）に関する情報を示したもの。疑問の存する漢字や語について調べる際、多くの書籍を博捜する手間暇を省ける点に辞書の効用がある。使用目的に応じ種々の編纂形態が工夫された。①日本の辞書は意味分類体漢和対訳辞書から出発した。全体を意味分類し各漢語に対して注文あるいは和名を施したもので、奈良時代の『漢語抄《かんごしょう》』、平安時代の『倭名類聚《わみょうるいじゅう》抄《しょう》』、南北朝時代の『頓要集《とんようしゅう》』、室町時代の『下学集《かがくしゅう》』、『和名集《わみょうしゅう》』を始めとする小型の意味分類体辞書はこの流れである。②一方、中国の字書・韻書の模倣から始まって単字字書が編纂された。現存最古の字書『篆隷万象名義《てんれいばんしょうめいぎ》』は『玉篇《ごくへん》』の抄出であるが、平安時代には『新撰字鏡《しんせんじきょう》』、『類聚名義抄《るいじゅみょうぎしょう》』など、本格的な漢和字書が誕生、鎌倉時代の『字鏡鈔《じきょうしょう》』、室町時代の『倭玉篇《わごくへん》』へと継承される。これらはいわば部首分類体の漢和対訳字書である。③平安末期、日本語を中心にすえた国語辞書が現れた。『色葉字類抄《いろはじるいしょう》』は、語頭音により全体をいろは分類し、おのおのの中を意味で類聚、この形式は室町時代の『節用集《せつようしゅう》』に踏襲された。語頭音分類体辞書として、早く一四八四年（文明一六）に五〇音順の『温故知新書《おんこちしんしょ》』が現れた。④漢詩・聯句作成の際、漢字の平仄や所属韻を知るための韻字書として、平安時代の『詩苑韻集《しえんいんしゅう》』、鎌倉時代の『文鳳鈔《ぶんぽうしょう》』、『平他字類抄《ひょうたじるいしょう》』、『聚分韻略《しゅうぶんいんりゃく》』、室町時代の『色葉字平它《いろはじひょうた》』、『新韻集《しんいんしゅう》』、『伊呂波韻《いろはいん》』などがある。⑤ほかに、音義類、歌語・本草・語源・消息用語・姓氏名字・連歌・名数等の辞書がある。

【研　究　史】

江戸時代、狩谷棭斎《かりやえきさい》（一七七五〜一八三五）は、『倭名類聚抄』の注釈書『箋注《せんちゅう》倭名類聚抄』を著した。諸本を校合して本文を校訂し、中国清朝考証学の方法を応用して文字・語義の考証を行ない、源順の誤りをも指摘した。辞書研究の金字塔というべき労作である。近代に入り、大正五年、橋本進吉《はしもとしんきち》『古本節用集の研究』は、諸本の系統関係および原撰本の成立年代・編纂資料等を明らかにして、以後の『節用集』研究の基礎を築いた。昭和に入ると多くの古辞書原本の影印複製が公にされるようになった。とくに、川瀬《かわせ》一馬《かずま》の古辞書叢刊、中田祝夫《なかだのりお》の古辞書大系刊行の功績は大きい。古辞書の位置づけに貢献したのは安田章《やすだあきら》である。氏は、中世、辞書を利用し得る人間は階層的に限られていたこと、当時の辞書の盛行は、和漢聯句流行と関係が深いことを示唆し、「通俗辞書」、「庶民の実用書」という従来の節用集観を改める必要を説いた。

【今後の課題】

古辞書を国語史的に定位することが課題である。そのためには、㈠具体的な言語資料と古辞書との関係、㈡古辞書相互間の影響関係、㈢往来物、御伽草子の物尽の類を含む、非辞書体辞書の語彙の調査、および古辞書との影響関係等を究明することが必要である。

【参考文献】

山田忠雄《やまだただお》「橋本博士以後の節用集研究」（『国語学五』五一年）、川瀬一馬『古辞書の研究』（雄松堂、五五年、増訂版、八六年）、吉田金彦《よしだかねひこ》「辞書の歴史」（『講座国語史三』大修館書店、七一年）、安田章『中世辞書論考』（清文堂、八三年）、西崎亨《にしざきとおる》編『日本古辞書を学ぶ人のために』（世界思想社、九五年）。

（高橋久子）

修験道

原始山岳信仰をもとに仏教、道教、陰陽道、神道などが習合して形成された日本の民族宗教。修験道は、役行者（役小角、神変大菩薩）を開祖とし、山岳修行によって超自然的、霊的力を獲得し、それをもとに対庶民の悩みを解決することが基本にあり、かつ理想としていること、近世期に編まれた教義書類の多くは、修行・儀礼・衣体・法具類を密教によって説明したものがほとんどであること、一八七二年（明治五）九月の修験道廃止令によって、近代においては公的に消滅しており、一九四五年（昭和二〇）一二月の宗教法人令が発布された以降、仏教系・旧修験道系・教派神道系・神道系など、多数の修験道教団が再興あるいは創設されていること、対庶民の宗教活動は治病や災悪の除去を目的とする除災、延命・蓄財を始めとする増福などの現世利益におかれていること、等々に特色があるといえよう。

歴史的に見ると、修験道は平安時代の山岳仏教・密教の隆盛によって、古代末から中世にかけて吉野金峰山から大峯山・熊野三山に至る連山が修行の根本道場となり、全国から山岳修行者たちが集まり、天台系本山派・真言系当山派の修験道二派が形成された。修行も山中抖《と》擻《そう》・回峰に重点がおかれ、行場（大峯山では七十五靡《なびき》）もしだいに整備されるとともに、地獄・餓鬼・畜生を始めとする仏教の十界に比して業秤・穀断・水断等々の十界修行も整えられた。本山・当山の二派は中世から近世にかけて全国的な組織化を押し進め、各地で争いを起こしたが、それを契機として、一六一五年（慶長一八）、幕府より修験道法度が出され、本山・当山二派の並立が確定した。本山派は聖護院門跡を頂点として、各地に先達職・年行事などの役職を置き、一円支配体制をしいて組織を進めた。一方の当山派は、中世には畿内の真言寺院からなる三六正大先達の支配するところであったが、その数もしだいに減少し、近世には醍醐寺三宝院門跡の支配が確立する。また当山派では本山派と同様、役行者を開祖としているほかに醍醐寺を創建した聖宝（八三二～九〇九、理源大師）を中興の祖とし、袈裟筋支配をとっていた。

近世期、本山・当山二派の末派の修験者たちは、村落や町に定着し、本尊として不動明王を祀り、治病や除災・招福のための加持祈禱を行なっていたが、村の氏神や堂守の別当職を務める例や祈願檀家を形成している例も見られるほか、町居住の修験者は店借りの修験者たちが大勢を占め、村居住の修験者たちは農業も行なう百姓山伏である者が少なくなかった。

修験道の歴史は、本山・当山派二派の形成・発展・廃止をその中核としているが、各地の著名な霊山のほとんどが修験道の霊場でもあった。天台宗の総本山比叡山では相応（八三一～九一八）を始祖として今日まで回峰行が続けられており、高野山は当山派正大先達の一つであった。各地の霊山の中でも、東北の出羽三山（月山・羽黒山・湯殿山）と、九州の英彦山とは修験道の代表的な霊山である。近世期には羽黒山・英彦山とともに天台宗に属し、多数の修験者を抱え、羽黒山の場合には東北・北陸・関東に、英彦山は九州一円にそれぞれ多数の講社を形成した。このほか、近世に富士講・御嶽講などの行者が出現したことも修験道史にとっては注目される。

【参考文献】
宮家準『修験道儀礼の研究』（増補決定版）、『修験道思想の研究』（増補決定版）、『修験道組織の研究』（春秋社、九九年）『修験道』（講談社学術文庫、二〇〇一年）、同編『修験道辞典』（東京堂出版、八六年）、和歌森太郎他編『山岳宗教史研究叢書一～一八』（名著出版、七五～八四年）。

（宮本袈裟雄）

説話文学

【説話と説話文学】

「説話」なる語の初出と目されるのは円仁『授決集《じゅけつしゅう》』で（本田義憲「説話とは何か」『説話の講座一』勉誠社、九一年）、平安～中世での使用は円仁・栄西ら留学僧に限られており、本来は舶載語彙である（小峯和明『中世説話の世界を読む』岩波書店、九八年）。一方、「説話」という語が、現代に通じる学術用語として定着してくるのは明治三〇年代からであり、それは神話学研究の中から規定され始めたとみなされる（西尾光一「説話と説話文学」『国語と国文学』七五年）。また、「説話文学」という語も明治四〇年代には用いられている（小峯「説話の輪郭」『文学』隔月刊一―四、二〇〇〇年）。

「説話」の概念規定に際しては、「説話」を口承文芸の総称とする柳田国男や、それを受けた益田勝美が説話のテキストを

「説話文学」として区別したことなどにより、研究対象や方法の方向性を自覚的に峻別する必要性を生じることとなった。しかし、口頭と文字という二つの世界の相関性が問い返される中、区別すること自体への意義は希薄化した。説話研究が、その対象をまとまった説話集に限定せず、個々の言説レベルでの研究への指向をも膨らませつつある現在、「説話文学」という語自体が問い直されるべき段階に至っており、この語自体に現代の文化史的状況の一面が投影されているといえよう。

【研究の多様化】

こうした動向を受けて、説話研究はますます多面化を指向している。説話が文学の一ジャンルとして一応の市民権を獲得する過程で、先述したような現況が導かれたのは、文字表現、文芸世界のみならず、多くの文化史的局面との密接な連関が照射され、そうした諸状況との関係性の中での検討が不可欠となってきたためであった。とりわけ説話の機能とそれが働く場、そしてその中で要請される表現様式への注目がそうした動きを推進したといえる（法会・唱導・注釈・直談《じき》・訓読・学問（文）・中世日本紀・絵画・芸能・教訓・幼学・対話様式・巡の物語など）。こうした動きは、連接した文化環境、その時代を生きた人びとの日常的な営みをも見すえつつ、さらに具体的に進展していくこととなろう。

【近現代への架橋】

こうした説話と人の関わりは、決して近現代社会以前の問題ではない。巷説・いわく・因縁話は近代以後も現代に至るまで尽きることなく生みだされ、再生し続けている。異名・地名・格言などはことばのレベルでの歴史性を背負っている。時代を超えて、近現代にまで連なる文化史の諸断面と説話との結びつきについては、今後本格的に追究すべき課題となる。

【研究文献】

本田義憲他編『説話の講座』（全六巻、勉誠社、九一〜九三年）は、説話研究の推移・現状と今後の課題とを包括的に定位している。同講座におよそ二〇年ほど先行する講座物に『日本の説話』（全七巻、東京美術、七三〜七四年）があるが、両講座を読み比べることによって研究の推移の基本線をふまえることが可能である。また、三木紀人編『今昔物語集宇治拾遺物語必携』（学燈社、八八年）は、両書の手引書ながら、主要説話集の解題やキーワード解説などを収めており、至便である。

（鈴木　彰）

日記文学（古代・中世）

【日記と日記文学】

「日記」と「日記文学」は区別して考えられている。「日記」は日次《ひなみ》の記録であり、備忘録としての実用的な側面が強い。公的なものは、官人が複雑化した儀礼典礼、公務を記録する。蔵人が天皇の動静を記録した「殿上日記」、太政官の行事儀礼を記録した「外記日記」、内務省の「内務日記」などがある。私的なものでは公卿の個人的なものも多く、公事のありようを記録することによって本人が役立てるのみならず、子孫も公事を正しく行なえるようそれを利用した。『御堂関白記』、『小右記』などは、これらは個人の生活、思想、私的感慨も多く記されるが、いずれもそれが主ではなく、記録することを目的として、いずれも漢文体で書かれた。『天徳四年内裏歌合』の「仮名日記」のように、女房が仮名で記録したものもあるが、目的は同様である。

仮名文字の発達により女性も書く手段を得るが、女性ゆえに公的なものではなく、私的な自らの身辺のことや心境を書き記すようになる。記録という実用性を超え、個人の内面を表現するようになるには仮名による和文体がより適しており、大きな役割を果たした。女性が、仮名文字による和文体で、私的なもの、人間の内面を書き記していくことが「日記文学」への布石となったと考えるのが一般的である。

【主要日記文学作品】

一般に「日記文学」というと、平安時代の女流日記文学作品が有名である。これらの作品の先駆けとなったのは、紀貫之という男が女性仮託して書いた『土佐日記』である。紀行の側面も強いが、晩年の任国からの帰京の船旅を中心とした内容の中に、女性仮託した立場から、旅のわびしさや亡き子を偲ぶ悲しさなどが、自由な表現で書き記されている。和歌の名手である紀貫之が、仮名の散文で自己の心境を描写したこの作品は、仮名散文表現の可能性を切り開いたといってよい。

その後、女性の手によるもので、道綱の母の夫への嫉妬苦悩が綴られる『蜻蛉日記』、敦道親王との恋が一四〇首余りの和歌の贈答を中心に綴られる『和泉式部日記』、中宮の御産に関わる記録を中心とした記録的部分と、それとは趣を異にする消息的部分が混在する、単なる事実の記録にとどまらない『紫式部日記』、菅原孝標の女が自らの人生を回想して書いた『更級日記』、堀河帝の崩御と新帝に仕えつつも先帝への追慕を綴った『讃岐典侍日記』、宋に渡る子への愛情が綴られた『成尋阿闍母集』などがある。中世に入ると、平家没落後の一人の女性の悲劇が書かれた『建礼門院右京大夫集』、後深草院に仕えた女房の愛の遍歴の記録『とわずがたり』、そして紀行の性格が強い『十六夜日記』などがある。

【研究文献】

「日記」と「日記文学」を概観するには山中裕編『古記録と日記』（上・下巻、思文閣出版、九三年）がある。女流日記文学のテキストは、『新編日本古典文学全集』（小学館）、『新日本古典文学大系』（岩波書店）、『新潮古典文学集成』（新潮社）などの各作品を参照。便概は、秋山虔編『別冊國文學　王朝日記必携』（學燈社、八九年）がある。「日記文学」の総合的研究書は、池田亀鑑『宮廷女流日記文学』（至文堂、六五年）、玉井幸助『日記文学概説』（国書刊行会、八一年）『日記文学の研究』（塙書房、六五年）、今井卓爾『平安時代日記文学の研究』（明治書院、五七年）などがある。

（菅原　秀）

末法思想

【末法思想とは】

末法思想とは仏教における終末思想の一つで、釈迦の入滅後、仏法は正法・像法・末法という三つの時代を通じてしだいに衰えていくという思想をいう。正法の時代には釈迦の教え（教）があり、釈迦の教えに基づく正しい実践（行）も行なわれ、その結果として悟り（証）も得られるが、像法の時代には証が得られなくなり、末法の時代には行・証ともになくなり、教のみになるという下降史観である。

【末法初年】

末法の開始については正法・像法・末法の三時がどのくらい続くか、起点となる釈迦入滅がいつかについて説が分かれており諸説がある。起点となる仏滅年については周穆王《ぼくおう》の五三年（紀元前九四九）説と周匡王の四年（紀元前六〇九）説があり、三時については正法五〇〇年、像法一〇〇〇年説、正法一〇〇〇年、像法五〇〇年説、正像各五〇〇年説、正像各一〇〇〇年、末法万年説などがある。これらの組み合わせによって末法初年が決まるのだが、日本で主張されたのは①仏滅周穆王五三年、正法五〇〇年、像法一〇〇〇年として末法初年を五五二年とする説、②仏滅周穆王五三年、正像各一〇〇〇年として末法初年を一〇五二年とする説、③仏滅周匡王四年、正像各一〇〇〇年として末法初年を一三九二年とする説の三説である。このうち②一〇五二（永承七）年説が最も流布したもので、その影響でこの年藤原頼通が宇治平等院を創建したのはよく知られていよう。また、①の五五二年は『日本書紀』が仏教伝来の年とした年次である。この点については仏法興隆の事実によって末法の教説を克服するため、意図的に五五二年を仏教伝来の年としたという見解もある。

【末法思想の影響】

平安中期以降の中世成立期にあって社会の変化、混乱へのとまどいが末法思想流布の底流にあり、末法思想流布の結果、混乱した現世を離れ、浄土を求める浄土教が流行したと見るのが従来の通説的理解であった。また、同じ論理構造によって浄土教ではなく、釈迦信仰や弥勒信仰、経塚の流行などが生まれたと見る説もある。一方、平雅行を始めとする近年の研究は、既存の顕密仏教と浄土教は異質のものではなく、末法思想によって一方が衰退し、一方が興隆するとは考えられないこと、実態として顕密仏教の衰退が見られないことなどから通説的理解を批判している。そして末法思想流布の結果、逆に顕密仏教が活性化したこと、王法仏法相依論が流布したことを明らかにしている。また末法思想は特定の信仰を宣揚する際に強調されるものであることも指摘されている。いわば末法思想が利用された側面もあるわけである。今後は末法思想がどのようなコンテクストの中で語られるのかも含めて、相対化しつつ中世社会に与えた影響を考えていく必要があろう。

【参考文献】

平雅行「末法・末代感の歴史的意義」（『仏教史学研究』二五—二、八三年）、佐藤弘夫「日本の末法思想」（『歴史学研究』七二二、九九年）、速水侑「院政期仏教と末法思想」（『院政期の仏教』吉川弘文館、九八年）、田村円澄「末法思想の形成」（『史淵』六三、五四年）、寺崎修一「日本末法思想の史的考察」（『文化』一—四、三四年）。

（戸川　点）

弥勒信仰

【弥勒信仰とは】

弥勒信仰とは、釈迦の死後に仏になることが約束された弥勒菩薩に対する信仰で、弥勒上生《じょうしょう》・弥勒下生《げしょう》（内容は成仏経の抄出）・弥勒成仏経のいわゆる弥勒三部経を所依の経典とする。その内容は、弥勒の浄土である兜率天《とそつてん》（寿命が五六億七〇〇〇万年）に往生を願う上生信仰と、五六億七〇〇〇万年後に弥勒が地上に下生し竜華樹《りゅうげじゅ》の下で三度説法し衆生を救済するのを待つ下生信仰からなる。弥勒信仰は紀元二世紀前後にインドで発生し、四〜五世紀に中国（とくに北魏時代）で展開し、朝鮮にも中国とほぼ同時期に伝わる。日本には広隆寺・中宮寺などの弥勒像の存在が知られるように、仏教伝来当初から弥勒信仰は伝わっていた。

【弥勒信仰の展開】

日本の弥勒信仰は、空海の弥勒上生信仰の提唱や一〇世紀頃から兜率天往生者の事例が現れるところから、上生信仰が先行したとされる。浄土信仰の発達の中で阿弥陀の極楽浄土との優劣が比較されるが、結局は極楽に勝るものではないことが認識されたこともあり、摂関期末から院政期にかけて下生信仰が顕在化してくる。弥勒の浄土として金峰山《きんぶせん》が比定されたり、その金峰山に弥勒下生に備えて経典保存の意味を込めて経を埋める埋《まい》経《きょう》行為や、空海が弥勒の下生を待つという大師入定《にゅうじょう》信仰などは下生信仰に基づくものである。

鎌倉時代には専修《せんじゅ》念仏への批判として、南都の僧侶らにより阿弥陀以外の仏菩薩に対する信仰が喧伝された。釈迦信仰の裏付け的意味を持つ弥勒信仰も兜率天への往生の易行《いぎょう》性などが強調された。当時の弥勒信仰者として、笠置寺に参籠した貞慶《じょうけい》や『弥勒如来感応抄《かんのうしょう》』を著した東大寺宗性《そうしょう》らが注目される。

中世後半から近世にかけては、「弥勒の世＝現世の浄土」出現を願う民間信仰が盛んになる。それは民族信仰としての伝統的メシア（救世主）思想に下生信仰が融合した独特の民間信仰であった。その信仰は仏教本来の弥勒信仰と区別するため、「ミロク」と片仮名書きする。現世の浄土を願う信仰が高まると、やがて理想社会の実現を求める社会変革意識が生じ、幕末には「世直し」へと発展する。「ええじゃないか」は下生信仰と結びついた運動という解釈もなされているのである。

【参考文献】

日本における弥勒信仰の先駆的研究として、平岡定海『日本弥勒浄土思想展開史の研究』（大蔵出版、七七年）がある。これは同氏の『東大寺宗性上人之研究並史料』全三冊（日本学術振興会、五八～六〇年、臨川書店、八八年復刊）の解説的論文に『弥勒如来感応抄』をつけて独立させたものである。速水侑『弥勒信仰』（評論社、七一年）は包括的なものである。サブタイトルの「もう一つの浄土信仰」が物語るように、観音・地蔵・不動などの氏の一連の諸信仰研究と合わせ、阿弥陀信仰のみで語られがちな日本浄土信仰史の内容を豊かにした功績は大きい。「ミロク」信仰に関しては宮田登『ミロク信仰の研究』（未来社、七〇年、七五年新訂版）が代表である。宮田登『弥勒信仰〈民衆宗教史叢書第八巻〉』（雄山閣出版、八四年）は民俗学関係が多いが、弥勒（ミロク）信仰に関する代表的論文を解説付きで集成したもので便利である。

（追塩千尋）

早歌（宴曲）

【早歌《そうか》（「そうが」とも）とは】

鎌倉時代の後半、東国文化圏の中心であった鎌倉の武家社会を母体に成立し、中世末期まで広く武士層の間に歌われ、享受されてきた声曲。歌謡記録の初見は『花園天皇宸記』一三二一年（元亨二）四月六日の条に指摘されるが、成立の上限はさらに一三世紀後半にさかのぼるとされている。爾来、およそ二〇〇年間にわたって歌われ続けてきたが一六世紀以降急速に衰え、江戸時代には完全に絶えてしまった。早歌はその撰集の書名から江戸時代以降一般に「宴曲《えんきょく》」と称されてきたが、それが歌われていた中世の記録・辞書・往来物などではもっぱら早歌、あるいは複合語としても早歌節・早歌会・早歌本などとあるから、「早歌」を正称とすべきであろう。ほかに「現尓弥娑婆《げにやさば》」・「理里有楽《りりうら》」の別称もある。

早歌は明空《みょうくう》（のちに月江）の撰集として一六一曲が『宴曲集』（巻第一～五）、『宴曲抄』（上・下）など八部一六巻に、撰集者不明の一二曲が『外物』一巻に、合計一七三曲が譜入りで伝来する。なお、ほかに歌詞の一部を替えたり、末尾に添加したりして変化をつけた歌を集めた『異説秘抄口伝巻』、『撰要両曲巻』がある。曲の大部分は明空自身の作詞・作曲、残りは公家や僧侶・武士などの知識階層三〇数人の手になるものであることがわかる。内容は各種の祝言をはじめ、四季や恋の歌、あるいは道行き・寺社の霊験賛美等々多彩で、和漢の古典や仏典からの引用が多く見られるとともに、神仏への祈願の心が貫かれているところに特徴があり、中世における東国文化の一側面を伝えて興味深い。

【研究史】

しかし、江戸時代にはすでに退転していたせいもあってか、早歌の研究は近代に至るまでまったく行なわれていなかった。その全貌が初めて翻刻・公刊されたのは一九一二年（大正元）、吉田東伍・野村八郎共編『宴曲十七帖』によってである。ついで一七年（大正六）、同じく両者による『宴曲全集』は底本（安田家本）および校合本に善本を得て、本文校訂のうえで従来の面目を一新、二六年（大正一五）刊の高野辰之編『日本歌謡集成』巻五所収の本文とともに、信頼すべき本文校訂として研究の基礎をなした。三〇年代に入ると藤田徳太郎「宴曲の研究」（『国語と国文学』第八巻・一〇号）のような総合的な考察も発表されたが、早歌の研究が活発化したのはやはり戦後、資料収集がしやすくなってからである。五九年刊行の『中世近世歌謡集』（日本古典文学大系）は新間進一の厳密な校訂に基づいた「撰要目録」、「宴曲集」の翻刻およびその詳細な頭注・補注を収め、早歌の本格的研究に弾みをつけた。以後、外村久江・南都子、乾克巳、武石彰夫、横道萬里雄、蒲生美津子らによって、早歌全詞集の翻刻・校注を始め、早歌と東国文化圏との関わり、早歌の音曲的側面、隣接する諸芸能との関係、あるいは撰集者明空の生涯、明空以外の早歌作者等々について、しだいに明らかにされつつある。

【参考文献】
新間進一「中世近世歌謡集」（『日本古典文学大系』岩波書店、五九年）、横道萬里雄「早歌の新旧」（『中世文学の世界』岩波書店、六〇年）、外村久江『早歌の研究』（至文堂、六五年）、武石彰夫『仏教歌謡の研究』（桜楓社、六九年）、乾克巳『宴曲の研究』（桜楓社、七二年）、蒲生美津子『早歌の音楽的研究』（三省堂、八三年）、外村南都子『早歌の創造と展開』（明治書院、八七年）、外村久江・南都子『早歌全詞集』（三弥井書店、九三年）、外村久江『鎌倉文化の研究』（三弥井書店、九六年）。

（中村　格）

鎌倉新仏教

【鎌倉新仏教とは】

明治時代末以来、日本史・日本仏教史の上で、鎌倉時代に興った新宗派を、総称して鎌倉新仏教というようになった。法然の浄土宗、親鸞の浄土真宗、一遍の時宗、日蓮の日蓮宗、栄西の臨済宗、道元の曹洞宗の六宗がそれにあたる。日本の仏教史は、宗派を単位として考え、叙述するのが一般であったから、仏教伝来の次の時代の仏教を南都六宗といい、平安時代の初頭に伝えられた天台宗、真言宗を平安仏教と呼び、南都、平安あわせて八宗を日本仏教の基本をなすものと考え、それに鎌倉時代の六宗を加えて、日本仏教史の全体を記述してきた。

明治時代末、近代的な歴史学の成立とともに日本史を西洋史との比較の中でとらえる試みが始まると、一六世紀西欧の宗教改革に対比させて、新仏教の興起をとらえようとする論議が盛んになり、呪術的な加持祈禱から脱して、信仰を純化し、誰にでもできる実践を説き、それを支える教義を創出したのが新仏教であり、新仏教によって古代仏教が革新されたと考えられた。

【新仏教論の展開】

新仏教の活動を宗教改革としてとらえようとした人々は、諸宗に共通して見られる性格として、専修選択と易行をあげ、信仰の純化への動きは、民衆仏教の展開の結果であったと考え、新仏教各宗の受容層と社会的基盤を明らかにしようと努めた。また、西欧の宗教改革に対比する中で、新仏教以外の宗派を鎌倉旧仏教と呼び、とくに、南都の諸大寺に受け継がれていた教学の動向を解明する中で、新仏教の特質を論ずる研究が進められた。

日本仏教史を、教学史を中心に考える人びとは、鎌倉新仏教を天台教学史の流れの中でとらえようとし、中古天台の中心思想である天台本覚論の展開として、新仏教諸宗の教学の位置づけが試みられた。

また、新仏教の社会的な性格の解明を重視する人びとは、中世社会における仏教のあり方を問い直し、中世国家と仏教の関係を明らかにしようとする方向を推し進めた。研究の進展とともに、始めから六宗を新仏教とし、他を旧仏教とする見方は修正され、何が革新的な動きであったのかが問われるようになり、鎌倉旧仏教ということばを用いることは少なくなった。

【鎌倉新仏教研究の主要文献】

宗派ごとに進められてきた研究文献をここであげる余裕はない。研究史上とくに重要と思われるものをあげると、原勝郎「東西の宗教改革」(『日本中世史の研究』同文舘、二九年)は、鎌倉新仏教論の発端となった論文。歴史学の分野の研究は、まず新仏教の祖師の伝記研究から始まり、各宗の寺院史、教団史へと進んだ。膨大な研究が積み重ねられている。教学史からの研究としては、硲慈弘『日本仏教の開展とその基調』上・下(三省堂、四八・五三年)が先駆的なもので、田村芳朗『日本仏教思想の研究』(平楽寺書店、六五年)がある。新仏教全体に関わる研究としては、井上光貞『日本浄土教成立史の研究』(山川出版社、五六年)、家永三郎『中世仏教思想史研究』(法蔵館、五五年)が二〇世紀後半の研究の出発点となり、黒田俊雄『日本中世の国家と宗教』(岩波書店、七五年)は、新しい視点を開いた研究として大きな影響を与えた。

（大隅和雄）

天台本覚思想・鎌倉旧仏教

【天台本覚思想《てんだいほんがくしそう》】

本覚とは本来備えている覚《さとり》のことで、本覚に気づかない不覚《ふかく》を取り払うことによって始覚《しがく》(教えを聞いて修行して得られる覚)を得られるとする。『大乗起心論』に見え、中国で華厳《けごん》教学の影響を受け発展。日本に伝来し、延暦寺でさらに発展、天台本覚思想と呼ばれる思想を完成した。衆生《しゅじょう》は本来仏であるとし、山川草木にも悟りを認めたことが特徴で、現実肯定の一元論的世界を主張、口伝《くでん》・切紙相承《きりがみそうじょう》により伝えられた。鎌倉新仏教に大きな影響を与えただけでなく、平安末頃から文献化され、鎌倉旧仏教にも、また一般思想界、歌学、神道説、修験道、さらに生花、能楽、茶道などにも影響を与えた。しかし財欲や愛欲を祈る玄旨《げんし》帰命壇《きみょうだん》ができ、元禄期（一六八八～一七〇四）に非難を受け衰滅した。

【研　究　史】

天台本覚思想の研究は明治末年から始まるが、初期には島地大等（「日本古天台研究の必要を論ず」『思想』六〇号、二六年《『思想史〈前近代〉』歴史科学大系一九、校倉書房、七九年》など）、ついで戦時下に硲慈弘により進められた（『日本仏教の開展とその基調』（下）、三省堂、五三年）。戦後の研究をリードしたのは田村芳朗らで、田村らによる『日本思想大系・天台本覚論』の刊行は研究史の画期をなし、のち論文の本数が飛躍的に増えた。しかし田村の『本覚思想論』が遺稿集になったことは大変残念なことで、その後研究は停滞期に入っている。日本史研究者も着目してはいるが、文献の成立時期がはっきりしないなど扱いにくいこともあり、研究は少なく、その理解も十分ではないと思われる。しかし天台本覚思想の日本史上への影響は大きく、研究の必要性は高い。

【参考文献】

多田厚隆・大久保良順・田村芳朗・浅井円道編『天台本覚論』（『日本思想大系・九』岩波書店、七三年）、田村芳朗『鎌倉新仏教思想の研究』（平楽寺書店、六五年）、同『本覚思想論』（春秋社、九〇年）、浅井円道編『本覚思想の源流と展開』（平楽寺書店、九一年）、末木文美士「天台本覚思想研究書論文目録」（『日本仏教思想史論考』大蔵出版、九三年）

【鎌倉旧仏教】

鎌倉旧仏教とは、南都《なんと》（奈良）の諸寺の僧侶を中心に鎌倉期に形成された鎌倉新仏教に対比される独創的思想をいう。南都仏教は奈良時代に南都六宗《なんとりくしゅう》と呼ばれ学解《がくげ》（教学の研究）を主としたが、平安期に真言密教化し、停滞・退廃化した。しかし鎌倉新仏教に刺激され、堕落を批判し密教を基礎にした伝統的教学の再生、革新を志した。

〔貞慶《じょうけい》・良遍《りょうへん》〕　貞慶は『南都奏状』で法然を批判。南都の戒律復興をめざし、興福寺の唯識《ゆいしき》教学を集大成し、密教・禅・念仏などとの融合的性格を顕著にした。弟子良遍は老母に唯識教学を平易に説いた『法相二巻抄《ほっそう》』を片仮名交じりの書き下し文で書き、難解な唯識教学を一般に開放しようとした。

〔明恵〕　東大寺戒壇院で受戒、華厳・倶舎《くしゃ》・密教・禅を学んだ。『摧邪輪《さいじゃりん》』を著し、菩提心を棄てたと法然を批判した。華厳と密教の融合を計り、戒律の復興に努めた。

〔俊芿《しゅんじょう》〕　筑前観世音寺《かんぜおんじ》で受戒、破戒・無戒の状態に不満で入宋《にっそう》し、戒律・天台・禅・真言・浄土・悉曇《しつどん》・儒学を研鑽。帰国後、天台・真言・禅も兼宗する戒律興隆の道場（山城泉涌寺《せんにゅうじ》）を造営し北京律《ほっきょうりつ》を創始した。

〔叡尊《えいそん》・忍性《にんしょう》〕　叡尊は密教を学び戒律の復興を志し西大寺に移り、自誓受戒《じせいじゅかい》し戒律の復興に尽力。弟子忍性と非人《ひにん》救済とその編成に努め、殺生禁断《せっしょうきんだん》や架橋などの社会事業を行なった。忍性は叡尊より受戒し戒律の復興に努め、文殊《もんじゅ》信仰に基づき西大寺・四天王寺などに悲田院《ひでんいん》などを設け非人・癩《らい》患者救済に奔走した。鎌倉に下向して北条氏の信頼を得、極楽寺を拠点に非人救済・殺生禁断や救療施設設置などの慈善事業に努めた。

〔宗性《そうしょう》・凝然《ぎょうねん》・湛睿《たんえい》〕 宗性は東大寺に入り、倶舎・華厳のほか諸宗に通じ、『春華秋月抄』、『弥勒如来感応抄』、『日本高僧伝要文抄』など多数を著し、旧仏教学の興隆に努めた。凝然は延暦寺で菩薩戒《ぼさつかい》を受け東大寺戒壇院で受戒。華厳を宗性から学んだほか律・浄土・真言・禅・北京律を学び、戒壇院長老となり、『八宗綱要』、『三国仏法伝通縁起』を著した。湛睿は凝然より戒律・華厳を学び、真言律の下総東禅寺住持、称名寺長老となり、金沢文庫の設立に尽力。『華厳演義鈔纂釈』などを著した。

【研究史】

鎌倉旧仏教の研究は、明恵を石井教道、唯識思想を富貴原章信・山崎慶輝、宗性を平岡定海らが行なってきた。しかし画期となったのは、『日本思想大系・鎌倉旧仏教』の刊行（岩波書店、七一年）と黒田俊雄による「顕密体制」論の提起（『日本中世の国家と宗教』岩波書店、七五年、「顕密体制論の立場」『現実のなかの歴史学』東京大学出版会、七七年など）であろう。鎌倉旧仏教は鎌倉新仏教に比して研究者に馴染みが薄いうえ、難解な用語・教義が障害となり、とくに原文を読み下したり注が付された史料集がほとんどなかったため取り組みにくい分野であった。『鎌倉旧仏教』の刊行は、一冊という限られたものではあるが、読み下し文と詳細な頭注・補注によって研究の門戸を広げる効果は絶大であった。また黒田による「顕密体制」論の提起により、旧仏教の基盤となった南都教団の組織などに研究が向けられるようになり、鎌倉旧仏教研究の下地が形成された。七〇年代後半以降、貞慶を城福雅伸・富村孝文・細川涼一、良遍を北畠典生・坂上雅翁、明恵を鎌田茂雄・柴崎照和・田中久夫・細川・松本彰博・三宅守常、俊芿を蓑輪顕量、叡尊を追塩千尋・松尾剛次・蓑輪、忍性を追塩・細川、凝然を小林実玄・平川彰、湛睿を納富常天らが研究した論文が続々と発表された。そしてこれら研究者の中には鎌倉新仏教や体制仏教の研究をも行なうものもあり、鎌倉新仏教や体制仏教研究者を含めて、鎌倉仏教を総体的にとらえようとする動きが盛んになってきた。しかし先行研究の消化が十分ではないように見受けられる点もあり、また従来とは異なる概念規定がなされているが、それらがまだ統一されていないため、研究を始める際には注意が必要である。

【参考文献】

高木豊「中世初頭南都仏教研究小史」上・中（『日本宗教史研究年報』一・四、佼成出版社、七八・八一年）、平岡定海『東大寺宗性上人之研究並史料』（日本学術振興会、五八～六〇年）、鎌田茂雄・田中久夫編『鎌倉旧仏教』（『日本思想大系・一五』岩波書店、七一年）、『明恵上人資料』一・二（東京大学出版会、七一・七八年）、追塩千尋『中世の南都仏教』（吉川弘文館、九一年）、細川涼一『感身学正記』一（『東洋文庫』六六四、平凡社、九九年）。

（伊東和彦）

愚管抄

【『愚管抄』の概観】

鎌倉時代初期に書かれた歴史書。著者慈円。神武天皇から、順徳天皇までの日本国の歴史を記述したもので、一二二〇年擱筆の後、二度の追記がある。室町時代後期以後の写本しか現存しない『愚管抄』は、成立時の形態を確かめることができないが、現存の諸本はすべて七巻からなっていて、巻一・巻二が「皇帝年代記」と題する歴代天皇についての要綱を記した部分。巻三から巻六までが、国初から著者の時代までの時代の流れをたどりながら、歴史の意味を考えようとした部分。巻七が、日本国の歴史の時代区分や歴史を動かす力について論じた、総論ともいうべき部分というように、全巻は三つの部分から成っている。また、巻三から書き始められ、巻七を書き終えた後、「皇帝年代記」を書き上げて巻頭に置いたと考えられる。

【著者慈円】

慈円は、平安時代末に三七年もの間、摂関の地位にあった法性寺殿藤原忠通の子で、兄の中、基実・基房・兼実は摂関に、兼房は太政大臣になった。一三歳の時、比叡山白河房の覚快法親王のもとで出家。同母兄兼実の庇護のもと、天台僧としての地位を築いていった。三八歳で権僧正・天台座主・護持僧に昇進したが、公家社会の政争の中で、天台座主を辞してはまた任じられ、補任四度に及んだ。その間、武家政権との協調を主張する兼実に従い、兼実の没後は九条家の後見人を自任して、九条道家、頼経らの擁護のために活動し、公家社会のあるべき姿を明らかにしようとして、『愚管抄』を著した。また、慈円の和歌は、後鳥羽院に高く評価され、『新古今集』には西行につぐ九二首の歌が選ばれた。家集に『拾玉集』がある。

【『愚管抄』の読まれ方】

『愚管抄』は、公家社会のあり方を論じた書であるが、広く読まれることはなかったらしく、早い時期の写本は伝わっていない。江戸時代になって、漸く学者の目にとまるようになり、書中に「道理」ということばが頻出するために、「道理物語」と呼ばれたり、本文中慈円の名が何度も出てくるために、慈円の著書ではないとする説が出されたりしたが、明治時代末、『大日本史料』編纂の過程で、慈円の著であることが明らかになった。

書中に、承久乱直前の政治の動きが記されているために、記事の史料的な価値を確かめようとして、成立時期が乱の前か後かの論議が続いたが、現在は、乱前成立が通説となっている。他方、書中に頻出する「道理」ということばに関心が集まり、『愚管抄』は、中世の歴史思想を考える上で、逸することのできない重要な古典であると考えられるようになった。

【主要文献】

『愚管抄』は、本文研究に未解決の問題があり、文章も難解であるが、充実した注・補注を加えた岡見正雄・赤松俊秀『愚管抄』（『日本古典文学大系』岩波書店、六七年）が、最も頼りになるテキストである。慈円の伝記としては、多賀宗隼『慈円』（吉川弘文館、人物叢書、五九年）があり、歴史書としての性格を論じた書に、大隅和雄『愚管抄を読む―中世日本の歴史観』（平凡社、八六年、講談社、学術文庫）があり、文学研究の立場から、尾崎勇『愚管抄とその前後』（和泉書院、九三年）がある。

（大隅和雄）

軍記物語

【始発と展開】

軍記物語とは、広義には歴史上の合戦に取材した文学作品全般を意味し、古くは『古事記』、『日本書紀』の英雄譚などにその萌芽が認められる。一般にはより狭義に、中世を中心として、近世初頭までの時期に展開した作品群を指す。平安期に和製漢文で書かれた『将門記』、『陸奥話記』などがその始発とされ（初期軍記）、鎌倉～南北朝期に成立した『保元物語』、『平治物語』、『平家物語』、『承久記』、『太平記』において、歴史と物語の両方の性格を合わせ有する文学としての確立を見る。その一方で『義経記』、『曾我物語』など英雄物語的な作品も派生する。室町期、各地で戦乱が相つぐようになると、それらに取材した『明徳記』、『応永記』、『嘉吉記』、『応仁記』などが作られ、さらに戦国期以降には無数の合戦記が作られることになる。これらを総称して「後期軍記」と呼ぶが、『信長記』、『太閤記』など、ごく一部を除くと、文字どおりの合戦記録ないしプロパガンダ的性格が強くなり、文学作品としての研究は進んでいない。

【研究の展開】

軍記物語は、『平家物語』などが、琵琶語りや読み物を通して物語として広く享受される一方で、中世～近世においては、なかば歴史叙述として認識されてきた。彰考館における『大日本史』編纂においても、基礎資料としての軍記諸異本の収集・整理が試みられている。『参考源平盛衰記』ほかの「参考」本は、その副産物である。明治以降、近代歴史学が軍記との決別を宣言、軍記はもっぱら文学研究の対象とされることになる。文学としての軍記研究は、『平家物語』をその中心として、膨大な異本群の収集・整理から始められた。山田孝雄が先鞭をつけ、高橋貞一、渥美かをる、山下宏明などがそれに続いた。他方、成立をめぐっては、文字資料と口承・伝承との接点が問題とされ続けている。例えば柳田国男が説話の口承的発生と管理の問題を提起、水原一・福田晃などがそれを発展させてきた。また、『平家物語』に関しては、筑土鈴寛が慈円の大懺法院における鎮魂・唱導との関係に着目して以来、比叡山・高野山などとの関係が探られている。その一方で、文字テクストと語りとの関係については、戦後に叙事詩論との関連で積極的に展開されたが、本文研究と古態論の進展による批判も多い。なお語りの問題については、兵藤裕己が現存の座頭琵琶研究をふまえ、活発な発言を続けている。また兵藤は、中世・近世における歴史認識形成に対する軍記の関与を指摘、こうした動きを受けて、歴史学の立場からの軍記の見直しも盛んになりつつある。

【研究文献】

中世軍記を中心に研究文献は多いが、近年の研究動向を総括的にまとめたものとして、『軍記文学研究叢書』一～一二（汲古書院、九七年～二〇〇〇年）をあげておく。そのほかについては、以下の研究展望・文献目録などを含むものを参照されたい。『平家物語研究事典』（明治書院、七八年）、『日本文学研究資料叢書　平家物語』、『同戦記文学』（有精堂、六九年・七四年）、『日本文学研究資料新集　平家物語』（有精堂、八七年）、『日本文学研究大成　平家物語Ⅰ』（国書刊行会、九〇年）、『日本文学研究論文集成　平家物語太平記』（若草書房、九九年）、『日本古典文学研究史大事典』（勉誠社、九七年）、『軍記物研究文献総目録』（軍記物談話会、八七年）。なお、雑誌『軍記と語り物』（軍記・語り物研究会）には、研究展望および研究文献目録が毎号掲載されている。

（志立正知）

時宗の文化

【阿弥号と芸能の関わり】

時宗は初め時衆といった。時宗では先に重源が「南無阿弥陀仏」を自己の法名としてから世上の風潮ともなっていた名号の略称「阿」、「阿弥」を法名とした。それは、時宗は「行往座臥の往生」であるという主張からであった。また遊行という一所不住の絶え間ない布教、念仏・賦算によって念仏への絶対的執心が生まれ、そのような執心の態度は鎌倉の同時代人にとってとくに注目され、好から進んで数寄（奇）と呼ばれる芸能への執心とも通うものとなった。そのため芸能を生活の手段とする人びとは、自ら出家脱俗して上層貴族とも立交ることを求めるようになった。そしてその場合に宗教と芸能との親近性とも相まって、時衆（宗）となることを選ぶようになったのである。つまり、阿弥号を名乗るのである。その中で能・芸・相の三阿弥はとくに知られている。時宗には、一遍いらい優れた和讃が多い。これは一遍を始め真教（二代）・智得（三代）・託何（七代）などが歌人でもあったからである。頓阿・周阿といった連歌師は四条道場の阿弥であった。頓阿は二条為世に和歌を学び、光厳院、花園院、関白二条良基、足利尊氏、吉田兼好などと交わっており、周阿は佐々木道誉（四条道場の外護者）と二条良基との月次連歌に参会している。また一三七四年（応安七）には九州を旅し、門弟で九州探題であった今川了俊を訪ね、周防の大内義弘にも会っている。さらに二条良基に万葉集の講義をした由阿は藤沢道場の阿弥であった。和讃は声明によって表現される。時宗の阿弥はこれを唱え、これを踊って信施を仰いでいた。とくに時宗の念仏は歓喜踊躍であり、またその末流には踊念仏を職業とした沙弥尼の中に、蓄髪美装の女芸人となった者もあり、それがため踊念仏は『野守鏡』、『天狗草紙』から酷評も受けている。

【阿弥衆と職能の広がり】

阿弥衆の広義の美術面への広がりとして、能面師・増阿を始め、能阿よりやや遅れて活躍した『文阿弥花伝書』で知られる立花の文阿や立阿らがあり、将軍家御用蒔絵師の幸阿一派など多岐にわたっている。中でも立花は、すでに南北朝時代に四条道場（金蓮寺）や六条道場（歓喜光寺）など有力寺院の阿弥衆らによって盛んに主宰されていた。地方の時宗寺院に所属する職能集団の中にも有力な作家グループが登場した。その最も顕著な例として、筑前（福岡県）芦屋で製作された芦屋釜があるが、それに携わった工人たちは同地の時宗寺院金台寺の過去帳に名を連ねる職人衆であった。かの能阿とほぼ同時代に数多くの作庭に従事し、東山殿の作庭を指揮した庭師の善阿もまたその一人である。さらに書道・素眼流を興した素眼は、四条道場の阿弥であった。今日、伝統的な行事として歳末別時念仏会・薄念仏などは、踊念仏とともに次の世代まで継承されていくことであろう。

【今後の研究課題】

時宗の研究は、一遍の行実を知ることから始められた。基本的文献として『一遍聖絵』があり、一遍の伝記的絵詞伝として歴史・民俗・美術といった各分野からの研究が行なわれてきたのは、金井清光『一遍と時宗教団』（角川書店、七五年）が刊行されてからといってよい。砂川博『中世遊行聖の図像学』（岩田書院、九九年）は『一遍聖絵』と『一遍上人絵詞伝』について五味文彦、黒田日出男の説をふまえて斬新な見解を示されており、今後、このような図像学からの研究が新たな問題を提起してくれよう。さらに渡辺喜勝『一遍智真の宗教論』（岩田書院、九六年）によって一遍宗教の独自性を切り開かれたことは、今後の研究にとって新しい鉱脈を見いだしたというべきであろう。時宗教団の歴史と文化は、宗教者一遍の研究を通して見えてくるものである。例えば橘俊道『一遍と神祇』は一遍の念仏思想の解明なしでは発想として出てこないものである。

【参考文献】

橘俊道『時宗史論考』（法蔵館、七五年）、金井清光『時衆文芸研究』（風間書房、六七年）、時衆の美術と文芸展実行委員会『時衆の美術と文芸』（東京美術、九五年）、梅谷繁樹『捨聖・一遍上人』（講談社、九五年）。

（高野　修）

親鸞

【生涯】

鎌倉時代の僧。浄土真宗の開祖。日野有範の長男として、一一七三年（承安三）生まれた。九歳の春、慈円のもとで出家し、二九歳まで延暦寺の堂僧として、修行に努めた。山を下りたのは、一二〇一年（建仁元）春であった。

京都六角堂での参籠の後、法然の門に入ったが、越後へ流罪となった。五年で赦免され、以後約二〇年間東国各地で布教を続けた。三五年（嘉禎元）、末娘覚信尼を伴なって京に戻り、六二年（弘長二）、六三歳頃入寂、鳥辺野の延仁寺で火葬された。

【親鸞伝記の諸問題】

親鸞の伝記研究で、いくつか定説を見ないものがある。

①親鸞は比叡山を下り、京都六角堂に参籠し、夢告（女犯偈《にょぼんげ》）を得て、法然のもとに行った。親鸞が比叡山を下りたのは、通説では、比叡山の腐敗堕落に対する憤りではなく、性欲をめぐる煩悶や懐疑が原因であった（赤松俊秀『親鸞』）。親鸞夢告の思想性について、平雅行は、親鸞は女犯が「宿報」であると理解した、このことが親鸞思想の原点であり、新たな宗教思想の啓示であったとした。この夢告を、浄土教の教理としてどのように構築し、民衆に伝えるか。親鸞の生涯の課題となった。そこで法然のもとに向かった（『親鸞とその時代』）。

②親鸞の妻について、恵信尼だけが史料的に明らかな人物であるが、その素性については諸説ある。越後の豪族三善氏の娘、越後の在庁官人三善氏の娘、また三善氏は中央官人であるとする説である。佐藤正英は、豪族や官人といった家柄ではなく、善光寺聖を統括する家柄に生まれたとする（『親鸞入門』）。また佐藤は、親鸞の結婚は越後流罪後とするが、赤松は、恵信尼は京都で生まれ、京都で親鸞と結婚したとする。平松令三も、親鸞京都結婚説を支持する（『親鸞』）。

③流罪を許された親鸞が、京都に帰らず、東国に移住した理由は何か。この問題は、親鸞の思想形成・受容の「社会的基盤」論争とも関連する。戦後早く服部之総は、『親鸞ノート』（国土社出版、四八年）において、親鸞は越後の農民とともに移住したとした。この説は否定されたが、笠原一男は、妻恵信尼の実家三善氏の所領が東国にあり、その縁を頼って移住したとした（『親鸞と東国農民』山川出版、五七年）。一方、赤松は東国移住の目的は、『教行信証』の述作にあるとした。有力な説であるが、現在有力視されているのは、親鸞勧進聖説である。松野純孝は、親鸞の肖像画「安城の御影」から、各地を遍歴遊行して歩く念仏聖と指摘した（『親鸞—その生涯と思想の展開過程』三省堂、五九年）。また、常陸の守護八田知家の招請による説（宮井義雄『親鸞聖人』春秋社、九一年）。そして親鸞を推挙したのは、京都に隠棲中の宇都宮頼綱とする。

④親鸞は、なぜ京都に帰ったのか。これは③に対応する問題であり、定説を見ない。

【『歎異抄』と悪人正機・悪人正因説】

『歎異抄』の「善人なをもて往生をとぐ、いはんや悪人をや」（第三条）から、親鸞の思想（悪人正機）とその社会的基盤を研究してきた。一方、『歎異抄』を親鸞の史料として扱うことに異論を持つ研究者もいる。

『歎異抄』の悪人を、親鸞の著作に見られる「具縛凡愚《ぐばくのぼんぐ》」「屠沽下類《とこのげるい》」とみて、親鸞門下に漁猟師・商人が多い、と特定の社会的階層・階級に求める論は多い。対し、親鸞の悪人を普遍的概念とする論もある。

平は、親鸞の思想は悪人正因説であり、旧仏教が説く悪人正機説を克服しようとした、と結論された（「専修念仏の歴史的意義」『日本中世の社会と仏教』塙書房、九二年）。悪人正機説自体は親鸞独自のものではない。旧仏教が語る悪人正機説は、自力で悟ることの出来ない悪人（一般民衆）は救済順が一番目（正機）である、という思想である。

親鸞は、末法の世の全ての人が悪人たらざるを得ないとし、その上で「疑心の善人」は不信心者・「他力の悪人」は信心者、という独自の善人・悪人観を展開する。末法の世の悪人であることを自覚して、他力本願であることが往生の正因であるという救済論「信心正因論」を展開した。（『親鸞とその時代』）。親鸞の悪人（信心）正因説は、親鸞思想の中核である。六角堂の夢告から、どのようにして思想を形成していったのか。その形成過程が課題として残る。親鸞東国移住の意味が問われる理由である。

【参考文献】

伊藤益『親鸞』（集英社新書、〇一年）、平松令三『親鸞』（吉川弘文館・歴史文化ライブラリー、九八年）、佐藤正英『親鸞入門』（ちくま新書、九八年）・『歎異抄論註』（青土社、九二年）、平雅行『親鸞とその時代』（法蔵館、二〇〇一年）、河田光夫『河田光夫著作集』全三巻（明石書店、九五年）、赤松俊秀『親鸞』（吉川弘文館・人物叢書、六一年）。

（松井吉昭）

肖像画

【肖像画とは】

ある特定の人物の姿や容貌を描いた絵画が肖像画である。ただし、釈迦のように実在した者の像であっても、一般的に宗教的な礼拝の対象として描かれたものは肖像画とはいえない。肖像画は、像主に対しての尊敬や崇拝、また追慕によって描かれたが、そこでは何らかの個性や特徴も個別的に表現されているからである。厳密には、像主を目前にして描いて、似ているか否かが肖像画の要素になるが、日本の場合はこれに必ずしも合致しない。歴史上の人物を描く例もあり、生前に描く寿像に対して亡くなった後に描く遺像もある。また平安時代には、貴人の容貌をあからさまに描くことは政敵の呪詛の対象となるため忌み嫌われたという説もある。日本の肖像画は、描かれた時代や像主の属する階層によってもその意味がさまざまに変化してきた。

【肖像画の歴史】

現存するわが国最古の肖像画は、法隆寺に伝来した「聖徳太子像」である。八世紀頃に制作され、ここには中国唐代の肖像画の影響が見られる。平安時代に入ると中国の祖師像の影響を受け、わが国でも密教などにおいて高僧像が描かれた。平安時代後期には、天皇や公家など俗人の肖像画も描かれるようになった。とくに平安時代末から鎌倉時代にかけて、似絵の名手として藤原隆信、信実の父子がでて、この系統は一四世紀中頃まで続いた。似絵とは、とくに顔貌を写実的に似せて描いたもので、単身像だけでなく群像もあり、信実筆とされる「後鳥羽院像」や、同じく「随身庭騎絵巻」などがある。またこれと同じような表現様式を持つ例に、歴史上の優れた歌人を描いた「三十六歌仙絵」があり、「佐竹本」や「上畳本」

が有名である。鎌倉時代には新興仏教の祖師像も描かれ、さらに禅宗が発展してくると中国からの影響もあり「頂相《ちんぞう》」が現れる。頂相は、正装した姿で椅子に座した師の全身像で、弟子に教義が伝承されたことの証として描かれ、一三世紀後半頃から室町時代までの作例が多数残されている。一方で雪舟や雪村により自画像が描かれたことは（雪舟は模本が伝存、雪村は現存）、室町時代の画家意識の高まりを示して興味深い。江戸時代に入ると、黄檗僧たちの生々しい写実的な肖像画が中国から伝えられた。また浮世絵における役者絵は、より大衆化された肖像画といえるかもしれない。後期になると、谷文晁、渡辺崋山などの関東南画家は、西洋画の影響を受け近代的な感覚に富んだ肖像画を残した。

【参考文献と現在の課題】

『日本の肖像』（京都国立博物館、七八年）は、代表的な彫刻と絵画を収め、入念な解説を施して専門的な参考文献の役割を果たした。一方で個別的な研究も盛んで、また各地の博物館等で肖像画展も多く開催されている。近年の研究では、描かれる像主が誰であるか伝承と違った見解も出されている。とくに米倉迪夫『源頼朝像　沈黙の肖像画』（平凡社、九五年）は、伝隆信筆とされる日本の肖像画の代表作を、頼朝像ではなく足利尊氏の弟の直義像として、制作年代も下げて社会的にも話題になった。これには宮島新一『肖像画の視線』（吉川弘文館、九六年）が反論し、現在は美術史学、歴史学も含め目が離せない状態である。なお肖像画研究の基礎となる試みとして、東大史料編纂所で肖像画や肖像情報のデータベースが公開されている（URL http://www.hi.u-tokyo.ac.jp/gazo.html）。

（小川知二）

平家物語

平家物語は、鎌倉幕府を生む源平争乱期を描いた軍記物語の傑作で、日本語や国民文化の形成にも関わり、研究は国文・国語・歴史・民俗学など多方面から進められた。したがって主題により研究方法や参考文献も異なる。この解説は成立と作者論の基礎常識に限るが、現在では後掲諸本も刊行されており、また国文学関係の論文目録は数多い。

【平家諸本と原平家】

明治の末に山田孝雄らが、鎌倉時代の語法研究のために平家物語を蒐集したとき、集めた平家は七〇、それを三門一七類三〇種に分類した（『平家物語考』）。その後に当道系諸本の中で古態を示すとされる「屋代本」（一二巻、うち二巻欠）のような重要な発見もあり、この多くの平家諸本をいかに分類するかがまず課題となる。山田の分類は灌頂巻の有無などを基本としたものであるが、享受形式による語り系と読み本系、伝来による当道系と非当道系、記事の量による広本と略本などの区分も行なわれている。そして、非当道系に属する広本の「延慶本」（六巻構成）、「長門本」（二〇巻）、「源平盛衰記」（四八巻）、および略本系の「四部合戦状本」（一二巻・うち二巻欠）、「源平闘諍録」

（五巻のみの不完本）などの読み本系諸本は、頼朝挙兵を東国の側から見た資料をそのまま持ち込み、動乱期の武士群像を描いており、中でも「延慶本」、「盛衰記」、「闘諍録」の三本には曾我物語に通ずる流人頼朝説話も採録している。一方、八坂流と一方流に分かれる当道系の語り系諸本（一二巻）は、動乱を京都の側からとらえ、平家の哀話という性格が強い。しかし読み本系に属する「闘諍録」にも語りの曲節符が数ヶ所に付され、読み本系も語りと無縁であったわけではない。したがって、ここにあげた諸本共通の原本を「原平家」と呼ぶとしても、その性格にはなお議論の余地が多い。とはいえ山田孝雄の「現存諸本中鎌倉時代の国語史料として採るべきは延慶本のみなり」という前掲書の結論は、原平家の探求にも貴重である。

【成立と作者】

「原平家」の性格論もからみ、平家物語をいつ、どこで、誰が、何の目的で著述したかは、まだ決着していない。成立期では「延慶本」と「愚管抄」の前後関係が一つの争点となるが、一二四〇年（延応二）の「頼舜書状」（兵範記裏文書・鎌倉遺文五五九五）に、「治承物語六巻〈号平家〉此間書写候」と見える治承物語を平家物語の前身とみる見解が強い。とすれば上記の主要諸本の各祖本は、いずれも一三世紀前期から芸術的に完成される一四世紀後期の名人覚一の登場までの、約一五〇年間に成立したと見てよい。この時期には、平家物語に働きかけ作り直そうとする作者の輪が、都にも地方にも数多く生まれたのである。またそのもととなる原平家の作者論では、天台座主慈円の保護下で信濃前司行長が作り、生仏という盲目に語らせたが、武士のことは東国生まれの生仏が問い聞いて書かせた、という『徒然草』二二六段の記述が貴重である。この行長は勧修寺流中山行隆の子の下野守行長であろうが、尊卑分脈の勧修寺系図には、彼のほかにも平家物語の作者や説話の情報源と推察される人物が多く見える。その意味では原平家も、行家個人の作品というより、勧修寺流の家の事業であり、また最初から東西文化の接点で生まれたとみるのが妥当であろう。

【平家諸本】

「延慶本」：『大東急記念文庫蔵・延慶本平家物語』一～三巻（縮写影印・古典研究会、六四年）、吉澤義則校注『応永書写延慶本　平家物語』（勉誠社、七七年）。

「長門本」：『平家物語　長門本』（国書刊行会本・名著刊行会、七四年）

「源平盛衰記」（「盛衰記」）：帝国文庫『校訂　源平盛衰記』（博文館刊、一一年）、史籍集覧『参考源平盛衰記』三〇～三二巻（史籍集覧研究会、七九年）。

「四部合戦状本」（四部本）：慶應義塾大学斯道文庫編校『四部合戦状本　平家物語』（縮写影印・汲古書院、六七年）、高山利弘編著『訓読四部合戦状本平家物語』（有精堂、九五年）。

「源平闘諍録」（「闘諍録」）：早川厚一・弓削繁・山下宏明『内閣文庫蔵　源平闘諍録』（縮写影印・和泉書院、八〇年）、福田豊彦・服部幸造『源平闘諍録』上・下巻（講談社学術文庫、二〇〇〇年）。

「南都本」「南都異本」：彰考館蔵写真影印『南都本・南都異本平家物語』上・下巻（縮写影印・古典研究会、七二年）

「屋代本」：佐藤謙三・春田宣編『屋代本平家物語』上・中・下巻（桜楓社、六七年）。「八坂本」（「城方本」）：国民文庫『平家物語』（国民文庫刊行会、六九年）。「覚一本」（一方本）：通常『平家物語』として刊行されているものの多くの底本はこの系統に属するが、ここでは解説書として特に重要な二書をあげておく。

冨倉徳次郎『平家物語全注釈』全四巻（日本古典評釈全注釈叢書」角川書店、六七年）、日本古典文学大系『平家物語』上・下巻（岩波書店、六〇年）。（福田豊彦）

新古今和歌集

【古典との対面】

『新古今和歌集』は、藤原俊成の撰になる『千載和歌集』のあとを受け、いわゆる「八代集」の末尾に位置づけられる勅撰集である。『千載集』が編纂された平安末～鎌倉初期は、「三代集」を受け継ぐ伝統的な歌風にたつ藤原清輔や顕昭ら六条藤家から、革新的な歌風を志向した俊成を始めとする御子左《みこひだり》家へと、歌道家の主流が転換し始めた時期であった。「新古今調」と称される歌風は、こうした歌壇史的状況の中で熟成され、藤原定家の存在によって確立されていったのである。その特徴を一概にとらえることは難しいが、詞《ことば》の「本意」が確立していき、本歌取りの技巧が重視されたことは見逃せない（田中稔「新古今和歌集解説」新日本古典文学大系『新古今和歌集』岩波書店、九二年）。定家は自らの歌論において本歌を「三代集」に限定することとなるが（『詠歌之大概《えいがのたいがい》』）、こうした傾向は、『万葉集』や「三代集」以来の古典和歌の蓄積に対面する歌人たちの精神的営為の中から推進されたのである。本集の中に、「観念的」ともいわれる新古今調が結晶するまでの文化史的意義は、そうした古典和歌と向きあう運動の中にまずは認められるべきものであろう。

【後鳥羽院と定家】

本集編纂の下命者後鳥羽院は、後撰集編纂に倣って自身の御所二条殿に和歌所を設置、以後の過程でも積極的に撰歌に関与していく。また、この時代、琵琶・蹴鞠・武芸などの諸道が奨励されているが、その根本には自身がそれらの頂点に君臨し、それぞれの「文化的情報を蒐集・独占し、その選別・再編を企図」する院の意志の存在が指摘されている（田村隆壹「後鳥羽院」和歌文学講座・六『新古今集』勉誠社、九四年）。過去の聖代や古典と向きあう姿勢を含めた、院の意志や詠作姿勢を探る試みは、今後も継続されるべきものであろう。また、後鳥羽院は承久の乱で敗北後、配流地隠岐でも本集に手を加え、後の正本とするべく「隠岐本《おきぼん》」を遺した。近年、その純粋な伝本が冷泉家《れいぜいけ》から発見・紹介されたこと（冷泉家時雨亭叢書第一二巻『新古今和歌集』朝日新聞社、九七年）をうけて、時代の転換を反映した本集の研究は推進するものと思われる。そうした動きの中に、本集に反映した政治性と表現世界との重層性を読み解こうとする試み（川平ひとし「新古今和歌集―和歌と政治―」『国文学』三三―五、八七年）などが再定位されるはずである。一方、撰者の一人である定家はその生涯で多くの著作を遺すとともに、「三代集」のほか、『土佐日記』、『更級日記』、『源氏物語』（これらは自筆本が現存）といった古典作品の書写活動を行なったことでも知られる（今井明他編「藤原定家著作一覧」『論集藤原定家』笠間書院、八八年）。後代の定家・定家本の権威化の動き、定家歌論の美意識への影響力とあわせて、古典享受史において定家が持つ意義はきわめて大きい。

【研究文献】

『新古今集』に関する研究の蓄積は膨大である。近年のまとまったものとして、前掲和歌文学講座・六『新古今集』のほかに、和歌文学論集・八『新古今集とその時代』（風間書房、九一年）をあげておく。両書に収められた研究史と展望は網羅的であり、今後の研究の指針を的確に提示している。

（鈴木　彰）

太平記

【作　者】

鎌倉末期の政治情況から南北朝内乱の過程を描く軍記物語。全四〇巻。一一、〇〇〇人以上の人物が登場する。一四世紀の日本社会、日本人の思想と行動を研究する際の第一級の史料である。作者は小島法師（『洞院公定日記』応安七年五月三日条）とされているが、時衆僧の見聞や報告（情報提供）などを積極的に取り入れた玄恵ら複数の知識人グループの手になるものであろう。

【構　成】

『太平記』全四〇巻は、第一部（一巻―一二巻）、第二部（一三巻―二一巻）、第三部（二二巻―四〇巻）の三部から構成されている。第一部では、鎌倉幕府が崩壊し、後醍醐天皇の建武政府が樹立されていく過程が描かれ、テーマが非常にはっきりとしている。第二部は、建武政府がわずか三年半で壊滅し、公家主導の政治に反発した武士たちが新しい政権を目指して抗争を繰り広げる様相が描かれている。なぜに、後醍醐天皇の政権が短命に終わったのかが最大のテーマとなっている。第三部は、戦乱につぐ戦乱が描かれ、後醍醐天皇や楠木正成を始め内乱の過程で無念の死をとげた人びとの怨霊が登場する。旧体制を否定するばさら大名の思惟と行動なども叙述されているが、主要人物は存在せず、テーマも四分五裂の状況である。三代将軍義満を補佐する細川頼之が四国から上洛する一三六七年（貞治六）で叙述を打ち切っているが、内乱は、なお二五年も続くのである。

【論　点】

『太平記』（巻一）に描かれた日野資朝らの無礼講などを検討した久米邦武は「太平記は史学に益なし」（『史学会雑誌』二―一六、一八九一年）と論難したが、『花園天皇日記』（元亨四年一一月朔日条）と併読することによって、無礼講の存在を確認することができるのみならず、いわゆる正中の変失敗の原因を追求することが可能となろう。赤坂城を攻撃して犬死と評される武蔵国の住人人見恩阿と相模国の住人本間資貞・資忠父子の戦死の情況（『太平記』巻六）なども、『正慶乱離史』とあわせて検討することによって赤坂・千早城攻防戦の実相に近ずくことができるのではなかろうか。歴史史料としての『太平記』の位置を措定することが必要であろう。

【テキスト】

テキストとしては、後藤丹治・釜田喜三郎・岡見正雄校注『太平記』一—三（岩波書店、六〇～六二年）、山下宏明校注『太平記』一—五（新潮社、五七～八八年）、長谷川端校注・訳『太平記』一—四（小学館、九四～九八年）がある。詳細な補注で注目された岡見正雄『太平記』一—二（七五・八二年）が校注者の死去によって中断したことは残念である。

【研　究　史】

研究史としては、梶原正昭「太平記研究史の展望」（『戦記文学』有精堂、七四年）、長谷川端「太平記研究展望」（『太平記の研究』汲古書院、八二年）、松林靖明「太平記研究の手引き」（『国文学』三六—一一、学燈社、九一年）などが貴重である。『太平記』が内乱期から室町期にかけて武家屋敷のみならず、宮中や公家の邸宅、寺院の説教場、湯治場などで読まれ賞翫されたこと、近世においても町人相手の講釈のみならず、「理尽抄」が武家層に享受されたことの意味を問うことが必要であろう。『太平記』の書写・伝本についての研究が必要なことは揚言するまでもない。

【参考文献】

岡見正雄・林屋辰三郎編『文学の下剋上』（角川書店、六七年）、黒田俊雄『王法と仏法』（法蔵館、八三年）、中西達治『太平記論序説』（桜楓社、八五年）、永積安明・上横手雅敬・桜井好朗『太平記の世界』（日本放送出版協会、八七年）、大森北義『「太平記」の構想と方法』（明治書院、八八年）、佐藤和彦『太平記を読む』（学生社、九一年）、宮次男・佐藤和彦『太平記絵巻』（河出書房新社、九二年）、兵藤裕己『太平記よみの可能性』（講談社、九五年）、埼玉県立博物館『太平記絵巻の世界』（埼玉県立博物館、九六年）、若尾政希『「太平記読み」の時代』（平凡社、九九年）、八木聖弥『太平記的世界の研究』（思文閣出版、九九年）。

（佐藤和彦）

ばさら

【原　　意】

ばさらは、サンスクリット語のヴァジャラを原語とする。その意味するところは、不動心、硬質なるもの、金剛石、魔神を降伏させる法具、いかなるものをも砕く利器である。

【中世日本での用法】

一三世紀後半・一四世紀の日本社会において、ばさら絵、ばさら扇・ばさら大名のように多用され、田楽においてわざと調子を乱し人目をひきつけることもばさらであり、着物の裾のみだれもばさらであった。贅沢は過差《かさ》と称されればさらの意に使用されている。

　北条時宗・貞時の時代、政道にとって悪しきものとして無礼、不法、邪欲、大酒、遊宴、博奕、不直の奉行とともに「抜《ば》折羅《さら》」があげられている（『太平記』三五）。賀茂の祭日、行列を警護する検非違使の装束は、弘安の頃から過差になったと吉田兼好が指摘している。（『徒然草』二二一段）。鎌倉末期の社会と風俗を活写した『峰相記』によれば、一三二〇年代の悪党は「五十騎・百騎打ツヅキ」、「金銀ヲチリバメタ」武具を持ち、「鎧腹巻テリカガヤクバカリ」であったという。まさにばさらの風態である。

【内乱期社会とばさら】

　室町幕府は『建武式目』の第一条において「抜佐羅《ばさら》と号して専ら過差《かさ》を好む」ことを「すこぶる物狂《ものぐる》いと謂うべきか」として厳制した。南北朝内乱の中で「公家ノ人々」が窮困の状況にあったとき、「武家ノ族ハ富貴日来ニ百倍シテ、身ニハ錦繍《きんしゅう》ヲ纏《まと》ヒ、食ニハ八珍ヲ盡《つく》セリ」といわれたように公家社会を圧倒し去った。在京の守護大名たちは日々寄り合って茶の会を開き、茶会が終わると博奕にふけり、一夜の勝負に五六千貫をついやした。茶会には田楽、猿楽、白拍子らが同席していたという（『太平記』三三）。

　公家社会の衰退は、一三三九年（延元四・暦応二）八月の後醍醐天皇の死去によって急速に進んだ。中院通冬は「天下の重事、言語道断の次第なり、公家の衰微左右あたわず、秋歎のほか他事なし」（『中院一品記』暦応二年八月二八日条）と記録している。天皇権威が失墜する中で、ばさら大名たちの言動が注目され始める。

【ばさら大名】

　佐々木道誉は、一三四〇年（暦応三）一〇月「バサラニ風流ヲツクシテ」小鷹狩りを行ない、その帰途、紅葉をめぐる悶着から門跡寺院（妙法院）に放火した（『太平記』二一）。土岐頼遠は、一三四二年（康永元）九月、笠懸遊びの帰途、光厳上皇の行列に出会い酔いにまかせて、「院ト云フカ、犬ト云フカ、犬ナラバ射テ落サン」と院の牛車に矢を射かけたのである（『太平記』二三）。足利尊氏の執事高師直は、畿内の悪党勢力を傘下におさめて勢力を強化したが、彼は、「モシ王ナクシテ叶マジキ道理アラバ、木ヲ以テ造ルカ、金ヲ以テ鋳ルカシテ」「生キタル院、国王」を配流に処すべしと発言している（『太平記』二六）。

　在京の守護大名の先頭に立っていたのは道誉である。彼は、二条良基、救済、世阿弥らをとおして連歌、茶道、能楽など、内乱期社会に展開し始めた諸芸能と深く関わっていた。道誉は、一三六六年（貞治五）三月に「京中ノ道々上手共」を引具して大原野で花見の宴を催したが、それは、華麗にして夢幻の世界であったという（『太平記』三九）。彼が絢爛たる花宴の舞台を演出しえたのは、道誉の美意識もさることながら、近江の守護大名としての経済力、幕府宿老としての政治力によっていたことは明らかである。

【今後の課題】

　内乱期社会を背景に創出された独自の価値観として、ばさらを位置づけること、旧体制や権威を否定するばさらの思惟と行為の中に、内乱期社会の本質を見いだす作業を続けることが大切である。さらにばさらと悪党の関わりを異様な装いや武力についての検討から、具体的に解明することが必要である。ばさら流行の根底に、鎌倉末・南北朝期における流通経済の展開があったことは間違いない。

【参考文献】
佐藤進一『南北朝の動乱』（中央公論社、六五年）、林屋辰三郎『佐々木道誉』（平凡社、六九年）、松岡心平「ばさらの時代」（『へるめす』創刊号、八四年）、網野善彦『異形の王権』（平凡社、八六年）、永原慶二『内乱と民衆の世紀』（小学館、八八年）、佐藤和彦編『ばさら大名のすべて』（新人物往来社、九〇年）、兵藤裕己「婆沙羅と悪党」（『国文学』三六―一一、学燈社、九一年）。

（佐藤和彦）

連　歌

【連歌《れんが》とは】

和歌を母体として中世に流行発達した文芸。短歌の上句と下句に相当する長句（五・七・五）と短句（七・七）との唱和を基本とし、平安時代には長・短二句だけの短連歌が多かったが、院政初期頃から多人数の連衆《れんじゅ》が一座に会して、長句と短句を交互に連続してつけていく長連歌（鎖《くさり》連歌とも）に発展、鎌倉時代には公家・武家社会から地下《じげ》層にも急激に拡大して、庶民的な花下《はなのもと》連歌が推進力となり、その中から善阿《ぜんな》・救済《きゅうぜい》など優れた連歌師が輩出した。連歌が中世詩として確立するのは南北朝時代に入ってからであるが、当時の理論的指導者であった関白・二条良基が連歌の最初の撰集として『菟玖波集《つくばしゅう》』（一三五六年成立。準勅撰）を編み、式目として『応安新式』（一三七二年成立）を作成した時も、地下連歌師救済の協力があったことは注目しておくべきであろう。以来、連歌は広く貴賤都鄙の間に流行を極め、とくに室町中期には宗《そう》砌《ぜい》・心敬《しんけい》・宗祇《そうぎ》ら錚錚たる連歌師が輩出、連歌の黄金時代を築いた。

【座の文芸】

連歌の一座には、連衆のほかに座の指導役である宗匠（連歌師など）と記録係兼進行係の執筆《しゅひつ》がいて詠み進められていくのであるが、本格的な連歌は百句からなる「百韻」が基本で、まず五・七・五の「発句《ほっく》」が出されると、それに七・七と「脇《わき》句」をつけ、それにまた五・七・五といった具合につけ進み、百句目の「挙句《あげく》」をもって満了する。ただし、百句を通じて意味・主題を一貫させるのではなく、連続する二句の間の付合《つけあい》や全体の変化を楽しむところに主眼がある。内容としては、俳諧連歌は別として、普通は四季・恋・旅・述懐……といった優美な和歌的題材の世界が交互に詠み進められていくわけであるが、一座した連衆の一人ひとりが共通の感覚で前句を鑑賞し、同時に創作に参加するという、その融合した特異な雰囲気と連帯感が茶の寄合などとともに乱世の人びとを引き付けたのであろう。連歌が「座の文芸」といわれるゆえんである。

中世から近世にわたる連歌流行の風潮は、伝存する作品の膨大な数量からもうかがえるが、今日では実作されていないのはもちろん、これまでは国文学の研究対象としても、和歌や物語といったほかのジャンルほどには陽の当たる存在でなかった。連歌の形態や制作過程の特殊性、あるいは連歌美の把握の困難さ、あるいはまた制作上のよりどころとされた式目の煩わしさなどから敬遠されたのであろう。

しかし、連歌のそうした「座の文芸」としての性格こそ中世の文芸空間を如実に反映する鏡であり、これを抜きにして中世詩は語れないといっても過言ではあるまい。事実、良基・心敬らの連歌論、あるいは宗祇・肖柏《しょうはく》・宗長《そうちょう》によって巻かれた『湯山《ゆやま》三吟』、『水無瀬《みなせ》三吟』などの連歌作品が高い評価を得ているのは周知のとおりで、近年の連歌研究では、その数こそ多いとはいえないが、質的にはきわめて高い成果が発表・公刊されつつある。

【研究の方向】

連歌研究の方向は大別してその史的研究、つまり歴史的展開の相が中世という時代とどう関わっているかという問題の考察と、連歌作品そのものの文芸的本質の探求といった二つの方向に分けられよう。しかして後者の場合、さらにそれを分けて、連歌の興行形態に力点を置いた立場から考察する方法と、宗祇らの優れた作品を対象に、あくまでも「個」としてのその文芸性を中心に考究するといった方法が考えられるが、しかし、どちらの観点に立とうとも、その一方だけでは不十分であり、両者が互いに絡み合うところに「座の文芸」たる連歌の複雑微妙な性格があることを忘れてはなるまい。

【参考文献】

福井久蔵『連歌の史的研究』前・後編（成美堂、三〇・三一年）、山田孝雄『連歌概説』（岩波書店、三七年）、山田孝雄・星加宗一『連歌法式綱要』（岩波書店、三六年）、金子金治郎『菟玖波集の研究』（風間書房、六五年）、同『新撰菟玖波集の研究』（風間書房、六九年）、伊地知鉄男『連歌の世界』（日本歴史叢書、吉川弘文館、六七年）、木藤才蔵『連歌史論考』上・下（明治書院、七一・七三年）、島津忠夫『連歌史の研究』（角川書店、六九年）、同『連歌の研究』（角川書店、七三年）、同「竹林抄」（『新日本古典文学大系・四九』岩波書店、九一年）、同『連歌師宗祇』（岩波書店、九一年）、小西甚一『宗祇』（『日本詩人選』筑摩書房、七一年）、奥田勲『連歌師―その行動と文学―』（『日本人の行動と思想』四一、評論社、七六年）、同『宗祇』（吉川弘文館、九八年）、連歌総目録編纂会『連歌総目録』（明治書院、九八年）。

（中村　格）

金閣と銀閣

【概　観】

北山第は西園寺家の別荘を義満が接収したもので、義満出家の翌々年にあたる一三九七年(応永四)立柱上棟、同六年には義満常住の地となる。往時には紫宸殿(寝殿)を始め天鏡閣・護摩堂・懺法堂・泉殿など、豪華な建築群と名庭が敷地を占めていた。しかし、義満の死後、これらは移築・破却され、同地には舎利殿(金閣)のみが残されるに至った。

一方、東山山荘は北山第にならって義政によって造営されたもので、応仁の乱による計画中断を経て、一四八二年(文明一四)着工、常御所・会所・西指庵・持仏堂(東求堂)・観音殿(銀閣)と、一四九〇年(延徳二)に義政が死去するまで工事は続いた。東求堂と銀閣のみ現存する。

【研究史】

一九五〇年(昭和二五)炎上した金閣は、銀閣との比較以外に研究対象としてあまり着目されることはなかった。むしろ、北山第に「国王」の政庁としての役割を見る今谷明の近年の研究『室町の王権』(中央公論社、九〇年)、『室町時代政治史論』(塙書房、二〇〇〇年)のように、義満政権の象徴的建造物として、政治史の分野からアプローチされることの多い現状である。

一方、東山山荘は『蔭涼軒日録』などの関連史料から、建物および配置の復元が堀口捨巳「君台観左右帳記の建築的研究」(『美術研究』一二四、四二年)や川上貢『日本中世住宅の研究』(墨水書房、六七年)によって試みられている。こうした研究成果をふまえて、近年建築史から宮上茂隆「東山殿の建築とその配置」(『日本史研究』三九九、九五年)、発掘調査の結果から百瀬正恒「東山殿(慈照寺)の建物配置と庭園」(『日本史研究』三九九、九五年)によって、造営当時の景観と現況との厳密な比較と復元が行なわれるようになった。

また、黒川直則は「東山山荘の造営とその背景」(『中世の権力と民衆』創元社、七〇年)において、東山山荘造営の経済基盤に着目し、造営を目的とした畿内周辺住民への過重な賦課が、山城国一揆の一つの誘因となった可能性を指摘している。

さらに最近では、義満政権における北山第の役割と同視角で、義政政権と東山山荘をとらえる野田泰三「東山殿足利義政の政治的位置付をめぐって」(『日本史研究』三九九、九五年)の研究により、同山荘が芸能遊宴の場だけではなく、執務の場でもあったことをあらたに提言している。今後、こうした諸観点にそってますます論議が深まってくることであろう。

【参考文献】

臼井信義『足利義満』(吉川弘文館、六〇年)、佐藤進一『足利義満』(平凡社、八〇年)、今谷明『日本国王と土民』(集英社、九二年)、林家辰三郎「東山文化」(岩波講座『日本歴史・中世三』六三年)、横井清『東山文化』(教育社、七九年)、河合正治『足利義政と東山文化』(清水書院、八四年)、森田恭二『足利義政の研究』(和泉書院、九三年)、『金閣寺銀閣寺』(淡交社、六四年)、『週刊朝日百科一六・金閣と銀閣』(朝日新聞社、八六年)。

(錦　昭江)

五山文化

【五山文化概観】

中国の制度を模して、五山十刹の官寺機構が整った鎌倉末から南北朝期に、これら諸寺院の僧などによって禅文化が盛行した。これらを総称して、一般に五山文学という。その範疇は、宋学研究、絵画、寺院建築、五山版と呼ばれる出版事業等々幅広いジャンルに及ぶが、とりわけこの期の文化を代表するのが五山文学である。

五山文学とは、五山禅院らによって創作、鑑賞された漢詩文のことであり、その種類も多岐にわたっている。すなわち、高僧の説法・問答を筆録した語録、疏（下位から上位禅院への公文書）、榜（上位から下位禅院への公文書）、啓札（儀礼的書簡）などの公文書類、詩文として独立した外集、典籍の講義を筆録した抄物などが目的別五山文学分類である。これらは公的・私的を問わず、四六駢儷文や律・絶句のような詩の形態をとり、技巧あふれる文体で綴られている。

五山文学の始まりは渡来僧が多く来日する弘安期に求められ、この期は無学祖元や一山一寧ら渡来僧の指導による啓蒙期にあたる。また、五山文学の下限は一般に元和元年とされ、その歴史は四〇〇年にも及ぶが、室町後期以降は作風も新味乏しく衰退期とされる。すなわち、南北朝こそが義堂周信や絶海中津を双璧とした五山文学の興隆期といえるわけである。

【研究史】

五山文学研究の出発点としては、明治期の上村観光の一連の業績をあげねばならないであろう。上村は五山文学の作品を採訪し、それらを『五山文学全集』（六条活版製造所、〇六年、のみ思文閣、七三年）、『五山詩僧伝』（東京民友社、一二年）などの著作に集録した。対象となった作者は二三〇名を数える。戦後、上村の成果をさらに発展させたのが玉村竹二である。『五山文学新集』（東京大学出版会、六七〜七二年）で、これまでの未収録作品を網羅して掲載。また、玉村による『五山文学』（至文堂、六六年）は入門書の体裁をとりながらも、戦後の五山文学研究の指針となった。

一九七〇年から八〇年代になると、さまざまな視角から五山文学研究が試みられるようになってきた。まず日本文学からのアプローチとして、安良岡康作は『五山文学』（岩波書店、六九年）で、これまであまり重要視されてこなかった日本漢詩文学を日本文学史上に位置づけた。また宗教史からは、僧録などの検証を通じて禅林寺院機構を明らかにし、この観点から五山文学研究に取り組んだ今枝愛真『禅宗の歴史』（至文堂、六二年）、『中世禅宗史の研究』（東京大学出版会、七〇年）、これまでの諸説を統合して五山文学の推移を四期に時代区分した蔭木英雄『五山詩史の研究』（笠間書院、七七年）、日本文化史上に立って五山文学を評価した芳賀芳四郎『中世禅林の学問および文学に関する研究』（思文閣、八一年）があげられよう。また、五山文学関連の人物研究としては、玉村竹二『夢窓疎石』（平楽寺書店、五八年)、寺田透「義堂周信」(『文学』三二—九)など、多くの蓄積がある。なお、寺田『義堂周信・絶海中津』(『日本詩人選』筑摩書房、七七年)は、詩史の中に五山文学を位置づけた点でも特筆される。

【近年の動向と今後の課題】

禅宗研究関連でいえば、外交史の視野から禅僧の活動をとらえた村井章介「渡来僧の世紀」(『都と鄙の中世史』吉川弘文館、九二年)、西尾賢隆「京都五山の外交的機能—外交官としての禅僧」(『アジアのなかの日本史II』東京大学出版会、九二年)、同「室町幕府外交における五山僧」(『日本歴史』五三七、九三年)がまずあげられる。これらの考察では、外交史にとどまることなく、従前、「わび」、「さび」に象徴される禅文化を純日本的な美意識としてきた通念を疑問視し、五山僧がもたらしたこの時期の文化の国際性を強調している。また『日本中世の禅宗と社会』(吉川弘文館、九八年)に代表される原田正俊の一連の考察では、国家権力や顕密仏教との関連で禅宗史をとらえているのも新たな視角といえよう。

これら諸氏の研究に見られるように、近年では宗教史・文化史という狭いジャンルに終始することなく、外交史・政治史というより広い観点からこの時期の社会・文化をとらえようとする試みが進んでいる。むろん、これらの傾向は日本史のみにとどまらず、日本文学や美術史など、関連諸分野との連携がこれまで以上にさらに必要とされるようになってくることはいうまでもないことである。

さらに、美術史では島尾新「室町水墨画の再評価」(『国華』一二三二、九八年)に見られるように、水墨画の精査な調査をもとに従来の評価の再検討が提唱されつつある。また、日本史でも松尾剛次「渡来僧の世紀」(『歴史と地理』山川出版社、九九年)による蘭渓道隆の事績の検証など、これまで看過されがちであった基本データの再検証・再評価などがあわせて行なわれなければならないであろう。

【参考文献】

『日本美術全集・禅宗の美術』(学研、七九年)、『名宝日本の美術・五山と禅院』(小学館、八三年)、山岸徳平『岩波日本古典文学大系・五山文学集』(岩波書店、六六年)、入矢義高『岩波新日本古典文学大系・五山文学集』(岩波書店、九〇年)、玉村竹二『日本禅宗史論集』(思文閣、七六年)、同『五山禅僧伝記集成』(講談社、八四年)、川瀬一馬『五山版の研究』(ＡＢＡＪ、七〇年)、太田博太郎『中世の建築』(彰国社、五八年)、川上貢『禅院の建築』(河原書店、六八年)、伊藤延男『禅宗建築』(至文堂、七六年)、重森三玲・重森完途『日本庭園史体系』(社会思想社、七一年)、『原色日本の美術・禅寺と石庭』(小学館、七七年)、矢代幸雄『水墨画』(岩波新書、六九年)、『禅林画賛・中世水墨画を読む』(毎日新聞社、八七年)、金沢弘『如拙・周文・宗湛』(至文堂、九四年)、和島芳男『中世の儒学』(吉川弘文館、六五年)。

(錦　昭江)

水墨画

【水墨画とは】

水墨画は、文字どおり墨だけで描いた絵画である。淡い色を使用した場合も水墨画といえるが、彩色を施した絵画、着色の絵画のちょうど反対にあるのが水墨画と考えれば理解しやすい。ただし墨のみの輪郭線で描かれた絵画は、白描画または白画といわれ水墨画とは区別される。水墨画は中国で生まれたが、これの経過には表現として自立していくための苦闘の歴史があった。中国唐代の絵画は、描かれる対象の形を示す輪郭線と質感を表す彩色が中心であった。中でも代表的な画家・呉道子は、描線に筆の勢いを加え、単なる形を超えた意志的な表現を完成させた。一方で墨を注ぐような激しい表現、形態を無視した奇矯な絵画も唐代には発展した。この筆と墨による相反した表現は、一〇世紀前半の画家・荊浩によって止揚され、描く対象を表現する技法もさまざまに生みだされ、筆と墨が調和した水墨画が完成した。その後一一世紀北宋時代に水墨画は山水画を中心に頂点に達し、以後の南宋、元、明代へと変容しながら展開し、また日本や朝鮮を始めとして東アジアの各地域へと伝搬していった。

【日本における水墨画の歴史】

わが国に本格的に水墨画が伝えられたのは鎌倉時代後期の一三世紀から一四世紀の頃である。水墨画の流入はそれまでの仏画などの伝統的な絵仏師にも影響を与えたが、可翁や黙庵など当初から水墨画を描く禅僧を登場させた。この後水墨画は著しく発展するが、これの背景には将軍や公家、大名をも取り込んだ禅宗社会の文芸化が進行したことがある。この中で絵画は、宗教的な礼拝画から世俗的な鑑賞画、すなわち水墨画へと大きく変質していった。ただし日本における水墨画は、中国北宋の大観的な厳しいものではなく、南宋代の影響を受けた情趣的な表現が好まれ、周文にこの特色が発揮された。一方でわが国独自の水墨画に対しての美意識も生まれ、牧谿や玉澗などの作品が中国からもたらされ、多くの画家たちに影響を与えた。室町時代には将軍家顧問の阿弥派の画家たちが活躍し、また絵と詩が一体となった詩画軸が流行した。さらに一五世紀中頃以降には水墨画はいっそう発展し、強固な画面構成を持った雪舟の作品が登場し、一六世紀末には水墨画の最高傑作、長谷川等伯の「松林図屏風」が生まれた。また一五世紀後半、祥啓によって関東に水墨画が本格的に移入され、一六世紀には個性的な画家・雪村が東国で多くの作品を残した。桃山から江戸時代には、宗達が装飾性に富んだ水墨画を描き、近世中期以降には、池大雅や与謝蕪村、浦上玉堂などの南画家も詩情豊かな作品を残した。

【研究文献】

水墨画に関しての論文や文献、また全集は数限りがない。しかし最も大きな位置を占めるのは『水墨美術大系』（全一五巻、別巻二巻、講談社、七三～七七年）だろう。ここには水墨画の発生から各時代、各作家の代表的な作品が大判の図版で網羅され、また中国、朝鮮、日本における水墨画の実状が充実した解説と論文で紹介されている。なお近年の水墨画の作家と作品研究では、宮島新一『雪舟　旅逸の画家』（青史出版、二〇〇〇年）、山下裕二『室町絵画の残像』（中央公論美術出版、二〇〇〇年）が注目される。（小川知二）

一向一揆

【二種類の一向一揆】

戦国時代、日本各地で形成された本願寺門徒による一揆集団、ないしはその蜂起のことで、大きく二種類に分類される。第一は、地域を単位に形成された門徒団が、その地域の支配者に対して武力蜂起するもので、例えば一五世紀後半に守護家の内紛に介入し、自ら守護を擁立して約百年間加賀を支配した加賀一向一揆、三河国の支配を進める徳川家康と戦った三河一向一揆などである。第二は、各地の門徒が本願寺の指令により中央の政治抗争に介入して戦うものである。例えば細川政元に味方し、前将軍義材側に立つ越中畠山氏、越後長尾氏、越前朝倉氏などと戦った永正の争乱、将軍足利義晴と細川晴元との対立から、本願寺が門徒を率いて戦闘に参加した享禄・天文の争乱、前将軍義栄派の三好三人衆らに味方して足利義昭を擁する織田信長と戦った石山合戦などである。

【本願寺教団の特質】

一向一揆を考えるうえで本願寺教団という母体の性格が重要である。教団に結集した「一向宗」徒は、必ずしも親鸞の教義に忠実な門徒とは限らず、神官・山伏・占師・琵琶法師など民衆の支持を受ける呪術的宗教者が少なくなかった。彼らは大名などから警戒されたため、本願寺もまた支配層と緊張関係を持つことになり衝突も生じた。また本願寺自体が自らの立場を守るため幕府の有力者と密接な関係を保っており、幕府中央の政争の影響を受けやすい立場にいたことも見逃せない。さらに教団は、頂点の宗主の地位が本願寺一族、家臣団、門徒団三者の総意による承認に支えられるという一揆の構造を持っており、教団存続の危機に臨んでの宗主の命令は直ちに教団の総意として門徒に浸透した。この一揆の構造は大名家家中とも共通するものであり、教団は戦国大名などとも肩を並べる強力な武装勢力だったのである。このような存在をいかに扱うかが中世末に登場した統一権力にとっても大きな課題であった。統一権力により一向一揆は解体されたとの見方もある一方で、本願寺教団は、統一権力に地位を保障されることで近世の発展を見たとみる見解も出されている。

【研　究　史】

一向一揆は、戦後笠原一男が中世後期に隆盛を迎える惣村の運動と密接に絡ませて分析し、農民闘争と規定したため、一躍注目を浴びることになった。一方、井上鋭夫は笠原説を批判的に継承し、初期門徒をワタリ・タイシなどの非農業民とした。この説は七〇年代半ば以降都市史への関心が高まり、寺内町が注目される中で藤木久志・峰岸純夫らにより取り上げられた。また近世史から、朝尾直弘らによって統一権力形成の大きな障害であり、移行期の鍵を握る存在との観点が提起された。これらを受けて七〇年代後半以降、金龍静・草野顕之らにより教団研究の立場から、また神田千里により宗教社会史の観点から、さらに戦国期政治史の観点から一向一揆の実態面に関する研究が進められている。

【参考文献】

峰岸純夫編『本願寺・一向一揆の研究』(吉川弘文館、八四年)、浄土真宗教学研究所・本願寺史料研究所編『講座蓮如』一〜六(平凡社、九六〜八年)、神田千里『一向一揆と戦国社会』(吉川弘文館、九八年)。

(神田千里)

古今伝授

『古今和歌集』の序や和歌・歌語の解釈を中心とした口伝・秘伝を、切紙や抄物で師から弟子、または親から子へと相承していくこと。狭義には室町時代以降の形式的にも整備された伝授を指すが、院政期あたりから始まった歌学の伝授を含めることも多い。一〇世紀末には、『古今和歌集』は古典と意識されており(『枕草子』の村上天皇女御芳子の逸話など)、院政期になると『古今和歌集』を享受するために注釈が必要になったらしい。のちの六条家・御子左家などにつらなる和歌の家が、歌合の場などで『古今和歌集』の歌や歌語の解釈などをめぐって、互いに家説の優位を主張しあうようになる。源俊頼・藤原基俊・藤原清輔・顕昭などの専門歌人が出て歌学書を著し、『古今和歌集』の難解な歌語の解釈を問題にした。また、『俊頼髄脳』のように、和漢の故事や詠歌の事情を説話的に説明することにより歌を解釈するものもあった。これは、鎌倉時代以降の古今注によく見られるものである。院政期には、抄物の授与や口伝の相承が行なわれていたと推測されているが、それを絶対視する傾向はまだ見られない。鎌倉時代、俊成・定家・為家を輩出した御子左家の権威が高まり、父子相承・師資相承の口伝重視の伝授形式が整っていく。御子左家は、為家没後二条・京極・冷泉の三家に分裂・対立したが、二条家が御子左家の正統と目されるようになった。しかし、御子左家の正当から外れた為顕流や反御子左家派の九条流などさまざまな流派も活発に活動していた。とくに為顕流の『古今和歌集序聞書三流抄』は、軍記物語や謡曲など、中世文学に大きな影響を与えたことが知られる(伊藤正義「謡曲「富士山」考」『言語と文芸』六四、六九年)。また、この時期の古今注と仏教との深い関わりも指摘されている(新井栄蔵「古今集灌頂秘書と仏教教理」『奈良女子大学文学部研究年報』二六、八三年)。

【いわゆる古今伝授の確立】

古今伝授は、室町時代後期に宗祇・堯恵によって確立された。東常縁が始めたという誤解があったが、常縁の古今伝授は為家以来の由緒正しいものであった。常縁から宗祇への相伝の様子は『古今和歌集両度聞書』によって知られ、ほぼ古今伝授の形式が成立していたらしい。宗祇から、三条西実隆・近衛尚通・牡丹花肖柏に伝えられ、さらに三条西家から細川幽斎・智仁親王・後水尾天皇へと伝わり御所伝授と呼ばれ、てにをは伝授・伊勢物語伝授などの要素を加え発展した。また松永貞徳・北村季吟らに伝わり、堂上派地下伝授が派生し、近世歌学を担った。堯恵流には天台系の日吉神道、宗祇流には吉田神道の教説が切紙などの形で含まれていることが指摘され（新井栄蔵「古今伝授の再検討」『文学』四五―九、七七年）、古今集歌の理解は国家観・人間観にも結びついていた。

【参考文献】

横井金男『古今伝授の史的研究』（臨川書店、八〇年）横井・新井編『古今集の世界』（世界思想社、八六年）、片桐洋一『中世古今集注釈書解題』（赤尾照文堂、七一年）、井上宗雄『中世歌壇史の研究』（明治書院、六一年）、三輪正胤『歌学秘伝の研究』（風間書房、九四年）、鈴木元『室町の歌学と連歌』（新典社、九七年）、『古今切紙集』（京都大学国語国文資料叢書四〇、臨川書店、八三年）、蔓殊院蔵『古今伝授資料』（汲古書院、九〇年）。

（西脇哲夫）

地蔵信仰

【地蔵菩薩】

仏教には多くの仏菩薩が見られるが、そうした中で日本の民衆に最も親しまれているのは地蔵菩薩である。仏教では地蔵菩薩は釈迦の没後、五六億七〇〇〇万年後、弥勒仏が出現するまでの無仏の時代に人びとを済度する仏とされた。地蔵への信仰はインドよりも中国で七世紀以後に普及し、『地蔵十輪経』、『占察善悪報経』、『地蔵菩薩本願経』（この三経は地蔵三経と呼ばれた）が偽撰されたとされる。これらの経は日本では奈良時代の天平年間から見られる。奈良時代の造仏の事例では阿弥陀、観音に対し地蔵のそれは少ない（速水侑「日本古代貴族社会における地蔵信仰の展開」『北大文学部紀要』一七―一、六九年）。

【地蔵信仰の展開】

平安中期以降、末法思想が受容され、地獄での救済者としての地蔵が広く民衆の間に定着していく。その具体的な信仰は『今昔物語集』巻一七に見られる（菅原征子「平安末期における地蔵信仰」『史潮』九六年）。そこでは地蔵は童形、右手に錫杖、左手に宝珠という現在広く見られる地蔵の姿が定着してくる。また月の二四日に地蔵講が催されている。地蔵の造仏は専門の仏師の手によるよりも素人の信者により作製され、住居の近くに草堂が建てられてそこに納められることが多く、大寺院に安置されることが少ない。そこには現世利益をもたらす地蔵への信仰が民衆の間に定着している姿がうかがえる。また、童子とともに老婆の姿が見えるのは、母子神の信仰が地蔵信仰の背後にあったのではないかと思わせる。一方、そこには地蔵の信者が死後に地獄におちたとき、生前の地蔵への信仰により救済されこの世によみがえってくる事例も少なくない。地獄の責め苦が強調される末法の世という観念も地蔵信仰の背後にあった（和歌森太郎「地蔵信仰について」『宗教研究』一二四、五一年）。

【地蔵信仰の諸相】

地蔵ほど多くの名称を持つ仏菩薩はない。片目地蔵、化粧地蔵、とげぬき地蔵、延命地蔵、身代わり地蔵、田植え地蔵、夜泣き地蔵など三〇〇に近い名前が知られている（本山桂川『土の鈴』一二、大正一一年）。こうした名称にまつわる伝説も柳田国男の『日本伝説名彙』に一〇〇近くが収められており、地蔵への民衆の意識をうかがうことができる。地蔵信仰は現代の生活にも生きている。七月二四日の地蔵盆の行事、また、六地蔵という地名が各地に見られ、村境、辻、墓地の入口などに六体の地蔵が立てられていることも珍しくない。これは境の神である道祖神と仏教の六道の観念が習合したものである。地蔵を数日ずつ家々に祀り、村内あるいは数ケ村を巡り歩く「廻り地蔵」という習俗も見られる（松崎憲三「廻り地蔵の縁起と習俗の伝搬について」『近畿民俗』七五、七八年）。また「地蔵あそび」の習俗が「地蔵憑け」からの展開したものであり、そこにシャーマニズムの存在が見られるともされる（桜井徳太郎「本邦シャーマニズムの変質過程」『日本歴史』二六二、七〇年）。地蔵の研究では、歴史の側では中世、近世における地蔵とその信仰の具体相については今後の研究にまつところが少なくない。

【参考文献】

桜井徳太郎編『地蔵信仰』（民衆宗教史叢書、雄山閣、八三年）、都丸十九一『地蔵行事の概要とその和讃集』（上毛民俗叢書、五五年）、速水侑『地蔵信仰』（塙書房、七五年）。

（西垣晴次）

町衆の文化

【町衆の定義】

町衆《まちしゅう》は、中世後期の都市の住人のことで、『日葡辞書《にっぽじしょ》』では「ちょうしゅ」と読んでいる。林屋辰三郎は、町衆とは「町」において地域的な集団生活を営む人びとで、商業・手工業者から構成され、土倉衆や公家衆も内包していたとした（「町衆の成立」『思想』三一二、五〇年、『中世文化の基調』所収、東京大学出版会、五三年）。そして、真の町衆の時代は明応〜永禄一一年（一四九二〜一五六八）で、桃山・寛永の時代は特権門閥化した上層町衆の時代とする（林屋『町衆』中公新書、六四年）。町衆の概念については諸議論がある（馬田綾子「「町衆論」の検討」『新しい歴史学のために』一七四、八四年など）。町衆は、京都に限らず堺など各地の都市で地域的な共同体組織を表現する語として用いられた。

【京都の町衆文化】

京都の町衆文化全般については、林屋の前掲書や京都市『京都の歴史三・近世の胎動』（学芸書林、六八年）、横井清『下剋上の文化』（東京大学出版会、八〇年）などがある。

町衆文化の特色は、都市の文化であり、民衆を基盤とした文化であることである。林屋は京都の町衆文化として手猿楽（能）・風流踊・祇園祭・小歌・御伽草子をあげている（「郷村制成立期に於ける町衆文化」『日本史研究』一四、五一年、『中世文化の基調』所収）。この中で最も町衆的な文化は祇園祭であろう。応仁の乱でいったん途絶えた祇園祭は一五〇〇年（明応九）に復活した。山鉾巡行の山と鉾は、商業の盛んな四条大路・室町小路付近の地域ごとに作られ、その数は一五〇〇年の復活時には三七基であった（『祇園社記』）。狂言の「鬮罪人《くじざいにん》」によれば、山の出し物は相談で決められ、毎年当番が幹事役を務めた。山・鉾の題材は、芦刈山・菊水鉾・木賊山《とくさやま》・黒主山など能からとったものが少なくない（脇田晴子『中世京都と祇園祭』中公新書、九九年）。

林屋は、御伽草子を町衆の文化的所産であり、古典的教養を持つ旧貴族（公家衆）の参加により旧貴族と都市民の両方に地盤があるとした。公家衆が町衆文化の一翼を担ったことは、公家の山科言継《ときつぐ》の日記『言継卿記《ときつぐきょうき》』に見られ、言継は町衆に盆の踊歌の稽古をして拍子を定めたり、踊歌を作っている。言継は笙《しょう》の演奏を家業の一つとし、宮廷では楽奉行を務めた音楽の専門家であった。山科家のもう一つの家業である天皇家の装束調進では、西陣に住む御陵織手《ごりょうのおりて》が天皇家の服を織り、彼らは西陣織の基礎を築いた（菅原正子『中世公家の経済と文化』吉川弘文館、九八年）。京都における町衆文化の発達の影には、公家の伝統的な文化の存在があったといえる。

【堺の町衆文化】

堺の町衆の中心は会合衆《かいごうしゅう》で、会合衆と茶の湯については、泉澄一『堺』（教育社歴史新書、八一年）に詳しい。また、『堺の歴史』（角川書店、九九年）第三章「国際的な自治都市」（朝尾直弘）では、連歌や出版についても触れている。（菅原正子）

蓮如

【生涯・活動】

室町・戦国時代の真宗僧侶。本願寺第七世存如の子。本願寺第八世として本願寺教団を発展させ、近世本願寺教団の基礎を築いた。一四一五年（応永二二）生まれ。一七歳のとき得度してのち父・存如の活動を助けた。存如は『正信偈』、『三帖和讃』など親鸞の著作を中心とする勤行作法を整備し、近江門徒へ教化を行ない、蓮如の室に伊勢下総守貞房の娘を迎えるなど室町幕府の有力者と人脈を求め教団の地位向上を図った。その方針は蓮如にも引き継がれ、子息・順如、実如は日野勝光の猶子となり、娘・妙秀は足利義政側近に伺候している。

一四五七年（康正三）、存如死去ののち

第八代宗主に就任、精力的な活動により、奉公衆にも門徒が現れるほど教団は発展を遂げたため、山門衆徒による京都東山の本願寺破却などの弾圧も受けた。一四七一年（文明三）、越前国吉崎に留錫する。『御文』を著し、『正信偈』『三帖和讃』を開板するなどの伝道活動により教線は飛躍的に拡大し、守護・富樫幸千代と結ぶ高田派と衝突した本願寺門徒は富樫政親を擁立し、幸千代を追放するに至った。しかし蓮如は抗争を避けて北陸を去り、京都山科に本願寺を建立してここを伝道の拠点とした。隠居後、一四九六年（明応五）大坂本願寺も創立している。一四九九年（明応八）没。

　親鸞の教義に基づく宗派として本願寺教団を確立し、一家衆の制を設け、親鸞の教義を継承する体制を整えるなど教団の基礎を築いた。またその著作『御文』は真宗教義の書として広く親しまれ、現代に至るまで多大な影響を与えている。

【研究史と論点】

『御文』が福沢諭吉により注目されたり、島地黙雷、暁烏敏らにより真俗二諦の教義の提唱者とみなされたりしていたが、大正以後長沼賢海、牧野信之助、稲葉昌丸、禿氏祐祥、谷下一夢、宮崎円遵らによって歴史研究の対象とされ、一向一揆の煽動者といった皮相な理解を脱し戦国の宗教者として注目、研究されるようになった。

　戦後には四五〇回忌記念出版の龍谷大学編『蓮如上人研究』や、六〇年代の本願寺史料研究所編『本願寺史』などの実証研究、宗教史から森龍吉、重松明久、山折哲雄らの研究、一向一揆への関心から服部之総、笠原一男、井上鋭夫、北西弘らの研究がある。おおむね民心と時代の動向をつかんだ教団の指導者とされてきたが、親鸞の教義・思想の本質を十全に継承したか否か、封建社会の道徳にどのように対処したか、などの諸論点については議論が分れている。

　八〇年代に入り金龍静らの教団研究、また蒲池勢至らの民俗学的アプローチなどにより再検討が行なわれ始め、近年五〇〇回忌記念の『講座蓮如』が出版されたのを始め、さまざまな実証研究が進められた。

【参考文献】

神田千里『一向一揆と真宗信仰』（吉川弘文館、九一年）、源了円『蓮如』（講談社、九三年）、浄土真宗教学研究所・本願寺史料研究所編『講座蓮如』一～六（平凡社、九六～八年）、蓮如上人研究会編『蓮如上人研究』（思文閣出版、九八年）。

（神田千里）

城郭建築

【戦国以前の城郭と建造物】

鎌倉時代に、地頭クラスの武家居館が方一町（約一〇九メートル）規模で作られ、その遺構も多い。発掘調査などによって、内部の母屋そのほかの建造物の様子がわかるようになり、それと、『粉河寺《こかわでら》縁起《えんぎ》』や『一遍上人絵伝』、『男衾三郎絵《おぶすまさぶろうえ》詞《ことば》』などの絵画資料とによってかなりなまで明らかになってきた。ただ、南北朝期の山城の建造物については発掘事例がまだ少ないということもあって、まだ解明されていない部分が多い。

戦国期の城郭については、ここ二〇年ほどの間に急速に発掘調査の事例が増え、本曲輪・二の曲輪などの城郭主要部分の主殿(御殿)建物がかなり明らかになってきた。畿内および西国に礎石建ちの建物が多く、関東・東北に掘立柱の建物が多いという傾向も見え、また、礎石建ちの場合、屋根が多くのところで瓦葺きとなっていることも判明した。また、櫓や門などの発掘事例も増えたため、戦国城郭の防御の実態が浮きぼりになってきている。

【信長の安土城と「天主」】

城郭建築の面では、織豊期から近世初頭にかけての時期がピークとなっており、建造物が増えたというだけでなく、豪壮で華麗な建造物が急速に実現し、建築史的アプローチが多く見られる。中でも、「近世城郭史の一ページ」などと評される織田信長の安土城についての研究が早くからなされ、古くは土屋純一「安土城天主復原考」(『名古屋高等工業専門学校創立二五周年記念論文集』三〇年)、古川重春『日本城郭考』(巧人社、三六年)といった研究から、新しくは城戸久『城と民家』(毎日新聞社、七二年)、宮上茂隆「安土城天主の復原とその史料について」(『国華』九九八・九九九、七七年)、内藤昌『復元安土城』(講談社、九四年)など、実に多くの建築史家がトライをしている。とくに、宮上と内藤の論争は、外観の違いだけではなく、天主内部の吹き抜け空間が存在するか否かといった根本的な違いとなっている。

【秀吉・家康と城郭建築】

信長の時代、その家臣として信長の城作りにもタッチした秀吉が、自ら多くの城を築き、しかも天下人の城として豪壮・華麗なものが見られる。とくに一五八三年(天正一一)から築城を始めた大坂城は、発掘調査による研究と建築史的アプローチとの両方からの研究によって、かなり具体的なことがらが明らかになってきた。

同様、聚楽第および伏見城の研究も進んでいる。秀吉の居城に関しては、これまでは桜井成広『豊臣秀吉の居城・大坂城編』、『豊臣秀吉の居城・聚楽第・伏見城編』(城郭資料館出版会、七〇年・七一年)が依拠すべき成果であったが、研究の進展をまとめる形で小和田哲男『城と秀吉』(角川書店、九六年)が全体を概観している。

佐賀の『鍋島勝茂譜考補』に、「慶長十四己酉、天守御成就、今年日本国中ノ天守数二十五立」と見え、その頃がピークだったことがわかる。姫路城については『姫路城の建築と構造』(日本城郭史研究叢書第九巻、名著出版、八一年)が優れた成果である。

(小和田哲男)

障壁画

建物を仕切る壁や建具に描かれた絵のこと。ほぼ建造物に固定された状態の①

壁貼付絵系（床壁貼付絵・違棚壁貼付絵など）と、一応固定されているが、開閉や取り外しで自由に動かせる②障子絵系（襖絵・扉絵・杉戸絵・腰障子絵など）の二系統に分類できる。『広辞苑』では、障壁画について「壁画と障屏画《しょうへいが》の併称」と説明しているが、美術史の用語としては、土壁絵や板壁絵のように壁面へじかに描かれる壁画と区別して用いられている。ちなみに障屏画は、障壁画と屏風絵の併称である。

【金壁《きんぺき》障壁画】

障壁画史において二度の黄金時代があった。第一次は平安時代で、日本独自の建築様式・寝殿造を舞台に、日本の事物を描いた倭絵《やまとえ》の障壁画が誕生した。障壁画は画題によって部屋の用途や格式を明らかにする性質があり、平安時代は文献や画中画から、唐絵《からえ》が公の場に、倭絵が私の場に用いられたと考えられている（千野香織『岩波日本美術の流れ三・一〇～一三世紀の美術・王朝美の世界』岩波書店、九三年）。

第二次は桃山時代で、豪壮な城郭建築や御殿を荘厳化する目的で、金地画面に緑青や群青など鮮やかな顔料で描く金碧障壁画が制作された。この時代を代表する絵師としては、狩野永徳《かのうえいとく》があげられる。永徳は、強く粗い筆致で描く大画という画法を大成しており、聚光院《じゅこういん》に伝わる金泥流しの墨画「四季花鳥図襖」は、その代表例である。一方、永徳金碧障壁画の傑作は安土城とともに焼失したとされる（武田恒夫『狩野派絵画史』吉川弘文館、九五年）。しかし、現存する桃山金碧障壁画として、長谷川等伯《はせがわとうはく》の智積院《ちしゃくいん》障壁画、狩野《かのう》光信《みつのぶ》の園城寺勧学院《おんじょうじかんがくいん》障壁画、狩野山楽《かのうさんらく》・山雪《さんせつ》の天球院《てんきゅういん》障壁画が当時の作風を伝えている。これらに関する近年の研究として、順に山根有三『障屏画研究』（中央公論美術出版、九八年）、辻惟雄ほか『国華』一一八〇号（九四年）、榊原悟「天球院障壁画の筆者の問題」（『日本美術全集一七・江戸時代の絵画Ⅰ・狩野派と風俗画』講談社、九二年）があげられる。江戸時代に入り、狩野探幽《かのうたんゆう》によって二条城二の丸障壁画が制作されるが、こちらは桃山の遺風を受け継ぎながらも、やや形式化しており、黄金期の終焉を告げている。

【参考文献】

障壁画史の主要研究として、土居次義『障壁画』（至文堂、九六年）、武田恒夫『桃山の花鳥と風俗・障屏画の世界』（日本放送出版協会、七一年）、水尾比呂志『障壁画史 荘厳から装飾へ』（美術出版社、七八年）をあげておく。三者それぞれに研究姿勢が異なり、土居は障壁画と屏風絵に分けて、武田は障屏画という広範な視野で考察し、水尾は障壁画に壁画を含める独特の視点で、日本の大画面の絵画全体を考察している。

なお、遺品の少ない鎌倉・室町期の障屏画については『中世障屏画』（京都国立博物館、六九年）が基本文献である。従来、中世障屏画については桃山障屏画のプロローグ的な扱いでしか研究されなかったが、中世障屏画を主体に遺品の少ない点は画中画で補い詳しく解説している。個々の作品研究については、図版の豊富な『障壁画全集』（美術出版社、六六～七二年）を参照されたい。また、『研究発表と座談会 障壁画研究の視点』（仏教美術研究上野記念財団助成研究会、九七年）は、考古学や工芸分野からの視点を交えた智積院障壁画の学際的研究を扱っている。

（奥田敦子）

南蛮文化

【南蛮文化の展開】

南蛮文化とはいったいどのような文化を指すのであろうか。それを定義づけるとすれば、一六世紀より一七世紀にかけての大航海時代に、主としてポルトガル人によってもたらされ、日本がその影響を受けた文化といったらよいだろうか。

ポルトガルの日本進出は、ポルトガル国王の布教保護権のもとに布教と貿易が一体化していた。そのため南蛮文化はキリシタン文化とも深く関わっていた。けれどもヨーロッパがキリスト教世界であるといっても、すべてがキリスト教と不可分の文化であるとはいえない。それにもかかわらず、南蛮文化はキリシタン文化として受け取られる可能性が高かったといえよう。

さて、その内容は多岐にわたっている。南蛮の風俗などを描いた南蛮屏風などに代表されるような美術、芸能、風俗、さらには医学、天文学、暦学、地理学などの科学、そして社会事業、教育事業、出版事業など枚挙にいとまない。

しかし一七世紀に入り、徳川政権によるキリシタン禁制政策と、海外との貿易・交流を幕府の管理・統制下に置く海禁（鎖国）政策のために、南蛮文化はその後の歴史から抹殺され、姿を消していったかのようにみえる。果たして、そのように考えてよいのだろうか。

【南蛮学統の継承】

かつて海老澤有道は、その著『南蛮学統の研究』で、天文・暦学を中心に取り上げ、南蛮暦学がキリシタン禁圧下にあって、いかに日本暦学の発展につながったかということについて綿密に実証している。つまり、平安初期から使用されてきた宣明暦は誤差が多いため、渋川春海の建言により一六八四年（貞享一）に新暦（貞享暦）が用いられるようになったが、この点について次のように説明している。春海は従来の経度の異なる中国の暦をそのまま日本に適用する誤謬を知り、子午線を京都に移して貞享暦を作った。春海は明で活躍したイエズス会士マテオ・リッチの著書に学んで緯度観測を行ない、またイエズス会士らの科学書に基づいて東洋天文学を再構築した『天経或問』によって、従来の日本の天文暦学を改めたのである。また南蛮流医学も紅毛（オランダ）流に偽装されて伝えられ、いわゆる蘭学に接続していった。

もちろん南蛮文化は、キリシタン禁制と「鎖国」のもとで屹立し消滅していったものもあるが、その一方でさまざまな形で継承されていったものもあった。南蛮文化がその後の日本史に、どのように継承されていったのかという視点も必要であろう。

【参考文献】

海老澤有道『南蛮学統の研究』（創文社、五八年）、同『南蛮文化』（至文堂、六

六年）、H・チースリク監修・太田淑子編『日本史小百科　キリシタン』（東京堂出版、九九年）。（村井早苗）

屏風絵

折り畳み持運びのできる屏障具に描かれた絵。その遺品の多さから、日本美術史で重要な位置を占める。一扇《せん》＝一パネルが六枚連結した形の六曲一隻が最も一般的だが、ほかにも二曲や八曲、一隻《せき》が対になった一双《そう》（雙）などがあり、画面構成に直接的な影響を与えている。したがって、絵の構図に屏風本体の構造を関連させた研究が発達している。

【構造と構図】

文献上の初出は、七五六年（天平勝宝八）聖武天皇の七七日忌に、光明皇后が東大寺大仏へ献納した天皇遺愛品の目録『国家珍宝帳《こっかちんぽうちょう》』で、「御屏風壱百畳《じょう》（帖《じょう》、のちの百隻）」とある。この頃の屏風は現存するものが少なく全体像がつかみにくいが、「鳥毛立女《とりげりゅうじょ》屏風」（八世紀）のように一扇ごとに縁取りする方式で、構図も一扇単位で独立したものが多かったと考えられている。

奈良時代以降室町時代に至るまで遺品に乏しいため、一次的資料の現存作品に、二次的資料である絵巻の画中障屏画をあわせて研究が進められてきた。この研究に先鞭をつけたのは田中喜作であり、さらに持丸一夫によって画中画の資料的価値が高められ、屏風が近世的変貌を遂げるのが一四、五世紀とされた。武田恒夫は、さらに時代をつめ、一三～一四世紀に二扇ごとに縁取りするものが現れ、その後六扇一括に縁取りするようになったことを明らかにした。そして、六扇一括方式は、それまで対象が細かく点在していた画面を視覚的に統一のとれたものへと変貌させ、一隻で完結していた画面を一双の連なりで鑑賞する画面へ発展させたことを指摘した。一方、安村敏信は、それまでの屏風の構造に重点を置いた研究に疑問を呈し、問題は屏風の構造よりも絵師の画面構成のとらえ方によるという見解を、俵屋宗達《たわらやそうたつ》の二曲一双の「風神《ふうじん》雷神《らいじん》図屏風」を例にあげて主張している。

【贈答品としての屏風】

屏風は持ち運びが便利なため、頻繁に贈答品として用いられた。室町時代、足利将軍家から明や李朝へ金屏風が贈られたことが、『蔭凉軒日録《いんりょうけんにちろく》』や『李朝実録《りちょうじつろく》』など諸文献より、赤澤英二が明らかにしている。また、江戸時代では、朝鮮やオランダ、フランスといった諸外国との外交に伴う贈答品用に、幕府御用絵師の狩野派や住吉派が屏風絵を制作している記事なども、両派の御用日記に散見される。これは、屏風があらゆる生活様式に適合する形式だからだろう。そして、屏風は儀式に必要な道具立てでもあり、とくに賀算の儀式（長寿の祝儀）には賀の屏風が祝進された。現存する作例に「明正院七十賀月次《つきなみ》絵屏風」があり、霊元院の命で山本素軒が描き、一六九二年（元禄五）明正院七十賀の儀式に贈られた。

制作された後の絵画についても、どの

ように需要され鑑賞されたか研究する必要が求められているが、屏風絵はその点でも重要である。

【参考文献】

田能村忠雄「賀の屏風考—近世に於ける賀算屏風の様式と製作過程—」(『美術史』四〇、六一年)、赤澤英二「十五世紀における金屏風」(『国華』八四九、六二年)、武田恒夫「屏風絵における一雙方式の成立」(『日本屏風絵集成一・屏風絵の成立と展開』講談社、八一年)、安村敏信「屏風の形と構図」(『日本美術全集一八・宗達と光琳』講談社、九〇年)、『室町時代の屏風絵』(東京国立博物館、八九年)。

(奥田敦子)

洛中洛外図

【概　説】

中世末の戦国時代から、京都の市中と郊外の様子を鳥瞰図として描いた屏風が作られるようになった。「洛中洛外図」は当時の京都の総合図といってよく、多様なものを含んでいる。まず、京都の地図的な役割を果たすべく、碁盤の目のように東西南北にはしる主な通りと周辺の景色を描き京都の立地がわかるようにする。そして、主な寺社、著名な人物の屋敷、有名な行事を描く。市中では内裏御所と将軍御所をひときわ大きく主要なモチーフとするとともに、通りに面した幾多の町々を描く。郊外には京都を取り巻く山々、名所・旧跡を、さらには田園の風景を添える。そして、これらすべての場面に人びとの日々の生活を活写している。事実、描かれた人数は歴博甲本(旧三条本)が千数百人、上杉本が二、五〇〇人と多数で、いかに情報豊かな絵画かがわかろう。

【内　容】

多様な内容を含む「洛中洛外図」は四季絵でもあり、また職人絵・年中行事絵そして風景画でもある。春は御所での節会の舞を始め門松などの正月の風景、夏は祇園祭や鴨川での水遊び、秋は収穫や紅葉狩り、冬は金閣寺の雪化粧などとして描かれる。人びとについては公家・武家・僧侶・神主そして商工民や農民のそれぞれの身分に応じた衣服や生業のあり方や、女性の社寺詣での姿やいろいろな遊びに興じる子供の姿を知ることができる。

【前期と後期】

「洛中洛外図」は前期(戦国時代)のものと後期(江戸時代)のものに大きく分けられる。前期のものは、国立歴史民俗博物館蔵の『甲本』・『乙本』、米沢市蔵の『上杉本』、東京国立博物館蔵の『東博模本』の四本のみで、後期のものは一〇〇本ほどがある。前期のものはいずれもが個性的で創造性が豊かである。右隻は東寺あたりから東山を見た視点で主に下京を、左隻は相国寺あたりから西を見た視点で主に上京を描く。後期になると、右隻と左隻をほぼ中央の南北通り(烏丸・室町通り)で分割し、それぞれ真東・真西を描いている。また例えば後水尾天皇の二条城行幸など、一つの行事を描いたものが多くなり、その行事の背景として京都を描くようになる。一〇〇本ほども作品が残存しているのは、この種の絵の需要がそれだけ高かったことを示しているが、一方、『舟木本』など江戸時代ごく初期のもののほかは類型化してしまった。

【参考文献】

洛中洛外図全般を知るのには、辻惟雄編『洛中洛外図』（至文堂）、京都国立博物館編『洛中洛外図』（淡交社、九七年）がある。また、歴博甲本・上杉本・舟木本の著名な洛中洛外図の画面を見たければ、『洛中洛外図大観』（小学館、八七年）がよい。ともかく簡便に歴博甲本・上杉本について知りたければ、水藤真『歴博甲本洛中洛外図屏風を読む』（歴博振興会）、小沢弘他編『図説上杉本洛中洛外図屏風を見る』（河出書房新社、九四年）などがある。また研究史を知りたければ黒田日出男『謎解き　洛中洛外図』（岩波新書、九六年）が便利である。

（水藤　真）

絵解き

【絵解きと熊野比丘尼】

絵解きとは、宗教的な絵画を前にしてその内容を説明すること、またそれを職能とする人のことを指す。具体的な絵画の種類には、高僧の伝記や寺社創建の由来（寺社縁起）、仏教説話や聖徳太子伝・釈迦涅槃《ねはん》図などがあげられる。

絵解きの事例は、古くから確認できる。そもそも古代に高僧が貴族などを相手として行なっていた絵解きは、中世に入ると民衆への教化手段として著しい発展を見せた。一般への普及のため、絵を示しながら話芸を交えて解説した者の多くは、「絵解法師」と呼ばれた下級の僧侶である。だが、ほかにもさまざまな芸能者も登場した。その一例としての熊野比丘尼《びくに》は、あまりにも有名である。

平安時代後期、多くの上皇や貴族が参詣したことで脚光を浴びた熊野三山への参詣は、その後、「蟻の熊野詣」として全国から多くの巡礼者を集めた。この熊野信仰を広めるため活躍したのが、熊野比丘尼である。各地を遍歴するにあたって彼女らが携行したものは、「熊野観心十界《かんしんじっかい》曼荼羅《まんだら》」・「那智参詣曼荼羅」といった絵画であった。民衆を相手にこの絵画の絵解きをすることで、熊野権現の教えを説いたのである。

【研究への視角】

一つ一つの絵画を分析し、その内容だけでなく絵解きをする者・聴衆、さらには場所なども含めて総合的に解釈していくことは重要な作業である。歴史学に限らず多彩な分野で進展を見せてきた絵解き研究は、近年、民衆文化史を明らかにするうえでも注目されている。その中で最も代表的な「熊野観心十界曼荼羅」（以下、「熊野曼荼羅」と表記する）を事例に、ここでは若干の研究視角を示しておく。

まずは、「熊野曼荼羅」の画像についてである。そこでは、生から死という人生の路程が表現されている。このように生前と死後の世界を結び合わせることをモチーフとしたものは、宗教思想は別としつつ、類似したものは世界各地にある。例えば、ヨーロッパ各地に流布した「人生の階段図」や「生死輪廻《りんね》」思想に基づいたチベットの絵画などである（横井清「童の境域」『朝日百科・日本の歴史四・中世I』朝日新聞社、八九年）。つまり、この事実は、単に日本史や仏教史という枠組みではなく、広く世界史や宗教史までも射程にしながら、絵解きを研究すべきことを物語っているのではないだろうか。

次に、「熊野曼荼羅」の受容のあり方をめぐってである。熊野比丘尼が著しく活動するのは、戦国期から近世初期である。黒田日出男は、その聞き手が子どもであったことに着目し、そこに「家」の確立に連動しながら夫婦による子育て願望が民衆へ到達したという、戦国期の特徴を明らかにしている（「戦国期の民衆文化」岩波講座『日本通史・一〇・中世四』岩波書店、九四年）。絵解きの視角をどうしたら民衆文化史研究へ昇華できるのか、その方法を知るための好適な素材の一つである。

なお、最後に、絵解き全般について、林雅彦『増補日本の絵解き』（三弥井書店、八四年）や赤井達郎『絵解きの系譜』（教育社、八九年）、徳田和夫『絵語りと物語り』（平凡社、九〇年）などの研究文献をあげておく。

（武井弘一）

おもろさうし

琉球王府が三回にわたって採録した全二二巻の古謡集。「オモロ冊子」の意で、オモロの語義は「思う」であるとされている。第一回目の『おもろさうし』の編纂は第一巻の四一首で、一五三一年に成立。第二回目の編纂は第二巻の四六首で、一六一三年に成立。第三回目の編纂は第三巻から第二二巻の一、四六七首で、一六二三年に成立。

『おもろさうし』全二二巻に収められた歌数は一、五五四首であるが、重複歌を除いた実数は一、二四八首である。それらの歌は、沖縄諸島・奄美諸島で伝承されたもので、宮古諸島・八重山諸島の歌は入っていない。時代的には、一二世紀から一七世紀初頭にわたって歌われたものであるが、五・六世紀頃までさかのぼるものもあるという。

【研究入門】

オモロは、その内容や形式、地域性、担い手などを考慮して、次の八種類に分けられている。

①「地方オモロ」は巻二・五・七・一一・一五〜二一に収められており、奄美・沖縄の島々村々で歌われたもので、オモロの初期から中期にかけて歌われたと考えられている。ただし、巻五と巻七は、政治の中心であった首里地方のもので、内容的にはほかの地方オモロと趣を異にしている。

②「ゑさオモロ」は巻一四に収められており、歴史上の人物や当時の社会的な事件を歌ったものが多い。

③「ゑとオモロ」は巻一〇と巻一一に収められている。「ゑと」は労働の際の掛け声ではないかといわれており、航海を

歌うものが多い。

④「こねりオモロ」は巻九に収められており、「こねり」は舞踊の手振りを意味する言葉で、祭式の踊りの所作である。

⑤「あすびオモロ」は巻一二に収められている。「あすび」は「遊び」で、「神遊び」の意であるが、「こねり」のような定式化した踊りではなく、神がかり的な恍惚状態の踊りで、自由で不定型な踊りだったと考えられている。

⑥「名人オモロ」は巻八に収められており、全八三首のうち、前半の四三首はオモロネアガリ、後半の四〇首はアカノオヱツキ（アカインコ）のオモロである。オモロネアガリとアカインコは、オモロ歌唱者の名人とされる人物で、オヱツキ（お祝い付け）からも連想されるように、祝い事に招かれてオモロを歌ったと考えられる。

⑦「神女オモロ」は巻一・三・四・六に収められている。琉球では「聞得大君」を頂点に、「煽りやへ」、「差す笠」、「宣ん君」、「百度踏み揚がり」などと称される神女がいたが、彼女たちを賛美し、その行為を歌っているのが「神女オモロ」である。

⑧「公事オモロ」は巻二二に収められており、巻の表題が「みおやだいりおもろ」となっているように、公的な祭礼のときに歌われたオモロである。

【最近の動向】

以上のような内容を収めた祭式の歌謡集が『おもろさうし』であり、その歌謡集を編纂したのは、「オモロ主取り」と称される琉球王府の神歌に関する事務を司った職掌の者であったが、その背景には、祭政一致の政治形態があった。おそらく、オモロが歌謡として形骸化しつつあったために、編纂事業の必要性が生じたのであろう。また、地方オモロの分量が圧倒的に多いことは、オモロがウムイ・クェーナなどの民間歌謡から成長したものであることを示唆している。

【参考文献】

仲原善忠・外間守善編『校本おもろさうし』（角川書店、六五年）、鳥越憲三郎『おもろさうし全釈』（積文堂、六九年）、伊波普猷全集』（第六巻、平凡社、七五年）、仲原善忠『仲原善忠全集』（第二巻、沖縄タイムス社、七七年）、池宮正治『琉球文学論の方法』（三一書房、八二年）、おもろ研究会『おもろ精華抄』（ひるぎ社、八七年）、玉城政美『南島歌謡論』（砂子屋書房、九一年）、波照間永吉『南島祭祀歌謡の研究』（砂子屋書房、九九年）、外間守善『おもろさうし』上・下（角川書店、二〇〇〇年）。

（狩俣恵一）

御伽草子

【名　称】

『御伽草子』の呼称は、江戸時代の中頃（寛文から享保）に大坂心斎橋筋順慶町の書肆・渋川清右衛門が、室町から江戸にかけて作られた物語の中から二三編を集めて刊行したときに名づけたものである。三〇〇編を超える物語の中からこの二三編につけたのが『御伽草子』の名称である。しかしながら、どのような基準でこの二三編を選んだのかよくわからない。とくに秀作であるとか、御伽的な要素を持っているというようなところもない。作品の内容からみてもほかの本と区別することはできない。それゆえに、『御伽草子』の呼称は、狭義には二三編を指すが、広義には室町から江戸にかけて作られた短編の物語すべてを指していると考えるほうが妥当である。このようなわけで、広義には室町物語・室町時代小説・中世小説・近古小説などと呼ぶこともある。

【研究史】

広義の『御伽草子』は三〇〇編以上あるが、内容的に見て類似しているものも多く、これまで種々に分類された。市古貞次は『中世小説の研究』(東大出版会、五五年)において、(一)公家に関するもの(公家小説)、(二)僧侶に関するもの(宗教小説)、(三)武家に関するもの(武家小説)、(四)庶民に関するもの(庶民小説)、(五)外国異郷に関するもの(異郷小説)、(六)異類擬人物に関するもの(異類小説)に分類しており、その細目を二三種としている。市古は文学史の大きな流れの中で『御伽草子』をとらえている。平安朝的なもの、中世的なもの、庶民的なものを、それぞれの先行文学、民間説話との関連の中で的確にとらえて、われわれに研究指針を示している。岡見正雄は、『御伽草子』の絵と絵の中の詞句の関係を重視した論文を発表している(「室町時代物語の一特質」『国語国文』五―一、三五年、「近古小説のかたち(一)」『国語国文』二一―一〇、五三年、「絵解と絵巻・絵冊子―近古小説のかたち 続」『国語国文』二三―八、五四年、『日本絵巻物全集六』角川書店、六〇年、「御伽草子―絵草子の問題に関連して―」『講座日本文学六』六九年)。『御伽草子』は絵の中の詞によって生きているとして、室町時代の人びとの「室町ごころ」や絵草子屋について論じている。松本隆信の(「室町時代物語類現存本簡明目録」『御伽草子の世界』三省堂、五五年)は、御伽草子研究の発展に寄与すること大である。この目録によって『御伽草子』の全体像が見えるようになった。三〇〇余種の作品の諸本と本文系統が初めて示された。古本と版本の本文の異同、各本文の生成、さらには一作品を単独で研究する必要性を提示することとなった。

【研究課題】

市古貞次が、平安鎌倉の物語、中世の軍記説話、民間説話の中で『御伽草子』を位置づけたこと。岡見正雄の『御伽草子』の絵詞と絵解きとの関連。松本隆信の『御伽草子』諸本の本文研究は、これまでの最も重要な研究課題であると同時に、今後とも追究していかなければならない必須のテーマである。『御伽草子』は三〇〇編以上あるが、これまでに研究されたのはその一部分にすぎない。

【参考文献】

市古貞次編『御伽草子』(『日本古典文学大系三八』岩波書店、五八年)、横山重・松本隆信編『室町時代物語大成一～一三』(角川書店、七三～八五年)、大島建彦編『御伽草子集』(『日本古典文学全集三六』小学館、七四年)、松本隆信編『御伽草子集』(『新潮日本古典集成三四』新潮社、八〇年)、市古貞次編『御伽草子』上・下(岩波文庫、八五年)、大島建彦著『お伽草子と民間文芸』(岩崎美術社、六七年)、佐竹昭

広著『下克上の文学』（筑摩書房、六七年）、岡部伊都子『御伽草子を歩く』（新潮社、七三年）、岡田啓助『文正草子の研究』（桜楓社、八三年）、徳田和夫『お伽草子研究』（三弥井書店、八八年）、松本隆信『中世庶民文学物語草子のゆくへ』（汲古書院、八九年）、松本隆信『中世における本地物の研究』（汲古書院、九六年）、岡見正雄『室町文学の世界 面白の花の都や』（岩波書店、九六年）、石川透編『魅力の御伽草子』（三弥井書店、二〇〇〇年）。

（岡田啓助）

金沢文庫

【金沢文庫の性格】
金沢文庫は、鎌倉中期、金沢北条氏により武蔵国久良岐郡六浦荘の金沢屋形に設置された文庫をいう。蔵書は「金沢文庫本」と通称され、狭義には実時以下の一族の書写・収集本と「金沢文庫」印のある本を指し、氏寺称名寺所蔵の聖教と区別する見解と、広義には称名寺所蔵の聖教も含める見解がある。背景には、文庫印のある本が和書・漢籍のみではなく仏書も含み、文庫の管理に称名寺長老が関与した点がある。なお、印記の捺された時期には尊経閣文庫所蔵『春秋左氏音義』の綴代にハングルが確認され、注意を要する。文庫の機能は通常は書物を収める「文庫《ふみくら》」とされるが、文書の保管機能もあった。『沙汰未練書』には廃棄された「事切文書」が「文倉」に保管されたことが見えるが、金沢文庫も文書保管機能を持っていたことが確認されている。

【金沢文庫本の性格】
金沢文庫本は、中国宋版の儒学書などから日本の法制・文学各方面にわたる一大叢書群をなしていた。関靖『金沢文庫の研究』には、現在の神奈川県立金沢文庫保管分に紅葉山文庫（現内閣文庫）などへの流出分も含め網羅的検出が行なわれている。また、足利学校の宋本の多くは上杉憲実により称名寺から移出されたものと見られており、金沢文庫本の移転の問題は前近代の武家権力と叢書群の相関関係を示すものとして注目される。詳細な研究文献は省略するが、阿部隆一・太田晶二郎・川瀬一馬・熊原政男・長沢規矩也・納冨常天・山岸徳平らの書誌学研究は、これらの問題に関する基礎的な文献である。

文庫本の一例をあげその性格を見ると、北条実時をめぐる人びとと連動して収集の場があることがわかる。実時の後見で称名寺に住した観証は菅原為長の孫だが、為長は一三世紀初頭の碩学の一人でその著の金言集『管蠡抄』を金沢貞顕が書写している。帝王学の書である『群書治要』は、「実時本」が清原教隆・藤原茂範・日野俊国ら将軍近侍の人物らからの伝授分で底本は藤原式家の敦周系の一族、また蓮華王院宝蔵分で、「貞顕補写本」は幕府吏僚の「三善康有本」であった。院政期の明経道の家学や院の宝蔵、問注所などの幕府吏僚の蔵書と密接な連携をもって集積されたことがわかる。

【実時の著作の性格】
実時の編著とされる『白氏文集』の抜

粋本『管見抄』の奥書には「まずは、治世の要を抽んず」とみえ、現実の政治の実践にかなうことが目的であった。また、『源氏物語』の注釈書『異本紫明抄』は将軍宗尊親王周辺での源氏学と小侍所別当の立場などを反映したものと考えられる。貞顕の収集した『たまきはる』や『建礼門院右京大夫集』は朝廷生活に詳しく、六波羅探題の職務との関連が推測される。北条氏と将軍、北条氏と公家の問題を考える際の重要な接点である。また注意すべきは、実時は和歌の教養を安達泰盛所持の藤原定家自筆本『古今集』などでつちかったとされ、泰盛に『文選』を伝授した藤原相範は霜月騒動で泰盛と運命をともにした人物とみられることだ。ほぼ文化圏を共有しており、より検討すべき問題である。

最後に、神奈川県立金沢文庫発行の『金沢文庫研究』などの刊行物は、金沢文庫研究の宝庫であり、索引もあるので、研究に際してはまず参照されたい。また、神奈川県立金沢文庫の図書室は関連研究文献を揃えており、ぜひ訪ねて利用していただきたい。

【主要文献】

関靖『金沢文庫の研究』（芸林舎、七六年）、関靖・熊原政男『金沢文庫本の研究』（青裳堂書店、八一年）、結城陸一郎『金沢文庫の教育史的研究』（吉川弘文館、六二年）、納富常夫『金沢文庫資料の研究』（宝蔵館、八二年）、福島金治『金沢北条氏と称名寺』（吉川弘文館、九七年）。

（福島金治）

足利学校

【創設をめぐる諸説】

足利学校は日本最古の学校といわれ、栃木県足利市昌平町にある史跡には、発掘調査や江戸時代の絵図に基づいて建物・庭園が復元されている。その創設については、次の①～⑤などの諸説がある。①平安時代の国学の遺制、②八三二年（天長九）に小野篁《おののたかむら》が創設、③鑁阿寺《ばんなじ》を開いた足利義兼存生中の一二四九年（建長元）に「大日経疏《だいにちきょうそ》」、「周易注疏《しゅうえきちゅうそ》」の講書が鑁阿寺の学校に命じられていることを根拠とし、鑁阿寺学校が足利学校の祖型となったとする結城睦郎の見解（『金沢文庫と足利学校』至文堂、五九年）、④足利尊氏の開設した孔廟《こうびょう》・学堂を起源とし、上杉憲実が再興したとする和島芳男の説（『日本宋学史の研究』吉川弘文館、六二年）、⑤学校の歴史が明らかになるのは室町時代の上杉憲実の頃からで、川瀬一馬は足利荘が足利持氏から幕府料所に返付された一四三二年（永享四）四月以降に憲実が代官として学校を創設したとする（『足利学校の研究』大日本雄弁会講談社、四八年）。しかし、一四二三年（応永三〇）に学校省行堂日用憲章が出されており、少なくとも一四二三年以前には学校が存在していたことは確実である。

【教学について】

上杉憲実は、一四三二～九年（永享四～一一）頃に鎌倉円覚寺の快元を初代庠主《しょうしゅ》（校長）に招き、永享の乱中の一四三九年に五経疏《ごきょうそ》本（五経の注釈書）を寄進した。五経疏本のうち『尚書正義《しょうしょせいぎ》』、『礼記《らいき》正義』、『（附釈音）毛詩註疏』は、憲実の墨書のある『（附釈音）春秋左伝註疏』、本が学校に現存する。残りの五経疏本である『周易注疏』は、憲実の子憲忠が寄進した本が現存している。憲実は一四四六年（文安三）に旧規に従って学規三ヶ条を定めた。それによれば、学校では儒学以外を禁止し、三註・四書・六経と列子・荘子・老子・史記・文選に限定している。しかし、のちには詩文や仏典も学習されていた。学校が最も力を入れていたのは易学で、江戸時代の庠主は毎年将軍の運勢を占って年筮《ねんぜい》を献上した。

現在足利学校では一一月二三日に孔子とその高弟をまつる釈奠《せきてん》を聖廟で行なう。その開始時期は不明であるが、江戸時代の史料には釈奠を行なったと思われる記録がある。

【研究文献】

戦後の主な研究は、前掲の川瀬一馬・結城睦郎・和島芳男の著書のほかに、石川謙『日本学校史の研究』（日本図書センター、七七年）、結城睦郎『足利学校の教育史的研究』（第一法規出版、八七年）、今泉淑夫「足利学校学徒表稿」（『日本歴史』四二八、八四年）、橋本芳和「近世初頭の足利学校庠主に関する基礎的研究」（『政治経済史学』二二八、八五年）、菅原正子「上杉憲実の実像と室町軍記」（民衆史研究会編『民衆史研究の視点』三一書房、九七年）などがある。学校の蔵書については、長沢規矩也『足利学校遺蹟図書館古書分類目録』（足利市役所、六六年、訂補版、汲古書院、七五年）、飯塚大展「足利学校遺蹟図書館蔵の禅籍について」（『禅文化研究所紀要』二一、九五年）などがあり、蔵書の一部は影印本が出されている（『足利学校善本図録』『足利学校秘籍叢刊』汲古書院）。

（菅原正子）

下剋上

下剋上とは、下位の者が上位の者と身分関係を逆転させる、中世の社会風潮を示す語である。隋『五行大儀』にある「上尅下」が転化し、鎌倉期から用いられた（『源平盛衰記』巻六「重盛諫言条」、日蓮遺文『善無畏鈔』など）。南北朝期に「下克上スル成出者」（『二条河原落書』）という活用形も出現した。室町期には、土一揆を非難したり、支配秩序の混乱状況を慨嘆する語として多用された（『文正記』・『大乗院寺社雑事記』など）。下剋上の典型であった豊臣秀吉の天下統一後は、下剋上的な動向が徹底的に禁圧され、下剋上も死語と化した。

【文化現象としての下剋上】

下剋上を早期に体現したのが「婆娑羅《ばさら》大名」。「ばさら」とは、薬師如来十二神将「伐折羅《ばさら》大将」の異形な姿態からでた語。『公家新制』や『建武式目』の過差《かさ》（身分を超越した華美・贅沢）禁制を無視した佐々木道誉らの服飾や闘茶が「婆娑羅風《ふ》流《りゅう》」、「婆娑羅茶」と呼ばれ、「婆娑羅絵」、「婆娑羅扇」、「婆娑羅髪」として広まった。

室町幕府将軍の周囲にも、身分階層を超えた下剋上的な文化活動が見られた。大和猿楽四座の観阿弥・世阿弥は、将軍義満に重用され能楽を大成した。将軍の同朋衆・唐物奉行の相阿弥は『御飾記』を著した。『室町殿行幸御飾記』、『君台観左右帳記』を著し、「白衣観音図」、「花鳥図屏風」などを描いた同朋衆の能阿弥から、村田珠光は立花や唐物目利《めきき》を学んだという。河原者の善阿弥は、相国寺蔭涼軒、将軍家花御所泉殿、高倉御所、興福寺大乗院などの庭を手がけた作庭の名人。将軍義政と善阿弥との交流は有名。善阿弥の子小四郎・孫の又四郎、醍醐寺三宝院庭の石立をした与四郎など、山水《せんずい》河原者の活動も重要である。

狂言や御伽草子など民衆文化の台頭も下剋上の表徴である。祇園会山鉾や風流《ふりゅう》踊りなど都市町衆の文化活動は華やか。村落でも茶寄合や連歌会、松拍などが盛んで、宮座の手猿楽は「都の能に恥じず」と賞賛された。平家語りや声聞師、千秋万歳など、遍歴の芸能民が都鄙文化の結節点だった。

【今後の課題】

村の半済・地下の大犯三箇条は、領主の半済・守護の大犯三箇条の換骨奪胎であった。侍・百姓身分や官途名名乗りの拡散は、身分制を破綻させた。いずれも、下剋上的状況と評価できる（田中克行『中世の惣村と文書』山川出版社、九八年、薗部「中世前期の百姓身分について」『日本史学集録』二〇、九七年など）。村落年中行事の自律化や烏帽子着用限定に伴う結髪風俗の流行なども、下剋上的文化現象である（『日本村落史講座六』雄山閣出版、九一年、『体系日本史叢書　生活史Ⅰ』山川出版社、九四年など）。下剋上の多彩な具体像を、さらに解明していく必要がある。

【参考文献】

『日本文学の歴史・六』（角川書店、六七年）、横井清『東山文化』（教育社、七九年）、同『下剋上の文化』（東京大学出版会、八〇年）、佐藤和彦編『ばさら大名のすべて』（新人物往来社、九〇年）、同『中世社会思想史の試み』（校倉書房、二〇〇〇年）。

（薗部寿樹）

郷村文化

郷村文化とは、郷村（主に中世後期の村落）における文化事象を指す。

【研究史】

一九六〇年代から林屋辰三郎や石田善人などの郷村文化についての研究がなされた。と同時に、猿楽能や連歌などの面で、文学史などの分野からも郷村文化への言及がなされるようになった。七〇年代以降は郷村制概念に代わって惣村概念が一般化していき、郷村文化という形でのテーマ設定はあまり見られなくなる。

それに代わって、横井清のように中世後期村落における民衆文化という形で研究がなされるようになった。八〇年代からは、社会史の隆盛との関連もあって、村落民衆の文化があらためて注目されている。芸能史との関連では、久下隆史の歴史・民俗両面からの追究や、橋本裕之による王舞の伝播に関する研究なども注目される。

【今後の課題】

まず、今後も村落における宮座祭祀儀礼に対する考察が深められていく必要があろう。その際に、芸能史的な観点のみならず民俗儀礼の呪術的な意味などを探る必要がある。その点で、中野豈任の研究は示唆的である。薗部寿樹は、宮座儀礼を「村落神話」という観点から分析することを提唱した。中世村落の草創神話・開発神話が村落祭祀で再現されていた点を指摘したのである。また村落生活そのものを文化史的に再検討することも重要である。酒井紀美は村落（間）における情報伝達のあり方を具体的に究明した。この問題を文書論や教育の問題も含めて文化史的に把握することも課題の一つである。

戦国期の村落間相論などを契機として、村の歴史に対する村落民衆の意識が高まっていく。それが村落神話に代わって近世村落の「草分伝承」に結実していく。村落民衆による歴史叙述の形成も興味深い問題である。

【参考文献】

林屋辰三郎『中世文化の基調』（東京大学出版会、五三年）、横井清『中世民衆の生活文化』（東京大学出版会、七五年）、林屋辰三郎『「座」の環境』（淡交社、八六年）、中野豈任『祝儀・吉書・呪符』（吉川弘文館、八八年）、久下隆史『村落祭祀と芸能』（名著出版会、八九年）、『大系・日本歴史と芸能』七「宮座と村」（平凡社、九〇年）、薗部寿樹「中世村落祭祀の神話的世界―村落神話をめぐって―」『西垣晴次先生退官記念　宗教史・地方史論纂』（刀水書房、九四年所収）、石田善人『中世村落と仏教』（思文閣出版、九六年）、橋本裕之『王の舞の民俗学的研究』（ひつじ書房、九七年）、酒井紀美『日本中世の在地社会』（吉川弘文館、九九年）、薗部寿樹「今昔物語集にみえる村落神話について」『米沢史学』一六（二〇〇〇年）。

（薗部寿樹）

神国思想

日本の国土・天皇および国民には、格別な神の加護があるとして神聖視する宗教思想または信仰をいう。「神国」という言葉は、すでに、わが国最古の公式な歴史書である『日本書紀』（巻九　神功皇后の新羅征伐）に、「神国《かみのくに》」として見えていた。書紀編纂当時、すでにわが国が神国であるという観念が生まれていたことは確かであろう。そもそも「神代巻」では、混沌として漂うものの中から神々が生まれ、神々の活動によって国土が生じ、神々の子孫が為政者となったと説いていた。

しかし、古代においては、それほど神国思想が強く意識されることはなかったようだ。それが、平安末期から鎌倉時代、とくに元寇を契機として、わが国を「神州」、「神国」と定義することが多くなってくる。また、皇統の神格化に加え、天皇は日本人の父母であり人民は神の子であるとして体制擁護の度を強めていく。日本の神々は仏の仮の姿であるとする本地垂迹説をふまえつつも神本仏迹の傾向が強まり、神々の霊地が即浄土であるという教説も一般的になってくる。こうした神国思想の流れは、黒田俊雄の『日本中世の国家と宗教』（岩波書店、七五年）によって明らかにされている。黒田は、神国思想がきわめて政治的な特質を持ち、政治権力への奉仕、その正当化、宗教的合理化として密着していたとする。これに対し、反体制側の立場にも着目した高橋美由紀「中世的神国思想の一側面」（『伊勢神道の成立と展開』大明社、九四年）や、神本仏迹説には神道の自立的側面があることを指摘した末木文美士「仏教的世界観とエスノセントリズム」（『アジアの中の日本史Ⅴ・自意識と相互理解』東京大学出版会、九二年）がある。

【「中世日本紀」について】

「中世日本紀」とは、伊藤正義によって提唱され（「中世日本紀の輪郭―太平記における卜部兼員説をめぐって―」『文学』四〇―一〇、七二年）、国文学の領域から歴史・思想史などの分野にまで影響を及ぼした術語である。『日本書紀』は国家体制を支える書物として講説され注釈され続け、中世には神典となっていた。それとは別に、歌学書を始めとした諸書に、「日本記（紀）云」などと記され、引用の形で書紀原典からは乖離した所説が展開されるようになる。「中世日本紀」の内容は、社寺の縁起から王権神話や三種神器に関する秘説など多岐にわたり、独自の世界認識を生みだしている。また、それらの所説は、中世の文学作品の本説として多大な影響を与えていることが明らかになっている。これからも資料の博捜が続けられると同時に、正確な読みが求められることになろう。また、歌学など周辺領域との関わりを明らかにしていく課題もある。

【参考文献】

大隅和雄「中世神道論の思想史的位置」（『日本思想大系・中世神道論』岩波書店、七七年）、佐々木馨「神国思想の中世的展開」（『大系・仏教と日本人二・国家と天皇』春秋社、八七年）、佐藤弘夫「神国思想考」（『日本史研究』三九〇、九五年）、阿部泰郎「日本紀という運動」（『解釈と鑑賞』六四―三、九九年）、吉森佳奈子「『源氏物語』と日本紀」（『国語国文』六七―四、九八年）、神野志隆光「「日本紀」と『源氏物語』」（『国語と国文学』七五―一一、九八年）、『中世日本紀集』（真福寺善本叢刊七、九九年）。

（西脇哲夫）

草庵の文学

【草庵の文学】

平安中期以降における仏教界の特徴の一つとして、真の仏道修行にはげむため、みずからの属する世俗化した大寺院・教団を離脱していく、いわゆる二重出家（再出家)をする僧が増え、そこに当初から国家仏教の枠外にあって、聖・上人・沙弥などと呼ばれた民間宗教者たちの流れが合流していくといった風潮をあげることができよう。彼らを遁世者(隠者)という。一方、いよいよ貴族階級の没落が目立ち始めた平安末期には、中下層貴族で文人・歌人として知られた人々の中から、閉塞的な状況をのがれて隠遁的生活に入るものも相次いで現われるようになり、彼らもまた遁世者と呼ばれた。すなわち既成の寺院であれ、世俗の世間であれ、そこをのがれた人々を遁世者というのであるが、いずれにしても、こうした人々の多くによって、閑居生活を営むにふさわしいとして選ばれた場こそ山里の草庵であり、いわゆる草庵の文学とは、その人里離れた草ぶきの小さな庵における孤独な思惟の世界から生みだされたものといえよう。もっとも彼らを孤独な草庵のみに閉じこめておくのは正しくなく、遁世者たちの間では和歌や連歌などによる交流の場がしばしば設けられており、そうした隠者文学圏ともいうべき場が草庵文学成立の温床となったという指摘もなされている。このような遁世者たちによる草庵の文学が、中世文化においていかに大きな位置を占めていたかについては、早く、一九二七年、折口信夫が論文「女房文学から隠者文学へ」を発表し(『折口信夫全集』第一巻「古代研究・国文学篇」所収、中央公論社、五四年)、題名どおり王朝末期から、宮廷女房にかわって隠者が文学の本流になっていったと主張していることからも理解できよう。

【草庵生活(閑居)のあり方】

すでに戦前の段階で、石田吉貞『中世草庵の文学』(河出書房、四一年、のち『改訂　中世草庵の文学』北沢図書出版、七〇年)は、草庵生活の形態を場所・構造・物質生活などといった面から検討している。たしかに世をのがれた人々がどのように草庵と関わっていたかを探ることは、草庵文学とは何かを考える上で重要な課題となるであろう。すなわち、具体的に草庵文学を代表する人々を系譜的にたどると、西行・鴨長明・吉田兼好・宗祇、さらに近世の松尾芭蕉らをあげることができるが、彼らそれぞれにとっての草庵の意味が問われなければならないということである。例えば、よく知られているように、この世における人と、その人の住む家(栖《すみか》)の無常をテーマにした長明の『方丈記』の場合、仏道修行のための阿弥陀の絵像とともに、孤独の心をなぐさめる琴・琵琶などをもちこんでの草庵生活について、歎美(肯定)と反省(否定)のいずれの文言も記している。この長明にとっての草庵とは? また長明の時代から一〇〇年以上もの歳月を経た時代の兼好にとっての草庵とは? さらに草庵生活を主とした両者と異なり、嵯峨、東山など平安京近郊ばかりでなく、高野山や吉野、讃岐・伊勢・河内など各地の至るところに草庵を結びながら、奥州や中国・四国地方をはじめ、遠近を問わず、旅をくりかえした西行にとっての草庵とは? これらは、豊かな内容をもつ草庵文学研究の中でも、最も多く取り上げられる基本的なテーマであろう。なお遁世者たちの草庵について、それは普通、持仏堂・居間・世辞《せじ》(日常生活)の三つの空間で構成されていたが――長明の方丈の庵も上記三つの空間に仕切られていた

——、中でも持仏堂のような宗教空間が主要な要素として住宅の中に組み込まれている点に、中世住宅の特質がみられるという興味深い指摘もある。

【参考文献】

戦前における注目すべき先行研究としては、前掲折口・石田両氏のそれのほか、戦時下、山里の生活に対する憧憬の歴史的由来を追求した、家永三郎『日本思想史に於ける宗教的自然観の展開』（創元社、四四年、のち叢書名著の復興10『日本思想史に於ける否定の論理の発達』新泉社、六九年）がある。それ以降としては、歴史学では、大隅和雄「遁世について」（『北海道大学文学部紀要』一三—二、六五年）、同『中世・歴史と文学のあいだ』（吉川弘文館、九三年）、桜井好朗『隠者の風貌』（塙書房、六七年）、同『中世日本人の思惟と表現』（未来社、七〇年）、目崎徳衛『出家遁世』（中公新書、七六年）、同『西行の思想史的研究』（吉川弘文館、七八年）、国文学では、伊藤博之『隠遁の文学—妄念と覚醒—』（笠間書院、七五年）、佐竹昭広「中世の言語表現—閑居の文学—」（岩波講座『文学・六』、七六年）、久保田淳『西行　長明　兼好—草庵文学の系譜—』（明治書院、七九年）、浅見和彦「草庵文学の成立」（岩波講座『日本文学史・四』九六年）、小島孝之「草庵文学の展開」（岩波講座『日本文学史・五』九五年）などをあげておきたい。なお『週刊朝日百科・日本の歴史5・平家物語と愚管抄』（朝日新聞社、八六年）、『週刊朝日百科・世界の文学81・徒然草・方丈記・歎異抄』（朝日新聞社、〇一年）も有益である。

（樋口州男）

天神信仰

【道真と天神】

平安時代前期、学者・政治家として右大臣にまで上った菅原道真は、九〇一年（昌泰四）に突然失脚。二年後、左遷先の大宰府で失意のうちに死去した。没後間もなく政権中枢部をねらう怨霊が認識され、火雷天神・天満大自在天神として京都北野天満宮を始め多くの天神社に祀られた。一方、早熟の天才で、『類聚国史』編纂や漢詩集『菅家文草《かんけぶんそう》』など優れた文筆で知られた道真は、後世に至るまで学問の神として崇められた。こうした天神信仰は、実在した人物に対する信仰として稀有な進展を見せ、その担い手は各時代・各層に及び、日本文化史研究上の重要課題の一つになっている。

【道真失脚事件】

一連の天神信仰の出発点が、一〇世紀初頭の律令国家再編期の最中に起きた政治事件であったことにまず注目したい。道真は、王権強化をめざす宇多天皇の信任により抜擢されたが、藤原時平らの反感と策略にあい追放された。以降の藤原氏は道真の怨霊や承平・天慶の乱を克服し、荘園整理令などの国政改革を成し遂げ、摂関政治を確立させた。道真の生涯や失脚事件の経緯、とりまく政治的・社会経済的状況については、『坂本太郎著作集九・聖徳太子と菅原道真』（吉川弘文館、八九年）、阿部猛『菅原道真』（教育社

歴史新書、七九年）、橋本義彦『平安貴族』（平凡社、八六年）、平田耿二『消された政治家 菅原道真』（文春新書、二〇〇〇年）が基本文献。

【御霊信仰】

天神信仰発生の前提に、非業の死を遂げた個人の死霊が、天災・疫病などの災いを起こすとする御霊《ごりょう》信仰があったことはよく知られている。ただ、八世紀以降の御霊は、長屋王・橘奈良麻呂・早良親王（崇道天皇）・伊予親王・道真ら時の権力闘争の敗者であることに注意すべきであろう。御霊は優れて政治問題であり、反権力的・民衆的な社会運動（神仏習合による宗教運動）にも通じる。こうした傾向は、八六三年（貞観五）の平安京神泉苑御霊会を経て、一〇世紀半ばの北野天満宮成立まで続く。以降は王権により御霊会の組織化・祭礼化が進み、御霊自体も王権の守護神になったとされる。この点は、河音能平「王土思想と神仏習合」（『中世封建社会の首都と農村』東京大学出版会、八四年）、義江彰夫『神仏習合』（岩波新書、九六年）など。前提としての御霊信仰については、柴田実編『御霊信仰』（雄山閣、八四年）、『国文学解釈と鑑賞八〇二・古代に見る御霊と神仏習合』（至文堂、九八年）など。

【研究課題】

上記のほか、天つ神など基層信仰との関わり、天神信仰と深く関わった顕密仏教側の動き、室町期の禅宗との関係（今泉淑夫・島尾新編『禅と天神』吉川弘文館、二〇〇〇年）、地域への伝播（義江彰夫「源氏の東国支配と八幡・天神信仰」『日本史研究』三九四、九五年）、学問神・天神講など政治性のない民間レベルでの浸透の問題など、近年の成果と今後の課題は多い。全般を扱った基本文献に、太宰府天満宮文化研究所編『菅原道真と太宰府天満宮』上・下（吉川弘文館、七五年）、村山修一編『天神信仰』（雄山閣、八三年）、上田正昭編『天満天神』（筑摩書房、八八年）、真壁俊信『天神信仰の基礎的研究』（近藤出版社、八四年）、同『天神信仰史の研究』（続群書類従完成会、九四年）、村山修一『天神御霊信仰』（塙書房、九六年）、東京国立博物館ほか編『天神さまの美術』（ＮＨＫ、二〇〇一年）がある。

（小野一之）

南島文化

かつて琉球王国であった奄美・沖縄・宮古・八重山の島々を南島と称している。その島々の精神文化は、ニライカナイ信仰と御嶽信仰を基層にしているが、中国から入ってきた道教や仏教、風水思想などの影響も大きい。また、芸能や文学に関しては、日本本土の能や昔話、和歌、物語などに学んだものが多く、建築や陶芸や織物などは、中国や日本本土を始め、アジア諸国の影響を受けている。すなわち、日本語圏の南島文化は、ニライカナイ信仰と御嶽信仰を基層にして、言語文化においては日本本土の影響を強く受けており、建築・陶芸・織物や思想的な面においては、中国を始めアジア諸国の影響を受けているように思われる。

【研究入門】

南島固有の文化であるニライカナイ信仰は、海の彼方の国から生死や豊凶などさまざまなものがもたらされるという信仰であるが、人間に無限の生命力を付与するセジ（霊力）や、人間生活に必要不可欠な「火」もニライカナイからもたらされたと信じられていた。

南島では、そのニライカナイ信仰に基づいて、さまざまな祭礼行事が行なわれてきた。例えば、沖縄本島国頭地方のウンジャミ祭や宮古諸島や八重山諸島のユーンカイ（世迎え）はニライカナイの神を迎える行事であり、沖縄本島のギライのキンマムンや西表島古見、小浜島、新城島、石垣島宮良のアカマタ神・クロマタ神、または石垣島川平のマユンガナシ神も、ニライカナイから訪れる神とされている。

そのようなニライカナイという異郷の神に対して、御嶽の神は祖先神とのつながりが深い。沖松弥秀は、村落における御嶽の位置を「幼児が親に抱かれて座っているクサテ（腰当て）と一致している」として、祖先神を祀る御嶽とその子孫の住む集落との関係は現実社会の「親子」の関係に類似していると説明している。宮古諸島の祖神祭や竹富島のムーヤマ（六御嶽）に見られるように、祖先神と御嶽の関わりは深いと思われる。しかしながら、南島の御嶽の名称には植物などの名称をとったものなどがあり、神霊の所在地として理解されているものも多い。また御嶽では、琉球国王が崇拝した「火の神」やニライカナイ神を祀ったものも多く、御嶽信仰にはさまざまな複合的な要素を垣間見ることができる。

すなわち、南島の祭礼行事はこれらのニライカナイ信仰と御嶽信仰のほか、外来の宗教や思想をも加味して行なわれてきたのである。

【最近の動向】

南島の言語文化は、それらの祭礼行事において呪詞を唱え、歌謡を歌い、芸能を奉納することを原点にして発達してきたが、これらの言語文化は本土との関わりが深い。例えば、沖縄本島の「長者の大主」はニライカナイから来訪したとされているが、それは本土の「翁」の影響によるものであり、組踊の台詞や所作は「能」から学んだものが多い。

また、村芝居のチョウギン・キョンギンなども、その名称が示すように「狂言」の様式を学んでいる。

要するに、南島文化は日本語圏にありながらその位置的な条件と地域性によってさまざまな変容を遂げてきたが、そこに南島文化の独自性と特色があると思われる。

【参考文献】

窪徳忠『沖縄の社会と習俗』（東京大学出版会、七〇年）、伊波普猷『伊波普猷全集』（第一巻・第二巻、平凡社、七四年）、東恩納寛淳『東恩納寛淳全集七』八〇年）、小野重朗『奄美民俗文化の研究』（法政大学出版会、八二年）、酒井卯作『琉球列島における死霊祭祀の構造』（第一書房、八七年）、仲松弥秀『神と村』（梟社、九〇年）、福田晃『南島説話の研究』（法政大学出版会、九二年）、山下欣一『南島説話生成の研究』（第一書房、九八年）、狩俣恵一『南島歌謡の研究』（瑞木書房、九九年）。

能

（狩俣恵一）

本来、歌舞・物真似を主要素とする劇形態の芸能一般を指した語で、本来は猿楽の能・田楽の能・延年《えんねん》の能などの総称であったが、狭義には南北朝時代から室町時代初期にかけて発達し、江戸時代中期にほぼ様式の完成を見た猿楽能、つまり、今日いうところの「能」あるいは「能楽」を指す。ただし、猿楽能を単に「能」と呼ぶ用例はすでに世阿弥（一三六三？～一四四三？）の伝書に散見するものの、「能楽」は明治期に入ってからの呼称で、これには猿楽能のみを限定していう場合と、狂言をも含めていう場合とがある。「能」つまり猿楽能は明治維新の頃までは「猿楽」と呼ばれるのが一般で、したがって、これが平安・鎌倉期に流行した雑芸たる猿楽の系譜を引く芸能であることはその名称からしてもほぼ確実視されるが、その猿楽は滑稽解頤《かいい》の寸劇や曲芸・舞歌・秀句・物真似など多岐にわたる雑芸であり、これがどのような経過で南北朝期以後の猿楽能、つまり一貫した筋書きと洗練された詞章を備えた「能」に昇華していったのか、その具体的な形成過程についてはいまだ定説を見るに至ってない。

しかし、一三世紀半ば頃には猿楽能の萌芽が指摘されており（能勢朝次『能楽源流考』）、南北朝時代にはそれに携わる猿楽座が諸国に結成されていたことが中世の諸史料によって確認される。中でも大和の興福寺・法隆寺に隷属した大和猿楽と、近江の日吉大社の支配下にあった近江猿楽の存在が際立っていた。このうち大和猿楽の中心は興福寺支配下の四座すなわち円満井《えんまんい》・坂戸・外山《とび》・結崎《ゆうざき》の各座で、これらがのちに金春《こんぱる》座（流）、金剛座（流）、宝生座（流）、観世座（流）と呼ばれるようになる。

猿楽能が今日の能に近い内容に大成されるのは南北朝時代から室町時代にかけてであるが、とくに結崎座を率いた観阿《かんあ》弥清次《みきよつぐ》（一三三三～八四）・世阿弥元清《ぜあみもときよ》父子の活動が注目される。すなわち、観阿弥（「カンナミ」とも）は、それまでは物真似本位であった大和猿楽に、近江猿楽や田楽能の優れた歌舞的側面を取り入れて幽玄な芸風に改良したこと、リズムを主とした曲舞《くせまい》の曲節を導入するなど音曲面に大改革を加えて成功したこと、また、世阿弥は能を見事な詩劇として完成させ、しかも多くの優れた夢幻能を制作し、その様式を完成させるなど観・世父子の功績には著しいものがある。なお、世阿弥が残した『風姿花伝』ほか二〇種にも及ぶ述作は世阿弥自身の芸能論としてだけではなく、創成期の能の実態を考察する上でも一級史料として価値が高い。

室町時代以後、能はこの大和猿楽、とくに観世座を筆頭に勢力を伸ばし、豊臣秀吉の愛顧を経て、江戸時代になると、上記の四座は新たに創立を許された喜多流とともに徳川幕府の直接支配下に入って式楽（幕府の儀式に用いる楽）担当を第一の職務とし、その庇護下に芸道を安穏に維持してきた。しかし、幕府瓦解（一八六七年）とともにその保護を失ない、能役者が転業・廃業を余儀なくされるなど、能界は一時断絶の危機にさらされるが、やがて維新の混乱が収まるにつれ、政府高官・旧藩主・新興財閥など特権階層の支援を基盤に復活し、一九〇九年（明治四二）には吉田東伍『世阿弥十六部集』が刊行されるなど、能に関する学問的研究もまた本格的になる。その後、斯界は関東大震災（一九二三年）・太平洋戦争の敗北（一九四五年）と、二度にわたる災難で再び大打撃を被るが、能楽協会の推進的活動、諸流における名手の輩出、大衆化路線への転換などによって見事に再起し、今日に至っている。とくに、戦後における能研究の発展はめざましく、その成果は謡曲研究・能楽論研究・能楽史研究などの各分野において、戦前の水準をはるかに上回るといっても過言ではない。

【参考文献】

野上豊一郎『能―研究と発見―』（岩波書店、三〇年）、能勢朝次『能楽源流考』（岩波書店、三八年）、横道満里雄・表章校注『謡曲集』上・下（『日本古典文学大系』岩波書店、六〇年・六三年）、井浦芳信『日本演劇史』（至文堂、六三年）、表章・加藤周一『世阿弥・禅竹』（『日本思想大系』岩波書店、七四年）、野上豊一郎編、西野春雄・松本雍解題付補注『能楽全書』（総合新訂版・全七巻、東京創元社、七九～八一年）、伊藤正義『謡曲集』上・中・下（『新潮日本古典集成』新潮社、八三～八八年）、横道満里雄『能劇の研究』（岩波書店、八六年）、横道満里雄他編『岩波講座・能・狂言』（岩波書店、八七～九二年）。

（中村　格）

福田思想

【語　義】

「福田《ふくでん》」とは仏教語の一つで、福徳を生ずべき田の意が本来の意味である。転じて仏法僧や父母、貧者などを敬い、施しを行なうとき多くの福徳を生じて功徳が得られることを、田が多くの稔りを生みだすことになぞらえていうところとなったものである。また如来《にょらい》・比丘《びく》の称ともなり、広くは人びとが功徳と幸福とを育て、福徳を生ずべき田の意味ともなり、善事を行なうことそのものを指す場合もあるなど、幅広い意味に転じていったのである。ちなみにこの語は、梵語のPuṇya-Kṣetraの漢訳である。

【仏教の中の福田】

福田そのものは仏教の多くの教典に見える重要な概念の一つとして位置づけられる。中でも「阿含経《あごんぎょう》第三十福田経」や「諸徳福田経」などにはその意とするところを諸人に説いていることが知られており、経典の名称ともなっているほどである。経典の中では、仏を大福田、仏法僧を恭敬福田（敬田）、父母や師を報恩福田（恩田）、貧者・病人等を貧窮福田（悲田）とそれぞれ称している。このほか、福田を冠した仏教語には、福田衣（＝袈裟《けさ》）、福田相（＝袈裟の条相）、福田僧（＝僧侶全般）などの言葉がある。

【悲田院の展開】

仏教の経典の中で説かれてきた福田の思想はさまざまな形で社会の中で実践されていった。中でも貧者・病人などを救済する目的で設置された悲田院《ひでんいん》・悲田処《ひでんしょ》などは、この福田思想に基づくものであった。日本で最初に悲田院が設置されたのは、聖徳太子が四天王寺の中に設置した敬田・悲田・施薬・療病の四ケ院の中のそれであるといわれているが、これは聖徳太子に仮託した伝説的なものと考えられている。史書などに確認されるのは、七二三年（養老七）大和国の山階寺（のちの興福寺）に創置されたのが最も古い例であろう。また、七三〇年（天平二）には、仏教に深く帰依した光明皇后によって施薬院《せやくいん》・悲田院の二院が皇后宮職《こうごうぐうしき》内に置かれ、封戸《ふこ》四、〇〇〇戸の庸物を経済的基盤として運営されたのが大がかりなものとして知られ、七六四年（天平宝字八）頃までおよそ三五年にわたって機能を果たしていたと伝えられている。また平安時代には九条南に東西二所の悲田院が設けられたが、一〇世紀後半以降には東五条鴨河西に移された。当時の施薬院の機能が医療活動に重点を置いて活動していたのに対して、悲田院は貧窮者の収容と平安京内の死体の処理にあたっていたらしい。鎌倉時代以降は東悲田院や安居《あんご》院《いん》・悲田院などが存立していたが、やがてその機能は衰退していった。

【社会事業】

悲田院などの直接的な貧窮者への支援活動とともに注目されるのが架橋事業などの社会事業である。本来架橋事業は、律令制下にあっては民部省が主管官庁として事業に携わっていたが、律令制の衰退等に伴って国家による架橋事業は行なわれなくなっていった。これに対して寺院や僧侶によってこうした事業が推進されていったのである。この背景にあるのが福田思想である。古くは、宇治橋の架橋に尽力した道登《どうと》や、山崎橋等を架けた行基などの活動が著名であるが、鎌倉時代に入ると重源・叡尊・忍性などが全国的に架橋事業や港湾の整備等の社会事業を展開していくなど、特筆されるべき事業が多く見られるようになる。

このような社会の弱者への救済や公共的な社会事業の展開は、仏教における福田思想に基づくものであり、近代以降もこうした系譜を引く仏教教団・寺院・僧侶などによる社会事業が幅広く展開されている。

【参考文献】

富田愛二郎『日本社会事業の発達』（巌松堂書店、四二年）、守屋茂『仏教社会事業の研究』（法蔵館、七一年）、新村拓『日本医療社会史の研究』（法政大学出版局、八五年）、網野善彦「古代・中世の悲田院をめぐって」（北西弘先生還暦記念会『中世社会と一向一揆』吉川弘文館、八五年）。

（小森正明）

武家法

【鎌倉幕府法】

武家法は一般には幕府の法令と、在地

領主法ならびにそれに系譜を引く戦国家法とに大別される。一二三二年（貞永元）執権北条泰時が制定した『御成敗式目』は最初の武家法であって、後世まで武家の根本法典として尊重された。創立当時の幕府権力は源氏正統の「貴種」源頼朝に対する御家人層の人格的な臣従を基礎としていた。また、個々の御家人は相互に排他的な集団であったから、頼朝の権威に臣従することによってのみ一つの「連合体」として結合することができた。こうした幕府権力の構造ゆえに、頼朝の死はただちに「連合体」内部の政治的な危機をもたらした。この危機を解決する道は、鎌倉殿の人格からも、御家人個々の私的な利害からも独立した非人格的な機関を作り、また共同の規範を創造する以外にはなかった。こうした事情が『式目』制定の背景であった。『式目』は条文の配列や内容で公家法からの影響を受けているが、第八条の「知行年紀法」のように武士の社会に培われてきた常識的通念（道理）に基づいて立法されているところが多く、その独自の性格は公武間の力関係を表すものとして画期的な意味を持った。

【在地領主法】

鎌倉中期以後、在地領主は譲状の中の法規範の面を分化させて置文を生みだした。譲状の規範の文言は被相続人の父祖と相続人の子息の間に効力を持つにすぎないが、置文になると「する〱までも怠る事あるべから（ず）」と「子々孫々」までを規制した。置文は家督を含む家族の成員を超えたところの「家」の法規範として発展し、やがて家訓・家法とも呼ばれた。置文の発展は在地領主法の「内」と「外」の分化に見られた。南北朝期の菊地氏の起請文は「天下の御大事」に属す領域（「外」の領域）と、「国務の政道」に属す領域（「内」の領域）に分けられており、前者は軍事指揮権者たる菊地氏家督の意思によって最終的判断が下され、後者は「寄合衆」、「内談衆」によって決定された。そしてその決定には家督までもが拘束された。在地領主支配における対外的契機は「一揆契状」という新しい法の形式を生んだ。領主間の一揆は逃亡農民を互いに返還しあったり、山野入会をめぐる喧嘩の予防、合戦での共同行動などを実現した。

【戦国家法】

応仁の乱後、戦国大名たちは領国（分国）支配の徹底のために独自に戦国家法（分国法）を発布した。戦国大名は新しい領国と結合した大名家として、支配の正当性を保障する法を必要とした。規制対象から見ると、大名家の家中（家臣団）を対象とする要素と、領国民一般を対象とする要素とに大別される。戦国家法は個別領主による大名への領主権の委譲を条件としていた。この意味で領主階級の共同意思の集約として、この法が成立したといってよい。法の特質としては、家臣間のあらゆる自力救済行為が否定されていることがあげられる（喧嘩両成敗）。『今川仮名目録』には「喧嘩に及ぶ輩、理非を論ぜず、両方共に死罪に行ふべきなり」とある。自力救済の行為は大名の裁判権の中に吸収されているのである。近世に入ると、戦国家法の系統を引くものは『武家諸法度』などの幕府法と、藩法とに分かれた。

【参考文献】
笠松宏至・羽下徳彦「中世法」岩波講座『日本歴史・六』（岩波書店、六三年）、石母田正『中世政治社会思想』上、解説（岩波書店、七二年）、勝俣鎮夫『戦国法成立史論』（東京大学出版会、七九年）。

（新井孝重）

風　流

【芸能としての風流】

中世では「ふりゅう」と読むのが一般的。風流は元来美風のなごりの意で、やがて優美な魅力、みやびやか、意匠をこらすことなどの意で用いられた。平安時代末期以降には、拍子物《はやしもの》を伴い華麗な行装をした芸能や、趣向をこらした作り物を指す語として用いられた。寺院で行なわれた延年《えんねん》の演目には大風流・小風流があり、論議風の問答ののちに美しい作り物が出て華麗な仮装による舞があった。能の「翁」には狂言方の特殊演出に風流がある。室町時代、正月の松拍子や盆・祇園祭などの祭礼に行なわれる風流は、応仁の乱前頃まで拍子物・作り物を特色とし、祇園祭の綾傘鉾《あやがさほこ》にその名残が見られる。また茶寄合《ちゃよりあい》では風流の作り物が懸賞品とされた。一六世紀には盆などで、仮装をした者が集団で笛・太鼓・鼓・鉦による囃子《はやし》にあわせて風流踊を踊り、風流とも呼ばれ流行した。

これらの風流を本田安次は、疫神祭に発したもの、田楽に発したもの、念仏踊に筋を引くもの、お練りの風流、仮装の風流、作り物の風流などに分け（『日本の民族芸能II　田楽・風流一』木耳社、六七年）、守屋毅は、細工としての風流、状態としての風流、芸能としての風流に整理した（「三つの「風流」」『芸能史研究』九一、八五年）。

【風流踊】

拍子物を特色とした風流に踊が加わったのは、一五世紀の応仁の乱前後頃であった。『看聞日記《かんもんにっき》』、『経覚私要鈔《きょうがくしようしょう》』などには伏見や奈良で盆に念仏踊の風流が行なわれたことが見える。一六世紀には京都の町衆が盆に集団で風流踊を踊ることが流行した。『言継卿記《ときつぐきょうき》』によれば、町組を母胎とした町衆、公家衆、武家衆が風流の一群を組織し、互いに訪れて踊を掛け合っている。風流の構成内容は、踊だけでなく、能のキリ（入破《いりは》、終末の部分）や狂言も含まれている場合があった。踊には小歌や謡を取り入れた風流踊歌を伴った。

風流踊を描いた図としては、一六〇四年（慶長九）の豊国祭《ほうこくさい》の様子を描いた「豊国祭礼図屏風」（徳川美術館本・豊国神社本）が最も有名で、「洛中洛外図屏風」（町田本・上杉本）、「花下遊楽図屏風」（サントリー美術館本）などにも風流踊が描かれている。これらによれば、風流踊は円陣を組み、仮装した踊衆と囃子方からなる中踊と、その外側で揃いの衣装と振りで踊る端踊（側踊）で編成されていた。これらの風流踊は現在、八瀬《やせ》の赦免地踊《しゃめんちおどり》、久多《くた》の花笠踊など、民族芸能として西日本にいくつか残されている。

【参考文献】

風流踊については、森末義彰「盆踊の研究」（『宗教研究』一〇―一、三三年）、守屋毅「洛中の風流踊」（『芸能史研究』五四、七六年）、山路興造「風流踊」（『日本芸能史四』第一章三、法政大学出版局、八五年）、河内将芳「一六世紀における京都「町衆」の風流「踊」」（『芸能史研究』一三〇、九五年、『中世京都の民衆と社会』所収、思文閣出版、二〇〇〇年）、造形としての風流には佐野みどり『風流　造形　物語』（スカイドア、九七年）、風流全般については岡崎義恵『日本芸術思潮第二の下・風流の思潮上』（岩波書店、四八年）、郡司正勝『風流の図像誌』（三省堂、八七年）がある。

（菅原正子）

法思想（中世）

【中世法の成立】

日本の古代国家は中国より高度な法体系を持つ「律令法」を導入したが、平安中後期には現実の社会変化に対応するため律令法は変容、再解釈が求められた。こうして作りだされた再編律令を棚橋光男は王朝国家法と呼んだが、ここから中世貴族社会の法である「公家法」や寺社など荘園領主が自ら支配する荘園内で適用する「本所法」などが生みだされたのである。また、幕府の成立は「武家法」を生み、中世後期には「分国法」も作られた。同じく中世後期には民衆の成長、惣村の成立に伴い村落法も生まれた。日本の中世社会は権力が分立した時代であるが、このように法に関しても多様な法が存在した時代であった。

【準的・折中】

では中世に特徴的な法思想、法意識とはどのようなものだろうか。平安期には「時を量《はか》りて制を立つ」、「時に随ひて教を立て、或は革《あらた》め或は沿《したが》ふ」といった現実に対応して法を定立するという法思想が存在したが、その際に律令を廃棄するのではなく、律令に準拠しながら律令を再解釈して実質的に律令を改変する準用《じゅんよう》、準的《じゅんてき》という方法や、律令と律令では対応しきれない現実の間に折り合いをつけて新解釈を示す折中という方法がとられた。これらの準的や折中という方法は中世法を生みだす重要な法思想といわねばならないだろう。また、中世には多様な法が存在したが、これらの法相互が矛盾する場合も当然あった。荘園領主と御家人が争い、公家法と武家法がぶつかる場合などである。このような場合、中世人はどちらの法理にも一理を認めたが、現実的な対応として両者の矛盾を止揚するため折中を用いたのである。このように折中は中世法の母胎を生みだしたという意味でも、多元的な中世法を現実に適応させたという意味でも中世における重要な法思想であったといえよう。

さて、この折中に注目された笠松宏至は、さらにその根底には「守益の理」、理よりも法よりも益を重視するという法意識があったことを指摘している。折中という、見方をかえれば安易な、あるいは苦しまぎれの方法が通用した背景には法や理は益のためのものという法意識があったのである。益のための法や理であるから古い法や道理にこだわらず、時や現実にあわせて、折中などによって改めればよいという意識を持っていたというのである。

【今後の課題】

中世にはこれ以外にも特徴的な法意識、法思想が見られる。当事者の訴えがなくては裁判にならないという当事者主義や自力救済の広がり、いったん売却した土地を無償でもとの持ち主に返却するという現代では理解しにくい徳政令が受け入れられたことなど例示すればきりがない。今後、さらに中世の法意識にどのようなものがあり、それがどのような中世人の心性に基づくものかなど究明していく必要があろう。

【参考文献】

笠松宏至『日本中世法史論』（東京大学出版会、七九年）、同『法と言葉の中世史』（平凡社、八四年）、棚橋光男『中世成立期の法と国家』（塙書房、八三年）、佐藤進一『日本の中世国家』（岩波書店、八三年）、上杉和彦『日本中世法体系成立史論』（校倉書房、九六年）。

（戸川　点）

無縁と公界

【無縁・公界】

日葡辞書によれば、無縁《むえん》とは「頼るべきもののないこと、または孤児の境遇」を指す言葉である。この言葉が注目されるようになったのは、網野善彦がその著『無縁・公界・楽』において、無縁は世俗権力と縁が切れていること、世俗権力の支配下にないことを意味し、その根底に権力の支配を拒否する自由の精神が流れていると主張したことによる。一方、公《く》界《がい》は世間などを意味する語であるが、網野によってここにも無縁と通底する自由の精神が流れているとされた。こうして無縁や公界は世俗的な支配に服さない場所や人、状態を示す学術用語として定立されたのである。

【無縁の原理】

さらに網野は、無縁の場や遍歴する職人・芸能民など無縁につらなる人びとの持っていた特権、特徴を①大名など上部権力の介入を拒否する不入権を持つ、②地子などの諸役が免除される、③各地を自由に通行する権限が保証されている、④戦闘や訴訟など世俗の争いを持ち込めない平和な領域であること、⑤私的な隷属から解放されていること、⑥貸借関係が消滅すること、⑦連座制が適用されないこと、⑧平等原理に基づく、年齢階梯的な老若という組織形態を持つこと、とまとめている。もちろんこれらの特権がすべてそのまま実現していたわけではないが、無縁・公界の場や人にはこうした特権の保証される理想郷を作りだそうとする強靱な志向があったとした。そしてさらにそこから日本社会の歴史を無縁に込められている自由・平和・平等への本源的な希求の歴史としてとらえなおすこと、原始以来の無主・無所有の原思想（原無縁）から発し、権力によって衰退させられつつも日本社会の基底に生き続けていく無縁の原理の歴史としてとらえなおすことを主張したのである。

【今後の課題】

網野の主張には無縁・公界に関する実証的な問題と歴史学に関する理論的な主張が含まれているのだが、主として理論面については永原慶二の書評（『史学雑誌』八八―六、七九年）、石井進「『新しい歴史学』への模索」（『中世史を考える』校倉書店、九一年）、安良城盛昭『天皇・天皇制・百姓・沖縄』（吉川弘文館、八九年）など、史料解釈については植田信広「中世前期の『無縁』について」（『国家学会雑誌』九六―三・四、八三年）、峰岸純夫「網野善彦『無縁・公界・楽』によせて（一）」（『人民の歴史学』六〇、七九年）などの批判がある。とくに植田は中世前期の無縁の語を網羅的に調べ、無縁の語は頼るべきものがないの意であり、無縁であることを根拠に権利が主張されることはほとんどないことを明らかにしている。峰岸は無縁所の「平和」は無縁であることによって実現するのではなく、大名に働きかけて特権保証の制札を入手したり、その制札を戦禍に巻き込もうとする勢力に提示することによって守られたものであるとして無縁所の自助努力を重視している。これらの批判に対して網野は『無縁・公界・楽』の増補版において反論を行なっているが、今後より厳密に無縁や公界の語義、無縁所、公界所の実態などを究明し、議論を深めていく必要があろう。

【参考文献】

網野善彦『無縁・公界・楽』（平凡社、七八年、増補版、八七年）、峰岸純夫「無縁／公界／楽論争」（『歴史学事典』六、弘文堂、九八年）。

（戸川　点）

伊勢信仰

【私幣の禁】

伊勢神宮は伊勢国（三重県）度会郡宇治郷に鎮座する大神宮（内宮、祭神・天照大神）と、沼木郷山田原に鎮座する度会宮（外宮、祭神・豊受大神）を中心に別宮、摂社、田社あわせて六二社を持つ神社集団である。神宮の創祀をめぐっては多くの論がある（岡田精司『古代王権の祭祀と神話』塙書房、七〇年）。内宮の祭神の天照大神は皇室の祖とされる。外宮の祭神は天照大神へ御饌を奉る豊受大神である。皇室の祖神を祀る神社であったから、天皇以外の者が正式に幣帛《へいはく》を奉ることは厳しく禁じられていた。これを「私幣《しへい》の禁」といった。ほかの神社にはない禁制であり、律令体制下の国家神としての神宮の位置を示すものであった。この時期には民衆との直接的な関係は見られない。

【公私の祈禱】

律令体制下では国家の保護のもとにあった神宮も、律令体制が解体するとその財源を民間に求めるようになった。貴族やほかの社寺が荘園の寄進を受けたように、神宮も御厨《みくりや》と呼ばれる荘園を持つようになった。その寄進を受けるにあたって公私の祈禱という論理が登場する。これは私幣の禁の枠を超えるためのものである。御厨の寄進の主体は東国の武士であり、こうしたことにより彼ら武士団の間に伊勢信仰が見られるようになる。

【内宮と外宮】

一四世紀になると、神宮をとりまく様相は変化する。参詣する人びとからの財物をめぐり内宮と外宮が対立するようになる。外宮は内宮に対し二次的な地位にあったから、自らの祭神が内宮の祭神より高い地位にあるのだという言説を展開する外宮神道（度会神道）である（久保田収『中世神道の研究』神道史学会、五九年）。その背後には、参詣の道者をめぐる山田（外宮）と宇治（内宮）との対立があった。

【伊　勢　講】

一五世紀になると、参詣の道者の範囲は拡大する。そこには伊勢講（神明講）の活動があった（新城常三『新稿　社寺参詣の社会経済史的研究』塙書房、八二年）。これらの講を組織したのは神宮の下級神官を中心とする御師であった。御師は多くの手代をかかえ、伊勢の地で講員を宿泊させるとともに、毎年定期的に各地の旦那のところをまわらせ、御祓のほか暦、白粉、帯などの土産物を配り、伊勢信仰を広めた。中でも暦（伊勢暦）は農作業についての記載があり、広く利用された。御師の活動は一八七一年（明治四）に御師制度が廃止されるまで伊勢信仰を支えていた（大西源一『参宮の今昔』神宮司庁、五六年、井上頼壽『伊勢信仰と民俗』同、五五年）。江戸時代には伊勢踊り、御鍬神、おかげ参りなど、伊勢への大量群参現象が見られ、伊勢信仰を全国に広めた（西垣晴次『お伊勢まいり』岩波新書、八三年）。明治以後敗戦までは、神宮は国家神道の最高の地位にあるものとされ、御師制度は廃止された。敗戦後、神宮は国家から離れた。伊勢信仰は時代、参詣する人びとなどによりその内容は変化した。内宮は皇祖神を祀るから天皇信仰に、外宮は農耕神で農民になどとの非歴史的な固定観念は排除されなくてはならない。

【参考文献】

『宇治山田市史』（宇治山田市、二九年）、大西源一『大神宮史要』（平凡社、六〇年）、桜井勝之進『伊勢神宮』（学生社、六九年）、萩原龍夫編『伊勢信仰一』（雄山閣、八五年）、西垣晴次編『伊勢信仰二』（雄山閣、八四年）。

（西垣晴次）

往来物

【往来物の成立と普及】

往来物とは、平安末期から明治初年まで主に初等教育で広く使われた一群の教科書の総称である。往来という語は、もともと消息往来すなわち往復書簡の意味であるが、往復書簡文例集を教科書としたところからこのように呼ばれるようになった。現在知られている最も古い往来物は、平安時代末に文章博士・大学頭を歴任した藤原明衡《あきひら》が作成した。『明衡往来』（『雲州消息』・『雲州往来』ともいう）で、二〇〇余通の書簡を一月から一二月まで、月を追って配列した型をとる。近世以前に成立した往来物をとくに古往来と呼んでいるが、その中には鎌倉中期に作られた『雑筆《ぞうひつ》往来』のように、書簡作成に必要な単語・単文を集め列挙した型のものや、室町初期に作成された『富士野往来』のように、鎌倉時代の富士野の巻狩と曽我兄弟の仇討に関する書簡だけでなく、さまざまな文書書式をも収めた型のものもある。また、往来物の中で最もよく知られ、南北朝から室町初期に作成された『庭訓往来』も、二五通の書簡を一月から一二月に配列しながらも、一通の書簡のうちに尨大な単語を収め、書簡文作成の知識のみならず、社会生活万般に関する知識が網羅的に記載されるなどの工夫が凝らされている。なお、同往来の作者は、当時の天台宗の学僧で、後醍醐天皇に古典を講じ、また、足利尊氏・直義にも用いられ、『建武式目』制定にも参与した玄恵《げんえ》法師と伝えるが未詳である。

近世とくに江戸時代に入ると、往来物は庶民の教育機関である寺子屋でさかんに用いられるようになり、またさらに、寺子屋が所在する地域社会の実情に応じて、新たにさまざまな種類のものが数多く作られるようになった。『百姓往来』『農業往来』『田舎往来』などの農業に関するもの、『商売往来』『問屋往来』などの商業に関するもの。また、『日本国尽』『都路往来』『江戸往来』などの地理に関するもの、『古状揃』などの歴史に関するものなど枚挙にいとまのない程である。その全体の数はいまだ掴みにくいが、最近の説では優に一万種を越えるともいわれる。往来物の作者の多くは明らかでないが、中世以前のものは貴族や僧侶の手になるものが多いと推測され、近世に入ると文人や書道を得意とする寺子屋教師の手になるものが多いと考えられている。今日、これら数多くの往来物は、その第一に、近代以前における日本の初等教育の目的・方法などを知るための重要な資料であるが、それにとどまらず、その語彙や文体は日本語の歴史を知るための貴重な資料でもあり、さらには、その文章・書跡は古文書の恰好のテキストでもある。

【研究史と論点】

往来物が研究されるようになったのは明治時代の中期頃からで、初め往来物は日本語史・日本文学史の資料として研究された。すなわち、国語・国文学者の松井簡治により、往来物の中で最も著名な『庭訓往来』の注釈として、一九〇二年（明治三六）に『庭訓往来諸抄大成』（明治書院）が刊行されたのが、その例であり、同じ国語・国文学者の上田萬年・橋本進吉らの研究もそうした分野による関心からであった。また、同中期以降、往来物は日本史の研究者からも注目されるようになったが、それは、文化史・経済史・風俗史などからの関心で、主にそれらの歴史資料として用いられた。

往来物を今日のように、まず第一に日本教育史の重要な資料として注目、研究するようになったのは大正時代の中期になってからで、乙竹岩造・高橋俊乗・石川謙などの研究者により先鞭がつけられた。乙竹は『近世庶民教育史』（目黒書店、二九年、臨川書店、七〇年）、高橋は『日本教育文化史』（同文書院、三三年、講談社学術文庫、七八年）にその成果の一端を示したが、中でも石川は『日本庶民教育史』（玉川大学出版部、二九年、再版七二年）で往来物を綜合的・分科的に研究、これを論ずるとともに、一方で往来物の収集を精力的に行ない、とくに古往来に対する研究を進め、『古往来についての研究』（講談社、四九年）を著わした。以後往来物に対しては収集と研究がくり返されたが、その一つの集大成として、石川謙・石川松太郎編『日本教科書大系・往来編』（全一七巻、講談社、六七～七七年）がまとめられ、多くの研究者は大きな裨益を与えられることになった。なお、最近では、石川松太郎『往来物の成立と展開』（雄松堂出版、八八年）がまとめられ、また石川松太郎（監修）・小泉吉永（編著）『往来物解題辞典』（解題編、全二冊、大空社、〇一年）も編まれ、往来物一点ずつに対する詳細な解題が施され、さらに研究が便利となった。

【参考文献】

石川謙編『女子用往来物分類目録』（講談社、四六年）、石川謙『庭訓往来についての研究』（金子書房、五〇年）、石川謙『語彙集型往来について』（野間教育研究所紀要第九輯、講談社、五三年）、石川謙『寺子屋』（至文堂、六〇年）、石川謙『庭訓往来』（平凡社東洋文庫、七三年）、石川松太郎『藩校と寺子屋』（教育社、七八年）、三好信造『商売往来の世界』（日本放送出版協会、八七年）。

（南　啓治）

花道

花樹草木を素材に造形美を追究する伝統的な生活芸術。立て花・立華《りつか》・抛入花《なげいれ》・いけばな（生花・挿花）などが時々の技法や様式に基づく呼称であったのに対して、花道の語は江戸中期、儒教思想の影響を受け求道精神をこめた概念として用いられるようになったもの。ただし右のうちいけばなが、江戸中期以降に普及したことから、花道とならび一般的な名称として用いられるようになり（以下これを「いけばな」で表わす）、こんにちでは海外でもIkebanaで通用している。ちなみに花道の語の初見は一六八八年（貞享五）刊の『立華時勢粧《いまようすがた》』に「花道を鍛練」とか「花道の奥義」「花道第一の秘義」などとみえるもので、一七一七年（享保二）にはその名も『華道全書』が出版されている。

【天文花伝書】

十五世紀末から十六世紀にかけて「いけばな」の世界をリードした池坊を中心に「花伝書」が次々とつくられている。一四八六年（文明十八）五月の年紀をもつ「花王以来の花伝書」以下、「宗清花伝書」「仙伝抄」「専応口伝」「唯心軒伝書」「宣阿弥伝書」「中将公花伝書抜書」などで、十六世紀中葉の天文年間に至ってピークに達する。茶の世界で茶会記が天文年間にあらわれ、天文茶会記と呼ぶのに準じて、これらを天文花伝書と称している。「いけばな」は茶の湯とともに戦国時代、京都や堺の都市的発展のなかで生れた都市文化であり、素材を身辺に求めるという点では生活芸術であった。近時こうした茶や花に示される都市文化の高揚をとらえ、天文《てんぶん》文化と称することが多くなった。

【啓蒙時代の芸道】

「いけばな」の盛行に応じて十七世紀後半、花の書物が多数板行されるようになる。これは茶や香などの分野でも同様で、それぞれ啓蒙的な書物が出版されている。芸能人口の増大に対応した文化現象であり、『華道全書』『茶道全書』などはもっとも典型的な啓蒙書である。花道や茶道などと「道」をつけて呼ぶ名称が現れるのも、量的なひろがりのなかで精神性が求められ強調されたことの表われであり、そこには芸道にこめられた礼儀作法を日常生活のなかに反映させるという意図があった。その点で一六九二年(元禄五)刊の『女重宝記』が、花道を女性が礼儀作法を身につけるための嗜みとしているのは、茶道の世界で女性の参加を拒んだのとは対蹠的で留意される。それだけ花は女性と近かったのである。

【生活芸術の将来】

「いけばな」は中世、座敷飾(床飾、書院飾、棚飾)の一要素に取り込まれることで様式の確立と展開をみた。江戸中期に至り「いけばな」が町人層にひろまったのも、床の間のある座敷に適合した様式であったことによる。明治以後は西洋の美学の影響を受け盛花《もりばな》とか投入《なげいれ》などが考案されたが、生活様式の変化は「いけばな」のあり方にも変化をもたらしている。ことに床の間のない住宅がふえているこんにち、「いけばな」はその座を失ないつつある一方、多様な生活様式と価値観に応えられるよう変貌を求められている。鉄材のごとき異質材を用いたオブジェ作品はともかく、近時の「いけばな」には、生活のなかの造形芸術というより、造形美の追究を自己目的とするような作品も現れており、二十一世紀の生活芸術はどうあるべきかが問われている。

【参考文献】

湯川制『華道史』(至文堂、四七年)、大井ミノブ『いけばなの歴史』(主婦之友社、六四年)、西山松之助『花―美への信仰と日本文化』(日本放送出版協会、六九年)、桜井満『花の民俗学』(雄山閣、七四年)、和歌森太郎『花と日本人』(草月出版、七五年)、武智鉄二編『花』(『伝統と現代』9、学芸書林、六九年)、芸能史研究会『茶・花・番』(『日本の古典芸能』5、平凡社、七〇年)、『図説いけばな大系』(全6巻、角川書店、七〇年～)、花道古書集成』(全5巻、思文閣出版、三〇年)。

(村井康彦)

語り物

【語り物】

語り物とは、物語に節《ふし》をつけて語る声楽・芸能をいい、早く古代には皇室や豪族の系譜、および神話・伝承を語る語部《かたりべ》が存在した。平安期になると、例えば歴史物語の『大鏡』には歴史を語る老翁が登場してくるが、『今昔物語集』などの説話集に取り込まれた民間説話の語り手たちもいたとみられている。さらに平安期で注目されるのは、寺院における唱導や声明《しょうみょう》で、鎌倉期以降の語り物、すなわち琵琶法師の語る『平家物語』(平曲)、扇を手に持ち鼓にあわせて謡いながら舞う曲《くせ》舞《まい》の一派の幸若舞、簓《ささら》を擦りながら語る説経節などに大きな影響を与えた。このうち幸若舞・説経節は中世末から近世初期に盛行したが、説経節の用いた伴奏は簓から三味線にかわって浄瑠璃化した。近世の諸浄瑠璃のうち、特に人々に愛好されたのが人形浄瑠璃で、近松門左衛門が義太夫節のために多くの台本を書いたことは有名である。なお近代に生まれた浪曲や講談も、こうした語り物の系譜をひくものである。

【唱導・声明】

唱導は法会などにおいて、導師が読経を中心に表白文・願文・諷誦文を読みあげ、経文や経義を説いて人々を仏道に導くことをいい、平安中期の貴族の日記や文学作品にも、専門の教化僧として講師・説経師の名が盛んに登場する。平安末期から鎌倉期、この唱導の流派として栄えたのが安居院《あぐい》流で、平治の乱で最期をとげた藤原信西(通憲)を父にもつ、その祖澄憲の弁説は湧き出る泉のようであったと伝えられている。鎌倉末期、虎関師練が著した仏教通史『元亨釈書』には、当時、仏法普及のための唱導の道が詐偽《さぎ》俳優《わざおぎ》の芸におちてしまったことを嘆く文言が見えるが、これなどは唱導から、やがて多くの民間芸能が生まれてくることを示すものであろう。一方、声明は仏教儀式の際、僧侶が経文などに節をつけて唱える声楽をいうが、特に講式と呼ばれる諸仏や祖師を賛嘆する和文の声明が平曲に与えた影響は大きいとされる。なお講式が散文であるのに対し、韻文のものを和讃という。

【幸若舞】

一五世紀、室町期の公家たちの日記には、近江・河内・美濃など諸国から上京した舞々が連日曲舞を演じたとか、女曲舞の興行には四・五千人もの見物が集まったといった曲舞に関する記事がたびたび見える。このように公家から民衆に至るまで幅広い階層の人々に支持され、一方で、後小松院が「乱世の声」と評して遠ざけたというエピソードをもつ曲舞のうち、特に流行した一派が越前に本拠をおく幸若流であった。なお創始者については、南北朝期、足利尊氏に滅ぼされた武将桃井直常の孫直詮(幼名幸若丸)が比叡山で声明を学んだのちに始めたという伝承もある。織田信長が桶狭間の合戦に先立って「敦盛」を舞った有名な話からうかがえるように、幸若舞は多くの戦国武将に愛好された。徳川家康軍の攻撃を受けた、遠江での武田勝頼方の拠点高天神城の落城前夜、城兵たちが、幸若大夫の語る、平泉における源義経主従の滅亡の曲「高館」に耳を傾けたという話も、人の心を打つものとしてよく知られている。しかし、このように多くの人々に支持された幸若舞も、一七世紀以降、士分の待遇を受けたことから、かえって格式を重んずる傾向が強まるなどして、しだいに衰えていった。現在、福岡県瀬高町大江に国の重要無形民俗文化財として伝わっている。

【説経節】

一六〇〇年代前半を中心に、寺社の境内などに敷かれたむしろの上で、長い柄《え》の大傘をかざして簓を擦りながら語られていた説経節は、中世寺院における唱導説経の系譜をひく語り物であった。たしかに両者をつなぐものとして注目されている謡曲「自然居士《じねんこじ》」では、自然居士と名乗る説経者が、人買いの手から幼女を取り戻そうと、舞いを舞ったり、簓を擦るしぐさをするなど興味深い行動をとっているのである。多くの説経節の中でも「苅萱」、「山椒大夫」と、「小栗判官」、「俊徳丸」、「梵天国」もしくは「愛護若」、「信田妻」、「梅若」とをあわせて五説経と称し、特に重んじたというが、やがて説経浄瑠璃と呼ばれるように、伴奏として三味線を用い、浄瑠璃化していった。

【参考文献】

先駆的研究書として、唱導文学という用語を最初に提唱した論稿を収める第七巻ほか『折口信夫全集』（中央公論社、第七巻、六六年）、第七巻に「物語と語り物」を収める『定本柳田国男集』（筑摩書房、第七巻、六八年）、唱導関係の多数の論稿を収める『筑土鈴寛著作集』第三・四・五巻（せりか書房、七六〜七七年）がある。その他、語り物各分野における代表的研究書として、武石彰夫『仏教歌謡の研究』（桜楓社、六九年）、関山和夫『説教の歴史的研究』（法藏館、七三年）、岩崎武夫『さんせう大夫考—中世の説経語り—』、『続さんせう大夫考—説経浄瑠璃の世界—』（平凡社選書、七三・七八年）、角川源義『語り物文芸の発生』（東京堂出版、七五年）、室木弥太郎『増訂 語り物（舞・説経・古浄瑠璃）の研究』（風間書房、八一年）、福田晃『神道集説話の成立』（三弥井書店、八二年）をあげておく。また永井義憲『日本仏教文学』（塙書房、六三年）、菊地良一『中世の唱導文芸』（塙書房、六八年）はわかりやすくまとめられており、荒木繁・池田廣司・山本吉左右編注『幸若舞』全三巻（平凡社、東洋文庫、七九〜八三年）、麻原美子・北原保雄校注『舞の本』（『新日本古典文学大系』岩波書店、九四年）および荒木繁・山本吉左右編注『説経節』（平凡社、東洋文庫、七三年）、室木弥太郎校注『説経集』（『日本古典集成』新潮社、七七年）は解説も有益。なお『平家物語』（平曲）関係は省略したが、近年の成果として、兵藤裕己『平家物語の歴史と芸能』（吉川弘文館、〇〇年）をあげておきたい。

（樋口州男）

茶の湯

茶道とも。喫茶を媒介とする「もてなし」の儀礼で日本的な生活芸術。茶道の語は一七世紀末〜一八世紀初めの元禄頃から用いられはじめるが、花道などと同様、精神性を強調するところに生れた呼称である。古くは「茶湯」（ちゃとう）といったが、室町時代に和語化して茶の湯となった。一六世紀に来日した宣教師たちは報告書のなかでもっぱらchanoyu

（茶の湯）、chanoyu-sha（茶の湯者）と表現している。また物数奇を要件とする茶の湯の特性から「数奇」といえば茶の湯を意味した。

【歴史】

喫茶の風は平安初期、九世紀初め、永忠ら遣唐留学僧たちによって将来され、新渡の唐風文化として流行をみたが、「団茶」であったため茶礼の形成をみるに至らなかった。茶の湯は、鎌倉初期・一三世紀初め栄西によって伝えられた「抹茶」についてつくられた喫茶方式である。その後における抹茶（法）の普及、唐物をはじめとする道具数奇の高揚、禅院清規（そのなかの茶礼）の日本への浸透などが進むなかで、南北朝期・一四世紀半ばには茶会の形式が生れ、戦国時代・一六世紀半ばに至り「草庵茶の湯」として確立した。これを「市中の山居」と称したのは、都市民が生活の場に山里の草庵を取り込みいわば非日常の空間と時間を楽しんだからで、草庵茶の湯が典型的な都市文化であったことを示している。草庵茶の湯の形成には堺の町人・武野紹鷗の果した役割が大きい。四畳半の草庵茶室とそれに適合する茶法を基本形とし、客前で行うもてなしの振舞いとしての「点前作法（＝芸能性）やその場にふさわしい「道具の取り合わせ」（＝芸術性）が重要な意味をもつようになったのはこの時からである。

茶の湯の歴史上画期をなすのは、安土桃山時代・一六世紀後半、堺の町人出身の茶人たち今井宗久・津田宗及・千利休らが織田信長ついで豊臣秀吉の「茶頭」となったことで、後における茶の湯のあり方に及ぼした影響は大きい。元禄時代・一六世紀末～一七世紀初めにおける上方や大江戸の町人の成長は茶の湯人口の飛躍的な増大をもたらし、それを取り込む組織として「家元制度」が生れた。家元としては三千家（表・裏・武者小路）と藪内家があり、武家の世界では石州流が主流をなした。また千家では楽吉左衛門や中村宗哲など十職十人を編成し、これを千家十職と称したが、茶の湯のもつ綜合性を示している。明治維新により遊芸扱いされた茶の湯は沈滞を余儀なくされたが、明治後半になると政財界人があらたな外護者となる一方、その後女子教育の普及にともない、これに茶の湯が取り込まれたことで再生、女性文化という一面をもちつつこんにちに及んでいる。第二次世界大戦後は国際交流の進展のなかで日本の伝統文化の一つとして海外へ紹介されている。

【参考文献】

参考文献については逐次発刊中の茶の湯文化学会の機関誌『茶の湯文化学』所収「茶の湯関係文献目録」が古い時期のものから逐次掲載中でもっとも参考になろう。茶の湯に果した役割の大きさから千利休をめぐる研究は相変らず多いが、近時は中近世考古学の成果をふまえた茶道具の研究や、茶の湯の重要な構成要素である点前にも目が向けられて来た。近時完結した淡交社『茶道学大系』全一一巻の所収論考によって、茶が文明史的観点から比較研究の対象となる一方、茶の湯を構成する諸分野での最近の研究動向や水準が知られよう。なお茶の湯は抹茶に限るが、広く日本の喫茶文化を理解するためには「煎茶」をふくめた議論が必要であろう。

（村井康彦）

武家故実

【武家故実の内容】

「故実」とは元来、行事などを施行する際の根拠となる先例や規範とすべき旧儀の意であるが、一般的には公家に関するものを「有職」（有識）または「公家故実」といい、武家に関するものを「武家故実」といっている。

武家故実は、鎌倉期以来の武家社会に存在したが、その由来をさかのぼれば、平安期における公家の武官や衛府などの故実にならったものや、藤原秀郷の故実のような、地方武士に伝えられていた家風を受けたものもある。それが鎌倉幕府の安定とともに故実の整理・統一がなされ、将軍の随兵や儀仗・兵仗などの諸故実も整理されていった。室町期には、こうした鎌倉期以来の故実のほか、新様式の武器・武具の流行や戦闘形態の変化に即応する諸作法や慣習が発達した。

また室町幕府の確立による武家の社会的地位の向上とともに、その身に応じた諸作法が要求されるようになった。こうした中に、やがて先例典故に詳しい故実家が登場し、とくに「弓馬軍陣故実」は足利義教の弓馬師範となった小笠原備前守持長とその子孫・一族を中心として整備された。また幕府の典礼や殿中の座作進退など、衣食住の生活全般にわたる諸礼式（躾）は、義政の政所執事伊勢貞親・貞宗父子を始めとする伊勢氏一族によって司掌され、広く武家社会で規範とされた弓馬軍陣および諸故実の完成を見るに至った。

【故実学の発達】

武家故実が学問研究として扱われるようになるのは江戸時代である。戦国期には旧来の身分的秩序が乱れただけでなく、衣食住の生活様式も変化し、また槍や鉄砲戦の流行とともに甲冑なども当世風と称された新様式が発達した。元和偃武以降、近世における学問の興隆とともに武家故実の研究も盛んとなり、その中の弓馬軍陣関係を故実といい、殿中や衣食住の躾に関することは礼法と称された。しかし総じて江戸初期における故実・礼法は、軍学者・兵法家と称した牢人者による机上の論が多い。そうした中で新井白石の『本朝軍器考』は、史料による実証的な武家故実研究の成果として注目される。その後、国学・和学の発達につれ、武家故実は古典・軍記物語や記録類の理解に必須なものとされ、伊勢貞丈、松平定信、壺井義知、松岡辰方、屋代弘賢、栗原信充らを始めとする故実家が輩出した。

【研究文献】

武家故実は、本来学問研究であると同時に実用の学であった。しかし明治時代以降においては単なる特殊史もしくは風俗史の一部とされ、研究者も少ない。史料集としては『古事類苑』、『故実叢書』などが内容豊富で貴重である。けれども研究文献は有職故実の概説書を除けばその内容は服飾・建築・美術工芸・刀剣・甲冑・合戦といったように細分化されており、総合的にまとまったものはほとんどない。そうした中で、鈴木敬三『初期絵巻物の風俗史的研究』(吉川弘文館、六〇年)、『有識故実図典』(同、九五年)、および同編『有識故実大辞典』(同、九五年)は体系的でかつ信頼できる良書といえる。なお、主として室町期における武家故実の発達について整理したものとして二木謙一『中世武家の作法』(吉川弘文館、九九年)がある。

（二木謙一）

新井白石

【学問・思想】

江戸中期の儒者・政治家。一六五七年(明暦三)に生まれ、一七二五年(享保一〇)没する。名は君美。通称勘解由。白石は号。上総国久留里藩主土屋家に仕える新井正済《まさなり》の子として江戸に生まれ育ったが、土屋家のお家騒動に巻き込まれ、父とともに土屋家を追放、禁固に処せられる。のち大老堀田正俊に仕えたが、正俊が江戸城で刺殺されたため再び牢人となる。その間、一六八六年(貞享三)、幕府の儒者木下順庵に入門、一六九三年(元禄六)、順庵の推挙により甲府藩主徳川綱豊の侍講となる。その綱豊が家宣として六代将軍となったため、幕政にも関わるようになった。家宣が将軍綱吉の養子になったとき、白石も幕臣として西ノ丸寄合となり、一七一一年(正徳一)には従五位下筑後守に叙任、知行千石を与えられた。彼は家宣を理想的な君主にするため侍講として講義に努める一方、将軍の厚い信任のもと、幕政にも心血を注ぎ、一七一二年(同二)家宣が没した後も、側用人間部詮房とともに幼将軍家継を補佐し、幕政の改善に力をつくし、いわゆる正徳の治を推進した。貨幣の改鋳、海船互市新例の施行、朝鮮使節待遇の簡素化と国書の将軍呼称の「国王」への改変、儀式典礼の整備など立案された施策は多く、それらの施策に対しては、儒教的理想主義に傾いたとする批判も多いが、概して白石の学者としても、政治家としても秀れた面を物語っており、その人物からは学ぶべきものが少なくない。一七一六年(享保一)、吉宗が八代将軍となって以後は不遇で、晩年は著述に専念した。

著作は、歴史・地理・言語など多岐にわたる。イタリア人宣教師ヨハン・シドッチを尋問して記した『西洋紀聞』、『采覧異言』は西洋諸国および世界の地理・風俗を紹介した書としてつとによく知られ、白石を洋学の先駆者と称しても過言ではない。『藩翰譜』、『読史余論』、『古史通』など白石独自の政治思想や歴史観に基づく著作も少なくない。特に『読史余論』は平安前期から江戸時代までの歴史を、九変五変論として公家政権から武家政権への移行を記述、一元的権威を維持する責任を怠った朝廷と、「虚器」となった朝廷の権威を借り続けた江戸幕府以前の武家政権をいずれも王者ではなく覇者とし、王者としての徳川家康による江戸幕府の出現を正当化している。なお、白石の生い立ちや幕府における活躍については自伝『折りたく柴の記』に詳しい。

【研究史と動向】

戦前すでに『新井白石全集』(国書刊行会、〇六年、再版、七七年)が刊行されているが、研究が本格化したのは戦後からで特に宮崎道生による一連の研究により、その全貌が明らかにされつつある。同氏の著作は『新井白石の研究』(吉川弘文館、五八年、増訂版、六九・八四年)をはじめ『定本折たく柴の記釈義』(至文堂、六四年、増訂版、近藤出版社、八五年)など十指を超えるものがあり、それらの著作から、多くの研究課題も知ることができる。また、同氏の『新井白石』(吉川弘文館人物叢書、八九年)はコンパクトで優れた伝記研究書として便利である。日本思想大系の一冊、松村明・尾藤正英・加藤周一編『新井白石』(岩波書店、七五年)も発刊されており、解説には加藤周一「新井白石の世界」、尾藤正英「新井白石の歴史思想」が収載されている。最近では、本郷隆盛が「新井白石の政治思想と世界像」(宮城教育大『紀要』三一、九七年)で、天皇を王とする習俗から、将軍を日本国王たらしめようとした白石の企図を支えた歴史認識や政治思想および世界像、学問観などが論じられるなど、新たな動向も見られる。また、それまで羽仁五郎校訂の岩波文庫の『折りたく柴の記』が、松村明校注の『折りたく柴の記』(九九年)となったことも、付記しておく。

【参考文献】

宮崎道生『新井白石序論』(芸林会、五四年)、同『新井白石』(至文堂、五七年)、同『新井白石の洋学と海外知識』(吉川弘文館、七三年)、同『新井白石の時代と世界』(吉川弘文館、七七年)、同『新井白石の人物の政治』(吉川弘文館、五〇年)、同『新井白石と思想家文人』(吉川弘文館八五年)、同編『新井白石の現代的考察』(吉川弘文館、八五年)、同『新井白石の史学と地理学』(吉川弘文館、八八年)、栗田元次『新井白石の文治政治』(石崎書店、五二年)、勝田勝年『新井白石の学問と思想』(雄山閣、七三年)。

(南　啓治)

井原西鶴

【生涯と業績】

江戸時代前期の俳諧師・浮世草子作者。一六四二年(寛永一九)大坂に生まれ、一六九三年(元禄六)八月一〇日、五二歳で没す。出自・家系などは未詳。一説に、本名平山籐五。商業活動のかたわら貞門俳諧に遊んだらしく、一六六六年(寛文六)鶴永号で俳書に初入集。三二歳の一六七三年(寛文一三)、反貞門の姿勢を示す『生玉《いくたま》万句』を刊行。西山宗因に親炙《しんしゃ》して西鶴と改号、自由奔放な宗因流新風(談林俳諧)の急先鋒となる。一六七五年(延宝三)の亡妻追善独吟一、〇〇〇句をきっかけに、量と速さを競う矢数俳諧を推進。談林俳諧が退潮する中、一六八四年(貞享元)には一昼夜独吟二三、五〇〇句の驚異的記録を樹立。以後、俳諧面での目立った活動はなく、四一歳の一六八二年(天和二)に刊行した『好色一代男』が大評判を呼んだこともあり、書肆・読者の期待を受けつつ、流行作家として活躍。一六八五年（貞享二）の『西鶴諸国ばなし』、一六八六年の『好色五人女』、『好色一代女』、『本朝二十不孝』、一六八七年の『男色大鑑』、『武道伝来期』、一六八八年（元禄元）の『日本永代蔵』、『武家義理物語』、一六九二年（元禄五）の『世間胸算用』など、幅広い題材を扱って、質・量ともに当代随一の力量を示し、没後も『西鶴置土産』、『万《よろず》の文反故《ふみほうぐ》』などが出た。人間の正体を追い求め、浮世のありようを活写したその作品群は「浮世草子」と呼ばれ、数多の追随作を生みながら、日本の散文史上に大きな一線を画することとなった。近世はもちろん、近現代の作家に与えた影響も計りしれない。

【研究史と課題】

俳諧面では、戦前から頴原退蔵の実証的研究があり（『頴原退蔵著作集一七』中央公論社、八〇年）、戦後の談林俳諧研究の進展に伴い、乾裕幸『俳諧師西鶴』（前田書店、七九年）など、解明が進む。浮世草子面の研究は、明治の自然主義による再評価を継承する方向と、これを批判する方向とが交錯する形で進展。暉峻康隆『西鶴 評論と研究』上・下（中央公論社、四八・五〇年）は前者の立場から西鶴の全体像を描き出し、野間光辰『刪補西鶴年譜考證』（同、八三年）も伝記研究を集大成し、ともに大きな指針となる。頴原・暉峻・野間編『定本西鶴全集』（一四巻一五冊、同、五一〜七五年）も出て、研究環境はほぼ整備された。以後、成立論、出典探索、遺稿集の問題、俳諧との関連、西鶴工房説、出版ジャーナリズムとの関係など、多方面からのアプローチが続き、緻密に細分化された研究状況のまま現在に至る。それぞれのさらなる追究とともに、それらを総合化することが今後の課題といえる。

【参考文献】

『近世文芸資料類従・西鶴編』（一五巻、勉誠社、七四〜七八年）は影印版。注釈は麻生磯次・富士昭雄『対訳西鶴全集』（一六巻、明治書院、七四〜七九年）など多数。『西鶴事典』（おうふう、九六年）には詳細な文献目録も備わり、『西鶴必携』（学燈社、九三年）、『新潮古典文学アルバム一七・井原西鶴』（新潮社、九一年）、『西鶴を学ぶ人のために』（世界思想社、九三年）なども有益。

（佐藤勝明）

古学派

【学問・思想】

儒学の学派の一つで、一般に山鹿素行の聖学、伊藤仁斎の古義学、荻生徂徠の古文辞学を総称していう。いずれも理気二元論にたつ朱子学の思弁的性格を批判することを通じて形成された。直接に古代聖賢の原典に立ち帰って本来の儒家思想を理解しようとする立場が共通するところからこの名がある。しかし、武士存在の社会的な意味を基本におく素行の学、人としての人論日用の道を求めた町人学者仁斎の学、天下を統治する経世学を構想した徂徠学と、それぞれの思想的性格は同じではない。著作では、素行に武士日用の道徳を主張して朱子学を批判した『聖教要録』、仁斎に儒学に対する見識、古学の本義などを問答形式で述べた『童子問』、徂徠に将軍吉宗の諮問に答え、礼楽制度の樹立・参勤交代の弊の打破、武士土着論などを説いた『政談』などがあげられる。

近年では古学派は近世社会に適合的な日本独自の儒学思想の形成と考えられるようになった。また一八世紀後半の折衷学成立の前提をなすとともに、国学や経験主義的諸学などに広範な影響を与えたといえる。

【研究史と動向】

近年の研究動向を中心に記すと、三宅正彦は『京都町衆 伊藤仁斎の思想形成』（思文閣、八七年）で、稿本研究に基づく仁斎論をまとめ、相良亨は『伊藤仁斎』（ぺりかん社、九八年）で、形而上学を否定したとされる仁斎の思想の根底に「おのずから」という「形而上学的思惟」を見い出し注目された。平石直昭は『荻生徂徠年譜考』（平凡社、八四年）で、徂徠の詳細な年譜を追究するとともに、「戦中・戦後徂徠論批判―初期丸山・吉川両学説の検討を中心に―」（『社会科学研究』三九―一、八七年）、「徂徠学の再構成」（『思想』766、八八年）などで、徂徠を政治思想史的に理解しようとする丸山真男以来の方法を総括的に批判し、徂徠学における宋学的自然秩序からの離脱は同時に体制認識における神道呪術的意識からの解放であったとして徂徠の中に近代的認識論の成立を読みとろうとしている。また小島康敬は、『徂徠学と反徂徠』（ぺりかん社、八七年）で学問観自然観など多様な観点から徂徠の思想の読み直しを提起している。

【参考文献】

田原嗣郎・守本順一郎編『山鹿素行』（『日本思想体系』32、岩波書店、七〇年）山鹿素行著・廣瀬豊編『山鹿素行全集』（岩波書店、四〇～四二年）石田一良『伊藤仁斎』（吉川弘文館人物叢書、六〇年）、子安宣邦『伊藤仁斎―人倫的世界の思想』（東京大学出版会、八二年）、吉川幸次郎・清水茂編『伊藤仁斎・伊藤東涯』（『日本思想体系』岩波書店、七一年）、今中寛司『徂徠学の基礎的研究』（吉川弘文館、六六年）、吉川幸次郎・丸山真男編『荻生徂徠』（『日本思想体系』岩波書店、七三年）。

（南　啓治）

近松門左衛門

【生涯と業績】

江戸時代前・中期の浄瑠璃・歌舞伎作者。本名杉森信盛。一六五三年（承応二）越前（福井県）吉江藩士信義の次男として福井に生まれ、一七二四年（享保九）一一月二二日、七二歳で没す。父が浪人となり一家で上京。公家奉公を経て、宇治加賀掾《じょう》のもとで浄瑠璃の習作を開始。三一歳の一六八三年（天和三）、宇治座興行の『世継曽我』が信盛作が確実な最も早い先品。一六八五年（貞享二）ないし翌年、竹本義太夫に『出世景清』を書き、以後竹本座との密接な関係が続く。翌年、初めて正本の内題下に「作者近松門左衛門」

と署名。同じ頃、歌舞伎へも作品を提供。とくに一六九三年（元禄六）からの約一〇年間は歌舞伎創作が主体となり、和事を大成した名優、坂田藤十郎と組み『傾城壬生《みぶ》大念仏』など諸作を残した。五一歳の一七〇三年（元禄一六）、竹本座に最初の世話浄瑠璃『曽根崎心中』を書き、二年後には同座の座付作者となり浄瑠璃に専念。一七〇六年（宝永三）に大坂に移住。『傾城反魂香』、『冥土の飛脚』など多彩な作品を筑後掾（義太夫）に提供、独特の悲劇の方法を確立する。一七一四年（正徳四）に筑後掾が没した後も、翌年の『国《こく》性爺《せんや》合戦』が大当りとなり、ほかにも『心中天の網島』、『女殺油地獄』などの傑作を残し、竹本座の隆盛に貢献した。その深い人間洞察に基づく緻密な作品は近世演劇を総体的に進展させ、後続の作者に多大な影響を与える一方、改作されつつ現在まで数多くの上演回数を誇っている。

【研究史と課題】

近世にも諸書に言及があり、『難波土産』はいわゆる「虚実皮膜《ひにく》論」を収める。明治には翻刻事業が活発化し、文学研究の対象として近松が浮上。作中人物論を中心とする坪内逍遙らに対して、藤井乙男らは語釈研究を推進し、上田万年・樋口慶千代『近松語彙』（富山房、三〇年）に結実。やがて、演劇として近松をとらえる機運が高まり、元禄歌舞伎へも焦点があてられ、森修『近松門左衛門』（三一書房、五九年）、広末保『増補近松序説』（未来社、六三年）など、戦後の研究へと引き継がれていった。『正本近松全集』（三五巻・別一巻、勉誠社、七七～八九年）、『近松全集』（一七巻二〇冊、岩波書店、八五～九四年）により、研究環境が大幅に整備された今日、時代物も含めて成立論、構想論、上演形態、浄瑠璃と歌舞伎の関係など、さらなる研究の進展と総合化が望まれる。伝記面では、和田修紹介の「推定金子吉左衛門日記」（『歌舞伎の狂言』八木書店、九二年）が、歌舞伎時代の近松の動静を生き生きと伝える資料として学界の注目を集めている。

【参考文献】

近世演劇の文献目録として、一九八二年（昭和五九）までをおさえる『近世演劇研究文献目録』（八木書店、八四年）があり、一九九四年からは近松研究所編の『日本古典演劇・近世文献目録』（和泉書院）が年次ごとに出て至便。同編の『近松研究の今日』（同、九五年）と『近松の三百年』（同、九九年）もあり、『新潮古典文学アルバム一九・近松門左衛門』（新潮社、九一年）は入門に最適。

（佐藤勝明）

松尾芭蕉

【生涯と業績】

江戸時代前期の俳諧師。一六四四年（寛永二一）郷士松尾与左衛門の次男として伊賀国（三重県）上野の農人町赤坂に生まれ、一六九四年（元禄七）一〇月一二日、五一歳で没す。本名松尾忠右衛門宗房。一〇代の末頃、侍大将藤堂新七郎家に出仕して台所関係の仕事をする一方、嫡子良忠（俳号蝉吟、北村季吟門）に親しみ、季吟を師と仰ぎ、宗房《そうぼう》号で貞門俳諧に遊ぶ。二三歳で蟬吟と死別し、やがて藤堂家を退く。二九歳の一六七二年（寛文一二）に発句合『貝おほひ』を編み、江戸に下った後これを刊行。三二歳の一六七五年（延宝三）頃桃青と改号し、東下中の宗因と一座して、宗因流の新風（談林俳諧）に傾倒。やがて俳諧宗匠として立机するも、三七歳の一六八〇年（延宝八）には深川に移居。点業を廃して、詩としての俳諧を追求する。芭蕉号の使用もこの頃から。四一歳の一六八四年（貞享元）には「野ざらし」の旅を挙行、荷兮《かけい》編『冬の日』五歌仙などに新風を開く。以後、旅と庵住をくり返し、四六歳の一六八九年（元禄二）には「奥の細道」の旅を敢行。続く上方滞在中、不易流行の理念のもと、監修した去来・凡兆編『猿蓑』などに雅俗融和した蕉風の真髄を結実。二年後に江戸に戻っては、さらに「かるみ」の新風を志向し、野坡《やば》ら編『すみだはら』などの指導をする一方、『おくのほそ道』の執筆にかかり、その清書本を携えての最後の旅で、大坂の客舎に生涯を終える。「乞食《こつじき》の翁」として独身のまま俳諧の革新に邁《まい》進《しん》した後半生は、点取中心の俳壇一般とは完全に一線を画するものであり、こうして切り開かれた蕉風俳諧は、没後の神格化と相まって、以後の俳諧史に決定的な影響を与えることになった。

【研究史と課題】

近世以来の研究を受け、伝記研究は阿部正美『新修芭蕉伝記考説』行実篇・作品篇（明治書院、八二・八四年）に結実し、今栄蔵『芭蕉年譜大成』（角川書店、九四年）も便利。書簡研究の進展とも相まって、後半生がほぼ解明された一方、季吟との関係、「翁の若き時の妾」ともいわれる寿貞《じゅてい》の問題など、若年の活動や私生活に関して不明な点が残る。田中善信『芭蕉　二つの顔』（講談社、九九年）は、延宝期の芭蕉像への見直しを迫る注目作。作品注釈では、岩田九郎『諸注評釈芭蕉俳句大成』（明治書院、六七年）が古注以来の諸説を整理して至便。連句の全注釈にも阿部正美『芭蕉連句抄』一～一二（同、六五～八九年）などがあり、『おくのほそ道』の注釈・研究は尾形仂『おくのほそ道評釈』（角川書店、二〇〇一年）など枚挙にいとまがない。近年、その自筆と見られる本が出現して（『芭蕉自筆奥の細道』岩波書店、九七年）、細道研究が新たな段階に入ったように、研究の可能性はまだ十分にあり、例えば撰集論、俳文の特色、俳論と作品の関係など課題はなお多い。

【参考文献】

全集に『校本芭蕉全集』（一一巻、富士見書房、八八～九一年）、『新編芭蕉大成』（三省堂、九九年）、真蹟集として『芭蕉全図譜』（岩波書店、九三年）などがあり、『芭蕉事典』（春秋社、七八年）や『総合芭蕉事典』（雄山閣、八二年）、『芭蕉必携』（学燈社、八〇年）、『新潮古典アルバム一八・松尾芭蕉』（新潮社、九〇年）なども有益。

（佐藤勝明）

洒落本・黄表紙

【洒落本の沿革】

江戸時代半ばの一七二六年（享保一一）に出された『両巴巵言《りょうはしげん》』（撃鉦《どらうつ》先生作）によって洒落本の誕生がある。洒落本とは、主に遊里・遊興における諸相、諸生態を描写する短編小説で、初めは高踏的な雅文体や漢文体、のちに会話体、あるいは談義調で綴られるようになった戯作の代表的ジャンルである。『両巴巵言』以後『遊子方言』（田舎老人多田爺《ただのじじい》作。一七七〇年〈明和七〉刊）を経て、天明年間には『総籬《そうまがき》』（一七八七年〈天明七〉刊）を始めとする山東京伝の洒落本が遊里の細致な穿《うが》ち描写の頂点に立ち、やがて一七九一年（寛政三）、京伝の洒落本三部作が寛政改革による筆禍にあい洒落本の刊行は止む。が、一七八九年に式亭三馬によって洒落本復活がなされ、その後再び洒落本禁令にあって一時中絶、文政年間（一八一八～）に入ると市井の男女の恋愛を描く人情本に道を譲りながら衰退していく。

【黄表紙の沿革】

赤本《あかぼん》・青本《あおぼん》に続いて、江戸中期の一七七五年（安永四）に刊行された『金々先生《きんきんせんせい》栄花夢《えいがのゆめ》』（恋川春町《こいかわはるまち》作）以降、一八〇六年（文化三）までの間に出された草双紙《くさぞうし》群を黄表紙と呼び、これ以後の草双紙は合巻《ごうかん》と呼ばれる。黄表紙は絵本とは違う、いわゆる大人の読者を対象にした絵画文学で、多彩な作者たちが黄表紙に染筆し、戯作文学の一翼を担うジャンルである。

【研究史と展望】

洒落本は猥雑な描写が散見するとして、黄表紙は全文挿絵を伴うことにより遊廓の閨房描写があるとして、戦前の出版検閲制度下にあっては、そのまま世に紹介することが難しかった。だが、山口剛の優れた解説を付した『日本名著全集・洒落本集』（日本名著刊行会、一八年）、同『黄表紙廿五種』（同、二四年）によってようやく本格的な研究の端緒についた。

洒落本はその後『洒落本大系・一～一二』（高木好次編、六合館、三〇年）、尾崎久弥『洒落本集成・三』（春陽堂、二八年）による翻刻紹介（伏字などあり）を経て、戦後の中村幸彦の『戯作論』（『中村幸彦著述集八』、中央公論社、八二年所収）、水野稔の『江戸小説論叢』（中央公論社、七四年）などの論考の成立に結実、中村・水野等編での『洒落本大成・一～三〇』（中央公論社、八五年）の完成によって洒落本は網羅的に翻刻紹介され、ここに研究体制は整い、洒落本研究のより詳細で大局的な論究がまたれる。

一方、黄表紙研究は水野校注の『日本古典文学大系・黄表紙洒落本集』（岩波書店、五八年）や浜田義一郎校注の『日本古典文学全集・黄表紙・川柳・狂歌』（小学館、七一年）と相前後して本格化し、小池正胤等編の『江戸の戯作絵本・一～六』（社会思想社、八〇年）が研究テキストとして寄与している。しかしながら、黄表紙二千数百種に対し、現在まで絵入りで翻刻紹介されたものは一〇〇種程度にとどまっており、それでも黄表紙作者として質的にも量的にも代表者である山東京伝の黄表紙が近時『山東京伝全集・一～三』

（ぺりかん社、九二年。続刊中）で紹介されて斯界に貢献している。そして、黄表紙全種を網羅的に論じ、その書誌的要件をすべて併記する棚橋正博編『黄表紙総覧・一～三索引』（青裳堂、八六年）によって黄表紙研究の基礎的条件は整った。

【参考文献】

『山口剛著作集一～五』（中央公論社、七二年）、中野三敏『戯作研究』（同、八一年）、棚橋正博『黄表紙の研究』（若草書房、九七年）。

（棚橋正博）

川柳・狂歌

【川柳の沿革】

初代柄井《からい》川柳《せんりゅう》（一七一〇～九〇年）が一七六五年（明和二）に前句付《まえくづけ》から独立させた万句合《まんくあわせ》高点句集『柳多留《やなぎだる》』を発行、以来、この雑俳様式を川柳と呼んで現代まで続いている。

前句付とは、俳諧の五・七・五・七・七の短句七・七をあらかじめ撰者が詠んで設定し、それに長句五・七・五をつける点取《てんとり》競技で、柄井川柳は、期間を定め、江戸の各町内の取次所を通じて前もって知らせていた短句に対する前句を募集し、その高点者を句集に載せて金銭や景品をつけるという、一種の賭事《かけごと》に近い手法をとって庶民の興味を引き、大いにこの前句付を普及させた。季語などの難しい制約は何もなく、世相・人情などを穿《うが》つ軽妙風刺句を柄井川柳は公平に選んだことが好評を博し、点者の表徳号にちなんで一般に川柳と呼ばれるようになった。

【狂歌の沿革】

狂歌とは狂体の和歌の意で、伝統的な雅の和歌に対し、そのパロディや俗な言葉、表現方法によって滑稽を盛り込む短歌である。平安期以前からすでに狂歌の成立があったとも、狂歌の鼻祖は藤原定家の孫暁月坊《ぎょうげつぼう》とする説などがあるが、実質的な成立は中世末期のことであった。

武将や歌人等の間で余技座興として発達し、建仁寺の住職雄長老《ゆうちょうろう》（英甫《えいほ》永雄《ようゆう》。一五四七～一六〇二年）を祖として仰ぐ上方文人間で流行したのが近世狂歌の始まりであった。京都から大阪へと隆盛は移り、やがて江戸時代中期には江戸の地でも流行するようになった。その担い手たちは、大衆化した川柳などから離れ、学問と教養の発揮の場を狂歌に求めた幕臣が主力であった。一七八一～八八年（天明年間）には幕臣大田南畝（蜀山人。一七四九～一八二三年）を中心に一大ブームが起こり、その門から出た鹿都部《しかつべ》真顔《まがお》や宿屋《やどやの》飯盛《めしもり》（石川雅望）といった町人狂歌師によって継承され、しかし、近代に入ってその流行は急速に衰えていった。

【川柳の研究史と展望】

川柳を文学史的視点から論ずるようになったのは戦後を待たねばならなかった。俳諧研究の立場から川柳に言及した潁原《えばら》退蔵を筆頭に（論文は『潁原退蔵著作集一～一五』中央公論社、七九年所収）、『柳多留』の難解句の検討なども盛んになり、『日本古典文学大系・川柳狂歌集』（岩波書店、五八年）以降、注釈書は近時刊行の鈴木勝忠校注の『新編日本古典文学全集・黄表紙・川柳・狂歌』（小学館、九九年）までかなりの数にのぼる。中でも平易に注釈する現代教養文庫『誹風柳多留一～一〇』（社会思想社、八五年）は初心者向けで、浜田義一郎編『江戸川柳辞典』（東京堂出版、六八年）や粕谷宏紀編『新編川柳大辞典』（東京堂出版、九五年）は読み物としてもよく、文献などについてはそれらに掲載の文献目録を参照されたい。

【狂歌の研究史と展望】

江戸狂歌の研究は大田南畝研究と雁行する観がある。『大田南畝全集一～二〇』（岩波書店、八五年）、『石川雅望年譜考』（角川書店、八六年）などは個人の活動を通して江戸狂歌壇を見られる好著である。日本古典文学全集シリーズの狂歌関係の校注を参考にしながら、初心者には現代教養文庫『万載狂歌集』（社会思想社、九〇年）も参考になろう。狂歌研究はまだ成熟しているとはいえず、テキスト（翻刻紹介）がようやく整ってきている情況でもあり、本格的に通覧するためには『近世上方狂歌叢書・一～二三』（和泉書院、八四年～。続刊中）、『江戸狂歌本選集・一～一一』（東京堂出版、九六年。続刊中）が有用である。

（棚橋正博）

文人画

【文人画とは】

文人画は学者や文人が描く絵画で、専門（職業）画家によらない絵画の総称である。中国で発生・展開し、その影響を受けて日本でも発達した。中国文人画は、儒教を中心とし、その他、詩文に秀れ、場合によっては老荘思想や仏教などの教養を備えた文人や士大夫（政治家）が余技として描いた。しかし、専門画家でなくとも、彼等の描く絵画は、その気韻（気品の高さや趣）・風雅において水準が高く、文人画を抜きにしては中国絵画史を語れないほどである。中国文人画の起源は古く後漢（二世紀）から存在し、六朝・唐代に多くの文人・士大夫の画家を出したが、文人・士大夫が職業画家との違いを明確に意識し、独自の芸術性を展開したのは、北宋（一〇～一二世紀）時代からである。さらに、元代（一三～一四世紀）末には、いわゆる元末四大家（黄公望・倪瓚《げいさん》・呉鎮・王蒙）が現れるにおよび、画院を中心とする専門画家に対する絵画の様式（とくに山水画における丸味をおびた山・やわらかい線など）が定まり、その様式から北宗画に対して南宗画と呼ばれるようになった。そして、文人画家の多くが南宗画風の絵画を描いたので、文人画と南宗画が混同されるようになったが、もともと文人画は身分による分類であり、南宗画は様式的な分類にもとづく名称である。以後、文人画は明・清代においても盛んに描かれ、とくに清代では文人画一色といえるほど盛行した。

【日本の文人画】

日本で中国の文人画（日本では南宗画を略し南画とも呼んだ）が本格的に摂取されたのは、江戸時代中期の享保年間（一七一三～三六）からである。すなわち、その先駆者として、祇園南海《ぎおんなんかい》と柳沢淇園《きえん》があげられる。南海は紀伊藩の藩校教授であり、淇園は大和郡山藩の家老で、両者とも当代一流の文化人（文人）として、高い儒教的教養を持ち、その意味では中国文人画の担い手である文人や士大夫と共通した性格を兼ね備えていた。南海は中国明代の絵手本集や清代の画伝をもとに、ほとんど独学で絵を描き、淇園は沈南蘋《しんなんぴん》来日以前の黄檗系の長崎派の画家に師事して、絵を描いた。両者とも余技としての絵画であったが、その条件・内容において文人画というにふさわしいものといえる。

南海・淇園によって先鞭がつけられた日本の文人画は、この後、彭城《さかき》百川・池大雅・与謝蕪村らによって継承され、とくに大雅・蕪村によって大成された。三人はいずれも庶民出身であるが、文人・士大夫のような精神の豊かさを所有しており、それが絵にもよく表われているという点で、日本では身分はとくに問題とならなかった。なお、大雅・蕪村をはじめ、日本の文人画家の多くは職業画家であったことも、中国文人画の特徴とは異なっていた。また、中国北宗画の様式や日本の伝統絵画などを取り入れて描いている点も、日本の文人画の独自な特徴であった。文化〜天保年間（一八〇四〜四四）には、京坂の地で、岡田米山人《べいさんじん》・浦上玉堂・青木木米《もくべい》・田能村竹田《たのむらちくでん》らが活躍し、文人画の黄金時代を現出し、関東でも谷文晁・渡辺崋山らが活躍し、それぞれ個性あふれる絵画を描いた。地方でも尾張の山本梅逸・紀伊の桑山玉洲・野呂介石、土佐の中山高陽など多くの文人画家が活躍し、幕末には勤王の志士から支持されたこともあって、明治初年まで描き続けられたが、しだいに形式主義となり衰退した。それでも明治期には田崎草雲・田能村直入、明治から大正期には富岡鉄斎、大正から昭和期には小川芋銭《うせん》が出て、文人画を継承する秀れた作品を描いている。

【日本の文人画の主な作品】

祇園南海―墨梅図　蘭竹石図、柳沢淇園―籃中挟籃図　墨竹図、彭城百川―柳陰水亭図　墨梅図襖絵、池大雅―十便十宜図（与謝蕪村との合作。十便図が大雅作）　楼閣山水図、与謝蕪村―十便十宜図（池大雅との合作。十宜図が蕪村作）　鳶・鴉図、浦上玉堂―玉樹深紅　東雲篩《し》雪図、田能村竹田―船窓小戯　亦復一楽帖、谷文晁―公余探勝図　名山図譜、渡辺崋山―鷹見泉石像　一掃百態

【研究史の動向】

文人画に対する研究は、一九〇八年（明治四一）、美術専門誌『國華』二一六号に瀧精一が「文人画説」を発表し、初めて美術史学的な研究の道が切り開かれたといわれるが、戦前・戦後を通じて、文人画に対する研究は夥しい数にのぼる。文人画の研究で特徴的なのは、文人画がその作品の本質的価値を気韻や風雅に置くため、必然的にその作者の内面や人間性を探求することが重要となり、そのため、文人画の大成者池大雅・与謝蕪村をはじめ、著名な文人画作者の人物研究が、その作品の分析的研究とともに大変進んでいることである。また、日本の文人画作者の中には、中国の文人画作者の影響を受けて、画論を執筆している例が少なくなく、この文人画作者が著わした画論に対する研究も早くから行われている。なお、ここで近年に限って主な動向を記す

と、一九七四～七九年（昭和四九～五四）には、『文人画粋編』（全二〇巻、中央公論社）が発刊され、中国文人画を含めた作品や論文が併載され注目された。中田勇次郎『文人画論集』（中央公論社、八二年）は、この『文人画粋編』に寄せた、中国・日本の文人画に関する論文をまとめたものである。また、文人画に対する人気は高く、そのため、文人画展が各地で開催されたが、一九九五・九六年（平成七・八）二回にわたり、東京静嘉堂美術館で、日本の文人画展」が開催され、関心を集めた。同展に合わせ二冊の図録が発行され、そこには小林忠・河野元昭による解説や論文が収載されている。また、これに対応するかたちで、『國華』一二〇七号（朝日新聞社、九六年）が「文人画と南画」と題する特集を組み、論文として河野元昭「日本文人画試論」が発表されたことは、文人画研究の現在を理解する上で、特筆される。

【参考文献】

坂崎坦編『日本画論大観』（上・中巻、アルス、二九年）、国立博物館編『日本南画集』（便利堂、五一年）、米沢嘉圃・吉沢忠『文人画』（『日本の美術』23、平凡社、六六年）、東京国立博物館監修『日本の文人画』（便利堂、六六年）、飯島勇『文人画』（『日本の美術』4、至文堂、六六年）吉沢忠『日本南画論攷』（講談社、七七年）『江戸文学』（一七・一八号、特集・文人画と漢詩文Ｉ・II、ぺりかん社、九七年）武田光一『日本の南画』（東信堂、二〇〇〇年）。

（南　啓治）

寛政異学の禁

【禁令と異学】

寛政改革の一環として、幕府が林家塾を対象に朱子学以外の教授を禁止し、聖堂内での朱子学奨励をめざしたもの。一七九〇年（寛政二）、幕府は大学頭林信敬に「幕初以来、封建支配の教学として朱子学を正学と定めて林家に執り行わせてきたが、近来新規の学派が抬頭し異学が流行、正学が衰退してしまった。此の度、柴野彦助（栗山）、岡田清助（寒泉）を聖堂の取締に任ずるので、力を合わせて異学を禁じ、正学である朱子学の再建をめざすように」と諭達した。

ここで「異学」とされたものは、柴野栗山の『論学弊』の中で、①「資質聡明」であるという伊藤仁斎に始まる古義学②「局量卑狭」である古注学および折衷学③「驕傲僭越」であるとする荻生徂徠に始まる復古学④「怠惰自便」であるとする儒業を兼ねた詩文・小説の類の四つをあげているが、主として前三者を指すといってよいだろう。

【禁令が出される背景】

このような論達が出されるに至る時代背景には、前代の田沼政治の開放的な空気のもとで、儒学も種々の異説が形成され、また黄表紙などの政治風刺を含めた言論出版の隆盛があった。「儒学の異説」をめぐる動向とは、以下のようであった。

江戸では、細井平洲の嚶鳴館・塚田大峯の雄風館などが多くの門人を集めて古注学を講じていたし、折衷学を主唱した井上金峨の門の山本北山の奚疑塾や亀田鵬斎の善身堂にも多くの学生が参集していた。京都では、古義学から入って古注学を学んだ岩垣竜渓や従来の四書五経の学を疑い『問学挙要』を世に問うた皆川淇園が活躍していた。このような状況を「儒学の反省期」であるととらえた中井竹山は『非物篇』、『非徴』などを刊行して、いわゆる「正学論」を主張した。こうした儒学の百花繚乱的な状況および政治風刺を含めた言論出版状況に歯止めをかける意図のもとに禁令が出された。また禁令施行の背後には、幕府に先立ち広島藩学問所で「広島藩天明異学の禁」を実施した頼春水をはじめ西山拙斎・古賀精里等の建白があったともいう。

【禁令の反響】

この禁令は、形式的には幕府内に限られるものであったが、朱子学以外の学派のものは受験できないということもあり、結局は学問の統制であるとして、大きな反響を呼んだ。江戸では、塚田大峯・市川鶴鳴・豊島豊洲・亀田鵬斎・山本北山ら、京都では皆川淇園・岩垣竜渓・村瀬栲亭・佐野山陰ら、大坂の片山北海、播磨の赤松滄洲等が反対した。また、禁令が出されたときの幕府の責任者の柴野栗山に、友人の赤松滄洲が反対討論（「与柴野栗山書」）をし、その返事をまた友人の西山拙斎が代わって行う（「与赤松滄洲論学書」）などをはじめ中枢部においても賛否をめぐって論がたたかわされた。結局、朱子学が昌平坂学問所の正学となり、学禁は推し進められ、藩学においてもその風潮に倣って朱子学を採用する藩も多くなっていった。

【研究史】

主課題は、朱子学が「正（官）学」に位置づけられたのはなぜかということと、その評価であろう。この問題は、田沼末期に露呈された政治的危機克服のため、権力集中を計った寛政改革の一環として位置づけられ、同時に松平定信の政治論と絡めて論じられることが多い。また、これを機に、官製教育が確立したともいわれる。一方、この異学の禁が現実の政治社会の動向にどのように有用であったかという観点からの研究もされている。

【参考文献】

丸山眞男『日本政治思想史研究』（東京大学出版会、五二年）、尾藤正英『日本封建思想史研究』（青木書店、六一年）、田原嗣郎「寛政改革の一考察―異学の禁と官僚制化の問題から―」（『歴史学研究』一七八、五四年）、中村幸彦・岡田武彦『近世後期儒家集』（『日本思想大系』四七、岩波書店、七二年）、衣笠安喜『近世儒学思想史の研究』（法政大学出版局、七六年）、頼祺一『近世後期朱子学の研究』（渓水社、八六年）。

（菅野則子）

石門心学

【石門心学の成立】

江戸中期に石田梅岩によって創始され、その後門人たちによって継承され発展した学問思想および主に庶民を対象とした社会的教化活動の総称で、石門とは石田梅岩の門流という意味である。心学という言葉はすでに中国思想史上でも使われており、禅心学と陸王学（陸象山と王陽明）心学が有名であった。日本においても日本陽明学の祖といわれる中江藤樹は自らの学を心学と呼び、また、梅岩生前にも一六五〇年（慶安三）刊記の『心学五倫書』などの仮名教科書が出版されていた。これらと区別する意味もあって石門心学と呼ぶようになったと思われる。

石田梅岩は一六八五年（貞享二）に生れ、一七四四年（延享元）、六〇歳で没した。丹波国桑田郡（現、京都府亀岡市）の農家の出身であったが、のち京都に上り商家に奉公しながら儒学をはじめ神道、仏教・老荘の学などを主に独学で学び、一七二九年（享保一四）、四五歳の時、初めて京都で聴講無料の講席を開いた。梅岩の思想は主著『都鄙問答』によって窺うことができるが、その主張するところは、人間の本質を天地につながる性理にみつけて、それを自得するように修行することが必要であること。また、その性理の示すとおりに、人々がそれぞれの職分・職業に応じた道を実践することが肝要であること。そして、これらを一人一人の人生の中で統合することによって真の人間ができ上るというものであった。したがって、例えば商人の営みも天が認める行為であり「商人ノ売買スルハ天下ノ相《たすけ》ナリ」「直《すぐ》ニ利ヲトルハ商人ノ正直ナリ。利ヲトラザルハ商人ノ道ニアラズ」として、商人の経済活動を普遍的・正当的なものと論じた。この結果、梅岩の教えは広く庶民を中心に支持されるところとなり、急速に社会に広まることとなった。

梅岩の門人の手島堵庵は、師の思想をさらに平易に教え、心学を奉ずる者たちのために、月例の研究会を会輔と名付け、その施設として講舎を建築、京都には堵庵の自宅を五楽舎と呼び、ほかにも明倫社・修正舎・時習舎の三舎を建て、その運営も組織的に行ない、明倫社以下三舎を本山としてここから三舎印鑑と称する各種の認可証を発行するなど、その活動の発展のために、さまざまな工夫をこらすなどした。大坂にも明誠舎・静安舎・倚衡舎が開設された。

堵庵の弟子中沢道二は、一七七九年（安永八）江戸へ下って参前舎を建て、関東での活動の拠点としたが、道二の比喩や諧謔を交えた講釈ぶりは多くの聴講者の心を捉えた。道二は関東をはじめ二七ヵ国を講釈して廻り、彼とその門人たちによって建立された講舎は二一舎におよんだ。また、播磨国山崎藩主本多忠可をはじめ一〇藩の藩主が道二の門を敲くなど、庶民階級のみならず、武士階級およびその支配者層にまで浸透した。道二が和泉国堺で講釈したときは町奉行をはじめ三〇〇〇人の聴衆が集まったという。道二のほかにも多くの心学者が輩出し、鎌田柳泓・脇坂義堂・柴田鳩翁・奥田頼杖などが活躍した。脇坂義堂は松平定信が設置した石川島人足寄場の教諭方として、また、柴田鳩翁は聞書き『鳩翁道話』でとくによく知られている。

しかし、幕末・維新期になると、石門心学の通俗的・社会順応的教化内容は民衆への魅力を失なって、その活動は次第に衰退し、明治時代に入ると多くの講舎が廃絶していった。京都の明倫社・修正舎、大阪の明誠舎、東京の参前舎は存続したが、いずれも江戸時代のような影響力を持つことはなかった。

【研究史と論点】

石門心学研究は戦前から多くの研究者の対象となり、石田梅岩の『都鄙問答』、手島堵庵の『手島堵庵心学集』、中沢道二の『道二翁道話』、柴田鳩翁の『鳩翁道話』などは岩波文庫にも収められるにいたったが、その中、岩内誠一『教育家としての石田梅岩』（立命館出版部、三四年）は、実地調査や未刊資料の精査などを通して、とくに伝記面で大きな成果をあげた。また、石川謙は『石門心学史の研究』（岩波書店、三八年、再版、七五年）の大著を著わし、これを思想面、教化の方法面、普及の実態面などから詳細に追及し、戦前における石門心学研究で注目される存在となった。戦後では、柴田実編『石田梅岩全集』（上・下二冊、明倫舎、五六〜五七年）が編まれ梅岩の全著作の他、書簡・伝記・年譜なども収録され、石門心学の祖梅岩に関する基礎資料が整えられた。同氏は人物叢書の一冊としても『石田梅岩』（吉川弘文館、六二年）を著わし、『梅岩とその門流―石門心学史研究』（ミネルヴァ書房、七七年）では、梅岩のみならず、その門人に対する研究を推進した。また、同氏編、日本思想大系『石門心学』（岩波書店、七一年）は『都鄙問答』を除く、石門心学の主要著作の翻刻と、行き届いた解説を掲載している点で、利用者には便利な一冊を提供することとなった。

なお、石門心学が外国の研究者から注目されたことも特筆すべきで、R・N・ベラー「日本近代化と宗教倫理」（堀一郎・池田昭訳、未来社、六二年）は、非西欧社会の中にあって、日本のみが近代化に成功した要因の一つとして、庶民の間に浸透していた石門心学の経済観・倫理観に注目している。また、R・P・ドーア『徳川時代の教育』（松居弘道訳、岩波書店、七〇年）でも、石門心学が庶民だけでなく、大名や旗本にも階級を越えて普及したことを教育史上高く評価し、日本の近代化成功の一つの視点としており、この他、H・パッシン『日本近代化と教育』（国弘正雄訳、サイマル出版会、六九年）、イタリアのミラノの国際政治研究所のP・B・ブロキュリの研究でも石門心学を高く評価する考察が行われている。

【参考文献】

石川謙『心学教化の本質発達』（章華社、三二年、青史社、八二年）、竹中靖一『石門心学の経済思想』（ミネルヴァ書房、六二年、増補、九八年）、石川謙『心学―江戸庶民哲学』（日経新書、六四年）石川謙『石田梅岩と「都鄙問答」』（岩波新書、六八年）。

（南　啓治）

曲亭馬琴

【閲　歴】

江戸時代後期の戯作者。黄表紙・合巻・読本作者。一七六七年（明和四）江戸深川に生まれ、一八四八年（嘉永元）八一歳で没す。本姓は滝沢氏、名は興邦《おきくに》、のちに解《とく》と改める。別号に大栄山人・著作堂《ちょさどう》主人・蓑立漁隠《さりつぎょいん》・飯台陳人《はんだいちんじん》など。曲亭馬琴の号は、もともと若年より嗜《たしな》んでいた俳諧の俳号であったと思われ、二〇歳以前に使用していたようで、馬琴自身は滝沢馬琴と名乗ったことは一度もなく、後世の作家・研究者たちが本姓と戯号を混ぜて呼び習わし定着した呼称で、今日これを改めるべき趨勢が強まっている。

旗本松平鍋五郎信成の陪臣滝沢興義の五男で、兄たちがみな早逝、父を幼時に失ったことから、早く主君の孫君に馬琴は仕えた。だが、低能で癇癖《かんぺき》の強いこの幼君に仕えることは意にそわず、一四歳で出奔、その後武家奉公するが長続きせず放浪し、一七九〇年（寛政二）、当時戯作者として名声が高まっていた山東京伝のもとを訪ねて入門を許され、翌年、大栄山人の名で黄表紙処女作『尽用而二分《つかいはたしてにぶ》狂言《きょうげん》』を出して作家活動を始める。

このあと出版書肆蔦屋《つたや》重三郎の番頭を経て独立し、一七九三年に飯田町の履物商の寡婦《かふ》お百へ入婿《いりむこ》、これより本格的に著述につく。やがて師京伝を凌駕し、江戸読本界の第一人者となり名声を得て、二八年の歳月をかけ眼病を克服して大団円をみた『南総里見八犬伝』は畢生の大作であり馬琴の代表作となった。

旺盛な作家活動に対して家庭的には必ずしも恵まれず、滝沢家を再興すべく期待していた跡継ぎの子息宗伯（興継）を晩年に失い、孫の太郎のために御家人株を買い求めて滝沢家の継承を願う執念を見せている。

【研究史と今後の展望】

馬琴の読本は明治の近代になっても小説として依然一定の読者を確保していた。したがって、坪内逍遙《しょうよう》による馬琴作品に対する酷評や、馬琴の生涯をたどるべく饗庭篁村《あえばこうそん》の『馬琴日記抄』（文会堂、一〇年）などの人物紹介から研究は始まり、真《ま》山青果《やませいか》（『随筆滝沢馬琴』サイレン社、三六年）、芥川龍之介（『戯作三昧』大阪毎日新聞、一七年）などといった馬琴の人間像に焦点をあてた近代作家たちの作品が研究以前に出されていた。

馬琴研究史の基礎的な必読書となった麻生磯次『滝沢馬琴』（三省堂、四三年）以来、馬琴の生涯を追跡する好個な資料『馬琴日記・一〜四』（中央公論社、七三年）、作品などを精査し生涯年譜として貴重な植谷元等「馬琴年譜稿」（『ビブリア』三七・三八、六七年）などをあげることができ、最近では馬琴の代表的長編読本『近世説美少年録』（『新編日本古典文学全集』小学館、二〇〇〇年）の全貌を徳田武が校注紹介し、改めて馬琴像と作品鑑賞を学術的にとらえようとする機運が高まっている。

なお、馬琴に関する論文・資料は枚挙するに紙幅が許さない。よって、次に掲げる参考文献は今日調べやすいものをあげた。その中に付載される研究史・資料などを参照願いたい。

【参考文献】

水野稔『江戸小説論叢』（中央公論社、七四年）、『中村幸彦著述集一〜一五』（中央公論社、九二年）、『馬琴』（日本文学研究資料叢書、有精堂、七〇年）、浜田啓介『近世小説・営為と様式に関する私見』（京都大学学術出版会、九三年）、横山邦治監修『曲亭馬琴研究文献目録』（渓水社、九三年）、服部仁『曲亭馬琴の文学域』（若草書房、九七年）、『木村三四吾著作集II』（八木書店、九八年）、板坂則子編『馬琴』（日本文学研究論文集成、若草書房、二〇〇〇年）。

（棚橋正博）

水戸学

【前期と後期の水戸学】

江戸時代、水戸藩において行われた『大日本史』編纂の過程で興り、展開した学問で、前期と後期とではその学風に差異が認められるが、今日一般にはこの両者を合わせて水戸学と呼んでいる。ちなみに水戸学という呼び名は明治時代以後のものである。前期の水戸学は、徳川光圀が一六五七年（明暦三）、史局を江戸駒込の別邸に開設し修史事業に着手（史局はその後彰考館と命名）してから、一七一五年（正徳五）、列伝脱稿の時期までを指す。その学風は「大日本史叙」に明らかであるが、紀伝体による本紀と列伝を編纂するにあたっては、朱子学的名分論に基づく叙述がその特色となっており、『大日本史』の三大特筆（神功皇后を皇妃伝に入れたこと。大友皇子の即位を認めたこと。南朝の天皇を正統としたこと）にもそのことが表れている。編纂にあたっては各地から学者が集められたが、前期の代表的学者には安積澹泊・佐々宗淳・栗山潜峰・三宅観瀾らがいる。その後、約五〇年間の空白期間ともいうべき時期があったが、寛政年間（一七八九～一八〇〇）に、立原翠軒とその門人の藤田幽谷らが彰考館に入ってから再び修史事業が活発化し、これ以後を後期とする。後期水戸学では幽谷が『正名論』を著わし、光圀以来水戸藩で醸成されてきた尊王論に理論的根拠を与え、幽谷の門人会沢正志斎は一八二五年（文政八）『新論』を著わして、初めて国体観念（日本国家の建国の原理とそれに基づく国家体制）を説き、加えて、これまでの尊王論に新たな外患に対する態度としての攘夷論を結びつけて、尊王攘夷論を主張した。また、九代藩主徳川斉昭は藩政改革を断行するにあたって、この会沢正志斎や藤田東湖（幽谷の子）を重用し、東湖は藩校弘道館開設にあたって斉昭の文章として発表された建学の主旨を記した『弘道館記』を起草し、東湖自身もその解説書『弘道館記述義』を著わした。その思想と教説は『新論』と軌を一にしており、今日後期水戸学を代表する著作としてよく知られている。東湖には、この他『常陸帯』、『回天詩史』などの著書があり、『新論』とともに、幕末の尊攘派の志士たちに愛読された。このように後期水戸学はすこぶる国家主義的性格を強めたが、これはこの間における国内外の政治状況に影響されたところが大きい。その意味からすれば後期水戸学は、これ以後の近代日本の国家主義的思想の先駆として、その思想的基盤を形づくったということもできる。

【研究史と論点】

戦前、水戸学研究は尊王思想推賞の状況の中で国学研究とともに隆盛をきわめ、高須芳次郎編『水戸学全集』（六巻、日東書院、一三三年）の出版をはじめ、研究書も多く発刊されたが、戦後は戦前ほどの活況はない。それでも、日本思想史研究上、水戸学は重要な位置を占めるところから、名越時正『水戸学の研究』（神道史学会、七五年）が出され「水戸学の成立」から「難局の水戸学と明治維新」まで、水戸学に関する重要問題が改めて考察された。また、「日本思想大系」の一冊として、今井宇三郎・瀬谷義彦・尾藤正英編『水戸学』（岩波書店、七三年）も編まれ、同書には、瀬谷義彦「水戸学の背景」、今井宇三郎「水戸学における儒教の受容―藤田幽谷・会沢正志斎を主として」、尾藤正英「水戸学の特質」の三論文が収められ、今日、水戸学を研究するにあたっての基本的かつ重要な認識や論点が提示された。そうした中にあって、水戸学の思想を含め、水戸藩の学問と教育を総合的にとらえ直す試みも行われ、鈴木暎一『水戸藩学問・教育史の研究』（吉川弘文館、八七年）では、これら広範囲にわたる諸問題に対する新しい考察や未開拓部分の解明を通して、同研究に一石を投じた。なお、同氏は人物叢書の一冊として『藤田東湖』（吉川弘文館、九九年）も著わしている。

【参考文献】

徳川圀順編『水戸義公全集』（三冊、角川書店、七〇年）、名越時正編『復刻版　水戸学集成』（六巻、国書刊行会、九七年）、吉田俊純『水戸光圀の時代―水戸学の源流』（校倉書房、二〇〇〇年）。（南　啓治）

本居宣長

【学問・思想・教育】

江戸時代中期の国学の大成者。伊勢国松坂に一七三〇年（享保一五）生れ、一八〇一年（享和元）七二歳で没す。本姓は小津氏。生家は木綿問屋を営む商人であったが生来読書や学問を好んだため、二三歳から二八歳まで京都に遊学し、医師の資格を得、帰郷後開業、そのかたわら日本古典の研究に精励し、数々の文学・国語学史上の創見を発表した。三四歳で賀茂真淵に入門。一七九八年（寛政一〇）には三五年間を費した『古事記伝』（四四巻）を完成させ、その注釈に金字塔をうち立てたが、この著作はまた、宣長の学問方法（文献主義）や思想を知る上で重要なものでもある。

宣長の学問はおもに、㈠文学説、㈡語学説、㈢古道説の三つの領域に分けることができる。㈠の文学説は、和歌の自立を主張した最初の歌論『排蘆小船《あしわけおぶね》』を始め、『紫文要領』『石上私淑言《いそのかみのさざめごと》』などの著作に代表されるものであるが、後者の二著では、いわゆる「もののあはれ論」を主張し、それまで支配的であった、儒教や仏教の教説をもととした文学論を排したことは、日本文学史上画期的なことであった。㈡の語学説は、例えば『てにをは紐鏡』『詞の玉緒』で、係り結びの法則を明らかにしたこと。また、『字音仮字用《じおんかなづか》格《い》』で、五十音図のオ・ヲの所属が鎌倉時代以来誤っていることを指摘し、それを正したことなどは、国語学史上不朽の業績といってよい。㈢の古道説は、『古事記伝』の序論として掲げられた。『直毘《なおびの》霊《みたま》』に代表される宣長独自の神道論（復古神道）というべきもので、儒教・仏教伝来以前からわが国にも独自の道が備わっていたとし、それは『古事記』『日本書紀』

の神代巻に記されている神々の道であり、それをその子孫である天皇が受け継ぎ、国民もそれに従ってきており、そこに由来するわが国民の清らかで、偽りのない心の純粋性を賛美し、反対に儒教・仏教とくに儒教の教説を、人智をもととした浅薄な「漢心《からごころ》」として排斥した。この宣長の主張に対しては、儒学者から反論が相ついだが、宣長もこれに応戦し、この論争はその後「直毘霊論争」に発展した。

なお、宣長は自分の書斎につけた鈴屋を舎号に用い、宣長の学問を慕って入門した数多くの門人を教育したが、その鈴屋門人の数は国内四二ヵ国から四八九人（門人帳）にのぼった。また、そこでの教育は、講釈聴聞はもとより、遠隔地の門人には手紙による通信教育も行ない、門人には出版前の稿本筆写を許可するなど、さまざまな特色ある教育を展開し、日本教育史上においても注目されるものを持っていた。門人の中からも、文学方面に栗田土満《ひじまろ》・田中大秀《おおひで》・藤井高尚《たかなお》、語学方面に本居春庭《はるにわ》（宣長実子）・石塚龍麿・鈴木朖《あきら》尾、古道方面に服部中庸《なかつね》・平田篤胤（没後門人を自称）など、著名な学者が数多く輩出している。

【研究史と論点】

戦前の本居宣長研究でとくに取り上げなくてはならないのは、村岡典嗣の『本居宣長』（警醒社、一一年。岩波書店、二八年）を始めとする一連の研究であろう。村岡が同書で宣長の学問的業績を初めて、日本文学史上のみならず、日本思想史上においても意義づけたことは、その後の宣長研究に大きな影響を与えた。戦後は丸山真男『日本政治思想史研究』（東京大学出版会、五二年）・西郷信綱『国学の批判』（青山書院、四八年。未来社、六五年）がこれまでとは異なった視点からの研究で注目された。両者ともそれまで自明とされてきた契沖以来の文献主義を継承したと信じられてきた宣長学が、儒学とりわけ徂徠学の方法と密接な関係を持つことを明らかにするなど、多くの示唆を含むものであったが、とくに丸山の著作は、日本政治思想史構築の意図のもと、徂徠学と宣長学を内在的に連続性あるものとして捉え論じたことは、これ以前の研究には全く見られないものであった。丸山のこの理論はその後松本三之介が『国学政治思想史研究』（有斐閣、五七年。未来社、七二年）で批判的に発展させた。このような中、大野晋・大久保正により、戦後の『本居宣長全集』（筑摩書房、六八～九三年）が編集・刊行され、それに刺激されてか、吉川幸次郎・佐竹昭広他『本居宣長集』（日本思想大系、岩波書店、七八年）など一冊本の宣長集が数多く出版された。研究視点も多岐にわたるものとなり、文学・思想・倫理面などから有益な研究が相ついで発表された。吉川幸次郎『本居宣長』（筑摩書房、七八年）、日野龍夫『宣長と秋成』（筑摩書房、八四年）などはその例といってよい。そして戦後最大の収穫ともいうべき、小林秀雄による『本居宣長』『同補記』（新潮社、七八年、八二年。文庫版全二冊は九二年）が公にされ、社会的にも注目を集めた。小林が宣長の生活態度・著作・思想など万般にわたり、それを肯定的に捉え、論じたことは、宣長研究の方向性にも影響を与えることとなった。

【最近の動向と今後の課題】

実証的研究に見るべきものがあり、簗瀬一雄による新出資料を前面に出しての研究や、鈴木淳他による宣長門人帳に関する研究。岩田隆による鈴屋門人、宣長著書の成立に関する研究、高橋俊和による宣長歌学成立に関する研究、高倉一紀による宣長『和歌の浦』五冊目の発見など、いずれもこれまでの研究を前進させる手堅い研究が目立つ。また、八四年(昭和五九)三重県松阪市の本居宣長記念館を事務局として設立された「鈴屋学会」の機関誌『鈴屋学報』(年一回発行)にも毎回有益な論文が掲載されている。しかし一方では、子安宣邦に代表される宣長学に内在するイデオロギー性を鋭く問う研究なども展開されており、この問題は今後の宣長研究の一つの課題にならざるを得ないと見られる。

【参考文献】

村岡典嗣『宣長と篤胤』(創文社、五七年)、山田勘蔵『本居宣長翁全伝』(四海書房、二八年)、羽仁五郎『日本に於ける近代思想の前提』(岩波書店、四九年)、城福勇『本居宣長』(吉川弘文館人物叢書、八〇年)、簗瀬一雄『本居宣長とその門流』(和泉書院、八二年)、鈴木淳他『本居宣長と鈴屋社中』(錦正社、八四年)、岩田隆『宣長学論攷』(桜楓社、八八年)、高橋俊和『本居宣長の歌学』(和泉書院、九六年)、子安宣邦『本居宣長』(岩波新書、九二年)、鈴屋学会編『本居宣長事典』(東京堂出版、二〇〇一年)。

(南　啓治)

尊王攘夷思想

【尊王攘夷思想とその特質】

尊王攘夷思想は尊王と攘夷という二つの概念を一つに結びつけて主張された思想であるが、この尊王攘夷という熟語が作られる根拠となったのは、一二世紀に中国南宋に現れ、朱子学を大成した朱熹の『論語』に加えた注釈の一節にあるとされ、日本においては一八三八年(天保九)に、水戸藩の藩校弘道館の建学の精神を記した『弘道館記』(下巻)の一節がその最初の使用例とされている。したがって、尊王攘夷という用語および概念はそれほど古いものではなく、特に日本においては、幕末に至って主張された概念であることがわかる。ただし、尊王という概念および思想については、中国においてもその歴史は古く、中国では儒学の王道思想とともにあり、日本では古代以来の天皇の伝統的権威に対する尊崇の念と結びついて中世以後天皇の政治的権力が失われてもなお封建支配者を含めた一部の人々に保持されていた。特に江戸時代に入ると山崎闇斎・浅見絅斎・山鹿素行などの儒学者および前期水戸学の祖徳川光圀など一部為政者の間で儒教的名分論の立場から朝幕関係が議論され、尊王敬幕論として普及をみることとなった。また、国学者の本居宣長は儒教の合理的思考方法や道徳的価値観を「からごころ」として排斥する一方で、『古事記』、『日本書紀』に記された神々の子孫として君臨する天皇に宗教的(神道)権威のみならず政治的権威をも認め、この天皇に対する日本人の尊崇や絶対帰順を説き、ここに尊王思想は日本独自の基盤を形成することにもなった。

一方、後期水戸学では一八二五年（文政八）の異国船打払令と時を同じくして会沢正志斎が『新論』を著わし、尊王とともに攘夷を主張し、この両者の結合により、国家としての統一性を促進し、内外の政治的危機の克服を訴え、多くの共鳴者を得た。藤田東湖も『弘道館記述義』を著わして、『弘道館記』中に使用された用語「尊王攘夷」を徳川家康の覇業とともに解説した。

このような内容を包含した尊王攘夷思想が、現実の政治課題の解決をめざす政治思想として、実際に力を発揮するようになるのは、天保年間以降で、いわゆる内憂外患が一段と顕著になった情勢によってであり、一八五三年（嘉永六）を契機とする外交問題をめぐり、水戸藩徳川斉昭と井伊直弼を中心とする幕閣とが対立した際は、尊王攘夷思想は幕政批判の思想となり、万延・文久年間以降からは、下級藩士・浪人・豪農豪商層が主力となった政治運動のスローガンとなるにおよんで反幕思想の性格を帯びることにもなった。しかし、その思想も一八六三年（文久三）、一八六四年（元治元）、それまで攘夷論を主張していた長州藩、薩摩藩が外国との戦争（薩英戦争・四国連合艦隊による長州藩報復攻撃）に敗れると、その体験からこの両藩は攘夷論を捨て、尊王倒幕論へと移行するに至る。

このように、実際の政局の中では、尊王攘夷思想はその時々の政治状況により、性格を変えながら展開したが、尊王の名において国内統一を、攘夷の名において対外自立を主張するナショナリズムの性格をその根底に宿していたことは明らかであり、明治以後は忠君愛国思想として、その理念は死滅することなく、近代日本における国民統合の中核をなす理念として、生命を持続したと見ることもできる。

【研究史と論点】

戦前の明治維新史研究は、維新史料編纂事務局による官撰『維新史』（全五巻、明治書院、三九～四一年）に代表されるといってよいが、その叙述は王政復古史観に貫かれており、したがって尊王論ないし尊王攘夷思想は、明治維新を実現させた最も中心的な原動力とみなされ、思想史の上からも高く評価されてきた。こうした王政復古史観から一歩脱却して、より自由で客観的な研究が始められた戦後において、この思想をとらえ直そうとした最初の研究者は丸山真男と遠山茂樹で、丸山は論文「国民主義理論の形成」（『国家学会雑誌』五八―三・四、四四年。のち「国民主義の『前期的』形成」として『日本政治思想史研究』東京大学出版会、五二年）で、「尊王」にみられる国民的統一の主張と「攘夷」にみられる国家的独立の主張を分析し、本来の国民主義とは異なる前期国民主義と規定した。一方遠山は『明治維新』（岩波全書、五一年）で、尊王論も攘夷論もともに本来儒教的名分論に基づく思想であり、しかも攘夷論に共通する特色は愚民観であると指摘し、そうした性格を持つ尊王攘夷思想は近代的な国民意識ではなく、封建制に対する革命思想でもありえなかったと主張した。しかし、これらの分析も、丸山が前掲論文で「尊王攘夷論は思想乃至理論である以上に一つの政治的綱領であり、政治的実践と不可分にからみ合っているから、その全発展過程の跡付けはむしろ政治史の課題である」と指摘したこともあって、以後もっぱらこの方面の研究は具体的な尊王攘夷運動そのものに注がれ、これが一つの政治思想として、どのような特質を持ち、日本政治思想史上どのような意義づけが可能なのかの追究はあまり進展しなかったといってよい。しかし、こうした停滞を前進させたのは、尾藤正英の「尊王攘夷思想」(『講座日本歴史・一三』岩波書店、七七年)であって、尾藤は、「それが生まれてきた時代の背景を考慮に入れてみるのでなければ、その主張の意味も正しく理解することはできない」、また「尊王攘夷という理念の有効範囲をあまり限定して考えようとすることには、疑問が感じられる」と従来の遠山らの主張をもとにした学界の定説を批判し、尊王攘夷思想の源流や江戸時代の儒学者・国学者・後期水戸学の議論などをも詳細に検討し、その全体像を明らかにするとともに、その特質にも考察を加え、その結果として、①後期水戸学の会沢正志斎の『新論』の主張により、「尊王攘夷思想はここにおいて一つの体系ある政治理論として成立したとみることができる。これは近世を通じて存続した国家意識が、国家体制の危機に直面した段階において、一種の国家主義の思想として結晶したことを意味している」とし、②「さらに明治維新以後に視野を転じてみるならば、尊王攘夷という言葉は過去のものとなったとしても、忠君愛国などといいかえられることにより、この理念は死滅するどころか、かえって近代日本における国民統合の中核をなす理念として、生命をもちつづけたとみることが可能であると思われる」など、尊王攘夷思想に対する新しい見解を提出した。この尾藤の考察は、これまでの諸論の中では最も的確であり、したがって、今後、尊王攘夷思想については、この意見を中心に、議論が展開することになろう。

【参考文献】

遠山茂樹他『尊攘思想と絶対主義』(白日書院、四八年)、歴史学研究会編『明治維新史研究講座』第二巻(平凡社、五八年、再版七四年)、永原慶二・佐々木潤之助他『日本史を学ぶ・3近世』(有斐閣、七六年)、『丸山真男講義録・第七冊』(東京大学出版会、九八年)。

(南　啓治)

草莽の思想

【草莽とは】

草莽の語義は草も莽もともに、くさ・くさむらを意味しそこから①草の生い茂った所。くさはら。そして、②民間。在野をも表わす言葉となった。『孟子』万章章句下には「国に在るを市井之臣と曰い、野の在るを草莽之臣と曰う。皆庶人とも謂う」とあり、仕官しないで民間にいる在野の人をさす語として用いられた。このような人が日本において政治を意識し、それに参画しようとするのは、一八世紀後半からで、とくに徳川幕藩体制がゆるぎ始め、社会の矛盾が各方面に顕在化するようになってからである。彼等は自らを草莽・草莽の臣・民草などと名乗り、第三者からは草莽の士と呼ばれた。早くには高山彦九郎・蒲生君平らが著名であるが、一九世紀にはいると、主に地方農村に住む豪農層にこの意識が浸透し、政治的発言や行動を起こす人々が現われた。その際彼等に強い影響を与えたのは、本居宣長らが唱えた国学で、とくに宣長の著作『玉くしげ』では、「全く私の民にはあらず天下の民は、みな当時これを、東照神御祖命御代々の大将軍家へ、天照大御神の預けさせ給へる御民なり」と論じ、皇民視したことは、彼等の意識と行動を支えるものとなった。そうした中で、幕末の安政期には吉田松陰が最後にたのむ政治行動の主体として「草莽崛起《くっき》」を説き、時代も動乱の中にあって彼等に期待するようになり、多くの草莽の志士を生んだ。彼等の多くは脱藩浪士や豪農層出身者で、地域・身分・格式にかかわりなく活動し、主に尊王攘夷運動に加担し、倒幕運動に挺身し、ついには草莽諸隊を結成し、軍事的にも活躍した。彼等の理想はいずれも庶民が安心して暮らすことのできる社会実現であり、その実現をめざして命をも惜しまず活動したが、その多くは藩などの公権力の支援を持たなかったために挫折した。一八六三年（文久三）の天誅組の変や生野の変、維新政府の先鋒として年貢半減を掲げ、偽官軍として処刑された相楽総三を中心とした赤報隊事件などがその例である。

【研究史と論点】

戦前すでに草莽に対する関心は寄せられており、田中惣五郎『北越草莽維新史』（武蔵野書房、四三年）は、郷里の越後を中心に一八六一年（文久元）の全国激化運動に活躍した本間精一郎や、同二年の坂下門の変に加わり命を落とした河本杜太郎などを対象に研究を行なった。長谷川伸『相楽総三とその同志』（新小説社、四三年）もそうした関心のもとに、多くの埋もれた史料を駆使し、相楽総三とその同志に対して、詳細な研究を行なった。当時はややもすれば薩長中心の維新史研究が支配的な時代であったが、その傾向に対してこうした庶民を中心とすえた研究が行われたことは貴重で、今日もこの両著は名著としてよく知られている。また、伊東多三郎『草莽の国学』（羽田書店、四五年、真砂書房、六六年）も「草莽の国学とは、庶民の国学の意味である」という観点から、下総の宮負貞雄や伊豆の竹村茂雄など、多くの庶民の国学者を発掘・紹介し、それまでの国学研究にも大きな刺激を与えた。戦後になると当然のことながら民衆史的視点にもとづく研究が隆盛となったが、草莽に対する関心はこうした視点に合致したものとして、一層研究が推進され、大町雅美『草莽の系譜―明治維新への底流』（三一書房、七〇年）、芳賀登『草莽の精神』（塙書房、七〇年）などの著作が発表された。そうした中、高木俊輔『明治維新草莽運動史』（勁草書房、七四年）は、明治維新の政治過程と草莽の運動、とくに草莽諸隊の研究を当時の民衆の動向と関連づけながら、実態的かつ全体的に追及し、明治維新史における草莽の役割と意義を明らかにして注目された。こうした研究の線に沿って今日でも、各地における草莽の発掘と、彼等の行動と思想の吟味が行われている。

【参考文献】

村上一郎『草莽論』（大和書房、七二

年）、鹿野政直・高木俊輔編『維新変革における在村的諸潮流』（三一書房、七二年）、芳賀登『幕末国学の研究』（教育出版センター、八〇年）。

（南　啓治）

世直しの思想

【世直しの思想】
世直し神の威力により世界が革新され平等化・平均化されることで自らも救われるとする救済（変革待望）観念。幕末維新期に高まり、下層民衆の直接行動を支えた。

【世間用語としての世直し】
世直しはもともと民間の日常の言葉で、凶を吉に転換させるように祝い直したり、縁起直しをしたりする際の呪文であった。「あいそめし揚屋を客の嫌うとも世直し言いて宿を変ゆるな」と詠まれたり、地震・雷鳴の災難を除けるために、「よなおしよなおし」、「世直し世直し桑原桑原」と重ねて唱えたりした。このことから変革期には、悪い世を善い世に転換させるための強い世情批判の感情を伴う、高揚した待望感や行動実践を表現する文言として用いられるようになった。「世直り」、「世均し」の表現も使う。東アジアでは平均の実現が政治の理想とされ社会の中にも均等化・平等化の志向が深く浸透しているので、激動期には平均願望が表面に噴き出る素地があった。

【世直し一揆と世直しの思想】
近世末期の人びとは、不均等・不公平が我慢できないものになっているのに治者が是正してくれないと見極め、世情を転換させる民衆的実践を支える言葉を縁起直しの世直し呪文から取りだした。したがって、世直しは知識人の論議が提供した概念ではなく、民衆の運動実践が民俗の基盤から引き出した観念である。一八世紀後半、旗本佐野政言《まさこと》が若年寄田沼意知《おきとも》を江戸城内で斬りつけ死に追いやった事件に際して、江戸市民が政言を世直し大明神と評したが、この世直しにはすでに強い政治批判が下敷きになっている。しかし、民衆が行為の主体となる一揆の中で世直しの言葉が使われたのは一九世紀になってからで、一八一一年（文化八）の豊後国岡藩の一揆で「世直し大明神」が現れている。一揆実録では、一七九六年（寛政八）津藩一揆後まもなく書かれた『岩茨立《がんたちばら》』が刑死の指導者を「世直し大明神」と記している。天保期から幕末維新期にかけて起こった激しい打ちこわしでは、世直し神、世直し大明神が呼号され、ひときわ強く平均平等要求が盛りあがった。一揆騒動の形をとらないところでも、民衆宗教や身分特権を排する訴願などに世直しにつながる意識や要求が表面化した。世直し一揆はそれらの最も先端の現象であり、惣百姓の一揆とは異なり、地域の有徳者に対する窮民層の激しい不信・不満をばねにして起こった。世直しの運動は百姓下層を基盤にしたが、しばしば参加した博徒や無宿が行動を先鋭化させた。世直しの理念は、窮民救済を核として債務関係の破棄、金銭穀物の供出、横領者の懲罰、物価の引下げ、上下なし

（平等化）などを内容にしていた。そうした理念を持つ世直し勢が実際に村々を席巻して世直しを実行しようとするときは、現実の抵抗が働いてその内容は妥協性を帯びた。野州の世直し一揆で村側と約束された契状では、緩やかな条件での質地返還、生活の必要に応じた質物（衣類や家財）の返還、質利息の減額と金子融通の持続、肥料代の貸付、穀物（夫食《ふじき》）貸与などを決めている。

【世直しの研究史】

世直しへの着目は第二次世界大戦後の「封建制打倒の革命的民主主義」の自生的な歴史潮流を探るという関心に支えられて強まり、地域的な事例研究が進んだ。代表越訴型、惣百姓一揆型から世直し一揆型へ進んで明治維新の階級闘争が闘われるという試論も現れた。また近世にプロレタリア的要素が生成するという提起を受けて、維新変革を豪農に対する半プロレタリアの闘争の段階と見る世直し状況論が提起され、各地の世直しの検証が進められた。七〇年代後半以降は、世直しの世界観やその激化をみちびく土地取戻し慣行など、世直しの歴史的基礎に関心が向けられている。

【参考文献】

『田村栄太郎著作集一・世直し』（雄山閣、六〇年）、庄司吉之助『世直し一揆の研究』（校倉書房、七〇年、増補版、七五年）、中島明『幕藩制解体期の民衆運動』（校倉書房、九三年）、安丸良夫「民衆蜂起の世界像」（『思想』五八六、七三年）、落合延孝「世直しと村落共同体」（『歴史学研究』別冊、九二年）、深谷克己『増訂百姓一揆の歴史的構造』（校倉書房、八六年）、芳賀登『世直しの思想』（雄山閣、七三年）、佐々木潤之介編『村方騒動と世直し』上・下（青木書店、七二〜七三年）、佐々木潤之介『世直し』（岩波新書、七九年）。

（深谷克己）

家　元

家元とは、能楽・舞踊・音曲・香道・茶道・華道などの技芸の世界において、ある特定の流派の伝統を継承し統率する人、または家をさしていう。なお、分家から本家をさして家元というなど、家元には他の事例もあるが、ここでは技芸の分野に限定して述べる。

まず家元の成立時期であるが、雅楽の家や和歌の家、陰陽道の家は平安時代、衣紋の高倉家、弓馬の小笠原家などは鎌倉時代、そして室町時代には、能・狂言や立花の家をはじめ、貴族の社会でも香・書・琵琶・蹴鞠・鷹・庖丁などの家が成立した。江戸時代になると、太平の世の武士たちは、伝統文化へのあこがれが強くなり、また新興の富裕町人たちは、その財力を遊芸の世界に投ずるようになり、こうした文化人口の増大を背景に多数の家元が成立した。これら家元たちは、みずからの秘技・秘伝を弟子たちにさかんに伝授した。

さらに江戸中期以降、茶道・華道・香道・音曲などの分野において、家元制度が成立・展開した。家元と、家元制度とは異なることを、歴史学の立場から明解に指摘したのは西山松之助である。西山によれば、家元が弟子に秘技を皆伝する際、その弟子に、その又弟子への秘技相伝権をすべて与える場合（これを完全相伝という）、師弟結合による小集団に分化し、家元を核とする壮大な家元制社会、つまり家元制度は出現しない。これに対し、家元が最終相伝権を独占し、弟子には限定的な相伝しか許さない場合（これを不完全相伝という）、弟子は末端弟子の実技指導について家元を代行する中間教授機関、つまり名取《なとり》となり、この名取が家元の家父長的権力の拡大再生産機構となることにより、ピラミッド型の家元制度は成立するというのである。川島武宜は法社会学の立場から、「家元制度とは、おどり・能・狂言・いけ花・長唄・常磐津・清元等々の師匠と弟子との連鎖によって構成された主従関係の身分階層的な派閥集団であって、家父長制的家族集団に擬制せられたものである」と規定している。

こうして家元制度の核となる家元は、相伝権のみならず、教科書の出版権や興行の演出権などの統制権を独占し、絶大な権威をもつようになった。家元制度は一八世紀後半から一九世紀初頭にかけて大きく展開したが、その背景には文化人口のさらなる拡大、すなわち文化の大衆化現象があった。ただし、これら家元のもとに集まる文化人口は、江戸時代はもちろん近代に入ってもほとんどが男性であった。それが女性によって占められるようになるのは昭和になってからである。

今日でも隆盛な家元制度は、なにも伝統的な芸能領域における固有の現象ではなく、これに似た現象が日本のさまざまな領域において見出される。第二次大戦後の日本において、封建遺制の打破や民主化を考えるプロセスのなかで、家元制度研究は欠くことのできぬ重要課題として、はじめてその解明が本格化したことによっても、そのことは理解されよう。

【参考文献】

西山松之助『家元の研究』『現代の家元』（『西山松之助著作集』一巻二巻所収、吉川弘文館、八二、八三年）、川島武宜『イデオロギーとしての家族制度』（岩波書店、五七年）、立川洋・広瀬千紗子「家元制度研究史」（『歴史公論』四巻四号所収）。

（竹内　誠）

百姓一揆

【百姓一揆】

百姓の生存の保証は当然とする特有の身分観念である御百姓意識に立って、違法とされる強訴（訴訟の順序を飛び越えた集団的訴願交渉）を手段とし、公儀（幕府・大名）による眼前の難局のすみやかな解決をせまる近世民衆の闘い。

【百姓一揆の登場と展開】

中世では、一揆は一味神水《いちみじんずい》の共飲儀式を伴う神への誓約によって成立する利害防衛の共同組織であり、社会の中に一揆を悪しきものとする観念はなく、戦国大名も合戦に際して一揆組織を動員した。しかし豊臣政権から幕藩体制の確立の過程で、徒党・一揆は身分を問わず禁制となった。そして武士の一揆は兵農分離制を通じて支配機構(行政組織)に転化したが、百姓の一揆は近世農村の成立と支配領域の編成に対応して新たに惣百姓一揆として立ち現れた。一七世紀前半の島原天草一揆までは土豪百姓が主導して新領主に対抗する反乱性を帯びた武力一揆が起こったが、やがて訴願を中心とする百姓一揆が主流になり、同時に村社会内部では上層百姓の特権に抵抗する小百姓などの平等化の運動が頻発した。一八世紀前後から、小百姓も徒党に加わって領主の政策に異議を申し立てる違法な集団訴訟が現れ、しだいに増加した。やがて不参加村の村役人や領主政策への協力者や経営を脅かす高利貸への打ちこわしを伴う惣百姓強訴という百姓一揆が広範に見られるようになり、典型的な形態となった。一揆件数はほぼ三千数百件に達するが、百姓一揆という名辞が生まれたのは遅く、騒動、催しなどと呼ばれた。

【百姓一揆の運動論理】

百姓一揆は、年貢率引上げや新税賦課、既得権化している自由売買への賦課を「新法《しんぽう》」として阻止する運動だったから、「先規」のとおりに戻すことを要求するのが普通である。百姓は、自己の利害を他国他領の実態や自領の往古の状態と比較して判断した。時には執政当事者である代官の身柄引渡しを要求するなど、苛烈な性格を現したが、幕藩体制を倒壊しようとするものではなく、領主の解決力と仁政を期待するものであった。このため頭取処刑に際し江戸の藩主が赦免使を急派するがわずかに間に合わなかったという義民物語が生まれることにもなった。百姓一揆に際しては、一揆勢も鎮圧する領主勢も鉄砲などの武器を用いないのが普通であったが、領主の解決能力が衰えて一揆が激増すると、領主側が武器の不使用原則をすてて手にあまれば切捨てを辞さなくなり、鉄砲使用にも及んだ。一九世紀天保期頃からは一揆勢も激しい暴力行使におよぶものが現れ、近世の治者と被治者の恩頼関係は崩れていった。

【百姓一揆の研究史】

東洋日本の民権家の原像を探る関心から始まった近代の一揆研究は、二〇世紀になるとロシア革命、米騒動・小作争議などに刺激されて盛んになった。第二次大戦後は、社会の民主化気運を背景に日本の革命的伝統として研究され、段階的発展・地域的差違が論議された。六〇年代に革命情勢論とプロレタリア的要素論が提起され、やがて世直し状況論に進んだが、七〇年代に入ると百姓一揆について、経済構造と闘争主体の階級規定を主関心にする従来の視角から、闘争主体の身分を重視し御百姓意識に立って幕藩領主に仁政の実行を迫るものという見方へ大きく変わった。また一揆史料集の刊行が進み、出立ち・得物・音声や義民伝承の構造、女性の関わりなど、運動に即した論点が深化した。

【参考文献】

林基『百姓一揆の伝統』正・続(新評論、五五年、新評論社、七一年)、山田忠雄

『一揆打毀しの運動構造』（校倉書房、八四年）、深谷克己『増訂百姓一揆の歴史的構造』（校倉書房、八六年）、青木美智男『百姓一揆の時代』（校倉書房、九九年）、保坂智編『一揆と周縁　民衆運動史一』（青木書店、二〇〇〇年）。

（深谷克己）

浮世絵

【由来と変遷】

浮世絵は肉筆風俗画として興り、一六五七年（明暦三）の大火以降、江戸の地で版元と呼ばれる出版社と結びつき、出版美術として発展した。主にその時代の風俗を描いた今様風俗画といえる。版元は商業資本で成り立ち、営利を追究するために時代の要求に応じて作品を制作した。この大量生産方式が普及性を強めて庶民の歓迎を受けたのである。

浮世絵には直接に紙や絹に描く肉筆画や、木版で摺る版画、版本などの三分野がある。浮世絵版画は版元・絵師・彫師・摺師らの共同作業によって制作され、中でも初期浮世絵と呼ばれる墨摺絵・丹絵・紅絵・漆絵・紅摺絵は年を追うごとに進歩し、一七六五年（明和二）遂に多色摺の錦絵を完成させて庶民の絶大なる支持を得た。また原則としての今様風俗絵がマスコミ的な役割を果たしていたが、単なる報道的な絵画ではなく、浮絵（遠近法）・美人画・役者絵・風景画などが描かれて、絵師の芸術的理解が重視され、作品の鑑賞も高まり、木版芸術の頂点ともいえる美の究極に達したのである。ことに金箔金粉摺の多い摺物と呼ばれる作品などは、海外で高い評価を受けて早くから流出し、国内所蔵の少なさも訴えられるほどである。しかし明治維新を境にして芸術性よりも報道性に重点が置かれるようになり、さらに新しい印刷術の導入に伴って、急速に衰退する道をたどったのである。

【研　究　史】

現在では一点限りの肉筆画については限度もあり、維新頃と戦後に海外に流れた作品の発見に尽くすのみである。ただし肉筆画には偽作も多く、その価値の判定にしばしば問題を残している。それゆえに木版画の、痛みのない初摺作品に焦点が当てられ、著名絵師の作品などは市場を賑わしている。

代表的な絵師としては菱川師宣・鈴木春信・鳥居清長・喜多川歌麿・歌川豊国・東洲斎写楽・葛飾北斎・歌川国貞・歌川広重・歌川国芳などがあげられるが、研究論文としてはとくに写楽が群を抜いて多いのは周知のとおりである。

これらの絵師たちの中でも単独に専門的に研究されている単行本はきわめて少ない。すなわち鳥居清長（平野千恵子『鳥居清長の生涯と芸術』、溝口康麿『鳥居清長』）、葛飾北斎（飯島虚心『葛飾北斎伝』、永田生慈『葛飾北斎年譜』）、歌川国芳（鈴木重三『国芳』）、歌川広重（内田実『広重』、鈴木重三『広重』）などである。別に飯島虚心『浮世絵師歌川派列伝』はすでに古典的ながら評価は高い。

【最近の動向】

浮世絵専門の美術館がいくつかあるが、一般研究誌は『浮世絵芸術』が長年にわたって活躍している。しかし研究者その人の数も少ないうえに、人材を育成する機関も著しく遅れており、この分野での発展は足踏み状態である。一つには国内蔵の作品研究という課題もあるが、流出した海外蔵の作品の中には新発見のものもあるはずで今後に期待できる。

【参考文献】

吉田暎二『浮世絵事典』（画文堂、七四年）。

（大沢まもり）

かわら版

【情報伝達媒体】

かわら版とは、江戸時代に世上の話題を情報として伝達する一枚摺、もしくは二、三丁の小冊子の形態をとる即製・粗悪で簡易な内容の出版物で、主として街頭で読み売られ、多くが無届出版であった。情報の内容は、心中、忠孝奇特、災害、敵討《かたきうち》、珍談奇聞、神仏祈願、政治・外交、世相諷刺と多岐にわたり、内容のうえでは、絵草紙・歌祭文《うたさいもん》・錦絵・番付・細見・評判記・引札・略絵図・暦・寺社境内図・略縁起・護符・絵双六などとの境界があいまいである。かわら版は、始めは辻売の絵双紙・読売と呼ばれ、のちには読売の呼称が一般的となった。かわら版の呼称は、①瓦に文字を刻んでこれを原版として印刷した、②京の四条河原の芝居興行に関する出版物から始まったとの説がある。そもそも、かわら版の呼称は、一八六三年（文久三）上演の黙阿弥作「歳市廓の討入」が初見で、一般に定着するのは明治末年である。

【内容の変遷】

最初のかわら版とされた一六一五年（元和元）の大坂夏の陣を報じた「大坂安部之合戦之図」、「大坂卯年図」は以前から疑問視されてきたが、近年、元和古活字本の「大坂物語」下巻の付図を後年に模刻したものであることが明らかとなった。つまり、かわら版の始まりは、一七世紀中期に心中事件をはやり小唄や浄瑠璃にした読売ということになる。一八世紀になると幕府の禁止により心中物が姿を消し、孝行奇特物や災害物が出され、一九世紀になると、敵討物など多様な内容のものが出版された。天保改革後には、政治・外交に関するものも見られるようになった。

【製作・販売】

かわら版の製作・販売については、香具師《やし》が関与したとの指摘もあるが、その実態については史料的制約が大きく、いまだ明らかでない部分が多い。また、情報の収集・印刷・伝達に飛脚問屋が大きな役割を果たしたともいわれている。

【研究の課題】

かわら版は、無届出版物でありながら、内容からは政治批判や社会風刺は幕末まで見られず、幕府の出版統制を遵守していたといえよう。だが、政治批判や社会風刺は写本によって流通していた。そこで、かわら版と写本の関係性を明らかにする必要がでてくる。また、かわら版で伝達された情報は、受け手が金を出しても入手しようとしたのであるから、発信者側も出版して商品化する価値があったのである。商品化が進展するほどその内容は扇情的な虚構によって厚化粧されていくことにもなった。こうした情報の内容を整理することで、江戸時代の人びとがいかなる情報に価値を見い出していたかが明らかとなってこよう。

【参考文献】

林美一『珍版・稀版・瓦版』(有光書房、六六年)、小野秀雄『かわら版物語』(雄山閣、六七年)、中山栄之輔編『江戸明治かわらばん選集』(柏書房、七四年)、『太陽コレクション五・六「かわら版・新聞」江戸・明治三百事件』(I・II、平凡社、七八年)、木下直之・吉見俊哉編『東京大学コレクションIX・ニュースの誕生・かわら版と新聞錦絵の情報世界』(東京大学総合研究博物館、九九年)。

(加藤　貴)

国　学

【国学の学問領域】

近世国学は中世以来の和歌の刷新運動として興起したが、契沖―荷田春満―賀茂真淵―本居宣長の系譜で受け継がれていくに従い、そこに多様な内容を含むこととなった。本居宣長はその著作『うひ山ぶみ』で国学の内容を、日本古来の道を学ぶ「神学」、官職・儀式・律令などを中心とした「有職の学」、六国史その他の古書を学ぶ「史学」、それに「歌の学び」の四領域をその主なものとしてあげているが、今日の学問の区分でいえば、国語・国文・歴史・宗教・思想・倫理・民俗など多岐にまたがる幅広い学問内容を含むといってよい。このような多様な内容を含む国学には、徳川幕府開設以来、主導的役割を果たしてきた儒学による道徳主義を批判し、人間が本来生まれながら持つ心情を重視する主情主義としての性格や、『万葉代匠記』に象徴される契沖以来の日本古典に対する文献主義的・実証主義的方法としての性格、また、よい考えがあればそれが師の説であるといえどもなずむことなく批判することの重要さを説く、学問のための批判的精神の尊重など当時の社会思潮や学問観から一歩抜き出た革新性を持っていたが、反面、儒学に対抗するため、儒学思想や中国の歴史を批判し、日本の価値を高める主張をするようにもなった。荷田春満は「ふみわけよ大和にはあらぬ唐鳥の跡をみるのみ人の道かは」と詠じ、賀茂真淵が『国意考』で「凡そ儒は人の心のさかしくなるものにて」と断じ、本居宣長が『直毘霊』を著わし、この日本は神代以来の天皇を中心とし、その天皇は「天つ神の御心を大御心として」統治してきた。したがって「古の大御世には道といふ言挙《ことあげ》もさらに」なく、道といえば物にゆく道しかなかったとし、「物のことわり、あるべきすべ、万の教へごとをしも、何の道、くれの道といふことは、異国《あだしくに》のさだなり」として、外国特に中国の教えや道徳を厳しく批判するに至るのは、このような主張に基づくものであった。そして、このような主張に見られる道学的思考は、宣長の没後の門人平田篤胤になるとさらに加速、理論化され、いわゆる復古神道の形成を促進する結果になるのであるが、先述したように真淵や宣長また篤胤の学問業績はこうした思想的方面のみでもなく、真淵には『万葉集』をはじめとする『祝詞考』、『伊勢物語』、『源氏物語』など多くの古典の注釈的研究があり、宣長にもすでに周知のごとく『古事記伝』をはじめとする多くの古典の注釈的研究や、この他、国語学の方面でも多大な業績をあげている。篤胤にしても、『仙境異聞』、『稲生物怪録』など今日の民俗学の領域に属するような著作も手がけており、また、真淵・宣長の門人の中には国学の古道面を継承せず、歌文面や考証面などで活躍する者も少なくない。このように近世の国学には思いのほか幅広い多様性があることにも注意しなければならない。

【研究史と論点】

国学に対する研究は戦前特に盛んに行われ、村岡典嗣『本居宣長』（警醒社、一一年、岩波書店、二八年）をはじめとした今日も研究者を裨益する名著や研究も少なくないが、ここでは戦後の研究を中心に概観する。

戦後いち早く国学を政治思想面からとらえ直したものに丸山眞男『日本政治思想史研究』（東京大学出版会、五二年）がある。この著作に収められた「近世儒教の発展における徂徠学の特質並にその国学との関聯」と題する論文はすでに戦前に発表されたものであるが、国学、とりわけ宣長の学問が儒学、中でも徂徠学と密接に関連し、政治思想的には徳川幕藩体制下で徂徠学がやり残した課題を国学が担ったとし、両者を内在的に連続性のあるものとして論じたことはこれ以前の研究では全く見られないものであった。なお、丸山が国学を日本政治思想史の中で位置づけた見解は、その後松本三之介『国学政治思想史研究』（有斐閣、五七年、未来社、七二年）で批判的に継承された。こうした戦後の新しい研究動向の中で国学者の文化的活動面や国学の文芸面に対する研究なども行われるようになった。芳賀登『幕末国学の展開』（塙書房、六三年）は国学者の社会的機能という視点を通して国学を論じ、その後の『変革期の国学』（三一書房、七五年）、『幕末国学の研究』（教育出版センター、八〇年）、『近世知識人社会の研究』（教育出版センター、八五年）でも、同様の視点を中心に国学者の活動を幅広く論じた。また、内野五郎『文芸学史の方法—国学史の再検討』（桜楓社、七四年）は国学を日本文学史の中に位置づける方法を通じ、国学の再生をはかろうとし、その延長線ともいうべき『江戸派国学論考』（創林社、七九年）では、真淵—宣長ではない、真淵—村田春海に連なる国学の系譜の存在意義を主張した。一方、吉川幸次郎『仁斎・徂徠・宣長』（岩波書店、七五年）、同『本居宣長』（筑摩書房、七七年）は、宣長の学問成立には、古学派の儒学者伊藤仁斎・荻生徂徠の学問が深く関わっていることを明らかにし、日野竜夫『宣長と秋成』（筑摩書房、八四年）も吉川説をふまえ、宣長の学問と同時代の社会に共有されていた知識との関係を論じ、国学を道統の外からも考察する必要性を示唆した。こうした中で国学者の業績とその生涯にまつわるさまざまな問題を詳細に研究する著作も現れた。井上豊『賀茂真淵の業績と門流』（風間書房、六五年）、谷省吾『鈴木重胤の研究』（神道史学会、六八年）、三木正太郎『平田篤胤の研究』（神道史学会、六九年）、上田賢治『国学の研究—草創期の人と業績』（大明堂、八一年）、岩田隆『宣長学論攷』（桜楓社、八八年）などがその代表的なものであるが、また、鈴木淳他『本居宣長と鈴屋社中』（錦正社、八四年）は宣長の門人帳の校訂と門人の階層分析などで研究の歩みを進め、松本滋『本居宣長の思想と心理』（東京大学出版会、八一年）は心理分析を通じて宣長の思想の解明をはかるという、新しい研究方法を提示した。

なお、「日本思想大系」（岩波書店）には、芳賀登他編『国学運動の思想』（七一年）、平重道他編『近世神道論・前期国学』（七二年）、田原嗣郎他編『平田篤胤・伴信友・大国隆正』（七三年）、吉川幸次郎他編『本居宣長』（七八年）が収められた。

【今後の課題】

近年国学研究は幅の広さと奥行きの深さを加えつつあり、植松茂『植松有信』（愛知県郷土資料刊行会、七九年）、同『植松茂岳』第一部—第三部（愛知県郷土資料刊行会、八二年~八八年）のような精緻をきわめた大作をはじめ、既出の岩田隆による著作、高橋俊和『本居宣長の歌学』（和泉書院、九六年）、鈴木淳『江戸和学論考』（ひつじ書房、九七年）、揖斐隆『江戸詩歌論』（汲古書院、九八年）、田中康二『村田春海の研究』（汲古書院、〇〇年）などの刊行も相次ぎ、そこに研究の層の厚さをも印象づけた感がある。また、特に鈴木、揖斐、田中の研究は江戸派国学に関する研究でもあり、その意味からすれば、従来の国学四大人を中心とした研究から一歩脱却する近年の傾向を特色づけているともいえる、ただその一方で、子安宣邦『本居宣長』（岩波新書、九二年）に代表される、国学者の言説分析を通して、新たに国学思想を問い直そうとする研究者の動向もあり、今後はこのような新たな課題に対しても取り組まなくてはならないであろう。

【参考文献】

大川茂雄・南茂樹『国学者伝記集成』（大日本図書、一八九八年、名著刊行会、七二年）、國學院大學日本文化研究所編『和学者総覧』（汲古書院、九〇年）、『契沖全集』（一六巻、岩波書店、七三~七六年）、『荷田全集』（七巻、吉川弘文館、二九~三一年、名著出版、九一年）、『賀茂真淵全集』（二八巻、既刊二一巻、続群書類従完成会、七七年~）、『本居宣長全集』（二三巻、筑摩書房、六八~九三年）、『新修平田篤胤全集』（一五巻、名著出版会、七六年）、村岡典嗣『増訂日本思想史研究』（岩波書店、四〇年）、三宅清『荷田春満』（畝傍書房、四二年）、渡辺金造『平田篤胤研究』（六甲書房、四二年、名著刊行会、八二年）、野村八良『国学全史』（関書院、二八~二九年）、大久保正『江戸時代の国学』（至文堂、六三年）、山中芳和『近世国学と教育』（多賀出版、九八年）、岸野俊彦『幕藩体制社会と国学』（校倉書房、九八年）、真淵生誕三百年記念論文集刊行会編『賀茂真淵とその門流』（続群書類従完成会、九九年）、松浦光修『大国隆正の研究』（大明堂、二〇〇一年）。

（南　啓治）

朱子学派

【学問と思想】

朱子学は宋学・程朱学などとも呼ばれ、中国南宋の朱熹（朱子）によって大成された儒学の一派である。この朱子学の特色はこれまでの儒学が経典の訓詁解釈に終始していたのに対して、仏教や老荘などの影響に基づく哲学的思索を加え、宇宙・人生をも包み込んだ壮大な体系性を持つ形而上学としての体裁を形づくった点にあった。この朱子学が日本に伝えられたのは、鎌倉時代にさかのぼるが、日本で本格的に受容され、社会全般に大きな影響を及ぼすようになったのは、近世特に江戸時代からである。江戸時代の幕藩制社会に朱子学が恰好の学問・思想として導入されるにあたっては、徳川家康が、武力によって天下を掌握したにもかかわらず、武力によっては体制の安定化をはかることができないと悟り、武士に学問を奨励したこと、また、この幕藩制社会が古来より理想とされた中国周代の封建社会と似かよった構成をとっていたことがあげられるが、一方、当時活躍していた藤原惺窩・林羅山の活動もあげなければならない。惺窩は藤原定家の一二世の子孫で、日本最初の朱子新注による経書の注解『四書五経倭訓』を著わしたことでも知られ、それ以前にすでに家康に召され、江戸に下ったこともあったが、結局家康にはその門人の羅山が仕えることになった。羅山も博学で、惺窩との間で師弟の礼をとるとき提出した『既読書目』には、四四〇余部数千巻の書名があげられていたという。こうして、羅山によって江戸幕府の儒官としての林家の基礎が形づくられたのである。

【朱子学派の門流】

このように朱子学は江戸幕府に採用されたことにより、近世初期には学界の主流をなし、林家の他にも多くの学者が現れた。藤原惺窩・林羅山の系統は京学派と呼ばれ、惺窩の門からは松永尺五《せきご》・堀杏庵・那波活所らが輩出した。尺五に学んだ木下順庵門下からは新井白石、室鳩巣などが出ている。また、地方では土佐に南学が、薩摩に薩南学派が活躍した。南学は海南朱子学派とも呼ばれ、この派は周防の大内氏の家臣であったという南村梅軒が、天文の頃（一五三二〜五四）土佐に来て孝経および四書を教えたことに始まり、その門に谷時中が出、時中の門人に野中兼山、山崎闇斎が出た。一方、薩南学派は応仁の乱を逃れるため、薩摩の大名島津忠昌に招かれた京都の禅僧桂庵玄樹により教えられた朱子学が根づいたものである。

江戸中期になると古学派の台頭により一時不振となったが、かねがね林家の衰退や朱子学の退潮を快く思っていなかった松平定信は寛政異学の禁を発し、美濃岩村藩主松平乗蘊《のりもり》の第三子衡《たいら》を林家八代目の当主（述斎）とし、述斎とともに学制改革を行い昌平坂の林家の別邸を孔子廟とともに幕府の学問所（昌平坂学問所）とし、その学問所の儒官には朱子学派の学者以外は任命しないこととした。この時任命されたのが柴野栗山・尾藤二洲・岡田寒泉らのいわゆる寛政三博士で、以来朱子学は幕府の正学とされた。

【研究史の動向】

戦前にも朱子学派を対象とした研究は、全くなかったわけではないが、その多くは儒学の一派として儒学史の中で系譜的に論じられることが多かった。また、戦前これらの学者・思想家を論じるにあたっては、その目的が当該人物の顕彰にあることも少なくなかったから、これを当時の幕藩制社会との関係から研究するようになったのは、やはり戦後からということになる。戦後いち早くこの視点から儒学とりわけ朱子学と徂徠学を論じたのは、丸山眞男『日本政治思想史研究』（東京大学出版会、五二年）であった。丸山は日本の近代を領導した思想系譜を近世思想の中に求めようとし、その出発点に藤原惺窩・林羅山の日本朱子学を置いたのである。この丸山の日本政治思想史における発想と路線は今日も依然大きな影響力を持つが、尾藤正英『日本封建思想史研究』（青木書店、六一年）は、これを批判し、近世社会を封建社会として規定した上で、むしろ封建社会をその独自性のもとでとらえることを主張し、徳川幕藩制社会に興起した儒学をもそうした観点から考察しようとした。また、和島芳男『日本宋学史の研究』（吉川弘文館、六二年、増補版、八八年）は宋学の受容と展開を日本人の主体的理解を軸に追求した。田原嗣郎『徳川思想史研究』（未来社、六七年）も丸山の日本朱子学派に対する理解を批判し、徳川幕藩制社会に生きる朱子学なるものを明らかにする手掛りとして、むしろ古学派儒者の朱子学批判を取り上げ考察した。一九七〇年に入ると岩波書店から「日本思想大系」が刊行され始めたが、荒木見悟は同大系『貝原益軒・室鳩巣』（七〇年）の中で「朱子学の哲学的性格」を発表し、日本近世儒学の解明に知見を開き、同大系『藤原惺窩・林羅山』（七五年）では石田一朗「前期幕藩体制のイデオロギーと朱子学派の思想」が収められ、羅山や後継朱子学派の理気論および天道・神君思想がどのように封建的秩序の理念と関係していったかが論じられた。また渡辺浩『近世日本社会と宋学』（東京大学出版会、八五年）は根本から中国と日本の政治制度や思想基盤となる社会的諸条件の違いを問い直し、日本近世社会における宋学の性格と機能を明らかにしようとした。

このように、徳川幕藩制社会に導入された朱子学をめぐっては、これまでさまざまな研究者によって、さまざまな視点のもとに研究が展開されてきたが、しかし、今日に至るまで、その位置づけや役割が十分解明されたとはいえないのが現状である。

【今後の課題】

こうした中で近年では新しい動きも起こっている。すなわち、一は江戸思想全般をとらえ直そうとする活動であり、当然朱子学に対してもそうした目が向けられている。二は外国人による研究である。一については『江戸の思想』（一〇巻、ぺりかん社、九五〜九九年）の出版に代表され、その中にはいくつかの注目される論文が収められている。二については、H・オームスの研究があげられる。H・オームス『徳川イデオロギー』（ぺりかん社、九〇年）では新たな視点から日本最初のイデオロギーともいうべき日本朱子学形成の過程が考察されていて示唆に富んでいる。こうした方向性も今後注意しなくてはならないだろう。

【参考文献】

徳川公継宗七十年祝賀記念会編『近世日本の儒学』（岩波書店、四一年、再版五九年）、井上哲次郎『日本朱子学派の哲学』（富山房、三七年）、阿部吉雄『日本朱子学と朝鮮』（東京大学出版会、七八年）、西順蔵他編『山崎闇斎学派』（『日本思想大系』岩波書店、八〇年）、高瀬代次郎『佐藤一斎とその門人』（南陽堂本店、二二年、大衆書房、七四年）。

（南　啓治）

地誌

【地誌とは】

地誌とは、ある地域の地名、産物、地形、風俗、伝承、歴史などを分類・研究・記録したものである。古代以来、支配者は、自らの領土を把握するために地誌を編纂した。日本における最古の地誌として知られているのは、律令国家が七一三年（和銅六）に編纂した『風土記』である。これは中国の地誌をモデルとし、各国の国司や郡司に提出させたもので、漢文で記されている。現在『出雲国風土記』が完本として残されており、播磨、常陸、豊後、肥前のものも部分が残されている。

強力な中央政府がなかった中世においては、全国的規模の地誌は編纂されなかった。ただし、一三四八年（貞和四）に峰相山鶏足寺（兵庫県姫路市）を参詣した旅僧が、寺僧に播磨の風土を尋ねる形式で記された『峰相記』や、一二二三年（貞応二）に成立した京都から鎌倉までの旅行記である『海道記』や、同じく一二四二年（仁治三）に成立した京都から鎌倉までの旅行記『東関紀行』などの記述にも地誌的要素を見ることができる。

【近世の地誌】

近世になると、国家的統一のもとで、中央権力である江戸幕府と、そのもとで地域を支配する藩によりさまざまな地誌が編纂された。幕府関係では、一七三四年（享保五）並河誠所らが『五畿内誌』（六一巻）を編纂し、一八一四年（文化一一）には甲府勤番支配の松平定能が中心となり甲斐一国の地誌『甲斐国誌』（一二三巻）を、一八二六年（文政九）に三島政行が江戸の地誌『御府内備考』（正編一四五巻、続編一四七巻）を、同一一年には昌平黌地理局総裁林述斎が武蔵国の地誌『新編武蔵風土記稿』（二六六巻）を、一八四一年（天保一二）には同じく林述斎が相模国の地誌『新編相模国風土記稿』（一二六巻）を編纂している。

諸藩も自領の地誌を編纂した。例えば会津藩では一六六六年（寛文六）に藩主の保科正之が『会津風土記』（一冊）を編纂し、一八〇九年（文化六）には増補改訂版の『新編会津風土記』（一二〇巻）を編纂した。膳所藩では一七三四年（享保一九）に藩の事業として藩儒の寒川辰清が『近江輿地志略』（一〇〇巻）を書き上げ、尾張藩では一七五二年（宝暦二）に『張州府志』（三〇巻および付図）を完成している。

民間の地誌編纂も活発化した。儒学者

の黒川玄逸は一六八四年（貞享元）に山城国の地誌『雍州府誌』（一〇巻）を著し、石橋直之は一七〇〇年（元禄一三）に和泉国の地誌『泉州志』（六巻）を著した。大島武好は一七〇五年（宝永二）に山城国の地誌『山城名勝志』（二一巻）を編纂し、河野守弘は一八四八年（嘉永元）に『下野国誌』（一二巻）を完成させている。

このほか、旅行記や名所記も多数成立した。仮名草紙作者の浅井了以は一六六〇年（万治三）に『東海道名所記』を著し、秋里籬島は一七八〇年（安永九）に京都の地誌『都名所図会』を刊行し、江戸の地理学者の古川古松軒は一七八八年（天明八）に幕府巡検使に随行して蝦夷地や東北を旅行し『東遊雑記』を著した。江戸神田雉子町の町名主斎藤月岑は、祖父から三代をかけて一八二九年（文政一二）に江戸の地誌『江戸名所図会』（七巻）を完成している。

【近現代の地誌】

明治政府は天皇中心の中央集権国家を整備する一環として、一八七二年（明治五）に『皇国地誌』の編纂を命じた。しかし、この事業は中断され、蒐集資料の多くは一九二三年（大正一二）の関東大震災で焼失した。

一方、明治末年頃から全国各地で府県史や郡村史の編纂が活発化し、その後都道府県史や市町村史編纂などへと展開したが、これらも地誌編纂の性格を持つものである。

【参考文献】

岩橋清美「近世後期における地域の成立と地誌編纂」（『地方史研究』二六三、九六年）、白井哲哉「地誌」（日本村落史講座編集委員会『日本村落史講座』九、九三年）。

（大石　学）

地方文人

【地方文人とは】

近世とくに江戸時代を主な対象として、地方文人という場合、地方という語句と、文人という語句の両方に、今日の一般的・国語的解釈とは異なった意味・内容があるため、若干の注意が必要である。すなわち、今日使用する地方という語句の読み方と意味は、明治時代以後のもので、江戸時代は地方を「じかた」と読み、町方《まちかた》に対する意味として使用されていた。また、今日使用する地方《ちほう》の意味に対応する江戸時代の語句には、田舎《いなか》・鄙《ひな》があり、したがって、この場合の地方という語句は、田舎または鄙という意味に理解するのが、もっともふさわしいと考えられることである。一方、文人という語句にも広義と狭義の意味があり、とくに狭義では、この語句の発生地である中国でも日本でも一定の概念が成立しており、今日、日本文学史では、一つの学術用語にもなっている。すなわち、狭義の文人に共通する概念の要素として、①高い学問と教養を持ち、②多芸で、③反俗的であり、④生み出す作品のみならず、本人の生活自体にも芸術化が認められること、などがあげられるが、この場合の文人はむしろ広義の意味としてとらえるべきで、必

ど）とバラエティに富んでおり、女性教師の存在も例外ではなかった。また、寺子屋の規模（生徒数）も千差万別であり、これも時代と地域によって相違があった。

寺子屋では原則的に教師が生徒を一人一人個別的に密着して指導するのが普通であったから、教師と生徒とは人格的にも強く結ばれており、教師の生徒に対する感化力は大きく、ほとんどの生徒は教師を畏れ敬った。教師が没すると、それを偲んで筆子塚が建立されたのも、両者の関係を示すものといってよい。ただし、寺子屋における指導理念は、横の人間関係を育む人間形成よりも、縦の人間関係における封建的な人間形成に主眼が置かれていたことは否めず、したがって、その意味では、近世特に江戸時代の寺子屋は、それ自体当時の身分制社会の所産でもあった。しかし、その一方で、ひとたび知識・技能を身につけた庶民の中には、それ以上の教養や学問を求める者も現れるようになり、その契機を提供した寺子屋教育の意義は決して小さくない。また、江戸時代に、この寺子屋教育がもたらした庶民の識字率は、当時の世界各国の庶民の識字率と比べても高い水準を示し、日本の近代化の成功もこの識字率の高さに支えられた面があるともいわれ、その意味においても寺子屋が果たした役割には大きなものがあったといえよう。

【研究史と論点】

寺子屋研究は戦前の昭和初期に乙竹岩造が『日本庶民教育史』（全三冊、目黒書店、二九年、臨川書店、七〇年）の大著を著わし、庶民教育の思想、為政者の態度、江戸時代各時期の状況、全国各地方の実態調査などについて論じ、石川謙が『日本庶民教育史』（玉川大学出版部、二九年、再版、七二年）で特に江戸時代の寺子屋教育の本質などについて論ずるなど、比較的早くから水準の高い研究状況にあったといえる。しかし、やはり、その実態研究となると、乙松が全国調査に努力したといっても、全体から見ればその一部にとどまっており、戦後はそうした空白部分を埋めるための実態研究がさらに求められた。そうした中で、石川謙は積年の寺子屋研究を『寺子屋―庶民教育機関―』（至文堂、六〇年）としてまとめ、史料と統計を駆使し、寺子屋の経営者・師匠の身分・筆子の身分や性別・筆子数・入門年齢や在学期間・学習内容・維持経営などを項目別に考察し、江戸時代の寺子屋を全体的に明らかにして見せた。石川のこの著作は、コンパクトにまとめられ、また、啓蒙的に書かれたこともあり、文章も平易であったため、多くの読者を獲得し、その意味では戦後の寺子屋研究に刺激を与え、その影響するところも大きかった。しかし、その一方で、こうした、いわば類型的研究に飽き足らず、むしろ、寺子屋の実態を、拠って立つ地域の諸条件から総合的に見直す動きも現れ、関東農山村の寺子屋をそうした視点から研究した利根啓三郎『寺子屋と庶民教育の実証的研究』（雄山閣、八一年）などは、その典型的な著作の一つとなった。その後は各自治体によるその地域の教育史研究が重視されるとともに、江戸時代の寺子屋も、そうした地域に根ざした教育史的視点から研究されるようになり、今日それが一般的研究傾向になりつつある。ともあれ、今後はこうした個別研究を深める一方、石川のめざした全体的研究にも目を配ることが大切であろう。

【参考文献】
高橋俊乗『増訂改訂日本教育史』（教育研究会、四〇年）、石川松太郎・直江広治編著『日本子どもの歴史』三・四巻（第一法規、七七年）、石川松太郎『藩校と寺子屋』（教育社、七八年）、江森一郎『「勉強」時代の幕あけ―子どもと教師の近世史―』（平凡社、九〇年）、高井浩『天保期少年少女の教養形成過程の研究』（河出書房新社、九一年）、高橋敏編『村の手習塾―家族と子供の発見』（朝日百科、日本の歴史別冊、歴史を読みなおす二〇、朝日新聞社、九五年）。

（南　啓治）

陶磁器

基本的には釉薬のかかった陶器と磁器を指すが、広くは土器・炻器《せっき》を含めた広い概念の焼物の総称となっている。土器は釉薬をかけない素焼の焼物であり、炻器は釉の有無は問わないが、素地が固く焼き締まって石のような緻密さを保つ焼物を指す。施釉が不可欠の陶器と磁器の相違は、陶器が吸水性があり、叩くと鈍い音を発するもので、磁器は吸水性がまことに低く、叩くと澄んだ音をたてる焼物である。

【土　器】

土器の出現は日本が最も早く、世界に先駆けて一万二〇〇〇年前に開発されたことが、カーボン・ディテングや地質学そのほかの学問の検証で確かめられている。現在では、長崎県佐世保市の泉福寺洞穴から出土した豆粒文土器《とうりゅうもんどき》がその最初期の資料となっている。いわゆる縄文土器の時代であり、現在では、草創期・早期・前期・中期・後期・晩期と大きく六期にわけて作風が変遷したことが認められている。その後、今から二三〇〇年前になると、製作技法は縄文土器と変わらないが、造形の様式がすっかり新しくなった弥生土器が作られ、あわせて水稲栽培技術も普及、社会的には高度な政治社会体制をはぐくむ。この弥生土器は当時最も全国に普及した工芸であり、その技術・造形とも日本人の創意工夫したものであったから、弥生文化の基盤を日本人は自律的に作りあげたことを物語っている。その弥生土器は大きな展開をとげることなく古墳時代にも継承されるが、考古学者は古墳時代の弥生式土器を別に土師器《はじき》と呼び慣わしている。その後も、この赤焼土器は長期低落傾向を示しながら保持され、実用の食器としてばかりか、神社における聖なる祭器としても重要な意義をもって現在に至っている。土器《かわらけ》と称されるのが一般的であり、平安時代一一世紀の清少納言は『枕草子』の中で土器を清げなるものという評価を与えている。生活の不可欠の器として日本人の生活に密着していたのが土器《かわらけ》であった。

【炻器・陶器・磁器】

赤焼土器とはまったく技術次元が異なり、造形も違う系譜を形成したのが炻器・陶器・磁器である。炻器は古墳時代五世紀中葉に朝鮮半島から伝わり、日本では陶物《すえもの》と呼ばれ、現在は須恵器の文字をあてる。この須恵器は、窯・轆轤・燻《くすべ》焼と呼ばれる還元焼成法という三大技術をもって焼造された画期的な焼物で、五世紀の段階で東北地方から九州まで広く焼かれ、中心地は大阪府南部の陶邑《すえむら》古窯址であった。鋭く薄く固く、鼠色の素地肌を持つ須恵器は朝鮮系の異国趣味豊かな形を持ち、全国の豪族は大型の墳墓に副葬品として好んで収めたのであった。

奈良時代八世紀になると、中国の唐三彩が日本に紹介され、明るくも美しく艶やかな緑釉・褐釉・透明釉をかけあわせた三彩は日本でもすぐに倣製され、初めて本格施釉の陶器が誕生したのである。この施釉陶器の系譜は、平安時代に緑釉陶・灰釉陶、鎌倉・室町時代には黄釉陶・黒褐釉黒釉、桃山時代には黄釉、白釉、緑釉などの単色釉陶のほか、鉄絵具で文様を釉下に表す鉄絵《てつえ》の技が開発され、茶道具という美術性の高い日本独自の芸術性を強調した陶器が全国で焼かれた。その中の一窯であった佐賀県の唐津《からつ》焼から日本最初の磁器の窯として伊万里焼が開かれたのは一六一六年、江戸初頭のことであった。白磁を素地として、釉裏にコバルトを使って文様を描く染付と、白磁釉面に特別製の絵具を調製して上絵を付して焼き付ける色絵を二大技術として、伊万里焼は西欧に大々的に輸出を行ない、世界的な最高級磁器として評価を得たのであった。明治時代になると、日本の陶磁産業は世界的な発展をとげて現代に至っている。

【参考文献】

矢部良明『日本陶磁の一万二千年』（平凡社、九四年）。

（矢部良明）

農　書

【農書と地方書】

農書とは農事に関する著作のことである。具体的には中国農書の翻訳や、各地の農業の見聞・体験をもとに、農業の心得や技術の紹介をしたものなどをいう。著者は、農学者、地方役人、村役人などである。支配者の立場から、農政に関する技術や知識をまとめた地方《じかた》書（『民間省要』、『地方凡例録』、『地方落穂集』など）とは区別される。

【『清良記』の成立をめぐって】

戦国～江戸初期の伊予国宇和郡の土豪土居清良《きよよし》の一代記である『清良記』（三〇巻）の一巻（巻七）は、清良の家臣松浦宗案の農業に関する答申をもとに、農業技術、経営、生活などを論じたものである。言上の年月が一五六四年（永禄七）正月であることから、従来、戦国末期に成立した日本最古の農書とされてきたが、近年、書誌学的研究や書物中の作物名、栽培技術の検討などから、一七世紀後半から一八世紀前半の元禄～享保期に成立したと考えられるようになった。

【農書成立のピーク＝元禄～享保期】

『清良記』が成立した元禄～享保期は農書成立のピークの時期であった。この時期、戦国時代以来の開発主義が限界に達し、国家権力・領主権力は、耕地拡大から、単位面積当たりの生産力向上へと政策を大きく転換した。農村でも、単婚小家族を基礎とする共同体が一般化し、小規模経営の中での生産性向上に関心が集まっていた。農書が成立・普及する基盤が整った時期であった。

天和年間（一六八一～八四年）、三河国の上層農民と推定される著者が、生産技術と日常倫理から小経営の向上を著した『百姓伝記』（一五巻）、一六八四年（貞享元）に陸奥国会津郡幕内《まくのうち》村の肝煎佐瀬与次右衛門が著した『会津農書』（三巻）、紀伊国伊都郡学文路《かむろ》村の大畑才蔵が、農具など農業の実際について著した『地方の聞書』（一巻、『才蔵記』とも）、一七〇七年（宝永四）に加賀藩十村《とむら》役の土屋又十郎が、北陸地域の農業技術や年中行事を著した『耕稼春秋』（七巻）などがある。

【『農業全書』の世界】

元禄～享保期の農書の代表が、元禄九年に成立した『農業全書』（一一巻）である。著者の宮崎安貞は福岡黒田家に仕えたが、引退後筑前国志摩郡女原《みょうばる》村に住み、農業に従事し、技術改良や農民指導にあたった。その間、畿内を始め伊勢・志摩などの諸国をめぐり、また中国の農書や本草学を学んだ。

『農業全書』は、中国明末の『農政全書』を手本としつつ、自らの体験や見聞をもとに記されている。享保、天明、文化、安政、慶応、明治の各時期に再版され、江戸時代最もよく読まれ、以後の農書や農政に大きな影響を与えた。

【化政・幕末期から近代へ】

一九世紀前半の文化・文政から後半の幕末期にかけてもまた、盛んに農書が作られた。この時期、豊後国日田郡隈町の商家兼農家に生まれた農学者の大蔵永常は、全国各地をまわり多くの農書を執筆し、三河国田原藩と遠江国浜松藩に仕え農事指導を行なった。一八二二年（文政五）の『農具便利論』（三巻）では各種農具を分類し利害を説き、一八三三年（天保四）の『綿圃用務』（二巻）では綿作技術を詳述している。また出羽国雄勝郡出身の経世家佐藤信淵《のぶひろ》は、江戸で蘭学を学び諸国をまわり、一八二九（文化一二）～三二年（天保三）に『農政本論』（九巻）を著し、農事や農政の心得について説いた。下野国河内郡下蒲生村の田村吉茂は、一八四一年（天保一二）に作物観察と気象観測に基づき、田畑の立地条件に応じた作物の栽培法を説いた『農業自得』を刊行した。

これら江戸時代の農書の発達は、明治以後の近代農学とともに、第二次世界大戦前の日本農業の基礎となった。

【参考文献】

飯沼二郎『近世農書に学ぶ』（日本放送出版協会、七六年）、古島敏雄編『農書の時代』（農山漁村文化協会、八〇年）。

（大石　学）

俳諧

【俳諧史の概要】

元来、「俳諧」は「俳諧之連歌」の略称で、滑稽・卑俗な連歌のこと。江戸時代には一文芸ジャンルとして独立し、広義には発句・連句・俳文などを包括していい、狭義には連句（＝俳諧之連歌）を指す。本来の即興性・機知性を捨てた連歌が、和歌に準ずる雅の文芸として定着する一方、本来の性格を受け継ぎ、主に詠み捨ての形で盛んに行なわれたのが中世の俳諧之連歌。近世に入ると、識字層の拡大や出版制度の整備に伴い、これに親しむ人口が爆発的に増加。指導・添削を業とする点者（俳諧師）も生まれて、貞門俳諧が約五〇年にわたって全国を風靡《ふうび》する。延宝前後の一〇数年は、反貞門をうたう宗因流（談林）俳諧が主流となり、これらの言語遊戯性を超克する形で元禄俳諧が展開。蕉風もその中の一つだが、俗な素材・表現を用いて真実・真情の把握を追求する芭蕉によって、俳諧は風雅の一道として再生したといえる。以後の俳諧史は、芭蕉の達成を目標に文芸性をめざす流れと、前句付に代表される遊戯性重視の流れとが交錯する形で展開する。前者は蕪村らの中興俳諧に代表され、「芭蕉に帰れ」を標榜して質の高い作品を残す。一方、雑俳・川柳も含めて、俳諧の大勢は大衆化の方向にあり、無名の庶民層に表現の道を与え続けた後者にも、大きな意義が認められる。なお、俳諧の中心は連句興行にあったが、発句の単独詠も連歌時代からあり、大衆化とともにその傾向は強まって、明治に正岡子規らが連句を否定的にとらえるようになってからは俳句（発句）がもっぱら詠まれ、現在に至る。

【研究史と課題】

近世以来、俳諧研究すなわち芭蕉研究との傾向があり、子規による蕪村評価、民衆史的な視点による一茶評価が加わり、芭蕉・蕪村・一茶をもって俳諧史を代表させる風潮は現在まで続く。もっとも、戦後の貞門・談林俳諧研究の進展、元禄俳諧への関心の高まりから、貞門→談林→蕉風という単純な見方は否定され、中興俳諧全般への目配りもなされている。が、芭蕉以外の作者に対する作品注釈は依然として少なく、研究状況の偏りは確実に存在する。芭蕉評価の視点でほかを把握するのでなく、これに代わる評価軸をいかに構築するかが大きな課題といえる。その意味で、鈴木勝忠『俳諧史要』（明治書院、七三年）は、雑俳こそが俳諧の本流であるとの視点から、従来の史観にとらわれない俳諧史を提起して刺激的。これを受け、総合的な俳諧史を築き上げていくため、俳壇研究と作品注釈とを結びつけ、各撰集・作品の評価を推し進める努力が必要とされている。

【参考文献】

通史の試みに栗山理一『俳諧史』（塙書房、六三年）など。『俳文学大辞典』（角川書店、九五年）は「叢書目録」、「俳文学年表」なども収め至便。翻刻に『古典俳文学大系』（一六巻、集英社、七〇～七七年）など、影印に『近世文芸資料類従・古俳諧編』（四八冊、勉誠社、七二～七七年）、『天理図書館綿屋文庫・俳書集成』（三六巻・別一巻、八木書店、九四～二〇〇〇年）などがあり、『連歌俳諧研究』誌の奇数号に研究文献目録がある。

（佐藤勝明）

藩校・藩学

【藩校・藩学の設立とその意義】

藩校・藩学は江戸時代に諸藩が設立した藩士およびその子弟の教育機関で、藩学・藩学校とも呼ばれる。その定義は狭義と広義に分けて使用され、狭義の藩校・藩学は、特に漢（儒）学を中心に、藩士およびその子弟の知識・教養の獲得と、それに基づいた徳育を計り、また、将来、藩にとって有能な人材の育成をめざすもので、原則として藩士およびその子弟のすべてを、ある一定期間入学させるものであった。一方、広義の藩校・藩学は、狭義の藩校・藩学の他に設立された医学校・洋学校・皇（国）学校・兵学校・郷学校など、藩が経営したあらゆる教育機関を包含したもので、一般的には狭義の藩校・藩学から広義の藩校・藩学への発展過程をたどるのがその姿であった。各藩校・藩学では、その藩特有の士風を教育の力で形成しようとし、また、そこで教授された漢（儒）学は学統が重んじられ、党派性の強い教育が施された。一七九〇（寛政二）年には、老中松平定信によって、いわゆる「寛政異学の禁」が発せられたが、これは幕府の官立学校となった昌平坂学問所のみに適用され、各藩校・藩学の学統学派を規制するものではなかった。藩校・藩学の設立状況は別表のとおりであるが、宝暦・天明期（一七五一～八八）以後、財政危機に見舞われ多くの藩では、その克服のために必要な有能な藩士を育成するためという明確な目的を藩校・藩学教育に期待するようになった。また、内憂外患の幕末期には、藩においても富国強兵策が推進され、藩校・藩学教育もそれに沿うかたちで改革がくり返され、多くの藩ではしだいに広義の藩校・藩学の体裁が整えられていった。次に、その実例の一つとして、仙台藩の藩校養賢堂の発展過程を年表風に掲げておく。

寛永年間（一六二四～四三）、馬術稽古所できる。

天和年間（一六八一～八三）、砲術稽古所できる。

貞享年間（一六八四～八七）、射術稽古所できる。

一七三六年（元文元）、学問所が設立され漢（儒）学の素読と講釈が行われる。

一七七一年（明和八）、剣・槍を含む総合稽古所できる。

一七七二年（安永元）、学問所を養賢堂と公称する。

一八一一年（文化八）、養賢堂の学科が漢（儒）学・習字・算術・礼法の四科目制となる。

一八一二年（文化九）、漢（儒）学・習

別表　（石川松太郎『藩校と寺子屋』より）

	年　数	設立数
寛　文～貞　享（1661～1687）	27	4
元　禄～正　徳（1668～1715）	28	6
享　保～寛　延（1716～1750）	35	18
宝　暦～天　明（1751～1788）	38	50
寛　政～文　政（1789～1829）	41	87
天　保～慶　応（1830～1867）	38	50
明治１～４　年（1868～1871）	4	36
年　代　不　明		4
合　　計	211	255
藩校存否不明藩		21

字・算術・礼法・兵学・剣・槍の文武兼備の体制となる。

一八一五年（文化一二）、医学館を特設する。

一八五一年（嘉永四）、分校小学校の設置と、日講所を設置する。

一八五六年（安政三）、講武場（騎馬調練場）を特設する。

一八六八年（明治元）、従来の科目に、歌学・魯学・蘭学・英学・音楽を加える。

【研究史と動向】

戦前の名著として、宇野哲人・乙松岩造他『藩学史談』（文松堂書店、四三年）、斎藤悳太郎『史談 藩学と士風―二十六大藩』（全国書房、四四年、東洋書院、七六年）などがあげられるが、戦後、藩校・藩学研究に大きな影響を与えたのは、石川謙『日本学校史の研究』（小学館、五九年、日本図書、七七年）である。同書で石川は、各藩校・藩学の成立や発展過程を詳細に追究するとともに、その結果として、藩校・藩学を講堂型・家塾型・聖堂型に分類する藩校類型論を展開し、初めて藩校・藩学を総合的視野のもとにとらえようとして注目を浴びた。今日、この石川の類型の仕方には疑問がないわけではないが、藩校・藩学研究に重要な一石を投じた研究書として藩校・藩学を研究する者の必読書となっている。

　また笠井助治は『近世藩校の総合的研究』（吉川弘文館、六〇年）、『近世藩校に於ける出版書の研究』（吉川弘文館、六二年）を著わし、藩校・藩学の実態を実証的に明らかにしようとしたが、特に後者は類書を見ないまとまった研究として注目された。笠井はその後も『近世藩校に於ける学統学派の研究』（吉川弘文館、六九～七〇年）の大著を著わし、全国の藩校一校一校の学統学派を明らかにし、やや総花的、表面的叙述に終っている面があるものの、あとに続く研究者に大きな被益を与えた。その後これらに匹敵する大きな研究は出ていないが、倉沢剛は幕末における幕府の直轄学校政策をはじめ、語学伝習政策・医学伝習政策・海軍伝習政策などの諸術伝習政策および幕末諸藩の教育政策などを『幕末教育史の研究』（全三冊、吉川弘文館、八三～八六年）として著わし、藩校・藩学研究の側からも深くこれに関連する大きな研究として注目された。「幕末」という限られた時代ではあるものの、諸藩の藩校・藩学がこの時期どのような改革や変貌を遂げたかを見る上では、同書は重要な藩校・藩学研究書といってよいと思われる。

　近年の藩校・藩学研究の特色は、藩校を一校に限定した上で、その藩校に関する諸問題を詳細に掘り下げ追究するという傾向が目立ち、その意味で藩校・藩学研究にも深みが増したといえるのではなかろうか。しかし、その反面、全体的に見ると、これまでと同様依然としてこれに携わる研究者が限られており、研究が遅々として進まないという面もいなめない。今後はこの点を含めた研究の活発化を期待したい。なお、論文・レポートの書き方の「藩校・藩学研究」も参照されたい。〔参考文献〕についても同項参照。

（南　啓治）

武士道

【武士道とは】

武士道とは、日本の武士社会に発生・定着し、日本の近代以後の社会にも影響を与えた、武士の行動規範・倫理規範のことである。平安時代後半から抬頭した武士は、騎馬や弓射などの武芸の専門職能者としてその存在を特色づけたが、一方、このような武士の行動と生き方は、「弓矢取る身の習」「弓馬の道」として規範化されていった。その規範とは、武士は戦場で死を恐れずに勇敢に戦い、武門としての家名を上げることに努力し、かつ、仕える主君の馬前で潔く討死することを光栄とする、などが中心であったが、このような考え方は、中世の鎌倉時代以後の武士社会では、その主従関係を表わす御恩と奉公の理念ともからみあって、中世武士のエートスとなった。ところが、近世に入り江戸時代になると、武士の中心的学問・教養となった儒学とりわけ朱子学の影響により、五倫五常(五倫とは君臣の義・父子の親・夫婦の別・長幼の序・朋友の信のこと。また、五常とは仁・義・礼・智・信のこと)を身をもって実現することが、為政者の一翼を担う武士にも求められるようになり、また一方、日本古来の神道の敬神精神にもとづく倫理的要素も流れ込んでこれらがしだいに融合して、ここに武士道と呼ばれる日本独自の行動規範・倫理規範の体系が形成されることになった。そして、この武士道の形成にあたっては、江戸時代の多くの武士や儒学者などの主張や意見・著作が大きな影響を与えており、なかでも大久保忠教の『三河物語』、小幡景憲と『甲陽軍艦』の主張、山鹿素行の士道論、山崎闇斎の君臣論、山本常朝の『葉隠』、大道寺友山の『武道初心集』、室鳩巣の『明君家訓』などの果した役割は大きい。明治維新によって、武士は身分的に消滅するが、武士道は思想として生き残り、近代以後も日本人の行動規範・倫理規範の一つとなって、伝えられた。一八九九年(明治三二)には新渡戸稲造によって、『武士道』が著わされ、現代にいたってもこの武士道にもとづく行動規範・倫理規範が多少とも日本人の生活を律していることは、この武士道がいかに日本人の気質の中に根をおろしているかの証左でもある。ただ近年では、この武士道に対しては、その思想としての側面と行動上の社会ルール、作法ないし慣習法としての側面との、二つの面、いわば思想としての武士道と、行動形態としての武士道とを分けてとらえようとする新しい考え方および視点が提出されており、それに立脚した研究により、武士道に新しい内容や概念が加わりつつあることは、注目されるところである。

【研究史と動向】

戦前、武士道に対する研究は盛んに行われ、とくに第二次世界大戦に際しては、時局的な要請も手伝って国民的にも関心を集めるほどであったが、一部の研究を除いて、その多くが、武士道＝日本精神の真髄ととらえる傾向が強かったため、戦後は一般的に関心の薄いものとなった。そうした中で相良亨『武士道』(塙書房、六八年、『相良亨著作集』第三巻、ぺりかん社、九六年）は、武士道を倫理思想面から詳細に分析し、士道と武士道を区別してとらえ論ずるなど、新しい武士道研究の道を開拓して注目された。また一方、丸山真男「忠誠と反逆」（『近代日本思想史講座』第六巻所収、筑摩書房、六〇年、『忠誠と反逆』、九二年）は、その考察の対象を近代に置きながらも、その前史として近代以前のこの課題にも触れており、そこで武士のエートスとの関係を論ずるなど、武士道研究にも少なからぬ影響を与えた。

なお、その後刊行された、相良亨編『三河物語・葉隠』（日本思想大系26、岩波書店、七四年）では、同二書が校注をともなって翻刻されるとともに、解説の一環として、斎木一馬「『三河物語』考」、相良亨「『葉隠』の世界」が論じられ、武士道を研究するにあたっての基本的指標ともなった。こうした状況の中で、笠谷和比古『主君「押込」の構造』（平凡社、八八年）、『近世武家社会の政治構造』（吉川弘文館、九三年）、『士（さむらい）の思想』（日本経済新聞社、九三年、岩波書店同時代ライブラリー、九七年）のような、近世武家社会の大名家における主従関係、君臣秩序のあり方を追究する研究でありながら、必然的に武士道とも深くかかわった新しい研究も生れた。また、山本博文『殉死の構造』（弘文堂、九四年）は、森鷗外が小説にした『阿部一族』の事件を通して、殉死や武士道の実体を明らかにし、従来の武士道観とは異なった視点を提出して注目された。なお、既出の研究書を通して得た武士道に関する知見を改めてまとめた笠谷和比古『武士道その名誉の掟』（教育出版、〇一年）では、その表題が示すように、武士道を「名誉の掟」ととらえ、近世武士社会を律する全てのルールの根底には、この「名誉の掟」が貫かれていると指摘して、今後の武士道研究に大きな刺激を与えた。

【参考文献】

古川哲史『武士道の思想とその周辺』（福村書店、五七年）、奈良本辰也『武士道の系譜』（中央公論社、七一年）、古賀斌『武士道論考』（島津書房、七四年）、田原嗣郎『赤穂四十六士論—幕藩制の精神構造』（吉川弘文館、七八年）、高橋富雄『武士道の歴史』（新人物往来社、八六年）鈴木文孝『近世武士道論』（以文社、九一年）、千葉徳爾『たたかいの原像—民俗としての武士道』（平凡社、九一年）、池上英子『名誉と順応』（NTT出版株式会社、二〇〇〇年）。

（南　啓治）

兵学

【兵学の歴史】

兵学は兵法・軍学とも称し、戦争に関する学問のことである。中国では早く『史記』などに「兵法」と見え、『孫子』をはじめ七書と呼ばれる兵学書が著わされ、早くから発達した。日本の兵学は、この中国の影響を受け、古代では奈良時代の吉備真備や平安時代の大江匡房などが、兵学に熟達していたと伝える。しかし、とくに兵学が発達したのは中世それも戦国時代で、この時代には、雲気・日取り・

方角などの吉凶を占う軍配（軍敗）が重んぜられた。軍配を記述している兵学書には『訓閲集』などがある。中世的非合理的な軍配を中心とする兵学を脱して、合理的割合の高い兵学が成立したのは近世の江戸時代に入ってからで、小幡景憲《おばたかげのり》は自らも編纂にたずさわったとされる『甲陽軍艦』に依拠し甲州流（武田流）兵学を創始した。景憲の兵学は、軍配よりも兵士の配置や指揮、兵器の配備などを論ずる軍法に重点が置かれている。また、その弟子北条氏長《うじなが》は軍配を迷信と退け、師の景憲よりも早く兵学を体系化することに成功した。彼は一六四五年（正保二）に『士鑑用法』を著わし、北条流兵学を完成させた。同書は「軍法ト云ハ士法也」と断じ、「治内」（味方備能《そなえよく》シテ敵ノ立ルヲ見テ可ㇾ勝ㇾ之）・「知外」（能《よく》敵ノ品々ヲ知テ、毎事能備テ可ㇾ勝ㇾ之。）以下、「勝関取行作法儀式」に至るまで全七二の項目を立てて細説している。景憲と氏長の弟子には山鹿素行がおり、兵学を基軸にしつつ、それに武士道徳を合わせ、兵学士道論を展開し、山鹿流を興こしたことはよく知られていよう。この他、長沼澹斎《たんさい》の長沼流、沢崎景実の越後要門流など、多くの流派兵学が興隆している。元禄・享保時代（一六八八〜一七三五）に入ると、流派兵学は後継者の時代となり、全体的にやや停滞気味となるが、この時代に荻生徂徠が現われて、兵学に対しても深い見識を示し、『鈐《けん》録』・『鈐録外書』を著わして、流派兵学を批判し、軍略（謀略）ではない軍法の確立を目指したことは特筆すべきである。寛政時代（一七八九〜一八〇〇）に林子平が『海国兵談』を著わしたが、同書は徂徠の兵学を継承し、独自の海防論へと発展させたものということができる。しかし、幕末となり西洋兵学が紹介されると、流派兵学をはじめとする日本の兵学は、その実用面で西洋兵学に遅れをとっていることが明らかとなり、急速に衰退した。

【研究史と動向】

戦前兵学に対する研究は、当時世界の中に置かれた日本の状況に対応して比較的活発に行われたが、その基本的姿勢はいずれも兵学を通じて日本を鼓舞する傾向にあったから、客観性に欠けた面があった。しかし、それでも有馬成甫『北条氏長とその兵学』（軍事史学会、三六年）のような実証的に秀れた研究をはじめ、多くの研究成果を得、戦後へと継承された。戦後は、戦前の研究姿勢の反省もあり、堀勇雄『山鹿素行』（吉川弘文館人物叢書、五九年）に見られる、江戸時代の兵学を机上の空論視する評価の低さなどが影響して、一般的に兵学に対する関心は低いといわなくてはならない。しかし一方で、有馬成甫他編『日本兵法全集』（一〇巻、人物往来社、六七〜六八年）や、石岡久夫『日本兵法史』（雄山閣、七二年）の大著がまとめられるなどされており、必ずしも研究面での蓄積がないわけではない。近年兵学そのものに対する研究ではないが、高木昭作『日本近世国家史の研究』（岩波書店、九〇年）では、封建為政者の国土支配の問題と関連させて、近世的軍隊の特質について、考察がなされ、藤井譲編『日本の近世、3、支配のしくみ』（中央公論社、九一年）では、江戸時代の支配・統治のシステムの一環として、平時の軍事力が論じられたりしている。また、野口武彦『江戸の兵学思想』（中央公論社、九一年、文庫版、九九年）では、流派兵学を除いた視点から、江戸時代の著名な学者（林羅山・山鹿素行・新井白石・荻生徂徠・頼山陽・林子平・蒲生君平・吉田松陰）の兵学思想の特質が明らかにされており、戦後の兵学研究の中で注目される研究となっている。

【参考文献】

佐藤堅司『日本武学史』（大東書館、四二年）、田中光郎「江戸時代の兵学について」（『論集きんせい』一六、九四年）、前田勉『近世日本の儒学と兵学』（ぺりかん社、九六年）、根岸茂夫『近世武家社会の形成と構造』（吉川弘文館、二〇〇〇年）。

（南　啓治）

法思想（近世）

【織豊時代の法の特色】

戦国大名が発令した戦国法は、個別的に出された単行法と分国法に大別されるが、そのうち分国法には次の特色が認められた。

①鎌倉・室町幕府の幕府法の影響が濃厚である。
②反権威主義的であり、合理的である。
③他領の人々に対してはすこぶる排他的である。
④ほとんどすべての分国法に主従関係に関する規定や家臣の家の婚姻・養子・相続に関する家臣統制規定が見られる。
⑤威嚇的、見せしめ的で、鋸引、牛裂・串刺のような刑法上最も残酷な刑が設定された。また、喧嘩両成敗法が広く見られる。

などであるが、織田信長・豊臣秀吉の両時代は整備された法典はほとんど見られず、旧幕府法・分国法を踏襲した法令が少なくない。しかし、その一方では、信長・秀吉ともに全国統一をめざした権力者であったから、それを視野に入れた信長の一五六八年（永禄一一）の関所の廃止、一五七七年（天正五）の楽市令、秀吉による一五八二年（天正一〇）のいわゆる太閤検地、一五八八年（天正一六）の刀狩令、一五九二年（文禄元）の人掃《ひとばらい》令などに見られるような法令も出されている。

したがって、織豊時代の法令によこたわる思想は、織豊政権が武士による政権であることの当然の帰結として、いまだ武断的であること、旧幕府法や分国法的なものを引きずっていることはいなめないにしても、とくに秀吉の発した法令の中には、文治的なものも現われており、その意味で、中世的でない、近世的性格が強くなっているといえる。

【江戸時代の法体系】

織豊時代の後を受けて日本を統一し、幕藩体制を築き上げた江戸時代は法体系においても、前代とは比べものにならないほど整備されていった時代であった。すなわち、この時代の法は大きく領主法と民衆法に分けることができる。領主法としては、①幕府・大名・旗本以下の武家の法、②公家の法、そして、③寺社の法をあげることができるが、このうち特に重要なのは幕府による幕府法と大名による藩法である。一方、民衆法は、村法や町法、身分や職能の組織を律するための仲間法などがあり、また、金銭貸借・相続・婚姻・財産分与などに関する一般民衆法ともいうべき法令があった。

【江戸時代における領主法としての幕府法と藩法】

①幕府法――幕府の重要法令は法度と呼ばれ、主に将軍の名において発令され、または将軍の命令のもと、老中が布達した。主な法度としては、一六一五年（元和元）を最初に発令された『武家諸法度』、同年発令の『禁中並公家諸法度』や、『諸宗諸本山法度』（『寺院法度』）、『諸士法度』などがよく知られていよう。また、法度より格が下がる重要法令に条目があり、箇条書による法令で冒頭に定・条々・覚などの語句が使用された。それ以外の法令は、高札・触《ふれ》・達《たっし》などとして伝達・公布された。

幕府法は、分国法の影響が見られ、また、江戸時代の前半までは、その法令の内容も慣習法の性格が顕著にあらわれている判例法にもとづくものが多くを占めていた。しかし、徳川社会はその後長足の進展をとげ、社会が複雑化するとともに、それにともない新しい紛争や問題が次から次へと生ずるところとなり、幕府はそれらに対応するために、新たな法整備を考えなければならなかった。そうした中で八代将軍徳川吉宗の時代に編纂された『公事方御定書』をはじめとする一連の法整備は重要な意義をもつものといわなければならない。さらに吉宗は一六一五年（元和元）から、一七四三年（寛保三）にいたる法令を編集させ『御触書寛保集成』を作成した。以後この例にならい宝暦・天明・天保の各時代にも法令が集成された。

②藩法――藩法は各大名家の中で制定された法令のことで、これには純粋にその大名家内部で作成・制定されたものと、幕府による命令「万事江戸の法度の如く、国々所々に於ても遵行す可きの事」（『武家諸法度』元和令）により、幕府法、特にその全国法令を遵行するかたちで、家中や領内に発布したものとがある。藩法の中でその主なものを列挙すると、刑法典としては、仙台藩の『評定所格式帳』、会津藩の『刑則』、金沢藩の『御刑法帳』、名古屋藩の『盗賊御仕置御定』、熊本藩の『御刑法草書』などがあり、刑法以外の法典あるいは法令集の主なものとしては、盛岡藩『御家被仰出』、米沢藩『御代々御式目』、岡山藩『法令集』、土佐藩『海南政典』、鹿児島藩『列朝制度』などがある。なお、藩法が各藩において編纂された時代は多様で、編纂時期とそれぞれの藩の体制確立とが深くかかわっているとみられる。

【江戸時代における民衆法としての村法・町法・仲間法】

①村法――村掟《おきて》・村定《さだめ》・村極《ぎめ》・村議定《ぎじょう》なども称し、この時代の村民が郷村社会の秩序を維持し、その運営を円滑に行なうために、みずから定めた法で、その多くは中世の惣《そう》以来の自治の伝統の中から自生的に形成され、不文の慣習法として継承されてきたものである。その村法の中には成文法の形をとったものも少なからず存在するが、それらは往々にして村法のすべてを明記したものではなく、村で継承されてきた慣習法の一部分をその

時々の事情に応じて文章化したものにすぎなかった。
②町法――町法度・町内式目・定法なども称し、三都（江戸・大坂・京都）をはじめとする各都市は、都市全体をつらぬく自治法としての都市法は存在しなかったが、都市の中の個々の町には、自生的な法規範としての町法が形成されていた。
③仲間法――同業者組合の自治法で、江戸時代には各種株仲間が結成されたが、各株仲間では、仲間申合帳・株仲間名前帳前書などの規約を制定し、年行事・月行事・年寄・会所などの規定や運営・経費に関する規定、営業活動に関する統制、奉公人に対する制裁などを規定した。なお、仲間法と町法との間には重複や交錯といった問題も見られる。

【江戸時代の法の特色】

江戸時代の法に貫かれた特色としては、次の諸点があげられる。
①近世の法には、武家法中心の武断的な権力主義にもとづく法文優位の思想が表われている。
②江戸時代も幕藩体制安定期にはいると、保守的傾向も見られた。
③漸次慣習法から制定法への移行が行われた。
④儒教倫理が大きな影響力をもった。

【研究動向】

近世法の研究も日本法制史研究の一環として滝川政次郎、石井良助らの先駆的研究があるが、戦後とくに近年の研究によって一層深まりを見せている。対象とする法領域も幕府法から一般民衆法にわたっている。幕府法は戦前から研究されており、藩法も戦後、各大名家で所蔵されていた史料が、大学図書館や公立図書館へ寄贈されて閲覧が容易になり、研究が活発化した。研究視点も細部にわたり、『公事方御定書』の構成に関する問題や内済制度の問題追究、村法と公法との関係など多岐にわたっている。しかし、いまだ、未開拓の分野もあり、研究者の見解が大きく相違している問題もある。制定された個々の法や判例の背後に横たわる法思想についても同様である。今後の研究の進展が望まれる。

【参考文献】

石井良助『日本法制史概説』（弘文社、四八年）、滝川政次郎『日本法制史』（角川書店、五九年、講談社学術文庫、八五年）、前田正治『日本近世村法の研究』（有斐閣、五〇年）、奥野彦六『定本御定書の研究』（酒井書店、六八年）、石尾芳久『日本近世法の研究』（木鐸社、七五年）、茎田佳寿子『江戸幕府法の研究』（巖南堂書店、八〇年）、石井良助『近世民事訴訟法史』（創文社、八四年）、服藤弘司「幕府法と藩法」（『幕藩制国家の法と権力I』所収、創文社、八〇年）、平松義郎『近世の罪と罰』（平凡社、八八年）、笠谷和比呂「習俗の法制化」（『岩波講座日本通史』近世3所収、岩波書店、九三年）、水本邦彦『近世の郷村自治と行政』（東京大学出版会、九三年）。

（南　啓治）

本草学

【本草学の伝来】

本草学は、古代中国に起源を持ち、動物・植物・鉱物などの自然物を生活（とくに薬用）に役立てることを目的とする学問である。

日本では、近世以前は中国本草学を受容し学ぶ時期であった。本草学の日本への伝来は五六二年（欽明天皇二三）の呉人智聡の来朝とされる。その後律令時代に五〇〇年頃に中国で陶弘景が編纂した『神農本草経集注』が輸入され本草学のテキストとなり、さらに七三一年（天平三）以前に、六五九年に蘇敬が編纂した『新修本草』が輸入され、七八七年（延暦六）に新たなテキストとされた。近世初期の一六〇七年（慶長一二）には、明末一五九六年に刊行された李時珍『本草綱目』が輸入されている。この間、外国産の薬物は、量が限られ高価であったため国産品の採集、栽培がめざされたが十分な成果をあげるには至らなかった。中国名と日本名の照合・比定が行なわれた。九一八年（延喜一八）頃に醍醐天皇の勅命により編纂された『本草和名』（二巻）では、一、〇二五種の漢方名に和名が配されている。

【近世における本草学の発展】

近世になると、中国の知識を吸収するだけでなく、日本独自の本草学研究が進展した。福岡藩の儒学者貝原益軒は、一七〇九年（宝永六）に中国の『本草綱目』を研究し、実地調査に基づき国内の物産を加え、一、三六二種の名称、来歴、形状、効用などを記した『大和本草』（一六巻）を完成した。『大和本草』独自の分類配列は、日本本草学の先駆となった。稲生若水が編纂した『庶物類纂』（一、〇〇〇巻）は、一六九七年（元禄一〇）に加賀藩の援助を受け調査を開始し、のち弟子の丹羽正伯が完成させた。

近世後期には、本草学は薬物学や博物学へと発展し、各地に本草の専門家や民間の研究者が生まれ、交流が行われた。同じく小野蘭山は、『本草綱目』をもとに日本の物産を調査し、幕府医学館での講義をまとめ一八〇三〜〇六年（享和三〜文化三）に『本草綱目啓蒙』（四八巻）を刊行した。その弟子で幕府徒《かち》見習の岩崎灌園は、『本草綱目』に従って約二、〇〇〇種の植物を分類し、彩色をほどこし一八三〇年（天保元）に『本草図譜』（九六巻）を出版している。

【実践的本草学と民間の本草学者】

これらの系統とは別に、享保改革期には本草学の知識や技術を、医学や薬学の分野で実用化する動きも見られた。幕府の薬草政策を担った丹羽正伯、野呂元丈、阿部友之進、植村佐平次らの活動である。彼らは幕府に登用され、全国各地で薬草見分を行い、知識や技術の交流を深めるとともに、薬園で実用化をめざした。さらに幕府の医薬行政にも関わるなど多彩な活動をした実践的本草学者たちであった。

他方、民間でも本草学は活発化した。美濃国大垣の江馬活堂は、伊藤圭介（名古屋）や飯沼慾斎（大垣）らとともに本草学を学び、江戸の本草学研究グループの緒《しゃ》鞭《べん》会の大名や旗本とも交流し、一八四四年（弘化元）には幕府医学館において『本草綱目』を講義している。

近世の本草学の発展は、西欧の近代科学を受容する基盤を整備したといえる。

【参考文献】

松島博『近世伊勢における本草学者の研究』（講談社、七四年）、尾藤正英「江戸時代中期における本草学―近代科学の生成と関連する面より―」（東京大学教養学部『人文科学紀要』一一、五七年）、大石学『享保改革の地域政策』（吉川弘文館、九六年）。

（大石　学）

洋　学

【蘭学から洋学へ】

わが国に西洋学術が伝来したのは一六世紀のいわゆるキリシタン時代で、当時それは「南蛮学」または「蛮学」と呼ばれていた。いうまでもなく、当時わが国に来訪したポルトガル人やスペイン人が南蛮人と呼ばれていたことによる。江戸時代になり、鎖国後にはオランダ系学術が長崎のオランダ通詞を中心に学ばれ、しだいに普及するが、この学術も当初は「蛮学」と呼ばれていた。オランダ系学術が「蘭学」と呼ばれるようになるのは、江戸時代の中期以後で、杉田玄白らによるオランダ解剖書の翻訳（『解体新書』の刊行は一七七四年）が行われ、蘭書による本格的な西洋学術研究が展開されてからである。しかし、幕末になるに従いこれまでのオランダ系学術に加え、イギリス系・フランス系の学術も移植され、それらが盛んに研究されるようになると、「蘭学」という名称のもとではそれらを包括することができなくなり、開国以後は主に「洋学」の名を持って呼ばれるようになった。したがって、今日「洋学」という場合、それまでの「蛮学」および「蘭学」という名称をも含めて、西洋の諸科学およびそれを学ぶための語学研究や西洋事情の研究一般を指す名称ということになろう。

【洋学史研究の視点】

洋学の主な研究対象である西洋の諸科学といっても、その範囲はきわめて広く、医学・天文学・動植物学・物理・化学・地理学・兵学・砲術学などあらゆる科学の部門を含み、かつ、それらを学ぶための語学部門が含まれるために、これを研究対象とするのは容易でないが、今日まで主に次の視点から研究されてきた。それぞれの視点による主な研究書とともに、それをあげてみよう。

①科学史的研究―科学の専門分野からする研究がこれで、例えば医学史については、医学専門家による研究というように。主な研究書としては、富士川游『日本医学史』（日新書院、〇四年、決定版、四一年）、服部敏良『江戸時代医学史の研究』（吉川弘文館、七八年、再版八八年）の第四章「蘭学と医学」、小川鼎三「近代医学の先駆―解体新書と遁花秘訣」（『日本思想大系・洋学・下』岩波書店、七二年）、日本学士院編『日本天文学史』（同、六〇年）、広

瀬秀雄「洋学としての天文学―その形成と展開」(『日本思想大系・洋学・下』岩波書店、七二年)など。

②書誌的研究―洋書および洋書の漢訳版、または洋書の日本人による翻訳書を含めて洋学を研究するにあたってのテキストや、その参考書となった諸史料の価値や意義を明らかにする研究である。主な研究書には、岩崎克己『前野蘭花』(岩崎克己、三八年、平凡社東洋文庫、九六年)、板沢武雄『日蘭文化交渉史の研究』(吉川弘文館、五九年)、重久篤太郎『日本近世英学史(増補版)』(名著出版、八二年)、蘭学資料研究会編『江戸幕府旧蔵洋書目録』(同、三二年)など。

③伝記的研究―洋学者に対する伝記的研究で、江戸時代の洋学に主体的に関わった人々の思想と行動を明らかにするもの。主な研究書には、呉秀三『シーボルト先生―其生涯及功業』(吐鳳堂、二六年、平凡社東洋文庫、六七年)、岩崎克己『前野蘭花』(前掲)、緒方富雄『緒方洪庵伝』(岩波書店、四二年、再版、六三年)、上原久『高橋景保の研究』(講談社、七七年)、洋学史研究会編『大槻玄沢の研究』(思文閣、九一年)など。なお、杉田玄白・平賀源内・小石元俊・シーボルト・高島秋帆・山村才助については吉川弘文館人物叢書に収められている。平賀源内・杉田玄白・渡辺崋山・高野長英には全集が編まれている。

④文化史的研究―洋学研究としてこれまでの①②③の各視点による研究を一歩進めて、これを総合的にとらえ、その歴史的意義を日本文化史の中に位置づけるというもの。なお、この視点についてはすでに洋学の評価をめぐって戦前から二つの対立した意見があり、今日も意見の一致をみていない。すなわち、それは洋学の思想的性格をめぐってであり、一は洋学をもって封建批判者、克服者とする意見であり、二はそれが本来有する反封建的性格は認めつつも、江戸時代では必ずしもそれが一貫していたとは限らず、むしろそれが封建制を補強する役割を果したとする意見である。一に属する研究には、高橋慎一『洋学思想史論』(新日本出版社、七二年)、佐藤昌介『洋学史研究序説』(岩波書店、六四年)、同『洋学史の研究』(中央公論社、八〇年)などがあり、二に属する研究には、伊東多三郎「洋学の一考察」(『社会経済史学』七―三、三七年、のち同氏『近世史の研究』第二冊、吉川弘文館、八二年に収む)、沼田次郎『洋学伝来の歴史』(至文堂、六〇年)など。

【今後の展望と課題】

これまでの洋学評価に関する意見の対立を根本から問い直し、従来の洋学の性格規定は洋学学習者の具体的検討を十分ふまえて出されたものではないとして、洋学塾入門者の出身や経歴などの調査の必要性を主張したものに、田崎哲郎「洋学論再構成試論―跡見玄山の場合を手がかりとして」(『思想』六六五、七九年)があり、これらの主張は、同氏『在村の蘭学』(名著出版、八五年)となって刊行、より実証的、具体的な研究となって展開されている。洋学研究には当該語学の修得など、他の日本史研究分野に比べ困難な面もあるが、関係研究会誌だけでも『洋学』(九〇年までは『蘭学資料研究会研究報告』)、『日本医史学雑誌』、『実学史研究』、『科学史研究』、『洋学史研究』、『日蘭学会会誌』などがあり、これらを通じ研究が盛んに行われている。日蘭学会編『洋学史事典』（雄松堂出版、八四年）、武内博編『日本洋学人名事典』（柏書房、九四年）なども刊行されており、日蘭学会編『洋学関係研究文献要覧—六八〜八二年』（日外アソシエーツ、八四年）も出され、研究環境も整備されつつある。他方、研究の多様化・専門化が進み、その全体像を把握することの困難性も生じているが、これらは学会を通じての情報交換で克服可能であり、今後の発展が期待される。

【参考文献】

大槻如電原著・佐藤栄七『増訂日本洋学編年史』（錦正社、六五年）、東京科学博物館編『江戸時代の科学』（博文館、三四年、名著刊行会、七六年）、片桐一男『阿蘭陀通詞の研究』（吉川弘文館、八六年）、石田純郎編『蘭学の背景』（思文閣出版、八八年）。

（南　啓治）

陽明学派

【学問・思想】

明の王陽明が説いた学説を信奉する儒学の一派。知行合一・致良知説がその代表的学説であるが、それらを貫く根本原理は心即理。すなわち、聖人・凡人ともに良知を認め、良知を実現する方法として知行合一を説き、実践を重んじた。

日本で陽明学を本格的に受容し、その信奉者をもって自認したのは近世初頭の中江藤樹が最初であって、日本陽明学の祖とされる。江戸前期には藤樹門下の熊沢蕃山、中期には三輪執斎、後期には佐藤一斎、大塩平八郎らが有名。ただ、他の学派のような系統的連続性をもたず、明瞭な学派を形成するには至らず、学風にもそれぞれ特色があった。

近世後期には藩校の設立などに伴い、一般の武士の間に儒学が普及したが、その基本は朱子学の教育であったとはいえ、もともと朱子学と陽明学とは、ともに理気心性の学として、近似した性格を具えていたから、陽明学の知識も広まり、その思想に共鳴する人々も増加した。特に吉田松陰・西郷隆盛・真木保臣・河井継之助ら幕末維新期の政治運動の中で活躍した人々の間にその影響の認められる点が注目される。

さらに維新後の近代に入ってからも、朱子学が身分制社会の規範と直接的に結びついていたために、勢力を失ったのに対し、外面的規範よりも個人の心の主体性を重視した陽明学は、西洋近代の倫理思想とも近似した性格を持つものとして、生命を持ち続け、やがてドイツ観念論（理想主義の哲学）を受容する精神的基盤ともなった。

【研究史と動向】

近年の研究では、吉田公平の論文集『日本における陽明学』（ぺりかん社、九九年）が、狭義の学派の枠を超えた視点で、陽明学の日本的受容・展開を追求した労作としてあげられよう。また、高橋文博は「『鑑草』再考」（『季刊日本思想史』54、九九年）で『鑑草』の性格を浅井了意『堪忍記』との比較から明らかにし、そこに藤樹思想の中核をなす福善禍淫の法則貫徹を明らかにしている。なお、宮崎道生『熊沢蕃山の研究』（思文閣出版、九〇年）は蕃山の政治的業績、学問思想、蕃山と近世中期の経世家との関係を詳述し、示唆するところが大きい。また、閻苗は「熊沢蕃山の『周易』解釈における独自性」（『日本思想史学』31、九九年）で、「太極」と「性」解釈に関する朱子との相違から、蕃山思想の独自性を見るなどの研究の展開も見られる。

【参考文献】

山井湧・山下龍二・加地伸行・尾藤正英校注『中江藤樹』（『日本思想大系』岩波書店、七四年）、井上哲次郎『日本陽明学派之哲学』（冨山房、二六年）、『陽明学大系』（明徳出版社、七一～七四年）、島田虔次『朱子学と陽明学』（岩波書店、六七年）、後藤陽一・友枝竜太郎校注『熊沢蕃山』（『日本思想大系』岩波書店、七一年）。

（南　啓治）

琳派

【琳派の創始と系譜・特色】

琳派は桃山時代後期に興り、近代まで続いた絵画・工芸の一流派で、光琳派・宗達光琳派とも呼ばれる。京都で本阿弥光悦と俵屋宗達が創始し、尾形光琳・乾山兄弟が大成し、酒井抱一以後は主に江戸で盛行した。本阿弥光悦は、もと室町幕府に仕え、刀剣鑑定・研磨を家業とした京の町衆本阿弥家の分家に生れ、絵画・蒔絵・陶芸・書に秀れた才能を発揮した。書では寛永の三筆の一人に数えられた。一六一五年（元和元）には徳川家康から京都鷹ヶ峰に土地を与えられ、そこに芸術村を営むなど芸術指導者としても活躍した。俵屋宗達は光悦の従兄弟《いとこ》を妻に持ち、光悦と同じような京都上層町衆として、扇面画や装飾料紙などの制作・販売を扱う俵屋と称する絵屋を営み、光悦があまり得意としなかった絵画に才能を発揮した。彼は衰退していた大和絵を積極的に取り入れるとともに、いままでの絵画史に類例をみない着想と構図と技法により華麗で装飾的な数多くの作品を発表し、琳派の祖とも呼ばれた。光悦・宗達二人の芸術は寛永年間（一六二四～四三）を中心に、京都で宮廷や上層町衆の間で興った王朝文化復興の気運に合致するものであったが、その後、この流派は尾形光琳が出現するにおよび一層発展するところとなった。

尾形光琳は、京都の呉服商雁金屋の次男に生まれ、早くから染織意匠に参与し、才能を養い、絵画だけでなく、蒔絵や陶器の絵付など工芸にも秀れた作品を発表した。彼は初め狩野派の絵師に学んだが、その後宗達の画風を慕うようになり、その諸要素を吸収して、元禄文化を象徴する装飾性あふれる独自の様式を完成させた。また、光琳の弟尾形乾山《けんざん》も、絵を兄に学び、野野村仁清の色絵陶器の影響を受けて、斬新な絵付の陶器を製作し、琳派陶器の大成者となった。乾山は晩年の享保年間（一七一六～三五）に江戸に下り、陶芸だけでなく、絵画に対しても腕を振い、琳派の画風を江戸に広める役割を果たした。そのため寛政年間（一七八九〜一八〇〇）ごろから琳派の中心は江戸へ移り、酒井抱一が現われるにおよび江戸琳派が確立された。

酒井抱一は姫路藩主酒井忠以の弟として江戸で生れ江戸に住み、禄一〇〇〇石を与えられ、若い頃から放蕩し、また学芸を好み、俳句・狂歌などに親しんだが、かって光琳が酒井家から好遇されていた縁もあって、光琳に傾倒するようになり、光琳を顕彰するとともに、自身も光琳を模範とする秀れた絵を描いた。抱一が活躍した時代は、およそ文化・文政年間（一八〇四〜二九）と重なり、当時は町人文化がその中心を占めていたが、その中にあって、江戸で琳派が育まれ支持されたことは注目されてよい。なお、このように展開した琳派の特色としては、次の諸点が上げられる。①大和絵の伝統がその基盤となっている。②色を塗り、いまだそれが乾かないうちに、他の色をたらして、色のにじみによって独特の色彩効果を出す、「溜込《たらしこみ》」の技法を特色とする。③斬新な装飾性に満ちている。④絵画だけでなく書や諸工芸などにもわたる。⑤家系を中心とした血統的継承ではなく、私淑によって継承された。

【琳派の主な作品】

本阿弥光悦―四季草花下絵和歌巻　樵夫蒔絵硯箱、俵屋宗達―狗子図　槇檜図屏風　関屋澪標図屏風　舞楽図屏風　風神雷神図屏風、尾形光琳―紅白梅図屏風　燕子花《かきつばた》図屏風　伊勢物語図　八橋蒔絵硯箱、尾形乾山―銹絵《さびえ》槍梅茶碗　色絵定家詠十二ヶ月歌絵角皿　色絵紅葉文壺、酒井抱一―夏秋草図　秋草図屏風　四季花鳥図屏風

【研究史の動向】

琳派は戦後、その人気とともに盛んに研究されるようになり、山根有三による「光琳関係資料―二条綱平公記抄録」（『大和文華』三三号、六〇年）、『小西家旧蔵光琳関係資料とその研究（資料編）』（中央公論美術出版、六二年）に見られるように積極的な資料発掘が行われる一方、しばしば特別展が各地で開催されるようになった。また、琳派だけの美術全集も編まれ、『琳派絵画全集』（全四巻、日本経済新聞社、七七〜八〇年）、『琳派』（全五巻、紫紅社、八九〜九二年）、『琳派美術館』（全四巻、集英社、九三年）など、近年ますます盛行の傾向にある。美術全集の各巻には、小林忠・河野元昭などによる懇切で秀れた解説や新研究の一端が披瀝され、参考になるところが少なくない。宗達や光琳や抱一など個人に絞った特別展の開催や研究書の出版も盛んで、その数は枚挙にいとまがないほどである。『国華』や『大和文華』『MUSEUM』などの美術専門誌にも数多くの重厚な論文が掲載されている。戦後は光琳の弟子渡辺始興や抱一の弟子鈴木其一に対する研究も行われ、近年は従来研究の対象にならなかった作品にも目が向けられるようになっている。研究の視点は、作品を様式的に色や線、形の問題として考察する、いわゆる図像学的方法によるものや、絵画の継承関係の追究、あるいは作品製作当時の社会的・人間的背景や関係を探究するものなどさまざまであるが、いずれも専門化が進んでいる。

【参考文献】
東京国立博物館編『琳派』(便利堂、七三年)、『琳派』(『在外日本の至宝』五、毎日新聞社、七九年)、『日本の美「琳派」—宗達・光琳・抱一から現代まで』(福岡市立美術館、八九年)、『琳派』(出光美術館、九三年)山根有三『宗達』(日本経済新聞社、六二年)、水尾比呂志『宗達と光琳』(『日本の美術』一八、平凡社、六九年)、千沢楨治『尾形光琳』(『日本の美術』五三、至文堂、七〇年)、山根有三『光悦・宗達・光琳』(『水墨美術大系』一〇、講談社、七五年)、河野元昭『尾形光琳』(『日本美術絵画全集』17、集英社、七六年)、河原正彦『乾山』(『日本の美術』一五四、至文堂、七九年)、『酒井抱一と江戸琳派』(サントリー美術館、八二年)、『酒井抱一展』(姫路市立美術館、八三年)、『山根有三著作集』第一~四巻(中央公論美術出版、九四~九六年)。

(南　啓治)

和算

【初期の数学】
古代日本にも生活に必要な数的知識はあったが、六〇二年に百済僧観勒が暦や天文書をもたらして以来、数学的知識を有する専門家が官人として登用されることになった。「大宝令」(七〇二年)により、算博士二人、学生三〇人の定員が定められ、中国の『周髀算経』、『九章算術』を教科書として教育が行なわれた。平安時代に入り、九七〇年(天禄一)に源為憲が数学の問題や「九九《くく》」の表をのせた「口《くち》遊《ずさみ》」を編集している。古代・中世の国衙領や荘園には、土地の測量や年貢の計算などを行なう算師《さんし》と称される専門家がいて、簡単な算術・計算を行なっていた。

室町時代、中国との貿易によりそろばんが輸入され、室町末期—戦国時代になると、築城などの土木工事、徴税、測量・検地などに数学が用いられた。中でも毛利重能が京都でそろばん天下一と称し大いに繁盛した。わが国で最も古い数学書は『竟用記』であるが、次に古いのは毛利重能の『割算書』(一六二二年)である。この書は、内容的には旧来の割算が主で、計算用具としてそろばんを使ったのである。

毛利の弟子吉田光由(一五九六~一六七二年)は『塵劫記』(一六二七年)を著したが、これは明《みん》の程大位の『算法統宗』(一五九三年)を手本として、図解により日常生活に必要な数学の知識を説いたものであった。この書には「ねずみ算」、「継子《ままこ》立て」のような興味深い問題が多く、読者の数学への興味をかきたてた。この書は内容をかえて版を重ね、一六四一年の小型本(全三巻)に、解答をつけずに一二の問題を掲載し後学の解を期待した。これを遺題《いだい》といい、多くの数学者はこれを解いて、新しい遺題を付した著書を刊行した。遺題の継承は問題を難しいものとし、和算の発展には大いに効果があった。

【和算の発展】
和算の新しい段階を開いたのは関孝和

(?～一七〇八年)の流れをくむ関流の数学で、算木《さんぎ》を使い天元術により、高次の方程式を解くことができるようになった。さらに関は天元術の制約を免れるため筆算(傍書法)を始め、この方法は点竄《てんざん》といわれ、これにより扱われる数学の範囲が広がった。

また『発微算法』(一六七四年)は和算の画期的な発展を示すもので、門弟建部《たけべ》賢弘《かたひろ》・荒木村英らの活躍により、西洋数学にも匹敵する業績をあげた。行列式の展開についてはライプニッツよりも早く、ニュートンの補間法や数学方程式のホナーの解法と同じ方法を考え出していた。関流の円理《えんり》は和田寧《やすし》によって発展させられて微積分学に近いものになった。また建部の門弟松永良弼《よしすけ》によって、関流数学は大成され、松永の門弟山路主住《ぬしずみ》によって関流の免許制度が整えられた。

【和算の普及と衰退】

幕末になると、数学研究者が増加し、京都・大坂・江戸以外の地方にも優れた学者が出た。彼らの中には諸国を巡歴して研究交流を行なう者も現れた。実用というよりも、趣味で数学を学ぶ者が増え、数学愛好者は町人や農民の間に拡大し、数学の絵馬すなわち算額を寺社に奉納することが盛んになった。

西洋とは異なり、和算が趣味に走って科学技術と結びつかなかったため、近代に入って西洋数学が教育体系の中に位置づけられると、和算は急速に衰退した。しかし、和算で養われた数学的な考え方は、西洋数学を消化・吸収するうえで大きな力となった。一八七七年(明治一〇)に日本最初の学会、東京数学会社が発足し、和算は研究の対象となったが、研究としてはあくまでも傍流であった。第二次大戦後、下平和夫らによって和算研究会が結成され、機関誌も発行されて、全国の和算研究者を糾合する核となった。

【文献】

小倉金之助『日本の数学』(岩波新書、四〇年)、日本学士院編『明治前日本数学史』(岩波書店、五四～六〇年)、下平和夫『日本人の数学』(河出書房新社、七二年)、大矢真一『和算入門』(日本評論社、八七年)。

(道脇義正)

話　芸

【話芸とは】

第二次大戦後、近世民衆芸能の関係者の間で使い始められた芸能用語で、文字どおり「話す」芸、すなわち落語を指す言葉として用いられたが、やがてほかの芸能にも適用されるようになった。この用語の創始、適用範囲の拡大、定着については、延広真治「話芸の成立」『日本の説話』(東京美術、七五年)に詳述されている。要約すると次のようになる。一九五三年(昭和二八)、この頃より「話芸」の使用始まる。五六年三月、活字化の始め(比留間尚「江戸話芸の成立―落語について―」『演劇詳論』四―一)。五七年六月、国文学界に流布の始め(同「江戸話芸の成立」『国語と国文学』三四―六)。五八年一月、落語以外に使用の始め(前田勇「話芸としての〈漫才〉の成立事情」『学大国文』一)。六〇年六月、「話芸」の普及の始め(『話芸シリーズ・落語名作全集』一、普通社)。六一年二月、講談に適用(『話芸シリーズ・講談名作全集』一、普通社)。六四年二月、単行本の始め(関山和夫『説教と話芸』青蛙房)。六八年一二月、日本語として認知される(「特集・話芸」『言語生活』二〇七)。六九年、芸術祭大賞の受賞理由に明記される(桂小南「菊江の仏壇・胴乱幸助」)。このように、落語を主流としながらも、落語以外にも適用範囲が拡大されると、落語を「ハナシ芸」と呼ぶ者も出てきた。

【研究史の流れ】

本稿では、話芸の本流である落語について述べる。まず第一にあげるべきものは、一八一五年(文化一二)の序を持つ式亭三馬編『落語会刷画帖』(『日本庶民文化史料集成』第八巻「寄席・見世物」三一書房、七六年に飜刻がある)である。江戸の寄席落語の創始者とされる三笑亭可楽とほぼ同年輩の三馬の手になり、可楽の略伝、寄席の初まり、料亭で催された落語会など、その頃の落語界の情報が集められている絶好の史料である。第二にあげられるのは、関根只誠編著『只誠挨録』の「二百二」で、本書は『せきね文庫選集・第一期』(教育出版センター、八五年)に収められている。これを史料として、関根黙庵『江戸の落語』(服部書店、〇五年、再刊、古賀書店、六七年)、『講談落語今昔譚』(雄山閣、二四年)が刊行され、以後の落語史の基本的テキストとなった。第二次大戦後、関山和夫『安楽庵策伝』(青蛙房、六一年)、同『説教と話芸』(青蛙房、六四年)は話芸の源流を説教に求め、落語史研究に新風を吹き込んだ。暉峻康隆『落語の年輪』(講談社、七八年)は落語史研究の集大成として必見の文献といえよう。延広真治『落語はいかにして形成されたか』(平凡社)は、鳥亭焉馬研究に始まった同氏の落語研究の一到達点として、精読すべきものである。なお『国文学』臨時増刊「落語のすべて」(学燈社、七三年)、『国文学解釈と鑑賞』「特集さすらう芸と寄席の芸」(至文堂、八七年)は、落語史研究を志す学徒によい指針を与えてくれる便利な手引書である。

【今後の課題】

史料の幅広い発掘と読解の深化。噺(咄)本飜刻のいっそうの充実。咄の系譜の整理。寄席の総合的研究。三都に限らず、全国的な寄席興行、分布マップの作成など、史料は豊富とはいえないが、未開拓の分野である。

【参考文献】

本文中に取り上げた文献のほかに二、三紹介する。

興津要『落語―笑いの年輪―』(角川書店、六八年)、宮尾與男『元禄舌耕文芸の研究』(笠間書院、九二年)、『古今東西落語家事典』(平凡社、八九年)、倉田喜弘・藤波隆之編『日本芸能人名事典』(三省堂、九五年)。

(比留間尚)

歌舞伎

【歌舞伎の歴史】

江戸時代に発達した演劇の代表が、す

なわち歌舞伎である。「常軌を逸する」という意味の「傾《かぶ》く」を語源とし、それが転じて「傾き」になった。その源流は、一六〇三年（慶長八）、出雲国の阿《お》国という女性が京都で踊ったものとされる。戦国時代が終息し、戦乱から平和へと大きく変容しつつあった当時、新しい時代に挑戦するかのように、派手な衣装で放蕩《ほうとう》無頼《ぶらい》の生活を送る者がいた。いわゆる「かぶき者」である。その姿を演じたのが阿国であり、たちまちその踊りが大流行したのだった。

　これを真似て、遊女や若衆《わかしゅ》を主役にした踊りも生まれた。女歌舞伎・若衆歌舞伎がそれである。遊女、そして美貌の少年たちによる踊りは、性的な魅力が社会秩序や風俗を乱すという理由で、一六二九年（寛永六）に女歌舞伎が、続けて一六五二年（承応元）に若衆歌舞伎が幕府によって禁じられた。だが、月代《やかやき》を剃った成人男子の髪型、俗にいう野郎《やろう》頭での興行は許された。これが、今日まで続く野郎歌舞伎である。また、男だけの演劇のため、男が女役に扮した女形《おやま》も大発達をとげた。

　やがて一七世紀末の元禄期頃には、民衆の演劇としての歌舞伎が成立した。三都では常設の芝居小屋も立ち、上方では恋愛劇の坂田藤十郎や女形の芳沢あやめ、江戸では荒事《あらごと》と呼ばれる勇壮な演技の市川団十郎といった名優が好評だった。一八世紀以降も、巨大都市江戸では、活発な町人による文化的活動とともに、「江戸狂言」とも呼ばれた江戸歌舞伎が多面的な発達を見せる。だが、明治新政府は、これまでのめざましい歌舞伎の活動に干渉を強めた。それでも民衆に親しまれた歌舞伎は、一九世紀末には改良が加えられた「新歌舞伎」の時代を迎え、現在に至っている。

【歌舞伎史研究の一視点】

　歌舞伎史の研究は膨大である。古くは、大正期の坪内逍遙もそれを問いかけた一人である。伊原敏郎・河竹繁俊らによる業績を始めとして、郡司正勝、さらには近年の服部幸雄による精力的な研究に至るまで、枚挙に暇がない。そこで、研究を始めるにあたっては、ひとまず伊原敏郎『歌舞伎年表』全八巻（岩波書店）や『岩波講座　歌舞伎・文楽』全一〇巻（岩波書店）、概説書としての今尾哲也『歌舞伎の歴史』（岩波書店、二〇〇〇年）をあげておく。

　さて、歌舞伎の上演は、確かに上方・江戸が中心ではある。だが、地方でも、芸能興行は盛んだった。その研究も、数例あげれば、地方都市で興行を誘致する論理を言及した氏家幹人「地方都市興行の成立と背景」（津田秀夫編『解体期の農村社会と支配』校倉書房、七八年）や、三都芸団による地方巡演が存立する条件を論じた神田由築「近世芸能興行の『場』の形成と展開」（塚田孝・吉田信之・脇田修編『身分的周縁』部落問題研究所、九四年）など、着実にその裾野は広がりつつある。また、地方独自の公演についても、数多くの事例が報告されている。

　故に、全国的な芸能興行や地方独自の公演を視野に入れながら、演劇全体をとらえる。これも、重要な視点ではないだろうか。

（武井弘一）

報徳思想

二宮尊徳（金次郎）によって提唱されたもので、神道・儒教・仏教の三つを尊徳なりに咀嚼し編み出した独特の新思想・実践哲学。

【報徳とは】

「報徳」の由来は、尊徳が行なった「桜町仕法」の成功をねぎらった小田原藩主大久保忠真が「汝の方法は徳を以て徳に報ゆるものである」と賞したことにあり、その「以徳報徳」の語は論語から忠真がひいたといわれる。また、尊徳がいう「自己の徳を以て天地人三才の徳に報ゆ」の言に起因し、論語にいう「以徳報徳」とは異にするともいう。

報徳思想の内容は、門人富田高慶が整理した「報徳の四要」、すなわち「至誠をもって本となし　勤労をもって主となし　分度をもって体となし　推譲をもって用となす」にまとめられる。そして、これを柱として道徳と経済との調和併行・一円融合を図り、人びとを導き社会を改善しようとするものである。

【報徳仕法】

このような報徳思想、とりわけ「分度」と「推譲」とを指導原理として、村や家の復興がなされた。いわゆる「報徳仕法」である。文政元年、尊徳が小田原藩の家老服部十郎兵衛の若党となり、借財に苦しむ服部家の家政を再建したのを皮切りに、文政五年から天保八年までの下野国芳賀郡物井村など三カ村を中心に行なった「桜町仕法」、弘化二年から開始された相馬の仕法、晩年の「日光仕法」などに代表される。教義は一つであったが、実施形態は二様であった。一つは、「興（富）国安民」を中心に掲げた「行政式報徳」といわれ、幕府や諸侯の委嘱を受けて行政系統を通じて行なうもので、上から下へ及ぼす方法である。二つは、身を修め家を斉えることを説き個々人を指導していくことを中心にした「結社式報徳」といわれるもので、個人の自主性に基づきその団結により、相互福利と社会の公益を増進し、地域社会に理想郷を建設しようとするものである。

維新政権のもとでもこれらの仕法はそれなりの注目を浴びていたが、廃藩置県後はあまり顧みられなくなる。そこで、門人の富田高慶らは、仕法を民間の事業として推し進めることにする。いわゆる「結社式報徳」である。明治一〇年報徳思想を軸にして「興復社」を創設、高慶が社長となって仕法を続行した。

その徳化は幕末から明治期にかけて伊豆・駿河・相模・甲斐・遠江・武蔵・下総・上野・常陸・陸奥などに及んだといわれる。こうした広範な展開を支えたものの一つに小谷三志率いる不二孝仲間の協力があった。

【研究課題】

幕末の農村荒廃をどう復興するかという観点から、報徳仕法は、下総香取郡長部村を拠点に実施した大原幽学の性学による教化と並び称せられるが、広範な展開を見せたことにおいては勝っている。しかし、報徳思想が、明治以降国家主義に編成されたこともあって、これに批判的な見解もある。また仕法が行なわれた村々において、仕法実施に際し、その対象外とされ、切り捨てられていったものも少なくなかったともいう。

【参考文献】

佐々井信太郎『国民更生と報徳』（平凡社、三六年）、奥谷松治『二宮尊徳と報徳社運動』（高陽書院、三六年）、下程勇吉『二宮尊徳の人間的研究』（広池学園出版部、六五年）、富田高慶著・寺島文夫改訂『報徳記』（文理書院、七一年）、守田志郎『二宮尊徳』（朝日新聞社、七五年）、『二宮尊徳全集』（龍渓書舎、七七年）、八木繁樹『報徳運動一〇〇年のあゆみ』（龍渓書舎、八〇年）、菅野則子「天保期下層農民の存在形態」（『村と改革』三省堂、九二年）、大藤修「二宮尊徳」（岩波講座『日本通史・一五』九五年）、岡田博『報徳と不二孝仲間』（岩田書院、二〇〇〇年）。

（菅野則子）

お雇い外国人

幕末から明治期における日本の近代化の過程で、自国の発展をめざして先進国の助言と科学・技術指導を仰ぐために官民が雇用した外国人を指す。名称の初出は、一八七二年（明治五）刊行の姓名・給料・期限・職務を記した『御雇外國人一覧』（中外堂）。

【幕　末】

一八五〇年代半ばからまずオランダ人の専門家が海軍の訓練、造船所や鋳造所の建設、医学や語学の指導のために、五〇年代後半には宣教師を含むアメリカ人が主に英語教師として、それぞれ幕府や諸藩に雇われたが、その後オランダ人に代わってイギリス人とフランス人が主力となる。幕末最後の一五年間に語学と科学技術を指導した外国人は二〇〇名余りに達した。

【明 治 期】

五か条の誓文にうたわれた「知識を世界に求める」ことを標榜して、留学生の海外派遣と各分野の指導者としての外国人雇用という手段は、幕末に得た経験から明治期にも継承された。外国人の役割は、日本人の指導と協力して近代日本の基礎を作ることであった。その分野は、政治、法制、金融、財政、軍事、外交、交通、通信、産業、建築、土木、教育、自然・人文科学、芸術、開拓など広範に及んだ。明治期の官雇外国人はピーク時にあたる一八七四、五年には八〇〇名を超えたが、その後しだいに減少し、代わって民間雇用が増えた。技術的プロジェクトの大半と技術教育を管轄した工部省の雇数は、一八七〇～八五年に総数の五〇%を占めた。出身は約二五カ国に及び、英、仏、独、米が上位四カ国である。年齢層は大多数が一六～二〇歳か、三一～三五歳であった。一八七〇年の外務省布達「外国人雇入方心得条々」によって雇用の手だてが確立し、在日と在外公館、岩倉使節団などを通じて斡旋が行なわれた。在任期間は専門職の場合平均五年、高位の者は約九年、滞日二〇年に及ぶ者も相当数いた。日本の近代化に不可欠であったお雇い外国人は優遇され、約七%にあたる上層部は日本の高級官僚と同等かそれ以上の給与を、その一%は太政大臣の二倍以上の高額を支給された。財政的負担の大きなお雇い外国人に代わる人材として、高等教育を受けた成績優秀な日本人が「貸費留学生」として欧米諸国に派遣され、帰国後八〇年代半ば頃からは各分野で近代化の指導にあたることになった。

【研究動向】

今世紀初め初期のお雇い外国人の一人グリフィスが同僚へボンとブラウンの伝記を著し、関係資料を収集した。一九二八年に日本人として初めて尾佐竹猛が短い「『御雇外國人一覧』解題」(『明治文化全集・一六』外国文化篇)を記した。その後日本では体制がこの種の研究をよしとしなかったためか、第二次大戦以後までまとまった研究は皆無に等しい。戦後内外で活発な研究が展開され、邦文に限っても梅渓昇の著作を始め共同研究でも数々の成果が発表された。特筆すべきは、国際シンポジウムの開催(六七、八五年)とその報告集刊行、国際教育・交流としての視点である。個々の前後の経歴・雇用の経緯・貢献に関する内外の詳細で正確な資料収集とその分析に基づく総合的研究や民間雇用の外国人研究などが今後の課題といえよう。

【参考文献】

尾形裕康『西洋教育移入の方途』(講談社、六一年)、梅溪昇『お雇い外国人―明治日本の脇役たち』(日本経済新聞社、六五年)、『お雇い外国人』(全一七巻、鹿島出版会、六八~七六年)、ユネスコ・東アジア文化研究センター編『資料・お雇い外国人』(小学館、七五年)、向井晃「御雇外国人―幕末期」(『幕末の洋学』ミネルヴァ書房、八四年)、嶋田正ほか編『ザ・ヤトイ』(思文閣出版、八七年)、A・バークス編『近代化の推進者たち』(思文閣出版、九〇年)。

(岩倉翔子)

私擬憲法

明治憲法制定以前の自由民権運動高揚期に各地で作られた民間憲法草案。一八八〇年二月に発足した国会期成同盟は、全国に憲法作成を呼びかけた。まず町や村で作る。これを府県会で審議し、代表が東京に集まる。これを国会とし、国会で憲法を制定するという構想である。この呼びかけに応じて、全国各地で憲法編纂が試みられた。これを「私擬憲法」という。

自由民権派の憲法の大半は、イギリスの立憲君主制をモデルとしたもので、とくに立憲改進党系の交詢社、嚶鳴社の草案が大きな影響をもった。中には植木枝盛案のようにフランスの人権宣言とアメリカ独立宣言を参考にしたものもある。最も注目されるのは、当時神奈川県であった西多摩郡五日市の青年たちが独力で作った五日市憲法草案で、詳細な人権規定があることで知られる。

【戦前の研究】

一九二三年（大正一二）の関東大震災以降失われた明治の文物の収集が盛んとなり、大正デモクラシーの気運を背景に、明治文化研究会による『明治文化全集』の編纂、東京大学法学部明治新聞雑誌文庫の発足、維新の元勲たちの所蔵史料を用いた『日本史籍協会叢書』の刊行が行なわれた。その過程で植木枝盛「日本国国憲案」を始め自由民権派の憲法草案が発見され始めた。一九三七年衆議院の憲政史編纂会が発足して大々的な史料収集を行なったが、さらに一九四一年発足の憲法史研究会（明治憲法作成に関与した伊東巳代治の孫治正の発意）には多くの法学者が参加し、とくに明治文化研究会以来憲法史研究を行なっていた鈴木安蔵が、自由民権派の憲法草案を紹介した著書を次々と発表した。

【戦後の研究】

家永三郎・松永昌三・江村栄一編『増補明治前期の憲法構想』（福村出版、八五年、初版、六七年）は、一九六七年初版刊行の際は、四二種の明治憲法以前の憲法草案を収録していた。これには元老院による三つの草案、政府官吏青木周蔵らの案が含まれている。その後東京経済大学色川大吉教授のゼミナールによる五日市憲法の発見などがあり、一九八四年の増補版では七種増え、四九種が収録された。さらに一九八七年の増補第二版には新たに三種増えたが、これは追補と修正案であり、それを差し引くと現存は五〇種ということになる。この書はもともと一九六三年の東京教育大学教授であった家永三郎の講義の際、当時大学院生であった松永昌三が中心となって謄写版印刷で作られた冊子がもとになっている。

【研究の問題点】

編者の一人である江村栄一編『日本近代思想体系九・憲法構想』（岩波書店、八九年）は、成案を見なかった憲法論、憲法構想案も紹介しているが、憲法案としては六六種とする。また植木枝盛案を従来知られている自筆草稿本の写本、毛筆写本ではなく、刊本の伊藤博文『秘書類纂』を典拠としているが、そのため有名な第七二条「政府恣ニ国憲ニ背キ擅ニ人民ノ自由権利ヲ残害シ」が「浸害」となっている。

第二次大戦後の日本国憲法については、政党や学者・弁護士団体が作った憲法草案が一三種あることが知られているが（『思想』五六年一〇月号）、鈴木安蔵自身が参加した憲法研究会案の発表においては、自由民権運動の諸草案を参考にしたと述べている（毎日新聞、四五年一二月二八日付）。この憲法研究会案は、一九四六年二月のマッカーサー草案作成に際し参考にされていたという。

（田村貞雄）

廃仏毀釈

【廃仏毀釈政策】

仏教を排斥する思想やその運動。廃仏毀釈政策は江戸時代以来三つの時期がある。第一期は一六六六〜七年、水戸藩主徳川光圀、会津藩主保科正之、岡山藩主池田光政の政策である。三藩に共通するのはいずれの藩主も儒教の合理主義思想をもっており、中世以来の神仏習合を否定し、神と仏を分ける政策をとったことである。中世後期以降おびただしく増加した寺社を整理して、一村一寺、一村一鎮守制を設立しようとした。とくに由緒なき寺社を破却・併合した。水戸藩では寺院のほぼ半数を破却し、僧侶は還俗させ農民とし、領内の数多くの神社を潰し、約五九三社のみを村鎮守社として残した。村鎮守社から別当僧・社僧を追放し、神官をおき、神躰を仏像から幣・鏡に取りかえさせ、神仏習合の強い八幡宮はすべて潰しているが寺院側の抵抗は強かった。岡山藩では領内の寺院の約六割を破却するとともに、神社も一一、一八〇社存在していたものを、寄宮(合併して)八七社とし、九九・二%の神社を潰している。また寺請制度を廃止して、神主が身分保証をする神道請制度にかえている。しかしこのような強引な政策は各宗寺院の抵抗をうけ、池田光政が没するともとの寺請制度にもどり、若干ではあるが廃寺も復活している。会津藩においてもほぼ同様であった。

第二期は天保期(一八三〇〜四三)である。この頃から全国の神社の神官が自らを寺請から神道請にかえ、仏葬祭ではなく神葬祭にかえるようになった。しかし神官の家族は依然として、仏葬祭であった。また平田派国学や後期水戸学の思想の影響が強い大名達は、敬神廃仏的政策をとっている。たとえば水戸藩主徳川斉昭は、領内にある各宗の大寺(中本寺)を破却し、領内のすべての寺院から撞鐘を取り上げ鉄砲鋳造の材料とし、宗門人別帳をやめ神官に村毎に氏子帳を作成させている。

第三期は一八六八年(慶応四)三月から断行された神仏分離政策である。この時は寺院の約三分之二が破却され廃寺となった。まさに廃仏毀釈が全国的に挙行され、明治十年頃迄各地で続けられた。その実態は『明治維新神仏分離史料』全十巻や各県の「郡村誌」に詳しく記されている。明治政府主導のもとまさしく敬神廃仏政策であった。明治政府は一八七〇〜一年(明治三〜四)に全国の藩・府・県から「寺院明細帳」を提出させ、廃仏毀釈の実態を報告させている。一八七一年、全国に官国幣社を新設し、神道を軸とする宗教政策が明示された。このことが敬神廃仏思想にはずみをつけることになった。またこの年十月宗門人別帳の作成は廃止され、寺請制度は崩壊した。この間寺領も没収されたので、寺院の経営基盤がなくなってしまった。一八七二年九月には修験道(山伏)が全面禁止された。当然のことながら廃仏毀釈反対一揆も各地でおこった。信濃・越前、越後・三河の諸国は大規模であった。しかし各藩や県では廃仏毀釈政策は着々と進められた。特に激烈な廃仏毀釈政策をとったのは、松本藩・苗木藩・富山藩・高知藩・鹿児島藩・度会県・多度津県・佐渡・隠岐等であった。しかし一方で、民衆の信仰を集めていた仏像は、形を変えて残されている例もある。川越藩では薬師菩薩を薬師大神とし神社にしているし、延岡藩では寺を潰し神社としているが、内陣の表側には神躰をおき、裏側にはもとの仏像を置いて信仰は続けられている。同様の例は全国各地でみられる。

【参考文献】

柴田道賢『廃仏毀釈』（公論社、七八年）、圭室文雄『神仏分離』（教育社、七七年）。

（圭室文雄）

明六社

【明六社の結成】

一八七三年（明治六）に結成された知識人たちの結社。米国から帰国した弁理公使森有礼が西村茂樹にはかり、孤立して世に益すること少い学者たちが米国での如く「互いに学社を結び、集会講究せんことを」呼びかけ、結社された学社を明六社と名づけた。森・西村のほか、加藤弘之・杉亨二・津田真道・中村正道・西周・福沢諭吉・箕作秋坪・箕作麟祥を加えた十名を当初の社員とし、森有礼を会長として発足した。明六社の中核となるこれらの会員は森を除き旧幕府の関係者で幕府の洋学校であった開成所の教官出身も多く、しかも福沢を除き明治新政府に洋才の故を以って登用されていた学者たちであった。明六社は制規を設け、月二回の集会の開催と機関誌の発行を行い、一八七五年（明治八）からは集会の公開をすすめた。

【明六雑誌】

一八七四年創刊、翌年十月の第四十三号の終刊まで月二回ないし三回発行、部数は平均三千部をこえていた。内容は例会での講演の収録や明六社関係者の執筆により、政治問題から風俗まで多岐にわたった。七五年讒謗律と新聞紙条例が公布され、政府の言論抑圧との抵触の懸念から福沢らの主張により廃刊となり、明六社自体の活動も終焉をむかえた。明六社はやがて東京学士院（七九年設立）と官制アカデミーに収斂されていく。

【明六社の評価】

学者が学社を結び、「集会講究」により「学問の高進」と「道徳の模範」を目ざした明六社は文明開化の思想面での典型的活動といえる。大久保利謙「文明開化」（『日本歴史』近代2、岩波書店、六二年）では混成の学者集団が薩長政府に批判的な一線を保持しながら政府の開国進取政策の進歩面には共感し、国民の文化水準にそった漸進主義に同調、啓蒙運動を展開とし、一年半余の活動で使命はすでに果されていたとしている。遠山茂樹「明六雑誌」（『自由民権と現代』筑摩書房、八五年）では、加藤・津田・西らの政教分離の所説が国家神道の形をとり神としての天皇を強制する天皇制への批判であるとし、天皇制に代表される明治社会の封建遺制を総体として把握し批判しようとする志向を明六雑誌の思想の貢献と捉えている。明六社の民撰議員尚早論が民権派の自由民権の原理的強調であるのに対し、原理ときり離された現実論であること、また、明六雑誌の廃刊でなく律例の廃止改良を以って政府に向うべきだとする民権派の批判を、評価の視点に据えている。

【研究文献】

明六社研究の基本的文献の『明六雑誌』は『明治文化全集第五巻雑誌篇』（日本評論社、五六年）に索引付で全文が収録されている。『明六雑誌』については、西田長寿「日本の文芸雑誌『明六雑誌』」（『文学』二三巻一号、岩波書店、五五年）が適確な知識を与えてくれる。明六社の思想内容を同時代の状況のなかで理解をはかるのには大久保利謙編『明治啓蒙思想集』（『明治文学全集』三、筑摩書房、九七年）が役立つ。社員についてはそれぞれの伝記・研究書に当る必要があるが、概観したものには高坂正顕「明六社の人々」（『明治文化史』第四巻思想・言論編第二章、原書房、八〇年）がある。

（波多野和夫）

留学生（幕末・明治初期）

海外派遣留学生は幕末に始まり、明治期にも継承されてお雇い外国人と対をなし、近代化と富国強兵をめざして西欧の先進科学・技術の導入を図る国家の重要政策の一環として推進された。

【幕　末】

初期の留学生は、幕府派遣の公式留学（例、一八六二年のオランダ、六五年のロシア、六六年のイギリス）と諸藩派遣の非公式留学（例、一八六三年の長州藩のイギリス）があり、最新の航海術、軍事技術の習得と諸外国情勢の把握を目的とした。一八六六年には留学のための海外渡航が解禁。幕末期の留学生は約一五〇名を数えた。

【明治初期】

維新後、政府は海外留学を積極的に奨励して財政的援助を与える政策をとり、一八七〇年に「海外留学規則」を制定した。当初は公家や旧藩主が多数を占める一方、文部、工部、司法など政府機関の派遣数も急増した。ピーク時は一八七〇、七一年にあたり、一八六八～七四年の総数はおよそ五五〇名に達した。米、英、仏、独が留学先の上位四カ国であり、とくに米国が突出していた。ただし、学生の量的増加は質的低下を招き、学業の十分な成果が上がらないことへの批判と、一八七二年に発布された「学制」のもとに国内の教育基盤が確立したために財政的負担の大きい多量の留学生を派遣する必要がなくなったことから、留学を制限する政策がとられ、一八七三年に「官費制度」は廃止された。一八七五年には「文部省貸費留学生規則」が制定されて、東京開成学校と東京医学校（いずれも東京大学の前身）を中心に工部大学校などの成績優秀な卒業生が抜擢された。学費の返還法として帰国後何年間か特定の就職を義務づけた。八〇年代の半ば以降、多くの者がお雇い外国人に代わって各分野で近代化をいっそう推進する指導的な逸材となった。一八八二年には「官費海外留学生規則」が制定され、以後昭和期に至るまで官費留学生が派遣されることになる。

【研究の歩みと文献】

近代日本の留学史研究は、国際交流の隆盛とともに、内外で今世紀七〇年代以降活発化してきた。㈠留学史全般を直接的に対象としたものと、㈡個別的な地域（留学生の出身と留学先の各地域）研究や留学経験者の人物研究（伝記、評伝、自伝、回想録等）に大別される。㈠の最初で示唆に富む研究は石附実『近代日本の海外留学史』（ミネルヴァ書房、七二年）で、幕末から明治一〇年代半ばまでを対象とし、留学政策、留学諸規則を考察、巻末に一八六二～七四年出発の「海外留学生リスト」付き。渡辺実『近代日本海外留学生史』上・下（講談社、七七年）では文部省留学生の年度別の内訳と略歴の活用性が高い。ほかに林竹二『幕末海外留学生の記録』（著作集四、筑摩書房、八五年）。本格的な史料集録としての日蘭学会編『幕末和蘭留学従来海外留学関係史料集成』（雄松堂書店、八二年）と同続編（同、八四年）は、一八六二年の留学の経緯・意義などの解説、論文と関係史料を包括的に収録。㈡の出身地関係では犬塚孝明『薩摩藩英国留学生』（中央公論社、七四年）、同『明治維新対外関係史研究』（吉川弘文館、八七年）では薩摩・長州両藩の留学が検討されている。留学先としては北正己『国際日本を拓いた人々』（同文館、八四年）が幕末・明治期のスコットランドへの留学生の追跡調査研究を含む。人物研究としては伝記の須見裕『徳川昭武』（中央公論社、八四年）、自伝の坂根義久校注『青木周蔵自伝』（東洋文庫、平凡社、七〇年）にとどめ、留学史の研究文献については石附実「明治初期における日本人の海外留学」補記（『近代化の推進者たち』思文閣出版、九〇年）の明快な解説を参照のこと。

（岩倉翔子）

石川啄木

【生涯と作品】

一八八六年（明治一九）岩手県岩手郡日戸村（現玉山村）の曹洞宗日照山常光寺に生まれる。処女詩集『あこがれ』を一九〇五年、友人たちの援助で自費出版して以来、善意の友人・知人の援助と借金で、辛うじて支えられた貧苦と病苦の惨憺たる生涯であった。郷里岩手県渋民村での代用教員生活、ついで北海道に渡り、函館、札幌、小樽、釧路を転々とした新聞記者生活、上京してほぼ一〇カ月後に東京朝日新聞社に校正係として入社、そして三年二カ月ののち、朝日社員の身分のまま病没。この目まぐるしい流転の人生の中で、おのれの文学的野心はまったく達せられぬまま、妻子のみならず老父母をも負うて、窮迫の果ての死であった。そうした生活の中で、啄木の芸術上の閃きが集中するのは、わずかに一九一〇年八月から翌年にかけての約一年間のことである。時代の現状を鋭く批判した評論『時代閉塞の現状』が一〇年八月の執筆であり、『呼子と口笛』が一一年六月、歌集『一握の砂』の編集が一〇年秋であり、そこに収められた歌の大部分は一一年八月から一〇月にかけて作られている。没後、土岐善磨によって編集され、題名を『悲しき玩具』と命名された歌集の一九四首は、一〇年一一月から一一年八月にかけての作品である。朝日における啄木の直接の上司、渋川柳次郎（玄耳）は彼の歌才を認め、一〇年九月一五日以降の朝日歌壇の選者に啄木を抜擢している。こうした配慮も啄木には励みになったものの、再起不能の病に倒れ、この仕事は一一年二月二八日で終わる。

【クロポトキンの思想との出会い】

「赤紙の表紙手擦れし国禁の書を行李の底にさがす日」。この啄木の歌の「国禁の書」は幸徳秋水が訳したロシアの無政府主義者クロポトキン（一八四二～一九二一年）の『麵麭の略取』（平民社、〇九年）である。啄木は一〇年六月の幸徳秋水の検挙に始まる大逆事件の秘密裡の審理内容を友人の平出修より知り、『日本無政府主義者陰謀事件及び付帯現象』「V NAROD, SERIES」（一一年五月稿）を書く。これは戦後初めて遺族により発表されたもので、クロポトキンの思想を熱心に紹介した幸徳秋水が、巻き添えの裁判で死刑に処せられるいきさつを明らかにしている。当時、読売新聞記者であった土岐善磨と提携し、雑誌「樹木と果実」の発刊を企画するのも、こうした時代の閉塞状況打開への熱願からであった。

【参考文献】

伝記研究としては、岩城之徳『石川啄木伝』（東宝書房、九五年）がそれまでの伝記の誤りを実証的に正した画期的な著書。以後、氏はこの研究の増補を重ねて『啄木評伝』（学燈社、七六年）に至る。その後歌集、詩集、評論、時代との関係などの角度からの優れた研究が相ついでいるが、平岡敏夫によるそれらの研究の懇切な展望と解説「啄木主要文献解題」、「続啄木主要文献解題」は『石川啄木論』（おうふう、九八年）に収められている。同氏には岩手日報文学賞（第一二回、九六年）を受賞した『石川啄木の手紙』があり、これは生涯の手紙を解説しつつ、評伝となった労作である。

（剣持武彦）

内村鑑三

【生涯・思想・信仰】

無教会主義のキリスト教思想家。一八六一年（文久元）江戸に生まれ、一九三〇年（昭和五）七〇歳で没す。父は高崎藩馬廻役五十名石内村謹之丞宜之。一八七六年（明治一〇）札幌農学校に二期生として入学。W・クラークの薫陶を受けた一期生の強制にあい「イエスを信ずる者の誓約」に署名、キリスト信徒となる。一八八一年（明治一四）卒業、開拓使御用掛・農商務省嘱託として水産調査に従事。離婚を契機に一八八四年（明治一七）－一八八八年渡米。アマスト大学に学ぶ間に学長シーリイの感化でキリストの罪の赦しの福音による回心を体験、彼の信仰の核心となる。

帰国後、一八八九年（明治二二）第一高等中学校嘱託教員となるが、翌年、「教育ニ関スル勅語」の奉戴式での天皇の宸書への拝礼のためらいを不敬と咎められ解職となった。「内村鑑三不敬事件」と呼ばれ、井上哲次郎によって「教育と宗教の衝突」としてキリスト教排撃のまととされた出来事は、近代天皇制のもと、天皇の勅語による国民道徳の画一化とその秩序に反するものとの対決でもあった。この流竄のおもいの中で、『基督信徒の慰』・『求安録』・『余は如何にして基督信徒となりし乎』（英文）・『地理学考』（のち『地人論』と改題）などの著作が生れ『国民之友』への論考と相まち内面の信仰と現実への批判が打ち出された。一八九七年（明治三〇）黒岩涙香の『万朝報』の客員・漢文欄主筆となり、幸徳秋水・堺利彦らと藩閥・富豪の横暴、足尾鉱毒事件などの社会の不正を弾劾した。ロシア帝国との関係が緊張し『万朝報』も主戦論に転ずると幸徳らと退社。日清戦争の際ははじめ清国の野蛮に対し文明擁護の戦いだと「日清戦争の義」（英文）を唱えたが、利欲のための戦いだと反省、日露戦争では聖書の教える絶対の平和という非戦論を貫いた。

一九〇〇年（明治三三）内村は『聖書之研究』を発刊、雑誌の読者と聖書研究会の門下の人々への聞書の講解と信仰的訓練につとめた。内村のキリスト教は無教会と呼ばれるが、これは教会以外での救いを肯定し、教会制度のなかで宣教師への依存や権威に妥協しがちな教会の俗化や無気力を斥けるものであった。第一次世界大戦での戦争の悲惨さへのキリスト教の無力は世界の救済を求めて内村をキリスト再臨運動へと向わせ、米国での日系移民排斥にはその偏見と傲慢へ憤を向けた。内村の思想はその強い信仰と個性と相まって、藤井武・塚本虎二・石原兵永ら独立伝道者、南原繁・矢内原忠雄・高木八尺らの学者・思想家など門下の人々や知識人層のなかに深い影響を残している。

【論点と課題】

内村の系譜につらなる立場からの論考は矢内原忠雄『内村鑑三とともに』（東大出版会、六二年）や宮田光雄『平和の思想史的研究』（創文社、七八年）など、内村の信仰の本質の明確化と、それを自らのものとし歴史的現実との取組みへの展開をさぐっている。内村を近代日本の思想史のなかで捉えようとする試みは、亀井勝一郎（『日本現代文学全集14　内村鑑三集』講談社、三九年）によれば、西洋という異質の文化に触発された求道心がストイシズムと究理の精神により「武士的キリスト教」となり、内村が最も典型的あらわれとしている。家永三郎『近代精神とその限界―内村鑑三の思想史的考察』（角川新書、五〇年）では、近代文明の限界を明らかに摘出してそれへの盲従を肯じなかった思想家として捉えられている。森有正「内村鑑三」（筑摩書房『展望』五〇年二月号）は内村の本質を、創造主の神とその前に責任を持つ魂という西欧民主主義とキリスト教の関係の原型性をもつ原型的人間としている。大内三郎『日本キリスト教史』（日本基督教団出版局、七〇年）は、内村の無教会主義を、神の恩寵による自己の独立と自由、個の自覚に立ち、国家権力から内外の教会からも個は解放されなければならないものとすると理解している。太田雄三『内村鑑三』（研究社出版、七七年）は「その世界主義と日本主義をめぐって」という副題に示された課題を掘り下げている。

近代代という西欧文化との接触のなかで、思想や宗教という内面的なものとどう取組み、そこに新しい自己を形成したのか、内村鑑三はこの課題の基軸に存在している。

【研究文献】

基本文献としては『内村鑑三全集』40巻（岩波書店、八〇～八四年）、『聖書之研究（復刻版）』33巻（聖書之研究復刻刊行会、六九～七二年）。品川力編『内村鑑三研究文献目録増補版』（荒竹出版、七七年）、鈴木範久『内村鑑三日録』12巻（教文館、九二～九九年）は研究文献の概観と内村の生涯と課題の把握に欠かせない労作。伝記では鈴木俊郎『内村鑑三伝―米国留学まで』（岩波書店、八六年）、不敬事件では小澤三郎『内村鑑三不敬事件』（新教出版社、六一年）が精緻な研究書である。内村研究の定期刊行物としては、『内村鑑三研究』（キリスト教図書出版社）、『内村鑑三流域』（真菜書房）がある。（波多野和夫）

教育勅語

【教育勅語とは】

一八九〇年（明治二三）一〇月三〇日、明治天皇から渙発《かんぱつ》された日本国民の道徳の基本を諭した教え。正式には「教育ニ関スル勅語」という。翌日、勅語謄本に文部大臣芳川顕正の訓示を添えて、全国公私立学校へ各一通を交付することが訓令された。以後、明治・大正・昭和三代にわたり天皇制国家の国民道徳の規範として、大きな影響力を持ったが、新憲法下一九四八年（昭和二三）国会衆参両議院において「排除ニ関スル決議」が可決され、失効した。

教育勅語は、三一五字の本文と日付・御名御璽《ぎょめいぎょじ》（天皇の署名と印）とから成っていて①日本には建国以来、天皇が定めた道徳基準があること、②徳目が列挙され、国民が、それらを守り行うことによって、天皇への忠誠がつくされ、皇国の繁栄が維持されること、③ここに示された道は、時代や国の内外を超えて通用する正しいもので、天皇・国民こぞって従い、守るべきものであること、が主張されており、一般に「忠君愛国」の教えと性格づけられている。

【成立の経過と影響】

教育勅語の成立については、明治一〇年代後半以降、民権運動の激化、憲法体制の準備、条約改正準備などへの対応を迫られた政府が、国民思想のよりどころとして、徳育の基礎を確定すべしとする方針を固めたことに始まる。総理大臣山県有朋は芳川顕正らと図り、西洋的個人主義思想や立憲君主制に基づき、君主は臣民の心の自由に干渉すべきでないと主張する井上毅を説いて案文の作成にかかった。侍講元田永孚や伊藤博文らの意見を参酌して稿が成ったという。儒教的徳目が多く見られ、一方に近代国家における社会道徳にもふれているのも教育勅語の特色で、成立過程における、政府部内の保守（儒教的神権的君主制）派と進歩（立憲君主制）派との妥協の結果ともいわれる。

御真影の奉拝とともに教育勅語の捧読が行われ、憲法体制下、天皇神格化が進められた。一八九三年（明治二六）の「祝日大祭日儀式規定」により、国の祝祭日にあたって、学校では儀式を行い、その式次第の中心として教育勅語捧読があり、正装した校長が厳かに行って、児童生徒をはじめ参列者に、道徳の源として範を垂れる存在としての天皇を印象づけた。

また、小学校では、生徒に教育勅語の暗誦を強制し、しばしば教育勅語の書写を行わせた。修身科をはじめとする全教科の教育課程が教育勅語の趣意によって編成されるべきものとされた。

三大節（明治・大正期）、四大節（昭和期）をはじめとする小学校の儀式には、地域（学区域町村）の役職者や生徒の父兄も参列することが奨《すす》められた。地域社会では、江戸時代以来の地域の教育思想として、地域（ムラ）の生産活動での一人前の知識・経験と体力を有し、共同体の秩序と、その利益を守る習慣を身につけた人物が目標とされていた。社会変動とともに混乱しつつある地域社会の秩序を立てなおそうとする村落支配者層によって、イエ・ムラ・クニを一貫する「良い日本人」像を掲げる教育勅語の教育が定着する道が開かれたのではなかろうか。

【参考文献】

亘理章三郎『教育勅語と学校教育』（茗渓会、三〇年）、国民精神文化研究所『教育勅語渙発資料集成』（三八年）、海後宗臣『教育勅語成立史の研究』（東京大学出版会、六五年）、稲田正次『教育勅語成立過程の研究』（講談社、七一年）、佐藤秀夫編『続・現代史資料8　教育―御真影と教育勅語』（みすず書房、九六年）、山住正己『教育勅語』（朝日新聞社、八〇年）。

（木槻哲夫）

島崎藤村

【文学への道のり】

小説家・詩人。一八七二年（明治五）二月一七日（新暦三・二五）、長野県木曽郡の旧中山道馬籠宿で本陣・問屋を兼ねた庄屋島崎正樹の四男として生まれる。本名春樹。数え年一〇歳で上京、泰明小学校などを経て、一八八七年明治学院普通学部本科に入学。在学中キリスト教の洗礼を受け、同窓の馬場孤蝶らとの親交が始まる。こうした環境の中で文学を志すようになり、卒業後明治女学校高等科の英語教師をしながら、巌本善治の『女学雑誌』に翻訳を寄稿。またこの頃北村透谷と出会い強く影響を受け、翌年透谷らの『文学界』創刊に参加。浪漫主義文学が展開され、藤村も劇詩・小説・評論と多岐にわたって活動する。三年後、東北学院赴任前後から歌い出された詩を一冊にまとめた『若菜集』によって、藤村の浪漫主義は結実する。当時の、常套句的な言い回しによっていた詩のあり方に対して、この詩集の叙情性はきわめて新鮮であり、同時代以降の詩人たちに多くの影響を与えた。

【自然主義へ】

その後詩集を次々に発表していく反面、信州の小諸義塾に教師として赴任。その地の自然や人びとの生活に触れ、それを観察する中で、しだいに散文の技法が模索・習得されていく。こうしてできた『破戒』の未定稿を携えて、一九〇五年職を辞して上京、翌年それを自費出版する。それはヨーロッパの自然主義と相通じる、当時の文壇に一つの転機をもたらすものとして島村抱月などから評価され、結果この後発表される『春』（〇八年）や『家』（一一年）なども含めて、日本の自然主義文学の方向性を提示することとなる。だが当時妻を失ったことから、家事手伝いに来ていた姪と肉体的過失を起こし、その罪悪感から単身フランスに向かう。が、帰国後また関係を復活させてしまい、悩んだあげく、これまでの二人の経緯を小説にすることで懺悔・浄罪を計ろうとする。こうして『新生』が生まれ、それは当然大きな波紋を巻き起こすこととなる。例えばのちに芥川龍之介からは「老獪なる偽善者」と批判されることにもなる。

【〈歴史〉への意識】

藤村の自然主義的小説の多くは確かに自伝的要素が強く、そうした枠組みの中のみでとらえられがちだが、それらの要素と同時に、その背後にある歴史的状況も、そこには描き込まれていることにも注目すべきだろう。例えば『破戒』は自伝的であるとはいえないが、当時の被差別問題を表象しており、『春』や『家』では、自伝的要素と同時に日清戦争前後の転換期の悩める青年像や、明治三〇年代の封建的旧家の没落してゆく様子を描いている。歴史への意識は特に晩年の『夜明け前』（三二～三五年）の製作に見て取れる。ここでは古文書・見聞記が多く参照され、独特のリアリティを持つ歴史文学が構築されている。また一九三五年には日本ペンクラブの会長に推され、翌年アルゼンチンでの国際大会に出席、その帰りに欧米を再訪する。一九四三年（昭和一八）八月二二日脳溢血により没す。

【参考文献】

伊東一夫編『島崎藤村事典』（明治書院、七六年）、十川信介『島崎藤村』（筑摩書房、八〇年）、三好行雄『島崎藤村』増補版（筑摩書房、八四年）、島崎藤村学会編『島崎藤村研究』一～二八（双文社出版、九六～二〇〇〇年）。

（西山康一）

夏目漱石

【生い立ち】

一八六七年（慶応三）一月五日（新暦二・九）、江戸（東京都）牛込の町方名主夏目直克の五男として生まれる。本名金之助。生まれてすぐ里子、さらには養子にやられる。やがて生家に戻り夏目家へ復籍するが、父親からは疎まれ、母親とは一五歳のときに死別。こうしたことから漱石の生い立ちは、決して恵まれたものではなかったといわれる。一八八四年大学予備門予科に入学。本科では正岡子規と知り合い親交を持つ。子規の漢詩文集を漢文で評し、そこで「漱石」の号を使う。二年後東京帝国大学英文科に進学。が、この頃から厭世的になり、やがて神経衰弱に陥る。そのためにのちには鎌倉円覚寺に参禅したりもしている。一八九三年卒業。大学院に進むと同時に、東京高等師範学校英語教師となる。一八九五年愛媛県尋常中学校に移り、翌年熊本の第五高等学校に赴任。同年六月結婚。

【ロンドン留学】

一九〇〇年から三年間、文部省留学生としてロンドンに滞在。孤独と焦燥の中、過度の神経衰弱に陥り、「夏目精神ニ異常アリ」との噂が日本の文部省にまで広がった。だがこのときの経験が漱石に「自己本位」の思想を形作らせるとともに、日本の歪んだ近代化についての省察をもたらすことになり、これらは後年の講演記録『私の個人主義』(一五年)や『現代日本の開化』(一一年)に示されているところとなる。帰国後、第一高等学校と東大英文科の講師を兼任。東大ではロンドンから取り組んできた『文学論』の完成をめざし、そのほかシェイクスピアの諸作品について講義する。

【小説家として】

そうした中、高浜虚子に勧められ、三八歳で小説を書き出す。一九〇四年雑誌「ホトトギス」に『吾輩は猫である』を発表。たちまち評判となり、翌年まで連載を継続。並行して『坊ちゃん』、『草枕』なども発表。一九〇七年には小説家として立つべく、東大英文学教授の内示を断り、東京朝日新聞社に入社。第一作目に『虞美人草』の連載を開始。三越などから『虞美人草』グッズが販売されるほどの社会現象となる。以後『三四郎』(〇八年)、『それから』(〇九年)、『門』(一〇年)の三部作を描き、またその間、満鉄総裁の友人の招きで満州・朝鮮を旅行し、「満韓ところぐ〵」なども掲載する。『門』を書き終えたのち、胃潰瘍で入院。退院後伊豆修善寺へ転地療養にいくが、そこで大吐血、危篤状態に陥る。この〈修善寺の大患〉と呼ばれる経験は、漱石に人間の生死に対する認識を深めさせ、それが後期の重厚な諸作品に反映したとされる。その後『彼岸過迄』(一二年)、『行人』(一二~一三年)、『こゝろ』(一四年)、『道草』(一五年)と、名作を次々発表。だが『行人』の頃から胃潰瘍・神経衰弱が再発。一九一六年『明暗』連載の最中、内出血を重ね未完のまま一二月九日夕刻死去。

生前早稲田の「漱石山房」には、毎週「木曜会」が開かれ、門人の寺田寅彦、小宮豊隆、鈴木三重吉、芥川龍之介などが集まった。大正期以降活躍していく人びとに、漱石の与えた影響は大きい。

【参考文献】

越智治雄『漱石私論』(角川書店、七一年)江藤淳『決定版　夏目漱石』(新潮社、七四年)、三好行雄他編『講座夏目漱石』(有斐閣、八一~九二年)荒正人『漱石研究年表』(集英社、八四年)、小森陽一他編「漱石研究」一~一二(翰林書房、九三~二〇〇〇年)。

(西山康一)

樋口一葉

【生い立ち】

小説家・歌人。一八七二（明治五）三月二五日（新暦五・二）、東京府（現東京都）内幸町の府庁官舎に住む東京府官吏樋口則義の次女として生まれる。本名なつ。一八七七年本郷小学校に入学するも、まもなく退学。その後転々とするが、結局一葉が受けた学校教育は青海学校小学高等科第四級を首席で修了して終わり、全部で三年にも満たない。女には学問よりも家事をという母の考えから、母の知人松永政愛の妻より裁縫を習うことになるのだが、一方学業を続けさせたかった父により、その知人の紹介で、一八八六年中島歌子の歌塾「萩の舎」に入ることとなる。

【女戸長として】

だがこの後長兄が、そして仕事に失敗し多くの借金を残したまま父が病死すると事態は一転、一葉は一八九〇年に女戸長として、母と妹を率い本郷菊坂町に移り、洗濯や針仕事により生計を立てることとなる。時に萩の舎の姉弟子田辺（のちに三宅）花圃が、当時坪内逍遙の校閲により『藪の鶯』を発表し、多額の原稿料を得ていたことを知り、自らも「東京朝日新聞」小説記者であった半井桃水に師事。一八九二年桃水主宰の雑誌「武蔵野」に『闇桜』を発表する。だが同誌の経営不振により収入にならず、また桃水との交際が萩の舎で問題となり、形の上では桃水と絶縁することになる。しかしその結果花圃の紹介を得ることとなり、当時人気の文芸雑誌「都の花」に『うもれ木』ほかの作品を掲載。これが結果として一葉の人生を小説家に導くこととなる。この作品を目にした星野天知が早速『文学界』での執筆を依頼、平田禿木らその他の『文学界』同人も一葉宅を訪ね、以後交流が始まる。同誌に『大つごもり』（一八九四年）、『たけくらべ』（一八九五～九六年）と、次々良作を発表。が、反面生活はますます困窮、一八九三年には原稿料による生活をあきらめ、下谷龍泉寺に移り、荒物・駄菓子店を経営する。しかしこれもうまくいかず、結局翌年本郷区丸山福山町に引越し、再び創作や萩の舎の手伝いから得る収入による生活に戻る。

【一葉文学の開花】

一葉初期の作品や、あるいはその日記には、和歌を学ぶことからくる王朝趣味がうかがえ、それは時に作品を従来ある物語の枠組みに閉じ込めてしまうことにもなる。だがこうしたいわゆる社会の最下層の生活に直面することが（それ以外にも桃水の指導、『文学界』のメンバーとの交流などの要因が考えられようが）、借り物としての物語の枠組みからの脱却を促させ、さらには作品の中で当時の社会に対する疑問として現れ深みを持たせることになる。このの ち博文館支配人大橋乙羽により、同社発行の一流文芸雑誌「文章倶楽部」に『にごりえ』（一八九五年）、『十三夜』（同上）ほか、過去の作品も含めて次々と掲載されていく。翌年のそこでの『たけくらべ』の一括掲載が、雑誌「めさまし草」の森鷗外・幸田露伴・斎藤緑雨の合評で激賞され、作家としての地位を決定づけることになる。が、同年一一月二三日、結核のため二四歳で、短い生涯を終えることとなる。

【参考文献】

関良一『樋口一葉　考証と試論』（有精堂、七〇年）、前田愛『樋口一葉の世界』（平凡社、七八年）、関礼子『妹の力　樋口一葉』（筑摩書房、九三年）、岩見照代他編『樋口一葉事典』（おうふう、九六年）。

（西山康一）

南方熊楠

【その生涯】

一八六七年（慶応三）四月、和歌山市に生まれる。父弥右衛門は金物商。和歌山中学入学以前に『和漢三才図絵』、『本草綱目』などを筆写している。彼の抜群の記憶力と博物学への関心を語るものである。一八八四年（明治一七）大学予備門に入学した。同期には夏目漱石や正岡子規がいた。一八八六年（明治一九）に病気退学。翌年、渡米。動植物の採集に努める。一八九二年（明治二五）九月、渡英。大英博物館で研究、一九〇〇年（明治三三）に帰国。田辺に居住、菌類、民俗の採集、研究に努め、海外の研究者との交流を深め、海外の雑誌に研究の成果を発表した。国内では柳田國男との文通があった。柳田の民俗学は南方の示唆なくしては成立することはなかったであろう。また和歌山県で強行された神社合祀について、粘菌の研究の立場から在来の地域の信仰を否定し、自然環境を破壊するものとして強く反対した。一九四一年（昭和一六）一二月、他界。七五歳であった。彼の著作は生前三冊しか公刊されなかったが、一九五一年（昭和二六）に『南方熊楠全集』一二巻（乾元社）が刊行され、さらに一九七一年（昭和四六）には平凡社からも内容の充実した全集が刊行された。これらによりそれまでの博覧強記で、奇行の人といった南方の表面的な行動に基づく風評が先行し、彼の学問について知られることが少なかったものが、南方を支えていた学問への関心が深まり、彼の学問の多角的な側面と日本だけにこだわらない広い世界的な視野をめぐり、多くの研究が世に出された。和歌山県白浜には南方熊楠記念館がある。

【その学問】

全集が刊行されたが、そこには南方の数多い英文の論考や彼の学問を支えた粘菌類の研究は見られない。この粘菌研究について、鶴見和子は、それが植物と動物の境界領域にある生物であり、その研究により生命の原初形態、生死の現象への手がかりが得られ、また粘菌はそれが発生、生活している環境の中で研究されなくてはならないものと指摘している。中でも環境の重視は彼の神社合祀反対運動に連なるものであり、粘菌研究が南方の学問の基礎をなしていたことを示している。南方はしばしば民間、在野の学者として柳田と対比されるが、その学問、生き方において、大きく相違するところがある。生物学と民俗学の結合、大乗仏教への理解と関心は柳田には見られぬものであった。

【参考文献】

『南方熊楠全集』（全一二巻、乾元社、五一年）、『南方熊楠全集』（全一二巻、平凡社、七一年）、『南方熊楠全集』（全四巻、八坂書房、九〇年）、笠井清『南方熊楠』（吉川弘文館、六七年）、『南方熊楠人と思想』（平凡社、七四年）、『南方熊楠土宜法竜　往復書簡』（八坂書房、九〇年）、鶴見和子『南方熊楠』（講談社、七三年）、鶴見和子『鶴見和子曼陀羅Ⅴ・南方熊楠のコスモロジー』（藤原書店、九八年）。

（西垣晴次）

森鷗外

【ドイツ留学のもたらしたもの】

一八六二年（文久二）一月一九日（新暦二・一七）、津和野藩典医森静男の長男として生まれる。本名林太郎。弟に篤次郎（三木竹二）、妹に小金井喜美子らがいる。八歳にして藩校養老館に学び、頭角を現す。藩校閉鎖後、親戚の学者西周の勧めにより上京、一時彼の家に寄宿する。一八七四年東京医学校予科に入学。一八七七年東京医学校は東京帝国大学医学部に改称、林太郎もその本科生となる。が、在学中は貸本による読書に耽り、その結果文学的な素養を身につけたともいう。一八八一年一九歳の若さで卒業、陸軍軍医となり三年後ドイツに留学。当時の衛生学の権威コッホらにつき研究。反面ハルトマンやショーペンハウエルといったドイツ哲学にも強い影響を受けた。五年後帰国。文学活動としてはまず訳詩集『於《お》母影《もかげ》』をS・S・Sの名で発表。すでに成立していた『新体詩抄』とともに日本近代詩の起点となる。また翌年『舞姫』、『うたかたの記』など、留学の体験・見聞を生かした美しい雅文体の小説を著す。そのほか雑誌「しがらみ草紙」を創刊、評論活動も活発に行なう。とくにそこを拠点に、坪内逍遙との間で交した没理想論争（一八九一〜九二年）は有名だが、このほかにも演劇改良論争、外山正一との絵画をめぐる論争などを次々に引き起こす。鷗外が問題にしているのは常に文学に限らない美学・芸術全体なのであり、これらの論争は近代日本において〈芸術〉が自立した価値を獲得していくうえで不可欠のものであった。このほか原作以上の名訳と評されるアンデルセン『即興詩人』翻訳（〇二年）も、「しがらみ草紙」に掲載された。

【歴史小説へ】

鷗外は本業である医学会の方面においても一段と厳しい批評活動を行ない、「傍観機関」論争などを起こすが、これが上官の反感を買い、一八九九年九州小倉へ左遷される。八年後陸軍軍医総監という軍医のトップに返り咲き、再び旺盛な執筆活動を始める。〇九年雑誌「スバル」創刊に協力、同年自然主義に体する批判を込めた鷗外唯一の発禁処分作品である『ヰタ・セクスアリス』、翌年漱石の『三四郎』に刺激されて書いた『青年』、またその翌年には『雁』、『妄想』など、代表作を矢継ぎ早に同誌に発表する。大正になると明治天皇に対する乃木希典の死に触発され、殉死という問題をめぐり『興津弥五右衛門の遺書』、翌年『阿部一族』を書くが、この頃から鷗外は新しい歴史小説のあり方を模索する。そのめざすべき歴史小説のあり方は、一九一五年の『歴史其侭と歴史離れ』に示される。「歴史」に縛られることを怖れつつ史料に基づいてその中に窺われる「自然」を尊重し、作品を構成しようとするその姿勢は、『渋江抽斎』（一六年）、『伊沢蘭軒』（一六～一七年）、『北条霞亭』（一七～一八年）といった史伝に、はっきりと打ち出される。晩年は帝室博物館総長兼図書頭、帝国美術院長、臨時国語調査会長などを歴任。同時代のさまざまな分野で影響を与えた鷗外の業績は大きい。一九二二年七月九日死去。

【参考文献】

長谷川泉『森鷗外論考』（明治書院、六二年）、山崎正和『鷗外　闘う家長』（河出書房新社、七二年）、竹盛天雄『鷗外　その紋様』（小沢書店、八四年）、平川祐弘他編『講座　森鷗外』（新曜社、九七年）。

（西山康一）

与謝野晶子

【生い立ち・文学】

一八七八年（明治一一）大阪府堺市の菓子舗駿河屋の三女として生まれる。境女学校に進むが、当時の女子教育に失望し、妹の里《さと》には京都への遊学を勧める。卒業後、稼業を手伝いながら書物を読み耽り、古典の素養を培い、平安王朝期文学への憧憬を深める。いったんは旧派の堺敷島会に属して歌を発表するが、まもなく脱会。九九年、新派の月刊誌「よしあし草」一一号に新体詩『春月』を発表。このことは翻訳された西欧詩や新体詩への関心を示しているが、以後の、平安王朝的な華やかさと欧米的ロマンティシズムの華を持つ晶子の歌の特徴の芽がこの頃から兆していたといえよう。やがて与謝野鉄幹の歌に刺激され新詩社に参加、一九〇〇年五月には、「明星」に初めて歌を発表する。〇一年、鉄幹を追って上京、翌年結婚。浪漫主義の全盛期、夫とともに「明星」、「スバル」を支えるが、浪漫主義の衰退、自然主義の台頭による廃刊にも立ち会う。処女歌集は『みだれ髪』（〇一年）。大胆で新鮮な表現が世に衝撃を与え注目を浴びたが、平明で清新な歌も多く、人びとに愛誦された。続く第二歌集『小扇』（〇四年）を始め、没後に出版された『白桜集』（四二年）まで、生涯に歌集、詩文集は二四を数える。美しいものへのこだわりを強く持ち、子どもに聞かせることを意識して書いた童話にも、言葉の選択に心を配った。一一年一一月、不遇をかこつ夫をフランスに行かせ、翌年五月、自らも後を追って洋行したことは小説『明るみへ』に詳しい。詩では、日露戦争に従軍した弟の身を案じる「君死に給ふことなかれ」が、世を害する危険思想と大町桂月の批判を呼ぶ。古典の口語訳にも精力的に取り組み、とくに『新々訳源氏物語』は労作。一一人の子を生み育てながら生涯歌人としての活動を続け、夫寛の没後七年を経た四二年、六四歳で没す。

【社会的発言】

晶子の後半生は、その社会的発言によって特徴づけられる。大町桂月による「君死に給ふことなかれ」批判への反論「ひらきぶみ」に見られる国家、戦争、文学についての庶民的平衡感覚や、平塚らいてうとの母性保護論争などに見られる。女性の自立や男女平等についての意識は、育児と仕事を人並み以上にこなした実体験からくる直感に基づいており、既成の主義主張にとらわれない本質を突く鋭さにおいて、現代でもなお先進的である。男性社会への批判と同時に、女性の側の甘えにも自戒を求め、その点でらいてうなどと対立した。日本の子女の教育に物足りなさを感じていた晶子は、資産を有効に使うことを望んでいた西村伊作に、文部省の制約を受けない独自の教育をめざす文化学院を創立させ、自らも古典を講義して協力した。

【研究文献】

最も詳しい評伝として定評があるのは、逸見久美『評伝與謝野鉄幹晶子』（八木書店、七五年）であるが、記述は一九一〇年までである。社会的発言については、「横浜貿易新報」に連載された記事をもとにまとめられた赤塚行雄『女をかし 与謝野晶子』（神奈川新聞社、九六年）が新しい。最近の研究動向を一覧するには「国文学・解釈と教材の研究」（学燈社、九九年三月号）が便利である。

（剣持武彦）

芥川龍之介

【生い立ち】

一八九二年（明治二五）三月一日、東京都京橋の牛乳販売業新原敏三の長男として生まれる。辰年辰月辰日辰の刻に生まれたため龍之介と命名。生後七カ月頃から母が発狂、そのため母の実家の芥川家に引き取られ、のちに養子となる。小学校の頃から馬琴や三馬、近松といった江戸文学や、『西遊記』、『水滸伝』、さらには泉鏡花、徳富蘆花などを読み、自ら回覧雑誌まで作った。中学に至るとイプセン、アナトール・フランスなど洋の東西を問わず古今の書物を濫読する。学業は常に優秀で、第一高等学校には推薦により無試験で入学。同級に久米正雄、菊池寛、恒藤恭、また落第してきた山本有三、土屋文明などがいた。とくに、のちに法学者となる恒藤とは生涯の親友となる。

【漱石の激賞】

一三年一高を卒業、東京帝国大学英文科に入学。翌年豊島与志雄、久米、菊池らと創刊した第三次「新思潮」にいくつかの翻訳と処女作『老年』を発表。さらに翌年「帝国文学」に『羅生門』を発表するも、当時はまったく注目されなかった。だがその頃から友人の紹介で、漱石の木曜会に参加、門下生となる。翌年の第四次「新思潮」に掲載された『鼻』が漱石により激賞され、またこの話を聞いた漱石門下の鈴木三重吉の推薦で「新小説」に『芋粥』を、さらに「中央公論」

に『手巾』をそれぞれ発表し、メジャーデビューを果たす。だがその反面、同年一二月には、海軍機関学校教授嘱託に就任してもいる。

【作家としての苦闘】

通勤のため鎌倉に移住。一八年に塚本文と結婚。こうした安定した生活の中で『戯作三昧』（一七年）、『蜘蛛の糸』（一八年）、『地獄変』（同上）、『奉教人の死』（同上）などの優れた小説を発表。だがしだいに時間が拘束される教師の仕事が嫌になり、これまで社友であった大阪毎日新聞社に社員として入社。早速鎌倉から実家の田端に戻り創作に専念するが、入社第一作目の『路上』（一九年）は中絶で終わる。またこの時期芥川は自らにマンネリズムを感じ、そこからの脱却に苦闘している。そして二一年、大阪毎日海外視察員として中国を訪問。旅中病気にかかり入院するが、それでも強行したために、帰国後も病床に伏すことが多くなり、神経衰弱に陥る。

【芥川の遺したもの】

その後作風は『六の宮の姫君』（二三年）を最後に、かつてよくした歴史小説は姿を消し、『少年』（二四年）、『大導寺信輔の半生』（二五年）、『点鬼簿』（二六年）など自伝的要素を持つものが増えていく。また昭和に入って『河童』（二七年）、『玄鶴山房』（同上）なども発表するが、七月二四日未明、服毒自殺。『或旧友へ送る手記』には自殺の動機として「何か僕の将来に対する唯ぼんやりとした不安」とだけ書かれていた。遺稿として『歯車』、『或阿呆の一生』などがある。芥川の死は当初大正ブルジョア文学の敗北などと言われた。だが生前芥川の家に出入りしていた佐佐木茂索、小島政二郎、堀辰雄、中野重治や、そのほかでは太宰治など、のちの文学者に大きな影響を与えたことは否めないだろう。

【参考文献】

吉田精一『芥川龍之介』（三省堂、四二年）、三好行雄『芥川龍之介論』（筑摩書房、七六年）、菊地弘他編『芥川龍之介事典』（明治書院、八五年）、宮坂覺他編『芥川龍之介作品論集成』（翰林書房、九九年）。

（西山康一）

女性解放運動

【婦人解放運動から女性解放運動へ】

近代の日本において、女性であるがために受ける政治・経済・社会・教育・家庭などさまざまな面で自由や自立をさまたげる女性差別がしだいに婦人問題として明確になり、女性（婦人）解放運動となる。明治期は個別的・散発的な動きであるが、大正デモクラシー期に入ると、一般の民衆解放運動の中に女性も加わると同時に、しだいに女性のみの運動が広く登場するようになる。その中で特記されるのは、関東大震災を機に各種の婦人団体が協力して救済にあたり、その後の婦人団体活動の連帯の基礎になったことである。政治的無権利状況の下で、改善に向かって模索し、母子保護法（三七年）を公布させている。日中戦争突入後の総力戦体制は自主的な婦人運動をおさえ、官製婦人団体大日本婦人会に統一してしまう。

敗戦後、ただちに運動を再開し婦人参政権の実現を要請し、民主主義活動の担い手として新憲法下に活動を広げた。高度経済成長下ではさらに運動は多面的になり多様な活動を見せ本格化していった。

七五年の国際婦人年を契機に世界的女性運動の国際的連帯がより深まる中で運動を進め、行政側も法整備を重ねざるを得なくなる。この頃から従来の「婦人」から「女性」を多く使用するようになる。以後山積みする女性問題が日常的に地域の場でも運動のテーマとなり、同時に世界の女性運動に呼応した活動として、広がっている。

【研究史と論点】

女性解放運動の研究は、戦後の女性史研究と密接にからみあう。なぜなら、女性史そのものが女性解放につながり、解放は運動に向かうからである。戦後第一期の女性史ブームでは抑圧に重点がおかれ、無産婦人運動、参政権運動などの研究が進み、その中で女性研究者グループの共同作業として三井礼子編『現代婦人運動史年表』(三一書房、六三年)となった。七〇年代に第二期の女性史ブームが起こり、女性の生活や状況に視野を広げ、その中で運動史も書かれ、従来の狭義の運動や団体に密着するものからより客観的な実証的な研究となり、これまでの社会主義的な運動への一方的評価が、市民的運動を含めた女性解放運動史研究へと変わってきた。八〇年代以降はさらに現代の女性運動をふまえてより豊かになってきている。

【今後の課題】

解放運動のとらえ方、女性運動の苦悩や社会との関連、評価、国際的比較など問題や方法は一様ではなく、女性問題とともに今後の研究に待つところが大である。ただし、解放運動関連の主要な女性雑誌や単行本の復刻のほか、鈴木裕子編『日本女性運動資料集成』(不二出版、九四~九八年)、千野陽一編『資料集成現代女性の主体形成』(ドメス出版、九六年)などが出版されてきており、これからの研究推進に役立つであろう。

【参考文献】

丸岡秀子『婦人思想形成史ノート』(ドメス出版、七五年)、千野陽一『近代日本婦人教育史』(ドメス出版　七九年)、桜井絹江『母性保護運動史』(ドメス出版、八七年)、石月静恵『戦間期の女性運動』(東方出版、九六年)、第七回全国女性史研究交流のつどい実行委員会編『新ミレニアムへの伝言』(ドメス出版、九九年)。

(中嶌　邦)

白樺派

【成　立】

同人誌「白樺」に集まった人びとおよびその作品群を指す。「白樺」は大逆事件のあった一〇年(明治四三)四月から、二三年八月まで続き、翌月一日の関東大震災により廃刊。もともと学習院の学生たちによって出されていた三つの回覧雑誌が統合され成立した。すなわち武者小路実篤、志賀直哉、木下利玄らの「暴矢」（「望野」さらには「白樺」に改称）、その二級下の里見弴、園池公致、児島喜久雄らの「麦」、さらにその一級下の柳宗悦、郡虎彦の「桃園」が統合、そこに有島武郎、有島生馬、長与善郎らが加わることになる。これを主要メンバーとし、さらに画家の岸田劉生、高村光太郎、木村荘八、作家の倉田百三、千家元麿らが関わることとなる。

【白樺派の求めたもの】

当時自然主義が現実暴露に終始し、文学のテーマを狭隘にしてしまったことに対し、「白樺」はやはり当時成立した「スバル」、「新思潮」とともに反自然主義を打ち出す。ただほかの二誌と比べ「白樺」は人道主義的といわれる。そこに属する者たちの理想の共通点を強いて見い出すならば、それは〈和而不同〉という武者小路の言葉に象徴されるように、人間のそれぞれの持つ個性の発揮・伸長であるとひとまずいえよう。また「白樺」は文芸誌という枠にとどまらず、西洋の美術の動向を当時の日本に紹介することも目的とし、それに大きく貢献した。有島生馬のセザンヌ紹介（二〜三号）や、第八号ではロダンの特集が組まれる。このほかにも明治末に交された武者小路・山脇信徳と木下杢太郎との「絵画の約束」論争も、後期印象派の解釈をめぐる重要なものである。また白樺社主催の美術展を行なったり、のちには白樺美術館の建設を考えてもいた。もちろん西洋だけでなく東洋美術の紹介や、あるいは美術だけではなく、トルストイ、ロマン・ローラン、メーテルリンクなどの西洋の作家についての紹介にも努め、また新しい〈科学〉の動きについても敏感に反応している。

【白樺派の現代性】

白樺派は発足当初から所詮は貴族の遊技と見られ、「バカラシ」といわれることもあった。のちにはその人道主義を安易なものとして、生田長江から「自然主義前派の跳梁」と軽んじられ、論争になることもあった。しかし最終的には「白樺」廃刊後も、同人たちはさまざまな方面で活躍していく。雑誌としても廃刊以前にすでに「エゴ」や「生命の川」などいくつかの衛星誌を生みだしたが、廃刊後も「不二」や「大調和」、「独立人」など、戦後になっては「心」といった雑誌を生みだし、その思想は受け継がれていく。その「心」においても「白樺」同様、深く当時の社会状況に向き合うことのない閉鎖・保守性が指摘されたりもするが、とはいえやはり「白樺」同様、同時代の社会におけるその思想的存在意義もまた無視することはできない。白樺派の思想は同時代から、とくに教育界に強く影響をもたらしてきた。当時その影響を受けて成立した自由教育の流れは、現代においてもやはり重要性を失っていない。

【参考文献】

本多秋五『「白樺」派の文学』（講談社、五四年）、日本文学研究資料刊行会編『白樺派文学』（有精堂、七四年）、瀬沼茂樹『白樺派の若人たち』（『日本文壇史・一九』講談社、七七年）、米山禎一『「白樺」精神の系譜』（武蔵野書房、九六年）。

（西山康一）

高村光太郎

【その活動】

木彫家高村光雲の長男として一八八三年（明治一六）東京に生まれた。東京美術学校（現東京芸術大学）彫刻科を卒業し、さらに洋画科に学ぶ。〇六年（明治三九）から四年間、ニューヨーク、ロンドン、パリに遊学。イタリアを経て帰国。木下杢太郎・石井柏亭らと「パンの会」の運動に参加。また森鷗外を中心とする雑誌「スバル」により新しい自由詩を発表した。この期の作品は詩集『道程』（一二年）に収める。西洋美術の新知識を紹介し、またわが国初の画廊を開設し、新興美術運動の母胎とした。「スバル」には彼独特の格調を備えた口語自由詩が次々に発表された。

明治の末年に長沼知恵子を知り、恋愛詩を書き、これはのちに『智恵子抄』（四一年）に収められた。この頃、白樺派に関心を抱いて武者小路実篤らと交友を持ち、また岸田劉生・萬《よろず》鉄五郎らと「フュウザン会」を結成。一五年からは彫刻に専念し、また『ロダンの言葉』（一六年）、『続ロダンの言葉』（二〇年）を翻訳してロダンの人と思想の紹介に努めた。『印象主義の思想と芸術』（一五年）を始めとする美術評論においてフランス印象派以後の新しい西洋美術を紹介し、わが国に土着させる運動を進めた。ホイットマン、ヴェルファーレン、ロマンローラン、ゴッホの詩・文を翻訳するとともに、二一年頃から旺盛な詩作活動を行ない、著名な「雨にうたるるカテドラル」ほかの長編詩を発表した。一方、一九二四年に第二期「明星」に短歌を発表し、のち晩年まで作歌も続いた。

四一年の『智恵子抄』は世評高く、翌年には詩集『道程』で第一回芸術院賞を受けた。これより先、太平洋戦争が始まると、彼は突如として多くの愛国詩・戦争詩を書き、『大いなる日に』（四二年）などの詩集を出版した。敗戦を迎えると、彼は岩手県の山小屋に隠棲し、七年にわたる「自己流《る》謫《てき》」の生活を送った。一九四七年に発表した『暗愚小伝』は、彼の六〇年にわたる精神生活を記し、自らの敗北・挫折を認めた。この詩を収めた詩集『典型』は読売文学賞を受けた。

【研究と批判】

彫刻・絵画・詩歌・評論と多才な活動を示した高村光太郎は、近代文化史上で瞠目《どうもく》すべき巨人の一人である。したがって、彼の作品や活動を対象とした研究は枚挙にいとまない。その作品は各種の文学全集・詩人全集に収録され、個人詩集は文庫本としても普及している。早く筑摩書房から『高村光太郎全集』（全一八巻、五七〜五八年）が刊行されており、その仕事の全貌を知ることができる。

高村光太郎が、芸術の広い分野にわたって活動し、それぞれの時点で常に革新的な運動に関わり、広い交友関係を持っていたことから、彼の軌跡を追うことは、二〇世紀前半のわが国の芸術の発展を見渡すことと重なり、研究には欠かせない重要な人物となっている。次に、彼が太平洋戦争勃発と同時に、それまでの姿勢を一変させて戦争賛歌をうたい始め、しかも指導的な役割を果たしたことに対するきびしい批判がある。彼は自らその挫折と敗北を認めたが、この問題は、わが国近代の芸術の脆弱《ぜいじゃく》さを露呈したものとも受け取れ、高村一人の問題ではない。

【参考文献】
草野心平編『高村光太郎研究』（筑摩書房、五九年）、日本文学研究資料刊行会編『高村光太郎　宮沢賢治』（有精堂、七三年）。

（阿部　猛）

民本主義

【民本主義の成立】
一九一六年、『中央公論』一月号に掲載された論文「憲政の本義を説いて其有終の美を済すの途を論ず」の中で、東京帝国大学法学部教授吉野作造は民主主義と民本主義とを区別してデモクラシーという概念とその日本での適用につき述べ、民主主義が「国家の主権は法理上人民にあり」という意味であるのに対し、民本主義は「国家の主権の活動の基本的の目標は政治上人民にあるべし」という意味だとした。大日本帝国憲法による近代天皇制のもとでの民主的な政治、民衆による民衆のための政権運用をはかろうとする民本主義は、一九一〇年代から二〇年代にかけてのデモクラシーの風潮のなかでジャーナリズムにむかえられ、学生・知識人・労働者たちをとらえ民主的な運動の推進力となった。

【吉野作造と民本主義】
民本主義を提唱した吉野作造（一八七八―一九三三）は、立憲政治発展のため選挙権の拡大・代議政治の改良・責任内閣制を求め、一九一九年の朝鮮半島での三・一運動（万歳事件）、中国での五・四運動には民族自決を支持、政府の政策を批判・反対した。また、軍備の縮小を主張、軍のいう統帥権の独立に対し大臣の輔弼の必要を説いた。一九一九年のシベリア出兵、一九二五年の治安維持法にも反対、一九一八年には学生たちによる新人会の結成を指導、マルキシズムによる社会主義・共産主義の活動には反対したが一九二六年の社会民衆党の結党には発起人となっている。吉野の主張は『中央公論』や『朝日新聞』への執筆によってなされ、巾広い影響を与えた。このような吉野の思想や活動は、第二次世界大戦後、大正期を中心とした政治・社会・文化の民主主義的なあり方と課題を「大正デモクラシー」として捉えるなかで、「大正デモクラシー」運動は、多かれ少なかれ吉野によって鼓吹された民本主義の論理と確信とに触発されたものであり、吉野によって影響された知識人および青年を中心とするものであった」（三谷太一郎『大正デモクラシー論』中央公論社、七四年）という評価となっている。一方、マルキシズムの側からは民本主義が主権の運用だけを取上げ主権の所属の論議の欠除への厳しい批判がなされた（山川均「吉野博士、及、北教授の民本主義を難ず（デモクラシーの煩悶）」『新日本』一八年四月号）。この問題について武田清子「吉野作造における政治と人間―天皇制下のデモクラシー―」（『土着と背教』新教出版社、六七年）は吉野の天皇観にふみ込んでいる。吉野の政治思想と政治改革論は松沢弘陽「吉野作造と政治改革」（『吉野作造選集』第二巻、九五年）に、朝鮮問題・朝鮮観は松尾尊兊「吉野作造と朝鮮―三・一運動期を中心に―」（『人文学報』二五号、六八年）に、中国問題は松尾尊兊「民本主義者と五・四運動」（『大正デモクラシーの研究』青木書店、六六年）に見ることができる。大正デモクラシーが十五年戦争の開始と五・一五事件による政党内閣制の終末のなかで退潮していったが、民本主義は既にそれ以前、一九二〇年代のマルキシズムの知識人・学生・労働者への滲透に押され主導的な立場を失っていた。

【参考文献】

民本主義の中核をなす吉野作造の所説や思想は、『吉野作造選集』全一五巻（岩波書店　九五―九六年）に収められている。『吉野作造博士民主主義論集』全八巻（新紀元社、四六〜四七年）・『吉野作造論集』三谷太一郎編（中公文庫、七五年）・『吉野作造評論集』岡義武編（岩波文庫、七五年）・『近代日本思想体系17　吉野作造集』松尾尊兊編（筑摩書房、七六年）でも見ることができる。民本主義をめぐって「民本主義を帝国主義段階のデモクラシー」とする見方からは、小林幸男「帝国主義と民本主義」（『日本歴史　現代2』岩波書店、六三年）・宮本又久「帝国主義としての民本主義―吉野作造の対中国政策」（『日本史研究』91号、六七年）があげられる。大正デモクラシーについては、『シンポジウム日本歴史20　大正デモクラシー』（学生社、六九年）・『論集日本歴史12　大正デモクラシー』（有精堂、七七年）を参照。

（波多野和夫）

柳田國男

【その生涯】

柳田國男は一八七五年（明治八）七月三一日、兵庫県神東郡田原村辻川（神崎郡福崎町辻川）に誕生。六二年（昭和三七）八月八日、東京都世田谷区成城で数え年の八八歳で亡くなった。〇一年（明治三四）に柳田家に養子に入り柳田姓となるが、それまでは松岡姓であった。一三歳のとき、辻川から長兄の住む茨城県の布川に移る。関西の山を間近にみる土地から関東の利根川沿いの布川への移動は、柳田に西と東の生活と文化の違いを肌で感じさせ、後年の研究に大きな影響を与えた。一六歳のとき上京し、次兄通泰の所に同居、学生生活を送る。この時期、田山花袋、島崎藤村らと交流があり、彼は新体詩『野辺のゆき、』、『野辺の小草』を発表し、詩人として注目された。大学では農政学を専攻した。二六歳で大学を卒業、農商務省に入り。官僚への途を歩みだす。『時代ト農政』、『日本農民史』などはこの時期の所産である。九州椎葉の猪狩の伝承を記録した『後狩詞記』は、平野とは異なる山中での生活に注目したものである。のちの民俗学への方向への第一歩であるとされている。一〇年（明治四三）、『遠野物語』が刊行される。この作品は詩人としての柳田の最後の仕事であった。同じ年、新渡戸稲造を中心に「郷土会」というサロンが結成され、共同調査なども実施され、それに並行して雑誌「郷土研究」を編集・刊行する。この時期、南方熊楠、折口信夫などとの交流が始まる。この雑誌に「巫女考」、「毛坊主考」などの日本民衆信仰史の記念すべき論考が発表された。これらはのちに彼が示した民俗学の資料とは違い、文献、史料を素材とするものであったし、のちに民俗学の基本概念とされた「常民」の姿は見られない。一九年（大正八）、彼は貴族院書記官長の地位を最後に官僚の世界に別れをつげた。四五歳であった。なお戦後、旧憲法下の最後の枢密顧問官を務めた。

官の世界から離れた彼の活動はめざましいものがあった。多くの著作を公表するとともに、民俗の研究者の組織化を進めた。こうした民俗学の組織化の中で、大《おお》間《ま》知《ち》篤三《とくぞう》、関敬吾、最上孝敬、瀬川清子、堀一郎、和歌森太郎、萩原龍夫、桜井徳太郎、宮本常一、早川孝太郎などの研究者が育った。民俗学は多くの近代日本の学問が西欧からの輸入により、国立大学を母胎に成立したのに対し、柳田を中心に民間の研究者を組織し、成果をあげた。柳田らの業績が正当に評価されるようになったのは、戦後のことに属した。

【日本民俗学】

民間に生まれた民俗学を学問として成立させるために、柳田は民俗学の範囲と考える多くの分野に研究の手を進めた。その間に彼の関心や方法も変化した。日本の民俗は各地に特色を持つ地域を母胎とするものであり、いろいろと変化するものであり、また、水田耕作を中心とする農民以外の山に生活する人びとや差別されていた人びとなども考察の対象とするというのが当初の立場であった。しかし、民俗学を成立させた晩年には日本の社会は均一であり、変化の底に変わらぬものがあるとの考えを示すようになった。民俗学の対象とされる民間伝承の担い手を「常民」と規定した。常民とは、より具体的にはムラ（農村）に住む水田稲作により生活をしている人びとを理念化した概念である。柳田には民俗学の概説、概論はない。三四年（昭和九）に出た『民間伝承論』があるが完成されたものではない。民俗学の方法とされていたものには、三〇年（昭和五）の『蝸牛考』でカタツムリの方言を例に、遠くの一致、近くの不一致を示した（方言）周圏論、資料相互を比較し、互いに重なる資料を並べることで歴史的な変遷をうかがえるとする重出立証法などがあげられているが、それは資料整理の手だてであり、学問の方法論とするにはやや弱いものである。それを補ったのは柳田の優れた感性であった。

【柳田の仮説】

柳田は能登半島に見られるアエノコトと呼ばれる農耕儀礼などを事例に、春には水田に「田の神」がおり、稲の収穫が終わると祖霊のいる山へ戻り「山の神」

となるという田の神、山の神、祖霊の三者が一体であるとする仮説を示した。また、晩年の『海上の道』(三六年)では、日本人は南方から水稲耕作の技術との農耕儀礼とともに移住してきたのだという仮説を述べている。

柳田の学問、研究は多方面にわたり、民俗学だけでなく日本研究の学問、方法として注目され、さまざまな立場からの多くの発言がなされている。そこに共通するのは、柳田が日本の近代をどのようなものとしてとらえ、近代以前の日本人の心性がいかなるものとして機能していたのかを、その論考のうちにたどるという方向である。

柳田の論文は一般の学術論文と違い、豊かな感性を読者に伝える。『明治、大正史・世相篇』(三一年)では、その鋭い感性により近代の民衆生活史を的確に述べている。『木綿以前の事』(三九年)では木綿が衣料として普及するにつれ、家の中に綿屑が見られるようになることの指摘、『秋風帖』(三二年)で祭での匂いや人いきれの役割など、これまでの服装史や神道史などから忘れられていた指摘である。これは民衆生活史研究の視点を示すものである。

柳田の晩年の関心は、日本人の信仰に集中した『日本の祭』(四二年)、『先祖の話』(四六年)、新國学談とされた『祭日考』(四七年)、『氏神と氏子』(四七年)の三冊がある。柳田の最後の著作は『海上の道』(六一年)であった。

【研究文献】

柳田についての研究は生前には家永三郎「柳田史学論」(『現代史学批判』和光社、四八年)、益田勝美「「炭焼日記」存擬」(『展望』)などしか見られなかったが、六二年(昭和三七)にテーマ別に編纂された『定本　柳田国男集』が三一巻・別巻五で刊行されてから多くの研究が公表されることになった。さらに現在『柳田国男全集』三六巻・別巻二が発表年次により編集された全集が刊行されつつある。柳田研究には大別して彼の生涯に中心をおいたものと、彼の学問の方法にせまるものとの二種がある。前者を代表するのが柳田國男研究会編著『柳田國男伝』(三一書房、九八年)、後藤総一郎編『柳田研究資料集成』(全二〇巻、日本図書センター、八七年)である。後者には、中村哲『柳田国男の思想』(法政大学出版局、七四年)、有賀喜左衛門『一つの日本文化論』(未来社、七六年)、橋川文三『柳田国男』(講談社学術文庫、七七年)、福田アジオ『柳田国男の民俗学』(吉川弘文館、九二年)、鶴見和子『漂泊と定住と　柳田國男の社会変動論』(筑摩書房、七七年)などを始め多くの論考がある。これらの利用にあっては著者が柳田をどのような立場と視点から研究対象としているかを確認することを忘れてはならない。

(西垣晴次)

映画

【通史と資料】

日本の映画史研究は、日本で制作された映画と上映された映画という二つの対象領域を持ち、通史は日本における制作作品と上映作品を軸にした作品史を基本とする。制度や産業組織を含めた総合的な研究は、田中純一郎『日本映画発達史』（七五〜七六年）以降展開した。映画史の基礎資料である作品フィルム、作品目録、シナリオ、興行記録、パンフレットやスチール写真、ポスター、雑誌、年鑑などの関係文献、関係者の回想録、関係会社社史などは、七〇年に開館した東京国立近代美術館フィルムセンターなどで収集されているが、体系的整備と公開機会の拡充が望まれている。

【時代別の研究状況】

日本映画史の第一期は、シネマトグラフの輸入から始まる無声映画の時代である。寄席や芝居小屋の見世物から楽士が伴奏し弁士が説明を語るという上映形態が定着して映画館が生まれ、劇映画による映画スターの誕生とともに映画が大衆娯楽となった大正時代までのこの時期は現存フィルムが稀少であり、弁士付きの上映には困難が伴う。近年の研究では日本の風物を初めて撮影した映画をめぐる論考『映画伝来』（九五年）などがあげられるが、『日本映画初期資料集成』（九〇〜九二年）、『復刻版活動写真界』（九九年）などの文献が復刻され、研究の新展開が期待される。

第二期は、トーキー映画が登場した二〇年代後半からテレビが普及する五〇年代までの映画産業の全盛期である。その中心は映画法による国家支配の時代と占領軍による統制の時代であり、松竹などの大手映画会社による寡占化の過程である。統制政策の研究ではピーター・ハーイが戦中期を、平野共余子が占領期を総合的に分析した。また植民地における満州映画会社などの国策映画会社の全貌も解明されつつある。一方、筒井清忠などにより時代劇や怪奇映画、歌謡映画など娯楽映画の各ジャンルに関する研究も始められた。今後は弁士の変転、映画会社の労働争議、映画館や興行形態、ニュース映画などに関する進展が望まれる。

第三期は、一九六〇年代以降、カラー映画が一般化する一方で、映画館数が激減し映画産業が斜陽化する時代である。テレビによる映画放映、ビデオでの映画の流通が拡大し現在に至るこの時期は、まだ研究の蓄積が薄い。『ヒバクシャ・シネマ』（九九年）のようなテーマによる作品分析、あるいは松島利行『日活ロマンポルノ全史』（二〇〇〇年）のような関係者の聞き取り調査に基づく記述が着手されたところである。各種映画祭に関する考察、大手映画会社による定番シリーズの分析など課題は多い。

【参考文献】

佐藤忠男『日本映画史』（全四巻、岩波書店、九五年）、松竹株式会社『松竹百年史』（九六年）、吉田喜重他『映画伝来』（岩波書店、九五年）、ピーター・ハーイ『帝国の銀幕』（名古屋大学出版会、九五年）、平野共余子『天皇と接吻』（草思社、九八年）、胡昶・古泉『満映―国策映画の諸相』（パンドラ、九九年）、『唄えば天国―ニッポン歌謡映画デラックス』（天・地の巻、メディアファクトリー、九九年）、ミック・ブロデリック編著『ヒバクシャ・シネマ』（現代書館、九九年）、『映画年鑑戦後編』（日本図書センター、九八〜九九年）、筒井清忠『時代劇映画の思想』（PHP新書、二〇〇〇年）。

（土屋礼子）

郷土教育運動

【郷土教育運動とは】

児童生徒に郷土の自然（地理）や文化（歴史）を学習させることを中心に学校教育を展開していくことを主張・実践する運動。児童の身近にあり、日常、直観的にとらえられるものを教材とするので、学習に入りやすく、理解を助けるとし、また郷土の理解そのものに人間形成上意味があるとする。昭和初期から、戦後にかけて盛んで、一九三〇年（昭和五）結成された郷土教育連盟など、民間の運動としても教員たちの支持を得ていた。戦後は、民衆生活を重視する新教育の重点「社会科」に郷土学習が取り入れられた。しかし「学習指導要領」が改訂され、一九六八年（昭和四三）度版小学校、六九年（昭和四四）度版中学校から「郷土」の語が用いられなくなった。かわりに「地域」、「身近な地域」などと記されている。

【運動の形成と展開】

江戸時代、寺子屋の学習に筆子の生活圏の村名や地名を習うことが行われ、また明治初年の小学校で学校所在地関係の地誌類が教材とされている例は多い。郷土教育への関心は早くから見られている。

明治期、日本の学校教育制度が発足するが、大正期に、さまざまの新教育運動が展開する。郷土教育運動も、その例にもれない。第一次世界大戦後、敗戦国ドイツで、中世末以来の先哲の郷土観を基礎とし、実物教授・直観教授の教材として、また郷土の理解・郷土愛を深めることを目的とした郷土教育が民族国家運動の一翼として興った。この潮流を受容した日本では師範附属小学校をはじめとするいくつかの学校で「郷土科」の授業が試行された。さらに昭和初年、大恐慌期の農村不況への政府の農村振興策の一環として自力更生運動や愛郷心・愛国心がもてはやされる中で運動は拡大した。

戦前の教育運動としては生活綴方運動と双璧をなした郷土教育運動であったが、戦後の社会科の変遷の中で、変容・解体した。それは、地理学的側面の重視とか、感情的な「郷土」に代わる、科学的調査研究の対象として「地域」の語を用いるといったことではなく、運動発足当初からの混乱があった。「郷土」は人によって理解が種々であった。昭和初年の日本人の郷土観は、ほぼ七つに分類される（芳賀登）という。(1)生まれ故郷として、(2)感情として、(3)直観行動として、(4)行政区分として、(5)伝承文化として、(6)聚落として、(7)生活根拠としての郷土だという。郷土との取り組みは、郷土史研究を通じた論議が盛んで、郷土の何を究明すべきか、当初ドイツから輸入され流行したハイマート・クンデHeimat Kundeそのままに郷土の先人が遺したものすべてを崇び、なつかしむだけでよいのかが問題とされる。そこでは、郷土を研究することは、すなわち「一国民俗学」の確立をめざす運動であるとする主張（柳田國男）や、民衆から土地と労働要具と生活資料とが一部の者によって収奪されてしまった現代に、研究の対象たる真の郷土はありうるのかとする意見も出ている（羽仁五郎）。現実の運動は混迷するが、「郷土解放」の叫びだけでなく、牧口常三郎の「郷土科」主唱、小田内通敏の「郷土地理運動」をはじめ、全国各地の郷土史研究者の運動や、江馬修《なかし》(ひだびと)、一志茂樹(信濃)ほかの営々とした研究の蓄積が、戦後の民衆史に根ざす科学的歴史教育論形成の礎石となる。

【参考文献】

芳賀登『地方史の思想』(日本放送出版協会、七二年)、海老原治善『現代日本教育実践史』(明治図書出版、七五年)、伊藤純郎『郷土教育運動の研究』(思文閣出版、九八年)。

(木槻哲夫)

皇国史観

【皇国史観《こうこくしかん》とは】

主として一九三〇年頃から四五年(昭和二〇)の敗戦に至るまで、歴史学界・思想界・教育界に大きな影響を与えた歴史観で、日本の歴史を皇国の歴史としてとらえるもの。皇国とは、天照大神《あまてらすおおみかみ》の子孫である万世一系の天皇が統治する国のことで、こうした考え方は江戸時代にまでさかのぼる。この思想は三七年(昭和一二)に刊行された文部省編『国体の本義』であらためて強調され、「大日本帝国は、万世一系《ばんせいいっけい》の天皇皇祖の神勅を奉じて永遠にこれを統治し給ふ。これ、我が万古不《ふ》易《えき》の国体である」と述べられている。また四三年(昭和一八)に刊行された文部省編『国史概説』は、わが国の建国の由来と国体の精華および国運の進展の様相を明らかにし、国民に皇国民としての信念と使命を自覚させることを目的として編纂したと記している。そして、『国史概説』について解説した文部省の教学官は『皇国史観』の語を用いている(『文部時報』七八九)。

【研究と教育の乖離《かいり》】

四五年の敗戦に至るまでの研究・教育の体制の中で、東京帝国大学の影響力は絶大なものがあり、三五年(昭和一〇)に同大学教授となった平泉澄《ひらいずみきよし》は皇国史観を鼓吹《こすい》した中心人物と目されている。平泉は、歴史は芸術であり信仰であるとし、科学としての歴史学を否定する(『我が歴史観』至文堂、二六年)。平泉の門弟の一人、平田俊春は「左傾思想横行の時代より夙《つと》に皇国史観を唱道して、学界の華新、国体の護持に苦闘し来った少壮の学者」と称されたが、彼の基本姿勢は明確である。わが国の政治のあり方は「天皇親政」にあり、これが歴史を見るときの尺度であるという(『吉野時代の研究』山一書房、四三年)。平泉と同じく東京帝国大学の教授であった中村孝也《こうや》も、『日本書紀』に記された天壌無窮《てんじょうむきゅう》の神勅と八紘為宇《はっこういう》の詔《みことのり》が示す「国家生活の理念」が現実を指導し、またその理念が現実化していく過程がわが国の歴史であると述べた(『肇国《ちょうこく》精神』大日本教化図書、四一年)。そしてさらに、それが史実であるか否かは問わず、創作や所伝であっても、国民道徳の興起に有用なものであればそれは「歴史」であるとまで断言する(『建武中興時代の人々』有朋堂、四四年)。

【参考文献】
永原慶二『皇国史観』（岩波ブックレット二〇、八三年）は、歴史教科書をめぐる諸議論の中で、皇国史観に基づく歴史教育の復活さえ危惧《きぐ》される状況をふまえて、事実を明らかにし、議論を深めることを求めている。松尾章一「平泉澄の歴史観—戦前・戦後の皇国史観の一典型」（『日本ファシズム史論』法政大学出版局、七七年）、大隅和雄「日本の歴史学における『学』—平泉澄について」（『中世思想史への構想』日本名著刊行会、八四年）、尾藤正英「皇国史観の成立」（『講座・日本思想四』東京大学出版会、八四年）は、皇国史観形成の問題を直接扱っている必読の文献である。また、皇国史観に基づく歴史教育を教科書『初等科国史』（四三年）にそって考察した黒羽清隆「皇国史観の国史教育」（『講座・歴史教育一』弘文堂、八二年）、戦中の歴史研究者の動向をたどった阿部猛『太平洋戦争と歴史学』（吉川弘文館、九九年）、史料を博捜し教育体制の問題を系統的に述べた久保義三『昭和教育史』上・下（三一書房、九四年）などを参照のこと。
（阿部　猛）

国民精神総動員運動

【国民精神総動員運動とは】

盧溝橋であがった戦火が上海に飛び火し日中戦争が全面化し始めた三七年（昭和一二）八月、第一次近衛文麿内閣は「国民精神総動員実施要綱」を閣議決定し、戦争遂行への国民の「挙国一致」的な協力を引き出すための運動を開始した。これが国民精神総動員（精動）運動である。同年一〇月には、その推進を図るため政府の外郭団体として、国民精神総動員中央連盟が各方面の有力団体の参加を得て結成された。情報委員会（同年九月、内閣情報部に改組）、内務省および文部省を計画主務庁とし、道府県では官民合同の地方実行委員会を組織し、具体的な実施計画の樹立実行を図り、市町村では各種団体などを総合的に総動員し、かつ部落町内または職場を単位として実施計画の樹立実行にあたる、というのがこの運動の実施方法だった。この運動は、当初にあっては、国体観念の明徴、日本精神の高揚といった精神的な教化・宣伝に主眼がおかれたが、戦争が長期化の様相を呈し始めると、物資節約、貯蓄奨励、生活刷新、生産増進など経済戦に対処すべき実践運動に主力が注がれるようになる。こうした中、精動中央連盟は、古来の旧慣である隣保協同・相互教化の「美風」を発揚し、各般の実践事項を申し合わせ、その実行を期すための実践網組織の確立を勧奨した。これを受け、部落（町内）常会など（およびその下位組織たる五人組・十人組・隣組・隣保班など）の本格的な拡充整備が各府県で進められていく。

【指導機構の改変】

三九年（昭和一四）三月、平沼騏一郎内閣は、精動運動の強化を図るため、荒木貞夫文相を委員長とする国民精神総動員委員会を新設し、改組拡充を行なった精動中央連盟との緊密な連係のもとに、運動の企画と指導にあたる方策を打ち出した。さらに、四〇年（昭和一五）四月、米内光政内閣は、精動委員会と精動中央連盟を廃止し、首相を会長とする国民精神総動員本部を新設して一元的な指導体制を確立したが、同本部は、同年一〇月、大政翼賛会発足の直後に解散し、精動運動は、大政翼賛運動に合流するに至る。

【参考文献】

精動運動の評価をめぐっては、それが官製国民運動としてもつ警察取締り的性格のゆえに国民の自発性を十分引き出すことができなかった点を強調する見解（木坂順一郎「日本ファシズムと人民支配の特質」『歴史学研究』別冊特集、七〇年）と、その点を認めながらも国民を経済戦に動員するうえで大きな役割を果たした点を重視する見解（須崎慎一「翼賛体制論」『近代日本の統合と抵抗四』日本評論社、八二年）が存在する。だが、地方における運動の態様については、いまだその究明に十分手が染められていない実状にあり、今後実態面の多角的な検討をふまえた再評価が求められていこう。なお、資料集としては、運動方針、実施概況、運動に対する意見などの資料を収録した『資料日本現代史一〇』（大月書店、八四年）、内閣情報部編『国民精神総動員実施概要』、精動中央連盟編『国民精神総動員運動』などを収録した長浜功編『国民精神総動員運動』（全三巻、明石書店、八八年）がある。

（池田　順）

生活綴方教育運動

【生活綴方教育運動とは】

昭和前半期、小中学校の児童生徒が自由な題目で作文を書くことを、学習の中心とした教育課程を展開することを主張する教育運動。明治後期以降多様な教育運動が起こったが、東京高等師範附属小学校訓導芦田恵之助が一九一三年（大正二）『綴り方教授』を著し、持論の随意選題による綴方の授業を主唱したが、児童生徒の内省を深めることをめざした観念的なものであった。

【運動の形成と展開】

作文の授業は明治初年以来あったが、一九〇〇年（明治三三）の小学校令で、「綴方」とされ、「読方」、「書方」とあわせて国語教育の一環であった。綴方教育は、教師たちの研究・実践に支えられつつ、国語教育の枠を超え、別な方向へ発展した。大正・昭和と日本の不況は続き、民衆生活の窮乏は深まっていた。一九一八年（大正七）発刊された童話童謡雑誌『赤い鳥』で、綴方を担当した鈴木三重吉は、綴方を「人そのものを作りととのえるもの」と主張して、その方向を示唆していた。投稿の常連入選者、小学生豊田正子の作文集『綴方教室』が一九三七年（昭和一二）夏刊行され反響を呼んだ。東京葛飾の貧しい家族の日々の生活記録である。本田《ほんでん》小学校の少女の感性は、指導した教師大木顕一郎、清水幸治の名とともに文学者たちの評価を得た。しかし、これを超えて、冷害下の欠食児など貧困、地主制、村の封建制との対決こそが主題と考え、東北地方の教師として同志をかたらい、国分一太郎、今井誉次郎、村山俊太郎らの「北方教育」と呼ばれる運動が拡大する。児童に綴り方を通じて生活の現実を直視し、その背後にある社会矛盾を究明する姿勢を学ばせようとしている。教師たちは競うように、クラスの生徒の綴方文集作成のためにガリ版に向かい鉄筆を握った。文集を教材とし、また他地域と交流した。近年、これら東北六県と新潟県の文集の多くが発掘蒐集され、復刻されている。

　生活綴方教育運動は、新教育運動の一環として教員組合運動や社会主義運動と一括されて、しばしば弾圧の対象となり、順調な発展が阻まれがちであった。敗戦後、教育の民主化とともに復活し、社会科系の学習として、コアカリキュラム論等によって主張された。

　一九一一年（明治四四）一〇月三〇日東京高等師範学校は新校舎で創立四〇年の式典を行った。天皇御名代皇太子を迎え、附属小学校講堂で尋常五年生仁平宣威が綴方「この夏あったこと」を堂々と朗読し、列席の長谷部文相らの涙をさそった。宣威は、日露戦争で戦死した仁平宣旬陸軍中佐の遺児で、この夏、戦場に父の慰霊碑が建てられたことに感激し、自らも忠君愛国の念を固くしたことを綴ったものであった。この行事が作文教育の栄誉であると芦田は述べている（『恵雨自伝』）。豊田正子は、自転車を盗まれた父の消沈ぶりなどを克明に綴って讃辞を得た。そして戦後、北方教育で育った無着成恭の『山びこ学校』で、生徒たちは日本農村の貧しさにふれて、「反当収量をわずかにあげることばかり考えて、一人当りの収量を二倍とか三倍とかにあげることを考えないからだなあ」と語るまでに―報徳仕法等の勤労主義を脱している―問題を分析する力をつけている。生活綴方教育運動発展の軌跡であろうか。

【参考文献】

芦田恵之助『恵雨自伝』（開顕社、五〇年）、中内敏夫『生活綴方成立史研究』（明治図書出版、七〇年）、北方教育同人懇話会編『北方教育―戦後の軌跡―』（秋田文化出版社、八五年）、白い国の詩編『北方の児童文集』秋田県・青森県・新潟県・山形県・福島県・岩手県・宮城県（東北電力株式会社、八九～九三年）、山住正己編『豊田正子新編綴方教室』（岩波文庫、九五年、初刊は三七年）、無着成恭編『山びこ学校』（岩波文庫、九五年、初刊は五一年）。

（木槻哲夫）

戦争文学

【戦争と文学】

近代の戦争に取材した文学の総称。語・歌・小説・ルポルタージュなど広範にわたる。日清戦争のときの国木田独歩の『愛弟通信』、泉鏡花『海城発電』、川上眉水『大村少尉』や、日露戦争についての森鷗外『うた日記』、田山花袋『第二軍従征日記』、『一兵卒』、桜井忠温《ただよし》『肉弾』、水野広徳『此一戦』、また与謝野晶子「君死に給ふことなかれ」、大塚楠緒子「お百度詣」などの詩があったが、戦争を人間性と関わらせて描こうとしたのは木下尚江『火の柱』（〇四年）、田山花袋『一兵卒の銃殺』（一七年）あたりから始まる。

社会主義思想が滲透してきて、戦争の本質を根本的に考えようとする態度が明らかになると「反戦」の立場から戦争が描かれるようになった。黒島伝治『渦巻ける鳥の群』（二八年）はシベリア出兵の経験に基づく作品で、彼は続いて『反戦文学論』（二九年）、『武装せる市街』（三〇年）など、プロレタリア文学の代表作と称される作品を残した。

【一五年戦争期】

二〇年代から三〇年代にかけて社会主義運動は激しい弾圧にあい、プロレタリア文学は受難の時代に入る。中国大陸での戦争が本格化すると、新聞社や雑誌社は作家を戦地に派遣して、従軍日記、小説、詩歌を書かせた。火野葦平の『生きてゐる兵隊』（三八年）は、南京攻略戦に従軍して戦場における兵士たちをリアルに描いて発売禁止処分となり、有罪の判決を受けた。そのあと、火野が除州作戦について書いた『麦と兵隊』（三八年）は評判を得て多くの読者に迎えられた。内閣情報部は多くの文学者を戦地に送り出し、ルポルタージュ風の作品が次々と発表された。上田広『黄塵』、多田裕計『長江デルタ』、日比野士郎『呉淞《うーすん》クリーク』、『野戦病院』、火野葦平『土と兵隊』、『花と兵隊』などがある。

太平洋戦争が始まると、報道班員として多数の文学者が徴用されて戦場に赴いた。今日出海『比島従軍』、井伏鱒二『花の町』、丹羽文雄『海戦』、『報道班員の手記』などの力作が発表された。詩壇では抒情詩人三好達治が突如として多くの戦争詩を書き初めたように、ほとんどの詩人たちが戦争讃歌をうたい、それまでの文学的な蓄積を否定する姿勢を見せた。高村光太郎・尾崎喜八・草野心平・大木惇夫・堀口大学・安西冬衛・丸山薫を始め、総崩れのありさまであった。

【第二次大戦後】

戦争が終わると、一つには戦時下文学者の戦争責任問題が議論されるとともに、戦時中は公表されることのなかった作品が陽《ひ》の目を見るようになった。とくに戦争に批判的・懐疑的な作品や、客観的に自らの体験を描いたものが発表された。吉田満『戦艦大和の最期』、大岡昇平『レイテ戦記』、梅崎春生『桜島』、野間宏『真空地帯』、高木俊朗『インパール』など枚挙にいとまない。

【課　題】

研究にあたっては、文学全集や個人全集、また個人詩集などは必ずしも作者の全業績を収録しておらず、とくに戦時中の作品を除外していることが多いので注意する必要がある。文献としては、『明治戦争文学集』（筑摩書房、六九年）、『戦争文学全集』（毎日新聞社、七一〜七二年）、安田武『戦争文学論』（勁草書房、六四年）、竹長吉正『日本近代戦争文学史』（笠間書院、七六年）、西田勝『戦争と文学者』（三一書房、八三年）、『昭和文学』（有精堂、八一年）、高崎隆治『戦争と戦争文学と』（日本図書センター、八六年）などがある。

（阿部　猛）

大東亜共栄圏の思想

大東亜共栄圏の思想とは、太平洋戦争（大東亜戦争）は、アジアの諸民族を欧米列強の多年にわたる抑圧・支配から解放し、わが国の建国の精神である八紘一宇《はっこういちう》（八紘為宇《はっこういう》）の精神に基づいて、共存共栄の大東亜共栄圏の樹立をめざす聖戦であるとの立場を説いた、聖戦イデオロギーのことである。

【八紘一宇の精神】

同精神は『日本書紀』巻《まき》三にある神武《じんむ》天皇の「橿原奠都《かしはらせんと》の令《りょう》」中の一節「六合《くにのうち》を兼ねて以て都《みやこ》を開き、八紘《あめのした》を掩《おお》ひて宇《いえ》と為《せ》ん」（天下ないし世界を一つの家とする意）からとられ、これを拡大解釈したものである。天下の範囲を日本からアジア、さらには世界へと拡大し、大東亜共栄圏の秩序原理を、八紘一宇の精神の具体的な現れとしての指導国日本による圏内の諸民族・諸国家に「各々其ノ処（地位・役割）ヲ得」しめることに求めた。この秩序原理は、天皇制国家の正統イデオロギーともいうべき、身分的な上下の君臣・父子・兄弟の関係を規律する、上の下のものに対する指導・愛護と、下の上のものに対する信従・畏敬の縦の身分道徳からなる家族国家の原理を、親の国日本と共栄圏内の諸民族・諸国家との関係を律する原理にまで拡大・適用したものであった。八紘一宇の精神に基づく大東亜共栄圏の構想は、したがって日本と共栄圏内の諸民族・諸国家の関係が、上下の階層的な関係に位置づけられ、指導・信従と愛護・畏敬の原理からなる和気あいあいの一大家族国家圏にすることを理想としていたのである。日本が各民族や諸国家に与える地位・役割、つまり分《ぶん》を守り、日本に協力、献身するものには肉親の情で接するが、これに逆らうものは徹底的にこらしめるという膺懲《ようちょう》の論理は、こうして出てきたのである。以上の立場は、自由、平等、対等、独立などの原理に基づく人間関係や国際関係を樹立すべきだとする民主的な秩序原理とは異質なものであった。だからこそ大東亜戦争は、米英の利己的・物質的な自由主義的世界観に対する利他的な八紘一宇の日本的世界観の戦い、つまり当時のいわゆる思想戦でもあると主張されたのである。

【思想的背景】

大東亜共栄圏の思想は、歴史的には明治以来の対外膨張主義の、昭和のファシズム期における現れにほかならなかった。その本質は、日本に対するアジアの諸民族・諸国家の従属化、満州国化を、アジアの諸民族の欧米帝国主義列強の支配からの解放という名目のもとに美化・正当化するイデオロギーとしての性格にあった。またその国際的秩序観は、国家間の関係を平等ではなく上下の関係でとらえた、近世の中華の観念を前提とする階層的な華夷《かい》の秩序観に近いもので、その現代版だとみなすことができる。指導と信従との関係からなる共栄圏構想は、日本こそアジアの、さらには世界の道徳的・文化的・政治的な諸価値の中心だとする、階層的な中華圏の樹立をめざすものであったからである。なお共栄圏思想の本格的な研究は比較的少なく、今後の課題となっている。

【参考文献】
参考文献として橋川文三「大東亜共栄圏の理念と実態」（岩波講座『日本歴史・近代八』岩波書店、七七年）と拙著『大東亜共栄圏の思想』（講談社、九五年）をあげておく。

（栄沢幸二）

転　向

【転向とは】
広義には、個人または集団・組織の思想や立場の変移をいうが、狭義には、権力の強制により生じるその変移、とりわけ三〇年代前半に現出した共産主義を放棄し天皇制イデオロギーに服する事象を指す。一般的には、狭義の意味で使用される。

【転向の時代】
二九年（昭和四）の四・一六事件で検挙され、無期懲役の第一審判決を受け控訴中だった日本共産党中央委員の佐野学・鍋山貞親の両名は、三三年（昭和八）六月、獄中から突如「共同被告同志に告ぐる書」と題する転向声明書を発表した。その内容は、「形式的国際主義」により世界社会主義の実現をめざすコミンテルンの政治原則とそれに盲従し天皇制廃止のスローガンを掲げてきた共産党の運動方針を否認したうえで、「民族的統一の中心」たる皇室をいただいた「一国的社会主義」の建設を主張し、また、満州事変をむしろ「進歩的意義」を持つと肯定したものであった。党のシンボル的存在だった両名の転向という衝撃的な事実は、党の指導者を含む治安維持法違反で拘禁中の被告たちの大量転向を誘発した。司法省調査によると、同年七月末までに転向を上申したものは、未決囚一、三七〇名のうち四一五名（三〇・三％）、既決囚三九三名のうち一三三名（三三・八％）にのぼった。その動機は、家族愛（三九・六％）、拘禁の反省（一五・七％）、生活・健康・性格（一〇・六％）、図書閲覧（一〇・〇％）などで、佐野・鍋山への追随はわずか四・四％にすぎないが、この「輝ける指導者」の転向声明が、転向に伴う後ろめたさや罪悪感をいくばくか薄める役割を果たしたことは疑いない。これを機に党組織は、一挙に壊滅への道をたどった。日中戦争の全面化以降になると、あらゆる思想や立場の個人・集団に対して転向し総動員・翼賛体制に協力することが強制されるようになる。とくに自由主義は共産主義の温床と目され標的とされた。

【参考文献】
なによりもあげられなければならないのは、思想の科学研究会編『共同研究　転向』上・中・下（平凡社、五九～六二年、改訂増補版、七八年）である。同書は、転向を「権力によって強制されたために起こる思想の変化」と定義し、大量転向の三三年、新体制運動の四〇年（昭和一五）、終戦の四五年（昭和二〇）、血のメーデー事件の五二年（昭和二七）を中心とする各時期における転向のあり方を検討したもので、分析の対象は、共産主義者や自由主義者のほか、右翼、軍人、学生運動の推進者などの事例にまで及んでいる。転向を「悪」と決めつける固定観念や倫理的・政治的な評価から自由な立場で、個々の転向のいきさつを究明しようとしたところにこの共同研究の意義があった。なお、改訂増補版の下巻には研究文献のリストが載せられている。また、身元引受人の視察制度、未決囚に対する保釈・責付、刑の執行猶予付き判決、行刑累進処遇令の施行など当局の側の転向補導政策に論及した研究として奥平康弘『治安維持法小史』(筑摩書房、七七年)をあげておく。

(池田　順)

天皇機関説

【天皇機関説とは】

国家を一つの法人、すなわち法律上の人格を持った権利能力の主体と見なし、このような国家に統治権が属すると説き、天皇は法人たる国家の最高機関(元首)として国家に属する統治権を行使すると解する憲法学説をいう。ただし、これは世上の俗称で、国法学上は国家法人説と呼ばれる。東京帝国大学教授・美濃部達吉、京都帝国大学教授・佐々木惣一らがこの学説を主唱し、東京帝国大学教授・穂積八束、その後継者・上杉慎吉らの統治権は天皇に属する権利だと主張する天皇主権説と対立した。美濃部の『憲法撮要』(一三年)および『逐条憲法精義』(二七年)、佐々木の『日本憲法要論』(三〇年)は、機関説に立ったそれぞれの憲法理論を集大成した著作といえよう。これらの著作で美濃部や佐々木は、天皇の大権を絶対無制限なものと見る主権説の立場に反対し、天皇の大権を立憲的に制限されたものだとする解釈を打ち出した。一例をあげると、美濃部は、上杉が天皇の大権行使は国務大臣の輔弼の有無を要件とせずと主張するのに対し、天皇は国務大臣の輔弼をまって大権を行使することが憲法上の要件であるとし、国務大臣は「君命ト雖モ必ズシモ従ハズ、君命ニシテ若シ国法若クハ国際法ニ違反シ又ハ国家ニ不利益ナリト信ズルトキハ……之ヲ諫止《かんし》スル義務アリ」と説き、天皇の「独裁専行」を戒める見解を示していたのである(『憲法撮要』)。

【天皇機関説問題】

一二年(大正元)上杉は、美濃部が『憲法講話』(一二年)の中で講じた学説を「国体に関する異説」だと攻撃し、これを機にほかの学者も多数参入した激しい論争がくり広げられた。この論争で上杉の立場を支持した学者は、彼の師である穂積くらいであり、世評も美濃部の立場に好意的なものが大勢的であった。この事実に裏打ちされるように、機関説は、大正デモクラシー期において正統的憲法学説としての地位を占めるに至り、議会政治の展開、政党内閣の存立を法理論的に支える役割を演じていく。だが、そうであればこそ、この学説は三〇年(昭和五)のロンドン海軍軍縮問題をきっかけに政党政治への激烈な反感をいだいた軍部や右翼勢力によって攻撃の的にさらされることになる。そして三五年(昭和一〇)、貴族院本会議で菊池武夫（退役陸軍中将）が美濃部の憲法学説を国体を破壊するものだと非難したことが口火となり機関説排撃運動が燃え広がり、その勢いに押されときの岡田啓介内閣は機関説を「国体の本義を愆《あやま》る」ものときめつけ抹殺する声明を発するに至るのであった。

【参考文献】

美濃部憲法学については、その思想史的意義を精緻に分析した家永三郎『美濃部達吉の思想史的研究』（岩波書店、六四年）が必読の書である。佐々木憲法学については、その真髄にさまざまな方面から光をあてた田辺忍編『佐々木憲法学の研究』（法律文化社、七五年）がある。天皇機関説問題では、宮沢俊義『天皇機関説事件』上・下（有斐閣、七〇年）が豊富な史料を載録しており、この問題の経緯を追ううえでたいへん便利である。

（池田　順）

日本浪漫派

【日本浪漫派とは】

三〇年代前半のプロレタリア文学運動壊滅後に起こった文学流派で、三五年（昭和一〇）創刊の「日本浪漫派」によった人びとの運動を指していう。創立時の中心人物は亀井勝一郎・保田与重郎・神保光太郎・中谷孝雄らで、のち太宰治・檀一雄・山岸外史・今官一・伊東静雄・中村地平・阪本越郎・林房雄・萩原朔太郎・佐藤春夫・中河与一・三好達治・番匠谷英一・外村繁・真杉静枝らが加わり、雑誌は三八年（昭和一三）八月まで続いた。ドイツ浪漫派、日本古典の研究を通じて新しいロマン主義の樹立をめざし、一方において明治文明開化以後の日本の西洋追随主義を否定した。

【亀井と保田】

中心人物の一人亀井勝一郎（〇七～六六）は、大学在学中の二八年（昭和三）に投獄され、翌々年出獄後プロレタリア作家同盟に参加していたが転向、日本浪漫派に属した。日本の古典や仏教思想への関心が深く、飛鳥・天平文化を通じて古典や日本人の精神史研究へと進んだ。『亀井勝一郎全集』（全二一巻、講談社、七一～七五年）があるが、『大和古寺風物誌』（四三年）は若い世代に影響を与えた本である。

いま一人、最もきわだっていたのは保田与重郎（一〇～八一）である。その著作は厖大であるが、『保田与重郎全集』（全四〇巻・別巻五巻、講談社、八五～八九年）に収められている。『載冠詩人の御一人者』（三八年）を始め、『後鳥羽院』、『日本の橋』、『南山踏雲録』、『萬葉の精神』、『芭蕉』そのほかの諸作で、日本の古典への思慕とドイツ浪漫派とを結びつけた独自の発想による評論を展開し、明治文明開化の論理に支配されている「近代」への反抗、そして日本文化の変革を意図した。その独特な晦渋な文体もかえって一種の魅力となって、第二次大戦中、広く若者の心をとらえた。

【研究と批判】

日本浪漫派の運動に対しては『人民文庫』によった高見順・森山啓らによる亀井批判、同じく渋川驍による保田批判などがある。新田潤・平林彪吾らの発言もあった（三五年）。日本浪漫派は現実の民衆を侮蔑し、その低俗ぶりを嗤《わら》い、観念の世界でのみ民族の伝統を構築していると批判したのである。

敗戦後、亀井は評論家としての活発な活動を続けたが、保田は追放処分を受け文筆活動を休止した。追放解除後も彼は節を曲げず、アメリカ占領軍による「戦後改革」を否定し、「紙なければ空にも書かん」と非転向の意志を示した。

日本浪漫派の運動について記した三枝康高『日本浪漫派の運動』（現代社、五九年）があるが、本格的に取り上げたのは橋川文三『日本浪漫派批判序説』（未来社、六〇年）である。民族問題が新たな照明を浴びるようになって、ナショナリズムの問題に関わって日本浪漫派が「再評価」されるに至る。橋川が日本浪漫派とウルトラナショナリズムを切り離して論じたこと、また大久保典夫《つねお》が相対主義的な立場から日本浪漫派を把握したことに疑念を呈したのは和泉あき『日本浪漫派批判』（新生社、六八年）である。いずれにせよ、明治以来のナショナリズムの流れの中で論ずることが必要だと思われる。

【参考文献】

本文の〔研究と批判〕の項に掲げた、三枝、橋川、和泉の著書を参照のこと。

（阿部　猛）

ファシズム

【ファシズムとは】

ファシズム概念の簡明な定義はきわめて難しいが、第一次世界大戦後における資本主義の全般的危機を背景とした革命運動の高まりへの危機感と、英米主導型の国際秩序たるベルサイユ・ワシントン体制への反発を契機として、イタリア・ドイツ・日本など主として後発帝国主義諸国で出現した「生存圏」理論に基づく世界再分割戦争の遂行をもくろむ全体主義的あるいは権威主義的な思想・運動・体制をいう、とさしあたり概括できよう。また、ファシズムは多かれ少なかれ擬似革命的姿態をまとい、強制的同質化による支配をめざす点で保守反動一般と異なる特徴を持つ。

【日本ファシズム研究の歩み】

戦後に本格的に始まった日本ファシズム研究は、一五年戦争期の国家権力の性格規定をめぐって革命戦略上の見地からたたかわされた志賀・神山論争や、近代政治学の立場から日本ファシズムの特質を多角的に鋭く抉りだした丸山真男の一連の論文（『現代政治の思想と行動』未来社、五七年）によって礎石が築かれた。六〇年代になり、北一輝らファシストの思想や急進ファシズム運動を中心に個別実証的な研究の蓄積が進んだが、理論面では混乱と低迷が続いた。しかし七〇年代後半に入り、ファシズム概念の理論的再検討をふまえ、日本ファシズム研究に新たな地平を切り開いた業績が現れた。安部博純『日本ファシズム研究序説』（未来社、七五年）、同「日本ファシズム体制論」（『日本ファシズム(1)』大月書店、八一年）、古屋哲夫「日本ファシズム論」（岩波講座『日本歴史・二〇』岩波書店、七六年）、木坂順一郎「日本ファシズム国家論」（『体系・日本現代史・三』日本評論社、七九年）などがそれであり、そこでは、これまで混同されがちだった保守反動一般とファシズムとを弁別する視角が打ち出され、日本ファシズムを体制レベルで分析するための基本的な視点が提示された。

【日本ファシズム研究の現在】

近年の代表的な研究をあげれば、「現状破壊派」と「新体制構築派」に分けてファシストの思想と行動を分析した小林英夫『昭和ファシストの群像』（校倉書房、八四年）、日本主義労働運動や「新官僚」による労働政策の分析を通し日本ファシズム研究の理論的枠組みの再検討を説く三輪泰史『日本ファシズムと労働運動』（校倉書房、八八年）、国家機構を構成する諸機関の再編とファッショ的な地方支配のありようを総合的に追究した池田順『日本ファシズム体制史論』（校倉書房、九七年）、地域でのファッショ運動をも視野に入れ日本ファシズムの諸相を究明した須崎慎一『日本ファシズムとその時代』（大月書店、九八年）などがあるが、ファシズムの特質を総力戦体制一般の中に解消しようとする動きが見られる一方、日本ファシズム研究の現状は必ずしも盛行とはいえない。とはいえ、藤野豊『日本ファシズムと優生思想』（かもがわ出版、九八年）のように優生思想や衛生行政に焦点をあて、日本ファシズム研究に新生面を開く業績も現れており、すそ野は徐々にではあるが広がりつつある。

（池田　順）

宮澤賢治

【生涯と作品】

一八九六年（明治二九）八月、岩手県稗貫郡花巻町（現在は花巻市）宮澤政次郎の長男として、母の実家、宮澤善治方で生まれる。両宮澤家とも町の名家であり、父は蓄財の才に恵まれ、明治四〇年から四期続けて町会議員も務めた。父は賢治に家業である古着商、質屋を継がせるつもりであったが、賢治はこれを嫌い、盛岡中学校卒業後、盛岡高等農林学校に進学する。父は熱心な仏教徒でもあり、賢治一〇歳のとき、自分が世話をしていた花巻仏教会の夏季講習会に賢治を連れていったりもしている。賢治の仏教への関心は父の影響に始まるのである。しかし、高等農林在学中に仏教上の信仰でも父と対立する。高農の研究生を終了した二四歳のとき、田中智学主宰の国柱会に入会、浄土真宗の信徒であった父に改宗を迫るまでになる。二一年（昭和一〇）一二月、稗貫郡立稗貫農業学校（二三年より岩手県立花巻農業学校と改称）教諭となる。四年間勤めて依願退職。この間に妹トシが病死（二二年一一月二七日）。詩集『心象スケッチ・春と修羅』（二四年四月）、童話集『注文の多い料理店』（二四日一二月）をともに一、〇〇〇部ずつ自費出版。この二冊が賢治生前の単行本である。

農学校を辞した賢治は三〇歳で農村に入り、独居、自炊をしながら、開墾、農耕、農作指導、肥料設計などに奔走。過労から健康を害する。一時回復した三五歳の四月、東北砕石場の技師となり、炭酸石灰およびその製品の加工、改良、販売、普及などに熱中し、再び健康を害する。療養生活に入るが病状悪化、三三年（昭和六）九月二一日没。国訳法華経を印刷して知友に配ることを遺言した。

【コスモスとカオス】

賢治の出現は日本文学史上のというより、日本文化史上の奇跡といってよい。三七年の短い生涯に、これほど多面的な足跡を残し、死後、ますますその輝きを増している存在はほかに類を見ない。科学者であり、技術者であり、詩人であるとともに童話作家であり、信仰者であって思想家である。そしてそのそれぞれが、東西の宗教、思想、芸術の影響を深く受け入れながら、そのいずれも単なる祖述者ではなく、彼独自の思想と芸術を創造する生涯を貫いた。

ギリシア神話はカオスからコスモスへの道程であり、中国古代の老荘思想はカオス（混沌）そのものが根源であり実在であるが、賢治の思想とその生き方はカオスを包むコスモスであり、コスモスを包むカオスである。実に、西洋と東洋を包みこんでいるのである。二一世紀の地球人類への東アジア漢字文化圏からの力強い予言者であり、助言者であるといえよう。

【研究状況】

『校本宮沢賢治全集』（筑摩書房、七三～七七年）の刊行より、それ以前の全集の不備が一新され、さらに宮沢賢治記念館（八二年九月開館）、マイクロフィルム原稿公開（八四年開始）により、賢治研究は飛躍的に進展しつつある。賢治生誕百年の九六年に続いて二〇〇〇年（平成一二）八月には第二回宮沢賢治国際大会が花巻市で開催され、フランスやインドなど海外七カ国の一〇人を含む二三人の研究者や翻訳者が発表した。

【参考文献】

原子朗『新宮澤賢治語彙辞典』（東京書籍、九九年）。

（剣持武彦）

環境問題（自然）

【環境問題】

環境問題を文化史の視点から考えると、その根底には環境をどのようなものと把握するかという世界観が関与している。自然科学を無批判に信奉する世界観からは環境問題の本質が見えてこない。また、科学技術によってのみ環境問題が解き明かされ、有効な解決方法を与えられるものでもない。人間が引き起こした環境問題には人文科学、社会科学的視点も重要である。自然に関わる環境問題には、大きく分けて身近な日常生活における環境問題と地球規模の環境問題がある。これらは相互に関連していると考えられるが、その関係性は現在進行形であり、結果を得たうえで十分に解明されているわけではないので、これまでに集積されたデータによって未来予測をする必要がある。

【身近な自然環境問題】

農山村の生活環境の中で農耕地や里山などに日常的に関わる暮らしから、今日、多くの人びとは都市の中で職業を得て自然と乖離した人工環境の中で暮らすことになった。この過程を経て、人びとは自然の移ろう美しさや厳しさから遠ざかり、自然との関わりの伝統的な智恵、すなわち、生業、治山治水、遊びなどの技術、技能を習得、伝承することなく、忘れ去っていきつつある。いかに都市化しようと、自然の摂理から逃れることはできない。人工化された河川の氾濫、渇水、火山の噴火や地震による建造物の倒壊、大気・水質・土壌などの汚染、ヒート＝アイランド現象、消費を美徳とした大量廃棄物、かってなかった種類の人工災害を厳しい自然から多く受けるに至った。さらに、遺伝子組み替え作物は自然の進化過程では生まれ得ない生物を自然界に逸出し、生物災害を引き起こす危険がある。都市に暮らす人びとは生きる智恵、楽しみ、情緒、安心などを衰微させ、精神性と身体性をも萎縮させていった。人工的にすぎる都市化に環境問題の主要因があり、都市に農耕地や緑地、ビオトープ＝ネットワークを計画的に配置、自然的な要素を取り戻し、保全することによって、身近な自然環境問題は改善の端緒を得よう。

【地球規模の環境問題】

人類史におけるこの数万年の範囲に絞って見ると、新しい文明が爛熟するに従い、自然から乖離、文化複合の衰微を伴い、さらに文明を支えた自然を破壊して大きな環境問題を引き起こし、果てはその文明を崩壊にまで至らしめた。主な地球環境問題には、オゾン層の破壊、地球の温暖化、酸性雨、海洋汚染、熱帯林の破壊、生物多様性の減少、および砂漠化の拡大などがある。地球はその長い自然史から見れば、寒冷化と乾燥化に向かっている。文明の崩壊には自然史レベルでの環境変化が関与したとの諸説もある（小泉格・安田喜憲編『地球と文明の周期』朝倉書店、九五年）。この歴史的な省察をふまえるならば、現代文明はグローバル化が唱導される中で、いっそう地球規模の環境問題を悪化させて大規模な崩壊へと至る恐れがある。

【参考文献】

西岡秀三編『新しい地球環境学』（古今書院、二〇〇〇年）、財団法人地球・人間環境フォーラム『環境要覧二〇〇〇／二〇〇一』（古今書院、二〇〇〇年）。

（木俣美樹男）

環境問題（歴史）

【戦前の施策】

有形無形の文化財、遺跡、遺構を包括して一体の環境を形成する民族の歴史的軌跡の総体を歴史的環境と称する。七七年（昭和五二）一一月に閣議決定された「第三次全国総合開発計画」は、「歴史的環境の保全」を主要計画課題中に掲げ、歴史的環境の保全が地域開発の価値を高めるとの認識に立ち、その活用を図ることが必要であると述べた。歴史的環境の一部である文化財の保護については、明治以来一定の努力がなされてきたが、とくに日清戦争を契機とするナショナリズムの高揚の中で、一八九七年（明治三〇）六月に「古社寺保存法」が制定され、二一年（大正一〇）頃からの美術品の海外流出傾向に対応して二九年（昭和四）に「国宝保存法」、三三年（昭和八）に「重要美術品等、保存ニ関スル法律」が公布された。史跡や名勝、天然記念物の保存対策強化のために一九年（大正八）には「史蹟名勝天然記念物保存法」が公布された。

【戦後の施策】

第二次大戦末期、米軍機の空襲によって多くの文化財が破壊されたが、全国の国宝建造物一、七四五棟のうち二〇九棟が焼失し、また各地で伝統的町並みが失われた。奈良・京都・鎌倉などの古都がほとんど無傷であったのは不幸中の幸いといえる。敗戦後、山本有三や田中耕太郎らの尽力で、五〇年（昭和二五）「文化財保護法」が公布された。この法律は、文化財の概念を拡大して、集落・町並み、民俗資料・民俗芸能をも取り込んだところに特徴があったが、中でも埋蔵文化財の保護行政の進展が著しかった。列島全域に及ぶ開発と都市化による歴史環境破壊に対する保護・保存運動も活発になった。六一年（昭和三六）に始まる旧平城宮遺跡の買い上げ保存・復元、大阪の旧難波宮跡の保存運動の一方、列島改造の波は全国を襲い、ニュータウン構想による宅地造成が文化財の大量破壊をもたらした。

【環境保全の問題点】

六六年（昭和四一）からは、巨費を投じて一県一カ所の「風土記の丘」づくりが始まり、各地に遺跡公園、資料館、博物館が作られた。しかしそれら諸施設は、多分に観光化を意識し、素人受けを狙った過度な復元が行なわれて、学問的な裏付けを持たない危険性をはらむものが多い。大量の文化財をすべて保存することは不可能であり、選択保存となることはやむをえないが、選択の基準をどこに求めるかは重要な問題である。国家権力や自治体のエゴイズムで価値づけるのではなく、人類共通の文化遺産という観点から選択・保存がなされなければならず、施設がそれぞれ教育力を持つものとして構想される必要がある。

【参考文献】

芳賀登『地方史の思想』（NHKブックス、七二年）、木原啓吉『歴史的環境―保存と再生―』（岩波新書、八二年）、文化財保存全国協議会編『遺跡保存の事典』（三省堂、九〇年）。

（阿部　猛）

教科書問題

【教科書問題とは】

主に社会科教科書に対し、政権政党またはそれに同調する勢力が、権力的に教育内容に介入することによって起こる政治問題である。介入の仕方は、教科書そのものの排除を目的にする場合、教科書の特定の記述（用語）の削除を求める場合、教科書検定によって教科書記述の改変を強要する場合、自らの主張を独自の教科書によって提示する場合などがあった。このような動きに対して、教科書執筆者、編集者、一般市民などが、きびしい批判の声をあげた。歴史教科書の場合、特に近代史の戦争関係記述への介入に対しては、日本の侵略や植民地支配を体験したアジア諸国、特に中国や韓国からは、外交問題に発展するほどの強い抗議の声があがった。ここに至って教科書問題は、日本政府や国民の戦争責任の問題、歴史認識の問題に関わる政治・思想問題にまで発展している。

【歴史的経緯】

一九四五年の敗戦によって、日本では教育制度が改革され、教科書は国定から検定に変わった。教科書作成の指針は、教育基本法の精神と学校教育法に準拠しつつ、学習指導要領によって示された。学習指導要領は当初「試案」として提示されたが、一九五五年学習指導要領から「試案」の文字が削除され、いわゆる逆コース・アメリカによる再軍備要求に応えるための教育統制の役割を担うものになった。

この年、政権政党の日本民主党は「うれうべき教科書の問題」というパンフレットを発行し、『あかるい社会』など四種類の社会科教科書を事実を曲げて批判した。この教科書は数年後に絶版になった。第一次教科書攻撃である。

一九五八年の学習指導要領改訂以後、教科書検定が強化され、F項パージと言われる検定で不合格教科書が続出した。これに対して東京教育大学の家永三郎は、教科書検定を表現の自由を侵害する検閲であり（憲法二一条違反）、教育行政の不当な支配である（教育基本法一〇条違反）として提訴した（教科書裁判）。一九七〇年に東京地裁は家永の主張をほぼ認める判決（杉本判決）を出し、教育行政に大きく反省を迫った。歴史学の深化にともなって教科書内容の改善が進行した七〇年代後半、第二次教科書攻撃が始まった。国語や公民教科書への根拠のない批判と教科書検定の強化が重なって、国内外を巻き込んだ八二年の教科書問題は、中国・韓国からの公式批判にまでに展開した。この政治的決着の一つが教科書検定基準と学習指導要領への「近隣諸国条項」の採用である。

その後復古調教科書『新編日本史』の検定合格などを経て、九〇年代に入り、アジア諸国から「従軍慰安婦」などの日本の戦争責任を問う声が高まり、研究の進展もあって教科書記述が充実した。このような動向とともに、グローバリゼーションの進展などに危機感を持った勢力が、右翼的文化人を動員してナショナリズムを強調した教科書攻撃が、第三次教科書攻撃である。自由主義史観研究会や新しい歴史教科書をつくる会などの政治運動によって、二〇〇一年三月にはこの会の編集した中学校歴史・公民の教科書が検定に合格した。二〇〇二年度には多くの批判をうけてほとんど採択されなかったが、この教科書を検定に合格させるための運用によって検定制度そのものが崩壊した。今、教科書制度の見直しが必要になっているといえよう。

【参考文献】

第一次教科書攻撃に関しては、『あかるい社会』の編集者徳武敏夫『新しい歴史教科書への道』（鳩の森書房、七三年）があり、七〇年代半ばまでの教科書問題を概観したものに佐藤伸雄『戦後歴史教育論』（青木書店、七六年）がある。第二次教科書攻撃には社会科教科書執筆者懇談会編『教科書問題とは何か』（未来社、八四年）がある。また、教科書改善の動きも九〇年代から始まり、韓国との教科書をめぐる交流の成果には日韓歴史教科書研究会編『教科書を日韓協力で考える』（大月書店、九三年）や君島和彦『教科書の思想』（すずさわ書店、九六年）がある。

（君島和彦）

近代化論

【「開放的接近方法」の登場】

近代化論は、二〇世紀半ばにアメリカ合衆国の人文・社会科学の分野で影響力を持ち始めた。その狙いは、西欧の近代を範型《モデル》にする国や地域を比較しながら歴史の変動の傾向を探り、「世界共同体」を構想しようとするものであった。近代化論は、そのために、ア・プリオリな理論や公式を排して、史的変化をとらえようとする分析道具概念であることを強調していた。

この方法は「開放的接近方法《オープン・アプローチ》」と呼ばれ、六〇年（昭和三五）夏にアメリカの近代日本研究会議（議長、J・W・ホール）が日米箱根会議を開いて以来、つとに知られるようになった。しかし、近代化論へのイメージは、必ずしも一様ではなかった。

当時、近代化論の中で主流を占めていたのは、産業化を土台に超歴史的に現代社会を伝統社会からの離脱の度合いで測ろうとする方法であった。そこでは、読み書き能力の普及度、人口の都市集中、高い個人所得、高度の商品化と工業化などの客観的基準、数量的把握が根底にすえられてきた。また、「世界共同体」についても、合衆国の「高度大衆消費時代」（W・W・ロストウ）を優位に置き、このゴールをめざし各国・地域の近代化を雁行的に描こうとしたのである。

【近代化論の軌道修正】

近代化は、「創造的」であるとともに「破壊的」であり、人類にとって「狂いと苦悩」の代償であるという見解が現れた。六〇年代後半での近代化の直線的把握への見直しで、現状認識に立って、社会の史的変動を検討する動きである（C・E・ブラック）。こうした議論の中で、「無暴力革命《ノン・ヴァイオレント・リボリューション》・非社会主義」の道をたどり近代化の有力なモデルとされていた日本近代も、「平等・自由・国民主権」の理念を掲げ、近代化の普遍原理ととらえられたアメリカ独立革命の前に色褪《いろあ》せ、その起点である明治維新は特殊であったという指摘に変っていった（J・W・ホール）。

　実際、近代化論者の中には、中国の文化大革命、ベトナム戦争後、モデルとなった国家の威信は失なわれたと説く向きもあった。近代化論は、「民衆政治《ポピュラー・ガヴァメント》」に対応する方向で、近代の始源に立ち戻りながら、現代における近代化を模索せざるをえなくなった。

　日本に例をとれば、明治維新、帝国日本が語りかける意味の多様さを重視するアプローチをとるようになった。こうした中で、国家建設《ネーション・ビルディング》の急速な変化と工業化がもたらした混乱・苛酷さ・不平等などと紛糾の拡大、自由の増大等々を矛盾の結び目にすえ、伝統を培いながら外圧の刺戟にダイナミックに対応し、上からの秩序の体系づくりを提案する論説も現れた（M・B・ジャンセン）。文化面からの近代化への新しい接近の手法である。


【研究文献】

　近代化論の台頭と修正の提案以来、この方法を積極的に具体化している論説は見あたらない。この間の動きについては、合衆国の研究事情も含めて、金原左門『「日本近代化」論の歴史像』（中央大学出版部、六八年）、薮野祐三『近代化論の方法』（未来社、八四年）、金原左門『「近代化」論の転回と歴史叙述』（中央大学出版部、九九年）が近代化論の特徴と問題点を明らかにしている。

　近代化論は、七〇年代前半に下火になったと見る向きもあった（J・K・フェアバンク）。が、近代化論がかつて説いた「ヨーロッパ的産物」を源流とする「知的革命《インテレクチュアル・リボリューション》」を近代化の中心に置き、長期にわたる「革新化《イノベーション》」としてとらえなおす「科学革命」の手続きを具体的に煮詰めていけば、近代化論の現在に持つ有効性を検証することができるかもしれない。

　というのは、知識の増殖と集積によって人間の環境への支配《コントロール》を可能にしてきた「科学革命」論こそは、核の恐怖、自然破壊、環境汚染を目のあたりにして、その劇的変化に合理的に対処することができる手がかりになると説く論法が広まってきたからである。

（金原左門）

文化財保護の歴史

【明治・大正期の文化財保護】

日本における文化財保護の動きは江戸時代、大名、富豪、豪農らによる美術品の収集に始まる。明治維新直後、欧化主義や神仏分離令と寺領没収による廃仏毀釈《はいぶつきしゃく》などの影響によって、寺院などに残されてきた古来の文化財は破壊や海外流出の危機に直面する。一八七一年（明治四）政府はこれに対処し、美術工芸品などの保全等を内容とする「古器旧物保存方」を布告、文化財保護行政の端緒となる。七二年（明治五）町田久成、その後フェノロサや岡倉天心が法隆寺等所有の仏教美術の調査を実施。さらに八八年（明治二一）宮内省に「臨時全国宝物取調局」を設けて社寺などが保存する多数の美術品、建造物等の基礎調査を行ない、これをもとに九七年（明治三〇）「古社寺保存法」を公布。従来、内務省と宮内省とで行なってきた美術品・建造物に関する保護行政を内務省所管に一本化し、「国宝」、「特別保護建造物」に関する指定・管理・規制・公開・助成などを規定したが、保護対象は社寺所有の建造物と宝物という大きな限界があった。第一次大戦後の不況により旧大名家など個人所有の美術品が海外に流出するに及んで、指定対象を国・地方公共団体・個人所有の文化財に拡大して一九二九年（昭和四）「国宝保存法」を制定。同法指定の国宝などは現行文化財保護法上の重要文化財や国宝として継承されている。記念物や遺跡の保護に関しては一八七四年（明治七）太政官通達「古墳発見ノ節届出方」があったが、一九年（大正八）の「史蹟《しせき》名勝《めいしょう》天然《てんねん》紀念《きねん》物《ぶつ》保存法」により、「古社寺保存法」から漏れた広い分野の文化財の保護が図られるに至る。だが指定外の遺跡や遺物は統一的取扱制度がなく、考古遺物は一般民法・遺失物法により扱われた。

【第二次大戦後の文化財保護制度】

第二次大戦後、社会的、経済的混乱と国民の自覚喪失や伝統軽視の風潮と相まって、文化財は軽視、散逸《さんいつ》、荒廃の危機に瀕した。加えて四九年（昭和二四）一月二六日法隆寺金堂炎上という衝撃的事件が契機になって、文化財保存を憂慮する世論が高まり、五〇年（昭和二五）今日の文化財保護、活用の基本法「文化財保護法」が成立する。従来の「国宝保存法」、「史蹟名勝天然紀念物保存法」など数種の文化財関係保護法を合併、吸収するとともに、対象を無形文化財、民俗資料、埋蔵文化財など多様な文化財にまで拡充して総合的、体系的に整備したものである。五四年（昭和二九）発掘の事前届出など埋蔵文化財保護の拡充などを内容とする改正後、高度経済成長により社会、経済が激変する中、文化財保護体制強化の必要が高まり、七五年（昭和五〇）保護対象を伝統的建造物群や文化財保存技術まで拡大するなどの再改正があった。同法による有形・無形・民俗文化財、記念物、伝統的建造物群の指定・選定による保護・活用の基本姿勢は重点、選択主義である。埋蔵文化財はその包蔵地が史跡、遺物が重要文化財に指定され保護が図られるほか、周知の遺跡の発掘は事前届出が義務づけられているが、開発による直接の影響を受けるため現状の保護制度には問題が多い。宮内庁管理の巨大古墳など「陵《りょう》墓《ぼ》」等が「文化財保護法」の埒外《らちがい》にある課題もある。九六年（平成八）には「指定制度」を補完する目的で近代遺産などを後世へ幅広く継承していく「文化財登録制度」の導入、指定都市などへの権限の委譲《いじょう》、市町村の役割の明確化などを内容とする再改正があった。さらに文化庁は文化財の保存・修理などの充実強化、文化財の公開・活用の推進、文化財の保存伝承基盤の充実、文化財の国際交流・協力の推進などの諸施策を展開している。だが文化財保護のために支出される国費は国家予算の〇・一％以下と少ないなど課題も多い。

【「古都法」・「明日香法」・「世界遺産条約」】

文化財保存に関連しては、六六年（昭和四一）制定の奈良・京都・鎌倉など「古都における歴史的風土の保存に関する特別措置法」（略称「古都法」）がある。文化財保護法が重点保護であるのに対して、文化財を周囲の歴史、自然的環境と一体で面的に把握し広域保存を図る特色がある。七〇年(昭和四五)飛鳥では、古代国家成立期の文化財と歴史的景観を保存し将来に引き継ぐため「飛鳥地方における歴史的風土及び文化財の保存などに関する方策について」が閣議決定され、古都法適用範囲の拡大、建設省による飛鳥国営公園建設など環境整備が推進された。八〇年(昭和五五)には明日香全村を対象に保存事業の推進、住民生活の向上などを意図した「明日香村における歴史的風土の保存及び生活環境の整備などに関する特別措置法」(略称「明日香法」)が成立。九八年(平成一〇)、首相の諮問《しもん》機関である歴史的風土審議会は従来「保護」に重点があった文化財に対して、「遺跡調査の推進」と「歴史的風土の創造的活用」を前面に打ち出し「歴史的文化施設の整備」と「景観の創出」策などを答申。発掘遺跡を埋め戻しての「凍結的保存」策から遺跡を復元、公開する「創造的活用」へ、飛鳥の保存、整備は新局面を迎えている。

　九二年(平成四)ユネスコの「世界遺産条約」を批准。日本では「古都京都の文化財」、「古都奈良の文化財」などが人類普遍の価値を持つ貴重な文化財として登録。同条約は対象地域を「登録遺産」、周囲の「緩衝《かんしょう》地帯」、間の「歴史的環境調整地域」と広く取り、周辺環境を文化遺産に相応しい姿で保全を図る。日本の史跡指定などによる保護策に適用されるべき理念である。


【参考文献】

文化庁編『文化財保護の現状と問題』(大蔵省出版局、七〇年)、児玉幸多・仲野浩編『文化財保護の実務』(柏書房、七九年)、文化庁文化財保護部監修『月刊文化財—特集　史跡などの保存・整備・活用—』四三四(第一法規出版、九九年)。


(木下正史)

近代の美術

【画壇闘争の歴史】

日本の近代美術が欧米と異なり、自由で個人的な美学や主義による展開より、政治・制度や学閥・団体などの人脈によって展開したのは、近代日本社会の風土を鮮やかに反映している。美や風雅を追求する美術といえども生々しい人間の所産であり、美自体、主観に大きく左右されるものであった。したがって日本近代美術史には、歴史画論争(洋画の日本神話主題の適否をめぐる森鷗外と外山正一の間の)、裸体画論争(黒田清輝《せいき》の油彩画《朝《ちょう》妝《しょう》》をめぐる)をはじめ数多くの論争がある(中村義一『日本近代美術論争史』求龍堂、八一年)。そもそも日本近代美術史を勢力の争いを軸に回顧する見方がすでに大正末年に添田達嶺《そえだたつれい》の『日本画壇争闘史』で示されていたのは興味深い。

　幕末、洋画(西洋絵画)は、西洋の文化・

芸術というより科学技術・哲学思想として研究の対象とされた。一八六二年（文久二）創設の幕府唯一の西洋研究機関である蕃書調所（後に開成所、画学局）から洋画の三人の先駆者が輩出する。旗本で徳川家達側近の川村清雄は十年に近い洋行期間に明治維新が登来し、画家に転進、東京で画塾を開く。佐野藩士の高橋由一は藩命で清国視察の後、維新となり同じく東京で画塾を開き、多くの門下生をもった。川村と高橋の指導者で松代藩士の川上冬崖は維新後、陸軍で洋風地図製作の責任者となるが、謎の死をとげる。日本の近代美術が幕臣により開拓された事実が認められたのは近年であり、特に川村と高橋は現代までの洋画史全般においても写実の完成度は高く、その美学は大正の岸田劉生《りゅうせい》に受け継がれ「写実」の系譜を伝えている。

　高橋は横浜外人居留地の画家・ジャーナリストであるワーグマンにも学んだ。イギリス人ワーグマンは近年指摘されるようにチャイナ・トレード・ペインティングの系譜にあり、その門下から後にフランスのサロンで活躍する五姓田義松《ごせだよしまつ》や山本芳翠《ほうすい》が出た。ワーグマンの位置を世界の中で再認識することで東洋での日本の近代美術の位置も明らかとなる。

【官展対在野の対立】

一八七六年（明治九）工部大学校に美術学校（通称工部美術学校）が開設、イタリアから画家フォンタネージ、彫刻家ラグーザ、イギリスから建築家コンドルが教授に招聘された。六年余りで同校は閉校するが、浅井忠《ちゅう》や大熊氏廣ら多くは幕臣の子弟であった生徒たちの明治美術の発展への貢献は改めて注目される。

　反対に反工部美術学校の理念すなわち非西洋、国粋主義を掲げるフェノロサ、岡倉天心によって一八八七年（明治二〇）創立された東京美術学校は西洋美術を排除したが、彼らの日本画改革は皮肉なことに西洋美術の導入であり、画壇から過激な新派として疎外される。美術学校騒動による天心辞職後、力を得た洋画家黒田清輝は、浅井忠らそれまでの開拓者の系譜を排絶、一九〇七年（明治四〇）創設の文部省美術展覧会（官展）や帝国美術院の中枢としてアカデミズムを確立する。以後は洋画、日本画ともに在野勢力が対決し、ときに逆転する経過が美術史を形成した。一九一四年（大正三）官展から横山大観らの日本美術院（日本画）、梅原龍三郎らの二科会（洋画）の新派が独立、一九三五年（昭和一〇）政府により再統合が図られるが失敗。多彩な小団体が乱立し逆に多くの個性を登場させた。

【参考文献】

先駆的研究として隈本謙二郎『近代日本美術の研究』（大蔵省印刷局、六四年）最近の研究動向は、北澤憲昭『眼の神殿』（美術出版社、八九年）、金子一夫『近代日本美術教育の研究』（中央公論美術出版、八二年）、五十殿利治『大正期新興美術の研究』（スカイドア、九〇年）、佐藤直信『〈日本美術〉誕生』（講談社、九六年）。概念の見直しと東京国立文化財研究所編『語る現在、語られる過去　日本美術史学一〇〇年』（平凡社、九九年）。

（岡部昌幸）

近代の音楽

【洋楽の輸入】

わが国の近代音楽は、固有の邦楽と西洋から入ってきた洋楽の両者が融合することなく、並び立つ形で現在に至っている。最初に入った洋楽は一八五六年の鼓笛楽（横笛・小太鼓　大太鼓からなる）で、維新官軍がこの鼓笛楽の「宮さん宮さん」で行進したことはよく知られている（六八年）。その後イギリス人フェントンの指導のもとに最初の軍楽隊が薩摩藩に組織され、ついで陸海軍に軍楽隊が編成され、さらにドイツ人エッケルトを招き洋楽の教育が始まった。

明治政府は、学生発布（七二年）ののち音楽取調掛を設け（七九年、のち八七年に東京音楽学校と改称）、伊沢修二を御用掛として、アメリカ人メーソンを招いて洋楽教育の普及を図った。一方、邦楽は幕府の式楽であった能楽に代わって宮内省に雅楽部が設置され（七〇年）雅楽が復興したが、彼らも洋楽の伝習を受けた。

学校教育においては、文部省が『小学唱歌集』（全三編）を編纂し（八一～八四年）唱歌教育が展開されたが、国産リードオルガン（八七年製作）の普及は新しい唱歌・歌曲教材（外国曲の邦訳を含む）への需要を生じ、滝廉太郎の「花」、「荒城の月」（一九〇〇年）などを生み、日本人による作曲活動が本格化した。

【音楽の大衆化】

〇三年（明治三六）、日本人による最初の歌劇上演が東京音楽学校奏楽堂で行なわれた（グルック作曲「オルフォイス」）。その後は帝国劇場での喜歌劇を主とした上演に移り（帝劇オペラ）、それが「浅草オペラ」を導き出すことになる。交響楽は山田耕筰の運動を経て日本交響楽協会（現在のNHK交響楽団）が結成され（二六年）、ラジオ放送と定期公演が始まった。ラジオ放送では洋楽・邦楽の双方が番組作成され、国民の音楽文化理解に寄与した。大正期には、円盤レコードの流布、外国名演奏家の来日などもあって水準も高まった。二四年（大正一二）にはベートーベンの「第九交響曲」の全曲演奏が東京音楽学校で行なわれた。一方邦楽では、宮城道雄らが洋楽と協力して新音楽運動を起こし、中山晋平らの新民謡運動、童謡運動があった。

昭和に入ると、ヨーロッパ音楽のモダニズムを技法的にも受容した作品や、ラジオ、レコードなど初期マスコミと結びついた大衆音楽が台頭した。ジャズ、タンゴ、シャンソンなどが大衆の心をとらえ、三〇年代には、いわゆる流行歌の全盛時代を迎えた。やがて戦争の時代に入ると、ジャズを中心とする洋楽はきびしい統制の下に置かれ、演奏が禁止されるに至った。代わって、ラジオを通じて国民歌謡・軍国歌謡のような国策にそう音楽が奨励された。

【第二次大戦後】

大戦後はアメリカ音楽が続々と流入し、若者たちの間に普及した。合唱運動の隆盛、労音・民音など観賞団体の組織化が行なわれ、また円盤レコードに代わるテープレコーダー、CD、MDの普及によって音楽は急速に国民生活の中に入り込んでいった。洋楽は、作曲・演奏ともに国際的な水準に到達し、国際コンクールに入賞する者も多くなった。邦楽は、欧米の諸公演や「日本音楽集団」武満徹などの活動が国際的にも注目され、学校教育では伝統音楽の学習が必修となった。

【参考文献】

吉川英史『日本音楽の歴史』（創元社、六五年）、堀内敬三『音楽明治百年史』（音楽之友社、六八年）、供田武嘉津『日本音楽教育史』（音楽之友社、九六年）、『東京芸術大学百年史』（音楽之友社、八七年）など。

（佐藤幹一）

近代演劇

【近代演劇とは】

明治時代から第二次世界大戦までの、主として欧米の影響を受けて誕生した新しい演劇を指す。

近代の日本の演劇は、欧米の文化の急速な移入から始まった。政府主導のもと、歌舞伎の改良が試みられるが過渡的な運動に終わる。一方当時の世相を批判し、自由民権運動を鼓吹する壮士芝居が人気を得、さらに流行小説や西洋種《だね》の翻案物を次々上演した新派劇が隆盛をみる。

明治末、新史劇の創作などで国劇革新をめざしていた坪内逍遙を中心とする文芸協会（後期）と、小山内薫・市川左団次の自由劇場による、シェイクスピアやイプセンの翻訳上演を機に、新劇運動が展開する。西欧の文芸を真摯に受け止め、自我に目覚めた個人と社会の関わりを題材にした近代劇は、当時の知識人の支持を得た。

大正期に入ると、多くの劇団が翻訳劇や創作劇を上演、俳優の養成や舞台美術・照明の研究もなされた。一四年（大正一三）、土方与志・小山内薫らにより近代的設備と組織を持った築地小劇場が設立され、以後新劇活動の中心となり、のちの新劇を担う俳優や演出家を輩出した。

昭和初期にはプロレタリア演劇が全盛となるが、当局の弾圧や劇団の分裂、また戦争の激化とともにしだいに衰退する。

大正から昭和にかけて、新劇のほかに新国劇・喜劇・軽演劇・少女歌劇など、多彩な演劇が開花した。第二次世界大戦中は演劇は統制を受け停滞したが、終戦直後から復活し、ミュージカルなど新しい演劇も上演された。

【近代演劇の研究と動向】

近代演劇の研究は戯曲研究と演劇史研究に大別されよう。

戯曲研究は、明治期の欧米の戯曲の移入紹介から始まり、短期間に欧米の古典から近代劇まで次々と翻訳され研究がなされた。一方創作劇も、イプセンの模倣的作品を経て、大正・昭和期には優れた創作戯曲が発表・上演されている。研究書としては、大山功『日本近代戯曲史』（全四巻、近代日本戯曲史刊行会、六八～七三年）、山田肇「近代劇」『日本近代文学教養講座一二』（至文堂、五一年）、菅井幸雄『演劇創造の系譜』（青木書店、八三年）、祖父江昭二編「近代日本文学への探索」『日本近代文学大系四九（角川書店、七四年）、阿部到『近代劇文学の研究』（桜楓社、八〇年）、西村博子『実存への旅立―三好十郎のドラマトゥルギー』（而立書房、八九年）などがある。

演劇史の研究は、近代の歴史の中で、上演史、劇団史、演劇論史、劇場・舞台美術史、比較演劇史、児童劇・演劇教育史、演技論など、さまざまな研究がなされている。上演史の基本書としては河竹繁俊『日本演劇全史』（岩波書店、五九年）、秋庭太郎『日本新劇史』（理想社、五五・五六年）、田中栄三『明治大正新劇史資料』（演劇出版社、六四年）、松本克平『日本社会主義演劇史』（筑摩書房、七五年）、倉林誠一郎『新劇年代記』（白水社、戦前編、七二年、戦中編、六九年）、石沢秀二『新劇の誕生』（紀伊国屋書店、六四年）、富田博之『日本児童演劇史』（東京書籍、七六年）、そして大笹吉雄『日本現代演劇史一～八』（白水社、八五～二〇〇一年）は、現時点での近現代演劇史の集大成ともいえる。築地小劇場他の各劇団の活動史も多数出版されている。

演劇論では野村喬・藤木宏幸編『近代文学評論体系九・演劇論』（角川書店、七二年）に明治以降の主要な論文が解説を添えて収録されている。岸田国士『現代演劇論』（白水社、三六年）、久保栄『新劇の書』（テアトロ社、三九年）、菅井幸雄『日本近代演劇論史』（未来社、七九年）、松本伸子『明治前期演劇論史』（演劇出版社、七四年）、小櫃万津夫『日本新劇理念史 明治の演劇改良運動とその理念』（明治前期篇、白水社、八八年、明治中期篇・続明治中期篇、未来社、九八・〇一年）、芸能史研究会編『日本芸能史七』（法政大学出版局、九〇年）、明治期の行政に関する基本資料は倉田喜弘『日本近代思想体系一八・芸能』（岩波書店、八八年）、比較演劇の立場から、河竹登志夫『比較演劇学』、『続比較演劇学』（南窓社、六七・七四年）がある。『講座・日本の演劇五・六・近代の演劇』（勉誠社、九七・九八年）は近代劇の歴史と代表的作家と作品をまとめている。藤木宏幸「花房柳外と洋式演劇」（『共立女子大学文芸学部紀要』、七二年）は自由劇場以前のイプセン上演についての論考。

近年の研究動向としては、日本近代演劇史研究会『築地小劇場検閲上演台本集』（一二巻、ゆまに書房、九〇・九二年）などの基本資料の翻刻や、日本近代演劇史研究会編『二〇世紀の戯曲―日本近代戯曲の世界』（社会評論社、九八年）、井上理恵『近代演劇の扉をあける―ドラマトゥルギーの社会学』（社会評論社、九九年）などの劇作家とその作品研究、また一方、学際的な研究や、比較文化研究、あるいは演劇を社会の中の現象ととらえ、都市論、観客論へと広がりも見せている。大正演劇史研究会編『大正の演劇と都市』（武蔵野書房、九一年）、曽田秀彦『民衆劇場・もう一つの大正デモクラシー』（象山社、九五年）は大正期の演劇を新しい視点からとらえたもの。

九三年（平成五）、大笹吉雄「現代演劇のリアリズム回帰」（東京新聞、一二月五日夕刊）に端を発したリアリズム論争と、それを受けて開催された日本演劇学会シンポジウム「リアリズム演劇とは何か」と共同討論（『日本演劇学会紀要』三三・三八、九五・〇〇年）では、近現代の日本における「リアリズム演劇」の概念の整理が試みられている。

また、一回性という演劇の特殊性から

プログラム・ポスター・台本・舞台写真・映像等の実際の上演に関する資料の整備や目録の公開、それに基づく詳細な上演年表の作成、地方における上演の調査等、基礎的研究のいっそうの充実が望まれる。

【その他参考文献】

近代演劇に関する文献は多方面にわたり厖大な数にのぼるが『講座・日本の演劇五・六・近代の演劇』(勉誠社、九七・九八年)巻末の神永光規「研究のてびき」は分野別に参考文献をまとめ、詳しい解説を付してあり入門者に役立つ。演劇書の総合的目録としては『日本演劇書目解題』(演劇出版社、八三年)、『演劇百科大事典』(平凡社、八三年)六巻は参考文献のほか全集双書目録があり、全集収録の戯曲を捜すときに便利。加藤衛編『日本戯曲総目録一八八〇—一九八〇』(横浜演劇研究所、八五年)も戯曲の所収・初出誌があり参考となる。論文については、国文学研究資料館編『国文学年鑑』(至文堂、年刊)の演劇・芸能の項に収録がある。なお、早稲田大学演劇博物館図書室には、演劇関係の図書、雑誌が網羅され一般公開されている。

(松山　薫)

学歴社会

【学歴社会とは】

人の社会的地位や収入、社会活動がその個人の資質や能力、知識、技能、経験でなく、また出生や門地によらず、それまでに学修・卒業した学校や、それによって取得した資格によって選別され決定される傾向が強い社会情況。

平等主義や個人の尊厳への要求は、人間の才能の多様性と容易に調和することができない。特に職業の配分に、その多様性を考慮する必要が、社会の技術性複雑性が増すとともに増大してくる時代には、なおさらその調和が難しい(R・P・ドーア『学歴社会・新しい文明病』)という。先進国であるイギリスに見ると一九二五年と七五年の間に、社会のあらゆる部門—産業・政治・軍隊・大学・学校・家庭—のいずれにおいても、上位にある者の権威が弱まって、命令に従順に服従するような部下・臣民・学生・子弟が段々少なくなったという。本来の教育の空洞化の問題、学歴インフレによる人材不足の問題などに起因する国家社会の不振、まさに文明病である。ことに発展途上国において、急速な「国つくり」の要請によって、一層激しく、これが現れる。

【歴史的経過】

日本の明治国家形成期、それまでの武士層に代わって、権力中枢を握る天皇・藩閥出身者の下に厖大な官僚機構が形成された。中央集権的な官僚組織に自由民権派・政党員の侵入を排除するために、一八九三年(明治二六)、山県内閣は「文官任用令」を制定する。そこには奏任官の採用に、文官試験高等を課し、合格者のみを対象とした。しかしより上級の勅任官は自由任用とされていたので政党領袖らの任官運動の対象となった。第二次山県内閣は一八九九年勅令を改正して、一定の有資格者のみの任用とした。

九三年の「任用令」とともに発せられた「文官試験規則」では「文官高等試験」は「尋常中学校以上ノ官公立学校ヲ卒業シ、又ハ之ト同等以上ノ学力ヲ有スル者」に受験資格があり、本試験では、英語・刑法・民法・行政法・経済学・国際法とさらに選択科目の試験とが行われた。これらは当時帝国大学で学ぶ内容であった。本来の受験者に課せられる「予備試験」が、帝国大学法科大学・法学部・文学部卒業生および司法省法学校正則部の卒業生は免除されるきまりであった。すなわち上級官僚の席をほとんど大学出身者が占め、藩閥出身の閣僚を補佐して行政を行い、他藩出身者ましてや民権派や政党員の進出を阻んだ。その後、官僚出身の政治家も登場する。一九一三年（大正二）山本内閣の再改正による自由任用の緩和、敗戦後一九四六年（昭和二一）廃止を経て、四七年国家公務員法、五〇年地方公務員法と任用に関する法律は整い、司法官、外交官とも試験制度が採用されている。

　近代的国家形成期、大学卒業者が優遇され、強大な天皇制下の権力を掌握したことに注目したい。同時に発足した学校教育制度は、学校は身を立る財本、実用の学として出発した。教育費負担は重く、教育の機会均等が実現しているともいえないが、立身出世を夢見る多くの若者が大学卒業を志した。そのために苦学しながら、試験に合格して進学することが勉学の目的であった。立志は学習そのものを目標とせず、学校卒業と、それにともなう社会的利得にあった。学歴社会に陥る要件は整った。

【参考文献】

唐沢富太郎『教師の歴史』（創文社、五五年）、R・P・ドーア・松居弘道訳『学歴社会・新しい文明病』〈同時代ライブラリー37〉（岩波書店、九〇年）。

（木槻哲夫）

義務教育

【義務教育とは】

国が法定した国民が学習すべき最小限の教育内容と年限。本来は、国が国民に義務として課したものと意識されていたが、啓蒙的時代はともかく現代は、むしろ、国が国民に教育を受ける機会を保障する意味を持つようになっている。現在、日本では一九四七年（昭和二二）「学校教育法」により、小学校六年、中学校三年計九年間とその年齢に応じた養護・盲・聾学校での特殊教育とが義務教育と規定されている。そこでは学齢生徒を就学させる義務を、その保護者に課している。

【形成と展開】

日本で、初めて「義務教育」が法定されたのは、一八八六年（明治一九）「小学校令」が尋常小学科四か年を義務就学期間としたものという。その後二〇世紀に入って就学率が男女とも九〇%を超える中で一九〇七年（明治四〇）、小学校令改正により尋常小学校の修業年限が六年と改められ、義務教育は六年間に延長された。その後も、欧米先進国に準ずる義務教育延長はしばしば教育行政の課題として取り上げられたが、財政問題と絡み実現しなかった。悲願は三〇年余の後、一九四一年（昭和一六）、皇国主義による戦時体制強化の一環として「国民学校令」で実現するかにみえた。初等科六年高等科二年を規定する国民学校で、計八か年が義務教育年限とされたが、戦局切迫下、実施が延期されてしまった。そして敗戦後の新教育、いわゆる「六三制」によって、小中高校大学のそれぞれが六三三四年の修業年限を定められると、その小中九年間が義務教育とされる現行の学校制度が実現した。これは、義務教育年数において世界の水準に達しただけでなく、初等教育のみならず中等教育の前半三年間をも含む高水準の設定であった。また明治期には就学免除が論じられていた特殊教育までを含み広く全国民に高水準の教育を授けようとする民主的文化国家の理念の具体化であった。

一般に義務教育制度の推進は、産業革命期の労働者の生産性の上昇や、社会政策としての教育の機会均等感、階層移動の道を開く等の意義が考えられる。日本でも、明治初年、「学制」において「小学校ハ教育ノ初級ニシテ人民一般必ス学ハスンハアルヘカラサルモノトス」とあり、「被仰出書」にも「必ず邑に不学の戸なく家に不学の人なからしめん事を期す」、「其子弟をして必ず学に従事せしめざるべからざるものなり」と興産、昌業、立身のための実学に就くことを説いている。その後の「教育令」等で、最低四年間に一六か月の就学を求めるなど、しばしば親の義務に言及している。しかし「小学校令」による義務教育の明確な制度化以降、森有礼文相の国家主義教育の提唱、「教育勅語」の渙発があり、その方向性を忠君愛国の臣民教育と確定した初等普通教育は、明治国家体制として、全国民を一体化するためのものであった。その障碍となったのは学校教育費調達であった。「小学校令」以降、義務教育に必要な公立小学校を設置するのは、市町村（地方公共団体）の責任であった。一九〇〇年（明治三三）の小学校令で公立小学校で授業料は徴収しないのが原則とされて市町村やその住民の負担は重かった。「市町村義務教育費国庫負担法」が制定されたのは一九一八年（大正七）のことであった。

戦後は「憲法」、「教育基本法」で「義務教育無償」が原則とされ、国公立小学校の授業料、教科書代は無料とされて父母負担は軽減された。

【参考文献】

江木千之翁経歴談刊行会編刊『江木千之翁経歴談』（三三年）、海後宗臣編『臨時教育会議の研究』（東京大学出版会、六〇年）、高木太郎『義務教育制度の研究』（風間書房、八〇年）。

（木槻哲夫）

新　聞

【新聞通史】

日本における新聞の通史は、文久年間の翻訳紙から始まる各新聞の興亡史を基本とする。主な新聞紙名と関係者を年代を追って列記する記述は、小池洋二郎『日本新聞暦史』（一八八二年）を最初に、小野秀雄『日本新聞発達史』（大阪毎日新聞社・東京日日新聞社、二二年）が体系化し、山本文雄・春原昭彦・西田長寿などにより踏襲された。時代区分はおおむね幕末・明治初期の新聞導入期、大新聞と小新聞という二層構造の明治前期、独立新聞が興隆する明治後期、二大紙による企業化が進行した大正期、昭和初期から占領期までの言論統制時代、テレビと競合する戦後期に分かれる。

【新聞の文化史・社会史】

新聞通史の焦点は従来、政治言論機関としての新聞ないしは新聞産業の発展であり、国家権力による統制との攻防や部数の拡大と組織の近代化が中心である。近年では佐々木隆『メディアと権力』（中央公論新社、九九年）がこれを代表する。

一方、文化史としての新聞に関する研究は二〇年代の明治文化研究会に端を発する。その主な関心は前近代的メディアの見直しであり、小野秀雄『かわら版物語』（雄山閣、六七年）はその成果の一つである。七〇年代以降は、不偏不党性・内容の雑居性・巨大部数などの特徴を持つ日本型新聞の形成過程を解明しようとする社会史としての新聞研究が始められた。この方向を領導した山本武利の『近代日本の新聞読者層』（法政大学出版局、八一年）に代表される読者研究、高木健夫『新聞小説史—明治編』（図書刊行会、七四年）を始めとする連載小説に関する研究、広告や挿絵、写真、懸賞、スキャンダルなどの各領域にそった内容研究のほか、記者や記者クラブのあり方、新聞社による諸事業に関する研究などが進められている。また、海外における日本語紙や日本の外国語紙に関する研究は近年、田村紀雄・白水繁彦・鈴木雄雅などにより新展開をとげている。

【近年の動向と課題】

明治期に関する研究は新聞の復刻や周辺資料の整備が進み、記者や各紙の個別研究の蓄積が重ねられており、より広い射程から新聞と他領域との重層的な関係を探る方向で展開している。東大博物館の展示『ニュースの誕生』（九九年）はその一例である。大正期から占領期に関しては言論統制と新聞企業化が研究の軸で、津金澤聰廣編著『近代日本のメディア・イベント』（同文舘、九六年）のような文化史的論考は手薄である。スポーツ紙やテレビとの関係を含めた高度成長期以降の本格的研究はまだこれからである。今後は地方紙研究、新聞販売史、植民地の新聞、ジェンダー論からの史的研究の拡充が望まれる。

【参考文献】

津金澤聰廣他『近代日本の新聞広告と経営』（朝日新聞社、七九年）、田中浩編『近代日本のジャーナリスト』（お茶の水書房、八四年)、山本武利『新聞記者の誕生』(新曜社、九〇年)、新保満他『カナダの日本語新聞』(PMC出版、九一年)、春原昭彦編『女性記者』(世界思想社、九四年)、津金澤聰廣・有山輝雄編著『戦中期のメディア・イベント』(世界思想社、九八年)、本田康雄『新聞小説の誕生』(平凡社、九八年)、木下直之・吉見俊哉編『ニュースの誕生』(東京大学出版会、九九年)、李相哲『満州における日本人経営新聞の歴史』(凱風社、二〇〇〇年)。　(土屋礼子)

大衆文化

【大衆文化論の系譜】

大衆文化mass cultureという語は、日本では五七年前後の大衆社会論争の頃に定着したと見られる。それまでは民衆娯楽、民衆芸術、大衆文芸の語を用いた論究が存在した。民衆娯楽論は二〇年代に都市民衆の生活様式の変動を問題とし、労働者が余暇を費やす活動写真や寄席などの娯楽を社会調査を通じて明らかにした。橘高広『民衆娯楽の研究』(警眠社、二〇年)、権田保之助『民衆娯楽問題』(同人社書店、二一年)、大林宗嗣『民衆娯楽の実際研究』(大原社会研究所、二二年)を始め、大阪市や文部省による実態調査も行なわれたが、民衆教化策の一環という傾向が濃厚であり、のちに国民娯楽研究として国策に協力した。一方、民衆芸術論は一七年(大正六)頃から文芸と演劇を軸に論じられ、二六年(昭和元)『中央公論』の大衆文芸特集を境に新聞雑誌の連載小説を主とする大衆文学に関心が集まり、左翼文学運動における芸術大衆化論争と連動して大衆文学論が興隆した。千葉亀夫・菊池寛・長谷川如是閑・木村毅・大熊信行などの論考が現れた。またメディアに注目した戸坂潤と中井正一の論も重要である。これらの系譜は戦後、大衆文化の名の下に統合され論じられ始めた。その中心は南博・鶴見俊輔らの思想の科学研究会であり、『夢とおもかげ—大衆娯楽の研究』(中央公論社、五〇年)等の成果をあげた。

【視点と課題】

特権階級と庶民を隔ててきた文化的相異が、産業化により大量に複製生産され商品として消費される均質な文化を享受する都市の新興中産階級によって破壊される状況に対し、批判的な立場からは伝統的な高級文化に対し卑俗で低級な大衆文化という価値づけがなされ、肯定的な立場からは身分に縛られない平等な中間文化の可能性に注目する。前者は欧州中心で後者はR・デニーなど米国の論者が多く、米国のマスコミ研究の影響を受けた日本の論者はおおむね後者に属し、テレビ・週刊誌・漫画・歌謡曲などの各現象に即して人びとの日常的な関心構造を明らかにする微視的研究が六〇年代に多数蓄積された。その後の停滞期を経て、八〇年代後半から英国のカルチュラル・スタディズの影響を受け再び議論が活発化した。その特徴は戦後大衆社会の終焉と呼応して、経済構造に決定され受動的な大衆の意識を操作し画一的に支配する文化産業というマルクス主義的な視点に対し、イデオロギーや文化装置による操作の中を抵抗し作り替えていく人びとの創造的で自律的な力を評価し、文化を生産物としてではなく、日常生活や制度に表れた特定の様式や意味の体系を変容する諸力がせめぎあう過程として見い出そうとする点である。現在ではとくにナショナリズムや植民地の再検討を通じて文化論の再考が行なわれている。

【参考文献】
福田定良『民衆と演芸』（岩波書店、五三年）、尾崎秀樹『大衆文学論』（勁草書房、六五年）、鶴見俊輔『限界芸術論』（勁草書房、六七年）、同『戦後日本の大衆文化』（岩波書店、八四年）、仲村祥一編『現代娯楽の構造』（文和書房、七三年）、石川弘義編著『娯楽の戦前史』（東京書籍、八一年）、『余暇・娯楽研究基礎文献集』（大空社、八九～九〇年）、『大衆文化事典』（弘文堂、九一年）、鵜飼正樹他編『戦後日本の大衆文化』（昭和堂、二〇〇〇年）。

（土屋礼子）

社会教育施設

【社会教育の拠点】

社会教育施設と呼ばれる施設は、教育基本法、社会教育法を根拠法令として設置される公共的な施設である。その役割は市民の学習活動の場を提供することであり、また、その学習活動を支援することである。すなわち、社会教育施設といった場合は、社会教育法等で規定されている諸施設を指し、生涯学習施設といった場合は社会教育施設をも含んだすべての学習施設を指すのである。具体的に社会教育施設とされる施設は多岐にわたるが、おおむね公民館・図書館・博物館・青少年教育施設（青年の家・少年自然の家等）・婦人教育施設（婦人教育会館等）などである。これらの施設が国公立の施設として設置・運営される場合、その所管は国立では文部科学省、地方にあっては各自治体の教育委員会である。なお、法的にはこれらの施設が公立でなければならないと規定している訳ではないが、博物館以外では民間による設置は少ない。

【公民館・図書館・博物館】

多岐にわたる社会教育施設のなかで中心的な役割を果たしているのが公民館である。公民館は、図書館・博物館が特定の資料を収集し、その資料を利用するという学習形態をとっているのに対し、資料利用ではなく地域住民の自主的な学習活動の場の提供と、館長や（公民館）主事による学習支援が基本的な役割である。また、図書館・博物館が戦前から存在していたのに対し、公民館は一九四九年（昭和二四）の社会教育法の制定により設置されたもので、近世以来の村の集会所や戦前の公会堂など、地域住民の集会施設が源流と言えなくもないが、全く新しい社会教育施設として出発し、全国の市町村に整備された。大字単位で公民館を設置している自治体も珍しくはない。

図書館・博物館は、両者ともに欧米の施設の伝統が扶植され、日本的に発展してきたという共通点をもっている。そして、公民館とは異なり、それぞれが図書館法、博物館法という個別法により運営されている。また、図書館学、博物館学といった研究分野で今日の図書館・博物館の性格についても論じられているのでここでは省略する。

【研究の現状】

これらの施設の在り方等に関する研究は、主に教育学における社会教育学や生涯学習研究の分野で行われており、それらの成果は鈴木真理他編『生涯学習の基礎』（学文社、九八年）など、多くの概説書や入門書として出版されている。しかし、近現代の文化史の対象として社会教育施設を位置づけようとする研究はほとんどみられないのが現状である。ただ、教育史の分野では学校教育研究が主流とはいえ、社会教育関係の研究も盛んである。特に、地方教育史の場合に顕著である。例えば、昭和四〇年代から五〇年代にかけて刊行された『埼玉県教育史』全七巻では、戦後を扱った第六・七巻に、社会教育施設に関する叙述がある。その内容は、制度、整備状況、個別施設の活動状況の概況が主体であり、社会教育行政の実績報告となっている。このような成果は、各地域の状況を把握するには便利であるが、地方文化の創造の場としての位置づけを前提とした史的研究にまで踏み込んでいるとは言えない。

（有元修一）

博覧会

【万国博覧会】

福沢諭吉は一八六二年（文久二）に遣欧使節団に随行し、後年その見聞記を『西洋事情』と題して出版した。そのなかで「西洋ノ大都會ニハ數年毎ニ産物ノ大會ヲ設ケ世界中ニ布告シテ各々其國ノ名産便利ノ器械古物奇品ヲ集メ萬國ノ人ニ示スコトアリ之ヲ博覧會ト稱ス」（巻之一博覧会の項）と述べている。これは、福沢が渡欧した時、ロンドンで開催されていた万国博覧会を見物したことが基礎となっているのであろう。この福沢に限らず、幕末から明治初期に西洋を視察した知識人たちは、当時欧米では博覧会という催し物が盛んに行われており、その博覧会を通じて技術の移転や他国の文化理解が進むという効用のあることを充分に理解したようである。そして、一八六七年（慶応三）のパリ万国博覧会に日本は初めて参加し、ある意味では国際社会へのデビューを飾ったということもできよう。その後、日本政府は各地の万国博覧会に積極的に参加するとともに、国内では内国勧業博覧会を開催する。なお、ここでは一九七〇年（昭和四五）の大阪万博にはじまる博覧会ブームについては取りあげない。

【内国勧業博覧会】

明治政府の「殖産興業」政策に沿って、万国博覧会の国内版とでもいうべき内国勧業博覧会が一八七七年（明治十）から一九〇三年（同三六）にかけて、前後五回開催されている。場所は東京で三回開催されたあと、京都と大阪で各一回の開催である。特に、第五回目の大阪での博覧会は入場者数四百万人を超える盛況であった。これら政府主催の大規模な博覧会とは別に、地方でも産業振興を目的に小規模な博覧会や共進会と呼ぶ催しが頻繁に行われていた。そこでは、内国勧業博覧会も同様であるが、品質や技術の優劣を競わせる表彰行為が行われ、地域の産業振興に大きな役割を果たした。

【史料と研究文献】

博覧会関係の直接史料としては、明治・大正期の万国博覧会や内国勧業博覧会の公式報告書類の復刻版（明治一一年『佛蘭西巴里府萬國大博覧會報告書』フジミ書房、九八年）などが出版されており便利である。研究文献としては吉田光邦氏の『改訂版万国博覧会』（ＮＨＫブックス、八五年）を初めとする一連の万国博覧会の歴史に関する実証的研究がある。また、科学技術史、産業技術史といった分野では必ずといってよい程、博覧会によって技術が伝播していく過程の研究が伴っている。そして、吉見俊哉氏は『博覧会の政治学—まなざしの近代—』（中公新書、九二年）において社会学の立場から、博覧会の大衆的受容の変化を通して近代を考察しようとする新しい視点を提起している。一方、博覧会は博物館史の分野で注目されており、椎名仙卓『明治博物館事始め』（思文閣出版、八九年）などの成果がある。なお、博覧会は博物館との関係が深いこともあり各地の博物館で企画展示などに取り上げられることが多い。近年の展示に伴う図録としては、長野県立歴史館『殖産興業と万国博覧会—明治期における長野県と世界の交流—』（九七年）、千葉県立現代産業科学館『万国博覧会の夢—万博に見る産業技術と日本—』（二〇〇〇年）などがある。

（有元修一）

反戦思想

【明治期】

日清戦争期には反戦の主張を見い出すことができない。のち北清事変の最中、一九〇〇年（明治三三）に幸徳秋水は帝国主義の野望を見抜き「非戦争主義」を書いて批判した。日露開戦前には、主戦論が燃えさかる中、『萬朝報』のみ非戦論を唱えたが、結局は世論に屈して開戦論を掲げた。退社した幸徳秋水・堺利彦は『平民新聞』を興し、「吾人は飽くまで戦争を非認する」と主張した。『滋賀日報』、『二六新報』、『ときの声』（救世軍機関誌）、『新仏教』（新仏教同志会機関誌）も非戦の主張を掲げ、内村鑑三も『聖書の研究』などに非戦論を述べた。木下尚江は「東京毎日新聞」に小説『火の柱』を書いて非戦の思いを述べ、小杉未醒（放庵）・内海信之・中里介山・大塚甲山・秋田雨雀の詩文も発表された。最も有名なのは与謝野晶子の「君死に給ふことなかれ」、大塚楠緒子の「お百度詣」であるが、これらは必ずしも反戦とはいいにくい。戦後、徳富蘆花は「謀叛論」で絶対平和主義の立場を明らかにした。

【大正から昭和へ】

第一次大戦については反戦論はほとんどないが、そのあとのシベリア出兵については批判が強かった。黒島伝治の「渦巻ける鳥の群」はプロレタリア文学史上の傑作とされるが、与謝野晶子・武者小路実篤・富田砕花も反戦詩を書いた。しかし、明確な反戦思想の表明は、社会主義思想に裏打ちされた文学作品において行なわれた。二〇年代の後半から三五年頃までの短い間であったが、治安維持法や不敬罪の弾圧に抗しての活躍が展開された。しかし、日本共産党はほとんど潰滅的な打撃を受け、社会大衆党や日本労働総同盟は戦争を合理化し支持した。石橋湛山の満蒙進出反対論、矢内原忠雄の発行した『嘉信《かしん》』や、灯台社、全国水平社の反戦運動、桐生悠々・正木ひろしの批判などはあったが、前衛党を失い、大衆運動としての反戦・平和運動は成立しなかったのである。

【第二次大戦後】

敗戦後のアメリカ軍による占領下では、日本共産党を中心とする反米民族独立闘争、知識人の再軍備反対運動が行なわれ、独立以後は原水爆禁止運動、六〇年(昭和三五)の安保反対闘争が中心で、六〇年代から七〇年代にかけてはベトナム反戦運動が広範に展開し、ベ平連を中心とする市民運動、青年層を中心とする全共闘運動が展開したが、七〇年代後半から、生活水準の向上に伴い、急速に大衆的支持を失った。

九〇年代、東ヨーロッパの激変、ソ連の崩壊により、米ソ二大国による核戦争の脅威は消滅したが、地域的紛争は間断なく続いており、民族意識の昂揚、民族自決への志向が強まる中で、反戦・平和運動はむしろその真価を問われる時期に入ってきた。

【研究への手がかり】

反戦思想の史的回顧としては、松下芳男『三代反戦運動史』(光人社、七二年)がある。問題のとらえ方としては、個人の著作あるいは新聞・雑誌などの記述を読み、その思想のよりどころを当時の政治・社会状況の中に求める手法でまとめることが必要であり、小説や詩歌にこめられた反戦の思いを拾い出す作業も有効であろう。秋山清他編『日本反戦詩集』(太平出版、六九年)、飛鳥井雅道『日本プロレタリア文学史論』(八木書店、八二年)など参照。

【参考文献】

本文中に掲げたもののほか、平和運動三十年記念委員会『戦争と平和の日本近代史』(大月書店、七九年)参照。

(阿部　猛)

プロレタリア文化運動

【運動の展開】

プロレタリア文化運動とは、労働者階級の立場に立って、ブルジョア的、前近代的な支配階級の文化を批判し、労働者階級独自の文化の創造をめざす運動。わが国では、この運動は文学運動を中心に展開されたが、自覚的な運動は、二一年

（大正一〇）の小牧近江らの「種蒔く人」の創刊以後とするのが一般的な見方である。しかし、この雑誌も三年後には廃刊となり、同年に「文芸戦線」が創刊され、その翌年日本プロレタリア文芸聯盟が結成されて、本格的な運動が始まった。

聯盟は無産階級闘争文化の樹立を宣言し、演劇・音楽・美術の三部を置いた。このうち演劇部は移動劇団を組織してまわり、これは二六年（昭和元）の前衛座として成長した。この年に文芸聯盟は改組されてプロレタリア芸術聯盟となった。しかし、昭和初年にかけて理論闘争が続き、離合集散がくり返され、二八年（昭和三）三月に、日本共産党の支持で全日本無産者芸術聯盟（ナップ）が結成された。聯盟は文学・演劇・美術・音楽・映画・出版の六部門からなり、プロレタリア文化運動の主流となる。三一年（昭和六）一月には日本プロレタリア文化聯盟が結成された。ナップ五団体に加えて、日本プロレタリア写真家同盟など七団体を合わせて結成され、全文化団体の結束をめざした。ナップの機関誌「戦旗」は、最盛期には二万三、〇〇〇部の発行部数を誇ったが、課題がないわけではなかった。

【文化運動の課題】

大正時代における中・高等教育の拡大と、大正末年から昭和初期にかけてのいわゆる円本《えんぽん》ブームの中で文化の享受層が急速に増加したが、プロレタリア文化運動の中に、彼らをどのように引き込むかは大きな課題であった。とくに、ラジオ・映画・写真などの新しいメディアを含む芸術理論の構築が要請され、「芸術の大衆化」をめぐる論争が交わされた。

「大衆化」をさまたげる要因は、プロレタリア文化運動における「政治」の優越性であった。大衆啓蒙、あるいは大衆煽《せん》動《どう》の目的とする芸術の実用性の面が強調されたから、例えば、美術では宣伝のためのポスター的な仕事が主で、美術的に独自の様式を生み出すに至らなかった。

大衆の中に文化サークルを作り党勢の拡大に結びつけようと急であったから、権力による激しい弾圧を蒙らざるをえなかった。政治的実践と結びついたため、政治路線の論争にふりまわされ、運動主体の分裂・抗争も激しく、これも権力による弾圧活動を利することになった。そして三二年（昭和七）三月以後、文化運動の指導者層が検挙され、組織は壊滅状態となり二年後には解体した。

【研究上の問題】

「戦旗」に掲載された中野重治『春さきの風』、小林多喜二『蟹工船』、徳永直『太陽のない街』などは、現在にも残る名作とされるが、多くは政治性むき出しの作品であり、大衆にかえって嫌悪感を抱かせる面があった。文学・芸能などの娯楽性の欠如は、プロレタリア文化の支持層を大衆に広げにくい原因となった。作品の質の高さと、それが大衆に与えた影響の大きさとは必ずしも一致せず、「文化としての広がり」を問う必要がある。さらに、プロレタリア文化運動の研究に伴う困難の一つは、やはりその党派性にある。研究における客観性をいかに維持するかは、かなり困難である。

【参考文献】

研究文献は多いが、山田清三郎『プロレタリア文学史』（全二冊、理論社、五四年）。同『プロレタリア文化の青春像』（新日本出版社、八三年）は、運動の渦中にあった人物による著述であるが、資料的な価値がある。そのほか、飛鳥井雅道『日本プロレタリア文学史論』（八木書店、八二年）。資料的には『日本プロレタリア文学大系』（全二〇巻、新日本出版社、八四〜八五年）がある。

（阿部　猛）

アイヌ文化

【アイヌ民族文化の成立】

アイヌ文化は本州北部、北海道、樺太（サハリン）、千島（クリル）列島の先住民であるアイヌ民族が、独自に育んできた言語・生業・生活・信仰などの総体。アイヌ民族はモンゴロイドとの関連が考えられ、縄文人を祖先とする説もあるが、言語系統はなお不明とされる。北海道では本州及び樺太・千島との交流があり、擦文文化を基礎としつつオホーツク文化の要素を継承し、アイヌ文化はこれら周辺に接する文化の影響をうけつつ成立したと考えられる。アイヌ文化の原型が成立した時期について考古学では、擦文文化が終わる十三世紀ごろに求めている。

【アイヌ民族文化の特質】

『諏訪《すわ》大明神《だいみょうじん》絵詞《えことば》』（一三五六年）は「蝦夷」の語を以て、往来交易、独自の言語、行動的で獣・魚肉の食生活など、文化の独自性を記録。近年の発掘調査からも積極的な交易、交易に対応した生産を、組織的に行ったとされている。十五世紀、アイヌ民族社会に本州勢力が侵入して対立、コシャマインの戦い（一四五七年）が起きる。戦いを制した蠣崎政権は、アイヌ民族に土地緊縛と本州側の商品需要にみあった生産拡大を強要した。その交易量を確保するため、共同体間の対立やあつれきが高まった。聖域・戦闘・談合・祭祀・資源監視などの役割をもつ《チャシ》が、河川・湖沼・海に臨む地に築造されるのも、ユーカラなどの口承伝承とともに、重要な点である。

幕府が蝦夷地を直轄する時期、秦檍丸《はたあわぎまろ》『蝦夷嶋奇観』、平沢屏山『蝦夷風俗十二ケ月図』が作られ、伝統的な文化が明らかにされる。その主要な生産・生業の場は、サケの遡上する河川流域の山野や河口をもつ海岸部にあり、数戸単位のコタンを基礎に採集・漁撈・狩猟の自然採集経済を営み、河川や海岸を軸にした共同体（イォール）を形成している。河川・河口では植物の根・茎・実などを採集する。遡上するサケの産卵場や通過路は漁撈の場だけでなく、産卵場にあつまるワシ・タカの猛禽類くクマ・鹿などほ乳類を狩猟する場所となる。海岸部ではテン・ラッコ・オットセイなど海獣類の狩猟をする。いずれも定住性をたもつ要素であり、搬送には板綴舟（イタオマチップ）などを用いて交易の手段とした。アイヌ民族の世界観には、人間のアイヌモシリと神々のカムイモシリがあり、互恵しているとする観念がある。人にもたらされるすべてに神々の魂がやどり、丁重なモノ送りの儀礼で神に返すことが、次ぎの恵みにつながると考える。飼育したクマを霊送りする儀礼は、アイヌ民族文化の中核をなすと考える説がある。

明治政府はアイヌ民族を旧土人と呼ばせ、一八九九(明治三二)年には北海道旧土人保護法を制定する。一九九七(平成九)年、「アイヌ文化の振興並びにアイヌの伝統等に関する知識の普及及び啓発に関する法律」(アイヌ文化振興法)が制定・施行され、長きにわたる差別・偏見の除去、誤った認識を是正する事業に取り組むことになっている。

【参考文献】
大塚和義『アイヌ』(新宿書房、九七年)、宇田川洋『イオマンテの考古学』(東京大学出版会、八九年)。

(佐藤宥紹)

家

【家とは】
住居や居住を指す言葉であったが、転じて家族集団を意味するようになり、抽象化され家名や名跡をも意味するようになった。家は家長と家族員で構成され、家長は家族員を統制し、家産の管理や家族員の生活を保障する役割を持ち、家名と家業を存続し子孫に伝える役割を持っていたとされる。

【家研究史と成果】
戦前の家研究は、明治政府の戸主権や夫権を強化した明治民法などの家維持政策に対応して開始されたが、戸主権をめぐる民法論争に端を発した法制史研究がまず成果をあげた。大正期以降は、実態的な伝統的家の変容を背景に、社会学や民俗学などから家長と家構成員との関係や質が議論されてきた。

戦後の家研究は、石母田正(『古代家族の形成過程』『社会経済史学』一二―六、四二年)、藤間生大(『日本古代国家』伊藤書店、四六年)らによって戦時中に進められていた古代戸籍分析による古代家族研究から始まった。彼らは、エンゲルス『家族(家)・私有財産・国家の起源』を理論的土台にし、国家と家族の成立過程と農奴制、資本制への歴史発展段階を解明する課題が鮮明だった。そのため、国家成立の前提となる家父長制家族の形成過程を実証的にも理論的にも明らかにすることに力点が置かれた。古代戸籍は、唐の父系的家父長制家族を土台にした編戸政策に裏打ちされていたが、それを実態的家族と見なし家父長制的奴隷制と位置づけ、奴隷制の分解から農奴化が進み領主制が成立する松本新八郎に引き継がれていった。

近代史では、封建的な家制度を克服する家族史研究が盛んだったが、六〇年代まではどの時代の家族史研究も史的唯物論の歴史発展理論をふまえた政治経済的視点からの家族史研究が主流だったため、家族構成員相互の関係や婚姻関係など生活に根ざした家族を具体的に分析する視点は欠如していた。

七〇年代になり、世界的規模で生活に根ざした社会史研究がわが国にも導入され、史料に即した歴史用語としての「家」研究が本格的に展開されるようになった。その結果、首長制的古代共同体社会の消費単位の「イヘ」、九世紀にまず天皇家から萌芽し、院政期には貴族・豪族・武士層に浸透、中世には百姓層にもしだいに定着する家産と家業が継承されるイエ、近世には全階層に確立する代々継承される自立した家、近代の実態的家の解体と近代家族として資本制に適合する形で形成される家制度、戦後の高度成長下で性役割分担を基盤にした現代家族、と家の形成・確立・解体の大きな途筋が解明され、議論されるようになった。家長権や夫権、親権、父母子関係、妻役割、近代における主婦の登場など、ジェンダー的視点に即した研究が主流になったことが最も大きな成果である。

【今後の課題】

家庭内暴力などの家族病理・少子化・パラサイトシングル・老人介護等々、家族問題が深刻化している現在、親子関係、老人扶養、子どもの社会化など、現実の生活に根ざした視点で家の歴史を分析することが大きな課題である。

【参考文献】

比較家族史学会編『事典家族』（弘文堂、九六年）、歴史科学協議会編『歴史における家族と共同体』（青木書店、九二年）。

（服藤早苗）

医療

日本の医療は、対外交渉や病の流行に伴って発展してきている。奈良時代以来、数年あるいは数十年おきに疱瘡や水痘（水疱瘡）、瘧疾《ぎゃくしつ》（「オコリ」とも呼ばれるマラリア性疾患）、麻疹、風邪などの流行病《はやりやまい》が流行し、一方で癰《よう》や疽《そ》といった腫物類もかなりの発生率であったため、より効果的な治方を求める気運が常に醸成されていたことがその背景をなしている。

系統立った医療の伝来は、奈良時代に来日した唐の僧鑑真によってもたらされた仏典に基づく医療、いわゆる「鑑真秘方」であって、石薬《せきやく》（鉱物質の薬剤）を調剤として用いたところにその特色があった。が、その後に遣唐使によって隋唐医学が伝えられると、そうした輸入医書をもとに、丹波康頼によって実践的治方の『医心方』が著された。本草（薬剤）を症例ごとに配し、養生と治方の根本を明らかにしたところにその医療の斬新さが認められるが、症候の鑑別が不十分であったことや、公家社会で占有されたため、一般に浸透しなかった。

実践的な臨床医療の大成と普及は、戦国期に中国金・元代の李朱（李東垣《りとうえん》・朱丹渓《しゅたんけい》）医学を治方に活かした田代三喜と、その門弟ながら独自の道三流医術を確立した曲直瀬道三《まなせどうさん》の働きによる。李朱医学をもとにした道三流医術の特色は、仏教色の強い観念論的な医療を克服し、医術の根本理念を儒学の慈仁に求め、察証弁治の治療心得を明示したことにあった。すなわち神・聖・功・巧の四知（望・聞・問・切の四診）を励行して病因を察したばかりか、急性と慢性疾病の区別や年齢・性別、生活環境の相違に留意したのである。体力の違いを虚（虚弱）と実（強健）に分け、症状を寒と熱に区分し、これに脈診の結果を加えて治方を決めたのであった。「神麹《しんぎく》」のような胃腸（消化）薬を重んじたところにこの治方の特色があるが、この時期には南蛮医学がもたらされ、イエズス会宣教師のルイス＝デ＝アルメイダにより腫物の切開や縫合が行なわれるようになり、またこの療法を創傷に応用した金創治療法も普及するに至った。

江戸時代になると、小石川療養所による貧窮傷病者の救済が行なわれたり、古代以来の伝統療法である灸《きゅう》や鍼《はり》が一般化する一方で、解剖書の翻訳（『解体新書』）による蘭方医療の普及が医療の内容に厚みを加えたが、虎列刺《コレラ》や腸窒扶斯《ちょうチフス》、さらには流行性感冒といった舶来の疫病がしばしば猛威をふるい、梅毒や痘瘡も流行ったため、対症療法での成果に限りが見られた。が、幕末にかけて、麻酔剤「通仙散」の開発に伴って乳癌の腫瘍摘出が行なわれ、西洋（オランダ）の牛痘法の導入によって疱瘡の予防接種が可能になると、医療のありように大きな変化が現れるに至った。明治政府の西洋医学に基づく「医学校兼病院」（東大医学部）の設置や医師免許制度、内務省管轄の「中央衛生会」による保険行政などにより、防疫・療治体制が整えられたのである。もっともこの間「近代病」の象徴の結核が社会問題化するが、これも抗生物質ペニシリンによる加療が可能となったことによって、その恐怖が取り除かれるに至った。現代においては、耐性菌や各種ウィルスの流行が懸念されているが、これらに対応する先端医療開発の成果も著しい。

【研究文献】

先駆的研究成果として富士川遊『日本医学史』（日新書院、四一年）、日本学士院編『明治前日本医学史』（日本学術振興会、五六年復刻）、続いて服部敏良『奈良時代医学の研究』、『平安時代医学の研究』、『鎌倉時代医学史の研究』、『室町安土桃山時代医学史の研究』、『江戸時代医学史の研究』（いずれも吉川弘文館、四五年～）、矢数道明『近世漢方医学史』（名著出版、八二年）、酒井シヅ『日本の医療史』（東京書籍、八二年）、新村拓『日本医療社会史の研究』（法政大学出版局、八五年）、宮本義己「中世後期乃至近世初期日本医学史の特質Ⅰ」（『國學院雑誌』八一―四、八〇年）「戦国期毛利氏領国における医療体制刷新の実相」（『帝京史学』八、九三年）他。刊本資料として、大塚敬節・矢数道明『近世漢方医学書集成』（名著出版、七九年）他。

（宮本義己）

稲荷信仰

【信仰の広がり】

稲荷は全国的に分布し、最も普及している身近な現世利益神の一つで、その信仰内容は複雑・多岐にわたり、農村部では農業神、漁村部では漁業神、都市部では商業神・病気平癒の神、鋳物《いもじ》師・鍛冶屋や養蚕地帯では生業の守護神として祀られ、地域的には、西日本より東日本のほうが濃密である。また、屋敷神としても多くを占め、とくに関東では圧倒的である。

【伏見系と在地系】

稲荷信仰は伏見系と在地系の二つに分けられる。伏見系は、京都の伏見稲荷大社を中心とし、「正一位稲荷大明神安鎮之事」の分霊証書を受けた分霊社は、現在でも全国で三万余を数える。伊奈利《いなり》山の神を麓に住む農民が田の神として祀ったのが伏見稲荷の原初的信仰で、五・六世紀頃秦《はた》氏がここに移り住んで祭祀権を掌握し伏見稲荷社を創建した。その後、官寺である東寺（教王護国寺）の鎮守となり、真言密教と結びつくことで、稲荷信仰も多様性を帯び、治病・託宣《たくせん》・願掛けなど現世利益的な性格を強めていった。そして、近世に入ると、稲荷信仰が全国に普及し、正一位の神階授与も行なわれた。近世中期以降には、憑《つ》きもの・福神など、はやり神的にも祀られた。もともと田の神とその使令《しれい》としての狐という信仰があったことが伏見稲荷が全国的に受容された基盤であり、各地に見られる狐塚も田の神の祭場であったという。そして、伏見稲荷信仰が各地域に普及・浸透していくのに、民間の巫者《ふじゃ》・行者・祈禱師が大きな役割を果たしたというが、その具体相や各地域での信仰のあり方も十分には解明されていない。

在地系は、伏見稲荷とは別に田の神の使令である狐、あるいは狐そのものに対する信仰が稲荷に転化したもので、これも各地に見られる。青森県弘前の稲荷社には、狐伝承が残されているものの、勧請の経緯に伏見稲荷大社との関係が見られず、祭日も二月初午ではない。長野県東筑摩郡では、屋敷神に稲荷神と氏神（祖霊）を合祀しているが、田の神と氏神を同一視するのは非常に古い形式とされている。屋敷神の中にも在地系のものが数多い。今後は、伏見系・在地系を合わせて、全体として稲荷信仰の持つ多様性から日本人の民間信仰意識の特質を検討していく必要があろう。

【狐】

稲荷神の使令を狐とすることは中世までさかのぼれる。また、真言密教の影響で荼枳尼天《だきにてん》と狐神信仰とが習合して祀られるようにもなった。狐神や狐憑きの信仰は全国的に見られ、伏見稲荷の信仰圏ということだけでは説明がつかない。在地系でも狐は田の神の使令とされているからである。ただ狐そのものについては、生態学的な検討から信仰習俗に至るまで、かなり明らかにされてきている。

【参考文献】

直江広治編『民衆宗教史叢書三・稲荷信仰』（雄山閣、八三年）、山折哲雄編『稲荷信仰事典』（戎光祥出版、九九年）、榎本直樹『正一位稲荷大明神』（岩田書院、九七年）、大森恵子『稲荷信仰と宗教民俗』（岩田書院、九四年）、吉野裕子『ものと人間の文化史三九・狐・陰陽五行と稲荷信仰』（法政大学出版局、八〇年）。

（加藤　貴）

氏神

【守護神・祖先神と氏人】

氏神とは本来、「氏」集団の族長（氏上・氏長者）と氏人が祀る神を指す。氏神が祖先神か否かをめぐっては議論があるが、一概にはいえず歴史的な変化として理解する必要がある。古くは、尾張氏が熱田社、物部《もののべ》氏が石上《いそのかみ》社を祀るというように、「氏」の政治的地位・職掌と関わりの深い有力神を奉祭した。また、阿曇《あずみ》氏が綿津見《わたつみ》神を「祖神」として祀る（『古事記』）例もあるが、これらは「氏神」とは称されていない。

「氏神」の語は、奈良時代後半以降平安時代にかけて頻出する。これはこの頃に支配層の「氏」が、外延部の不明確な政治組織からより純粋な父系親族組織へと変質をとげることと関わる。「氏」組織の結集の核として「氏神」の明確化が求められ、祖先神の氏神化および奉祭神の祖先神化が進む。藤原氏の氏神である春日社が、地縁的・政治的由緒に基づく守護神たる鹿嶋と香取、系譜上の祖先たる天《あめ》児屋根《のこやね》命と姫神の四神をあわせ祀って成立するのは、そのよい例である。こうして成立した氏神は、原則として氏人のみの奉祭を受け、その加護は氏人のみに及ぶ。奈良時代末期の下級官人による氏神祭祀のための休暇願いが正倉院文書にあり、彼らは本拠地に帰省して祭を行なっている。氏神の祭は春は二月または四月、秋は一一月で、農耕儀礼の要素を持つ。

【鎮守神と氏子】

平安末以降中世にかけて、平家の厳島社、源氏の八幡神のように、新たに台頭した一族が何らかの機縁で強力な守護神を氏神に加える動きが見られる。また荘園支配の進展につれて、中央から勧請した神が荘園鎮守神として郷村の守護神化し、在地武士団の氏神となるなど、多様な経路で鎮守神と氏神が重なりを見せてくる。中世後期の『臥雲日件録《がうんにっけんろく》』には「凡そ世人、神明の我が生るるところの地を主るものを以て、これを氏神といふ」とあり、産土神（地縁神）が氏神とされている。江戸時代には、村ごとの鎮守神（産土神）＝氏神が地域の人びとすべてを氏子（産子）として加護するという観念がほぼゆきわたり、その後、近代の神社行政のもとで氏子制度として定着し、現在に至っている。ただし成り立ち・変遷の多様性を反映して、民俗としての氏神はさまざまな形態を含む。柳田国男はこれを村氏神・屋敷氏神・一門氏神の三つに分けた。村氏神は小さな村ごとの守り神で、明治政府による神社整理の過程で合祀抹消されてしまったものも少なくない。屋敷氏神は個々の家屋敷の守り神で、邸の隅や屋敷林の中に小祠を設けて祀る。一門氏神は、マキ・カブ・イッケなど、本家を中心とする同族の家々が祀る一族の守り神で、地域によりウチガミ（内神）・ヂガミ（地神）・ウチガンなどとも呼ぶ。

【参考文献】

柳田国男「氏神と氏子」（『定本柳田国男集一一』筑摩書房、六三年）、有賀喜左衛門「先祖と氏神」（『有賀喜左衛門著作集七』未来社、六九年）、萩原龍夫『中世祭祀組織の研究』（吉川弘文館、七五年）、原田敏明『村の祭祀』（中央公論社、七五年）、米地実『村落祭祀と国家統制』（お茶の水書房、七六年）、義江明子『日本古代の氏の構造』（吉川弘文館、八六年）、中村英重『古代祭祀論』（吉川弘文館、二〇〇〇年）。

（義江明子）

氏寺

一族の現世安穏・後世菩提を願って建立された寺院。古代の氏だけではなく、氏の変質の中から成立する一門・一家によるもの、中世の武士団によるものも「氏寺」と呼ばれる。中世末以降は、家の墓の管理を行なう菩提寺が一般的となり、氏寺は衰退した。一族が維持・経営に関わり、寺僧も氏人から選ばれることが多い。仏教導入の初期に豪族層によって建立された寺の性格、「家」の成立と氏寺の機能、といった点をめぐって議論が深められている。

【氏寺とは何か】

六世紀の仏教伝来後、七世紀には畿内有力豪族のみならず地方豪族も競って本拠地に寺院を建立した。畿内では蘇我氏の飛鳥寺（法興寺）、秦氏の太秦《うずまさ》寺、阿倍氏の阿倍寺などがあり、地方でも郡司級氏族による寺院建立の伝えが『日本霊異記』などに多く見られる。六二四年（推古三二）に四六（『日本書紀』）、六九二年（持統六）に五四（『扶桑略記』）あったとされる寺院の多くは氏族による建立と思われ、この数は考古学的にもほぼ裏付けられる。

ただし、初期の寺が各氏族の古墳と隣接・併存することから、古墳時代の首長霊への信仰を受け継ぐとする「古墳から氏寺へ」との見方には近年疑問が呈されている。七世紀末の天武・持統朝には官寺の制が整い公私の別が明確になるが、それ以前の、例えば飛鳥寺を蘇我氏の私的な「氏寺」と見てよいかは問題であり、逆に大官大寺もその前身は有力王族・大王による私的寺ともいえよう。「氏寺」の語の初見は『日本後紀』延暦二四年の定《じょう》額寺《がくじ》に関する制に見え、氏族が私的に建立した寺の意味である。中世後期には『結城氏新法度』のように公界《くがい》寺と区別対比して「氏寺」の用法が見える。

【氏寺の機能】

古代における氏寺の代表例は藤原氏の興福寺であろう。氏祖鎌足にちなむ維摩《ゆいま》会《え》には氏人の参加が義務づけられ、藤原氏の行事大夫がとりしきった。祖先の菩提をとむらう氏寺は、氏人の精神的支柱として氏神よりもより現実的で柔軟性を持つ。平安期に入り氏の中から複数の家筋が分立してくると、基経創建の極楽寺、忠平の法性寺、道長の法成寺など、有力な個人の発願建立した寺院が、氏全体の氏寺である旧来の興福寺にあわせてその特定個人の一門・子孫にとっての家の氏寺となる。経済的機能としては、氏寺はそもそも父祖の宅を施入して建立されることが多く、氏の経営拠点であったヤケの諸機能を引き継ぎつつ、氏財産の伝領・再結集に重要な役割を果たした。興福寺は平安末には莫大な寺領荘園を形成し、一門・一家の寺もそれぞれの経済基盤を形成した。

【参考文献】

竹内理三『律令制と貴族政権』二（お茶の水書房、五八年）、田村圓澄『飛鳥仏教史研究』（塙書房、六九年）、嶋田暁「氏寺考」（『愛泉女子短大紀要』一〇、七五年）、義江明子『日本古代の氏の構造』（吉川弘文館、八六年）、服藤早苗『家成立史の研究』

（校倉書房、九一年）、京楽真帆子「平安時代の『家』と寺」（『日本史研究』三四六、九一年）、中村英重「古代氏寺考」（圭室文雄編『民衆宗教の構造と系譜』雄山閣、九五年）、網野善彦『〔増補〕無縁・公界・楽』（平凡社ライブラリー、九六年）。

（義江明子）

絵図

【絵と画】

絵図とは、実在する物の形をそのまま写した図に、何らかの彩色が加えられたものをいい、彩色が施された「絵」と、墨線・彩線のいずれにしても線画で物の形を書き表した「画」とは区別されなければならない。このように、ともすれば混同されがちな「絵」と「画」の相違に留意しながら絵図の定義を行なった竹内理三は、さらに㈠国絵図・田図・荘園絵図などの政治絵図、㈡日本図・村絵図・名所図・街道図などの案内図・道中図、㈢境内図・社寺参詣曼荼羅などの信仰絵図、㈣城郭図などの設計図・見取絵図、といった絵図の分類を試みている（「絵図」『文化財講座・日本の美術・古文書』第一法規、七九年）。詳細は略したが、それでも絵図の多様さ、その豊かな世界を想像することができよう。

【絵図への関心】

これら絵図に関する研究の中で、今日最も関心を集めているのは、政治絵図・信仰絵図としておのおの位置づけられている荘園絵図・社寺参詣曼荼羅である。このうち荘園絵図については、その読解をめぐっても「絵図からできる限り多くの情報を読みとり、～」（葛川絵図研究会「『葛川絵図』に見る生活認識とその表現」『日本史研究』二四四、八二年）、「絵図を作成するに至った動機・目的にそって一貫して読み通す」（黒田日出男「荘園絵図の世界」『月刊百科』八三年）といった相異なる方法が提起されるなど、活発な議論が展開されている。しかしここでは具体的に荘園絵図に描かれている事物の中から二・三の社寺を取り上げ、政治絵図とされる荘園絵図にしても文化史・信仰史的に興味深い研究対象であることを指摘するにとどめたい。なお社寺参詣曼荼羅については、本書中、別に立項している。

【絵図と信仰】

まず、高校日本史教科書の大半に載せられている著名な「紀伊国桛田荘絵図」には「八幡宮（神社）」と「堂（寺院）」とが対になって描かれており、明らかに神仏習合の様子がうかがわれる。おそらく、これらの社寺は荘園領主の側からいえば支配の拠点としての、荘民たちからいえば精神的結合の場としての役割を果たしていたものであろう。次に、荒野開発に伴って作成された「和泉国日根野村絵図」では、「大井関大明神」を始め灌漑用水の水神として信仰される神社を見い出すことができ、さらに霊場信仰・山岳信仰などの研究にとっても有益であるとされる「陸奥国骨寺村絵図」のようなものもある。

絵図は文化史研究の重要な素材である。

【研究文献】

文献を主要史料とし、絵図には補助的地位を与えなかった従来の研究のあり方を批判し、絵図に主位を与えて日本の歴史を構成しようとした西岡虎之助『新日本史図録』上（中央公論社、五二年）の刊行以来、半世紀の歳月を経た今日、絵図を始め絵画史料に対する研究は確実に増えている。それらのうち、各時代・各地域の多彩な絵図を取り上げているものとして、葛川絵図研究会『絵図のコスモロジー』上・下（地人書房、八八・八九年）、荘園絵図研究の最新の成果として奥野中彦編『荘園絵図研究の視座』（東京堂出版、二〇〇〇年）、黒田日出男『中世荘園絵図の解釈学』（東京大学出版会、二〇〇〇年）をあげておく。

（樋口州男）

絵巻物

【名称と分類】

文章（詞書）と絵によって物語を語り、これを巻物にしたものをいう。

絵巻の名称は、近世以降に出現したもので、古代・中世には「―絵」と呼ばれていた。江戸期、床の間の普及とともに一般に「掛け物」の画が流通した。これと形式を異にする「巻物」の画とを区別するために、「絵巻物」の呼称が生まれたとする。

今日、現存絵巻の数は数百点を超える。その内容によって、①社寺の由来や縁起類、②高僧の伝記類、③合戦の記録類、④御伽草子類、⑤説話・物語・日記類などに分類できる。そして⑤がそれぞれに独立して分類される場合もある。

【絵巻物の歴史】

平安期には、仏教説話や恋物語・和歌などをテーマにした物語の絵画が流行した。代表作品には、段落形式の「源氏物語絵巻」、連続式の「伴大納言絵巻」がある。院政期、様々なテーマの絵巻が制作された。地方社会に生きる人々の生活を描いた「粉河寺縁起絵巻」、外国に題材をとった「吉備大臣入唐絵巻」、京の年中行事を描いた「年中行事絵巻」、人々の行動や性格への興味を動物に仮託して描いた「鳥獣人物戯画」、武士の台頭を描いた「後三年合戦絵巻」などが制作された。

鎌倉末期になると、絵巻を享受する人々が増加し、制作を依頼する人々が多様化した。たとえば「蒙古襲来絵巻」は、絵巻の主人公肥後国御家人竹崎季長自身が注文主でもあった。また寺社の権威を称える「春日権験記絵巻」や、仏教宗派の祖師の伝記など、人々に信仰を勧める「一遍上人絵伝」などが制作された。さらに鎌倉後期の宗教界の動きを批判する「天狗草紙」は、画中詞も多用されている。南北朝期以降では、宮廷絵所の絵師による作品のほかに、民間で制作されたものが多く見られる。「是害房《ぜがいぼう》絵巻」のように、自由自在な構図で新しい庶民的感覚に溢れている絵巻が登場し、室町期のお伽草子絵巻に受け継がれていった。

【絵巻物研究】

美術史以外で、早くから絵画史料の研究を行ってきたのは、有職故実研究である。まず初期絵巻物を、有職故実の視点から考証した鈴木敬三『初期絵巻物の風俗史的研究』（吉川弘文館、六〇年）がある。最近では、藤本正行『鎧をまとう人びと―合戦・甲冑・絵画の手びき』（吉川弘文館、九九年）、近藤好和『中世的武具の成立と武士』（吉川弘文館、二〇〇〇年）がある。

絵巻物に描かれているさまざまな事物について、民俗学的なアプローチの先駆的業績が、渋沢敬三編『絵巻物による日本常民生活絵引』全五巻（角川書店、六五～六八年。のち八四年、新版が平凡社から刊行）である。絵巻の場面を、生活誌の史料として活用するという意図を持った、画期的な仕事である。関連した研究に、宮本常一『絵巻物に見る日本庶民生活誌』（中公新書、八一）・五来重『絵巻物と民俗』（角川選書、八一）がある。

絵巻物を絵画史料の主要な一つとして、積極的に取り上げるようになったのは、八〇年代以降であり、歴史学の立場から研究を主導してきたのは、黒田日出男である。八〇年代後半、絵巻物を積極的に利用した研究が相次いでいる。そして美術史を含め、諸分野の研究者の協業による絵巻の読解が行われている。

最近では、近藤好和『中世的武具の成立と武士』（吉川弘文館、二〇〇〇年）がある。「モノ」に即した研究に、藤本正行『鎧をまとう人びと―合戦・甲冑・絵画の手びき』（吉川弘文館、九九年）がある。

【参考文献】

奥平英男『絵巻物再見』（角川書店、八六）黒田日出男『姿としぐさの中世史』（平凡社、八六年）『境界の中世　象徴の中世』（東大出版会、八六年）保立道久『中世の愛と従属―絵巻の中の肉体』（平凡社、八六）武者小路穣の『絵巻の歴史』（吉川弘文館、九〇）、五味文彦『絵巻で読む中世』（ちくま新書、九四年）藤原良章・五味文彦編『絵巻に中世を読む』（吉川弘文館、九五）一遍研究会編『一遍聖絵と中世の光景』（ありな書房、九三）小泉和子・玉井哲雄・黒田日出男編『絵巻物の建築を読む』（東大出版会、九六）若杉準治編『絵巻物の鑑賞基礎知識』（至文堂、九五年）。

（松井吉昭）

仏像

【歴　史】

仏像とは、仏教尊像の総称である。古記録には、彫像、画像ともに仏像と称されていたが、一般には前者の彫像を意味することが多い。画像は仏画と総称し区別される。また、本来は、仏陀つまり如来の像を意味するが、日本では広義に解釈され、菩薩、明王、天部、羅漢など、仏教諸尊の彫像も仏像と呼ばれる。釈迦入滅後のインドでは、始め仏像が制作されなかったが、のちに仏陀像が造られるようになった。上座部仏教では、釈迦像のほかいくつかの仏が造立されるにすぎなかったが、多くの仏陀（如来）を認める大乗仏教では、薬師、阿弥陀などの如来像、普賢、文殊、観音、地蔵などの菩薩像など、多数の仏が造られ、礼拝された。さらに、密教成立後は、これらに加えて不動、大威徳などの異形像、密教教理に基づく新たな尊像などが造形化された。その表現も、相好（顔かたち）や持物、印相（手の組み方）などによって諸尊を区別するなど、多彩なものとなった。仏像は、仏教伝播に従い、各地域で制作されるが、地域や時代によってさまざまな造形がなされた。日本には、六世紀中葉までには仏教が朝鮮半島の百済より伝来するが、その初めより仏像を伴っていた。仏像制作の初期においては、中国北魏様式などの影響を受けた朝鮮三国時代の様式により、のちに中国隋・唐様式を学ぶ。平安時代中期前後より、仏像の和様化が進んだ。鎌倉時代には、動勢の強いものが多く制作されるなど、各時代に特色ある仏像が制作された。その材質も多用であるが、地域や時代によって異なる場合も多い。日本では、七世紀には金銅仏などが多く造られたが、八世紀には乾漆像・塑像が多数造られた。九世紀、平安時代に入ると木彫が盛んとなり、以後、日本の造像の主流となる。造像技法も独自の発展を遂げた。なお、日本には、仏教伝来以前から在来宗教として神道があったが、偶像崇拝の習慣はなかった。しかし、平安時代仏教の流布に伴う、神仏習合の思想の基《もと》、神像彫刻も制作された。仏像の形式や造像技法を取り入れた作例が数多く存在する。

【仏師と仏所】

日本における仏教彫像制作の主体は、仏師などと呼ばれ、造仏所、仏所などの組織に所属していることが多かった。仏師とは、仏像制作に携わる工人のこと。一般には、彫像制作者を指し、仏画制作者を指す絵仏師とは区別される。仏師という言葉は、法隆寺金堂釈迦三尊像光背銘に、「司馬鞍首止利仏師」と記されるのが初見である。仏師は、奈良時代には造仏所に、平安時代には有力寺院に所属した。平安中期には仏所が作られる。僧籍に属することが基本とされ、僧綱にも補任され、仏師として、定朝が初めて一〇二二年（治安二）、法橋に補任された。仏所とは、仏師が所属する組織や工房などのことである。奈良時代には造仏所が置かれたが、律令制の崩壊に伴い、仏師は有力寺院に組織された。摂関期、寺院所属の工房から独立した仏所が成立した。平安時代後期以降は、三条仏所、七条大宮仏所、七条仏所などが営まれ、流派を形成して造像を行なった。

【参考文献】

倉田文作『仏像のみかた―技法と表現』（第一法規出版、六五年）、『奈良六大寺大観』（岩波書店、六八年～七三年）、『日本彫刻史基礎資料集成平安時代、重要作品篇、造像銘記篇』（中央公論美術出版、六六年～八二年）。

（花村統由）

キリスト教

【課題と視点】

キリスト教の日本での展開をどのように捉えるのか、課題と関心の持ち方によって研究の対象は多様に異ってくる。ここでは歴史的考察を中心に、特に近代化の過程のなかでどのような課題と向き合い対応をしたのか、時代と社会の条件のもとで教会や信徒層、人格の形成がなされてきたのかを視点として取り上げる。

【研究の焦点】

一六世紀半から約百年のキリシタン時代の研究は、戦前の姉崎正治、戦後の海老沢有道、さらに高瀬精一郎・岸野久らの業績によって深化されている。キリシタン時代から現代までを日本キリスト教史としたのは戦前の比屋根安定の著作に見られる。戦後の『日本キリスト教史』(日本基督教団出版局、七〇年)では海老沢有道と大内三郎がそれぞれカトリック史とプロテスタント史を分担、通史が試みられている。五野井隆史『日本キリスト教史』(吉川弘文館、九〇年)は戦後の諸研究の成果を踏まえた通史である。

近代のプロテスタントを対象にした研究では、小沢三郎『幕末明治耶蘇教史研究』(亜細亜書房、四四年)、佐波亘編『植村正久とその時代』全七巻(教文館、三七～四三年)を先蹤とする。戦後の研究の起点となったのは隅谷三喜男『近代日本の形成とキリスト教』(新教出版社、五〇年)で社会経済史的な視点と方法で近代天皇制の成立過程のなかでのキリスト教の課題を提起した。『日本キリスト教社会経済史』(新教出版社、八〇年)にいたる工藤英一の業績もこれに続くものである。信徒層や教会形成・教会史の視点では土肥昭夫『日本プロテスタント教会の成立と展開』(日本基督教団出版局、七五年)、大濱徹也『明治キリスト教会史の研究』(吉川弘文館、七九年)があげられる。近代的人間形成とキリスト教、天皇制下の近代社会のなかでのキリスト者の問題を武田清子は『人間観の相剋』(弘文堂、五九年)、『土着と背教』(新教出版社、六七年)で取り上げている。熊野義孝『日本キリスト教神学思想史』(新教出版社、六八年)は日本の神学の問題点に深く踏み込み、石原謙『日本キリスト教史論』(新教出版社、六七年)はキリスト教学からの日本のキリスト教の考察である。ハリストス正教会については牛丸康夫『日本正教史』(日本ハリストス正教会、七八年)がある。

【研究文献】

土肥昭夫『日本プロテスタントキリスト教史』(新教出版社、九四年)は戦後の諸研究を整理し歴史的な諸課題を提示している。『日本キリスト教歴史大事典』(教文館、八八年)は歴史的考察の助けとなる。『日本キリスト教新聞集成　第一期～第三期』(日本図書センター、九二～九四年)はマイクロフィルム版で教派・ミッションの新聞を収録し、『六合雑誌』(不二出版、八七年)などキリスト教雑誌の復刻とともに基本的文献が提供されている。宣教百年を契機に各個教会やキリスト教主義学校の百年史の刊行が行われている。新島襄・内村鑑三・新渡戸稲造などの全集が刊行され、キリスト者個人の伝記や研究も進んでいる。同志社大学人文科学研究所による『松本平におけるキリスト教』（同朋社、七九年）などの共同研究の成果の積み重ねがある。『日韓キリスト教関係史料集』I・II（新教出版社、八四年）、金田隆一『戦時下キリスト教の抵抗と挫折』（新教出版社、八五年）は避けられぬ植民地や戦争の課題にせまっている。

（波多野和夫）

金石文

【金石文と金石学】

金属や石に刻まれ、あるいは書かれた文字や文章を金石文という。ただし、金属と石に限る訳ではなく木材や布、また瓦などを素材としたものも含めている。ただし、古銭、印章、看板、刀剣については、それぞれ個別の研究分野があるため金石文には加えないのが通例である。文字表記の方法は、石にあっては陰刻が大部分で、ごく稀に陽刻がある。金属ではやはり陰刻が多いが、鋳造品にあっては文字を鋳出す陽鋳もかなりみられる。また、高度な工芸技術を行う象眼によるものもある。木材や布は墨書がほとんどであるが漆書の例もみとめられる。なお、布では刺繡による場合がある。そして、これらの文字や文章を銘、あるいは銘文と呼び、その読解や解釈をする学問を金石学（銘辞学）という。日本の金石学は、中国の金石学や考証学の影響下に近世中期ころから盛んになり、その伝統は今日まで続いている。

【金石文の特色】

金石文を、その記されている素材との関係から分類すると二種に分けることができる。まず、さまざまな記念碑や顕彰碑、あるいは墓碑などは、その碑文が無ければ単なる石材である。また、金属板に刻まれた墓誌や木製の板に墨書された棟札なども文字がなければただの金属板であり木片にすぎない（主体的銘文）。一方、石造供養塔婆類や鰐口など金属製の仏具に刻まれた銘文、また木彫仏の胎内の墨書銘などは、たとえそれらの銘文が無くても「物」としての存在価値は損なわれることはない（従属的銘文）。これらについて、最も重要な相違点を指摘するならば、前者は文章の量にしたがって素材を調製することができ、後者はそれができないという点である。前近代においては、後者が圧倒的に多い為、必然的に文字数が制限され、金石文は簡略に過ぎて史料として充分な情報量を持たないとされることが多いのである。しかしながら、「物」や「作品」を研究対象としている、考古学や美術史学にとっては編年作業の基準設定に重要な役割を果たす存在であることもまた事実である。

【研究の現状と文献】

上記後者の金石文を真に史料として活用していくためには、その記されている器物等の研究が並行して行われなければならない。その為には、銘文のみではなく、その器物等のデータも併せて掲載した史料集が編まれるべきであるが、中世の石塔類の実測図を載せる例は散見される（『仙台市史』特別編5―板碑―九八年など）が、いまだ好例をみない。

なお金石文集成としては地域別では、旧武蔵国を対象とした、稲村坦元『武蔵史料銘記集』（東京堂出版、六六年）、石川県域を対象とした桜井甚一『石川県銘文集成』（北国出版社、七一年）などがある。また、種類別の金石文集成としては、坪井良平『日本古鐘銘集成』（角川書店、七二年）、関秀夫『経塚遺文』（東京堂出版、八五年）などがある。以上のように、歴史研究の進展に伴い史料としての金石文の存在はますます重要になってきている。すなわち、伝統的な金石学ではなく、今日的な史料学の一分野としての「金石文学」が求められているのである。

（有元修一）

系譜

一族・家族の血縁の流れや地位・技能の継承関係等を歴代をたどって表したもの。系はつながり、譜は説明文。縦・横の系線を用いて図化した系図、文章によるもの、絵形態のものもあり、総称して系譜という。

【系譜の形態と構成】

系譜形態は文章系譜～縦系図～横系図という三段階の歴史的変化をたどった（大田亮）。古くは語り伝えによる口承系譜があり、それをそのまま文章に表すと文章系譜になる。「辛亥年」（四七五年）の稲荷山古墳出土鉄剣銘は最古の文章系譜。ついで前後の人名を系線で結び縦長の紙に書いた縦系図が作成される。縦系図（竪系図・柱系図とも）には文章系譜段階での続柄を表す文字「児（子）」「次（弟）」が系線の間に残り、そこから逆にこれらの字の見られる系図は古系図と判定され、氏族研究に活用されている（井上光貞）。九世紀半ば作成の原本が残る『海部《あま》氏系図』、『和気氏系図』はいずれもそうした縦系図。横系図は紙を横長に用い、系線をカギ型に折り曲げつつ、親子関係・兄弟関係の連鎖を表す。文章系譜自体はのちの時代にも作られ、家譜《かふ》・家牒《かちょう》などともいう。

こうした形態変化は親族原理・系譜意識の歴史的変化とも密接に関わっており、父方・母方、男系・女系を含めた複雑な構成を表し得る文章系譜は氏形成期にふさわしく、始祖から自己までの流れを一直線に視覚的に確認できる縦系図は氏族系譜の段階、直接の父子関係と兄弟による枝分かれの関係を明示する横系図は家系図の段階に適合する形態である（義江明子）。

【系譜書の編纂】

『日本書紀』の系図一巻は伝わらないが、これに先立ち「譜第」、「日継騰極《ひつぎとうぎょく》之次第」、「墓記」などの系譜記録のあったことが『日本書紀』より知られる。『古事記』

は諸氏族の系譜伝承の集成でもある。奈良時代には各氏族に本系帳の提出が命じられ、弘仁年間に『新撰姓氏録』としてまとめられた。中世、とくに一四世紀には家の広がりを反映して盛んに系譜が作られ、一四世紀末に洞院公定《とういんきんさだ》によって『尊卑分脈』が編纂される。近世には幕府の命で『寛永諸家系図伝』（一六四三年）、『寛政重修諸家譜』（一八一二年）が編纂され、さらに後期になると町・村の有力者層でも系図作りが盛んになり、偽作を業とする者も横行した。

【史料としての系譜】

多様な伝承をつきあわせて記載内容の史実を確定していく研究があり（大田亮・田中卓・佐伯有清）、大きな成果をあげている。また、系図形態や表記方法の変化などを手がかりに氏族構造・親族原理などを考究する研究があり（網野善彦・溝口睦子・義江明子）これはまだ緒についたばかりである。さらに中世系譜史料論の分野では、技能やモノの相承、人名の意味、絵系図分析など多様な研究方法が開拓されつつある（飯沼賢司・黒田日出男・青山幹哉・西口順子）。

【参考文献】

『群書類従』系図部集、大田亮「系図と系譜」（講座『日本歴史・一〇』岩波書店、三四年）、同『姓氏家系大辞典』（角川書店復刻、六三年）、佐伯有清『新撰姓氏録の研究』（全一〇巻、吉川弘文館、八〇年）、溝口睦子『日本古代氏族系譜の成立』（学習院、八二年）、田中卓『田中卓著作集二』（国書刊行会、八六年）、網野善彦編『名前と系図・花押と印章』（週刊朝日百科・日本の歴史別冊八、朝日新聞社、八九年）、飯沼賢司「系譜史料論」（岩波講座『日本通史』別巻三、九二年）、黒田日出男「『鎌倉遺文』の系図」（『鎌倉遺文研究II』東京堂出版、九九年）、義江明子『日本古代系譜様式論』（吉川弘文館、二〇〇〇年）。

（義江明子）

穢と祓

【穢】

「穢」は日常的な用語とは区別される歴史的な概念である。一般的に史料で「穢」とされるのは、①人間の死や改葬など、②出産や女性の生理・妊娠など、③六畜と称される馬・羊・牛・犬・豕《いのこ》（猪）・鶏の六種の家畜の死・産、④家の火事、の四種である。「穢」を忌む風習は日本各地で広範に見られたが、いつ成立したかは明らかでない。死者と接した後に浄化したという『魏志倭人伝』や『日本書紀』の記事から、死穢の観念は六国史以前から存在したと推定される。しかし「穢」の具体内容は史資料によって、また時代によって一様でない。

「穢」に触れた人は、一定期間、内裏や神社に参ることを慎む必要があった。その期間は古代国家の一規定では、死穢は三〇日、産穢は七日、六畜の死穢は五日、産穢は三日、失火穢は七日である。「穢」は発生源の人・場所（甲）から、乙・丙・丁と伝染する。伝染は、穢物や穢れた人に直接触れたり、穢物の存在する空間内で着座ないし着座・飲食したり、あるいは井戸・風呂などの滞留する水や煮炊きの火、食物・櫃・巻軸・死者の衣服などを通じて起こる。このうち伝染の起こる空間は、垣根・塀・壁で閉鎖された家・舟・車・田畑などで、こうした空間は「穢」の侵入や伝染を防ぐ反面、「穢」が侵入した場合は全体が汚染される。他方、河原・荒野・路のような開放空間では穢物があっても、そこを通過する人間は「穢」に伝染しない。

「穢」は実際に見えるわけではなく、ある事象が「穢」であるか否かは人間の意識が決定する。前述の「穢」はいずれも通常の人間の日常生活の秩序、すなわち人びとが家畜とともに田畑を生活の基盤として暮らしているという生活のあり方を脅かすような事象である。したがって「穢」の本質は、そうした日常的秩序が脅かされることに対して人間が抱く不安の表現と理解される。「穢」の中に政治的反逆や神社・神物の汚破損まで含まれるのは、「穢」の観念が日常的な小規模な生活秩序から拡大され、天皇と神々とをめぐる国家秩序にまで適用されるようになった結果である。

【祓】

一般的には「祓」とは「穢」を除き払う儀式だとされるが、穢れた人間は「祓」の実行と関係なく一定の日数の忌慎みが必要とされ、逆に「祓」を行なわなくても日限が過ぎれば「穢」から解放されることを考慮すると、この解釈は妥当でない。また古代の史料で「祓」の対象に「穢」のほかに罪や災いも含まれているので、古代では罪や災いもまた「穢」と考えられていたとする説があるが、概念的には罪・災い・穢の三者はあくまで別個のもので、「祓」は人間が神に対して罪を負った状態＝穢を修復し神に謝罪するための儀礼であった。「祓」の儀礼は具体的には、紙や麻の幣で払ってそれを焼却する、形代に移して川に流し捨てる、水浴びをして身を清める（禊）などである。しかし、あくまでそこで祓われるのは眼に見えないものであり、浄化行為それ自体は象徴的なものである。

【今後の課題】

「穢」の分析には日本以外の社会との比較が重要だが、その点は十分ではない。また被差別部落史との関連や天皇と「穢」との関わりをどう考えるかも大きな課題である。さらに史料的な制約は大きいが、社会層による観念の違い、あるいは地域、とりわけ東日本と西日本で「穢」の観念に相違があるのか、もし相違があるとすればどんな点かという問題も残されている。

【参考文献】

高取正男『神道の成立』（平凡社、七九年）、岡田重精『古代の斎忌』（国書刊行会、八二年）、波平恵美子『ケガレの構造』（青土社、八四年）、近藤直也『ハライとケガレの構造』（創元社、八六年）、山本幸司『穢と大祓』（平凡社、九二年）。

（山本幸司）

講

講とは、宗教・経済などの目的で結集した社会集団をいう。

【寺院の講と民間の講】

七世紀後期から、最勝講会などの寺院の法会が行なわれるようになった。九世紀からは、とくに法華八講の流行により、一定の講式による講が薬師講・仁王講・最勝講などとして広く定着した。これが阿弥陀講などのように一般社会に波及していくと、寺院の講においても教学的色彩が薄れ菩提回向や現世利益などを目的とする傾向が強まった。さらに神祇信仰や民間信仰とも習合し、春日講・伊勢講や月待講・日待講なども形成していった。

【講の多様化】

以上のような宗教的な講に加えて、頼母子講などの相互金融集団としての講も中世寺院内に見られるようになる。それが民間に波及し、座商人や手工業者などの同業者の親睦集団ともなっていった。この傾向は近世になるといっそう強まり、宗教的な目的と頼母子講方式とが混交して、代表の講員が有名寺社へ代参する伊勢講や善光寺講なども広く行なわれるようになった。

【今後の課題】

従来、寺院の講が一般社会に広まった背景については、仏教における現世利益や浄土信仰の影響と、本地垂迹思想を契機とする神祇信仰や民間信仰への拡充という二点が指摘されている。しかし、実際にどのような過程で寺院から一般社会そして民間へ波及したのかについては、いまだに不明な点が多い。

一一八五年(元暦二)、屋島合戦に先立って、源義経は阿波国金仙寺における「長百姓」や「若者」らによる月次観音講に遭遇したという(『延慶本平家物語』巻一一)。史料上検討の余地があるが、これが民間における講の初見である。真言宗金仙寺は、古代の有力地方豪族粟凡直氏(国造、のち郡司)が西大寺に施入した板野郡荘内に建立され、郡衙が経営する定額寺であろう。そのような有力寺院で「所の名主・百姓」の観音講が行なわれていたという点は示唆的である。

一四九八年(明応七)、播磨国鵤荘で領主法隆寺に大般若経や仁王講の執行を依頼し、法隆寺から地下に下された札(巻数札または祈禱札か)により害虫が駆除されたという例がある。このような背景で、民俗的な虫送り行事としての仁王講や大般若経転読会などが行なわれるようになったものと見られる。このような支配関係や廻国聖などの宗教者によって、民間の講が形成していく具体像を解明する必要がある。

また村落年中行事全体の流れの中で講がどのような意義を持っていたのかという点も重要な課題である。そしてそれが中世から近世にかけてどのように変化したのかという点も、近世村落における各種講組織の形成と相互関連の中で考察すべきである。

【参考文献】

『体系日本史叢書・生活史I〜III』(山川

出版社、六四～九四年）、三浦圭一『中世民衆生活史の研究』（思文閣出版、八一年）、桜井徳太郎『桜井徳太郎著作集一』「講集団の研究」（吉川弘文館、八八年）、『日本村落史講座・生活Ⅰ～Ⅱ』（雄山閣、九〇～九一年）。

（薗部寿樹）

庚申信仰

【三尸《さんし》の虫】

暦の干支で六〇日毎にくる庚申（かのえさる）の日に眠らずに過す習俗がある。それは人間の体内にいるとされる三尸という虫が、庚申の日に眠ると体内から抜け出し、天帝に自分の寄生している人の行状を報告する。天帝はその報告をうけ人の寿命を定めるのだという道教の考えによる。ただ三尸は睡眠中にしか体外に出られないので、人々は食事をしたり、話をすることで眠らないようにする。それを守庚申といい、守庚申をする集団を庚申講と呼ぶ。中国から伝来したもので、平安時代末期には貴族や僧侶の間に庚申講がなされていた。一般民衆の間に庚申講がみられるのは、室町時代末期からとされる。

【庚申縁起】

平安時代末期に「老子守庚申求長生経」がつくられ、室町時代には「庚申縁起」がつくられた。これら縁起は仏教側からのもので、庚申の利益、功徳として重病も煩わず、鬼神の力を塞ぎ、庚申を一度信仰すれば汚穢不浄にかかわらない、財宝も貯えられるなど現世利益を説いている。こうした縁起は各地で発見されている。『室町時代物語大成』四に一五四〇年（天文九）の写本をはじめ四種の庚申縁起が収められている。

【庚申講】

現在多くの地域で庚申講の活動がみられる。庚申の日に講員が集り、床の間に庚申の掛軸を掛け、それに神酒、精進料理を供え、一晩をすごすのが、庚申講の姿である。六〇年に一度の庚申の年にあたり庚申塔を造ることも各地にみられるし、板碑も同様である。

【参考文献】

窪徳忠『庚申信仰』（山川出版社、六九）、小波花平六編『庚申信仰』（民衆宗教史叢書一七、雄山閣出版、八八年）。

（西垣晴次）

暦

【日本の暦】

一日を単位として時間を年月日によって数える体系。その規則を暦法という。日本には閏月を配すという特徴を持つ太陰太陽暦が、欽明朝頃までには伝来し、使用されるに至った。その種類は、元嘉暦、儀鳳暦《ぎほうれき》、大衍暦《だいえんれき》、五紀暦《ごきれき》、宣明暦《せんみょうれき》と中国の暦法を採用。江戸時代に貞享暦、宝暦暦、寛政暦、天保暦と日本人作成の暦法が採用された。一八七三年（明治六）、外交上の必要から太陰太陽暦を廃し、太陽暦（グレゴリオ暦）が採用された。

【研究の現況】

最も長く用いられた宣明暦の時代には、暦への宿曜《すくよう》注記、宿曜師の造暦参加、符《ふ》天暦《てんれき》の齎来、仮名暦の発生、地方暦の出現などさまざまな変化が見られ、桃裕行『暦法の研究』上・下（『著作集七・八』思文閣出版、九〇年）などの研究がある。また江戸期の西洋天文・暦学の影響と改暦の経緯などについては渡辺敏夫『日本の暦』（雄山閣、七六年）、広瀬秀雄「暦」（『日本史小百科五　暦』近藤出版社、七九年）、明治の改暦については岡田芳朗『明治改暦』（大修館書店、九四年）などに詳しい。

造暦体制の変遷については、一一世紀頃からの賀茂氏による暦道家業化の動向を追った山下克明『平安時代の宗教文化と陰陽道』（岩田書院、九六年）、室町末期の賀茂氏断絶と安倍氏土御門《つちみかど》家の天文・暦道兼帯を解明した木場明志「暦道賀茂氏断絶の事」（『陰陽道叢書二・中世』名著出版、九三年）、土御門家と賀茂氏の一流幸《こう》徳井《とくい》家および幕府天文方との関係などを史料に即し解明した遠藤克己『近世陰陽道の研究　新訂増補版』（新人物往来社、九四年）などがある。暦の復元的研究では、古川麒一郎他共編『日本暦日総覧』（本の友社、九二年～）の刊行が進み、古代・中世の具注暦が復元され研究を進展させた。また、諸禁忌として人びとの行動を規制してきた暦注の由来や変遷は、その典拠となる典籍・経典類の研究として、中村璋八『日本陰陽道書の研究　増補版』（汲古書院、二〇〇〇年）、大谷光男『東アジアの古代史を探る―暦と印章をめぐって―』（大東文化大学東洋研究所、九九年）、山下前掲著書、小坂真二「具注暦に注記される吉凶・凶時注について」（『民俗と歴史』一七、八五年）などがある。

【今後の課題】

近年各地で木簡や漆紙文書として具注暦やその関連史料の出土が相ついでおり、その分析から暦利用の実態等の解明が期待される。中世では三島暦への賀茂氏の関与が注目されているように、地方暦と賀茂・安倍氏との関係の解明が課題といえよう。近世では土御門家をはじめ若杉家・皆川家・吉川家など陰陽道に関わった家の史料が比較的残っており、地域の陰陽師《おんみょうじ》・暦師などの研究の進展が期待され、民俗学等へも影響を及ぼすと思われる。また、現在でも日の吉凶判断に利用される暦注の由来や変遷に関する研究が少ない傾向にある。人びとの日常生活と深く関わるがゆえ、さらなる研究が求められる。

【参考文献】

脊古真哉編「陰陽道関係文献目録」（『陰陽道叢書四・特論』名著出版、九三年）参照。益田宗「暦に日記をつける―古記録の研究序説―」（『新しい史料学を求めて』吉川弘文館、九七年）。

（高田義人）

祭礼

【祭りから祭礼へ】

日本の祭りに関して、そこに祭りと祭礼の別があることを指摘したのは、柳田國男の『日本の祭り』（弘文堂、四二年）であった。柳田國男は、祭礼は「華やかで楽しみの多いもの」、「見物が集まってくる祭りが祭礼」と定義した。柳田のいう祭りは、精進・潔斎・参籠・直会など、神と人の交流に関わる局面であり、神事・祭儀・祭式とも表現される。祭礼はそれから派生した「見せる祭り」、つまり人と人の関係に関わる局面である。祭りから祭礼への画期は、社会生活の複雑化の過程で、信仰を共にせず、祭りの当事者ではなく、高見の見物をする人びとの現れた点にある。信仰に基づく祭りに審美的な価値判断をする客が加わって、見る者と見られる者が分離し、饗宴・喧騒・風流《ふりゅう》など華美になったものが祭礼である。

祭礼の特色は昼間の野外における神輿の渡御や美しい行列や風流である。風流とは、一回性や当座性による思いつきにより、新しい意匠を競い、毎回目先を変えていくことである。風流は山車・屋台・鉾・神輿・傘・笠・山・人形など多彩な造り物や演出となり、見立ての発想も取り入れられた。祭礼は主に平安京などの都市で発生し、九七四年（天延二）に始まった京都祇園会などの御霊会《ごりょうえ》はその典型である。祇園会は平安京域内に御旅所を設けて、本社との間を神輿が渡御する神幸祭りから創始された。南北朝には山鉾巡行が確認され、華美な装飾が施されていった。

【祝祭論】

祭礼は祝祭と定義できるものであるが、信仰的要素の有無によりイベントとは区別される。欧米の人類学理論の影響を受けた現在の祝祭論では、柳田のように、そこに見せる祭りとしての特色を見るよりも、祭りの世界における浪費・破壊・集団的熱狂といった反日常的行為に注目し、喧騒に基づく祭りを祝祭という概念でとらえ、厳粛さを原理とする祭儀との両極性を指摘するに至っている。その祝祭論は以下に集約できる。

祭儀は形式的コミュニケーションであるのに対し、祝祭は演技的コミュニケーションであり、集団の仮装・装飾がコミュニケーションの主役となる。一種異様な服装や化粧が日常の社会的地位をかくし、祭りの象徴世界を演ずるための変身を可能にする。祝祭の様相は集団的高揚による交歓であり、仮装と狂騒によって集団への同一化が進む。仮装において劇的に提示される二元的対立が、闘争（競争）や歌舞による沸騰の中で高度の溶合に達する。濫費や破壊などの放埒がむしろ重んじられ、社会の秩序や禁忌の違反が祝祭の本質である。財物の日常的蓄積が一挙に解放されて、食料や財産の浪費が行なわれ、暴飲暴食のうちに喧騒や躍動が繰り返され、特有のリズムと旋律を伴った歌舞が異常な生命の燃焼を現出させる。祭儀は過度の秩序表現であり、祝祭は秩序の逆転である。両者が有機的に作用しあって、祭りの非日常的交流を相乗的に高めるのである。

【研究文献】

祝祭論としては薗田稔『祭りの現象学』（弘文堂、九〇年）、歴史的研究としては岡田荘司『平安時代の国家と祭祀』（続群書類従完成会、九四年）、福原敏男『祭礼文化史の研究』（法政大学出版局、九五年）が九〇年代以降の研究である。（福原敏男）

山岳信仰

【さまざまな山岳信仰】

山岳をめぐる信仰。山岳信仰の対象とされる山岳は、その高低、大小などの自然の条件を基底に、仏教、神社神道、修験、教派神道、民間信仰などの要素が複合的に結びついている。恐《おそれ》山（青森）、立《りっ》石《しゃく》寺（山形）、高野《こうや》山（和歌山）などは死者の霊と結びついている。山頂に地獄があるとされるのは、白山《はくさん》、立山《たてやま》であり、ともに仏教の色彩が強い。山自体が神体とされる三輪《みわ》山（奈良）、諏訪《すわ》社（長野）、金鑽《かなさな》社（埼玉）等があり、これらは神体《しんたい》山だから人が登ることは禁止されている。神社神道の影響のもとにある。羽《は》黒《ぐろ》（山形）、大山《だいせん》（鳥取）、石槌《いしづち》（愛媛）、大峯（和歌山）等の山は修験者の修行の場であった。教派神道でも御嶽《おんたけ》（長野）の御嶽教、富士山の扶桑《ふそう》教、実行教、丸山教、富士講などがある。


【多様な研究】

明治から昭和五〇年までの研究は「山岳宗教史研究叢書」六の『山岳宗教と民間信仰の研究』に収められている。同叢書は全十八巻で多くの成果を収めている。なかでも十七、十八の両巻は『修験道史料集』にあてられ、これまで活字化されることのなかった多くの史料が活字化されている。また、山岳での修行を必須とした山伏（修験者）について「日本山岳修験学会」が設立され機関誌『山岳修験』を二七号まで刊行している。


【参考文献】

池上廣正『宗教民俗学の研究』（六、名著出版、九一年）、和歌森太郎『修験道史研究』（河出書房、四二年、六七年平凡社東洋文庫に所収）、宮家準『修験道儀礼の研究』（春秋社、七〇年）、櫻井徳太郎『神仏交渉史』（吉川弘文館、六八年）、原田敏明「山と杜」『村の祭と聖なるもの』（中央公論社、八〇年）、堀一郎「山と信仰」（『国学院大学日本文化研究所紀要』一二）。（西垣晴次）

神道

【神道の定義】

「日本書紀」の用明天皇即位前紀に「天皇、仏法を信《う》けたまひ、神道を尊びたまふ」とみえる。ここでは外来の宗教である仏教に対するものとして使用された。これについて「固有の敬神の風習に命けて神道といひ、外教に対立的名称を付するこ、なりぬ」（宮地直一『神祇史大系』四一年）、また西田長男は「神道は儒、仏二教の影響のただなかにあって初めて確立しえたもの」それが確立したのは天武朝前後、およそ七世紀末ですとしている（「神道の概念規定の試み」『日本神道史研究一』七八年）。

津田左右吉は神道のもつ意味を六項あげている（『日本の神道』四九年）。第一は「古くから伝へられて来た日本の民族的風習としての宗教的信仰」、第二は「神の権威、力、はたらき、しわざ、神としての地位、神であること、もしくは神そのもの」、第三は「思想的解釈や教説」、第四は「特定神社の宣伝的な教説」、第五は「政治的・道徳的規範としての神の道」、第六は「いはゆる宗派神道」。この津田の見解にたいして、黒田俊雄は顕密体制の視点から批判を示し、また井上寛司は黒田の見解に疑義を唱えた。

【神仏習合と本地垂迹】

七八八年（延暦七）の寺院の財務報告書である「多度神宮寺資財帳」に多度の神が神道の報いをうけているので三宝（仏教）に帰依したいと神身離脱を望んだ。また僧満願により神宮寺が建立された。神と仏の関係が密になる。神仏習合の早い例である。これに併行して神は本地である仏の垂迹したもので、例えば天照大神の本地は大日如来であるとし、神と仏の関係を示した。神仏習合は明治初年の神仏分離まで続いた。

【中世神道】

一二世紀になると本地垂迹説は広く人々の間に定着し、さらに神本仏迹思想が生みだされた。日吉神道（山王神道）、両部神道、伊勢神道などが成立した。伊勢神道は度会《わたらい》神道とも呼ばれ、外宮の祠宮度会氏が深く関係し、内宮よりも外宮が上位だったという主張を背景に多くの著作が作られた。

【国家神道】

明治になると神仏関係を含む宗教体制は大きく変化する。まず神社から仏像など仏教色が排除される。神仏分離である。この時期に多くの寺院が廃寺となった。神社では官幣社、県社、郷社、村社などの社格制度が実施された。明治末年には神社合祀が強行された。天皇の権威を支える組織として神社は位置ずけられた。こうした国家神道の体制は敗戦により終りを告げた。

【参考文献】

神道の歴史的展開は宮地直一の『神道史』（理想社）、西田長男『日本神道史研究』全一〇冊（講談社、七八年）、原田敏明『神社』（至文堂）、黒田俊雄『日本中世の社会と宗教』（岩波書店）、大山公淳『神仏交渉史』（高野山大学、四四年）、久保田収『中世神道の研究』（神道史の学会、五九年）、津田左右吉『日本の神道』（岩波書店、四九年、全集は九巻）、義江彰夫『神仏習合』（岩波新書、九六年）、山本ひろこ『中世神話』（岩波新書、二〇〇〇年）、神道関係の史料・論文は『神道宗教』『神道史研究』などに発表されることが多いので絶えず情報をうるようにすることが望ましい。また神道関係の著作は『神道大系』（同刊行会）に収められている。また日本思想大系の『中世神道論』（大隈和雄編）にみえ

る編者大隈による解説は必読のものである。（西垣晴次）

儒学

儒学は中国春秋戦国時代に現れた諸子百家の一つとして孔子により始められた政治道徳の学。儒教ともいうが、一般に儒学は主に学術面を指すときに、儒教は主に政教面を指すときに使用される場合が多い。前漢武帝の時五経博士が置かれ、後漢時代に五経（易・書・詩・礼・春秋）などの経典が権威を持ち、儒家が重用されるに及んで中国社会で大発展を遂げた。後漢以後の六朝・隋・唐時代には訓詁の学（解釈学）が盛んとなったが、哲学・道理面ではあまり発達せず、老荘思想や仏教におくれをとった。しかし、一二世紀、宋時代に朱熹が現れ、壮大な哲学体系を持つ朱子学を大成すると、再び大きな影響力を発揮し、清時代末まで中国思想の中心となり、近隣諸国（朝鮮・日本など）にも深い影響を与えた。

【日本における受容と発展】

『日本書紀』によれば応神天皇一五年に百済から阿直岐が来日し、翌一六年には王仁が来て『論語』と『千字文』を伝えたという。また、聖徳太子が儒学の徳目を中心に仏教や法家思想をも含めて十七条憲法の発布や冠位十二階の制度を定めたことはよく知られている。日本の律令制度では儒学の易姓革命は受け入れなかったが、天の思想により天皇の地位を高めようとしている。奈良・平安時代における教育制度では、儒学を学ぶ明経道も重要視された。鎌倉時代には朱子学が伝播し、その大義名分論は後醍醐天皇の鎌倉幕府倒幕にも影響を与えたとされる。また、鎌倉・室町時代を通じて、儒学は禅僧たちによる五山文学としても開花し、江戸時代における漢学発展の基礎を形成した。

【江戸時代と儒学】

江戸時代の儒学は主に藤原惺窩と林羅山の二人によって新しい局面が切り開かれた。すなわち、それまでの朱子学が、禅僧たちの間で禅儒一致の観点から禅宗の補助学問のように扱われていたのに対し、まず惺窩は出家の身ではあったが、儒学を中心に押し出し、四書五経のすべてに新注の和点をつけた『四書五経倭訓』を著し、儒服を着て徳川家康に謁し、講書を行うなどした。また、羅山は惺窩の門人として活躍するとともに、朱子学のより一層の純化・確立に努め、家康の知遇を得、幕府の文教・文書作成に深く関わった。林家は羅山の子春斎（鵞峰）を経て、孫の信篤（鳳岡）が大学頭となり、幕府と密接に結びつくとともに朱子学も江戸幕府の政治を正当化しそれを思想・教学面から支える幕府の官学としての役割を担った。江戸時代の儒学は、朱子学の他にも、中国南宋の陸象山に思想の源を発し、明の王陽明により始められ、知行合一を説き、日本では中江藤樹や熊沢蕃山らにより展開された陽明学派や、朱子学・陽明学の理論は、儒学本来の精神から遊離した後世の作為であるとし、儒教の古典から直接古代の聖人の教えを知るべきであると主張し、山鹿素行・伊藤仁斎・荻生徂徠らにより発展していった古学派などがある。また、朱子学の学理を徹底して実践躬行することを主張した山崎闇斎の崎門学派や、朱子学・陽明学・古学にとらわれず、諸説を取捨選択して正当な説を立てようとする江戸中期の井上金峨・大田錦城らの折衷学派、中国清時代に隆盛した考証学の影響を強く受けた皆川淇園・吉田篁墩《こうとん》・渋江抽斎らの考証学派なども活躍した。江戸時代の儒学は、湯島の昌平黌（昌平坂学問所）をはじめ、各藩の藩校、多くの私塾、寺子屋などの教育機関や出版物を通じて、儒者のみならず武士や一般の庶民に至るまで普及し、日本人の知的能力の鍛錬や、道徳意識を高めることに寄与し、明治以後の近代日本飛躍の基礎ともなった。

【研究史と動向】

日本の儒学に対する研究は、これまで次の三つの立場から行われてきた。すなわち、①は中国哲学研究者の手になる研究で、日本儒学を中国儒学の一分岐としてとらえ、その延長線上でこれを考察するもの。戦前の牧野謙次郎『日本漢学史』（世界堂書店、三八年）、安井小太郎『日本儒学史』（富山房、三九年）をはじめ、徳川公継宗七十年祝賀記念会編『近世日本の儒学』（岩波書店、四一年、再版、五九年）、猪口篤志『日本漢文学史』（角川書店、八四年）、市川本太郎『日本儒教史』（既刊五冊、汲古書院、八九年〜）などがこれにあたるが、考察の対象は主な儒学者の思想・学説や伝記的研究が中心である。

②は考察の対象は①と同じ儒学者の思想や学説であるが、これを中国儒学との関係にとどまらず、むしろ西洋哲学・西洋思想との比較や解釈を導入して考察、意義づけようとするもので戦前の名著といわれる井上哲次郎『日本陽明学派の哲学』（富山房、一九〇〇年）、同『日本古学派之哲学』（同、〇二年）、『日本朱子学派之哲学』（同、〇五年）をはじめ、和辻哲郎『日本倫理思想史』（岩波書店、五二年）などもこの部類に入るであろう。その後、この方面の研究としては、古川哲史『日本倫理思想の伝統』（創文社、五五年）や相良亨の一連の著作、『近世日本における儒教運動の系譜』（弘文堂、五五年）、『近世の儒教思想』（塙書房、六六年）などがあり、同氏の業績は、『相良亨著作集』（全六巻、ぺりかん社、九九年）としてまとめられている。

③は日本儒学を各時代の社会との関わりの中で考察しようとするもので、儒学が普及した江戸時代の社会がその主な対象となる。その視点は政治思想史の上からや、社会的機能の追究など、さまざまであるが、この分野の研究が最も活発であり、研究書も多い。これまでの研究書の中からその主なものをあげると、朱子学と徂徠学を通して、西欧における封建的思惟様式から近代的思惟様式への展開の過程と類似した思想上の変化を跡づけようとした丸山眞男『日本政治思想史研究』（東京大学出版会、五二年）、近世初期の朱子学者や陽明学者を対象に儒学の存在形態とその社会的機能を追究した尾藤正英『日本封建思想史研究』（青木書店、六一年）などがあり、近年では前田勉『近世日本の儒学と兵学』（ぺりかん社、九九年）のような新しい視点による著作や、これまでの儒学研究を批判し、新たなとら

え直しをはかろうとする、H・オームス『徳川イデオロギー』(ぺりかん社、九〇年)、澤井啓一『〈記号〉としての儒学』(光芒社、〇〇年)『儒教とは何か』(『江戸の思想』第3号。ぺりかん社、九六年)などの著作や論集も現れている。日本儒学については、特に江戸時代多くの儒学者を輩出しながら、いまだその機能についても、儒学者たちの業績についても未開拓部分が多いが、近年ようやく一部にではあるが研究が活発化する傾向にある。

【参考文献】

武内義雄「日本の儒教」(『易と中庸の研究』岩波書店、四三年、全集四巻所収、角川書店、七九年)、吉川幸次郎「受容の歴史—日本漢学小史—」(『日本の心情』新潮社、六〇年)、古川哲史『近世日本思想の研究』(小山書店、四八年)、今中寛司『近世日本政治思想の研究』(創文社、六二年)、衣笠安喜『近世日本の儒教と文化』(思文閣、九〇年)、川村肇『在村知識人の儒学』(思文閣、九六年)、ヘルマン・オームス、大桑斉編『シンポジウム徳川イデオロギー』(ぺりかん社、九六年)。

（南　啓治）

巡礼

【世界の巡礼】

順礼とも。複数の霊場、札所に参拝し、信仰を深める行為、あるいはそれを実践する人のこと。巡礼という行為あるいは人物の活動は日本のみに限られたものではない。キリスト教徒ではエルサレム、イスラムではメッカが巡礼の目的地とされる。仏教の場合はキリスト教、イスラムの場合とは異なり、四大聖地(釈迦の誕生、成道説法、入滅の関係地)を右回りに歩く。

日本では最澄(伝教大師)の渡唐の際の過書に「日本国求法僧最澄往天台山巡礼」とあるのが初見。巡礼の対象となる霊場は平安時代末期に成立し、鎌倉・室町時代には広く民衆をつつみこんでいった。

【西国三十三ヵ所霊場】

青岸渡寺、紀三井寺、粉河寺、槇尾寺、藤井寺、壷坂寺、岡寺、長谷寺、興福寺南円堂、三室戸寺、上醍醐寺、正法寺、石山寺、園城寺、観音寺、清水寺、六波羅密寺、六角堂、革堂、善峰寺、穴太寺、総持寺、勝尾寺、中山寺、清水寺、一兎寺、円教寺、成相寺、松尾寺、宝厳寺、長命寺、観音正寺、華厳寺で和歌山、奈良、岐阜、滋賀、京都、大阪の各府県に分布している。近世には札を打つ時に和歌が詠唱される。御詠歌である。一番の青岸渡寺のは「補陀落や岸ウツ浪ハ三熊野ノ那智ノ御山ニ響ク滝津瀬」とされる。

【坂東三十三ヵ所観音霊場】

鎌倉時代初期に成立したとされる。杉本寺、岩殿寺、安養院、長谷寺、勝福寺、長谷寺(飯山観音)、光明寺、星谷寺、慈光寺、正法寺、安楽寺、慈恩寺、浅草寺、弘明寺、長谷寺(白岩観音)、水沢寺、満願寺、中禅寺、大谷寺、西明寺、日輪寺、佐竹寺、正福寺、楽法寺、大御堂、清滝寺、円福寺、竜正院、千葉寺、高蔵寺、笠森寺、清水寺、那古寺、以上が坂東三十三ヵ所である。この三十三というのは「法華経」に観世音が三十三身に姿をかえ衆生を救うということによっている。西国、坂東にならぶのが四国八十八ヵ所霊場である。これは四国出身の弘法大師のゆかりによるもので、巡礼は遍路と呼ばれ、白衣、手甲、脚絆、背中に笈摺、足には地下足袋、手には金剛杖、頭には同行二人と書かれた笠をかぶる。西国、坂東、四国の霊場は府県をこえた広い範囲に分布している。それに対し、村内にあるいは数村の範囲に石造物をたて其村三十三ヵ所などと呼ぶ例も近世中期以降にみられる。

【参考文献】

各地に霊場がどのように分布しているかは『古寺巡礼辞典』(東京堂出版、七五年)で調べられる。また各地で刊行されている自治体史に村内、町内の霊場が示されていることも少くない。歴史史料については新城常三『新稿社寺参詣の社会経済史的研究』(塙書房、八一年)を必ず参照すべきであろう。論文を集成した『講座　日本の巡礼』全三冊が一九九六年に雄山閣出版から刊行されている。西南ヨーロッパの巡礼については渡辺昌美『巡礼の道』(中公新書、八〇年)。

(西垣晴次)

出版文化

著作物を印刷して、書物や図画にし、頒布する効果によって起こる社会の進歩や、豊かさをいう。

【摺《すり》経《きょう》】

印刷物の出現は中国が最も早いが、印刷事情と印刷年代を明らかにする現存最古の印刷物は、日本の七七〇年(神護景雲四)四月完成の『百万塔陀羅尼』で「根本陀羅尼」「自心印陀羅尼」「相輪陀羅尼」「六度陀羅尼」からなる。それぞれに版の異同があり、銅版・木版の両説があったが、現在は木版説が有力である。平安中期から鎌倉・室町期には先祖を供養する摺経、あるいはテキストとしての摺経が行なわれた。功徳として行なう経典書写は相当の時間と金を必要とするため、一〇〇九年(寛弘六)頃から印刷が始まった。板木は一人の願主に一、〇〇〇部摺って焼却する慣例で、天台系のものである。これに対し、興福寺と春日大社の南都仏教の春日版に『成唯識論《じょうゆいしきろん》』(寛治二年、一〇八八年)などがあり、鎌倉時代以後は東大寺等諸大寺出版の奈良版(南都版)、高野山寺院出版の高野版《こうやばん》、比叡山延暦寺出版の叡山版《えいざんばん》、また浄土教版《じょうどきょうばん》などの寺院版は、需用に応じて摺り出し、整版の効果を発揮した。

【五山版《ござんばん》】

鎌倉時代、宋へ留学した学僧は禅僧となって帰国、室町末期までに禅宗の学問所や京都・鎌倉の五山で、僧侶養成のために中国禅籍や詩文類をテキストに覆刻《ふっこく》、また企業的に出版し、四百数十種もある。南北朝以降は寺院版の海賊版も出現し、檀家らが買い求め、出版物の需要が増加している。

【活字版《かつじばん》】

これまでの版木彫刻の整版に対し、印

刻の単字を排列組み合せる活字印刷は、一五九〇年（天正一八）宣教師A・ワリニャーノが西洋式活字印刷機を持渡、翌年肥前加津佐《かづさ》の学林で『サントスの御作業《ごさぎょう》の内抜書《うちぬきがき》』を出版したのに始まる。その後、天草、長崎、京都で、ローマ字や国字で三〇余種を出版したが、一六一五年（慶長末）のキリスト教禁圧で終息した。

一方、中国で発明、朝鮮で発達、文禄・慶長の役で略奪してきた東洋式印刷機は、後陽成天皇の勅版《ちょくばん》一五九三年（文禄二）『古文孝経』が最初であるが現存せず、同天皇の一五九七年（慶長二）『勧学文』があり、徳川家康は伏見版《ふしみばん》や駿河版《するがばん》で中国典籍を出版、政教の規範にした。寺院版もあり、民間私版の嵯峨版《さがばん》（光悦本《こうえつぼん》・角倉本《すみのくらぼん》）では慶長一三年『伊勢物語』（中院通勝《なかのいんみちかつ》校訂）が日本最初の挿絵入本で、国文学の古典二〇余種を出版した。書肆版も出、古活字版は慶安（一六四八～五三）頃まで盛行、元禄（一六八八～一七〇三）頃からは近世活字に移行、小部数の出版に利用された。

【整《せい》　版《はん》】

寛永（一六二四年～四四）頃からまた整版が復活、明治の西洋式活版印刷に革新されるまで全盛を極めた。その理由は、読者数の増加による出版業者の確立で、書物が商品として定着したことによる。活字印刷は一〇〇部くらいが限度なのに整版は一、〇〇〇単位で、印刷、増刷も随時に大量出版ができた。京都の出版は大坂・江戸に広がり、地方出版もみて、江戸時代までに現存する九割方近い書物は出版文化全盛期のこの期に出現したものである。御触書などにみるたびたびの取締令はその証拠となる。

【参考文献】

木宮泰彦『日本古印刷文化史』（冨山房、六五年）、小林善八『日本出版文化史』（『日本書誌学大系一』青裳堂書店、七八年）。近世の文献は、鈴木俊幸『近世書籍研究文献目録』（ぺりかん社、九七年）から検索するのがよい。

（長友千代治）

相　撲

【起源と歴史】

相撲の起源は、五穀豊穣を神に祈ること、あるいは悪霊をはらい、死者の魂を鎮めることにあったと思われる。豊作を祈る天皇上覧の相撲節会《すまいのせちえ》は、奈良時代にはじまり、平安時代には朝廷の年中行事として毎年盛大に行われた。さらに鎌倉・室町時代になると、相撲は武士の間で、心身の鍛練や戦闘に役立つものとして、もてはやされた。この頃民間では、古代以来の伝統をついで、神に捧げる奉納相撲がさかんに行われた。その様子は、今日各地に伝わる豊作祈願や感謝のための神事相撲から推測することができる。

わが国の相撲が、お金を払って観るもの、つまり人びとの娯楽として興行が成り立つようになったのは、江戸時代に入ってからのことである。プロの相撲集団が生まれ、世話役の年寄仲間もできた。

幕府は、寺社の建立・修築資金を募る（勧進）ためという名目で相撲興行を許可した。これを勧進相撲と称したが、実際は力士の生計を支える興行であった。

勧進相撲がさかんになるなかで土俵が成立し、その前後に屋根付きの四本柱ができた。その時期は一七世紀の中頃のことと思われる。土俵ができたことにより、相撲の面白さは倍増した。それまでは、ただ相手を倒すだけであったが、今日でいう押し出し、寄り切り、うっちゃりなど、勝負手が多彩となり、観客を喜ばせた。

一八世紀の後半になると、上方相撲より江戸相撲が強くなり、相撲の中心は上方から江戸へと移った。ちょうどその頃、小説・絵画・演劇など文化の世界でも、江戸の文化が上方の文化を凌ぐようになった。文化の東漸である。相撲も、その文化の東漸と軌を一にしたということは、相撲はスポーツであると同時に、一つの文化として位置づいていたのである。

江戸が生んだ代表的文化の錦絵には、役者絵、美人画と並んで相撲絵が非常に多い。今日でいえば人気力士のプロマイドにあたるから、相撲絵は実によく売れ、錦絵の普及に大いに寄与した。また歌舞伎も、『双蝶々曲輪日記《ふたつちょうちょうくるわにっき》』をはじめ『関取千両幟《せきとりせんりょうのぼり》』『関取二代勝負付』など、相撲を主題にしたものが多い。

こうした相撲人気をもりたてた背景には、天明・寛政期に登場した谷風梶之助、小野川喜三郎、雷電為右衛門ら強豪力士の活躍があった。寛政元年に、谷風と小野川が相撲行司の家元・吉田家から横綱を締めて土俵入りすることを許され、このパフォーマンスが観客を喜ばせた。そのうえ寛政三年には、将軍が江戸城内で相撲を上覧したので、幕府推奨の娯楽として、相撲人気はいやが上にもあがった。

しかし明治維新を迎え、文明開化の風潮のなか、相撲界はきびしい試練に立たされた。公衆の面前で裸で取り組む相撲は野蛮で非文明的だというのである。こうした危機に対処し、江戸時代以来の伝統を守りつつも、相撲界は組織や運営の近代化に努力した。とくに一九〇九年（明治四二）に両国に一万人を収容する大きい円屋根《まるやね》（ドーム）の国技館が完成したことにより、晴雨にかかわらず十日間の相撲興行ができるようになり、観客の入りが安定するようになった。

昭和に入っても改革は続けられ、たとえば一九二八年（昭和三）には、ラジオの相撲実況放送が開始されたのを契機に、仕切り時間を制限することとし（幕内十分、十両七分、幕下五分）、仕切り線がはじめて設けられた。さらに一九五二年（昭和二七）には四本柱を撤廃し、かわりに吊り屋根に四色の房をさげ、観客がどこからでも見やすいようにした。翌五三年からテレビの実況中継放送がはじまり、相撲ファンの層がさらに全国にひろまった。相撲界は古いようで、このように結構時代の先取りをしてきたのである。

【参考文献】

酒井忠正『日本相撲史』上下（ベースボールマガジン社、五六年）、新田一郎『相撲の歴史』（山川出版社、九四年）

（竹内　誠）

対外観

【対外観を考察する視座】

一口に対外観といっても、地域・階層や経験(歴史)によって異なる。田中健夫「相互認識と情報」(『東アジア通交圏と国際認識』吉川弘文館、九七年)は、史料に残された対外認識はすべて部分的な認識、個人的な認識の集積にすぎないことを自覚することから、集団や地域に共通した対外認識の解明が始まるとしている。

対外観を論じた先駆的な研究には、古代貴族の国際意識を論じた石母田正「日本古代における国際認識について」(『石母田正著作集四』八九年、初出は六二年)や田中健夫『対外関係と文化交流』(思文閣出版、八二年)などがある。

【世界観】

日本を含む世界観について見ると、前近代においては、仏法の三国東漸という歴史認識に基づく天竺《てんじく》(インド)・震旦《しんたん》(インド)・本朝(日本)という三国史観がある。この認識は、三つの国についての即物的な見解には基づいてはおらず、また朝鮮半島に対する認識を欠落させている。三国史観を基礎に、平安中期以降、日本を仏教的世界観の中で辺土と位置づける考えが広まったが、三国を逆転させて「三国一の吾朝」とする考え方も生まれ、神国思想を支えた。三国史観に関する研究には、高木豊『鎌倉仏教史研究』(岩波書店、八二年)、村井章介『アジアのなかの中世日本』(校倉書房、八八年)、市川浩史『日本中世の光と影』(ぺりかん社、九九年)などがある。三国史観を絵地図から分析したものに、応地利明『絵地図の世界像』(岩波書店、九六年)がある。

外交の場に反映される対外観に、華夷意識がある。中国の王朝が自らを文化の優れた「中華」とみなし、周辺諸民族を「夷狄《いてき》」とみなすものだが、その思想は朝鮮半島・日本・ベトナムなどにも受容されて、自らを「中華」(小中華)とみなす意識が生まれた。この点については、酒寄雅志「華夷思想の諸相」(荒野泰典他編『アジアのなかの日本史V』東京大学出版会、九三年)が検討を加えている。また日本人のアジア観についての研究も近年進められ、前近代については片倉穣『日本人のアジア観』(明石書店、九八年)がある。

【中国観・朝鮮観】

中国観や朝鮮観など、個別の国家・地域・民族に対する認識の研究も数多い。中国観については、対唐認識を中心に論じた森公章『古代日本の対外認識と通交』(吉川弘文館、九八年)が近年刊行された。

朝鮮観については、神功皇后《じんぐう》の三韓征伐、豊臣秀吉の朝鮮侵略、近代の征韓論・韓国併合に至る朝鮮蔑視観や、植民地支配を正当化した日鮮同祖論に関する研究が進められた。朝鮮観の研究は、現代の韓国・北朝鮮との関係に深く結びついている。近代日本の朝鮮観を考察した旗田巍「日本人の朝鮮観」(『日本人の朝鮮観』勁草書房、六九年)が執筆されたのは、日韓会談の妥結目前の六四年(昭和三九)七月であった。

八〇年代、中世日本における朝鮮観をめぐり、近代日本にまで沈潜する朝鮮蔑視観を摘出する村井章介（『アジアのなかの中世日本』など）と、朝鮮を「大国」とみなす認識が存在したとする高橋公明（「外交儀礼よりみた室町時代の日朝関係」『史学雑誌』九一―八、八二年など）との間に激しい論争があった。九〇年代には、朝鮮蔑視観の事例を幅広く収集した金光哲『中近世における朝鮮観の創出』（校倉書房、九九年）が刊行された。

（関　周一）

庭園

【古代の庭園】

日本の庭園の歴史は古く、『日本書紀』の四〇二年（履中天皇三）条に天皇が両枝船を造らせ大和国の磐余市磯池《いわれのいちしのいけ》に浮かべ后らと遊んだ記事が見られる。四八五年（顕宗天皇元）条には毎年三月に曲水宴が催された記事があり、五〇六年（武烈天皇八）条には屋敷に池を掘り、庭を起こし禽獣を飼った記事が見られる。

飛鳥時代には明日香村の水落遺跡と石神遺跡で庭園に水時計があったことが確認され、同じく明日香村内で水の流れを楽しむ酒船石が発掘されている。

奈良時代の庭園遺跡としては、藤原宮の玉石敷きの池、平城宮東院の池の中島、長屋王の屋敷からは東閣と西園の曲亭などが掘り出されている。

平安時代には、公家の寝殿造と一体化した舟遊・園遊式の庭園が発達した。すなわち、寝殿前に中庭を設け池泉を築き、東西に釣殿を設け、池中には島を配し橋を架けるというものであった。代表的な庭園に平等院（京都府）、東三条殿、浄瑠璃寺（京都府）、毛越寺（平泉町）などがある。

【中世の庭園】

鎌倉時代は、禅宗の影響のもとで、庭園は遊興から思索の場へと変化し、武家屋敷にも庭園が整備されるようになった。『吾妻鏡』には、一一九九年（正治元）に大江広元が山水立石をし、一二五〇年（建長二）に北条時頼が幕府の庭に小石を立てることを希望したとの記事がある。鎌倉時代の代表として永福寺（鎌倉市）や称名寺（横浜市）などの庭園が知られている。

室町時代、足利氏の歴代将軍は庭園を好んだ。初代尊氏の邸宅（二条高倉殿）や二代直義の万里小路邸、三代義満の金閣を中心とする北山山荘（鹿苑寺、京都府）や、八代義政の銀閣を含む東山山荘（慈照寺、京都府）などが著名である。

戦国大名も庭園を造った。朝倉氏の一条谷の館跡（福井県）からは小泉水が発見され、京都を逃れてきた一四代将軍義晴のために朽木氏が新造した旧秀隣寺庭園（滋賀県）には曲水式の庭が整備されていたことが知られる。

【近世の庭園】

一五六九年（永禄一二）、織田信長は一五代将軍義昭のために二条御所（京都府）を造り、庭園に泉水や築山を造った。豊臣秀吉の聚落第庭園（京都府）には花壇、数寄屋住宅、茶室などがあった。

近世の庭園に大きな影響を与えたのは

千利休であり、弟子の古田織部がこれを受け継ぎ、織部の弟子の小堀遠州が大成した。遠州は京都御所や仙洞御所（京都府）など多くの庭園を造った。大徳寺本坊庭園（京都府）もその一つとされる。遠州の弟子や一派もまた各地で庭園を造っている。

江戸幕府も江戸城内の庭園や浜御庭（東京都）、二条城二の丸（京都府）などの庭園を整備した。参勤交代制度のもとで二重生活をした大名たちは、水戸藩の後楽園、柳沢氏の六義園、尾張藩下屋敷庭園など江戸藩邸の庭園を整備する一方、水戸偕楽園、金沢兼六園、岡山後楽園、高松栗林園、熊本水前寺など城下町の庭園を整備した。

近世中期には、『築山庭造伝』などの作庭技法書も刊行されるに至った。

【近代の庭園】

近代になると、ヨーロッパの建築や造園技術が導入され、フランス風の旧新宿御苑や、ベルサイユ宮殿を模した旧赤坂離宮（元紀州藩邸）などが整備された。上野（寛永寺）、芝（増上寺）、浅草（浅草寺）、深川、飛鳥山など近世の行楽地も、公園に指定された。

城郭の解放により高知公園、弘前城公園などが成立し、大名屋敷の庭園の解放により金沢の兼六公園、岡山の後楽園、高松の栗林公園など各地で近代的公園が整備され庶民に解放された。

この時期、政治家、実業家、豪農などの屋敷にも庭園が拡大し、庭園文化は大きな広がりを見せるに至ったのである。

【参考文献】

森蘊『日本史小百科・庭園』（東京堂出版、八八年）、大橋治三・齋藤忠一編『新装普及版・日本庭園観賞事典』（東京堂出版、九八年）、田中正夫『日本の公園』（鹿島出版会、七四年）。

（大石　学）

徳政思想

【徳政の思想的基礎】

徳政とは、日本中世において、支配者・被支配者を問わず、社会変革のよりどころとなる政治思想であった。本来は古代中国の儒教思想に基づく政治理念（徳治主義）であり、天子が施す恵み深い善政・仁政一般を意味した。前漢の儒学者董仲舒は、天災や戦乱などが起こるのは天子に徳が欠けているためであり、天子は徳政を実施して民衆の信頼を回復せねばならないという天人相関説を主唱した。

日本では、八世紀の文武朝になると、天子不徳→災異発生→攘災政策の実施という論理構成を持った「天子不徳」の詔が発布されており、この頃徳政思想が受容されたとされる。攘災政策すなわち徳政とは、具体的には恩赦・救援米放出・減免税などの福祉政策であった。

【徳政としての新制】

以上のような徳政とは別に、平安中期以後新制と呼ばれる天皇の特別立法が発布され、主に過差（服装などの贅沢）禁止と荘園整理が実施される。本来別物であった徳政と新制は、一一世紀末から一二世紀にかけて融合が進み、天皇代替りや天災・戦乱・革命（辛酉・甲子）年を契機とする徳政の一環に、新制発布が組み込まれるようになった。こうして中世になると、荘園公領制を維持するための修正的社会政策は、おしなべて徳政の旗印の下で、天皇の新制によって推進されるようになった。この時期になると、寺社領・御家人領興行（所領移動の禁止）・雑訴興行（裁判の公平・迅速化）が徳政の中心になる。

鎌倉幕府成立後は、武家が独自に新制を発布する主体となり（永仁の徳政令はその一つ）、とくに弘安徳政を画期に公武の一体化が進んだ。だが、このような王権の発動による社会政策としての徳政は、建武政権の包括的徳政が破綻したのちに急速に衰退し、将軍代替りの仏神領興行である応安半済令（一三六八年）を最後に姿を消した。

【土一揆の徳政】

王権の法としての徳政が消滅するのと軌を一にするかのように、地域社会の各階層や職業集団（国一揆、惣など）を担い手とする徳政が顕在化する。土一揆による徳政要求（いわゆる徳政一揆）や在地徳政がよく知られているが、この段階ではほぼ借物・借財（主に不動産）の取り戻し（いわゆる借金棒引）と同義になる。

将軍代替わりや飢饉天災・革命年を契機とする徳政要求は、室町期の社会において広く容認されていた。この理由として、共同体的な制約が色濃く、純経済的な永代売買の観念が未定着だった中世社会において、王の代替わりなどを契機とする徳政願望高揚には、（天人相関説を支配理念とするゆえに）為政者も応ぜざるをえなかったためと心性史の視点から説明されている。

王権による政治改革としての徳政と、土一揆による公平実現としての徳政は、その正当性が自力救済の過酷な暴力（競争）から「理非」裁判を通して新たな法が解放する点に求められると主張した笠松宏至説によって、初めて整合的に理解される道が開けた。

【参考文献】

三浦周行「徳政の研究」（『法制史の研究』下、岩波書店、四五年）、笠松宏至「中世在地裁判権の一考察」、「永仁徳政と越訴」、「仏陀施入之地不可悔返」、「中世の政治社会思想」、（以上四編『日本中世法史論』東京大学出版会、七九年）、同「甲乙人」、「折中の法」、「仏物・僧物・人物」（以上三編『法と言葉の中世史』平凡社、八四年）、同『徳政令—中世の法と慣習—』（岩波書店、八三年）。

（海津一朗）

道　教

【道教とは】

中国宗教の一つ。仙人への憧憬と無為

自然を尊ぶ道家思想を根幹とし、宇宙の転変をもたらす気との合一によって永生の願いを果たそうとする。そのために万物・万象に神性を認め、定められた儀礼に則《のっと》った祈願と卜占《ぼくせん》とによって神意を問い、呪符に示される神意と内丹《ないたん》や気功《きこう》による自己努力を通じて災害を除去し、健康を維持して安寧を得ることを究極の目的とする。中国の民族宗教といわれてきたが、研究の進展とともにアジア各地にその影響を見い出すことができるようになった。

【その形成と展開】

神仙への憧れと不老不死の願いから、黄老《こうろう》の道を奉じて、過《あやま》ちの悔悟と符水《ふすい》による病気治療で民衆の信仰を得た太平道《たいへいどう》と、それに類似の五斗米道《ごとべいどう》という集団が二世紀後半に成立した。教団としての道教の歴史はここに始まる。前者は政権に抑圧されたが、後者は五世紀前半に政権の保護を獲得し、天師道《てんしどう》として今日に至る道統をたてた。同姓の老子への尊信から道教への保護を強めた唐代にはその神格化が図られ、この間に『抱朴子《ほうぼくし》』、『真《しん》誥《こう》』、『真霊位業図《しんれいいぎょうず》』などの道教の基本経典が作成された。宋代には、全真教・浄《ぜんしんきょうじょう》明忠孝道《みょうちゅうこうどう》などの新道教が興起し、『雲笈七籤《うんきゅうしちせん》』、『悟真篇《ごしんへん》』、『重陽立教十五論《ちょうようりっきょうじゅうごろん》』などの重要文献も編述されて、諸教派の内実も充実した。その後も武当道《ぶとうどう》などの教派が新興したが、それらは一〇世紀以降の中国思想の潮流にそって三教一致の方向をとり、自立的修養を重視した。また、地域の信仰を集める民衆の神々が神列に加えられるなど、民間信仰との融合も進んだ。

【道教と日本文化】

宗教、ないし宗教集団としての道教が日本に伝えられた痕跡はない。しかし、常世《とこよ》や桃に対する信仰の様相を描いた「記紀」の叙述や呪符木簡の出土は、道教信仰が何らかの形で伝来していたことを思わせ、昔噺《むかしばなし》や伝説にもその影がうかがえる。平安期には、道教修業の呼吸法・養生法や卜占などの方法が伝承され、中には薬猟《やくりょう》の習慣や陰陽道《おんみょうどう》・修験道《しゅげんどう》のように日本在来の信仰や仏教などと褶合して、独自の展開を見せた分野もあった。

伊勢神道やその影響下に形成された吉田神道の教説や行法にも道教との関連が認められ、天皇とその周辺の儀礼・呪法にそれを認めようとする議論もある。日本における道教は、宗教という本来の姿ではついに定着しなかったが、日常の習慣や信仰に色濃い影響を残し、それと気づかれない形で年中行事や芸能などの中に生き続けている。例えば、守庚申《しゅこうしん》の信仰、中元の習慣、竃神の信仰や妙見《みょうけん》信仰などに道教信仰に通ずる事象が見られるし、民間療法の諸相や歌舞伎・能のしぐさなどにもその影響を探すことは難しくない。徂徠《そらい》・藤樹《とうじゅ》・篤胤《あつたね》などの学問にも道教教学の影響がある。

【参考文献】

窪徳忠『道教史』（山川出版社、七七年）、福永光司『道教と古代日本』（人文書院、八六年）、野口鐵郎他『道教辞典』（平河出版社、九四年）、野口鐵郎他『選集　道教と日本』（雄山閣、九六～九七年）、奈良行博『道教聖地―中国大陸踏査記録―』（平河出版社、九八年）、新川登亀男『道教をめぐる攻防』（大修館書店、九九年）、野

〈表１〉 近世の農事暦（「耕作噺」）

旧暦	間隔	稲作	畑作	その他	休息日		
正月	年頭						
正月 2月	50～60日 彼岸	厩肥の田への雪上運搬、土肥の田への運搬、すくろこなし（未脱粒の米を脱粒する） 種籾浸し		屋敷周りの垣根の修理、御駄下け米（年貢米を米蔵へ運ぶ）準備、縄づくり、苫編み、馬の鞍づくり	16日	元日～7日 16日～20日 彼岸3日 2月朔日	大正月 小正月 春彼岸
2月	雪消						
	14～15日	田の畔切り（畔廻し）、田の畔の補修整備、用水堰の泥上げ清掃、苗代の畔塗り		薪取り	1日	3月3日	節句
3月	耕起開始						
	27～28日	苗代の掻きこなし、池より種籾を引き上げて催芽する、苗代へ播種、田の一番耕起、畔放し作業、二番耕起、田の砕土、三番耕起	畑の砕土・整地		2日	耕起後1日 4月8日	 寺参り
4月	代掻き開始						
	22～23日	荒代掻き、中代掻き、畔塗り、厩肥の散布、田の葦刈り		削り草採取と溜め、苗配りのもっことけらづくり、山の蕗取り、薪取り	1日	5月5日	節句
5月	田植え開始						
5月 6月	45～46日	田植え、穂植二番植、苗代へ刈敷投入、除草一番、除草二番	畑の除草	肥草の取り入れ、薪取り入れ運搬	4日	田植後2日 6月朔日 6月15日	さなぶり 歯固め行事 川倉地蔵尊
6月	除草終了						
7月 8月	70日		麦・大根の手入れ	冬馬草の刈り入れ、冬用の薪取り、苧引き、肥料草刈り入れ、家屋の修理、家の壁塗り、稲こなし場の整備、川溝のごみ上げ清掃、土肥集め、稲乳用の縄づくり	5日	7月7日 盆14～16日 8月15日	七夕 墓参 猿賀大祭
8月	稲刈り						
9月	40日	稲刈り、稲の乾燥、稲乳づくり、稲乳の積み返し			0日	休日無し	
10月	村納め						
11月	80日	村納め、用水堰の取り入れ口を止める、御収納、種籾の調整			2日	稲村納め後2日	秋さなぶり
12月	歳の暮						
						計31日	

安永五年（1776）津軽田舎館村の場合、『図録・農民生活史辞典』による）。

口鐵郎他『講座　道教』（雄山閣、九九～二〇〇一年）。

（野口鐵郎）

〈表2〉　古代・中世の農事暦

		農作業・年中行事
1月		正月節会　修正会 蚕屋払 小正月　田遊び　左義長（ドンド焼）　山口祭
2月	勧農・散田	田の神祭 田起し
3月		田起し 種子農料をととのえる 田に水を入れ代掻　水神祭
4月		家神祭　田植の準備　水口祭
5月	（農月）	麦刈 田植 田の草とり　里の御霊会
6月		
7月		七夕 盂蘭盆　祖霊迎え　魂送り 二十日盆　風祭
8月	稲刈	八朔
9月		
10月		脱穀　籾摺 田の神祭 麦蒔
11月		収穫祭 山口祭　御倉祭　家神祭　火祭
12月		追儺　祖霊祭　道祖神祭

農事暦

【農事暦とは】

季節の移り変わりに応じて行われる農作業やそれに伴う年中行事などを、月日を逐って系統的に定めた暦法・暦書をいうが、その成立は江戸時代初頭一七世紀末である。江戸時代は「農書の時代」と称されるように、農業知識を集成し、地域に応じた農業知識・技術の体系的叙述が行われた。長い経験のつみ重ねから、最も理想的な効率的作物生産の手順を示す暦が作られるようになった。〈表1〉に示したのは、一七七六年（安永五）の東北津軽の場合である。

古代・中世については、纏まった史料は存在せず、その復原はかなり困難を伴う。断片的な史料や民俗的行事資料を参考にして「農村の四季」「農民の四季」を復原する試みがなされている。それらを参考にして〈表2〉に示した。

【資料と研究】

古代・中世の農事暦については、木村茂光『中世の民衆生活』（青木書店、二〇〇〇年）が、「中世農民の四季」を概観しており、具体的に和泉国日根荘の場合について詳しく述べている。また山本隆志「中世農民の生活の世界」（『一揆』四巻、東京大学出版会、八一年）は、若狭国太良荘の場合について述べ、古代・中世の農事暦に関する綜合的研究の扉を開いた。

近世の農事暦については、〈表〉に示したもののほか、『会津農書』（会津、一六八四年）『農業準縄録』（相模、一八二六年）

『家業伝』（河内、一八四二年）『家業考』（安芸、一七六四～六九年）などの例が、秋山高志、他編『図録・農民生活史事典』（柏書房、九一年）に収められており便宜である。農書は、『日本農書全集（全三五冊）』（農山漁村文化協会、七七～八三年）に収められている。この他参考すべき書としては、古島敏雄『日本農業技術史』（時潮社、四七年）、和歌森太郎「年中行事」（『和歌森太郎著作集12』弘文堂、八一年）、平山敏治郎『歳時習俗考』（法政大学出版局、八四年）、宮本常一『民間暦』（講談社学術文庫、八五年）、木村茂光『日本古代・中世畠作史の研究』（校倉書房、九二年）、阿部猛『万葉びとの生活』（東京堂出版、九五年）、藤井一二『古代日本の四季ごよみ』（中公新書、九五年）などがある。

（阿部　猛）

農本主義

【天皇制と農本主義】

「農」を「天下の大本」あるいは「国の本」と考える思想。江戸中期の思想家安藤昌益の遺著『自然真営道』がその嚆矢である。日本は近代国家形成にあたって政治統合と経済発展という両立困難な二つの課題に直面した。つまり、国民形成のための特殊原理と人材養成のための科学的普遍主義を共に必要としたのである。その際、その特殊原理の基礎とされたのが農本主義であった。天皇制は、明治天皇の「朕惟うに農は国の本なり」との言葉からもうかがえるように、この農本主義に立脚した政治体制であった。

　他方、明治政府は、一八七三年（明治六）に地租改正を実施し土地私有と地租金納に見られる近代的制度への移行を図ったが、一八七七年（明治一〇）時点においてその地租は国家歳入の八割を占めた。大久保利通らのいわゆる「勧農殖産」政策は、この地租歳入を近代産業の導入に振り向けるもので、富岡製糸場や八幡製鉄もそれによって創設された。しかるに、一八九〇年（明治二三）以後深刻化する足尾鉱毒事件と田中正造の激しい反対運動が端的に示しているように、この政策は政商の跳梁を促し政官財界癒着を深める結果にもなる。田中正造の天皇直訴は、天皇制国家原理の矛盾の発現を象徴する事件であったといえるであろう。

【農本主義の類型】

日本の資本主義は、資本を特定の産業部門に集中投下し、高度に機械化された生産を行なうものとして出発した。その結果、新興産業は、農村の余剰労働力をさほど吸収しないまま成長を続け、都市と農村の生産性格差を拡大させる一方、零細農民のいっそうの窮乏化を促すことになった。そのため、農民の不満も急速に高まってきていたが、とくに二九年の世界恐慌に伴う農村恐慌を契機として農本主義運動の大きな昂揚を見るに至る。

　この時期の農本主義運動は、中国の梁

漱溟らの「郷村建設」運動と同じく、資本主義路線と社会主義路線のいずれをも拒むものであったが、そこにも体制的・反体制的の二つの類型が認められる。前者は「都市対農村」というエコロジー的対立の打破を構想するものであり、後者は「都市対農村」の対立と「地主対小作人」という階級的対立の双方の打破を構想するものである。前者を代表する指導者としては権藤成卿、加藤完治、橘孝三郎などが、後者を代表する指導者としては石川三四郎、下中弥三郎、江渡狄嶺などがあげられる。ただし、第三の選択肢として天皇制の理想への回帰を願う点では共通する面もある。

【今後の課題】

従来、この農本主義は、主にマルクス主義者によって「社会改良主義」、「封建的な反動思想」、「ファシズムの温床」などとして全面否定されてきた。しかし、社会主義体制の崩壊とマルクス主義の破綻を経て、社会主義農業の酸鼻を極める実態が明らかになるに伴い、その評価自体も揺らぎ始めている。現在、農本主義は、とくに地域社会再生の問題や地球環境の問題への対応に関わって、その意味の再評価が求められている。

【参考文献】

西村俊一『日本エコロジズムの系譜―安藤昌益から江渡狄嶺まで―』(農山漁村文化協会、九二年)。

(西村俊一)

墓制

【葬法の違い】

墓とは死者の遺体が納められる場所およびその装置をいい、その墓を造り営む制度全体を指して墓制という。墓制は、葬法や墓地の設営方法などの側面から把握することができる。葬法のうえでは、日本でかつて最も一般的であったのは土葬で、遺体を土中に埋納する方法であるが、火葬もすでに縄文、弥生時代から確認されてきており、土葬と併存して古代から一部では行なわれてきた。また、沖縄を始め南西諸島では風葬が行なわれ、数年間の骨化の期間を経て洗骨や改葬が行なわれてきた。本土で広く見られた土葬の場合、個々の埋葬地点の保存を志向するか、それとも一定期間ののちその埋葬地点が古くなったら掘り返して次の死者の埋葬のために利用するか、の二つのタイプに分けられる。それは、墓地の設営方法に関わる問題でもある。

【墓地の利用と立地】

墓地の利用と立地のうえでは、現在まで伝承されている形としては次の四つに分けてとらえることができる。㈠死者あるごとに個人ごと山野田畑の一角に埋葬する。この場合個別に墓が点在することになる。㈡家ごとに屋敷近くや山野の一角に墓地を設けてそこへ埋葬する。㈢同族単位もしくは複数の同族で山野の一角に墓地を設けてそこへ埋葬する。㈣近隣関係にある複数の家々で山野の一角に墓地を設けてそこへ埋葬する。そして、この㈣のタイプはさらにその近隣関係が一定の村落組織とどのように対応しているかによって村組単位の小規模なものから、小字単位のもの、複数の大字が共有する奈良県下の郷墓のように大規模なものまで、細かな分類が可能である。この墓地の設営方法の問題は基本的に社会制度のあり方に関係する問題であるということができる。例えば、奈良県の大和高原一帯では埋葬区画が男女別に分けられていたり年齢別に分けられていたりする例があり、宮座の長老を務めた者は特別に上段の区画に埋葬する例や子供だけ区別して子墓に埋葬する例もあるが、それは、それらの墓地の設営が各村落の年齢別や性別原理を内含する社会制度を反映しているものと考えられる。同族結合の強い村落の場合にはそれを反映して、上記㈢のタイプの墓地設営が実現している例が多い。伝統的に異常死者、行き倒れなどを一般の村落の成員とは区別して別の場所に埋葬する例は全国的に見られた。現代の都市化社会では公営私営を問わず、公園型墓地や大規模集合墓地の形態が一般化しているが、墓地は社会の反映であるといわれるゆえんである。

【石塔の普及と両墓制、単墓制】

死者供養の装置として造営されたのは石造墓塔、つまり石塔であるが、それが一般化するのは近世中期以降である。石塔の型式は五輪塔や舟型光背型仏像碑から箱型や角柱型へと変化し、造立趣旨は菩提のためから霊位へとの変化が追跡できる。また個人で一基とか夫婦で一基というのが一般的であったが、明治から大正以降に家単位の先祖代々の大型の石塔が多く建てられるようになり、現在ではさらに無宗教的な自由な型式のものも多くなってきている。民俗学の概念として両墓制、単墓制、無墓制があるが、両墓制は強い死穢忌避の観念を背景として埋葬墓地と石塔墓地とを別々に設けるもので近畿地方に多く見られる。単墓制は埋葬墓地に石塔を建てるもので広く全国的に見られる。無墓制とは近年まで火葬骨を放置したり散骨して墓地を作らない例として近畿、中国地方の一部の浄土真宗の門徒の村落で見られたものである。

【火葬と納骨】

無墓制は極端な例であるが、火葬の場合、拾骨して納骨するのが一般的で、実態としては大部分拾骨か一部拾骨かという二つのタイプがある。

大部分の遺骨を拾骨し納骨するタイプは概して東北地方などの伝統的な火葬地帯で見られ、骨の一部だけを拾骨して納骨し大部分の遺骨灰を放棄してしまうタイプは北陸、近畿地方などの伝統的な火葬地帯で見られる。また、近畿地方などでは遺骨の一部や遺髪や爪などを高野山の奥の院へ納骨する高野納骨や、広く浄土真宗門徒の間では京都の大谷本廟へ納骨する本山納骨の風習も見られる。

納骨は石塔の普及以前は土中に埋納し墓標に木を立てたり石を置いたりするかたちが一般的であったが、石塔が普及するとその下部に納骨する方式が一般化した。それらは、同一家族の遺骨が同じ石塔の下部に次々と納骨され集骨されていくものであるが、中部、北陸、東北地方の一部では家族の範囲を越えて親族や村落の範囲で共同納骨堂を設けている例も見られる。

六〇年代以降、地方自治体による火葬

場の建設が進み、近隣の家々の互助協力による伝統的な土葬や火葬からその新しい火葬場での職員の手による重油を用いる火葬の方式が一般化してきている。

死後の供養と墓参は、現在では盆や彼岸に盛んに行なわれているが、それは歴史的に形成されてきた習俗であり現在でも墓参をしない地域が近畿地方周辺には点々と見られる。葬送から営墓へという一連の墓制習俗の多様性の中から見い出されるのは、死者の遺体に対する保存と忘却という両極端の志向性の併存という事実である。

【参考文献】

最上孝敬他編『葬送墓制研究集成』(全五巻、名著出版、七九〜八〇年)、竹田聴洲『民俗仏教と祖先信仰』(東京大学出版会、七一年)、森浩一編『墓地』(社会思想社、七五年)、新谷尚紀『生と死の民俗史』(木耳社、八六年)、新谷尚紀『両墓制と他界観』(吉川弘文館、九一年)、森謙二『墓と葬送の社会史』(講談社、九三年)。

(新谷尚紀)

本寺・末寺制度

【本寺・末寺制度概観】

仏教教団における寺院の階級制度。本寺・末寺制度(以下本末制度と略称)は江戸時代に確立した。

中世における本末制度は、鎌倉時代末期、鎌倉に存在した臨済宗寺院を対象としてはじめられた五山制度がある。その後京都へも拡大され、一三八六年(至徳三)将軍足利義満が義堂周信の意見を入れて、五山・十刹・諸山の制度を作りあげた。一般的には官寺機構と呼ばれている。臨済宗の五山派以外の各宗派とも宗祖やその弟子を出発点とする法系が各地に点在しており、まだ宗派単位の本末制度の形成はなされず、地域毎の地方(田舎)本寺と末寺との関係が数多く形成されていた。また宗祖の教義の解釈をめぐって、宗派内の対立抗争が続いていた。このようなものが整理・統合され宗派単位の本末制度が形成されるのは江戸時代のことである。

徳川家康は一六〇一〜一五年にかけて、各宗毎に寺院法度を布達し、この時はじめて各宗の本山を確定し、寺領を宛行い、本山を軸とする宗派毎の統制を行うことにした。一方本山は幕府の権威を背景として、寺々を積極的にその傘下に収め末寺とした。本山を学問道場とし、そこで教学の研鑽と修行を行なわせ、本山で修行した僧を末寺に派遣する体制を作りあげた。一方、一六一三〜一四年(慶長一八〜九)幕府はキリシタンを摘発し、それを改宗させ、転吉利支丹寺請証文(キリシタンでない身分保証書を僧侶が書く)の作成を寺に命ずると、これに呼応して、全国におびただしい数の寺が創設された。これらの寺はキリシタンでない証明を求める多くの人々と寺檀関係を結び、さらにその権威を高めるために、中央の大寺との本末関係を結ぶことになった。

幕府は一六三二年新しく寺を創設することを禁止し、翌年には各宗本山に対して末寺名と寺領を書上げるよう命じた。こうして翌年には「寺院本末帳」が提出された。その原本の一部が現在国立公文書館内閣文庫に所蔵されている。総寺院数は一万二〇八〇か寺が書き上げられている。しかしこれは当時存在した寺の十分之一にも満たない数字であり、とりわけ地域的には関東・東海地方の寺のみで全体の約八五%を占める。その意味では史料的限界がある。この時はいずれの宗派の本末帳の奥書にも、提出期限が短かったので、末寺調査が不備であると話している。とくに先述の如く、法系や地域的なつながりであったものを、寺格毎、つまり本山—直末寺—又末寺—孫末寺—曽孫末寺というような重畳的に再編成する作業は容易ではなく、寺格をめぐって各地で本末争論が続出し、ついに寺社奉行は本末争論をとりあげず、各宗の触頭が決裁する様命じるに至っている。一応寺格が決まりほぼ完璧に本末制度が確立したのは、一七四五～七年(延享二～四)の寺院本末帳作成の時であった。一七七〇年代には「寺格帳」が作成され、各宗の有力寺院の格式が決っている。また僧侶の身分的位置ずけが決ったのは一八〇二年(享和二)に作成された「諸宗階級」(『続々群書類従』第十二宗教部)においてである。これにより本寺は、末寺住職の任免権、五〇年毎の宗祖の遠忌法要への参加の義務づけと寄附金の割付、末寺間の争論の決裁、末寺僧侶の教育と人事移動の権利等、末寺僧侶の生殺与奪の権を握った。末寺僧侶の地位はきわめて不安定であったといって良い。しかし本末争論はその後も続いた。

【参考文献】

辻善之助『日本仏教史』七～一〇巻(岩波書店、六〇～六一年)、圭室文雄『日本仏教史』近世(吉川弘文館、八七年)。

(圭室文雄)

社寺参詣曼荼羅

社寺への参詣者を対象として、主に一六世紀から一七世紀にかけて作成された古絵図、案内絵図。単なる絵図としてだけではなく、縁起絵的な要素もある。その制作目的は布教・勧進活動・参詣を誘うため、見て絵解かれて布施を寄付することにより参詣したことと同じ功徳《くどく》を得ることなどが考えられている。「参詣曼荼羅」という用語自体は、戦後に研究者が用いた学術用語である。六八年、景山春樹や難波田徹により京都国立博物館で開催された「古絵図」展において古絵図の一分類として用いられ、以後、定着した。大きさは通常、縦横ともに一・五メートルほどの楮紙などをつないだ大画面であり、その多くは社寺の俯瞰・鳥瞰図で、しばしば三段構成がとられている。すなわち、上部には日・月輪と山、中央部には社寺景観、下部には参詣路、海や川が描かれ、霊場の信仰世界がくまなく表現されている。霊場の縁起や霊験が主に描かれているようにも見えるが、むしろ中心は老若男女が貴賤群集する霊場の賑わい、祭礼や法会、民間習俗、参詣道に所在する名所旧跡に至る、世俗的、現世的な世界を表現することにあろう。霊場部分が画面の中核で、参詣路部分はその残りの部分に配されるのが一般的であるので、大幅なデフォルメを受けていることが多い。しかし、当該寺社への参詣未経験者に対する案内絵図として作成されているので、そこに描かれている建物や居住者などの配置は想像以上に正確であり、とくに信仰・縁起に関わる表現には、できるだけ正確に表現しようとする努力が見てとれる。

また、案内図としての機能を象徴的に示すものとして、従来「道」の表現が注目されている。例えば、参詣曼荼羅と同時期に作られた「洛中洛外図」と比較すると、「洛中洛外図」に描かれた道の大半が雲や霞で分断され、連続していないのに対して、参詣曼荼羅の道の多くは途中で途切れることなく、霊場へ連なっている。パッチワークのように名所旧跡の各場面を寄せ集めることによって都の賑わいを表現しようとした「洛中洛外図」と、霊場への参詣者勧誘を目的として作られた参詣曼荼羅の一番の違いがここにある。

【持ち歩いて勧進した人々】

参詣曼荼羅の多くの作例に折り跡が残るのは、穀屋・本願・御師・高野聖・六十六部などといった勧進聖らが、これを折りたたんで厨子《ずし》や笈《おい》に入れて持ち歩き、人の集まる場所で、不特定多数の庶民を対象として絵解きをしたからである。現在は掛幅や屏風仕立てであるが、ある作例の上部には乳《ち》がついていることから、上記の享受史がわかる。参詣曼荼羅には勧進柄杓《ひしゃく》を差し出したり、六十六部廻国聖が納経している場面など、勧進聖の活動の様子が描かれている作例も多い。また、同一人物と思われる参詣人が参詣路にそって数カ所に配されている作例については、異時同図の手法によって、鑑賞者が自己の姿を投影しながら、参詣の擬似体験をする効果をねらったものと思われる。現存する作例としては、近畿地方の西国三十三所観音巡礼霊場の霊場寺院を描いたものが中心であり、その第一番札所である熊野那智山が多い。立山・白山などの山岳霊場や伊勢・多賀社など神社を中心に描いた作例もある。霊場別で約三〇カ所を数えるが、現地比定が行なわれていない作例もあり、複数の写本が確認されている作例については諸本の比較作業が残されている。

【研究文献】

大阪市立博物館編『社寺参詣曼荼羅』（平凡社、八七年）、徳田和男『絵語りと物語り』（平凡社、九〇年）、下坂守『参詣曼荼羅』（『日本の美術』三三一、至文堂、九三年）、下坂守「参詣曼荼羅」（『日本中世史事典』東京堂出版、九五年）などの諸研究が積み重ねられつつある。（福原敏男）

宮座

宮座とは、定員制・頭屋制・一座制による祭祀組織で、平安末期に形成され、南北朝期以降の村落で顕著に見られると一般に規定されている（福田アジオ「宮座」『日本民俗大辞典』下、吉川弘文館、二〇〇〇年）。

【研究史】

肥後和男・豊田武らの先駆的研究を承

けた萩原龍夫は、中世の宮座から近世の氏子への移行を提唱した。それに対し安藤精一は、中近世一貫した宮座祭祀を主張した。萩原と安藤の意見の相違は平行線のまま、個別研究が積み重ねられてきた（個別宮座研究の詳細は高牧實の整理を参照されたい）。

その後、薗部寿樹は、宮座を村落内身分（村落集団によりおのおの独自に認定・保証され、一義的にはその村落内で通用し、村落財政により支えられた身分体系）として把握した。そして中世前期の古老・住人身分、中世後期の乙名・村人身分、中近世移行期の年寄衆・座衆身分という村落内身分の内実を、臈次《ろうじ》成功《じょうごう》身分《みぶん》と規定した。そしてさらに、中近世移行期に家の論理が宮座に導入され、近世の宮座が家格制というあらたな村落内身分維持集団となったことを示した。

福田アジオは、東の当番制・西の宮座制という地域論を主張する（『番と衆』吉川弘文館、九七年）。しかしこの議論は、後述する頭役制・頭番制と宮座との歴史的な関連を考慮に入れていない。また肥後が提唱した株座・村座という規定も近世の家格制を前提としたものであり、この概念で近世以前の宮座は議論できない。宮座の歴史的変遷をふまえて議論することが重要である。

【今後の課題】

諸国一宮祭祀の頭役勤仕に、国衙在庁官人や地頭御家人の身分保障の意義があった（村落内身分との類似性）。荘園公領制の名と宮座との関連も見られる。また村落宮座でも一座するのは特別な祭祀のときのみであり、日常的には頭人が個別に奉斎している。以上の点から、宮座の「一座制」という規定を再考して、権門寺社の頭役制との関連から宮座の形成を考察する必要があろう。家を単位としない宮座のあり方、宮座における家の論理の問題、「長男」の語義の変化とその背景なども今後の課題である。従来の祭祀組織論のみならず、民俗芸能論や村落神話論などの村落儀礼論という観点からの宮座論も重要である。この点は、「郷村文化」の項を参照のこと。

【参考文献】

肥後和男『宮座の研究』（弘文堂書房、四三年）、安藤精一『近世宮座の史的研究』（吉川弘文館、六〇年）、萩原龍夫『中世祭祀組織の研究』（吉川弘文館、六二年）、豊田武「宗教制度史」『豊田武著作集五』（吉川弘文館、八二年）、高牧實『宮座と村落の史的研究』（吉川弘文館、八六年）、藤井昭『宮座と名の研究』（雄山閣、八七年）、薗部寿樹『日本中世村落内身分の研究』（校倉書房、二〇〇二年）。

（薗部寿樹）

木簡

【概要】

普通木の札に文字の書かれたものを木簡という。「簡」の字は「竹のふだ」という意味であるが、単に「ふだ」という意味もあり、日本ではほとんどが木製で、このため「木簡」と呼ばれることが多い。わが国では、平城宮・藤原宮跡の発掘調査で多数出土して以降広く知られるようになった。その後各地の国府跡・郡衙跡・城柵跡・寺院跡からも出土し、さらには普通の集落遺跡、中世・近世の遺跡からも出土している。

【内容と特徴】

古代の木簡には、官庁間でやりとりをした文書、物品の出納などの帳簿、調・庸などの貢進物に付けられた付け札などがある。ほかに字を習った習書、落書きと思われる戯れ書き、願い事、恨みや呪いを記した呪い札がある。木簡・竹簡はもともと中国では文字を記録するための素材であった。やがて紙が発明されると、徐々にその役割を紙に譲った。まさに紙は文字を記す材料で、そのために「料紙」とも呼ばれる。わが国では文字も紙もほぼ同時に伝わった。しかしなお紙の供給の少ない古代では多様な木簡が存在したのである。徐々に紙が普及するにつれて木簡は、持ち運びに便利であること、風雨にさらされても耐えうるなど木の特性を生かした使われ方をするようになる。

【中世・近世の木簡・木札】

中世の木簡は、①支配に関わるもの、②権利の付与に関わるもの、③処分に関わるもの、④表示を目的にしたもの、⑤その他に分類できる。①の支配に関わるものの代表は法令や掟の公示である。近世では各地の町や村の人の多く集まる場所に高札場が設けられ、さまざまな法令などが知らされた。高札や制札は当然屋外に掲げられたわけで、風雨にさらされてもなお耐えうるという特性が生かされてのことであった。②の権利の付与に関わるものには、特定の職人や商人集団の仲間である座に属することを明らかにする札があった。この札を持っていればその職業を続けられ、持っていなければその営業が禁止されるというものであった。近世では株仲間を示す札がある。③の処分に関わるものは、法令の違反者に対しての処分を掲示したものである。なぜ死刑に処せられたか、なぜ家屋などの財産が没収されたのかを広く人びとに知らせたのである。これは新たな犯罪を抑止する意味も持った。④の表示を目的にした札は、所有を明らかにする名札、荷物の送り主と宛先を示す荷札などがある。これらは持ち運びに便利であるという特性の発揮された使用例である。⑤のその他には、さまざまなことを知らせる周知札・落書・記念・備忘のためのメモなどがあった。

印刷技術の発達で法令の公布は官報で、さまざまなことがらの周知・広報は新聞や雑誌で行なわれるようになり、高札は町や村から姿を消した。しかし、まだ多少の木札は身の回りに見られる。

【参考文献】

参考となる文献としては、鬼頭清明『木簡』(『考古学ライブラリー五七』九〇年)、水藤真『木簡・木札が語る中世』(東京堂出版、九五年)などがある。また、木簡学会が年一回発行している『木簡研究』には、最新情報が掲載されている。

(水藤　真)

有職故実

有職故実(学)とは、公家社会のほとんどの朝儀が廃絶した結果、それらの復興をめざし近世以降に研究が盛んになった学問分野である。近世以前の社会組織や文化などを研究対象とし、古代は公家社会の官位制やその歴史的変遷、官職の職務内容など、また中世以降は武家政権成立後の官制や職務内容、甲冑の装着作法や武器の使用法などを研究対象とした。公家・武家を問わず男女の服装、住居空間や乗り物、芸能や年中行事、人生儀礼などをも研究視野に入れた幅の広い学問である。公家社会の有職故実を公家故実、武家社会のそれを武家故実と区別する。

【平安時代の有職故実】

平安時代の有職故実は左記のような広範な知識のことではなく、公家社会の政務と儀式の遂行上、最もよいとされた動作や方法のことであった。それを「前例」や「故実《こじつ》」という言葉で表現し、重要視した。これらは九世紀以降、貴族社会の中でしだいに形成された。九世紀末、藤《ふじ》原基経《わらのもとつね》が献上した『年中行事御障子《ねんちゅうぎょうじみそうじ》文《ふみ》』は、一年の恒例行事を知るうえで重要なものとなった。さらに基経の儀式上の作法が彼の子孫を始め、平安貴族にとって学ぶべき前例として多大な影響を与えたのである。基経の子時平《ときひら》と忠平《ただひら》は父の儀式上の作法を受け継ぎ、とくに忠平は子の実頼《さねより》と師輔《もろすけ》に基経の作法を口伝《くでん》と教命《きょうめい》という形で伝えた。平安貴族はこれらの故実を子孫に伝えるため、また儀式に備えるため日々の動向を日記に記すようになった。故実もやがて家流が作られる。九条流の祖である師輔は日記『九暦《きゅうれき》』を記し、『九条年中行事』も著した。実頼の子実資《さねすけ》(実は孫)は『小右記《しょうゆうき》』を記すとともに、小野宮流《おののみやりゅう》の故実を集大成して『小野宮年中行事』を著し、それぞれの故実を伝えた。摂関家の日記は子孫によって秘蔵されるが、それ以外の人間も日記を借りて書写する現象が生まれた。政務と儀式の遂行に「式」が存在したが、一〇世紀には個人によって儀式書が編まれた。恒例・臨時の儀式を集大成した源《みなもとの》高明《たかあきら》の『西宮記《さいきゅうき》』、藤原公任《ふじわらのきんとう》の『北山抄《ほくざんしょう》』などである。大江匡房《おおえのまさふさ》は院政期の儀式内容を含む『江家次第《ごうけしだい》』を著した。

【家格の固定化】

一一世紀以降の家格の固定化に伴い、叙位・除目の儀式ではとくに九条流・小野宮流の摂関家と、非摂関家の花園説が故実として大きな主流をなし、鎌倉時代以降も引き継がれた。先例を調査するための日記の目録や儀式ごとの別記の作成は一〇世紀から行なわれていたが、院政期以降は儀式ごとの部類記などが盛んに作られた。一五世紀後半の応仁の乱で朝儀が廃絶するまで、さまざまな家がそれぞれの有職故実を守り伝えていた。

【参考文献】

石村貞吉『有職故実』上・下(講談社学術文庫、八七年)、竹内理三「口伝と教命—公卿学系譜(秘事口伝成立以前)—」(『竹内理三著作集五』角川書店、九九年、初出、四〇年)、土田直鎮「平安時代の政務と儀式」(『奈良平安時代史研究』吉川弘文館、九二

年、初出、七四年）、吉岡眞之「貴族社会の成熟」（『古文書の語る日本史二』筑摩書房、九一年）、田島公「『叙玉秘抄』について—写本とその編者を中心に—」（『書陵部紀要』四一、八八年）。（古谷紋子）

寺社縁起

【縁起とは】

仏教では世のなかのあらゆるものは、さまざまな原因と条件（縁）により成立したとする。律令体制下では特別な寺院以外は国家により運営されていた。年一回、寺院の資財、人員等を報告することになっていた。「某寺伽藍縁起并資財帳」がそれである。弘福寺（天平一九）、大安寺（同）、元興寺（同）、法隆寺（天平宝字五）、西大寺（宝亀一一）の資財帳は『寧楽遺文 中』に収められている。なお流記とあるのは、永久に保存するとの意味である。資財帳の最初の部分にある縁起の部分がその寺の歴史を語るものとして重視されるようになり、資財帳は消えても縁起は残ることになった。

【縁起の展開】

律令体制の解体により寺院の維持は国家から次第に民間に移行するようになった。そこでは寺院による人々への利生、利益が説かれ、それが縁起に反映した。一方、縁起は文字で示されるだけでなく絵で示す絵巻物も世にあらわれた。また利生、利益を直接民衆に語った絵解きが人々が集る場所で活動した。各社寺は曼《まん》茶羅《だら》を作製した。曼茶羅は各社寺に属する御師《おし》や比丘尼《びくに》等の手により広く伝えられた。

【本地物の出現】

本地垂迹説により社寺の本地を海外に求めた。代表的なのは熊野本地であり、中世末から近世にかけて多く読まれた。そこでの五衰殿《ごすいでん》の自分を捨て子供をたすけた犠牲的行為は多くの日本人に影響をあたえた。江戸時代になり都市で各社寺の開帳がなされ、そこで参詣者に簡単な縁起が渡された。略縁起である。

【参考文献】

岩波書店の「日本思想大系」の『寺社縁起』が縁起研究の方向を示してくれる。松本隆信『中世における本地物の研究』（汲古書院、九六年）、筑上鈴寛『唱導と本地文学と』（同著作集三、七六年）、奈良国立博物館監修『寺社縁起絵』（角川書店、七五年）、大阪市立博物館編『寺社参詣曼茶羅』（平凡社、八七年）、中野猛「近世略縁起集内容一覧」（『都留文科大学研究紀要』二七、八七年）。（西垣晴次）

家訓

【家訓とは】

「家」の存続の願いをこめた、子孫への教誡一般の呼称。従来「家訓」として取り上げられてきたものは、大別して、①古代以来公家において、自らの子孫に遺した教誡（例「菅家遺誡」）。②大名領国形成期以降の武家（大名）における家法・分国法（例「大内家壁書」）。すなわち、相続、家臣団統制、領国支配のことなど。③江戸期以降の商家・農家において伝えた家の掟や学者・文人が家族や門弟に与え、遺した教誡（例「島井宗室異見状」、「伊勢貞丈家訓」）、④さらに明治期に引き継がれて、財閥に発展し「家憲」と称したりする、一族の組織や経営の方針等を規定するものも現れる。

【形成と研究】

この項では、主として前記③に重点をおいて述べたい。古代、天皇・公卿の、その子弟に対する訓誡や遺誡が作られ、一三世紀に入って、武家の家訓（「北條重時家訓」など）も作られるようになった。真贋とりまぜて伝えられた教誡類は、後世、改めて自らの家を護るために、新たに家の掟を作ろうとする人たちの模範、研究の対象となった。戦国大名の分国法の作成、江戸期、明治期の豪商豪農の家訓、家憲の作成にあたっての関心は、治国安民や家政の規範が求められていた。明治中期の家訓集の出版も、「家」制度の本質の分析が常に根底にあったが、当時頭角を現しつつあった村落名望家層の戊申詔書体制下の自己主張として行われた。そして家訓が家庭教育のあり方とその伝統の確認として研究され、また、江戸期を中心とする大商人の経営組織や意識を探る史料として、さらには明治期の経済発展に対応する商家経営の転換、財閥の形成過程、また商農の経営・実態意識の変転を追い、その時期の経済流通の発展度や、さらには封建制下の商農の経営における近代化の過程を考察しようとする方向で研究は進められている。

【近世家訓の性格】

ここで「家訓」として、対象に取り上げるものについて、入江宏（『近世庶民家訓の研究』）に従うと、①家長またはそれに準ずる立場の者が「家」の成員に示した教訓であり、かつ②子々孫々がそれを守り伝えることによって権威づけられたもの、とする。それぞれの標題（伝統的呼称を含めて）は「遺誡」、「消息」、「家法」、「覚」、「定」など、種々で、必ずしも「家訓」が多いわけでもない。形式も文書と限らず、口伝のものもあった。

具体的内容により分類をし、性格づけると、1家の管理についての心得、2相続、分家など家制の基本の定め、3店運営の心得（店訓）、4店の業務執行の具体的指針（店則）、5使用人の規則（安岡重明による。筆者要約）と江戸期商家についてであるが、豪商の経営組織や活動の多角的な規則が作られている。これらの中のいくつかが、一つの商家であわせ行われている場合も多く、資本蓄積の問題として、管理組織、奉公人管理等の問題としても高度の発展を遂げた商家の営業がうかがえよう。

「家訓」を通じて、強調されている徳目について、掲出頻度を調べた（入江）結果をみると、○公儀第一、○質素倹約、○家業出精、と体制順応の身分秩序の下で、実直に働く商人道が強調され、○堅実商、○算用と実務能力が求められ、個人倫理的なものは比較的少ない。

【参考文献】

黒川真道『日本教育文庫―家訓篇』（同文館、一〇年）、北原種忠『家憲正鑑』（家憲制定会、一七年）、宮本又次『近世商人意識の研究―家訓及店則と日本商人道』（有斐閣、四一年）、石川謙『家訓と家庭道徳』（文部省社会教育局、四二年）、京都府『老舗と家訓』（七〇年）、近藤斉『総編武家家訓の研究』（風間書房、八五年）、入江宏『近世庶民家訓の研究―「家」の経営と教育―』（多賀出版、九六年）。

（木槻哲夫）

板碑

【板碑とは】

板碑は中世において全国的にみられる石造の供養塔婆の一形式である。石造供養塔婆（石塔）は、仏教の普及と定着を背景に、死者の菩提を弔い、あるいは自身の死後の安楽を求めるために行われる様々な供養行為として造立される供養塔婆の内、石で造られたものをいう。その形態には、いくつかの形式があるが、五輪塔・宝篋印塔・板碑が一般的である。板碑の典型的な形態は、偏平な石材を縦長とし頂部を三角に整形、その下の二条の切り込みと額部、そして上下に広い身部からなる。身部には、本尊としての仏菩薩を像や梵字の種子で表し、下部に造立の趣旨を示す願文や、供養者あるいは被供養者名、年紀などを刻む。この形態は、関東地方の緑泥片岩を石材としたものに多く、他地方では、薄く整形できない石材を用いるため分厚いものや自然石にちかい状態のものもあるが、塔婆を構成する諸要素が一面にのみ集中していることをもって板碑に含めている。造立年代は十三世紀前半から近世初頭に限られる。関東の事例では、その間造立者の階層が次第に下降していることが指摘されている。造立の目的は基本的に追善供養だが、逆修供養の例も多い。十五世紀中頃からは月待供養などの民間信仰によるものもみられる。なお、板碑という名称はその性格からいってふさわしくないが、慣用語として定着している。

【研究の現状】

このような板碑に関する研究は、明治二〇年代から今日にいたるまで、さまざまな課題を残しながら進展してきた。それらの課題は板碑の形態研究を主眼とする視点と、銘文からみる板碑の性格に関する研究視点とに大別することができる。これら二つの視点に加え、近年の発掘調査による板碑出土例の増加は、いままでの板碑研究では解明できない分野、特に葬送儀礼における具体的な板碑の在り方について、中世の墓制研究の進展を背景としつつ、新たな成果が期待できる状況にある。そして、武蔵型板碑以外の板碑研究、特に東北地方の板碑研究が進んでいる今日、他の石造供養塔婆をも含めた、全国レベルでの中世石塔研究のなかでの地域的位置付けが検討されるべきであろう。

【研究文献】

一九世紀末（明治二〇年代）に始まった板碑の調査研究は、一九三三年（昭和八）

に刊行された服部清五郎（清道）の『板碑概説』により学問的な水準にまで高められ、板碑研究の出発点ともなった。戦後は、各地の板碑調査の報告書があいついで刊行され、本格的な板碑研究の下地がつくられたといえよう。そして、坂詰秀一編『板碑の総合研究』一・二（柏書房、八三年）によって、板碑研究の課題の整理や全国的な残存状況の把握が行われた。ついで、千々和実『板碑源流考』（吉川弘文館、八七年）、及び千々和到『板碑とその時代』（平凡社、八八年）が世にでるに及んで、史料としての板碑の姿が見えるようになってきたといえる。また、東北地域の成果として、大石直正・川崎利夫編『中世奥羽と板碑の世界』（高志書院、二〇〇一年）がある。

（有元修一）

外国人の見た日本

【日本情報と誤解・曲解】

日本列島にはこれまで多くの外国人が来日した。彼らは日本の社会・文化などに独自な関心を寄せている。外部の観察者の立場を、高橋公明「外国人の見た中世日本」は「旅人の目」と呼んでいる（村井章介他編『境界の日本史』山川出版社、九七年）。彼らが観察したものの中には、当時の日本人にとっては自明なものであるため、日本側史料には記されていない事項が数多い。彼らの観察をもとに日本に関する著作が編まれる。こうして日本に関する情報がおのおのの国・地域・民族に集積されていき、それに基づいた日本観が形成されていく。

注意したいのは、田中健夫が指摘しているように、このような観察、とくに集成された日本観には誤解や曲解がしばしば含まれていることである。このことは、日本側の異国・異域・異民族に対する認識にもいえる。田中は、明末以後中国で編纂された類書（絵入りの百科全書）に見える異民族認識を検討して、「着衣の高麗国人」、「はだかの日本国人」、「はだしの大琉球国人と小琉球国人」とが対比されていることを指摘し、また中国において実態とは異なる倭寇像が画一化・固定化していく様子を明らかにしている（田中健夫『東アジア通交圏と国際認識』吉川弘文館、九七年）。

【日本観察の記録・日本研究書】

外国人によって記された日本に関する書物には、直接に見聞した事柄を記録したものと、文献や伝聞などの間接的な情報に基づいて編纂されたものとに大別できる。これらを読む場合、観察者自身がどのような文化的な背景を持ち、どのような基準で観察対象を評価しているのかに留意しなければならない。

前近代の中国においては、間接的な情報によって編纂されたものが主流である。『魏志』倭人伝・『隋書』倭国伝などの正史類や、明代に編纂された鄭舜功《ていしゅんこう》（来日経験あり）『日本一鑑』、鄭若曾《ていじゃくそう》『籌海図編《ちゅうかいずへん》』などの日本研究書は、編者が入手した日本情報を集成したものである。

直接の見聞録では、宋希璟《そうきけい》『老松堂日本行録』、申叔舟《しんしゅくしゅう》『海東諸国紀』など、一五世紀に来日した朝鮮王朝官人による著作があり、『朝鮮王朝実録』にも遣日使節の帰朝報告が収められている。

一六世紀以降、ヨーロッパの人びとが来日し、膨大な観察記録を残している。ルイス＝フロイス『日欧文化比較』などのイエズス会宣教師の報告書や書簡、イギリス商館長・オランダ商館長の日記などがある。

【参考文献】

中国人の日本観については、石原道博の「中国における日本観の端緒的形態」（『茨城大学文理学部紀要　人文科学』一、一九五一年）、「中国における隣好的日本観の展開」（同二、五二年）を始めとする一連の論考や、王勇『中国史のなかの日本像』（農山漁村文化協会、二〇〇〇年）がある。

朝鮮人の日本観には、関周一「朝鮮王朝官人の日本観察」（『歴史評論』五九二、一九九九年）、三宅英利「朝鮮王朝後期官民の日本観」（荒野泰典他編『アジアのなかの日本史Ⅴ』東京大学出版会、九三年）がある。

（関　周一）

絵　馬

【大絵馬と小絵馬】

祈願と報謝のために社寺・堂祠等に奉納された絵の額。その大きさにより、大絵馬と小絵馬とに分けられる。ただ、その区別はかなりあいまいであり、小絵馬が大体三〇センチメートル以下であり、個人の祈りや希望を示すものが中心であるのに対し、大絵馬の奉納者は個人であるより集団であり、社寺への参拝記念、戦勝記念、社寺の造営記念などがその奉納の契機になっている。これに対し小絵馬の最古のものは、平城京の二条大路の溝から出土したもので、板に馬を描いたものである。時代は八世紀のものである。ついで浜松市の伊場遺跡から八世紀後半の地層から桧の板（縦七・三センチメートル、ヨコ八・九センチメートル）に馬を朱で塗り、上部に穴があけられたものが出土した。穴はこれがかけられたことを示している。この小絵馬はともに馬を描いている。こうした絵馬の出現の前提には、馬を神の乗り物とし、神聖なものとする古代人の意識があった。神社の祭に生馬が捧げられ、さらに生馬に代わり馬形が献上された。ついで板で馬の形を作った板立馬が誕生した。絵馬に描かれた画題は当然のことであるが馬であり、中世の絵巻物（天狗草紙、春日権現霊験記繪）に見られる絵馬も馬と馬を引く馭者という画題であった。当時の絵馬は奈良県の当麻寺の曼荼羅堂、秋篠寺本堂から発見されている。室町時代頃から馬以外のものが画題とされ、また絵馬が大形化され、著名な画家が筆をとることも見られた。大形絵馬の出現により、それをまとめてかけるために絵馬堂と呼ばれる建物が造られるようになる。

大絵馬が社寺の絵馬堂に納められるの

に対して、小絵馬は社寺や祠に奉納された。その画題は民衆の信仰や願望や祈念に関わるものが多かった。中には絵でなく木製の手や足を奉納したものを見ることも少くないが、これも絵馬を奉納した心意と同様である。

【研　究　史】

絵馬をめぐっては多くの研究が見られるが、それらをまとめたものに岩井宏美の『絵馬』（法政大学出版局、七四年）があり、そこには参考文献も見られる。また、各地の博物館などで地域の絵馬の展示がなされ、カタログも作られ、これらを利用しての研究も可能になった。さらにこれまでの研究では絵馬の画題に関心があり、それを奉納した人びとの心意や事情にまで及ぶものが少ない。さらに絵馬の奉納がある時代に集中している場合もあり、奉納された社寺への流行神的な信仰の存在を知ることも可能である。神社の記録に絵馬の奉納の事実が見られることもある。絵馬についての歴史学の立場からの研究の余地は大きい。

【参考文献】

柳田国男「板繪沿革」、「絵馬と馬」（『定本柳田国男集二七』筑摩書房、六四年）、岩井宏美『絵馬』（法政大学出版局、七四年）。

（西垣晴次）

日本文化論（Ⅰ）

【日本研究と日本文化論】

一九四五年までの日本文化論の多くがいわゆる皇国史観の立場からする独善的なものであった反動で、戦後しばらくの間日本文化の研究は忌避されていたといってよい。議論活性化はその後における国際関係の進展による。一九六〇年代以降の日本の高度成長も、それに伴って起った経済摩擦も、結局は文化の問題に帰せられるとして外国人の日本研究(Japan Studies)が盛んとなり、それに触発される形で日本文化論・日本（人）論がたたかわされるようになった。同様に国際交流が進むなかで日本の伝統文化芸能などが海外へ紹介される機会がふえ、あらためて日本文化への関心が高まったことも見逃せない。

こうして戦後の日本文化研究は、過去の反省から、比較と交流の視点から行われたのが特徴で、文化人類学をはじめ宗教学・神話学・言語学・社会学・考古学などによる学際的な研究が行われ、なかでも日本文化の源流を探る、いわばルーツ論が盛んとなった。列島内に渡来文化を検証するのも、焼畑農法が分布する東アジアの照葉樹林地域に水稲耕作以前の日本文化の原郷を求める照葉樹林文化論もその範疇に属する。最近はＤＮＡ研究が進み、日本人種のルーツについても著しい成果をあげつつある。しかしこの日本列島には北から南から、大陸から海から、さまざまな人種や文化が渡来して混合した。だいじな事は、異文化の受容と変容の過程《プロセス》の解明を通して複合文化の実態や構造を明らかにすることであって、ルーツ探しだけに終始すれば文化宿命論・決定論に陥りかねない。

【いわゆる島国文化論】

日本列島辣韮《らっきょう》論というのがある。日本列島には大陸から次々と文化が入り、出て行く先がないため集積され重層して存在するが、辣韮の実（じつは鱗茎）を一枚ずつ剥いで行けば最後になにも残らないように、日本に固有の文化はなかったとする見方である。かりにそうだとしても日本人は受容した異文化を換骨奪胎して自前の文化にする能力にたけており、その現実的な処理能力そのもの、あるいはそうした傾向性といったものを日本文化とみることもできよう。異文化の受容も、宦官を地球上唯一受け入れなかったように、結構選択的であった。これは日本が島国であったことと無関係ではない。ただし日本文化島国論については、大陸から孤立して存在する日本列島の文化は他民族には理解できない独自のものだとする戦前の議論は論外であるが、さりとて日本人は古来海を自由に往来し大陸と交流していたとして（それ自体に異論はないが）島国文化論を否定する意見にも賛成できない。多大の犠牲を払って遣隋使・遣唐使の船を派遣したのも大陸と海で隔てられていたからであって、そこに意志的・選択的な文化摂取もあったのである。求められるのは地理的条件に基づく正しい島国文化論であって、島国たることを否定して日本文化論はありえない。

【和風文化の条件】

ただしそのことに関連して、八九四年菅原道真のリードで遣唐船発遣を中止したのを契機に、以後大陸との交流が途絶え文化的影響を受けることもなくなって、いわゆる国風文化が育ったとする理解は改める必要がある。正式な国交はなくなったとしても、大陸との民間レベルの交流は、これ以前と同様以後も盛んになりこそすれ衰えることはなかったし、だいいち文化の和風化はそれ以前から進行しており、停止の措置と因果関係はない。

九世紀に顕在化しはじめる和（国）風文化の根底にあるのは「やまと心」、すなわち日本人のもつ現世主義、現実的な処理能力である。世界的にみても早い私日記—男日記、ついで女日記—の登場もその好例である。また日本文化の特徴ともいうべきモノ数奇が、この世紀中葉以来の唐（宋）商船の将来する文物に対する関心、いわゆる唐物数奇の展開のなかで育ったことにも留意したい。中世の生活文化の核となった座敷の床の間も、唐物唐絵といった異文化を受容する日本的な受け皿として案出されたものであり、やがて唐物一辺倒から「和漢のさかいを紛らかすこと肝要」（村田珠光）といった形で日本的な美意識が確立する。十五〜六世紀のことである。

【生活文化】

日本文化の特質をなす生活文化には二つの要素がある。一つは利便さを求めて絶えず流動変化する一方、そこから大事なものを「型」として伝えるという智恵をもったことである。十八世紀に成立する家元制度もその役割を担った。二つは、素材を日常身辺に求めてこれを格式化・非日常化する茶の湯やいけ花に代表される生活芸術を生み出したことである。この種の生活芸術が十六世紀中葉に成立した、わが国最初の都市文化であったこと、こんにち伝統文化といわれるものの多くがこの時期に成立したことの意味は大きい。その後近現代に降っても、受容したものを直ちに生活レベルの文化、ときには風俗《ファッション》にしてしまう日本人の資質が生活文化を生んだといってよい。いずれにせよ松尾芭蕉が唱えた「不易と流行」が日本文化を理解する上でもっとも有効適切なキーワードであろう。

【参考文献】

日本文化に直接・間接ふれた論著は際限なく存在する。ここではあえて、本文に直接関係するもの、および小著に限ってあげた。
網野善彦『日本論の視座―列島の社会と国家』（小学館、九〇）、上山春平、中尾佐助、佐々木高明『照葉樹林文化』（中央公論社、七九）、木宮泰彦『日華文化交流史』（冨山房、五五）、村井康彦『茶の文化史』（岩波書店、七九）、『平安京と京都―王朝文化史論』（三一書房、九〇）、『花と茶の世界―伝統文化史論』（同上）、『武家文化と同朋衆―生活文化史論』（三一書房、九一）、尾形仂『座の文学』（角川書店、七三）。

（村井康彦）

日本文化論（II）

——外国人の見た日本文化——

【史学と比較学】

戦後の人文研究の学問は、学際学である比較学に特色を持つ。一国一言語の枠内で資料を研究してきた通時的な史学への批判として、共時的な比較学の発想と展開は著しい成果をあげてきている。日本文化を日本文化史として研究する従来の学問より学際的に視野を広げ、比較文化史の視点に立つとき、外国人の日本文化論は最も重要な資料となる。

『外国人による「日本論」の名著』（中央公論社、八七年）は幕末維新期以降の外国人による日本文化論の代表的名著をゴンチャロフ『日本渡航記』（一八五八年）からモーリス・パンゲ『自死の日本史』（筑摩書房、八四年）まで四二冊選び、紹介と論評を加えた手引書であるが、編者芳賀徹はドナルドキーン『日本人の西洋発見』についての項に次のように記す。

「日本史や日本文学の研究というと、まず冒頭にこれまでの研究史を回顧し、それぞれの先行業績に敬意を表したうえで、残された分野に自分の『問題』や『視角』を『設定』し、それからおもむろに『分析』に入るといった、日本人学者のあのまどろっこしくも悠長なセレモニーから、キーン氏ははじめから解放されていたし、また自由であらざるをえなかった」。

この指摘はキーンに限らず、外国人による日本研究に共通するものである。

【キリシタン宣教師から現代まで】

ヨーロッパ人による日本文化論はキリシタン渡来時代、ポルトガル人宣教師ルイス・フロイス（一五三二〜九七年）の『ヨーロッパ文化と日本文化』（岩波文庫、九一年）が日欧比較文化論のさきがけとなったが、イタリア人商人フランチェスコ・カルレッティが一五九七年長崎に来航、一〇カ月の滞日記録が近年ドイツの日本学者エンゲルベルト・ヨリッセン『カルレッティ氏の東洋見聞録』（PHP研究所、八七年）として紹介されたものも注目に値する。

鎖国時代、唯一の西欧との通商国オランダからは、元禄期に来日のケンプェル『廻国奇観』（一七一二年）、死後、英文で刊行された『日本誌』（一七二七年）と、江戸後期の一八二三年（文政六）来日のシーボルトの『日本』（一八三二、五一年）に集約される。オランダ人医師として長崎出島の商館長に随行しての来日であったが、実は二人ともドイツ人の医師であり、自然科学や民族学に広い素養と関心を持っていた。したがって、これらの著作は本格的な日本研究への先鞭をつけたのである。

幕末の開国とともに、日本紹介の主役はロシア、フランス、イギリス、アメリカの外交官たちになる。一八五九年（安政六）五月にはイギリス駐日総領事ラザフォード・オールコック着任。『大君の都』（一八六三年）は以降三年間の滞日中の記録。以下、来日外国人による膨大な日本観察記録が現代に及ぶ。

最近では韓国人の日本学者による日本文化論に注目すべきものがある。李御寧『縮み志向の日本人』（学生社、八二年）、朱冠中『切り志向の日本人』（文藝春秋社、八八年）。日本語と言語的に最も近い韓国からの比較文化論は今後ますます推進されるであろう。

（剣持武彦）

日本文化論（Ⅲ）
——戦後の主要文献——

一九四五年（昭和二〇）の敗戦により日本文化にまとわりついていたタブーを破ることができるようになった。一つは天皇、天皇制の問題であった。天皇の存在はすぐれて政治的な問題であったから、その時どきの政治状況に左右され、共通の理解をうるまでにいたっていない。もう一つは日本人の活動を支えていた日本文化をめぐる問題であった。戦前は芳賀矢一『国民性十論』（『日本人論』所収、冨山房百科文庫）、西田直二郎『日本文化史序説』、和辻哲郎『風土』（岩波文庫）などが知られていた。敗戦以後は多くの日本文化論が世に問われた。一つは外人によるもの。ルイス・ベネディクト『菊と刀』（社会思想研究会出版部、五〇年）がまず出された。著者は日本に来たことがなく文献や在米の日本人を素材にしたもので、日本文化の特色を文化人類学の手法で文化類型を抽出した。これにたいし日本の下町に住みついてその生活の具体像を示したのが、RPドーアの『都市の日本人』（岩波書店、六二年）であった。日本におけるシャーマン的行為というサブタイトルをもつ、C・ブラッカーの『あずさ弓』（岩波書店、七九年）は、日本文化の古層を巫女の行為を通じて究めようとしたものである。日本の巫女についての柳田国男や櫻井徳太郎の業績にならぶ基本的文献となっている。同じく宗教関係ではベラ『徳川時代の宗教』（岩波文庫）、オウエハント『鯰絵』、オームス『徳川イデオロギー』（ぺりかん社、九〇年）などすぐれた論考が公刊されている。ベラの文庫本には丸山眞男の批評が収められている。

【日本人学者の日本文化論】

日本文化、日本社会について、日本人による分析が示されるようになった。川島武宜『日本社会の家族的構成』(東京大学出版会)は、法社会学の立場から、中根千枝『タテ社会の人間関係』(講談社現代新書)は文化人類学の立場からの著作であった。きだみのる『気違い部落周游紀行』(吾妻書房、四八、現在は冨山房百科文庫)もフランス社会学の手法を東京都下の村に住みつき、試みたものであった。日本文化についてフィールドワークの経験から日本文化について川喜田二郎『日本文化探検』(講談社文庫、七三年)、川喜田と同じように調査に従事した梅棹忠夫『文明の生態史観』(中央公論社、六七年)も広い視野から日本文化の位置づけをしている。

それぞれの学問の分野の研究をよりどころとして日本の文化の形態を再検討した研究者として日本史の網野善彦がいる。彼の『無縁・公界・楽』(平凡社、七八年)をはじめとする著作で日本の文化への視点を示した。国文学からは益田勝実の『火山列島の思想』(筑摩書房、六八年)をあげることができよう。武田清子、加藤周一、木下順二、丸山眞男による『日本文化のかくれた形』(岩波書店、八四年)は「社会、文化、国民思想の深層にひそむ集合的無意識を対象としたもので、今後の研究の進展が望まれる。尾藤正英『日本文化論』(放送大学、九三年)は、文化史であり、日本文化の流れを考えるときに役立つ。

(西垣晴次)

付・論文・レポートの書き方

古代の政治思想について

――『文徳天皇実録』を読む――

【テーマを決める】

日本の古代政治思想について考えたいが、「日本古代政治思想の研究」では、いかにも主題が大きすぎて扱いかねるし、散漫《さんまん》になる。そこで、少し絞《しぼ》って、平安時代の官人たちの、政治についての考え方を取り上げてみたい。

大まかにいえば、平安前期ならば、六国史や法律書など、後期ならば古記録（日記）や説話の類を中心にして、この問題を考える手がかりを得ることができる。とりあえずは、入手しやすい刊本を利用する意味で、六国史を史料として作業を試みる。

なお、実際に研究を進めていく過程で、レポートの題目を変更する必要も生ずるので、具体的な題名は固定しておかない方がよい。仮に「平安前期政治思想の一考察」ぐらいにとどめておき、下書きが完成したあと、推敲《すいこう》の段階で最終的に題名を決めればよい。

【研究史を概観する】

「平安前期の政治史」と銘打つ研究書は多くない。佐藤宗諄《そうじゅん》『平安前期政治史序説』（東京大学出版会、七七年）、阿部猛《たけし》『平安前期政治史の研究新訂版』（高科書店、九〇年）があり、前書の第一章、後書の第二章・第三章の諸論文が、当面の政治思想史に関わる論文である。

次に、政治思想史とは銘打たないが、亀田隆之《たかし》の、古代の灌漑・治水を通しての政治理念・思想に関する研究がある。『日本古代用水史の研究』（吉川弘文館、七三年）、『日本古代治水史の研究』（吉川弘文館、二〇〇〇年）に収められた論文は、古代の灌漑・治水などを通して平安前期の官人の在り方を追究し、九世紀の政治を「良吏《りょうり》による政治」として把握した。

亀田には『日本古代制度史論』（吉川弘文館、八〇年）という論文集もあって、その中の「良吏政治」と題する論文は、佐藤宗諄の前掲論文や、関口明・追塩千尋《おいしおちひろ》「九世紀における国司の特質」（『史流』一五、七二年）、河野勝行「記・紀構成原理の一つとしての『聖君主』観」（『歴史学研究』三八九、七二年）、田中揮一《きいち》「『良吏』の歴史的性格」（和歌森太郎先生還暦記念会編『古代・中世の社会と民俗文化』弘文堂、七六年）などの諸研究をもふまえて詳論したものである。

以上のような諸論文を読んで問題の所在を明確にするよう努めるが、各論文が共通して取り上げるのは「良吏」である。各論文がふれている参考論文や注に掲げられている史料を写しとり整理しておく。通覧して直ちに気づくように、そこで用いられている主要史料は、六国史の「薨《こう》卒伝《しゅつでん》」である。

【薨卒伝について】

「薨卒伝」とは、六国史の中での個人と死亡記事にあたるものであって、これについては、坂本太郎「六国史と文徳実録」、「六国史と伝記」（『日本古代史の基礎的研究・上・文献篇』東京大学出版会、六四年）、亀田隆之「『日本後紀』における『伝』」、「『続日本後紀』における『伝』」（『日本古代制度史論』前出）が論じている。

『日本後紀』、『続日本後紀』、『文徳天皇実録』、『日本三代実録』には多くの「薨卒伝」が収められているが、ここでは『文徳天皇実録』(国史大系・普及版、吉川弘文館)を取り上げてみる。わずか一二一ページの小冊であるが、七〇余人の個人の伝記が収められている。それを読んでみると、何種類かに分類できることがわかる。

㈠その系譜と官人としての履歴を簡単に述べるもの、㈡系譜・履歴を述べ、さらに個人的な資質・能力をも述べるもの、㈢以上に加えて、善政をもって知られ人民から慕われる地方官であったことを述べるもの。

このほかに、橘逸勢《たちばなのはやなり》の伝記(嘉祥三年五月十五日条)、小野篁《おのたかむら》の伝記(仁寿二年十二月二十二日条)などは、当人が関わった政治的な事件について詳しく記述しており、個人の伝記としてはもちろんであるが、政治史の史料としても見逃せないものとなっている。

【『文徳天皇実録』から】

さて、次に、『文徳天皇実録』から必要な部分を抜粋し整理する。例えば、

①坂上清野《さかのうえのきよの》「為㆓陸奥出羽按察使㆒、夷民和親、関塞無事」(嘉祥三年八月四日条)

②興世書主《おきよのふみぬし》「為㆓和泉守㆒、治声頗聞、……京師便道之任、政化清平」(嘉祥三年十一月六日条)

③藤原岳守《たけもり》「出為㆓近江守㆒、人民老少、倶皆仰慕、帰罷之後、無㆓復栄望㆒、論者高㆑之」(仁寿元年九月二十六日条)

④伴盛益《とものもります》「出為㆓丹波権守㆒、境内粛然、国人称㆓其廉潔㆒、盛益為㆑人質直、在㆑公奉㆑法、不㆑阿㆓権貴㆒」(仁寿二年二月十日条)

⑤和気仲世《わけのなかよ》「出為㆓播磨守㆒、清静而化、民不㆓敢擾㆒」(仁寿二年二月十九日条)

⑥藤原高房「拝㆓美濃介㆒、威恵兼施、属託不㆑行、発㆓摘奸伏㆒、境無㆓盗賊㆒、……駈㆑民築㆑隄、灌漑流通、民至㆑今称㆑之」(仁寿二年二月二十五日条)

⑦都貞継《みやこのさだつぐ》「貞継累歴㆓吏部㆒、詳㆓知旧儀㆒、後到㆓此職㆒者、必相訪習㆓行之㆒」(仁寿二年五月二十二日条)

⑧丹墀門成《たじひのかどなり》「為㆓丹波介㆒、土民麁戻、不㆑順㆓教化㆒、旧号㆑難㆑治、門成施以㆓猛政㆒、笞罰為㆑先、……数年部内大理、民至㆑今称㆑之、……為㆓武蔵守㆒、所部曠遠、盗賊充㆑阡、門成下㆑車、未㆑幾風俗粛清」(仁寿三年三月二十二日条)

⑨山田古嗣《ふるつぐ》「為㆓阿波介㆒、政績有㆑声、阿波・美馬両郡、常罹㆓旱災㆒、古嗣殊廻㆓方略㆒、築㆑陂蓄㆑水、頼㆓其灌漑㆒、人用温給」(仁寿三年十一月二十一日条)

⑦は、官人として旧儀・旧慣に通じており、有能な人物だったことを語り、①～⑥⑧⑨は、いずれも地方官として善政を施し、人民から慕われる官人だったことを示している。さらに詳しく見ると、①～⑤は、人民が国司の人柄を慕い国内平静だったと述べるだけであるが、⑥では、水路を築造して後世永く人民の生業を支えたことを称える。⑨も用水池築造で人民に利益をもたらしたことを称する。⑧は、教化に従わない丹波国の土民には力で対処し、武蔵国でも同様で、盗賊の横行はなくなり、大和国でも勝手な振舞いの有力者を抑えて民生を安定させた。人民への「慈愛」のみでなく、悪には「力」をもってのぞむ姿勢が特記されているのである。

【関連史料をさがす】

右のような史料を読むにあたっては、用語・語彙《ごい》につき不詳のものは、当然、日本史の辞典や漢和辞典・国語辞典などで確かめる。官職については、阿部猛編『日本古代官職辞典』（高科書店、九五年）が便宜である。

国司の職掌は「養老令」（『日本思想大系3『律令』岩波書店、七六年）の職員令《しきいんりょう》・大国《たいこく》条に規定されている。その中に「字二養百姓一、勧二課農桑一、糺二察所部一」の条がある。百姓をいつくしみ、農業・養蚕をすすめ、国内に乱れのないように粛清するのが国司のつとめである。

平安前期の法を集めたものとしては、『類聚三代格』や『政事要略』などを参照する（いずれも国史大系に収める）。

八二四年（天長元）八月二十日太政官符（『類聚三代格』巻七）を見ると、政治をうまく行うためには「良吏」を選ばねばならない、特に国守には人材を選ぶべきであると述べている。これより以前、八〇九年（大同四）九月二十七日太政官符（同上）では、農桑を勧《すす》めて収穫を増やし、国の倉庫が満ちていること、租税は期限までにきちんと納入すること、国内が穏かで盗賊などがいないこと、裁判が公平であることなどが求められている。

「夫農者天下之本也、吏者民之父母也、勧二課農桑一令レ有二常利一」（同上、神護景雲元年四月二十四日勅）というのは、中国風な農本主義思想を下敷きにしているが、「耕種之利、水田為レ本、水田之難、尤在二旱損一」というように、中心となる水田稲作には「水」が欠かせない。用水の確保が最も大切なことになるのである。そこで、愚かな人民を啓蒙し、国司主導で池を築き、用水路を掘り、揚水のための水車の普及をはかることや、新しい農業技術の伝習が国司の任務となる。その根底には「愚民観」が横たわっている。

【まとめる】

九世紀の社会をどのように把握するかについては、説が分かれる。しかし、どのような見方をとるにしても、具体的に歴史の経過を見ていくと、激動の時代だということは確かなようである。

国家が「良吏」を求め、「良吏」を称揚するというのは、考えようによれば、政治組織が組織としての機能を発揮するだけでは不十分で、「良吏」の個人的才幹をも必要とするということである。

⑦の都貞継は「旧儀」すなわち、旧例・旧慣を熟知していたという。慣例・先例に従って行うのが政治であるとする考え方がある一方で、「時を観て制を革《あらた》むるは政を為すの要権」（『類聚三代格』巻五・承和七年九月二十三日太政官符）という考え方もある。「依レ旧（＝沿）」と「革」めること、守旧性と革新性との組合わせ（＝沿革）で政治は行われてきた。

法令が頻繁に公布され、制度もしばしば変改される九世紀の社会の中で、「良吏」と称された官人たちをどう位置づけ、彼らの歴史的な働きをどう評価できるのかを見きわめるのである。

そして、例えば、次のような項目をたてて、レポートをまとめる。

㈠問題の所在
㈡研究史の整理
㈢九世紀の政治状況
㈣「良吏」伝について
㈤「良吏」政治の限界

最終的に、レポートの表題をどう決めるか。書かれた内容に即して決めるが、例えば、「良吏伝を通して見た九世紀の政治状況」とか「九世紀の政治と良吏」、「良吏政治の限界」というところであろう。

〈付〉のち九一四年（延喜一四）に三善清行は「意見十二箇條」（『本朝文粋』所収、日本思想大系8『古代政治社会思想』岩波書店、七九年）で政治たて直しの策を示したが、清行には「藤原保則伝」（同上所収）があり、彼が「良吏による政治の再建」を構想したことは明らかである。

（阿部　猛）

『平家物語』と僧文覚怨霊説話

【史料としての『平家物語』】

平清盛とその一門の盛衰を描いた軍記物の代表作『平家物語』は、いわゆる文学作品であって歴史書ではない。かつて明治中期、同じく軍記物の『太平記』について、歴史学者久米邦武が、軍談・講釈と同類で「史学に益なし」と決めつけた話は有名であるが、実際、『平家物語』にも史実と異なる箇所は多い。例えば、清盛の孫資盛主従が道で出会った摂政藤原基房一行に恥辱を与えられたとして、清盛が激怒し、配下の武士に報復させたエピソードにしても（巻一殿下乗合）、九条兼実の日記『玉葉』など確実な記録によれば、報復を命じたのは清盛ではなく、意外にも温厚な重盛（清盛の子、資盛の父）であったという。しかし、虚構であるからといって物語の世界にとどめておくのではなく、なぜそうした虚構が行われたかという視点から『平家物語』を読むことが大切であり、こうした視点に厳密な史料批判を加えるならば、十分に史料としての役割を果たすことになるであろう。

ところで『平家物語』といえば、高校古典の教科書の大半が、その一節を載せているほど、よく知られた作品であるが、実は、作者も成立時期もはっきりしておらず、また、さまざまな諸本＝テキストが伝わっており、原形がどのようなものであったかもわかっていないのである。なかでも多数の諸本の存在は―今日、高校教科書に取り上げられたり、一般に読まれている『平家物語』にしても、「覚一本」といって、南北朝期に明石覚一という琵琶法師がまとめた諸本の一つにすぎず、原形に近いといわれていることから、歴史研究者らがよく使用する「延慶本」にしても、果たして原形に近いかどうか不確実なのである―、『平家物語』もしくは『平家物語』を素材とする研究を困難にしている大きな理由の一つとしてあげることができよう。

しかし、このように不明な点が多いということが、かえって『平家物語』の魅力となっていることも事実なのであり、例えば、諸本間の異同を検討・追求する中から、興味深い歴史的事実が浮かんでくる場合もしばしばなのである。以下に取り上げる神護寺僧文覚の怨霊化の話も、その一つである。

【研究史と課題】

『平家物語』には、平清盛をはじめ魅力的な人物が次々に登場してくるが、なかでも文覚の強烈な個性は印象的である。辞典風に生涯をたどってみよう。

もと攝津渡辺党の武士であったが、人妻横恋慕事件で出家。熊野でのきびしい修行ののち神護寺復興を決意するも、後白河院へ寄付を強要して伊豆に配流され、同じ流人の源頼朝に出会う。頼朝に亡父義朝の髑髏《どくろ》を示して挙兵を勧めた話は特に有名で、このため鎌倉幕府が成立すると、頼朝さらには後白河院の信任を得て、各地の荘園の寄進を受け、神護寺を復興。しかし頼朝死後、後鳥羽院・源通親らに疎まれて佐渡、ついで対馬に流罪となり、下向途中、鎮西で死去した――文覚の伝記としては、山田昭全「僧文覚略年譜考」（『立教大学日本文学』一一、六四年）、上横手雅敬『平家物語の虚構と真実』（講談社、七三年）などが詳しい――。

まさに波瀾に富んだ人生であり、それゆえ、出家の動機にまつわる説話や熊野での荒行説話など各説話の持つ意味、およびそれら説話（伝承）の管理者、さらには『平家物語』の描く文覚像と実像との関係など、さまざまな課題を設定することが可能になってくるのである――テーマを探ったり、研究史を見ようとする時、梶原正昭編『別冊國文学・平家物語必携』（学燈社、八二年）が便利である――。

そうした数多いテーマの中から、ここでは、文覚が、その死後、怨霊となって後鳥羽院に謀叛、すなわち承久の乱を起こさせたという、文覚怨霊説話を取り上げてみよう。文覚の「怨念」を通じて、彼の生涯がいかなるものであったかを探ることができると同時に、なぜ「怨霊」となったかを追うことによって、中世の人々のものの考え方、歴史の見方などに触れることができると考えられるからである――文覚の怨霊説話については、永積安明「『平家物語』における文覚像―叛逆者の造型―」（『『平家物語』の構想』岩波書店、八九年）、弓削繁「延慶本平家物語第六末『文学被流罪事』の周辺」（『岐阜大学・国語国文学』二一、九三年）、生形貴重「文覚説話の文脈―延慶本『平家物語』における説話と物語―」（水原一編『平家物語・説話と語り―あなたが読む平家物語2―』有精堂、九四年）などが考察している――。

【平家諸本の文覚怨霊譚】

（1）覚一本に見える文覚の配流と怨霊

覚一本『平家物語』（巻十二六代被斬）によれば――岩波新日本古典文学大系（九一・九三年、もしくはその文庫版、九九年）、講談社学術文庫（七九～八二年、現代語訳が便利）等。なお「覚一本」と近い本文による冨倉徳次郎『平家物語全注釈』（角川書店、六六～六八年）の解説も有益――、頼朝の死後、文覚が流罪となったのは、政治をすべて「卿の局」（藤原兼子、姉の範子説もある）の意のままにまかせ、もっぱら詩歌管弦の遊びにふける後鳥羽院をしりぞけ、その兄にあたる守貞親王の即位を画策したからだというが、同本は続けて次のような内容の記事を載せている。

老齢にもかかわらず、隠岐国まで流されることに怒った文覚は、いよいよ京を出る時、後鳥羽院を「毬杖冠者《ぎっちょうかじゃ》」（長い柄のついた槌形の杖で毬《まり》を打ちあう遊戯に狂っている若僧の意）と呼び、「『毬杖冠者』こそ腹が立つ。きっと隠岐国へ迎え申すであろう」と悪口を申した。実際、不思議なことに後鳥羽院は承久の乱を起こして隠岐国へ配流となった。また隠岐国でも文覚の亡霊が猛威をふるい、常に御前に現われて御物語を申したそうである。

たしかに、藤原定家の日記『明月記』（国書刊行会、一一年）——なお今川文雄『訓読・明月記』（河出書房新社、七七〜七九年）もある——などに見えるように、文覚が流罪になったことは事実であり、その理由も、守貞親王擁立云々はともかく、具体的な論証は省くが、京都政界における権力争いに関わるものであったことは間違いなかろう。しかし覚一本の伝える文覚の配流地「隠岐」は、すでに紹介したように、史実では最初が「佐渡」、次が「対馬」になっており、場所も回数も明らかに誤っているのである。一体なぜ、このような虚構がなされたのであろうか。このうち、配流先として隠岐が選ばれたのは、ほかでもない。文覚を流罪にした後鳥羽院自身が、のちに承久の乱を起こして隠岐へ配流となっているからである。すなわち、文覚の怨霊が後鳥羽院を隠岐へ迎える話が生みだされるには、文覚もまた隠岐に流されていなければならなかったのである——この話が承久の乱後に作られていることは、いうまでもなかろう——。しかし問題は、なぜ文覚が怨霊となったか、もしくは後鳥羽院に対する遺恨の内容は何であったかであり、この点で注目されるのが延慶本『平家物語』の記述である——北原保雄・小川栄一編『延慶本平家物語・本文編』（勉誠社、九〇年）。吉澤義則校註『応永書写延慶本平家物語』（白帝社、三五年）——。

（2）延慶本に見える文覚の配流と怨霊

「延慶本」も、はじめは「覚一本」と同じく、文覚が守貞親王即位を画策したため、後鳥羽院に疎まれて流罪になったとする。しかし、配流先が史実どおり佐渡国で、いったん許されてそこから帰京し、すぐに二度目の流罪に処せられたとするあたりから、両本の間に大きなへだたりが生じてくるのである。以下、その内容を要約してみよう。

佐渡に流された文覚であったが、二代将軍源頼家の取りなしで、罪を許され都へ帰ることができた。しかし留守の間に神護寺領荘園二か所が召しあげられており、返還を要求してもらちがあかなかった。頼朝の時代に寄進を受けた荘園なのにと怒った文覚が、後鳥羽院を「毬杖冠者」とののしったため、もはや鎌倉の将軍も力及ばず、今度は隠岐国へ配流となった。文覚は、自分をこのように辛い目にあわせる後鳥羽院を、きっと隠岐へ迎えとるぞと呪って死んでいった。その折、年来、つき従っていた二人の弟子に与えた遺言は、「遺骨は都へ運び、神護寺の裏山の高雄に置け。都を見下して滅ぼしてやろう」というものであった。それから十一年後、ようやく仏神のお許しが出たとして、文覚の亡霊が栂尾の明恵上人のもとに現れ、謀叛を起こすための廻文の紙を所望した。そこで明恵が五〇帖の紙を文覚の墓前で焼きあげてやったところ、またしても文覚の亡霊が現れ、「先日の紙で廻文を出して謀叛を起こそうとしているが、きっと公家からお前のところへ、『公家安穏、関東損亡』と祈るようにと命令がくるであろう。しかし反対に、『関東安穏、公家損亡』と祈れ。さもないとお前の障害神になるぞ」と述べて、姿を消した。隠岐院の御謀叛、すなわち承久の乱は、文覚の亡霊が起こしたと、人々は噂をしているそうだ。

まず文覚二度目の配流先を、史実と異なって隠岐国としている点では、「延慶本」も「覚一本」と同様である。しかし「延慶本」で見逃せないのは、二度目の流罪の契機として、「覚一本」には見えない神護寺領荘園返還問題を取り上げていることである。すなわち神護寺復興にかけた文覚の長年にわたる努力が実って、ようやく獲得することのできた寺領荘園の没収、これこそが、文覚に後鳥羽院を「毬杖冠者」とののしらせ、さらに死後には怨霊となって承久の乱を起こさせた根源なのであり、この点を明示しているところに「延慶本」の重要さを見いだすことができるのである。

しかし問題はこれで解決されたわけではない。承久の乱後、こうした文覚の怨霊の威力を強調する話が、誰によって、いかなる意図のもとに作られていったかが、まだ明らかにされていないからである。そこで再び「延慶本」に戻ると、同本は、この点についても我々に重要な手がかりを与えてくれているのである。それは、配流先で文覚の最期をみとり、恐るべき遺言を託された年来の弟子二人の存在を伝える記事であり、また文覚の亡霊が、いわゆる鎌倉旧仏教側にあって改革をすすめるとともに、法然の専修念仏を批判したことで有名な明恵上人のもとに現れたとする記事である。というのも、この二つの記事を手がかりに明恵の伝記（例えば田中久夫『明恵』吉川弘文館、六一年）を読むと、配流先まで同行し、その死後も神護寺経営に奔走した文覚の高弟で、しかも明恵の叔父であり師でもあった上覚房行慈なる一人の僧が浮かびあがってくるからである。この行慈、すなわち文覚の後継者としての役割をになった人物にスポットをあて、彼が、文覚死後の神護寺をめぐる、どのような歴史的状況のもとにおかれていたかを明らかにすることによって、後鳥羽院に承久の乱を起こさせて隠岐に迎えとったという文覚の怨霊伝説成立の謎に近づくことができるのではなかろうか。

以上は、延慶本『平家物語』という文学作品から導きだされた仮説にすぎない。それゆえ次に、この仮説が成り立つか否かを探るため、行慈書状などを収める神護寺文書に目を向ける必要がでてくるのである。

【神護寺文書から】

一一八五年（元暦二）、文覚によって制定された「文覚四十五箇条起請」には、彼が神護寺再興を決意して以来の、寺領荘園獲得のいきさつや苦労が述べられるとともに、今後における神護寺僧侶たちの守るべき誡しめが説かれているが（竹内理三編『平安遺文』古文書編第九巻四八九二号、東京堂出版、五九年）、それ以降の神護寺の動向を知る上では、田井啓吾によって雑誌『史林』に翻刻掲載された神護寺文書が必須の史料である（二五ノ一〜四、四〇年、二六ノ一〜三、四一年）。そこで同文書を中心に、文覚没後における、上覚房行慈をとりまいていた歴史的状況を整理してみよう。

①　神護寺領の確定――文覚の生前に獲得した、神護寺領八か所として、摂津国守田、若狭国西津荘、丹波国吉富荘、播磨国福井荘、備中国葦《(足)》守荘、紀伊国笠《(桛)》田荘・川《(河)》上荘・神野真国荘が連記されている一一八八年（文治四）の後白河院院宣（九九号）をもって、一応の確定とみるべきであろう。

②　神護寺領の没収――文覚の佐渡配流における寺領の没収は、延慶本『平家物語』にも記されていたが、実際、『明月記』正治元年（一一九九）四月十三日条によれば、神護寺は東寺長者延杲僧正に、寺領は後鳥羽院の近臣・女房らに与えられたとある。なお、この点は、次の一二二二年（承久四）の後高倉院院宣（一一三号）によって、より具体的に明らかになる。

③　神護寺領の返還――後高倉院院宣は、承久の乱で後鳥羽院が隠岐配流となったのち、西津・福井・足守・河上・桛田の五荘が神護寺に返付されたことを伝えてくれる。ただし残三荘の名は見えない。また院宣の宛所が「浄覚上人草庵」、すなわち上覚房行慈となっていることから、彼が神護寺領経営の責任者であったことも判明する。しかし、次に見るように、寺内外における彼の立場は、実に厳しいものがあった。

④　神護寺内部の対立――行慈にとって、最も我慢できなかったのは、新別当として仁和寺宗全が任命されたことであった。一二二四年（元仁元）頃の行慈書状でも、寺内にもちあがっている騒動の原因はすべて新別当就任にあると決めつけている（五九号）。この新別当と行慈の対立は神護寺住僧間の分裂までも引き起こすが、結局、行慈の死に至るまで解決されなかったようで、行慈晩年の書状にも宗全を痛罵する文言が見えている（七八号）。

⑤　寺領経営の危機――行慈を苦しめたのは、内部対立だけではなかった。彼が寺中の煙は絶え、住僧のほとんどが逐電したと嘆いている書状も残っているが、そこにはたしかなる寺領は三か所にすぎないとあり（七一号）、しかもそのうちの紀伊国桛田荘では、貞応年間（一二二二〜一二二四）に、高野山領静川荘との間で激しい堺相論が起こっているのである（二六・二七・七〇号など）。なお、この堺相論をはじめ桛田荘経営維持にあたって、行慈の弟湯浅宗光ら湯浅一族の果たした役割は大きいものがあった（高橋修『中世武士団と地域社会』清文堂、二〇〇〇年）。

これら五点にわたる大雑把な要約からもうかがわれるように、承久の乱後、ようやくのことで神護寺領荘園は返還されたものの、以来、その経営面でも、さらには寺内のあり方の面でも、行慈にとっては、苦難の日々の連続であったといえよう――行慈については、仲村研『荘園支配構造の研究』（吉川弘文館、七八年）、山田昭全「神護寺聖人上覚房行慈伝考」（櫛田良洪博士頌寿記念会編『櫛田博士頌寿記念・高僧伝の研究』山喜房仏書林、七三年）が詳しい――。

【結　語】

文覚の後継者たる上覚房行慈をとりまいていた右のような歴史的状況と、当時、彼が自らの書状の中に記していた、「師の文覚は命をすて、身にかえて、神護寺興隆のために働き、私も一緒に身命をすて配流にもなった。その私が存命の間、神護寺のことをどうしてほおっておくことができようか」（五九号）といった文言をあわせ考える時、文覚怨霊伝説成立における彼の関与の可能性は、きわめて高いものがあるといえるのではなかろうか。すなわち、行慈は、文覚の遺志に敵対するもの・障害となるものが滅び去っていく、最もよい例として後鳥羽院を登場させ、現実の敵対者とオーバーラップさせることによって、危機を乗り切ろうとしたのである。

以上は、『平家物語』、特に「延慶本」に見える文覚怨霊説話に注目し、その成立の背景について検討したものである。おそらく、推測に推測を重ねるものとの批判を受けるであろう。しかし文学作品もまた、有益な歴史史料ではないかという立場からの試みとして理解していただければ幸いである。

なお、かつての神護寺領荘園であった紀伊国桛田荘や播磨国福井荘の故地には、それぞれ文覚上人によって作られたと伝えられる用水（文覚井《ゆ》）や大池などが残っている――服部英雄「紀伊国桛田荘絵図の受難」（国立歴史民俗博物館編『描かれた荘園の世界』（新人物往来社、九五年）――。興味深い今後の課題である。

（樋口州男）

絵巻物

絵画を史料とする際に、注意したいことを述べる。対象として、利用されることの多い中世の絵巻を用いるが、それ以外の絵画でも基本的な注意点に変わりはない。

【読み違いの教訓】

学生時代に、絵画を使って論文を書いた。昭和四十年代のことで、素材にしたのは室町後期の『結城合戦絵詞』（国立歴史民俗博物館蔵）。室町前期の永享年間に、鎌倉公方の足利持氏が、将軍家に敗れ、永安寺で自害した永享の乱と、持氏の遺児を擁した結城氏朝が、結城城に籠城して滅んだ結城合戦の顛末を記した軍記を、絵巻にしたものだ。

その一場面に、朱塗り瓦葺きで壁を漆喰で塗り、高欄を廻らせ、軒先に風鐸を下げた、高層の建物が燃える様と、立派

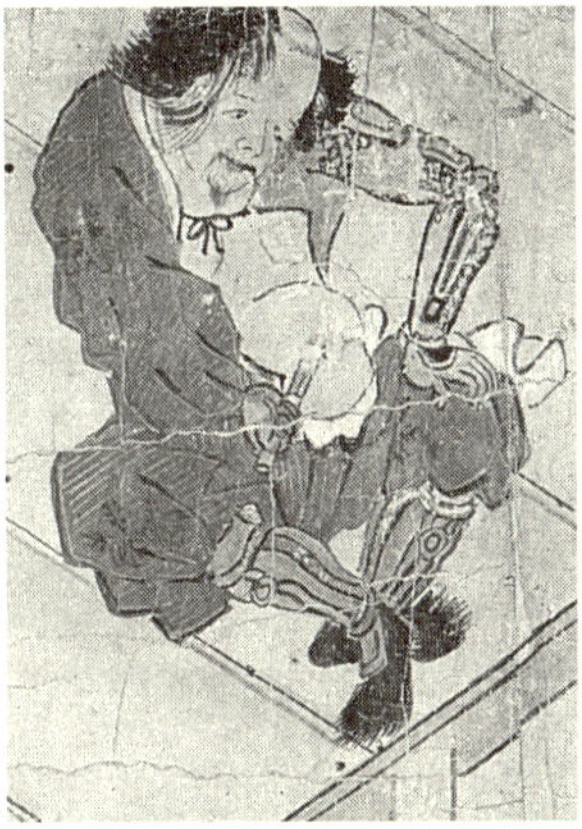

な身なりの武士が切腹する様が描かれている。多くの歴史書が、これを「落城する結城城内で切腹する結城氏朝」と解説していた。

この高層の建物は、城の天守のようだが、室町時代の城郭建築はそこまで発達していない。明らかに、これは寺院の塔だ。絵をよく見る（絵画を扱うのに細かい観察は不可欠）と、塔の中に女性の姿が描かれており、持氏の奥方が永安寺の三重の塔で焼死したとの軍記の記述と一致する。また切腹する武士の直垂には桐紋が見える。桐紋は、室町期の武家では足利氏がほぼ独占的に使用している。一方、結城氏の家紋は巴だ。そこで、これは結城城での氏朝の最期ではなく、永安寺での持氏の最期を描いたものという結論に達した。そこで論文を書いたのだが、結局、発表を見合わせた。美術史家の秋山光夫氏が昭和十七年に「結城合戦絵詞の出現」（『画説』七二）という論文で、これを永安寺での持氏の最期と紹介していたことに気づいたからだ（ただし、秋山論文では、有力論拠である桐紋の存在には触れられていない）。

歴史と美術史の学際的交流が希薄な時代とはいえ、先行研究の存在を知らなかったのは迂闊《うかつ》だ。近年は交流も盛んになったが、論文や単行本の数も飛躍的に増大したので検索にはやはり苦労する。先行研究の存在を知りたければ、とりあえず『日本絵巻大成』（中央公論社）、『日本絵巻物全集』（角川書店）、『日本の美術』（至文堂）や、『国華』（国華社）、『美術研究』（東京国立文化財研究所）、『美術史』（美術史学会）などの雑誌を見ればよい。近年は東京大学史料編纂所の画像史料解析センターなどのホームページを利用してさまざまな情報が得られるようになった。

永安寺を結城城、足利持氏を結城氏朝と間違えた理由として、この絵巻の保存状態の悪さがあげられる。絵巻の現状は〈持氏の遺児を擁した氏朝が結城城を包囲され、遺児を女装させて脱出させようとした。だが遺児は捕らえられ、氏朝は討死して城も落ちた〉という内容の詞書一段と、遺児が捕まる場面と永安寺での持氏の最期の場面をつなげた絵一段のみの残闕になっている。しかも本来はこの詞書の前にくるはずの永安寺の場面があとにくるという順序の間違い（錯簡という）があるのだ。そのため、詞書と絵が対応するという常識が先入観になって、結城城の場面と誤解されたのだ。これには、敗れた城主は城に火をつけて切腹するものという通俗的なイメージも働いたと思う。さらに『結城合戦絵詞』という題名も誤解の原因になったろう。寺院の塔にしか見えない建物でも、城だと思えば城に見えてくる。その気になって見なければ、直垂の桐紋のように見えるものも見えない。保存の悪さに、先入観による観察不足が加わって、読み違いが生じたのだ。

いかなる絵画も描かれたままの状態を保ってはいない。特に『結城合戦絵詞』のような料紙を貼り継いだ紙本の絵巻では、糊が剥がれてバラバラになりやすい。絵具の褪色や剥落、埃や水による汚れ、焼け焦げ、虫害、鼠害、後世の加筆など、読み取りにくくする要素は無数にある。絵具の剝落で下書きの墨線が浮きだし、完成時の墨線と重なっている場合など、読み取りが難しい。私は絵画の写真に薄いトレーシングペーパーをあて、複数の色鉛筆でなぞって判別している。古い（主に江戸～明治時代）模本は、往時の姿を伝える点で参考になるが、誤写や改変もあるので注意を要する。

絵画を史料にする場合、対象とする作品をじかに精査する機会はめったにない。せいぜい作品保存のため照明を落とした博物館や美術館でガラス越しに見る程度だ。観察には単眼鏡を使うことが望ましい。むろん、実物を見てもあらたな発見があるとは限らないし、情報を正しくくみ取れるとも限らないが、できるだけ実物を見るべきだ。『伴大納言絵詞』や『蒙古襲来絵詞』や『後三年合戦絵詞』などの保存状態の悪さを見れば、史料として安易に利用できないことを悟り、注意深くなるはずだ。

絵画を史料にする人は、先入観の危険性を銘記する必要がある。関心のあるテーマに関わる情報のみを、絵画から得ようとしたり、あらかじめ出しておいた結論（主に文献による）を確認する材料として、絵画を利用することが多いからだ。例えば社会問題に関心のある研究者は、あらゆる描写を社会問題に結びつけて考え、自分の出した結論に沿うように解釈する。

ところが、絵画には、見方によってはいかようにも見える場合が少なくない。そのため、あらかじめ得ていた知識や、出しておいた結論が先入観になって、とんでもない見方をした例が少なくない。そのうえ、絵画史料を扱う研究者が少ないため、明瞭に誤った結論でもすぐに批判されることは稀だ。誤りが通説になるのは、本人にも周囲にも不幸だ。

【絵画は作品である】

文献史料を扱うのと同程度の慎重さで、絵画史料が扱われないのは、絵画という〝作品〟が理解されていないためだろうか。現代人は、中世の絵巻も写真のように一か所から見えた光景を描いていると考えがちだが、実際には見せたいもの、説明したいことは、なるべくわかりやすい位置から、わかりやすい大きさで描く。一方、画面の大きさには制約(絵巻の縦は通常三五〜二五センチぐらい)があるから、強調したいものは大きく描かれ、そうでないものは小さくなる。つまり、同一画面に描かれているものの比率が、必ずしも一定しないのだ。道路上に描かれた人馬の大きさから、その道幅を割り出すようなことをしてはならない。馬が通れる道幅があるとのみ、理解すべきである。

絵画には演出がある。例えば持氏の直垂の桐紋は、皺になった部分を避け、全体の形がわかるように、異常に大きく描かれている。絵師がこれを強調したことがわかる。これは鑑賞者に、この人物が持氏であることを伝えるための演出だ。だから、持氏が現実に桐紋の直垂姿で死んだとはいえない。それらしく描かれていても、それが事実を伝えているとは限らないのだ。むしろこの場合は、持氏という人物ないし持氏のような大将に対する、制作当時の人々のイメージを伝えていると考えた方がよい。絵画は、絵師が、その時代の鑑賞者がわかるように描いたものだ。後世の歴史研究者のために描かれた絵画史料ではなく、あくまでも絵画作品なのである。

描かれたモノの数を数えるのは、基礎作業として重要(他人の数えた数値はあてにせぬこと)だが、その解釈には常識と想像力が必要になる。例えば、『平治物語絵詞』信西の巻(静嘉堂文庫博物館蔵)には、判別困難なもの若干を除き、高価な大鎧が一〇〇、簡便な腹巻が二三描かれているが、この比率が、現実に作られた大鎧と腹巻の比率を反映したとするのは早計だ。たいていの絵巻は、上級者の行動を中心に描くうえ、画面も賑やかになるから、高価で華麗な大鎧が多く描かれることになる。実際には安価な腹巻が多く作られたろう。鎌倉期の日常生活を描いた『一遍聖絵』に、大鎧着用者が見られず腹巻着用者が二〇人も見えるのは、現実を反映したものといえる。

『平治物語絵詞』は一二世紀中期の平治の乱を主題にするが、描かれたのは一三世紀中期。一世紀のズレにより、平治の乱当時よりも新しい風俗が描かれることになる。反対に『北野天神縁起』のように、繰り返し写された絵巻では、制作年代が新しくても、描かれている風俗は古いといったことも起こる。さらに絵師にも得て不得手がある。『平治物語絵詞』は武家風俗をよく表現しているが、公家風俗については『春日験記』の方が詳細である。どの時代の何を調べるには、どの絵巻が適当かということを判断せねばならない。

たいていのモノは、類型的に描かれる。絵師の知識に限界があるためもあるが、その方が描きやすいのだ。そのうえ、他人の作品を写すことが、絵師の修行だったし、それを自作に取り入れることも当たり前だったからだ。

史料としては写真、それも印刷物掲載の写真を利用することが普通だ。掲載写真は、実物より綺麗になっており、色にも違いがあることが珍しくない。また、料紙の汚れやしわが絵具や墨線と間違いやすいとか、本来の部分と後世の加筆の部分が区別しにくいとか、絵具の剝落で浮き上がった下書きの墨線と、完成図の墨線との区別がつきにくいといった点で問題がある。さらに掲載写真は、周囲をトリミングされるのが普通だ。料紙のへりに描かれたものが見えなくなるばかりか、料紙のへりの痛み具合から得やすい情報(その作品が火や水をかぶったか、巻物の状態で伝わったか、バラバラの状態で伝わったかといったこと)がつかみにくくなる。

絵巻では、陰影をつけることがほとんどない。墨線で描くことと、平らに絵具を塗ることが基本だから、何かをそれらしく描こうとすれば、もっともわかり易い角度から、わかり易い形に描くことになる。人の足を真正面から描かず、必ず側面から描くという約束事があるのは、そのためだ。こういう技法上の約束事の存在に、現代人は気づかない。たまたまそれに不審を抱いた場合、それを技法上の問題とは受け取らず、深い意味があると考えがちである。何かに不審を抱いた時(不審を抱くことは、研究の第一歩になりうる)には、それが技法上の問題として解釈できるのではないかと、考えるべきだろう。

研究者は、とかく深読みをする。その方が解釈としては魅力的で、さらに魅力的な結論が導き出せるからだろう。例えば、人物Aと人物Bの視線が互いに一致すると、二人の間になんらかの関係があると考え、その理由を解釈したりする。だが、絵巻に描かれる人間の身長は一〇〜一五センチが普通で目玉の大きさはせいぜい二ミリ。筆先が少し動いただけで、視線はどっちに行くかわからない。視線が一致したのは意図的な表現とも偶然とも考えられる。深い意味がないのが普通だが、それではつまらないから、どうしても魅力的を結論を導き出そうとする。それならば、その作品全部の登場人物の視線を検討して、絵師がどの程度、視線の表現を意図的にまた的確に行っているかを検証する必要があるのだが、対象とする場面だけを取り上げ、他の場面には無関心なことが普通だ。作品全体を見なければ、絵師の表現の特徴をつかむことはできない。一作品に複数の絵師が関わっている場合もあるので、筆遣いが異なる表現が混じり合う場合があることにも、留意せねばならない。

ともかく、魅力的な解釈より、常識的で平凡な解釈の方が、事実に近いことが普通だから、堅実な史料操作が求められるのだ。

（藤本正行）

戯作

戯作といっても研究は多岐にわたり多様である。そこでここでは洒落本と黄表紙（草双紙）の小説類、人物としては曲亭馬琴、韻文として川柳・狂歌について述べたい。もっとも、説明に伴って滑稽本や人情本・噺本・読本、山東京伝他の戯作者についても必要な限り触れてゆきたいと考えている。

【洒落本等の戯作ジャンルと研究史、資料】

洒落本に関しては、別に項目で紹介しているとおり、『洒落本大成』30（中央公論社、八五年）で洒落本を通読できるようになった。そして洒落本の年表も見たいということであれば、その『洒落本大成』補巻の年表が参考になるであろう（その後の研究で一部刊年に違いが出てきているものの、ほとんど従ってよい）。これは洒落本に限らず戯作全体にいえることなのだが、遊廓という風俗が消滅してしまった現在、各作品を読んでゆく時、どうしても風俗関係等で読解がかなわないところが多くなってきている。専門家であっても注釈には多いに苦心するくらいであるから、大学生や一般読者では難解に類する作品が少なくない。そこで、丁寧な注釈が欲しいわけで、ただし、戦前の注釈は制約が多く（例えば猥雑な表現は自粛、公家などの遊びの部分はカットしていたなど）、現在ではほとんど役に立たないといっても過言ではない

注釈の備わった洒落本を紹介する資料を次に列挙すると、『日本古典文学大系』「黄表紙洒落本集」（水野稔校注、岩波書店、五八年）、『日本古典文学全集』「洒落本滑稽本人情本」（中野三敏校注、小学館、七一年。滑稽本〈神保五彌校注〉、人情本〈前田愛校注〉の解釈にも役立つ）。『新編日本古典文学全集』「洒落本滑稽本人情本」も二〇〇〇年に刊行）、『鑑賞日本古典文学』「洒落本黄表紙滑稽本」（中村幸彦校注、角川書店、七八年）、『新日本古典文学大系』「米饅頭始・仕懸文庫・昔話稲妻表紙」（水野稔校注、岩波書店、九〇年。黄表紙の解釈にも役立つ）、同「異素六帖・古今俄選・粋宇瑠璃・田舎芝居」（中野三敏校注、岩波書店、九八年。滑稽本〈浜田啓介校注〉の解釈にも役立つ）である。もっともこれらで紹介される洒落本は二〇種類を超えていないから、全体で六〇〇種類近くあるとされる洒落本のごく一部にしか過ぎず、あとは自分で辞書（『江戸語辞典』〈東京堂出版、九一年〉等）を片手に読み込んでいくしかない。が、そうした努力するところに新発見があると思われるので労力を惜しまない方がよいと思う。

洒落本は会話体を楽しむ小説でもある。遊廓における遊びの中で描かれた会話を味読するのが鑑賞の第一となるわけだが、後期の洒落本は同時に男女の恋愛（遊女と客の間を超越した恋愛）を描くようになってきており、それは人情本の成立へとつながってゆく。人情本は現在でも忠実な翻刻がなされたものは少なく、校注の伴ったものとしては『日本古典文学大系』「春色梅児誉美」（中村幸彦校注、岩波書店、六一年）や先にあげた『日本古典文学全集』「洒落本滑稽本人情本」があり、校

注はないながら『日本名著全集』「人情本集」（山口剛編、名著全集刊行会、二八年）や叢書江戸文庫36『人情本集』（武藤元昭編、国書刊行会、九五年）、古典文庫『春色袖の梅』、『春色恋白波』（神保五彌編、六四、六七年）が信頼できるテキストである。これらの他に戦前に刊行された人情本の翻刻は恣意的な翻刻が多く注意を要する。現在信頼に足る翻刻だけでもある程度カバーできているので、その人情本と後期洒落本と比較検討することが今後の斬新な研究テーマになろう。

　洒落本の会話体と互いに影響関係があるといえば滑稽本（滑稽本の前身を談義本として、談義本のジャンルに包括する場合もある）で、洒落本と滑稽本における会話体の研究も、国語学の方面ばかりでなく小説研究として取り組むことが待たれている分野でもある。

　滑稽本については先にあげたテキストに収められる『浮世風呂』等の他に、校注の施された『新潮日本古典集成』「浮世床・四十八癖」（本田康雄校注、新潮社、七二年）や『新日本古典文学大系』「浮世風呂・戯場粋言葉の外・大千世界楽屋探」（神保五彌校注、岩波書店、八九年）があり、滑稽本の代表作である十返舎一九の『浮世道中膝栗毛』では『日本古典文学全集』「東海道中膝栗毛」（中村幸彦校注、小学館、七五年。『新編日本古典文学全集』もある）がテキストとしてはよかろう。他に滑稽本のテキストとしては叢書江戸文庫19『滑稽本集』（岡雅彦編、国書刊行会、九〇年）や同20『式亭三馬集』（棚橋正博編、国書刊行会、九二年）があり、『道中膝栗毛』を全編にわたって読んでみたいという意欲的な向きには『日本名著全集』「膝栗毛其他」上・下（山口剛編、名著刊行会、二七年）を勧めたい。

　江戸時代の読書は音読（声を出して読むこと）が基本であったことを念頭に置いてもらいたい。そうすると、洒落本から滑稽本・人情本と読み合わせて会話体などを読むと、ビビッドな情景描写に新発見があるかもしれない。また、会話ということなら、話芸の落語の前身となった噺本も一読してみるのも一興であろう。噺本のほとんどは『噺本大系』20（武藤禎夫編、東京堂出版、七九年）に収められており、同じ武藤編『江戸小咄辞典』を参考にして読むとよかろう。

　江戸の戯作は字面《じづら》を見るだけでは難解な感じがするが、音読してみると案外理解しやすい面もあり、ぜひそれを実行されてみることを勧めたい。

【黄表紙の読み方と研究資料】

　最近、黄表紙をやさしく読み説こうとする動きがある。山東京伝の黄表紙に注と図版の解説を付した『江戸戯作草紙』（棚橋校注、小学館、〇〇年）や『江戸化物草紙』（アダム・カバット校注、小学館、九九年）、『大江戸化物細見』（同校注、同、〇〇年）のシリーズで、さらに黄表紙を自分で翻刻して読む者のために役立つ『妖怪草紙くずし字入門』（アダム・カバット編、柏書房、〇一年）も出された。これで、影印で紹介されている大東急記念文庫善本叢刊『黄表紙集』（水野稔編、及古書院、七六年）や同『赤本黒本青本集』（中村幸彦編、同、七六年）・岩崎文庫貴重本叢刊『草双紙』（鈴木重三編、同刊行会、七四年）、『影印本演習黄表紙　一』（広瀬朝光編、笠間書院、七一年）、『同　二』（同編、同、七八年）などを読めるようになるであろう。

黄表紙を紹介している戦前の資料のほとんどは絵がなく、本文だけで(ときに改変されていることもある)役立たないことが多い。これに対して戦後は絵のすべてと本文を紹介し注を施すことが多くなり便利になった。参考文献は項目の条で一部あげたが、校注のある他の資料を紹介すると、『新日本古典文学大系』「草双紙集」(木村八重子・宇田敏彦校注、岩波書店、九七年)、『新編日本古典文学全集』「黄表紙・川柳・狂歌」(棚橋校注、小学館、九九年。川柳〈鈴木勝忠校注〉・狂歌〈宇田校注〉の解釈にも役立つ)や、江戸戯作文庫『作者胎内十月図』(林美一校注、河出書房新社、八七年)、初期草双紙集成『江戸の絵本Ⅰ～Ⅳ』(小池正胤等校注、国書刊行会、八九年)、シリーズ江戸戯作『山東京伝』(山本陽史校注、桜風社、八七年)、同『唐来三和』(鈴木俊幸校注、同、八九年)、『近世子どもの絵本集』(鈴木重三・木村八重子校注、岩波書店、八五年)があり、影印翻字だけだと古典文庫『黄表紙集一』(水野編、六九年)、同『黄表紙集二』(同、七三年)、同『蜀山人黄表紙集』(和田博通編、八四年)がある。

なお、読後解説に独断の気味があるとはいえ、大部の作品を紹介している森銑三の『黄表紙解題』(中央公論社、七二年)、『続黄表紙解題』(同、七四年)があるが、これは作品を自分自身で読んでから参考にするべきであろう。そして、洒落本と黄表紙の江戸戯作について研究する際の入門書としては水野稔の『黄表紙・洒落本の世界』(岩波新書、七六年)を一読しておくことを勧める。

【川柳・狂歌の基礎的研究と資料】

川柳の研究は『柳多留』の検討という側面が強く、現在では古川柳研究会が継続的に研究を続けており、その成果はその項目であげたような実情につながっている。

また、川柳を細かく全体像を見ながら調べてゆきたいというには、『誹風柳多留全集』(岡田甫編、三省堂、七六年。全編索引付)が最適で、影印の『誹風柳多留全集』(高阪太郎、同同好会、二三年)もあるものの、大学生や一般には読みにくいであろう。川柳と同類の江戸座俳諧において比較の資として『武玉川』も調べたいという向きには『武玉川』(山沢英雄編、岩波文庫、八五年)を通覧するのがよく、川柳との比較では『新版日本古典集成』「誹風柳多留」(宮田正信校注、新潮社、八四年)を参照するとよかろう。

現代川柳でも同じことがいえようが、川柳の対象は社会風俗と不離一体になっている人心を詠んだものであるゆえ、江戸川柳を理解するためにはかなり江戸風俗に踏み込んで知識を持たなければならず、そのへんのところが川柳研究者に若い人が少ない理由であろう。江戸風俗を調べてゆくと楽しい面がたくさんあり、雑学研究を志す向きには最適な分野である。

一方、狂歌の研究は滞っているといっても過言ではなかろう。最近は若い研究者も育ちつつあるとはいえ、基本的に本歌取りの手法で詠まれる短歌であるゆえ、本歌の研究も必要なところから研究者はどうしても手薄になるのである。それでも手軽なところから研究を始めたいという場合、『万載狂歌集』上下(宇田敏彦校注、社会思想社、九〇年)を勧めたい。そして天明年間の代表的狂歌集から歌を選んで調査したいというのなら『天明五大狂歌集総句索引』（宇田編、若草書房、九六年）を利用することを勧める。

狂歌研究の基本は本歌と江戸の社会風俗の融合を多角的に理解解釈するということであり、川柳同様、雑学も不可欠で、加えて王朝和歌の知識も求められる。短歌研究から出発して狂歌の鑑賞まで試みるという、日本文学研究の余裕派の台頭が待ち望まれている分野である。

それともう一つは、狂歌師の伝記研究も待望の分野である。大田南畝や石川雅望などは伝記研究は進んではいるものの、狂歌の作風の変遷といったテーマは未開の分野でもあり、これに狂歌グループの狂歌壇の動向をからませて論ぜられる考察が求められ、現今は若い研究者も意欲的に取り組んでいるテーマで大いに期待したいところである。

【曲亭馬琴の研究と資料】

曲亭馬琴の研究で欠かせないのは『南総里見八犬伝』の研究であり、ということはこの大長編小説を読むことから始めなければならない。活字版では戦前にすでに何種か出されているが、岩波文庫『南総里見八犬伝』10（小池藤五郎編、三七年。〈八四年に大型版も刊行される〉）を手にするのがよかろう。

読本の場合、変体仮名を読むことになるとはいえ、さほど難しいわけではないので影印版である『日本名著全集』「南総里見八犬伝」上・中・下（内田魯庵編、興文社、二七年）を読むのも、原本の味わいを楽しめてよかろう。それと同時に、やはり長編小説である『椿説弓張月』（『日本古典文学大系』「椿説弓張月」上・下〈後藤丹治校注、岩波書店、五八年〉）の校注と比較するなど、あるいは『新日本古典文学大系』「曲亭伝奇花叙児」（徳田武校注、岩波書店、九二年）や『近世説美少年録』（項目参照）、江戸戯作文庫『傾城水滸伝』（林美一校注、河出書房新社、八四年）の校注を参照するとわかりやすくなろう。

もっと本格的に、曲亭馬琴の主だった読本を原本の形で読みたいという向きには『馬琴中編読本集成』16（鈴木重三・徳田編、汲古書院、九五年）の影印版も勧めたい。これに所収される作品の大半は活字版もあるとはいえ、影印本で読むと作者馬琴の読本に賭けた情熱も伝わってきておもしろい。ただし十分な読書時間を確保してチャレンジしてもらいたい。そしてもっと時間に余裕があるなら、馬琴の師匠でライバルであった山東京伝の読本（『山東京伝全集』〈黄表紙の項目参照〉）と比較されるのも絶好な企画であろう。

ところで、曲亭馬琴の戯号の由来と、その意味について実は全く知られていなかったのである。というように研究の足元であるそうした素朴な問題も馬琴の場合は決して少なくない。なぜ滝沢馬琴ではなく曲亭馬琴なのか、そしてその意味は何かといった、基礎的な研究成果をまとめる日本の作家54『曲亭馬琴』（播本真一編、新典社、二〇〇二年）は馬琴の最新情報を伝えてくれる。

最後に、曲亭馬琴の研究文献目録等はその項目の条に紹介しておいたが、膨大な量に及ぶので、例えば卒論を書こうとするような学生では資料や作品を読むだけで時日を費してしまいかねない。そこで長編小説なら一つを選び、それを徹底して味説し（校注があればそれを参考にして）、その作品論を書くことから始めた方がよいと考える。そうして小説の数を増やしながら、馬琴像に迫るという手法が正統であり、馬琴研究の必須をとらえられよう。なお、馬琴著作の草双紙（黄表紙・合巻）も多数あり、余裕があれば黄表紙では「翻刻曲亭馬琴の黄表紙」1～（清田啓子、駒沢短期大学研究紀要3号～）、合巻では「曲亭馬琴の短編合巻」1～（板坂則子・群馬大学教育学部紀要人文・社会科学編第36巻、専修国文68号）が影印翻字で紹介されており、興味のある向きは参考にするとよい。（棚橋正博）

藩校・藩学研究

わが国の教育史をふりかえると、奈良時代の律令制に基づく大学・国学を中心とした教育、平安時代の貴族の大学別曹を中心とした教育、鎌倉・室町時代の寺院を中心とした教育など、重要な研究対象があるが、江戸時代の諸藩が主に藩士とその子弟の教育のために設立した藩校・藩学に対する研究も、前者に優るとも劣らない重要な意義を持つといえる。

江戸時代の藩校・藩学研究が、それ以前の教育研究と比較して、特に意義があると認められるのは、およそ次の点にある。すなわち、

①この時代の教育は何といっても次の明治時代、すなわち「近代」に直結しているということ。

②この時代に至って、初めて地域的にも全国に教育が普及したが、その教育の中心は藩校・藩学にあったこと。

③また、この時代に至り、初めて階層的にも庶民の寺子屋教育や郷学の設置など全階層的なものとなったが、それらの教育との相互関係を考える上でも藩校・藩学研究が不可欠であること、などである。

【藩校・藩学研究の入門書】

さて、このような藩校・藩学研究を進めるにあたって、それではどのような資料や参考書があるのだろうか。まず、その入門書からあげておこう。和島芳男『昌平校と藩学』（至文堂、六二年）は、同出版社発行の歴史新書の一冊として書かれたもので、表題のごとく幕府の学校ともいうべき昌平校と藩学について基本的に論じたもの。藩学については、「第五章　藩学の発達」、「第六章　藩学の教育」で論を展開している。奈良本辰也『日本の藩校』（淡交社、七〇年）は、探訪記的叙述で、昌平黌（徳川幕府）・日新館（会津藩）・弘道館（水戸藩）など一二校について、現代史的観点をまじえながら論じているところに特色がある。巻末には全国諸藩の藩校一覧が掲載されていて参考になる。

また、石川松太郎『藩校と寺子屋』（教育社、七八年）は、同社の歴史新書の一冊として発行されたもので、表題のように藩校だけが対象ではないが、新書サイズの、安価で現在最も入手しやすい、平易な入門書として定評がある。藩校については「武家の教育と藩校」の章で、藩校の成り立ち・身分と年齢・課業形態と等級制・教科書などについ論じている。

なお、研究対象とする藩校・藩学について知るためには、まず、その母体である藩についての基本的知識を得ておかなければならないが、その手引書ともいうべきものとして、『藩史大事典』（全八冊、雄山閣、八八〜九一年）があることを知っていると便利である。各冊地域別に編集され、目次に掲載藩が明記されているのですぐ検索ができ、歴代藩主名・藩の略年譜など、藩に関する基本的事項が列挙され、もちろん藩校・藩学に関する事項も記述されている。末尾には、その藩に関する参考文献が記載されているので、この点も大変役に立つ。

【藩校・藩学の資料について】

今日、藩校・藩学の資料として質量ともに最もまとまっており、その第一にあげなければならないものに、『日本教育史資料』（全二五巻・附図二帙、冨山房。一八九〇〜九二年。全一〇冊・附図版、臨川書店、七〇年）がある。この一大資料集は、文部省が一八八三年（明治一六）に、各府県に命じて、府県庁および管下の諸学校に保存されている学制以前の教育に関する資料を集めさせ、かつ、旧藩主に対しても、旧藩関係の教育史料の借覧を求め収集したものを編集したもので、その内容は次のとおりとなっている。すなわち、

巻一から巻八まで―府県庁の報告による各藩学校の史料。

巻九―全国の郷校に関する史料。

巻一〇から巻一一まで―旧藩主の報告に基づく諸藩の教育史料および諸藩の藩儒の小伝。

巻一二から巻一五まで―諸家の教育意見および改革論。

巻一六から巻一八まで―図解を付した祭儀史料。

巻一九から巻二一まで―昌平校をはじめとする幕府教育機関および天領の諸学校の史料。

巻二二―明治維新以後のものも合わせて記載した各教育論。

巻二三から巻二五まで―全国の私塾・寺子屋一覧と著名な私塾の塾則および著名な学者・武芸者の小伝。

附図二帙―①旧幕府の聖堂釈奠図二図。②昌平校をはじめ名古屋藩・仙台藩など主要藩校の図面および足利学校・閑谷学校の絵図。

以上、豊富で貴重な内容を持つこの資料集は、したがって今日においても重要な藩校・藩学研究の資料として価値があり、現在でも多くの研究者により利用されている。

なお、この『日本教育史資料』が出版されてからすでに久しい年月が経過しているが、この間その欠を補う多くの資料が発掘されてきたことはもちろんである。それらの多くは各県や各市町村単位で発掘収集されることが多く、その分量は近代以前の資料に比べるときわめて少量ではあるが、その成果は県史・市町村史の史料編に翻刻されたり、また、その県や市町村が編集・出版した『……教育史』

に収載されたりしている。そこで藩校・藩学資料については、この方面への目配りも忘れてはならないだろう。

【戦前戦後の藩校・藩学研究の主要参考書】

戦前出版の主な研究書としては、宇野哲人・乙竹岩造外『藩学史談』（文松堂書店、四三年）がある。総執筆者二一名による二一藩の藩学に関する論文集で、その論述視点は藩主の好学・藩学の発展過程・藩学の組織に関するものが多い。取り上げられた藩学は、津・熊本・福岡・加賀・薩摩・土佐・仙台・水戸・津軽・岡山・米沢・福井・秋田・小浜・会津の諸藩である。また、斎藤悳太郎『史談・藩学と士風―二十六大藩』（全国書房、四四年。東洋書院、七六年）は、表題にもあるとおり、諸藩の士風の醸成と藩学との関係を追究したもので、薩摩・熊本・久留米・佐賀・福岡・長州・松江・広島・岡山・徳島・松山・高松・土佐・和歌山・津・名古屋・大垣・彦根・加賀・福井・富山・会津・米沢・仙台・南部・水戸の諸藩にわたる。この二著は今日から見れば旧《ふる》い教育理念によるところが多々あり、これらを参照するについては、この点注意を要するが、反面資料的な面で得るところも少なくない。

【藩校・藩学の成立の仕方に関する類型論】

戦後では、まず、石川謙『日本学校史の研究』（小学館、五九年。日本図書、七七年）があげられる。この著作は特に藩校・藩学のみを対象にしたものではないが、内容的にも「近世の学校」に多くの筆を費しており、特に藩校の成立の仕方に関わる類型論―講堂型・家塾型・聖堂型・独自型―を提出し、それに基づき論を展開している点で特色がある研究書といえる。今日の研究から見れば、藩学によっては、この著作が結論づけたその成立の仕方に関わる類型化が正しくないケースもあるが、藩校・藩学研究にたずさわる者は必読しなくてはならない研究書となっている。なお、石川氏にはこの他にも藩校・藩学に言及した多くの著書があるが、『近世教育における近代化傾向―会津藩教育を例として―』（講談社、六六年）などは、藩校・藩学の近世から近代への展開を考える上でも参考となる一書といえよう。

【藩校・藩学における学統学派】

また、藩校・藩学について全国的に調査し、特に藩校・藩学教育と密接な関係を持つ学統学派について、遂一藩校・藩学ごとに網羅的に明らかにした研究書に、笠井助治『近世藩校に於ける学統学派の研究』（全二冊、吉川弘文館、六九～七〇年）がある。すでに同氏には、これ以前に『近世藩校の綜合的研究』（吉川弘文館、六〇年）および『近世藩校に於ける出版書の研究』（吉川弘文館、六二年）があるが、さらにこの大著が加わり、一層体系的なものとなった。諸藩の藩校・藩学の学統学派の叙述に主眼が置かれたために、例えば会津藩のように、その成立発展過程の記述に旧来どおりの誤りがある場合や、その母体である藩が転封を繰り返したために、例えば浜田藩の長善館のように叙述不備の例などが見られたりするが、朱子学・陽明学・闇斎学・仁斎学・徂徠学・折衷学の各派の藩校・藩学における展開を整理し、これを総合的視点からも論じたことは、このような研究がそれ以前になかっただけに、大きな価値があろう。また、論述の中には、「幕府寛政異学の禁と藩学」、「国学・洋学の台頭と近代教育文化の黎明」(ともに下巻所収)などの考察もあり、藩校・藩学が社会の要求にどう対応したか(藩校・藩学の社会的機能)についても触れており、このような視点が全体を通じ貫かれていない不十分さはあるものの、大切な視点として参考とすべきである。

さらに、倉沢剛『幕末教育史の研究』(全三冊、吉川弘文館、八三年)には、表題のように幕末という特定の時代に限っての研究であるが、「一、直轄学校政策」、「二、諸術伝習政策」、「三、諸藩の教育政策」について、それぞれ実証的な手法で詳細に論じており、特に藩校・藩学に対しても、あくまで社会の動向と対応させて論じている点で、大いに参考となる著作といえよう。ちなみに三冊目の「諸藩の教育政策」では、藩校・藩学を廃して小学校を興し、一方では洋学校・兵学校・医学校などを設置しようとする諸藩の教育政策を時代の変化に合わせ具体的に追究しており、総じてこの著作は藩校・藩学研究方面でも一歩を進めたものとして注目される。

【現地に密着した個別的藩校・藩学研究】

なお、今後の藩校・藩学研究を推進するためには、何といっても、まず、その藩校・藩学が設置されていた現地に密着して研究することが、ますます必要不可欠となりつつあるが、その意味でこれまでもそうした方法・態度によって大きな成果をあげている研究書があるので次にあげておこう。例えば、岡本静心『尼崎藩学史』(尼崎市教育委員会・尼崎藩学史出版協会、五四年)、松下忠『紀州の藩学』(鳳出版、七四号)、北村勝雄『高遠城と藩学』(名著出版、七八年)、千原勝美『信州の藩学』(郷土出版社・八六年)、鈴木暎一『水戸藩学問・教育史の研究』(吉川弘文館、八七年)、長岡高人『盛岡の藩校―作人館と日新堂―』(盛岡市教育委員会、八八年)などがそれで、いずれも現地に密着して調査研究した著者により、まとめられた著作である。

また、いまだ限定的であり、内容的にも近代以後の叙述が中心的であったりするが、旧藩校・藩学の名称を引き継ぎ、現在も歩みを続けている学校の校史として、その最初の一頁に藩校・藩学教育を叙述する例も見られ、近藤恒次『時習館史―その教育と伝統』(愛知県立時習館高等学校、七九年)、『修猷館二百年史』(〈福岡〉修猷館二〇〇年記念委員会、八五年)などは、その代表的著作といえよう。将来はこうした視点を一歩進めて、一つの藩校・藩学それ自体を対象に、これを集中的かつ総合的に研究するというスタイルの研究書もこれまで以上に出現してこよう。

【郷学についての研究】

最後に郷学研究について簡単に触れておこう。郷学にはすでに指摘されているように、次の三つの型がある。すなわち、

①藩校・藩学と同じ性格を持ち、領内僻地に住む藩士のために僻地に設置された教育機関。

②藩主・旗本・代官などが一般庶民を

対象に設置した教育機関。

③教育の対象者は一般庶民であるが、その設立者が町や村の民間の篤志者やその集りであり、設立にあたって官の保護や支配を受けていないもの。

であるが、①の代表的例としては、長州藩の国老により設置された郷校（国老益田氏郷校育英館・同国老宍戸氏郷校徳修館など）があげられ、②の代表的例として、岡山藩閑谷学校、水戸藩各地に設置された一五の郷校（ただし教育対象者に郷士も含む）などがあげられる。また、③の代表的例としては、摂津平野郷に設立された含翠堂があげられよう。そして、①についての研究書には、先にあげた笠井助治『近世に於ける学統学派の研究』（下巻）があり、②については、閑谷学校編さん委員会『閑谷学校』（同委員会、七一年）、瀬谷義彦『水戸藩郷校の史的研究』（山川出版社、七六年）があり、③については、津田秀夫『近世民衆教育運動の展開―含翠堂にみる郷学思想の本質―』（お茶の水書房、七八年）をあげることができる。

（南　啓治）

太平洋戦争下の一芸人の生活

――『夢声戦争日記』を読む――

【個人日記】

個人の「日記」や「回想記」などは貴重な歴史の資料である。政治家や文学者をはじめ、多くの人びとの日記がある。文学者の日記は、のちに他人に読まれることを意識したものが多いと思われ、著名な政治家の場合も同様である。しかし、ごく普通の人びとは、読まれることを予想せずに記しており、その点、素直に記述されているように思われるが、筆者の名誉に関する事項など、必ずしもそうはいかない。かなり粉飾《ふんしょく》が加えられている場合もあり、かなり活字化され、単行本として出版されたり市町村史に収録されたりしている。

日記は、長い期間に及び膨大なものが多い。ここで取り上げようとする徳川夢《む》声《せい》の日記『夢声戦争日記』も、中公文庫で七冊に及ぶ（七七年）。太平洋戦争開戦の日、一九四一年（昭和一六）一二月八日から、敗戦の年の一九四五年一〇月一八日に至る。

徳川夢声（一八九四―一九七一）は大正のはじめ活動写真（＝映画）の説明者（＝弁士《べんし》）になった。当時の映画は音声が出なかったので弁士が必要であった。しかし、昭和初年映画はトーキーの時代となり、弁士は失業した。彼は俳優に転じて成功、また、ちょうど始まったラジオ放送では、朗読や漫談などで活躍し、その独特の語り口で評判を得た。

【『日記』を読み通す】

日記に記述の内容について、およそ傾向、どのような記事が多いか、夢声がどのような事柄に関心を向けているかを注意しながら読み通し、メモをとる。戦時中のこととて、生活環境が現在とはかなり異なり、慣れない用語も頻出するから、それについては歴史辞典や国語辞典などを引き、確かめる。

夢声は芸人であり、年収一万円を越えるから（17・1・13条）一般の人とは、ちょっと比較にならない。当時のサラリーマンなどの年収は一〇〇〇円から、せいぜい三〇〇〇円程度だから、彼の収入はかなり多いといえる。食事のことがしきりに出てくるが、一般の人びとは高級なレストランなどで食事をすることはめったになかった。戦時中だから、当然戦争に関する記述も多い。戦果に興奮したり、また批判的な記事も目につく。生活のうえでの不便さは随所に記されている。

○丸ノ内や銀座をうろついても、ロクな食事にありつけないので、昼の部終りて家へ帰る。年末暁方の三時頃から、一列をなしたという騒ぎで、配給された鮭を喰う。あら巻の上等である(17・1・5条)。

○日劇裏のスエヒロで一円也のランチを喰ってみる。烏賊《いか》のヌルヌルかき揚げ、—今日は、肉ナシ・デー (=八日と二十八日) である (17・1・8条)。

○門司駅の歩廊では、バナナを売り、牛乳を売っていた。どちらも東京では、仲々手に入らないものだ (17・5・5条)。

こうした記事は多い。食料の不足は明らかで、配給制度がとられていたのである。汽車の空席を確保するにも、駅で行列をつくった。「十時十五分上野駅着。一列に並んで待つこと一時間半」(17・3・25条)という記事も見える。切符を手に入れるのも、ままならぬ有様になったのである。

【戦争についての記述】

太平洋戦争開戦の一九四一年一二月八日、ハワイ真珠湾を急襲した海軍機動部隊の戦果には、国民は狂喜した。夢声は「あんまり物凄い戦果であるのでピッタリ来ない。日本海軍は魔法を使ったとしか思えない」と書いた。一九四二年四月のアメリカ空軍機による日本本土初空襲のときも「ははア愈々《いよいよ》お出でなすったな!と思ったが、少しもピンと来ない」、「空襲というものが、斯《こ》んなに穏《おだ》やかなものだとは、今日まで予想しなかったことだ」と言い (17・4・18条)、戦争の実感にいまだ乏しかった。

しかし、敗色濃厚となると、そうはいかなくなる。一九四五年三月一〇日の東京大空襲についても多く書いているが、「省電は飯田橋止り、都電で日比谷まで行く——都電もここ止りであった。その都電の窓から、警視庁の裏(武徳殿その他)が焼けているのを見た。司法省や裁判所も焼けて、あの美しい色をした、緑青のあるスレートの屋根が落ちてしまっている」(20・3・10条) のを見る。

【報道管制とデマ】

情報は極度におさえられ、政府や軍に都合の悪いことや、国民に不安を与えると思われるニュースは放送されず、新聞にも載らない。一九四四年一二月七日の東海大地震は、被害戸数七万余戸、死者一、〇〇〇人の大災害であったが、報道されなかった。北海道の昭和新山の出現した噴火もニュースとしては伝わらなかった。

報道管制が強化されればされるほど、かえってデマ(流言)がとび交う。空襲についても、「『一五日は新宿へ参ります。』ト敵機ガビラヲ落シタトイウ。本当カ何《ど》ウカ分カラナイガ、ソノ噂専ラデ」あり、「来ル一八日、二十一日、二十二日、二十九日、三十日ニハ大空襲アリ、専ラ中野カラ杉並ヲ焼野原ニスル」などと言いふらされた（20・3・15、16条）。「浜松町ハ焼野原ダ」と、見聞した事実を語るだけで憲兵に咎《とが》められる始末である（20・3・10条）。不平・不満がつのり、政府や軍への批判も生ずる（20・5・28条）。戦争が終わってみれば、少し平常心を取り戻し、冷静に事柄を回顧することもできた。「武士道武士道と一人で偉がっていたのは好いが、つまり精神上の鎧《よろい》甲《かぶと》であった訳だ。武士道のブの字も知らなくたって、アメリカの鼻たらし小僧が、上空でピカリとやれば、楠正成や大石良雄が十万人居たって即死して了うのである。まったく、武士道鼓吹の浪花節《なにわぶし》を最高の芸術と考えているような軍人政治家どもが、日本を引きずり廻して滅茶《めちゃ》滅茶にして了《しま》ったのだ」（20・8・21条）と、夢声は彼一流の表現で日記に書いている。

【まとめる】

いくつかの項目をたてて日記を読み通し、記事を拾い、分類し整理する。当時の世の中の動きを詳しい年表とした、下川耿史編『昭和・平成家庭史年表　1926→1995』（河出書房新社、九年）という便利な本があるので、これを参照しながら日記を読んでいくと、理解しやすい。その他、大浜徹也・吉原健一郎編『江戸東京年表』（小学館、九三年）、加藤秀俊他編『追補　明治大正昭和世相史』（社会思想社、七二年）、週間朝日編『値段史年表　明治大正昭和』（朝日新聞社、八八年）などを参照すると便宜である。

（阿部　猛）

〔遣隋使一覧〕

	出発年	帰国年	使　人	備　考	典　拠
1	600年	不明	不　明		隋　書
2	607年	608年	小野妹子 鞍作福利(通事)	隋使裴世清ら13人を伴い帰国した。	日本書紀 隋　書
3	608年	不明	不　明		隋　書
4	608年	609年	小野妹子(大使) 吉士雄成(小使) 鞍作福利(通事)	隋使裴清の送使として入隋。 高向玄理・僧旻・南渕請安らを伴う。	日本書紀 隋　書
5	610年	不明	不　明		隋　書
6	614年	615年	犬上御田鍬 谷田部造某	百済使を伴い帰国した。	日本書紀

〔遣唐使一覧〕

	出発年	使　人	人数	船数	航路	帰国年	航路	備　考
1	630年	犬上御田鍬 薬師恵日			北路	632年	北路	僧旻、唐使、新羅送使
2	653年	吉士長丹(大使) 吉士駒(副使)	人 121	1	北路	654年	北路	学問僧・留学生ら20人入唐 百済使・新羅使を伴い帰国
3	同年	高田根麻呂(大使) 掃守小麻呂(副使)	人 121	1	南島路			学問僧２人を伴う 往途、薩摩竹島付近で遭難
4	654年	高向玄理(押使) 河辺麻呂(大使) 薬師恵日(副使)		2	北路	655年	北路	高向玄理は唐で死没した。
5	659年	坂合部石布(大使) 津守吉祥(副使)		2	北路	661年 (第２船)	北路	第１船は南海の島に漂着し、坂合部石布は殺害された。
6	665年	守大石・坂合部石積・吉士岐弥・吉士針間(送唐客使)			北路	667年	北路	唐使法聡を伴い帰国。
7	667年	伊吉博徳(送唐客使) 笠諸石(同上)			北路	668年		唐使法聡を百済に送った。
8	669年	河内鯨				不明		
9	702年	粟田真人(執節使) 高橋笠間(大使) 坂合部大分(副使) 巨勢邑治(大位)ほか			南島路	704年 (粟田真人) 707年 (巨勢邑治)	南島路	山上憶良(力録)入唐

10	717年	多治比県守(押使) 阿倍安麻呂(大使) 大伴山守(大使) 藤原馬養(副使)	人 557	4	南島路	718年	南島路	玄昉、吉備真備、大和長岡、阿倍仲麻呂ら入唐。 坂合部大分、道慈ら帰国
11	733年	多治比広成(大使) 中臣名代(副使)ほか	人 594	4	南島路	734年 (第一船) 736年 (第二船)	南島路	栄叡、普照ら入唐 玄昉、吉備真備、大和長岡帰国、道璿、菩提来朝。 第三船は昆崙に漂着、第四船難破し帰国せず。
12	746年	石上乙麻呂(大使)						中止
13	752年	藤原清河(大使) 大伴古麻呂(副使) 吉備真備(副使)ほか	人 450	4	南島路	753年 (第三船) 754年 (第二･四船)	南島路	鑑真(第二船)来朝、普照(第三船)帰国、第一船は安南に漂着し、藤原清河は唐に戻った。
14	759年	高元度(迎入唐大使使) 内蔵全成(判官)	人 96	1	渤海路	761年	南島路	藤原清河を迎えに行くも、清河は帰国しなかった(唐で死没)。唐使沈惟岳を伴う。
15	761年	仲石伴(大使) 石上麻呂(副使) 藤原田麻呂(副使)		4				船舶破損し、中止。
16	762年	中臣鷹主(送唐客使) 高麗広山(副使)						中止
17	777年	佐伯今毛人(大使) 大伴益立(副使) 藤原鷹取(副使) 小野石根(副使) 大神末足(副使)ほか		4	南路	778年	南路	第一船は舳と艫に分断され別のところに漂着した。小野石根遭難。大使佐伯今毛人は病と称して入唐しなかった。唐使孫興進は第三船で来朝した。
18	779年	布勢清直(送唐客使) 甘南備清野(判官) 多治比浜成(判官)		2	南路	781年		唐使孫興進を送る。
19	804年	藤原葛野麻呂(大使) 石川道益(副使) 菅原清公(判官)ほか		4	南路	805年 (第一･二船) 806年 (第四船)		第三船は往途に遭難。空海、最澄、橘逸勢ら入唐。最澄第一船で帰国、空海、橘逸勢は第四船か。
20	838年	藤原常嗣(大使) 小野篁(副使)ら	人 651	4	南路	839年 ~ 840年	北路 南路	第三船遭難。小野篁病と称し入唐せず。第二船南海に漂着。円仁入唐。
21	894年	菅原道真(大使) 紀長谷雄(副使)						中止

〔国分寺・国分尼寺一覧〕

国　名	国分寺所在地	国分尼寺所在地
山　城	京都府加茂町例幣	京都府加茂町法花寺野
大　和	奈良県奈良市雑司町(東大寺)	奈良県奈良市法華寺町(法華寺)
河　内	大阪府柏原市国分東条町	・大阪府柏原市国分東条町 ・大阪府美原町菩提
和　泉	大阪府和泉市国分町	(未詳)
摂　津	・大阪市大淀区国分寺 ・大阪市天王寺区国分寺	大阪市東淀川区柴島
伊　賀	三重県上野市西明寺	三重県上野市西明寺
伊　勢	三重県鈴鹿市国分町	三重県鈴鹿市木田町
志　摩	三重県阿児町国分	(未詳)
尾　張	愛知県稲沢市矢合町	愛知県稲沢市木田町
参　河	愛知県豊川市八幡町	愛知県豊川市八幡町
遠　江	静岡県磐田市国府台	静岡県磐田市国府台
駿　河	静岡市大谷片山	静岡市屋形町
伊　豆	静岡県三島市泉町	静岡県三島市南町
甲　斐	山梨県一宮町国分	山梨県一宮町東原
相　模	神奈川県海老名市国分	神奈川県海老名市国分
武　蔵	東京都国分寺市西元町	東京都国分寺市西元町
安　房	千葉県館山市国分	(未詳)
上　総	千葉県市原市惣社	千葉県市原市山田橋
下　総	千葉県市川市国分	千葉県市川市国分
常　陸	茨城県石岡市府中	茨城県石岡市若松
近　江	・滋賀県信楽町 ・滋賀県大津市野郷原 ・滋賀県大津市光が丘町	(未詳)
美　濃	岐阜県大垣市青野町	岐阜県垂井町平尾
飛　騨	岐阜県高山市総和町	(未詳)
信　濃	長野県上田市国分	長野県上田市国分
上　野	群馬県群馬町東国分	群馬県群馬町東国分
下　野	栃木県国分寺町国分	栃木県国分寺町国分
陸　奥	宮城県仙台市若林区木の下	宮城県仙台市若林区白萩原
出　羽	山形県八幡町法蓮寺	(未詳)
若　狭	福井県小浜市国分	(未詳)
越　前	福井県武生市京町	(未詳)

加　賀	石川県小松市古府町	（未詳）
能　登	石川県七尾市国分町	（未詳）
越　中	富山県高岡市伏木一宮	（未詳）
越　後	新潟県上越市五智	（未詳）
佐　渡	新潟県真野町国分寺	新潟県真野町吉岡
丹　波	京都府亀岡市千歳町	京都府亀岡市河原林町
丹　後	・京都府宮津市国分 ・京都府宮津市由良	（未詳）
但　馬	兵庫県日高町国分寺	兵庫県日高町水上
因　幡	鳥取県国府町国分寺	鳥取県国府町法華寺
伯　耆	鳥取県倉吉市国分寺	鳥取県倉吉市国府
出　雲	島根県松江市竹矢町	島根県松江市竹矢町
石　見	島根県浜田市国分寺	島根県浜田市国分寺
隠　岐	島根県西郷町池田	島根県西郷町有木
播　磨	兵庫県姫路市御国野町国分寺	兵庫県姫路市御国野町国分寺
美　作	岡山県津山市国分寺	岡山県津山市国分寺
備　前	岡山県山陽町馬屋	岡山県山陽町穂崎
備　中	岡山県総社市上林	岡山県総社市上林
備　後	広島県神辺町御領	広島県神辺町西中条
安　芸	広島県東広島市西条町	広島県東広島市西条町
周　防	山口県防府市国分寺町	山口県防府市国分寺町
長　門	山口県下関市豊浦	山口県下関市長府
紀　伊	和歌山県打田町東国分寺	和歌山県岩出町西国分寺
淡　路	兵庫県三原町八木笶原国分	兵庫県三原町八木笶原新圧
阿　波	徳島市国分町	徳島市石井町尼寺
讃　岐	香川県国分寺町国分	香川県国分寺町新居
伊　予	愛媛県今治市国分	愛媛県今治市桜井
土　佐	高知県南国市国分	高知県南国市比江
筑　前	福岡県太宰府市国分	福岡県太宰府市国分
筑　後	福岡県久留米市国分町	福岡県久留米市国分町
豊　前	福岡県豊津町国分	福岡県豊津町国分
豊　後	大分市国分	大分市国分
肥　前	佐賀県大和町尼寺	佐賀県大和町尼寺
肥　後	熊本市出水	熊本市水前寺公園
日　向	宮崎県西都市三宅	宮崎県西都市右松
大　隅	鹿児島県国分市中央	（未詳）
薩　摩	鹿児島県川内市国分寺町	鹿児島県川内市国分寺町

壱　岐	長崎県芦辺町国分	（未詳）
対　馬	長崎県厳原町国分	（未詳）

〔活字で読める主要古記録〕

古　記　録　名	記主	記録期間	刊行形態	備　　考
宇《う》多《だ》天《てん》皇《のう》御《ぎょ》記《き》	宇多天皇	887（仁和３）〜 897（寛平９）	「続々群書類従」（三代御記） 「増補史料大成」 所功編「三代御記逸文集成」	
醍《だい》醐《ご》天《てん》皇《のう》宸《しん》記《き》	醍醐天皇	897（寛平９）〜 930（延長８）	「続々群書類従」（三代御記） 所功編「三代御記逸文集成」	
貞《てい》信《しん》公《こう》記《き》	藤原忠平	907（延喜７）〜 948（天暦２）	「大日本古記録」 「続々群書類従」	抄本であり、記述は簡略である。
九《きゅう》暦《れき》	藤原師輔	930（延長８）〜 960（天徳４）	「大日本古記録」 「続々群書類従」	儀式に関する記事が多い。
吏《り》部《ほう》王《おう》記《き》	重明親王	920（延喜20）〜 953（天暦７）	「史料拾遺」 「史料纂集」	有職故実に関する基本文献。
小《しょう》右《ゆう》記《き》	藤原実資	978（天元１）〜 1032（長元５）	「大日本古記録」 「史料大成」	藤原氏全盛期の第一級の史料。
権《ごん》記《き》	藤原行成	991（正暦２）〜 1026（万寿３）	「史料大成」	有能な実務官僚。道長の信任あつかった。
御《み》堂《どう》関《かん》白《ぱく》記《き》	藤原道長	998（長徳４）〜 1021（治安１）	「大日本古記録」	一部自筆本
左《さ》経《けい》記《き》	源　経頼	1009（寛弘６）〜 1039（長暦３）	「増補史料大成」 「史料通覧」	有能な実務官僚。地方政治にも明かるかった。
春《しゅん》記《き》	藤原資房	1026（万寿３）〜 1054（天喜２）	「丹鶴叢書」 「増補史料大成」	参議・春宮権大夫。
水《すい》左《さ》記《き》	源　俊房	1062（康平５）〜 1108（嘉承３）	「増補史料大成」	一部自筆本。政務儀式に詳しい。
帥《そち》記《き》	源　経信	1065（治暦１）〜 1088（寛治２）	「史料通覧」 「増補史料大成」	政務運営に詳しい。
江《ごう》記《き》	大江匡房	1065（治暦１）〜 1108（天元１）	「史料大成」 大本好信編「江記逸文集成」	公事儀式に関する記事が多い。
為《ため》房《ふさ》卿《きょう》記《き》	藤原為房	1071（延久３）〜 1114（永久２）	「史料纂集」	摂関家の家司、白河院別当。
時《とき》範《のり》卿《きょう》記《き》	平　時範	1077（承暦１）〜 1099（康和１）	「書陵部紀要」 14号、17号	因幡守として赴任、国務の実情を知る重要な史料。

後《ご》二《に》条《じよう》師《もろ》通《みち》記《き》	藤原師通	1083（永保3）～1099（康和1）	「大日本古記録」	一部自筆本、関白。院政初期の史料。
中《ちゆう》　右《ゆう》　記《き》	藤原宗忠	1087（寛治1）～1138（保延4）	「増補史料大成」	右大臣。故実に詳しい。院政前期の史料。
長《ちよう》　秋《しゆう》　記《き》	源　師時	1087（寛治1）～1136（保延2）	「増補史料大成」	権中納言。待賢門院別当。朝儀に詳しい。
殿《でん》　　暦《りやく》	藤原忠実	1098（承徳2）～1118（元永1）	「大日本古記録」	摂政、関白、太政大臣。朝儀に詳しい。
永《えい》　昌《しよう》　記《き》	藤原為隆	1099（康和1）～1129（大治4）	「増補史料大成」	有能な実務官僚。
兵《ひよう》　範《はん》　記《き》	平　信範	1132（天承2）～1184（天暦1）	「増補史料大成」	能吏の詳細な日記。大部分自筆本
［春日《かすが》社《しや》家《け》日記《につき》］			「増補続史料大成」	春日若宮神主家の日記。
中《なか》臣《とみの》祐《すけ》房《ふさ》記《き》	中臣祐房	1135（保延1）～1156（保元1）		
中臣祐《すけ》重《しげ》記《き》	中臣祐重	1156（保元1）～1192（建久3）		一部自筆本
中臣祐《すけ》明《あき》記《き》	中臣祐明	1192（建久3）～1226（嘉禄2）		
中臣祐《すけ》定《さだ》記《き》	中臣祐定	1226（嘉禄2）～1257（正嘉1）		
中臣祐《すけ》賢《かた》記《き》	中臣祐賢	1257（正嘉1）～1282（弘安5）		
中臣祐《すけ》春《はる》記《き》	中臣祐春	1282（弘安5）～1313（正和2）		
台《たい》　　記《き》	藤原頼長	1136（保延2）1137、1139、1142（康治1）～1155（久寿2）	「増補史料大成」	左大臣。保元の乱で死す。保元の乱に関する第一級の史料。
台記別記	同上	1135（長承4）～1155（久寿2）	「史料大観」	
山《さん》　槐《かい》　記《き》	藤原忠親	1151（仁平1）～1185（文治1）	「史料大成」	内大臣。朝儀典礼に詳しい。
顕《あき》広《ひろ》王《おう》記《き》	顕広王	1161（応保1）～1178（治承2）	「続史料大成」	神祇伯。
玉《ぎよく》　　葉《よう》	九条兼実	1164（長寛2）～1203（建仁3）	国書刊行会・刊本（3冊）	

吉《きつ》記《き》	藤原経房	1173(承安3)、1174、1176(安元2)、1177(治承1)1180,1182(寿永1)、1183、1184(元暦1)1185(文治1)、1188(文治4)	「史料大成」	権大納言。有能な実務官僚で、朝儀典礼に詳しい。
明《めい》月《げつ》記《き》	藤原定家	1180(治承4)~1235(嘉禎1)	国書刊行会・刊本	政治・社会について詳細。
三《さん》長《ちょう》記《き》	藤原長兼	1195(建久6)~1211(建暦1)	「増補史料大成」	権中納言。実務官僚。
鶴《つる》岡《おか》社《しゃ》務《む》記《き》録《ろく》	不明	1191(建久2)~1336(建武3)1336~1355(文和4)	「神道大系」「改訂史籍集覧」「続史料大成」	別当の書きついだものではなく、編さん物。
平《へい》戸《こ》記《き》	平　経高	1196(建久7)~1246(寛元4)	「増補史料大成」	参議・民部卿。
猪《いの》隈《くま》関《かん》白《ぱく》記《き》	近衛家実	1197(建久8)~1217(建保5)、1219(承久1)1222(貞応1)1225(嘉禄1)1226、1228(安貞2)1232(貞永1)、1235(嘉貞1)	「大日本古記録」	関白・太政大臣。
玉《ぎょく》蘂《ずい》	九条道家	1207(承元3)~1238(暦仁3)	思文閣出版・刊本	朝儀に詳しい。
順《じゅん》徳《とく》院《いん》御《ぎょ》記《き》	順徳天皇	1211(建暦1)~1221(承久3)断続	「増補史料大成」	
後《ご》鳥《と》羽《ば》天皇《てんのう》宸《しん》記《き》	後鳥羽天皇	1212(建暦2)~1216(建保4)	「増補史料大成」	
岡《おか》屋《のや》関《かん》白《ぱく》記《き》	近衛兼経	1222(貞応1)~1257(正嘉2)	「大日本古記録」	摂政・関白。
民《みん》経《けい》記《き》	藤原経光	1226(嘉禄2)~1268(文永5)	「大日本古記録」	関白近衛家実の家司。
洞《とう》院《いん》摂《せつ》政《しょう》記《き》	九条教実	1230(寛喜2)~1233(天福1)	図書寮叢刊「九条家歴世記録」(一)	一部自筆本。摂政・左大臣。
葉《よう》黄《こう》記《き》	葉室定嗣	1246(寛元4)~1248(宝治2)	「史料纂集」	権中納言。弁官、蔵人を経験。摂関家の家司。実務に詳しい。

経《つね》俊《とし》卿《きよう》記《き》	吉田経俊	1237(嘉禎3)～ 1276(建治2)	図書寮叢刊「経俊卿記」	中納言。宮廷の実務に詳しい。
吉《きち》続《ぞく》記《き》	吉田経長	1267(文永4)～ 1302(乾元1)	「増補史料大成」	権大納言。 朝儀に詳しい。
勘《かん》仲《ちゆう》記《き》	勘解小路兼仲	1274(文永11)～ 1300(正安2)	「増補史料大成」	「兼仲卿記」とも。公武関係の重要史料。
祇園《ぎおん》執行《しぎよう》日《につ》記《き》	顕詮(1～5巻) 感晴(7巻)	1343(康永2)～ 1372(応安5)	「八坂神社記録」上	
公《きん》衡《ひら》公《こう》記《き》	西園寺《さいおんじ》公衡	1283(弘安6)～ 1315(正和4)	「史料纂集」	左大臣。一部自筆本。公武関係の史料。
伏見《ふしみ》天皇《てんのう》宸《しん》記《き》	伏見天皇	1287(弘安10)～ 1311(延慶4)断続	「増補史料大成」	
冬《ふゆ》平《ひら》公《こう》記《き》	鷹司《たかつかさ》冬平	1302(乾元2)～ 1324(元亨4)	「史料大成」	摂政・関白・左大臣。朝政を知る重要な史料。
後《ご》伏見《ふしみ》天皇《てんのう》宸《しん》記《き》	後伏見天皇	1302(徳治2)～ 1328(嘉暦3)	「増補史料大成」	
園《えん》太《たい》暦《りやく》	洞院公賢《とういんきんかた》	1311(応長1)～ 1360(延文5)	太洋社・刊本 「史料纂集」	太政大臣。 南北朝期の重要史料。
花園《はなぞの》天皇《てんのう》宸《しん》記《き》	花園天皇	1310(延慶3)～ 1332(元弘2)	「史料大成」 「史料纂集」	
空華《くうげ》日用《にちよう》工夫《くふう》略《りやく》集《しゆう》	義堂《ぎどう》周信《しゆうしん》	1325(正中2)～ 1388(嘉慶2)	太洋社・刊本	
玉《ぎよく》英《えい》	一条経通	1330(元徳2)～ 1365(貞治4)	「続群書類従」 「歴代残闕日記」	関白・左大臣。
匡《ただ》遠《とう》記《き》	小槻匡遠	1335(建武2)～ 1338(暦応1)	「続々群書類従」	自筆本あり。 五位・左大史。
師《もろ》守《もり》記《き》	中原師守	1339(暦応2)～ 1374(応安7)	「史料纂集」	少外記・主税頭。 自筆本あり。
後《ご》深心院《しんしんいん》関白《かんぱく》記《き》	近衛道嗣	1356(延文1)～ 1383(永徳3)	「増補続史料大成」	「愚管記」とも。 関白。左大臣。
後《ご》愚《ぐ》昧《まい》記《き》	三条公忠	1361(康安1)～ 1383(永徳3)	「大日本古記録」	内大臣。 朝儀典礼に詳しい。自筆本あり。
康《やす》富《とみ》記《き》	中原康富	1417(応永24)～ 1455(康正1)	「増補史料大成」	権大外記。 公武の件についての重要史料。

教《のり》言《とき》卿《きよう》記《き》	山科教言	1405(応永12)～1410	「史料纂集」	内蔵寮経済についての主要史料。
満《まん》済《さい》准《じゆ》后《ごう》日《につ》記《き》	満済	1411(応永18)～1435(永享7)	「続群書類従」	醍醐寺座主。幕政についての重要史料。
建《けん》内《ない》記《き》	万里小路《までのこうじ》時房	1414(応永21)～1455(康正1)	「大日本古記録」	武家伝奏。内大臣。
経《きよう》覚《がく》私《し》要《よう》鈔《しよう》	経覚	1415(応永22)～1472(文明4)	「史料纂集」	興福寺大乗院門跡。
看《かん》聞《もん》日《につ》記《き》	伏見宮貞成《さだふさ》親王	1416(応永23)～1448(文安5)	続群書類従完成会・刊本 (看聞御記)	後花園天皇の実父。
師《もろ》郷《さと》記《き》	中原師郷	1420(応永27)～1458(長禄2)	続群書類従完成会・刊本	大外記。
蔭《いん》涼《りよう》軒《けん》日《にち》録《ろく》	季《き》瓊《けい》真《しん》蘂《ずい》 亀《き》泉《せん》集《しゆう》証《しよう》	1435(永享7)～1493(明応2)	「大日本仏教全書」 「続史料大成」	寺院財政についての重要史料。
斎《さい》藤《とう》基《もと》恒《つね》日《につ》記《き》	斎藤基恒	1440(永享12)～1456(康正2)	「続々群書類従」 「続史料大成」	室町幕府奉行人。
晴《はる》富《とみ》宿《すく》禰《ね》記《き》	壬生《みぶ》晴富	1446(文安3)～1497(明応6)	図書寮叢刊 「晴富宿禰記」	左大史、治部卿。
臥《が》雲《うん》日《につ》件《けん》録《ろく》抜《ばつ》尤《ゆう》	瑞《ずい》渓《けい》周《しゆう》鳳《ほう》	1446(文安3)～1473(文明5)	「大日本古記録」	相国寺住持。鹿苑院塔主。僧録司。原日記の抄録
大《だい》乗《じよう》院《いん》寺《じ》社《しや》雑《ぞう》事《じ》記《き》	尋尊《じんそん》	1450(宝徳2)～1508(永正5)	「増補続史料大成」	大乗院門跡。一条兼良の子。当代屈指の史料。
碧《へき》山《ざん》日《にち》録《ろく》	太《たい》極《ぎよく》	1459(長禄3)～1468(応仁2)	「増補史料大成」	東福寺塔頭桂昌庵内に書斎を営む。
蜷《にな》川《がわ》親《ちか》元《もと》日《につ》記《き》	蜷川親元	1465(寛正6)～1485(文明17)	「続史料大成」	室町幕府政所執事代。
斎《さい》藤《とう》親《ちか》基《もと》日《につ》記《き》	斎藤親基	1465(寛正6)～1467(応仁1)	「続史料大成」	室町幕府奉行人。
後《ご》法《ほう》興《こう》院《いん》関《かん》白《ぱく》記《き》	近衛政家	1466(文正1)～1468(応仁2) 1479(文明11)～1505(永正2)	「増補史料大成」	関白・太政大臣。一部自筆本。
親《ちか》長《なが》卿《きよう》記《き》	甘露寺《かんろじ》親長	1470(文明2)～1498(明応7)	「増補史料大成」	大納言。大半は宮廷行事の記事。
十《じゆう》輪《りん》院《いん》内《ない》府《ふ》記《き》	中院《なかのいん》通秀	1477(文明9)～1488(長享2)	「史料纂集」	内大臣。和漢の学に通じた。

実《さね》隆《たか》公《こう》記《き》	三条西実隆	1474(文明6)〜 1536(天文5)	続群書類従完成会・刊本	内大臣。 文化史の好史料。
言《とき》国《くに》卿《きよう》記《き》	山科《やましな》言国	1474(文明6)〜 1502(文亀2)	「史料纂集」	権中納言。中級貴族の財政事情を知る好史料。
御湯殿《おゆどの》の上《うえ》の日記《につき》	(女官)	1477(文明9)〜 1625(寛永2)	「続群書類従」	禁中御湯殿間で天皇に近侍する女官の当番日記。
多《た》聞《もん》院《いん》日《につ》記《き》	長実房英俊	1478(文明10)〜 1618(元和4)	「増補続史料大成」	興福寺多聞院主。
宣《のぶ》胤《たね》卿《きよう》記《き》	中御門《なかみかど》宣胤	1480(文明12)〜 1522(大永2)	「史料大成」 「続史料大成」	権大納言。 自筆本あり。
蔗《しよ》軒《けん》日《にち》録《ろく》	季弘大叔《きこうだいしゆく》	1484(文明16)〜 1486	「大日本古記録」	円爾弁円の高弟。東福寺百七十四世。
拾《しゆう》芥《がい》記《き》	五条為学《ためたか》	1484(文明16)〜 1521(大永1)	「改訂史籍集覧」	原日記の抄出。
鹿《ろく》苑《おん》日《にち》録《ろく》	(鹿苑院主)	1487(長享1)〜 1651(慶安4)	太洋社・刊本、続群書類従完成会から復刊	相国寺鹿苑院主。
元《もと》長《なが》卿《きよう》記《き》	甘露寺元長	1501(文亀1)〜 1525(大永5)	「史料纂集」	公家の生活を知る史料。
政《まさ》基《もと》公《こう》旅《たび》引《ひき》付《つけ》	九条政基	1501(文亀1)〜 1504(永正1)	「図書寮叢刊」刊本	関白。和泉国日根荘への下向日記。
二《に》水《すい》記《き》	鷲尾隆康	1504(永正1)〜 1533(天文2)	「大日本古記録」	中納言。 自筆本あり。 宮廷生活の記録。
言《とき》継《つぐ》卿《きよう》記《き》	山科言継	1527(大永7)〜 1576(天正4)	図書刊行会・刊本 続群書類従完成会・刊本	権大納言。 自筆本。
快《かい》元《げん》僧《そう》都《ず》記《き》	快元	1532(天文1)〜 1542(天文11)	「群書類従」	鶴岡八幡宮の供僧。
天《てん》王《のう》寺《じ》屋《や》会《かい》記《き》	津田宗達 〃 宗及 〃 宗凡	1548(天文17)〜 1566(永禄9) 1565〜1587 (天正15) 1590、1615(元和1)、1616	「茶道古典全集」	堺の貿易商人。信長・秀吉の茶頭。
兼《かね》見《み》卿《きよう》記《き》	卜部《うらべ》兼見	1570(元亀1)〜 1610(慶長15)	「史料纂集」	吉田神社神主。
上《うわ》井《い》覚《かく》兼《けん》日《につ》記《き》	上井覚兼	1574(天正2)〜 1586	「大日本古記録」	島津家の老中。

言《とき》経《つね》卿《きょう》記《き》	山科言経	1576(天正4)～ 1608(慶長13)	「大日本古記録」	
家《いえ》忠《ただ》日《につ》記《き》	松平家忠	1577(天正5)～ 1594(文禄3)	「続史料大成」	三河深溝松平氏。 築城の才あり。
晴《はれ》豊《とよ》公《こう》記《き》	勧修寺《かじゅうじ》晴豊	1578(天正6)～ 1594(文禄3)	「続史料大成」	武家伝奏。
舜《しゅん》旧《きゅう》記《き》	梵舜《ぼんしゅん》	1583(天正11)～ 1632(寛永9)	「史料纂集」	ト部兼見の弟。
義《ぎ》演《えん》准《じゅ》后《ごう》日《につ》記《き》	義演	1596(慶長1)～ 1626(寛永3)	「史料纂集」	醍醐寺座主。
慶《けい》長《ちょう》日《につ》件《けん》録《ろく》	舟橋秀賢《ひでかた》	1600(慶長5)～ 1613	「史料纂集」	宮廷儒者。
本《ほん》光《こう》国《こく》師《し》日《につ》記《き》	以心崇伝《いしんすうでん》	1610(慶長15)～ 1633(寛永10)	「史料纂集」	初期江戸幕府 の外交・寺社 政策顧問。
梅《うめ》津《づ》政《まさ》景《かけ》日《につ》記《き》	梅津政景	1612(慶長17)～ 1633(寛永10)	「大日本古記録」	佐竹藩家老。
木下《きのした》延俊《のぶとし》慶《けい》長《ちょう》 十《じゅう》八《はち》年《ねん》日《ひ》次《なみ》記《き》	中沢清介 神田甚吉	1613(慶長18)	「栃木史学」3号	豊後日出《ひじ》藩士。 右筆か。
本《ほん》源《げん》自《じ》性《しょう》院《いん》記《き》	近衛信尋《のぶひろ》	1621(元和7)～ 1643(寛永20)	「史料纂集」	関白。 能書。
山《やま》鹿《が》素《そ》行《こう》日《につ》記《き》	山鹿素行	1622(元和8)～ 1685(貞享2)	「山鹿素行全集」	林羅山門下。 生涯、仕官し なかった。
バタヴィア城《じょう》日《にっ》誌《し》		1624～1808	平凡社「東洋文庫」	オランダ東インド 会社の各地の報告 書を編集したもの。
オランダ商《しょう》館《かん》日《につ》記《き》	(歴代オランダ商館長)	1633～1860	村上直次郎「出島蘭館日誌」 中村孝志「長崎オランダ商館の日記」 永積洋子「平戸オランダ商館の日記」 東京大学史料編纂所「オランダ商館長日記」	
禁《きん》裏《り》番《ばん》衆《しゅう》所《じょ》日《につ》記《き》		1642(寛永19)～ 1729(享保14)	「歴代残闕日記」	
隔《かく》蓂《めい》記《き》	鳳林承章《ほうりんじょうしょう》	1635(寛永12)～ 1668(寛文8)	鹿苑寺・刊本	鹿苑寺(金閣)住。 自筆本あり。
池《いけ》田《だ》光《みつ》政《まさ》日《につ》記《き》	池田光政	1637(寛永14)～ 1669(寛文9)	山陽図書出版社・刊本	岡山藩主。
貝《かい》原《ばら》益《えき》軒《けん》日《につ》記《き》	貝原益軒	1661(寛文1)～ 1713(正徳3)断続	「九州史料叢書」	福岡藩儒者。

国《こく》史《し》館《かん》日《にっ》記《き》	林　鵞峯《がほう》	1662（寛文２）～1670	国書刊行会・刊本	国史館は「本朝通鑑」編集のための組織。
堯《ぎょう》恕《じょ》法《ほっ》親《しん》王《のう》日《にっ》記《き》	堯恕法親王	1663（寛文３）～1695（元禄８）	吉川弘文館・刊「妙法院史料」１～３巻	後水尾天皇の皇子。京都妙法院主。天台座主。自筆本。
唐《とう》通《つう》事《じ》会《かい》所《しょ》日《にち》録《ろく》		1663（寛文３）～1671	「大日本近世史料」	長崎通事の職掌日記。
妙《みょう》法《ほう》院《いん》日《ひ》次《なみ》記《き》		1672（寛文12）～1868（明治１）	「史料纂集」	京都妙法院の坊官の日記。
通《みち》誠《とも》公《こう》記《き》	久我《こが》通誠	1684（貞享１）～1719（享保４）	「史料纂集」	神宮伝奏、議奏。内大臣に至る。
隆《りゅう》光《こう》僧《そう》正《じょう》日《にっ》記《き》	隆光	1686（貞享３）～1709（宝永６）	「史料纂集」	将軍綱吉近侍の祈禱僧。
鸚《おう》鵡《む》籠《ろう》中《ちゅう》記《き》	朝日重章	1691（元禄４）～1717（享保２）	「名古屋叢書・続編」	尾張藩士。自筆本。
江《え》戸《ど》参《さん》府《ぷ》旅《りょ》行《こう》日《にっ》記《き》	エンゲルベルト・ケンペル	1690～92	「異国叢書」	「日本志」の一部。
新《あら》井《い》白《はく》石《せき》日《にっ》記《き》	新井白石	1693（元禄６）～1723（享保８）	「大日本古記録」	
幕《ばく》府《ふ》書《しょ》物《もつ》方《かた》日《にっ》記《き》		1706（宝永３）～1857（安政４）	「大日本近世史料」	江戸城御文庫の執務日記。
遊《ゆ》行《ぎょう》日《にっ》鑑《かん》		1711（正徳１）～1922（大正11）	角川書店・刊本（一部）	時宗遊行派歴代上人の記録。
森《もり》山《やま》孝《たか》盛《もり》日《にっ》記《き》	森山孝盛	1770（明和７）～1811（文化８）	「日本都市生活史料集成」	旗本の日記。
本《もと》居《おり》宣《のり》長《なが》日《にっ》記《き》	本居宣長	1762（宝暦12）～1801（享和１）	「本居宣長全集」	
大《おお》岡《おか》忠《ただ》相《すけ》日《にっ》記《き》	大岡忠相	1737（元文２）～1751（寛延４）	三一書房・刊本	江戸町奉行
淺《せん》草《そう》寺《じ》日《にっ》記《き》		1744（延享1）～1867（慶応３）	吉川弘文館・刊本	
細《ほそ》川《かわ》重《しげ》賢《かた》日《にっ》記《き》	細川重賢	1761（宝暦11）～1785（天明５）	汲古書院・刊本	肥後藩主。
田《た》村《むら》藍《らん》水《すい》・西《せい》湖《こ》公《こう》用《よう》日《にっ》記《き》	田村藍水 田村西湖	1763（宝歴13）～1791（寛政３）	「史料纂集」	
高《たか》山《やま》彦《ひこ》九《く》郎《ろう》日《にっ》記《き》	高山彦九郎	1773（安永２）～1793（寛政５）	西北出版社・刊本	
鷧《い》斎《さい》日《にち》録《ろく》	杉田玄白	1787（天明７）～1805（文化２）	「杉田玄白全集」「蘭学資料叢書」	

江《こう》漢《かん》西《さい》遊《ゆう》日《につ》記《き》	司馬江漢	1788（天明８）～ 1789（寛政１）	「日本庶民生活史料集成」 「東洋文庫」	
伊《い》能《のう》忠《ただ》敬《たか》測《そく》量《りよう》日《につ》記《き》	伊能忠敬	1800（寛政12）～ 1816（文化13）	「千葉県史料」 名文館・刊本	
藤《ふじ》岡《おか》屋《や》日《につ》記《き》	須藤由蔵	1804（文化１）～ 1868（慶応４）	「近世庶民生活史料」	江戸神田の古本屋。
関《せき》口《ぐち》日《につ》記《き》	（武蔵国関口 家歴代当主）	1762（宝暦12）～ 1901（明治34）	横浜市文化財研究調査会・刊本	武州生麦村の豪農。
淡《たん》窓《そう》日《につ》記《き》	広瀬淡窓	1813（文化10）～ 1822（文政４）	「淡窓全集」	豊後日田に咸宜園を設ける。
小《お》山《やま》田《だ》与《とも》清《きよ》日《につ》記《き》	小山田与清	1815（文化12）～ 1820（文政３）	「近世文芸叢書」	武州多摩郡の郷士。
川《かわ》路《じ》聖《とし》謨《あきら》日《につ》記《き》	川路聖謨	1820（文政３）～ 1868（明治１）	「日本史籍協会叢書」	勘定奉行。
二《にの》宮《みや》尊《そん》徳《とく》日《につ》記《き》	二宮尊徳 二宮尊行・他	1822（文政５）～ 1868（慶応４）	「二宮尊徳全集」	
慊《こう》堂《どう》日《にち》暦《れき》	松崎慊堂	1823（文政６）～ 1844（天保15）	「日本芸林叢書」 「東洋文庫」	掛川藩儒。佐藤一斎、狩谷棭斎らと交流。
曲《きよく》亭《てい》馬《ば》琴《きん》日《につ》記《き》	瀧沢馬琴	1827（文政10）～ 1858（安政５）	中央公論社・刊本	
江《え》戸《ど》参《さん》府《ぷ》旅《りよ》行《こう》 中《ちゆう》の日《につ》記《き》	フォン・シーボルト	1826（文政９）	「東洋文庫」 思文閣・刊本	
斎《さい》藤《とう》月《げつ》岑《しん》日《につ》記《き》	斎藤幸成	1830（文政13）～ 1875（明治８）	「近世文芸叢書」	江戸神田の名主。
保《ほ》古《ご》飛《ひ》呂《ろ》比《い》	佐々木高行	1830（天保１）～ 1883（明治16）	東京大学出版会・刊本	土佐藩士。 明治天皇の側近。
世《せ》田《たが》谷《や》代《だい》官《かん》日《につ》記《き》	大場景運、景長、景福、信愛。	1831（天保２）～ 1870（明治３）	「世田谷区史料」	彦根藩世田谷領の代官。
鈴《すず》木《き》平《へい》九《く》郎《ろう》日《につ》記《き》	鈴木平九郎	1837（天保８）～ 1856（安政３）	立川市教育委員会・刊本	武州多摩郡の名主。
小《こ》梅《うめ》日《につ》記《き》	川合小梅	1837（天保８）～ 1885（明治18）	「東洋文庫」	紀州藩士の妻。
中《なか》山《やま》忠《ただ》能《やす》日《につ》記《き》	中山忠能	1863（文久３）～ 1867（慶応３）	「日本史籍協会叢書」	娘慶子は明治天皇の生母。
鳥《とり》居《い》甲《か》斐《い》晩《ばん》年《ねん》日《にち》録《ろく》	鳥居忠耀《ただてる》	1845（弘化２）～ 1873（明治６）	桜楓社・刊本	水野忠邦の服心。 江戸町奉行。
吉《よし》田《だ》松《しよう》陰《いん》日《につ》記《き》	吉田松陰	1851（嘉永４）～ 1852	「吉田松陰全集」	「東北遊日記」と称する。
宮《みや》部《べ》鼎《てい》蔵《ぞう》日《につ》記《き》	宮部鼎蔵	1863（文久３）～ 1864（元治１）	「日本史籍協会叢書」	肥後藩士。 「南海日録」と称する。

村《むら》垣《がき》淡《あわ》路《じの》守《かみ》遣《けん》米《べい》使《し》日《につ》記《き》	村垣範正	1860（万延１）	「日本史籍協会叢書」「世界ノンフィクション全集」など	
白《しら》石《いし》正《しょう》一《いち》郎《ろう》日《につ》記《き》	白石正一郎	1855（安政２）～1856、1875（明治８）～1880	「日本史籍協会叢書」下関市刊「白石家文書」	下関の商人。尊攘派志士らを援助した。
大《おお》久《く》保《ぼ》利《とし》通《みち》日《につ》記《き》	大久保利通	1848（嘉永１）～1877（明治10）	「日本史籍協会叢書」「鹿児島県史料」	
押《おし》小《こう》路《じ》甫《なみ》子《こ》日《につ》記《き》	押小路甫子	1842（天保13）～1871（明治４）	「日本史籍協会叢書」	幕末の宮中史料。自筆本。
塵《ちり》壺《つぼ》	河井継之助	1859（安政６）	「東洋文庫」	越後長岡藩家老。自筆本。
静《せい》寛《かん》院《いん》宮《みや》御《ご》日《につ》記《き》	親子内親王	1868（明治１）～1873	「日本史籍協会叢書」	将軍家茂夫人。
勝《かつ》海《かい》舟《しゅう》日《につ》記《き》	勝　海舟	1862（文久２）～1898（明治31）	「勝海舟全集」	
伊《だ》達《て》宗《むね》城《なり》在《ざい》京《きょう》日《につ》記《き》	伊達宗城	1862（文久２）～1868（明治１）	「日本史籍協会叢書」	宇和島藩主。合武合体派。
岩《いわ》倉《くら》具《とも》視《み》日《につ》記《き》	岩倉具視	1862（文久２）～1867（慶応３）	同上「岩倉具視関係文書」	
遊《ゆう》清《しん》五《ご》録《ろく》	高杉晋作	1862（文久２）	「高杉晋作全集」「日本近代思想大系・１」	中国の上海に赴いたときの日記。
朝《あさ》彦《ひこ》親《しん》王《のう》日《につ》記《き》	朝彦親王	1864（元治１）～1867（慶応３）	「日本史籍協会叢書」	伏見宮邦家の子。公式合体派の重鎮。
奇《き》兵《へい》隊《たい》日《につ》記《き》	高杉晋作	1863（文久３）～1869（明治２）	「日本史籍協会叢書」	奇兵隊の結成から解体までの史料。
広《ひろ》沢《さわ》真《さね》臣《おみ》日《につ》記《き》	広沢真臣	1852（嘉永６）～1871（明治４）	「日本史籍協会叢書」	長州藩士。
嵯《さ》峨《が》実《さね》愛《なる》日《につ》記《き》	嵯峨実愛	1864（元治１）～1871（明治４）	「日本史籍協会叢書」	旧姓、正親町三条。
松《まつ》平《だいら》春《しゅん》嶽《がく》日《につ》記《き》	松平慶永《よしなが》	1867（慶応３）	「福井市史」	越前藩主。
丁《てい》卯《ぼう》日《につ》記《き》	中根師質《もろただ》	1867（慶応３）	「日本史籍協会叢書」	号は雪江。越前藩主松平慶永の服心。
渋《しぶ》沢《さわ》栄《えい》一《いち》滞《たい》仏《ふつ》日《につ》記《き》	渋沢栄一	1867（慶応３）～1868	「日本史籍協会叢書」	
夢《ゆめ》か《か》ぞ《ぞ》へ《え》	野村望《も》東《と》尼《に》	1865（慶応１）	「野村望東尼全集」	福岡藩士の妻。勤王の士を援助し流罪となる。
木《き》戸《ど》孝《たか》允《よし》日《につ》記《き》	木戸孝允	1868（明治１）～1877	「日本史籍協会叢書」	自筆本

〔活字で読める江戸時代の主要地誌〕

国名	書　名	成立年次	編著者名	刊行形態
山城・京都	雍州府志	1684（貞享1）	黒川道祐	新修京都叢書
	山城名勝志	1705（宝永2）	大島武好	同上
	平安通志	1887（明治20）	湯本文彦	（単行本）
	京雀	1665（寛文5）	淺井了意	新修京都叢書
大和	大和志	1734（享保19）	関　祖衡	大日本地誌大系
	奈良坊目拙解	1735（享保20）	平松古道	奈良市史史料編集審議会
	大和名所図会	1791（寛政3）	秋里籬島	日本名所風俗図会
河内	河内志	1734（享保19）	関　祖衡	大日本地志大系
	河内名所図会	1801（享和1）	秋里籬島	日本名所風俗図会
和泉	和泉志	1734（享保19）	関　祖衡	大日本地志大系
	泉州志	1700（元禄13）	石橋直之	同上
	和泉名所図会	1795（寛政7）	秋里籬島	日本名所風俗図会
摂津	摂陽群談	1698（元禄11）	岡田徯志	大日本地誌大系
	摂津志	1734（享保19）	関　祖衡	同上
	摂津名所図会	1794（寛政6）	秋里籬島	日本名所風俗図会
	摂陽奇観	1833（天保4）	浜松歌国	浪速叢書
	堺鑑	1683（天和3）	衣笠一閑	同上
伊賀	三国地志	1763（宝暦13）	藤堂元甫	大日本地誌大系
伊勢	三国地志	同上	同上	同上
	勢国見聞集	1581（嘉永4）	荒井勘之丞	松坂市史
志摩	三国地志	1763（宝暦13）	藤堂元甫	大日本地誌大系
尾張	張州府志	1752（宝暦2）	松平秀雲	（単行本）
	張州雑志	1788（天明8）	内藤閑水	津島叢書
	尾張徇行記	1822（文政5）	樋口好古	名古屋叢書
	尾張名所図会	1841（天保12）	岡田啓・他	日本名所風俗図会
三河	改正三河後風土記	1837（天保8）	成島可直	（単行本）
	三河国名所図会	（幕末）	夏目可敬	（単行本）
	三河志	1836（天保7）	渡辺政香	（単行本）
	参海雑志	1833（天保4）	渡辺崋山	崋山全集
遠江	遠江国風土記伝	1789（寛政1）	内山真龍	（単行本）
	掛川誌稿	（文化・文政期）	斎田茂先・他	（単行本）
駿河	駿河国志	1783（天明3）	榊原長俊	駿河叢書
	駿河志料	1861（文久1）	中村高平	（単行本）
	駿河記	1809（文化6）	桑原藤泰	（単行本）
	駿河雑志	1843（天保14）	阿部正信	（単行本）
伊豆	伊豆志	1731（享保16）	伊東祐綱	（単行本）
	伊豆海島風土記	1781（天明1）	佐藤行信	東海文庫
	豆州志稿	1800（寛政12）	秋山　章	（単行本）

甲斐	甲斐名勝志	1782(天明2)	萩原元克	甲斐叢書
	甲斐国志	1814(文化11)	松本定能	同上
相模	新編鎌倉志	1685(貞享2)	河井恒久・他	大日本地誌大系
	新編相模国風土記稿	1841(天保12)	間宮士信・他	同上
武蔵	新編武蔵国風土記稿	1828(文政11)	間宮士信・他	同上
	慶長見聞集	1614(慶長19)	三浦浄心	・江戸叢書 ・日本庶民生活史料集成
	江戸雀	1677(延宝5)	近行遠通	・江戸叢書 ・日本随筆大成
	江戸鹿子	1687(貞享4)	藤田理兵衛	江戸叢書
	江戸砂子	1732(享保17)	菊岡沾涼	・新燕石十種 (単行本)
安房	房総志料	1761(宝暦11)	中村国香	房総叢書
	安房国誌	1886(明治19)	内務省地理局	同上
上総	利根川図志	1847(弘化4)	赤松宗旦	同上
	上総国誌	1877(明治10)	安川惟礼	同上
下総	下総国旧事考	1845(弘化2)	清宮秀堅	同上
	下総名勝図絵	(嘉永頃)	宮負定雄	同上
常陸	水府志料	1807(文化4)	小宮山楓軒	——
	常陸誌料郡郷考	1859(安政6)	宮本元球	(単行本)
	新編常陸国誌	1871(明治4)	中山信名	(単行本)
近江	近江輿地志略	1734(享保19)	寒川辰清	大日本地誌大系
	近江名所図会	1814(文化11)	秦石田・他	日本名所風俗図会
	近江風土記	1875(明治8)	河村祐吉	(単行本)
美濃	美濃明細記	1738(元文3)	伊東実臣	美濃大史料文庫
	新撰美濃志	1860(万延1)	岡田啓	同上
飛驒	飛州志	(延享頃)	長谷川忠崇	飛驒叢書
	斐太後風土記	1873(明治6)	富田礼彦	同上
信濃	信府統記	1724(享保9)	鈴木重武 三井弘篤	新編信濃史料叢書
	千曲之眞砂	1753(宝暦3)	瀬下敬忠	同上
	善光寺道名所図会	1843(天保14)	豊田利忠	同上
	木曽路名所図会	1805(文化2)	秋里籬島	大日本地誌大系
上野	上野国志(1)	1774(安永3)	林義郷	(単行本)
	同上(2)	1793(寛政5)	近藤守重	——
	上野国名跡考	1809(文化6)	富岡正忠	(単行本)
	上野名跡志	1853(嘉永6)	富田永世	(単行本)
下野	日光山志	1825(文政8)	植田孟縉	日本図会全集
	下野国誌	1848(嘉永1)	河野守弘	(単行本)

陸奥	原始謾筆風土年表	1818（文政1）	村林鬼工	みちのく双書
	津軽一統志	1731（享保16）	喜多村校尉・他	新編青森県叢書
	東奥沿海日誌	1850（嘉永3）	松浦武四郎	（単行本）
陸中	奥羽観蹟聞老志	1719（享保4）	佐久間洞巌	仙台叢書
	内史略	——	横川良助	岩手史叢
	盛岡砂子	1833（天保4）	星川正甫	南部叢書
	菅江真澄遊覧記	1783～1812（天明3～文化9）	菅江真澄	東洋文庫
陸前	新撰陸奥風土記	1860（万延1）	保田光則	青葉文庫叢書
	封内風土記	1772（明和9）	田辺希文	仙台叢書
	封内名蹟志	1741（寛保1）	佐藤信要	同上
磐城	磐城風土記	（寛文頃）	葛山為篤	いわき市史
	白河風土記	1805（文化2）	広瀬典	福島県史料集成
岩代	会津風土記	1666（寛文6）	保科正之	大日本地誌大系
	新編会津風土記	1809（文化6）	会津藩地誌局	同上
	信達一統志	1841（天保12）	志田正徳	福島県史料集成
羽前	新庄寿永軒見聞集	1794（寛政6）	正野茂左衛門	新庄市史編集史料集
	筆濃余理	1866（慶応2）	安倍親任	荘内史料集
	最上千種	1845（弘化2）	——	山形市史編集史料
	米沢事跡考	1736（元文1）	千葉篤胤	米沢古誌類纂
羽後	秋田風土記	1815（文化12）	淀川盛品	新秋田叢書
	絹篩	1852（嘉永5）	鈴木重孝	同上
	雪の出羽路 月の出羽路	1824（文政7） 1825（〃8）	菅江真澄	真澄全集
	六郡郡邑記	1730（享保15）	岡見知愛	新秋田叢書
若狭	若狭郡県志	（元禄頃）	牧田近俊	越前若狭地誌叢書
	若狭国志	1749（寛延2）	稲庭正義	同上
	拾椎雑話	1757（宝暦7）	木庭正敏	福井県郷土叢書
	稚狭考	1767（明和4）	板屋一助	同上
越前	越前地理指南	1685（貞享2）	福井藩	越前若狭地誌叢書
	越前地理便覧	1685（貞享2）	同上	同上
	越前国名勝志	1738（元文3）	竹内芳契	大日本地誌大系
	越藩拾遺録	1743（寛保3）	村田氏春	越前若狭地誌叢書
	越前国名跡考	1815（文化12）	井上翼章	（単行本）
能登	加能越三州山川旧蹟志	1764（宝暦14）	加賀藩	——
	加能越三州地理志稿	1830（天保1）	富田景周	加賀能登郷土図書叢書
	能登名跡志	1777（安永6）	太田道兼	同上
加賀	越登賀三州志	1819（文政2）	富田景周	加賀能登郷土図書叢書
	加賀越三州地理志稿	1830（天保1）	同上	同上
	加能越三州山川旧蹟志	1764（宝暦14）	加賀藩	——

越中	越之下草 肯構泉達録 越登賀三州志 加能越三州地理志稿	1786（天明6） 1815（文化12） 1819（文政2） 1830（天保1）	宮永正運 野崎雅明 富田景周 同上	富山県郷土史会叢書 （単行本） 加賀能登郷土図書叢刊 同上
越後	越後野志 越登賀三州志 加能越三州地理志稿 加能越三州山川旧蹟志 越後名寄 北越雪譜 北越略風土記	1815（文化12） 1819（文政2） 1830（天保1） 1764（宝暦14） 1756（宝暦6） 1836（天保7） 1820（文政3）	小田島允武 富田景周 同上 加賀藩 丸山元純 鈴木牧之 神保泰和	新潟県郷土叢書 加賀能登郷土図書叢刊 同上 ―― 越佐叢書 岩波文庫 ――
佐渡	佐渡志 佐渡地志 佐州巡村記 佐渡四民風俗 島根のすさみ	（文化頃） 1695（元禄8） （宝暦頃） 1756（宝暦6） 1840～41（天保11～12）	田中美清 横地玄常 佐渡奉行所 高田備寛 川路聖謨	越佐叢書 佐渡叢書 同上 同上 東洋文庫
丹波	丹波志	1794（寛政6）	古川茂正	大日本地誌大系
丹後	田辺府志 丹後州宮津府志 丹後旧事記 丹哥府志	1710（宝永7） 1761（宝暦11） （天明頃） 1761（宝暦11）	僧霊重 小林玄章・他 其白堂信佶 小林玄章	丹後郷土史料集 同上 丹後史料叢書 丹後郷土史料集
但馬	但州志 但馬考	1736（元文1） 1751（宝暦1）	岸田敬義 桜井良翰	―― （単行本）
因幡	因幡民談記 因幡志	（延宝頃） 1795（寛政7）	小泉友賢 安倍恭庵	因伯文庫、因伯叢書 因伯叢書
伯耆	伯耆民談記 伯耆志	1742（寛保2） （明治初年）	松岡布政 景山立碩・他	同上 同上
出雲	懐橘談 出雲国風土記鈔 雲陽志	1654（承応3） 1683（天和3） 1717（享保2）	黒沢石斎 黒崎佐久次 黒沢長尚	続々群書類従 ―― 大日本地誌大系
石見	石見八重葎 石見外記	1816（文化13） 1820（文政3）	石田春律 中川顕允	―― （単行本）
隠岐	隠岐国風土記 増捕隠州記	1736（元文1） 1688（貞享5）	尾関意仙 松岡長政	山陽史談 新修島根県史
播磨	播磨名蹟志 播磨万宝智恵嚢 播磨鑑	1738（元文3） 1752（宝暦2） 1762（宝暦12）	白川元貞 天野友親 天野庸脩	―― （単行本） （単行本）
美作	作陽誌 美作鬢鏡 美作風土略 東作誌	1691（元禄4） 1717（享保2） 1750（寛延3） 1815（文化12）	江村宗晋 林盛竜軒 岡村白翁 正木輝雄	（単行本） 吉備群書集成 同上 （単行本）

備前	備前記	1704(元禄17)	石丸定良	備作之史料
	備陽記	1721(享保6)	同上	(単行本)
	備陽国誌	1739(元文4)	和田正尹	吉備群書集成
	吉備温故秘録	(寛政・享和頃)	大沢惟貞	同上
	東備郡村志	(天保頃)	松本亮	同上
備中	備中一国重宝記	1714(正徳4)	——	新修倉敷市史
	備中集成志	1753(宝暦3)	石川了節	(単行本)
	備中誌	(嘉永頃)	——	(単行本)
	備中村鑑	1860(万延1)	渡辺正利	吉備群書集成
備後	芸備国郡志	1663(寛文3)	黒川道祐	備後叢書
	芸備風土記	1803(享和3)	勝島惟恭	同上
	備陽六郡志	1776(安永5)	宮原直倁	同上
	西備名区	1804(文化1)	馬屋原重帯	同上
	福山志料	1809(文化6)	菅茶山・他	(単行本)
	三原志稿	1819(文政2)	青木充実・他	備後叢書
安芸	芸備国郡志	1663(寛文3)	黒川道祐	同上
	芸備風土記	1803(享和3)	勝島惟恭	同上
	知新集	1822(文政5)	飯田利矩	新修広島市史
	芸藩通志	1825(文政8)	頼　杏坪	(単行本) 芸備叢書
周防	防長地下上申	1753(宝暦3)	萩藩絵図方	(単行本)
	防長風土注進案	1842(天保13)	萩藩	(単行本)
	徳山藩御領内町方目安	1741(寛保1)	徳山藩	徳山市史
長門	防長地下上申	1753(宝暦3)	萩藩絵図方	(単行本)
	防長風土注進案	1842(天保13)	萩藩	(単行本)
	長門国志	(文化・文政頃)	中村徳美	下関文書館刊史料叢書
	豊浦藩村浦明細書	1860(安政7)	豊浦藩	(単行本)
紀伊	紀伊続風土記	1839(天保10)	仁井田好古	(単行本)
	紀伊国名所図会	1811~(文化8~)	高市志友・他	日本名所風俗図会
淡路	淡路通紀	1691(元禄4)	僧碧湛	(単行本)
	淡路常磐草	1730(享保15)	仲野安雄	(単行本)
	淡路草	1828(文政11)	藤井容信	(単行本)
	堅磐草	1832(天保3)	渡辺月亭	(単行本)
阿波	阿波志	1815(文化12)	佐野山陰	徳島県史
	阿府志	(宝暦・天明頃)	赤堀良亮	徳島県史料
讃岐	讃岐国名勝図会	1853(嘉永6~)	梶原藍水	日本名所風俗図会
	西讃府志	1858~(安政5)	丸亀藩	(単行本)
	全讃史	1828(文政11)	中山城山	(単行本)
伊予	今治夜話	1817(文化14)	戸塚政光	伊予史談会双書
	宇和旧記	1681(天和1)	井関盛英	予陽叢書
	愛媛面影	1866(慶応2)	半井悟庵	伊予史談会双書
	大洲旧記	1801(享和1)	富永彦三郎	予陽叢書
	西条誌	1842(天保13)	日野和煦	(単行本)

土佐	土佐州郡志	（宝永頃）	緒方宗哲	（単行本）
	土佐幽考	1734（享保19）	安養寺禾麻呂	（単行本）
	南路志	1815（文化12）	武藤致和・平道	（単行本）
筑前	筑前名寄	1691（元禄4）	貝原益軒	益軒全集
	筑前国続風土記	1703（元禄16）	同上	同上
	同上付録	1799（寛政11）	加藤一純・他	（単行本）
筑後	筑後志	1777（安永6）	杉山正仲・他	（単行本）
豊前	豊前志	1863（文久3）	渡辺重春	（単行本）
	豊前国志	1865（慶応1）	高田吉近	——
豊後	箋釈豊後風土記	（寛政頃）	唐橋世済	（単行本）
	豊後国志	1803（享和3）	同上	（単行本）
肥前	崎陽群談	（正徳頃）	大岡清相	九州史料叢書
	長崎志	1760（宝暦10）	田辺茂啓・他	長崎文献叢書
	長崎夜話草	1720（享保5）	西川如見	岩波文庫
	長崎土産	1847（弘化4）	磯野信春	
	長崎旧事	1861（万延2）	南里居易	肥前叢書
肥後	肥後名勝略記	1689（元禄2）	辛島道珠	肥後国地誌集
	肥後地志略	1713（宝永10）	井沢長秀	同上
	肥後国志	1672（明和9）	森本一瑞	（単行本）
	古今肥後見聞雑記	1784（天明4）	寺本直庸	肥後国地誌集
日向	日向国旧地考	1736（元文1）	北畠元珍	日向文献史料
大隅	大隅地理拾遺集	1847（弘化4）	祐之	——
	薩隅日地理纂考	1871（明治4）	樺山資雄	（単行本）
薩摩	薩藩名勝考	1795（寛政7）	白尾国柱	——
	成形図説	1852（嘉永5）	同上	（単行本）
	薩隅日地理纂考	1871（明治4）	樺山資雄	（単行本）
	三国名勝図会	1833（天保14）	五代秀尭・他	（単行本）
琉球	琉球国由来記	1713（正徳3）	向維屛・他	琉球史料叢書
	琉球国旧記	1731（雍正9）	鄭秉哲	同上
松前・蝦夷	松前志	1781（天明1）	松前広長	北門叢
	蝦夷日誌	1850（嘉永3）	松浦武四郎	（単行本）
	入北記	1857（安政4）	玉虫左大夫	（単行本）
	蝦夷志	1720（享保5）	新井白石	白石全集
	東蝦夷地名場所様子大概書	1808～11（文化5～8）		新北海道史

［江戸時代の主要農書］〈地域性に立脚した農書〉

書　名	著者名	成立年次	成立の場所	刊　本
亀尾疇圃栄	庵原菡斎	1855（安政２）	北海道函館市	日本農書全集
耕作噺	中村喜時	1858（安政５）	青森県黒石市	同上
軽邑耕作鈔	渕沢円右衛門	1847〜62（弘化４〜文久２）	岩手県軽米町	同上
菜種作り方取立ケ条書	山田十太郎	1780（安永９）	秋田県能代市	同上
老農置土産・添日記	長崎七左衛門	1785（天明５）	秋田県鷹巣町	同上
上方農人田畑仕法試	庄吉	1834（天保５）	秋田県飯田川町	——
除稲虫立法	高橋常作	1856（安政３）	秋田県雄勝町	日本農書全集
無水岡田開闢法	岡田明義	1861（文久１）	秋田県大内町	——
馬鈴薯利潤考	同上	1863（文久３）	同上	——
北条郷農家寒造之弁	源　信精	1804（文化１）	山形県米沢地方	「山形県史」
農事常語	今成吉四郎	1844〜48（弘化年間）	同上	——
会津農書	佐瀬与次右衛門	1684（貞享１）	福島県会津若松市	日本農書全集
会津歌農書	同上	1704（宝永１）	同上	同上
幕内農業記	佐瀬林右衛門	1713（正徳３）	同上	——
地下掛諸品留書	三浦文右衛門	1862（文久２）	福島県熱塩加納村	日本農書全集
農民之勤耕作之次第覚書	高嶺慶忠	1789以前（寛政以前）	福島県猪苗代地方	同上
菜園温古録	加藤寛斎	1833〜68（天保４〜明治１）	茨城県常陸太田市	同上
東郡田畠耕方並目当書	横目庄三郎	1860（万延１）	茨城県勝田市	——
精農録	岩岡重悦	1860（万延１）	茨城県結城市	「結城市史」

農家捷径抄	小貫万右衛門	1808 （文化５）	栃木県茂木町	「栃木県史」
稼穡考	大関増業	1817 （文化14）	栃木県黒羽町	同上
農業自得	田村吉茂	1841 （天保12）	栃木県上三川町	同上
農家肝要記	同上	1841 （天保12）	同上	同上
勧農教諭書	松木調平	1866 （慶応２）	栃木県黒羽町	同上
開荒須知	吉田芝渓	1795 （寛政７）	群馬県渋川市	同上
三才促耕南針伝	橋鶴夢	1722 （享保７）	埼玉県栗橋町	日本農民史料聚粋
耕作仕様書	福島貞雄	1840～42 （天保11～13）	埼玉県鴻巣町	——
農業要集	宮負定雄	1828 （文政11）	千葉県干潟町	日本農書全集
草木撰種録	同上	1828 （文政11）	同上	同上
民間省要	田中丘隅	1721 （享保６）	東京近郊	同上
社稷準縄録	小川忠蔵	1815 （文化12）	神奈川県相模原市	「相模原市史」
農業弁略	河野徳兵衛	1787 （天明７）	山梨県御坂町	日本農民史料聚粋
家訓全書	依田惣蔵	1760 （宝暦10）	長野県望月町	「北佐久郡志」
恵那郡付知村 農業手順書上	田村忠左衛門	1862 （文久２）	岐阜県付知町	——
農具揃	大坪二市	1865～81 （慶応１～明治14）	岐阜県国府町	近世地方経済史料
百姓伝記	——	1673～84 （延宝～天和）	静岡県～愛知県	日本農書全集
農家日用集	鈴木梁満	1805 （文化２）	愛知県豊橋市	近世地方経済史料
農稼録	長尾重喬	1823 （安政６）	愛知県飛島村	——
暴風浪備要談・ 水災後農稼追録	同上	1860以降 （安政以降）	同上	——
粒々辛苦録	——	1805 （文化２）	新潟県長岡地方	「越佐叢書」

北越新発田領 農業年中行事	善之助・九之 助・太郎蔵	1830 （天保１）	新潟県新発田市	同上
私家農業談	宮永正運	1789 （寛政１）	富山県小矢部市	日本農書全集
農業談拾遺雑録	宮永正好	1816 （文化13）	同上	同上
耕稼春秋	土屋又三郎	1707 （宝永４）	石川県金沢市	同上
農事遺書	鹿野小四郎	1709 （宝永６）	石川県加賀市	同上
加賀農耕風俗絵図	——	1711～16頃 （正徳頃）	石川県金沢市近郊	——
農業開畲《かいれん》志	村松標左衛門	1795頃 （寛政７頃）	石川県富来町	——
村松家訓	同上	1799頃 （寛政11頃）	同上	「富来町史」
開作仕様	——	1818～44 （文政・天保頃）	石川県石川郡・能美郡	——
民家検労図	北村良忠	1849 （嘉永２）	石川県小松市	日本庶民生活史料集成
耕作早指南種稽歌	伊藤正作	1837 （天保８）	福井県美浜町	日本農書全集
農業蒙訓	同上	1840 （天保11）	同上	同上
農稼業事	児島如水・徳重	1793～1818 （寛政５～文政１）	滋賀県？	同上
農業余話	小西篤好	1828 （文政11）	大阪府茨木市	同上
家業伝	木下清左衛門	1842～56 （天保13～安政３）	大阪府八尾市	同上
農業稼仕様 及作物仕様	久下金七郎	1818以降 （文化以降）	兵庫県春日町	近世地方経済史料
山本家百姓 一切有近道	山本庄三郎	1823 （文政６）	奈良県天理市	——
地方の聞書 （才蔵記）	大畑才蔵	1688～1704 （元禄年間）	和歌山県橋本市	近世地方経済史料
自家行事日記	堀庄次郎？	1849 （嘉永２）	鳥取市近郊	——
農作自得集	森広伝兵衛	1762 （宝暦12）	島根県松江地方	日本農書全集
神門出雲楯縫郡及 新田出精仕様書	——	1820 （文政３）	島根県宍道湖周辺	同上

穂に穂	川合忠蔵	1786 （天明6）	岡山県井原市	——
農業子孫養育草	徳山敬猛	1826 （文政9）	岡山県川上村	近世地方経済史料
家業考	丸屋甚七	1764～72 （明和年間）	広島県吉田町	日本農書全集
農業功者江御問下ケ十ケ条并に四組四人より御答書	伊藤氏	1841 （天保12）	山口県大島郡	「常民文化研究」
安下浦年中行事	中務貞右衛門	1851 （嘉永4）	山口県楠町	同上
農術鑑正記	砂川野水	1723 （享保8）	徳島県吉野川中流域	日本農書全集
藍作始終略書	斎藤源左衛門？	1789 （寛政1）	徳島県藍住町	「阿波藍譜」史料編
阿州北方農業全集	——	——	徳島県吉野川流域	日本農書全集
清良記	土居水也	1629～54 （寛永6～承応3頃）	愛媛県三間町	同上
農家業状筆録	井口又八	1804～18 （文化年間）	愛媛県大州市	日本農民史料聚粋
富貴宝蔵記	杉本庄兵衛	1731 （享保16）	高知県東岸町	「近世村落自治史料集」2
治生録	堀内庄之進	1790 （寛政2）	高知県吾川地方	同上
耕耘録	細木源助 奥田之昭	1834 （天保5）	高知県土佐市	同上
農家須知	宮地太仲	1840 （天保11）	高知県	——
窮民夜光の珠	高橋善蔵	1747 （延享4）	福岡市	日本農書全集
農人錦の嚢	竹下武兵衛	1750 （寛延3）	福岡県田主丸町	——
農業横座案内	——	1777 （安永6）	福岡地方	日本農民史料聚粋
九州表虫防方等聞合記	宇兵衛ら－	1840 （天保11）	福岡県・佐賀県・熊本県	同上
蝗除試仕様書	藤右衛門	1845 （弘化2）	福岡県夜須町	——
農要録	宗田運平	1835 （天保6）	佐賀県唐津市	——
野口家日記	野口広助	1847～65 （弘化4～慶応1）	佐賀県千代田町	日本農書全集

農桑道利	秀島皷渓	1863 （文久３）	佐賀県厳木町	——
土穀談	陶山訥庵	1713頃 （正徳３頃）	長崎県対馬	日本経済大典
老農類語	同上	1722 （享保７）	同上	同上
刈麦談	同上	1722 （享保７）	同上	同上
栗孝行芋植立下知覚書	同上	1724 （享保９）	同上	同上
郷鏡	——	1830～44頃 （天保頃）	長崎県諫早市	日本農書全集
農人袋	薮連立	1784 （天明４）	熊本県	日本農民史料聚粋
久住近在耕作仕法略覚	佐久間角助	1804～30頃 （文化～文政頃）	熊本県産山地方	——
合志郡大津手永田畑諸作根付根取取揚収納時候之考	——	1819 （文政２）	熊本県合志地方	——
肥後国耕作聞書	園田憲章	1843 （天保14）	熊本地方	日本農民史料聚粋
農業日用書	渡辺綱任	1760 （宝暦10）	大分県玖珠町	「宇佐市史」
櫨得分并仕立方年々試書	上田俊蔵	1840 （天保11）	大分県宇佐地方	同上
椎葉山内農業稼方其外品之書付写	——	1749 （寛延２）	宮崎県椎葉村	——
農業法	禰寝越右衛門	1755 （宝暦５）	鹿児島県日吉町	——
農務帳	蔡温	1734 （享保19）	沖縄諸島	日本農民史料聚粋
農務手報帳	金城和最	1745 （延享２）	那覇市	近世地方経済史料
農業之次第	——	1810以降 （文化７以降）	石垣島？	——

〈全国対象の農書〉

書名	著者名	成立年次	刊　本	備　考
農業全集	宮崎安貞	1697 （元禄10）	日本農書全集	付録１巻は貝原楽軒による農政論。
農家益	大蔵永常	1802 （享和２）	——	

老農茶話	同上	1804 （文化１）	——	
農稼録（文化版）	同上	1810 （文化７）	——	
農具便利論	同上	1822 （文政５）	日本農書全集	
再種方	同上	1824 （文政７）	——	
農稼録（文政版）	同上	1826 （文政９）	——	
製葛録	同上	1828 （文政11）	日本科学古典全書	
油菜録	同上	1829 （文政12）	——	
農稼業事後編	同上	1830 （天保１）	——	
綿圃要務	同上	1833 （天保４）	日本農書全集	
農稼肥培論	同上	1831以降 （天保２以降）	——	
門田の栄	同上	1835 （天保６）	「渡辺崋山全集」2	崋山がさし絵を描いた。
製油録	同上	1836 （天保７）	日本科学古典全書	
甘庶大成	同上	1830～44か （天保年間か）	——	
除蝗録後編	同上	1844 （弘化１）	日本農書全集	
広益国産考	同上	1859 （安政６）	同上	
培養秘録	佐藤信渕	1817 （文化14）	「佐藤信渕家学全集」	出版は明治時代になってから。
草木六部耕種法	同上	1815 （文政12）	同上	同上
田畯年中行事	同上	1839か （天保10か）	同上	同上
巡察記	同上	1840 （天保11）	「綾部市史」	綾部藩主の招きにより領内を巡回した記録
蚕飼養法記	野本道玄	1702 （元禄15）	蚕桑古典集成	青森県地方
蚕養育手鑑	馬場重久	1712 （正徳２）	同上	群馬県地方

新撰養蚕秘書	塚田与右衛門	1757 （宝暦７）	同上	長野県上田市
養蚕栽桑同治法要略教論	嶋　己兮	1763 （宝暦13）	——	熊本県地方
氏家蚕桑記	山内道恒	1790 （寛政２）	——	宮城県志津川町
養蚕須知	吉田芝渓	1794 （寛政６）	——	群馬県渋川市
養蚕秘録	上垣守国	1803 （享和３）	蚕桑古典集成	兵庫県大屋町
蚕飼絹篩大成	成田重兵衛	1814 （文化11）	江戸科学古典全書	滋賀県長浜市
養蚕教弘録	清水金左衛門	1847 （弘化４）	蚕桑古典集成	長野県上田市
蚕当計秘訣	中村善右衛門	1849 （嘉永２）	「福島県史」	福島県梁川町

執筆者一覧
（五十音順）

阿部朝衛
阿部猛
新井孝重
有元修一
池田順
伊東和彦
伊藤玄三
岩倉翔子
牛山佳幸
栄沢幸二
榎村寛之
追塩千尋
大石学
大沢まもり
大隅和雄
岡田啓助
岡部昌幸

小川知二
奥田敦子
小野一之
小和田哲男
海津一朗
加藤貴
狩俣恵一
神田千里
木槻哲夫
木下正史
木俣美樹男
君島和彦
金原左門
剣持武彦
小森正明
斎藤融
斎藤利男

佐々木宏幹
佐藤和彦
佐藤勝明
佐藤幹一
佐藤宥紹
志立正知
新谷尚紀
水藤真
菅野則子
菅原秀
菅原正子
鈴木彰
鈴木敏弘
関周一
薗部寿樹
高田義人
高野修

高橋久子
瀧音能之
武井弘一
竹内誠
棚橋正博
圭室文雄
田村貞雄
土屋礼子
戸川点
中嶌邦
長友千代治
中村格
中村修也
西垣晴次
錦昭江
西口順子
西村俊一

西山康一
西脇哲夫
野口鉄郎
波多野和夫
花村統由
早川万年
樋口州男
平林盛得
比留間尚
深谷克己
福島金治
福田豊彦
服藤早苗
福原敏男
藤本正行
二木謙一
古谷紋子

前川健一
松井吉昭
松山薫
道脇義正
南啓治
宮本袈裟雄
宮本義己
村井早苗
村井康彦
森田悌
矢部良明
山口博
山本幸司
義江明子
米田雄介

ま

み

む・め・も

や行

ら行

わ行

項目索引

日本文化史ハンドブック

2002年4月10日　初版印刷
2002年4月20日　初版発行

編　者	阿部　猛 西垣晴次
発行者	大橋信夫
印刷所	株式会社 廣済堂
製本所	株式会社 廣済堂
発行所	株式会社 **東京堂出版**

東京都千代田区神田錦町3-7〔〒101-0054〕
電話03-3233-3741　振替00130-7-270

ISBN4-490-10596-7 C3521
Printed in Japan